WESTEND

JACQUES BAUD

Die Niederlage des Siegers

Der Hamas-Angriff – Hintergründe und Folgen

Aus dem Französischen von
Philipp Otte

WESTEND

Die Originalausgabe ist unter dem Titel »Opération Déluge d'Al-Aqsa – La défaite du vainqueur« 2024 bei © Max Milo Editions, Chevilly-Larue erschienen.

Mehr über unsere Autoren und Bücher:
www.westendverlag.de

Die Deutsche Nationalbibliothek verzeichnet diese Publikation in der Deutschen Nationalbibliografie; detaillierte bibliografische Daten sind im Internet über http://dnb.d-nb.de abrufbar.

FSC
www.fsc.org
MIX
Papier | Fördert gute Waldnutzung
FSC® C014889

ISBN: 978-3-86489-468-8
1. Auflage 2024
© Westend Verlag GmbH, Waldstr. 12 a, 63263 Neu-Isenburg
Umschlaggestaltung: Buchgut, Berlin
Satz: Publikations Atelier, Weiterstadt
Druck und Bindung: Friedrich Pustet GmbH & Co. KG, Gutenbergstr. 8, 93051 Regensburg
Printed in Germany

Inhalt

Einer der Fehler,
den gewisse politische Analytiker machen,
besteht darin, zu denken,
dass ihre Feinde auch unsere Feinde sein sollten.

Nelson Mandela (1990)

Vorwort

Wenn wir nicht achtgeben, dann könnte Israel verschwinden.[1] Nicht etwa, weil es nicht gegen den palästinensischen Widerstand kämpfen würde, sondern gerade, weil es ihn bekämpft.

Die Art und Weise, wie Israel gegen die Palästinenser vorgeht, zieht einen Legitimitätsverlust nach sich, der anscheinend immer weiter voranschreitet. Er wird begleitet und noch vergrößert durch einen generellen Verlust an Glaubwürdigkeit des Westens, bedingt durch die Art seiner Kriegsführung, insbesondere in der Ukraine. Die von Südafrika erhobene Anklage gegen Israel sowie die Entschlossenheit der Huthis im Jemen, den Westen dazu zu drängen, eine Waffenruhe zu fordern, sind Kennzeichen dieser Entwicklung.

Seit vielen Jahren wird Israel dafür kritisiert, wie es den Palästinakonflikt führt. Dessen ungeachtet erfreut es sich einer Straflosigkeit, die niemand wirklich zu erklären versucht hat. In Wirklichkeit gibt es für jene keine objektive Begründung, außer dem Schuldgefühl von Ländern wie Deutschland oder Frankreich, die während des Zweiten Weltkriegs den Holocaust durchgeführt bzw. sich aktiv daran beteiligt haben. Diese Straflosigkeit steht in Zusammenhang mit einem Überlegenheitsgefühl, das von den Europäern gepflegt und von Israel in den Nahen Osten exportiert wird. Es lässt gelten, dass, wie in der Musik, »eine weiße (halbe Note) so viel wert ist, wie zwei schwarze (Viertelnoten)«. Diese Ansicht findet sich in unterschiedlicher Form im französischen politischen Diskurs gespiegelt.

Diese Denkweise veranschaulicht unseren Übergang von einer »rechtebasierten internationalen Ordnung«, geschaffen nach dem Ende des Zweiten Weltkriegs, um eine Wiederholung der erlebten Schrecken zu vermeiden, zu einer »regelbasierten internationalen Ordnung«, die dieses Recht relativiert. Selbst ein Land wie die

Schweiz, die ihrer Außenpolitik die Achtung des Gesetzes zugrunde gelegt hat, vertritt heute die Vorstellung, sie auf »Regeln« aufbauen zu müssen.

Der »Rest der Welt« jedoch ist an der Beachtung von Gesetzen interessiert, weil diese ihn vor der Gier und Dummheit der westlichen Regierenden schützen. Der Gazakonflikt befindet sich also am Übergang zweier Epochen und zweier Welten: einer Welt, die durch zügellose und unüberlegte politische Entscheidungen zunehmend geschwächt wird, und einer anderen Welt, die versucht, gegen alle Widerstände zu überleben, und dadurch widerstandsfähiger und stärker geworden ist. Diese zweite Welt brauchte eine treibende Kraft. Sie hat diese Kraft mit dem von China und Russland gebildeten eurasischen Block gefunden.

Die Initiative Südafrikas zeugt nicht nur von entschiedenem politischen Mut. Sie offenbart auch die ethische Schwäche der westlichen Länder, die den Schritt zum Teil bewundern, ohne sich die Frage zu stellen, weshalb nicht sie die Initiative ergriffen haben.

Die Tatsache, dass Israel internationales Recht verletzt, wird uns regelmäßig von den Vereinten Nationen sowie von Hilfsorganisationen ins Gedächtnis gerufen. Regelmäßiger Einsatz von Folter, ungesetzliche Tötungen, der Gebrauch von verbotenen Waffen, sexueller Missbrauch von Gefangenen, die zeitlich unbestimmte Inhaftierung von Kindern ohne Anklage sowie willkürliche Festnahmen bilden einen traurigen, prall gefüllten Katalog, wie ihn kein anderes Land der Welt aufweisen kann. Und doch handeln wir so, als sei nichts geschehen ... mit einer Form von schlechtem Gewissen. Denn in der Schweiz ist beispielsweise das militärische Verhältnis zu Israel regelmäßig Thema von speziellen vertraulichen Berichten der Schweizer Sicherheitsbehörden für die Regierung.

Unsere Außenpolitik ist zu einer Kanonenbootpolitik geworden, und wir erlauben uns das, was wir von anderen nicht tolerieren. Das ist nicht neu. Die Neuigkeit besteht darin, dass der Rest der Welt beginnt, diese Regeln auch auf uns anzuwenden.

Es lässt sich natürlich über die Art und Weise streiten, wie die schiitischen Huthis aus dem Jemen ihrer Unterstützung für eine Waffenruhe in Gaza Ausdruck verleihen. Aber handeln sie anders als der

Westen, wenn dieser unilateral Embargos verhängt und Schiffe aus oder mit Kurs auf Russland durchsucht? In diesem Zusammenhang ist die von Südafrika erhobene Anklage wegen Völkermordes eine Zäsur: Auf diese Weise holt sich der globale Süden die Macht vom Norden zurück.

Selbstverständlich nimmt das Imperium diese Unabhängigkeitsbekundung nicht einfach hin, sondern reagiert mit Luftschlägen im Jemen. Sollte der Jemen demnach auch New York oder Washington angreifen? Wir würden dies als »Terrorismus« bezeichnen.

Wir können die Entscheidung des Internationalen Gerichtshofs nicht vorwegnehmen, und es ist durchaus möglich, dass er sich in Verfahrensfragen verstrickt. Was aber das Grundlegende betrifft, so ist der Begriff »Völkermord« in allen Köpfen präsent, und die diesbezüglich ehrlichen Experten zögern nicht, sich zu diesem Thema klar zu äußern. Das bedeutet, wir würden ein Land unterstützen, das einen Völkermord begeht. Selbst Deutschland, das sich schwer damit tut, seinen historischen Komplex zu überwinden, und Israel unterstützt, wird beschuldigt, eine politische Kontinuität in Bezug auf Völkermorde einzunehmen …

J. Baud

*»Die konventionelle Armee verliert, wenn sie nicht gewinnt.
Die Guerilla gewinnt, wenn sie nicht verliert.«*

Henry KISSINGER
(*Foreign Affairs*, 1969)

1. Die Palästinenserfrage

Die Palästinenserfrage dreht sich um vier Probleme:

- die Aufteilung der Gebiete,
- die Jerusalemfrage,
- die Grenzen Israels,
- das Rückkehrrecht.

1.1. Der historische Kontext

Während die Idee, das jüdische Volk solle über ein Land verfügen, an sich große Zustimmung erhält, haben die israelischen Behörden nahezu alle erdenklichen Fehler begangen, um jene zu delegitimieren. Weil es sich gewaltsam durchsetzen wollte, hat Israel nie versucht, seine Nachbarn vom Mehrwert zu überzeugen, den es für die Region haben könnte. Daher spricht der offizielle israelische Diskurs eher von der biblischen Tradition als vom internationalen Recht, um sein Dasein zu rechtfertigen. Die Debatten über das Alter des Namens »Palästina« sind Scheinbeweise, die die Nichtbeachtung der UN-Entscheidungen rechtfertigen sollen. Nichtsdestotrotz haben die Zionisten selbst diesen Begriff vor 1948 benutzt.

Unser Ansinnen besteht nicht darin, in ganz offensichtlich komplexen Fragen, sowohl auf kultureller als auch wissenschaftlicher Ebene, eine Entscheidung zu treffen. Hier vermischen sich Glaube und Geschichte. Vielmehr wollen wir aufzeigen, dass Rechte und politische Entscheidungen unvermeidlich angreifbar werden, wenn man sie auf biblische Texte gründet. Wie auch bei der Frage des westlichen Kreationismus sind biblische Rechtfertigungen an sich angreifbar: Die Bibel war nie ein Geschichtsbuch oder Kataster, sondern die Trägerin einer geistigen Botschaft. Vor einigen Jahrhunderten konnte eine wörtliche Lesart der Bibel als Ersatz für Wissenschaft dienen und die Kirche eine politische Botschaft daran anlehnen. Mit der heutigen Entwicklung von Wissenschaft und Archäologie führt ein Verständnis der Bibel als wissenschaftlicher Text eher zu einer Diskreditierung der mit ihr verbundenen politischen Botschaft.

Davon abgesehen (ohne einen theologischen Streit beginnen zu wollen, den kompetentere Experten beleuchten könnten): Selbst eine Bibeluntersuchung würde eher dazu neigen, den Palästinensern recht zu geben. Nach biblischer Überlieferung hat Gott das Gebiet des heutigen Palästina Abraham »*und seinen Nachkommen*« zugesprochen. Nach der Überlieferung zählen Ismael, Stammvater des palästinensischen Volkes, und Isaak, als Stammvater des israelitischen Volkes, zu diesen Nachkommen. Die Tatsache, dass Ismael der uneheliche Sohn Abrahams gewesen ist, macht keinen Unterschied, da Gott laut Genesis verkündet: »*Aber auch den Sohn der Magd will ich zu einem großen Volk machen, weil auch er dein Nachkomme ist*« (Genesis 21:13)[1]. Anders formuliert: Hält man sich an die biblische Überlieferung, dann haben die Juden nicht mehr Recht auf das Gebiet Palästinas als die Palästinenser, die Nachfolger der Stämme, welche das Land seitdem bewohnen.

Die Idee eines jüdischen Staates kommt eigentlich erst am Ende des 19. Jahrhunderts in Europa auf – mit dem Entstehen des Zionismus im Kontext der erwachenden Nationalismen und in der Folge der Dreyfus-Affäre. Sie führt zur Balfour-Erklärung im November 1917, durch die sich Großbritannien verpflichtet, die Schaffung einer jüdischen »Heimstatt« in Palästina zu fördern – in Aussicht auf einen Zerfall des Osmanischen Reiches. Seit Ende des Krieges treibt die Gewalt zwischen jüdischen und arabischen Gruppen in Palästina die Briten dazu, ihr Versprechen zu erfüllen.

Von 1920 bis 1930 teilt sich die zionistische Bewegung in zwei Strömungen, die zur *Zionistischen Weltorganisation* (WZO) und zur *Bewegung Revisionistischer Zionismus* (RZ) (aus dem 1925 die *Weltunion Zionistischer Revisionisten* hervorgeht) werden. Diese »revisionistische« Strömung hat rein gar nichts mit dem heutigen Revisionismus zu tun, der mit dem Holocaust verbunden wird. Sie hingegen forderte die »Revision« der britischen Entscheidung, Transjordanien (Ostjordanien, das heutige Jordanien) an die Haschimiten (die von Ibn Saud aus Mekka vertrieben worden waren) zu übergeben. Sie wollten es stattdessen an das Gebiet zwischen Mittelmeer und Jordan anschließen, um die »Jüdische Heimstatt« zu bilden. Die WZO ist zu jener Zeit in der Mehrheit und steht politisch eher links, während es sich bei der RZ um eine rechte Organisation handelt, aus der in den fünfziger Jahren der Likud hervorgehen wird (dem auch Benjamin Netanjahu heute angehört).

Die Irgun

Abbildung 1 – Emblem der Irgun, die aus der »Hagana B« hervorgegangen ist. Die Karte im Hintergrund zeigt »Groß-Israel«, wie es sich die revisionistischen Zionisten in den dreißiger Jahren ausmalten. Es enthält das derzeitige Israel mit den besetzten Palästinensergebieten sowie Transjordanien (das heutige Jordanien). Die Karte bleibt ein alter Traum bestimmter Milieus der israelischen extremen Rechten. Sie erklärt, weshalb Israel niemals klar seine Grenzen bestimmt hat. Dies wiederum ist der Grund, warum sich Bewegungen wie die Hamas heutzutage weigern, den Staat Israel anzuerkennen. Denn eine Anerkennung könnte ipso facto einen Verzicht auf palästinensische Gebiete bedeuten.

Die Hagana ist der bewaffnete Arm der WZO auf der operativen Ebene. Im Jahr 1931 löst sich ein bewaffneter revisionistischer Zweig von ihr ab. Er nennt sich zunächst *Hagana Bet* (»Hagana B«), bevor er 1935 zur »*Irgun Zwai Leumi*« (Nationale Militärorganisation) wird, deren gewöhnliche Bezeichnung *Irgun* ist. Sie ist rechtsextrem und ihre Mitglieder stammen zu einem Großteil vom Betar, der Jugendorganisation des RZ, die politische Büros in ganz Europa unterhält, insbesondere in Paris, Warschau, London und New York. Die Grundzüge seiner Doktrin sind seit 1923 in einem Artikel mit dem Namen »*Die eiserne Mauer*« festgehalten, geschrieben von Wladimir

Jabotinsky, dem Führer der revisionistischen Bewegung.[2] Der Doktrin liegt die Idee zugrunde, die zionistische Bewegung in Palästina sei ihrem Wesen nach kolonial. Und wie in allen Ländern der Welt müssten die »*zivilisierten oder wilden*« Kolonisten der einheimischen Bevölkerung die Stirn bieten, bis diese nicht mehr kampffähig sei. Die Kolonisierung müsse also im Schutz einer »eisernen Mauer« stattfinden, die anfänglich von Soldaten gebildet werde. Wir befinden uns damals 25 Jahre vor der Unabhängigkeit Israels! ...

Am 30. Januar 1933 kommen die Nazis in Deutschland an die Macht. Am Folgetag versichern die deutschen Zionisten in ihrem Zentralorgan, der *Jüdischen Rundschau*, sie seien die Einzigen, die wirksam die Interessen der Juden verteidigen könnten, nicht etwa die traditionellen jüdischen Organisationen.[3] Die deutschen Zionisten teilen selbstverständlich nicht die Naziideologie, aber sie stellen schnell fest, dass es eine Interessenkonvergenz gibt, die es auszunutzen gilt: Die Nazis wollen sich der jüdischen Präsenz in Deutschland »entledigen«, und die Zionisten streben danach, Palästina zu bevölkern. Am 16. März beginnen sie Verhandlungen mit der neuen deutschen Regierung, um Möglichkeiten auszuloten, die Emigration der Juden zu erleichtern.[4]

Der »spontane« weltweite Boykott gegen Deutschland, der am 23.3.1933 von den amerikanischen jüdischen Bewegungen gestartet wird[5], trifft auf den Widerstand der Zionisten. Sie schreiben unverzüglich ein Telegramm an Hitler und betonen, dass »*die palästinensischen Juden nicht zu einem Boykott gegen deutsche Güter aufgerufen haben*«[6]. Am 1.4.1933 antwortete Propagandaminister Joseph Goebbels mit einem Boykott gegen jüdische Geschäfte in Deutschland.[7]

Zu diesem Zeitpunkt bildeten sich in Deutschland durch die dort lebenden Juden nebeneinander zwei Strategien heraus:

- die Strategie der jüdischen Gemeinde (»Assimilanten«), die versuchte, der deutschen Politik eine andere Stoßrichtung zu geben, um ein normales Miteinander mit den Nazibehörden zu ermöglichen;
- diejenige der zionistischen Bewegung (»Nationalisten«), die eine Politik der Assimilation für unmöglich hält. Sie denkt, der Moment

sei gekommen, um die von der Balfour-Deklaration versprochene nationale jüdische Heimstatt zu schaffen, indem die Politik der Nazis zu diesem Zweck instrumentalisiert würde.

Es erscheint logisch, dass die Nazis weit weniger gewillt waren, sich von der jüdischen Gemeinde eine Politik aufdrängen zu lassen, als ihre Ausreise zu organisieren. Dies erklärt, weshalb sich die Nazis nach anfänglichem Zögern bereitgefunden haben, die Zusammenarbeit mit den Zionisten zu nutzen.

In der zweiten Jahreshälfte 1933 lädt die *Zionistische Vereinigung für Deutschland* (ZVfD)[8] Leopold von Mildenstein, einen SS-Offizier des *Reichssicherheitshauptamtes (RSHA)*, zu einem sechsmonatigen Aufenthalt nach Palästina ein. Ziel ist, den jüdischen Nationalismus zu fördern, der den Zionisten durch den Anstieg des deutschen Nationalismus gerechtfertigt erscheint. Im Übrigen adressiert die ZVfD am 21. Juni einen Brief an die deutsche Regierung, worin sie ihr eine erweiterte Zusammenarbeit für die Schaffung eines Staates in Palästina vorschlägt und sich dabei auf die beiderseitigen nationalistischen Ziele beruft.[9]

Die Verhandlungen führen zum Erlass der *Verordnung 54/33* vom 10.8.1933. Sie genehmigt die Schaffung zweier Verrechnungsbanken unter Aufsicht der ZVfD, um die Finanzierung der Auswanderung nach Palästina zu erleichtern.[10] Eine Bank in Deutschland, die *Palästina-Treuhandstelle zur Beratung deutscher Juden GmbH (PalTreu)*, sowie eine Bank in Palästina, die *Anglo-Palestine Bank*, werden eröffnet. Dieses System erlaubt es, unter Umgehung des Boykotts und der Beschränkungen für den Export von Devisen das Vermögen der Juden nach Palästina zu überweisen. Hinzu kommen vergünstigte Wechselkurse und finanzielle Anreize. Es erlaubt ebenfalls, die von Großbritannien auferlegten Einwanderungssperren nach Palästina für Personen, die keine 1 000 britische Pfund Sterling in bar bei sich tragen, zu umgehen. Das System funktioniert folgendermaßen: Möchte eine jüdische Person nach Palästina auswandern, so verkauft sie ihren Besitz und zahlt das Geld bei der *PalTreu* ein. Diese kauft davon Verbrauchsgüter und exportiert sie nach Palästina. Vor Ort werden diese Güter von der palästinensischen Bank veräußert und der Erlös wird den Einwanderern ausgezahlt. Das Prinzip ist nicht neu. Es wird im Mittleren Osten weiterhin unter dem Namen *Hawala* verwendet.

Von dieser »Win-win-Lösung« profitierten beide Seiten: Seitens der Zionisten wird die Auswanderung der Juden nach Palästina begünstigt; seitens der Nazi-Regierung wird der Boykott gegen Deutschland umgangen und die Ausreise der jüdischen Bevölkerung gefördert. Der Mechanismus dazu ist im *Palästina-Transfer* (Ha'avara-Abkommen) zwischen der ZVfD und der deutschen Regierung vom 25.8.1933 niedergelegt.[11] Ein kleines *Handbuch für die jüdische Auswanderung* wird herausgegeben, um die Behördengänge zu erleichtern und Ratschläge für die Auswanderung zu geben.[12]

In den Jahren 1933–1934 zeigt sich, dass Großbritannien seine Palästinapolitik nicht »revidieren« wird. Jabotinsky sucht daher die Unterstützung eines anderen Akteurs im Mittelmeerraum: Er findet das faschistische Italien, wo er drei Jahre lang gelebt hat und dessen Sprache er fließend spricht. Am 29.3.1936 werden die Kasernen des ersten Betar-Marinegeschwaders an der Marineakademie von Civitavecchia eingeweiht.[13] Anscheinend wurde ihm ein Schiff zur Verfügung gestellt, mit dem er aufseiten der italienischen Marine 1935 vor Abessinien gekämpft haben soll.[14]

Verärgert durch den schleppenden Verlauf des Ha'avara-Prozesses (Palästina-Transfer) verabschiedet Hitler 1935 ein Gesetzespaket, das die Rechte der Juden in Deutschland noch weiter einschränkt (Nürnberger Gesetze), um sie zur Auswanderung zu zwingen.

Im Jahr 1936 starten die palästinensischen Araber einen gewalttätigen Aufstand, angeführt von Hadj Amin al-Husseini, dem Großmufti von Jerusalem. Die Briten können den Aufstand nur knapp und mit großer Brutalität unterdrücken. Diese Unterdrückung führt zu einem Verschwinden eines Teils der palästinensischen Eliten. Sie werden zehn Jahre später, im Moment der »Teilung«, fehlen. London entsendet eine Untersuchungskommission, genannt »Palestine Royal Commission« (auch bekannt unter der Bezeichnung »Peel Commission«), die im Juli 1937 eine Teilung des Landes und die Schaffung zweier Staaten empfiehlt. Der mit Haftbefehl gesuchte Amin al-Husseini findet in Deutschland Unterschlupf. Er verlangt vom Führer, die Gründung eines arabischen Staats in Palästina zu unterstützen.[15] Aber Hitler möchte sich nicht in einer »Dreierkonstellation« wiederfinden: Er unterstützt die Zionisten nicht aus Sympathie oder um ihnen einen Staat zu geben, sondern um die Juden in Deutschland »loszuwerden«, unter Umgehung des ihm aufgezwungenen Embargos.

Unter den Naziführern bilden sich zwei Sichtweisen heraus: Eine besteht darin, den Ha'avara-Prozess fortzuführen, um vorrangig alle Juden zu vertreiben und später das Problem dieses Judenstaates zu »regeln«; die andere, von Adolf Eichmann empfohlene Sichtweise, will die Juden auf die ganze Welt verstreuen. Letztendlich entscheidet sich Hitler im Herbst 1937 dafür, seine »Zusammenarbeit« mit den Zionisten fortzusetzen.[16]

Im Jahr 1938 muss der am Spanischen Bürgerkrieg teilnehmende Mussolini sein Bündnis mit Deutschland festigen. Er verabschiedet also seinerseits Rassengesetze, bricht mit der Unterstützung der Zionisten um Jabotinsky und vertreibt sie aus Italien. Dieser Bruch verstärkt die Spannung zwischen »nationalistischen« Zionisten und »assimilatorischen« Juden, die für die Situation verantwortlich gemacht werden, und führt zu Spaltungen innerhalb der zionistischen Bewegung als solcher.

Aber auch der Arbeiterzweig der Zionisten steht dem in nichts nach. Zwischen dem 26.2. und dem 2.3.1937 hält sich Feivel Polkes, ein Agent des Nachrichtendienstes der Hagana (auf Kosten des RSHA), in Berlin auf, um Kontakte zu den deutschen Geheimdiensten zu knüpfen. Als Ausgleich dafür sollen die Bedingungen für die Auswanderung der Juden nach Palästina verbessert und die Aktivitäten des Nachrichtendienstes der Hagana finanziert werden. Nach der Ermordung des Anführers der schweizerischen Nazipartei Willhelm Gustloff (1936) und einem Attentatsversuch auf Konrad Henlein, den Führer der »Sudetendeutschen Heimatfront« in der Tschechoslowakei, möchte Deutschland seine nachrichtendienstliche Kompetenz in Bezug auf die Aktivitäten von jüdischen Organisationen im Ausland ausbauen. So wird Polkes zum Kontaktmann zwischen der Hagana und den deutschen Nachrichtendiensten, die in Palästina unter dem Deckmantel der deutschen Presseagentur DNB[17] operieren. Laut einem Bericht der CIA (der 1960 während des Eichmann-Prozesses verfasst wird) werden Polkes monatlich 20 Pfund von den Deutschen ausbezahlt.[18] Sein Ansprechpartner in Deutschland ist kein Geringerer als Adolf Eichmann, der Palästina im Oktober 1937 einen Besuch abstattet … bevor er zu einem der Hauptarchitekten der Deportation der Juden wird.[19]

Aber dies ist nicht der einzige Faktor. Vom 6. bis 15.7.1938 kommen auf Initiative des Präsidenten Roosevelt 32 Länder auf der Konferenz von Évian zusammen, um eine Lösung für die jüdische Auswanderung zu finden. Aber keines der Teilnehmerländer verpflichtet sich, jüdische Flüchtlinge aufzunehmen. Dieser Misserfolg ist zu einem Großteil den zionistischen Organisationen zuzuschreiben, darunter derjenigen von Frau Golda Meir. Sie befürchten, diese Initiative schade ihren Bemühungen, die Juden zur Emigration nach Palästina zu bewegen.[20]

Anfang 1940 löst sich eine von Avraham Stern geführte Gruppe von radikalen revisionistischen Zionisten von der Irgun. Sie sind gegen die Abkehr von Italien. Seine Fraktion, zunächst »*Wahre Irgun*« getauft, wird Ende 1940 zur *Lochamei Cherut Israel* (Lechi), besser bekannt unter dem Namen *Gruppe Stern*. Wladimir Jabotinsky wird dieser rechten Fraktion nicht mehr Herr: Die Gruppe Stern nutzt bewusst terroristische Gewalt und verantwortet den Tod einiger Hundert Juden und Araber in Palästina.[21] Für sie ist die britische Bedrohung wichtiger als die durch die Nazis. In der Tat besetzt Großbritannien nach der französischen Niederlage 1941 Syrien, aus Angst, es könnte in deutsche Hände fallen, und dehnt so seinen Einflussbereich in der Region aus. Die Gruppe Stern schlägt daher über die deutsche Botschaft in Beirut dem Dritten Reich eine Zusammenarbeit vor, um die Briten im Nahen Osten zu bekämpfen.[22]

Diese widernatürliche Nähe zwischen den Zionisten und dem Naziregime ruft bei den Amerikanern Misstrauen gegen die jüdische Gemeinde hervor. Seit dem Kriegseintritt der Vereinigten Staaten 1941 sieht das FBI eine Bedrohung durch jüdische Spionage zum Nutzen der Nazis. Die Verhaftung von Herbert Karl Friedrich Bahr, einem der Spionage für die Gestapo verdächtigten jüdischen Flüchtlings, lässt die amerikanischen Ängste Wirklichkeit werden. Er wird zu dreißig Jahren Gefängnis verurteilt. Aus diesem Grund nehmen die Vereinigten Staaten während des Kriegs nur sehr wenige jüdische Flüchtlinge auf, die vor dem Naziregime fliehen.[23]

Insbesondere in Frankreich ist die Lesart der Ereignisse des Zweiten Weltkriegs sehr karikaturartig. Als aktive Teilnehmer am Holocaust können sich die Franzosen nie von einer binären Vorstellung von der Wirklichkeit lösen. Die von der französischen Regierung gemachte Verbindung von »Judentum« mit »Zionismus« ist eine der Triebfedern des heutigen Antisemitismus. Sie erlaubt kein besonnenes Verständnis der komplexen Situation der Ukraine oder Palästinas.

Im Oktober 2015 erklärt Benjamin Netanjahu:

> »Zu jener Zeit wollte Hitler die Juden nicht vernichten, er wollte sie vertreiben.«[24]

Er erregt damit international Missfallen, aber er hat recht. In den 1930er Jahren hatte nicht das Töten aller Juden für die Nazis Priorität, sondern ihre Vertreibung aus Deutschland. Die Zionisten haben daher versucht, ihr Ziel einer Besiedlung Palästinas mit der Politik der Nazis zu vereinbaren. Sie haben lediglich pragmatisch die Strategie angewandt, sich mit denen zu verbünden, die der eigenen Sache dienen können. Seit 1940 macht der Krieg in Europa und dem Mittelmeerraum die Umsiedlung nach Palästina praktisch unmöglich. Das setzt Deutschland unter Druck, eine andere »Endlösung« für die vermeintliche Judenfrage zu finden.

Wenn Netanjahu allerdings behauptet, Hitler sei durch al-Husseini zur Vernichtung der Juden angeregt worden, und er so versucht, die Verantwortung für den Holocaust auf die Palästinenser[25] zu schieben, dann lügt er. Es existiert ein Protokoll ihrer Diskussion vom 28.11.1941, welches den Vorwurf nicht bestätigt.[26] Im Übrigen wird die von Dieter Wisliceny, einem Assistenten Eichmanns, beim Nürnberger Prozess geschilderte Beteiligung des Großmufti am Holocaust heute von den meisten Historikern verworfen. Nach deren Einschätzung habe der Großmufti schlichtweg seine Haut retten wollen.[27] Was den angeblichen Einfluss Amin al-Husseinis auf Hitler angeht, so wird er ebenfalls von zahlreichen Historikern infrage gestellt.[28] Allerdings soll al-Husseini bei der Rekrutierung von Freiwilligen für bosnische Einheiten geholfen haben, um die Serben unter Tito in Jugoslawien zu bekämpfen, ohne eine Verbindung zum Mittleren Osten. (Diese Einheiten wurden innerhalb der Waffen-SS geschaffen – nach der Bildung einer »Jüdischen Brigade« in der britischen Armee.) Übrigens haben die Nazis niemals die Idee einer arabischen Unabhängigkeit in Palästina unterstützt: Sie waren weder »pro-jüdisch« noch »pro-arabisch«, sondern strebten danach, den Einfluss und die Anwesenheit des Britischen Empires zurückzudrängen.[29] Ein Ziel, das sie – folgerichtig – mit den Zionisten teilten.

1.1.1. Der Kalte Krieg

1945 befindet sich das Mittelmeer größtenteils in den Händen von Großbritannien und Frankreich. Stalin betrachtet zu der Zeit die Schaffung eines jüdischen Staates als eine Gelegenheit, gleichzeitig den britischen Imperialismus zu bekämpfen und perspektivisch einen Zugang zum Mittelmeer zu bekommen. Er sieht darin einen gerechten Ausgleich für die Unterstützung, die er den Juden im Krieg zukommen ließ. Er rechnete dabei mit der Unterstützung der zionistischen Führer in Palästina, wie etwa Golda Meir, die Sozialisten sind und aus der Sowjetunion stammen. Deshalb unterstützt er seit 1946 heimlich die jüdischen antibritischen Kämpfer mit Waffenlieferungen. Die UdSSR ist damals in der UNO eine der glühendsten Vertreterinnen der Schaffung eines jüdischen Staates.[30]

Aber nach der Schaffung des Staates Israel bevorzugen seine Staatsführer den Westen. Die UdSSR beginnt daher, die Palästinenser zu unterstützen, die gezwungen waren, ihren Grund und Boden zu verlassen. Es entsteht dementsprechend ein marxistischer palästinensischer Widerstand, den die Palästinensische Befreiungsorganisation und die Fatah dominieren und der bis in die 1980er Jahre anhalten wird.

Die Beziehungen zwischen der jüdischen Gemeinde und der UdSSR bleiben jedoch in den Köpfen präsent. Im Westen wird zu dieser Zeit die Angst vor dem Kommunismus auch auf die jüdische Gemeinde übertragen, aus deren Mitte eine große Zahl sowjetischer Spione jener Zeit stammt, wie etwa das Ehepaar Rosenberg oder Rudolf Abel, die erst später enttarnt werden. Die Vereinigten Staaten

Das Schrumpfen des Palästinensergebiets

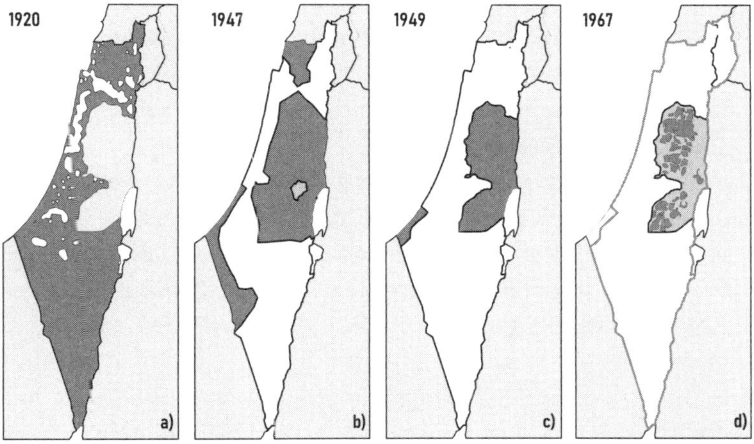

Abbildung 2 – Die Ausweitung Israels. Bis in die 1920er Jahre gibt es eine geringe jüdische Präsenz in Palästina (a). Der in der Resolution 181 vorgeschlagene Teilungsplan (b) ist lediglich ein Vorschlag. Die derzeit für Israel angenommenen Grenzen sind diejenigen des Waffenstillstands von 1949 (c). Der Krieg vom Juni 1967, der von Israel gegen Länder begonnen wurde, die darauf nicht gefasst waren, hat zur Besetzung des Golan, des Westjordanlands und des Gazastreifens geführt (d).

bleiben misstrauisch gegenüber jüdischen Asylsuchenden. Visa werden ihnen in sehr geringem Maße ausgehändigt. Dieser Zustand unterstreicht wiederum die Notwendigkeit, ihnen einen Staat zu geben.

1.1.2. Die Resolution 181

Die CIA hat ihre Zweifel, was die Glaubwürdigkeit der Juden angeht. Am 28.11.1947, dem Vortag der Abstimmung über eine Teilung Palästinas bei den Vereinten Nationen, verfasst sie einen Geheimbericht unter dem Titel: »*Die Folgen der Teilung Palästinas*«. Sie erwähnt die Stationierung von jüdischen Geheimagenten sowie den Transport illegaler Einwanderer und Waffen vom Schwarzen Meer nach Palästina. Mit einer erstaunlichen Hellsichtigkeit warnt die CIA vor der Annahme des Teilungsplans und sieht die daraus möglicherweise resultierende Gewalt voraus:[31]

»Auf lange Sicht wird kein Zionist in Palästina mit den territorialen Regelungen des Teilungsplans zufrieden sein. Selbst die konservativeren Zionisten werden darauf hoffen, den gesamten Negev, Westgaliläa, die Stadt Jerusalem und letztlich ganz Palästina zu erhalten. Die Extremisten werden nicht nur ganz Palästina, sondern auch Transjordanien beanspruchen. [...]

Im Chaos, das auf die Umsetzung der Teilung folgt, werden sicherlich Untaten von arabischen Fanatikern verübt; solche Aktionen werden eine große Publizität erfahren und von der jüdischen Propaganda sogar noch verstärkt werden. Die Araber wird man der Aggression bezichtigen, egal wie die wahren Umstände auch sein mögen.«

Diese Analyse wird kurz danach bestätigt und hat ihre Aktualität bis heute bewahrt. Aber Präsident Truman hört nicht auf sie. Er drängt seine Diplomatie, diejenigen Länder zu »überzeugen«, die sich gegen die Resolution stellen: Die Vereinigten Staaten drohen zum Beispiel mit der Einstellung ihrer Wirtschaftshilfe, um Haiti zum Einlenken zu bewegen. Und die Firma Firestone warnt Liberia, kein Latex mehr von ihm zu kaufen.

Am 29.11.1947 verabschiedet die Generalversammlung der Vereinten Nationen die *Resolution 181.* Sie schlägt die Teilung Palästinas in einen jüdischen und einen arabischen Staat vor, mit einem internationalen Status für Jerusalem. Der Plan sollte am 1.4.1948 in Kraft treten. Es handelt sich bei ihm um keine Entscheidung, sondern nur um einen rechtlich unverbindlichen Vorschlag.

Die Resolution 181 zielt nicht darauf ab, einen jüdischen Staat zu schaffen, vielmehr schlägt sie zwei Staaten vor: einen jüdischen sowie einen arabischen. Sie stellt in Aussicht, dass möglicherweise Araber auf jüdischem Gebiet und Juden auf arabischem Gebiet leben, dass sie normal in die neuen Staaten integriert werden oder dass man sie, entsprechend dem Selbstbestimmungsrecht der Völker, befragt. Aber sie sieht keinen formalen Mechanismus für die Befragung vor. Um die Resolution 181 zu verstehen, muss man sich vor Augen führen, was Palästina damals darstellte. Die Zerschlagung des Osmanischen Reiches und die Aufteilung der Levante unter Frankreich und Großbritannien (Sykes-Picot-Abkommen) nach dem Ersten Weltkrieg führen zur Schaffung eines »Mandatsstaates Palästina«, der das Gebiet des heutigen Israel, die besetzten Palästinensergebiete und das heutige Jordanien umfasst. Dieser Staat hatte einen rechtlichen Status. So sagte Golda Meir selbst von sich, sie sei Palästinenserin. Und sie besaß einen palästinensischen Reisepass.[32] 1936 nimmt Palästina sogar mit einer Delegation an den Olympischen Spielen teil.[33]

Der Grund, weshalb die Resolution 181 nur ein Vorschlag ist, besteht darin, dass laut UN-Charta jede Veränderung der Grenzen oder der Hoheit über ein Gebiet das Selbstbestimmungsrecht der Völker achten müsse. Diesem Prinzip zufolge müsste also in ganz Palästina eine Volksbefragung durchgeführt werden, um den Mandatsstaat Palästina aufzulösen und so ein oder zwei neue Staatsgebilde zu errichten. Dann müssten die Bevölkerungen zu einer eventuellen Aufteilung Palästinas befragt werden. Eventuell, weil sich zu diesem Zeitpunkt zwei Sichtweisen gegenüberstanden: die jüdische Sichtweise, die zwei unterschiedliche Staaten für Araber und Juden anstrebte, und die arabische Sichtweise, die einen einzigen Staat vorsah, wo Juden und Araber zusammenlebten. All das sollte, wenn möglich, vor dem Abzug der Briten stattfinden, der für den 15.5.1948 festgelegt war.

Aber die jüdische Bevölkerung ist damals in Palästina stark in der Minderheit. Somit wären die Volksbefragungen, die von der »181« vorgesehen waren, sicherlich zum Vorteil der Araber ausgegangen. Deshalb verwirft die jüdische Bevölkerung diese Lösung zugunsten einer Militäraktion, um Gebiete zu besetzen.

Schnell bewahrheiten sich die arabischen Befürchtungen: Die Bevölkerungen werden nicht befragt. Und während der sechs Monate, die für die Einrichtung eines Teilungsmechanismus vorgesehen sind, fühlen sich die jüdischen Milizen berechtigt, sich ihr Gebiet mit Gewalt anzueignen. Die palästinensischen Dorfbewohner sind schnell überfordert mit diesen Milizen, die im Wesentlichen aus kampferprobten ehemaligen Soldaten der britischen Armee bestehen.[34] Seit Ende des Jahres 1947 haben sie schon 33 Massaker an den Palästinensern verübt, und das, bevor sich die arabischen Länder am Konflikt beteiligen.[35] Am 10.3.1948 beschließt die jüdische Führung den Plan D (auf Hebräisch »Dalet«), von dem der israelische Historiker Ilan Pappe Folgendes in Erinnerung ruft:[36]

> »Die Befehle enthielten eine detaillierte Beschreibung der Methoden, die anzuwenden waren, um die Menschen gewaltsam zu vertreiben: Einschüchterung im großen Maß; Besetzen und Bombardieren von Dörfern und Bevölkerungszentren; Anzünden von Häusern, Besitz, Hab und Gut; Vertreibung; Abriss; und, am Ende, das Vergraben von Minen im Bauschutt, um die Rückkehr der vertriebenen Bewohner zu verhindern.«

Vom 1.4.1948 an führen die Milizen der Hagana und des Palmach mehrere Operationen durch, um angesichts des für die Unabhängigkeit festgelegten Datums, den 15.5.1948, »vollendete Tatsachen« zu schaffen:

Operation Naschon (1. April), Operation Harel (15. April), Operation Misparayim (21. April), Operation Hametz (27. April), Operation Jevuss (27. April), Operation Yiftach (28. April), Operation Matateh (3. Mai), Operation Maccabi (7. Mai), Operation Gideon (11. Mai), Operation Barak (12. Mai), Operation Ben-Ami (14. Mai), Operation Pitchfork (14. Mai) und Operation Schififon (14. Mai).[37]

Von Ende 1947 bis Ende 1948 haben bewaffnete jüdische (später israelische) Gruppierungen etwa 80 Prozent des Landes erobert, etwa 500 Dörfer zerstört und mehr als eine Million Menschen ins Exil getrieben.[38] Die bekannteste Episode ist das blutige Massaker an Frauen und Kindern in Deir Yassin – heute auch als palästinensisches Oradour-sur-Glane[39] bezeichnet – durch Einheiten des Lechi und der Irgun, die zu dem Zeitpunkt von Menachem Begin angeführt werden[40], am 9.4.1948. Ben-Gurion musste im Jahr 1950 anerkennen:[41]

> »Bis zum Abzug der Briten ist kein jüdisches Gebäude von den Arabern in Besitz genommen oder besetzt worden, auch wenn es verlassen war. Die Hagana dagegen hat mit Gewalt mehrere arabische Positionen eingenommen und Haifa und Tiberias sowie Jaffa und Safad befreit. (…) Deshalb war der Teil Palästinas, in dem die Ha-

gana aktiv war, am entscheidenden Tag fast völlig von seinen arabischen Bewohnern gesäubert.«

Diese Zeitspanne wird von den Palästinensern als »Nakba« (Katastrophe) bezeichnet. Diesen Begriff werden die Israelis aufgreifen, um ihre Reaktion gegen Gaza im Jahr 2023 zu beschreiben. In Wirklichkeit besetzen die Israelis bereits vor dem 14.5.1948, dem Gründungstag des Staates Israel, mehr Gebiet, als es der Teilungsplan vorge-

Die Resolution 181 (1947)

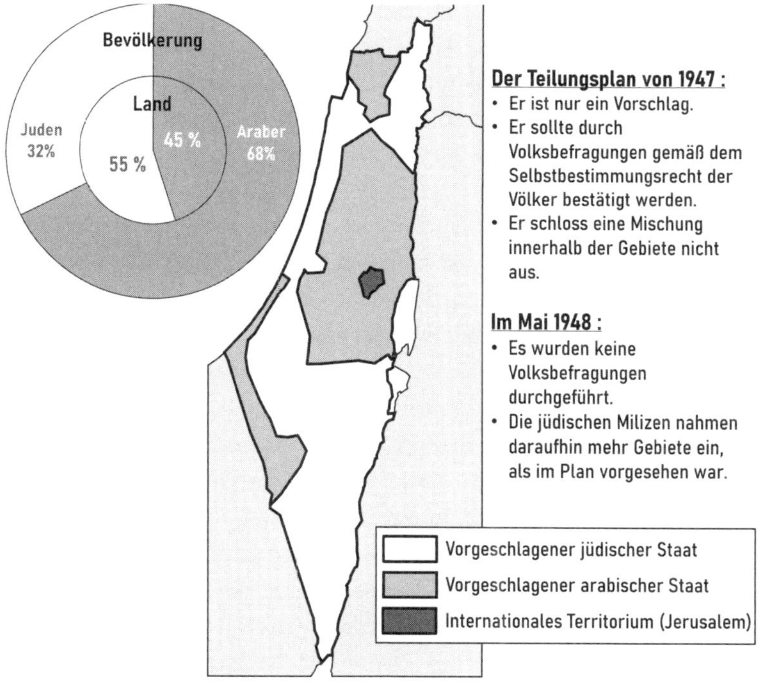

Abbildung 3 – Noch bevor die Resolution 181 in Kraft trat, hatten sich die jüdischen Milizen bereits über die vorgeschlagenen Grenzen hinweggesetzt und die palästinensische Bevölkerung vertrieben. Dem Jewish Virtual Library zufolge ist die arabische Bevölkerung von 1 324 000 Menschen im Jahr 1947 auf 156 000 im Jahr 1948 zurückgegangen. Die jüdische Bevölkerung machte damals 32 Prozent der Bewohner Palästinas aus, ihr wurden jedoch 55 Prozent des Gebiets zugesprochen. [Quelle: https://www.jewishvirtuallibrary.org/jewish-and-non-jewish-population-of-israel-palestine-1517-present]

sehen hat. Sie haben die Araber vertrieben, die mit den Juden dort zusammenleben sollten. Es handelt sich um eine wahre ethnische Säuberung, die die große Mehrheit der palästinensischen Flüchtlinge betrifft. Und diese Flüchtlinge existieren bis zum heutigen Tag. Aus diesem Grund – und nicht etwa nur, wie von Experten und Universitätsprofessoren behauptet, weil kein Einvernehmen über die Grenzen der zwei Länder bestand – greift die arabische Bevölkerung am Folgetag der Ausrufung des Staates Israel zu den Waffen. Dieser erste Konflikt wird von einem zweiten mit den arabischen Ländern überlagert, der am 14. Mai ausbricht. Letztere versuchen, Jordanien daran zu hindern, diejenigen palästinensischen Gebiete zu annektieren, die noch nicht von Israel erobert wurden. Zum Ende dieses »zweiten« Krieges bestimmt ein Waffenstillstandsabkommen die »geduldeten« Grenzen Israels, und etwa eine Million Palästinenserflüchtlinge finden sich in Israels Nachbarländern und in Gaza wieder.

Die Vereinten Nationen stellen fest, dass die Umsetzung der »181« Probleme bereiten wird, und benennen am 20.5.1948 einen Vermittler, den Grafen Folke Bernadotte. Ihm gelingt es, eine Waffenruhe zwischen Israelis und Palästinensern auszuhandeln, mit dem Ziel, ein demokratisches Verfahren für die Schaffung von zwei Staaten einzuführen, wie dies die Resolution 181 vorsah. Er wird jedoch am 17.9.1948 ermordet. Die Ermordung war *»eine feige Tat, die in Jerusalem anscheinend von einer Gruppe von kriminellen Terroristen verübt wurde«*[42]. Diese Gruppe ist die *Lechi* (ebenfalls bekannt unter dem Namen *Gruppe Stern*). Ihr Einsatzleiter ist damals ein gewisser Jitzchak Schamir. Der spätere Premierminister des Staates Israel wird nie für dieses Verbrechen verurteilt.[43] Aber das Verhalten der Gruppe sorgt in der internationalen jüdischen Gemeinde für Empörung. Anlässlich des Besuchs von Menachem Begin in den Vereinigten Staaten vom 4.12.1948 unterzeichnet auch Albert Einstein einen offenen Brief an die *New York Times*, in dem die Verbrechen der Zionisten in Palästina angeprangert werden ...[44]

Letztendlich ist die Resolution 181 nicht einen einzigen Tag umgesetzt worden, da Israel bereits vor der Unabhängigkeit zusätzliche Gebiete annektiert hatte. Dies ist der Auslöser für den Krieg von 1948.

Dementsprechend hatten die Kriegshandlungen, welche die offizielle Geschichtsschreibung *nach* dem 14.5.1948, dem Tag der israelischen Unabhängigkeitserklärung, verortet, schon viel *früher* begonnen. Dies wird von Miko Peled, dem Sohn des Brigadegenerals Mattityahu Peled (einem der Gründerväter Israels im Jahr 1948), bestätigt.[45]

Obwohl die »181« die Existenz Israels begründet, beziehen sich die Zionisten nur selten auf sie. Sie ziehen es vor, eine biblische Legitimität zu beschwören. Beispielsweise druckt die Nichtregierungsorganisation (NRO) *Concerned Women for America* eine Broschüre unter dem Titel *»Warum Israel?«*, die nicht ein einziges Mal die UN-Resolutionen erwähnt, sondern erklärt: *»Dies ist eine wichtige Angelegenheit für Gott.«*[46] Vielleicht weil sie selbst nicht an eine Resolution glauben, die von ihnen nie eingehalten wurde ...

Schlussendlich: Wenn auch die Resolution 181 dem jüdischen sowie dem arabischen Volk die Berechtigung gibt, über einen Staat in Palästina zu verfügen, so rechtfertigt sie nicht die *Art und Weise*, wie dieses Recht wahrgenommen wurde. Und genau *sie* ist der Ursprung des israelisch-palästinensischen Konflikts.

1.1.3. Die Resolution 242

Weil der Staat Israel seine Grenzen nicht bestimmt hat, wird von der internationalen Gemeinschaft standardmäßig die Waffenstillstandslinie von 1949 als Grenze angenommen. Deshalb bezieht man sich in der Regel auf die Grenzen vom 4.6.1967. Das sind übrigens auch die Grenzen, die die Hamas bereit ist anzuerkennen, wie wir im Folgenden sehen werden.

Nach dem Sechs-Tage-Krieg (Juni 1967) schreibt die *Resolution 242* der Vereinten Nationen Israel vor, sich aus den Gebieten zurückzuziehen, die es infolge eines Angriffskriegs erobert hat. Dies sind: das Westjordanland, Ostjerusalem, der Gazastreifen, welche die besetzten Palästinensergebiete (BPG) bilden, und die Golanhöhen. Diese Resolution soll den Palästinensern ermöglichen, einen Teil ihrer Gebiete zurückzuerhalten.

Das Problem besteht darin, dass der Text der »242« Anlass für Verwirrung gibt. Seine englische Übersetzung fordert den Abzug

»aus« Gebieten *(»from« territories)*, eine Formulierung, die Briten und Amerikaner gewählt haben, um den sowjetischen Vorschlag abzuwehren, einen Abzug *»aus den«* Gebieten *(»from the« territories)* zu fordern. Letzterer Vorschlag, der der damaligen Interpretation der Mitglieder des Sicherheitsrats entspricht, ist anscheinend auf Anweisung von Charles de Gaulle gemacht worden.[47]

Die Israelis ziehen es also vor, den englischen Text anzuführen (der ihnen erlaubt, selbst zu bestimmen, woraus sie abziehen wollen) anstelle des französischen, der sie zwingt, *alle* besetzten Gebiete zu verlassen. Diese Position gibt Anlass zu endlosen Debatten. Der Sicherheitsrat verabschiedet jedoch in seiner Sitzung vom 16.11.1967 eine endgültige Entscheidung, die bestätigt, dass Israel *die Ganzheit* der besetzten Gebiete räumen muss.[48] Es handelt sich hier allerdings um eine Scheindiskussion, da die »242« mit der Darlegung eines Grundprinzips beginnt:

> »Die Unzulässigkeit des Gebietsgewinns durch Krieg [...]«

Aus diesem Grund ziehen es die Israelis heute vor, die Bibel anstelle der UN-Resolutionen anzuführen, um ihre Besetzung der Palästinensergebiete zu rechtfertigen.

Während einer Pressekonferenz vom 27.11.1967 erwähnt General de Gaulle die Ereignisse in Palästina mit einer Voraussicht, an der es unseren modernen Politikern zu mangeln scheint:[49]

> »Es ist bekannt, dass Frankreichs Stimme nicht gehört wurde. Nach seinem Angriff hat sich Israel in sechs Kampftagen der Ziele bemächtigt, die es erreichen wollte. Jetzt organisiert es seine Besatzung auf den eingenommenen Gebieten. Eine Besatzung, die nicht ohne Unterdrückung, Repression und Vertreibungen stattfinden kann. Gegen Israel formiert sich dort ein Widerstand, den es wiederum als Terrorismus bezeichnet.«

Die gesamte Geschichte Palästinas in wenigen Worten ...

Die besetzten Palästinensergebiete (BPG)

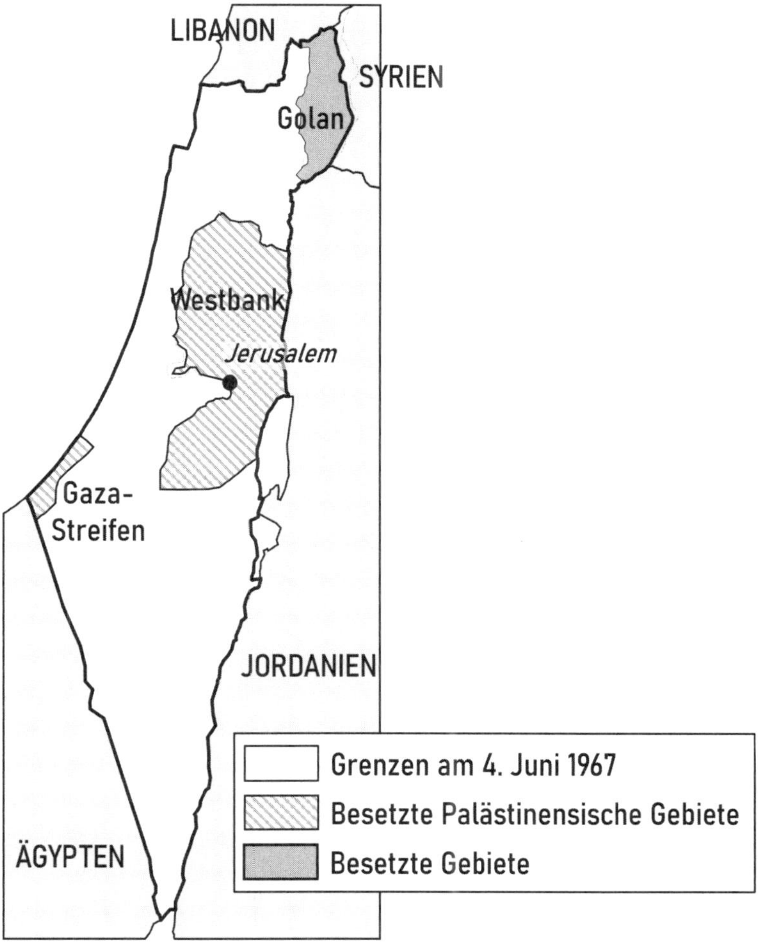

Abbildung 4 – Die Grenzen, in denen Israel seine Souveränität ausübt (fett eingezeichnet), entsprechen nicht internationalem Recht, denn sie umfassen Gebiete, die es unter Verletzung des Artikels 2 der Charta der Vereinten Nationen besetzt. Die besetzten Palästinensergebiete (BPG) sind nur ein Teil davon. Es gibt zusätzlich Gebiete im Südlibanon, die zu klein sind, um auf dieser Karte dargestellt zu werden. Das ist übrigens der Grund für das Fortbestehen der Hisbollah.

1.2. Das Problem der Grenzen

Im Jahr 2019 verurteilt die Journalistin Martine Gozlan während einer Diskussionsrunde zum Antisemitismus auf dem Sender *RT France* die T-Shirts propalästinensischer Demonstranten in London, auf denen eine Karte Palästinas ohne Israel zu sehen ist.[50] Das könnte schockieren. Sie unterlässt es aber zu erwähnen, dass durch eine Entscheidung der Knesset vom 14.10.2007 in Israel die Darstellung der »Grünen Linie« (von 1949) als israelische Grenze in den Schulbüchern verboten ist ...[51]

Unter osmanischer Herrschaft ist das Zusammenleben der christlichen, muslimischen und jüdischen Gemeinden in Palästina alles in allem friedlich. Wie auch die unterschiedlichen Kalifate kennt das Osmanische Reich keine klaren inneren Grenzen zwischen den Gemeinden. Nach seiner Auflösung entstehen durch die Ankunft der westlichen Mächte, mit ihrer Neigung, Gebiete durch klare Grenzziehungen unter sich aufzuteilen, Spaltungen im Nahen und Mittleren Osten. Die Balfour-Deklaration von 1917 verspricht, eine jüdische Heimstatt in Palästina zu schaffen, und gibt dafür ein Gebiet, über das die Briten damals keine Befugnis haben, welches sie nicht besessen haben und auf dem eine arabische Bevölkerung siedelt.

Was den Erwerb von Gebieten unter dem britischen Mandat angeht, so fand sie überwiegend statt, indem man sich über geltendes Recht hinwegsetzte. Die Neuankömmlinge eignen sich Land an, das sie als »herrenlos« betrachten, und fordern dessen rechtmäßige Besitzer heraus.[52] Die Ursache des Problems hängt mit dem muslimischen Gewohnheitsrecht zusammen, demzufolge das Land ausschließlich Gott gehört. Wie noch heute in vielen muslimischen Ländern der Fall, kann es kein Eigentum werden: Man kann höchstens eine Pacht vom Staat erwerben (meist bei den religiösen Behörden, die für die Verwaltung des *Waqf* zuständig sind), die der Sozialhilfe dient.[53]

Rufen wir uns ins Gedächtnis, was genau die Unabhängigkeitserklärung des Staates Israel vorsieht:[54]

> »[...] die Schaffung eines jüdischen Staats in Eretz Israel, bekannt unter dem Namen Staat Israel.«

Der Staat Israel ist also nur ein Teil eines größeren Areals (*Eretz Israel*, gewöhnlich mit »*Großisrael*« übersetzt). Israel ist womöglich das einzige Land der Welt, das nie präzise seine Grenzen festgelegt hat. Vom 12. bis 14.5.1948, kurz vor der Unabhängigkeitserklärung, hat die provisorische israelische Regierung diese Frage lange erörtert. Am Ende entscheidet sie sich auf Vorschlag Ben-Gurions mit fünf zu vier Stimmen dagegen. Schon zu diesem Zeitpunkt steht dahinter die Idee, die von den Vereinten Nationen definierten Grenzen zu erweitern.[55] Dieses Konzept wird übrigens, zu Recht oder zu Unrecht, von den Ländern der Region als Bedrohung wahrgenommen.

Die Waffenstillstandslinie von 1949 – auch »Grüne Linie« genannt – wird gewöhnlich als eine »faktische« Grenze angesehen, die aber auf internationaler Ebene nicht rechtlich anerkannt ist. Die von der UN-Generalversammlung 1947 vorgeschlagenen Grenzen sind formal die einzigen Grenzen, die für Israel international anerkannt sind. Israel hat diese Grenzen bis zu seiner Offensive gegen die arabischen Länder im Juni 1967 beibehalten. Deshalb nimmt man heute als Bezugspunkt das Datum 4.6.1967, also den Tag vor dem Sechstagekrieg. Die Anerkennung der Grenzen von 1967 durch die Hamas ist also ein Kompromiss, der sich dem annähert, was die UN-Generalversammlung im Jahr 1947 empfohlen hat.[56]

Aber Israel hatte *nie* die Absicht – selbst vor seiner Unabhängigkeitserklärung nicht –, seine territorialen Ansprüche auf die von der Resolution 181 vorgeschlagenen Grenzen zu beschränken. Die Medien schweigen zu diesem Problem. Es bildet aber den Kern der Palästinenserfrage. So ist etwa die Anerkennung des Staates Israel die Vorbedingung für jedes Gespräch mit der Hamas. Solange aber Israels Grenzen nicht klar definiert sind, ist eine solche Anerkennung unmöglich: Sie könnte bedeuten, dass man die Souveränität Israels über die besetzten Gebiete anerkennt und damit ipso facto die Möglichkeit verliert, sie rechtmäßig zurückzufordern. Deshalb wurde auch die Anerkennung der Existenz des Staates Israel durch die *Palästinensische Befreiungsorganisation* (PLO) unter Arafat im Jahr 1993 von vielen Palästinensergruppen abgelehnt. Sie sahen in ihr einen regelrechten »Blankoscheck« für den israelischen Besatzer.

»Eretz Israel«

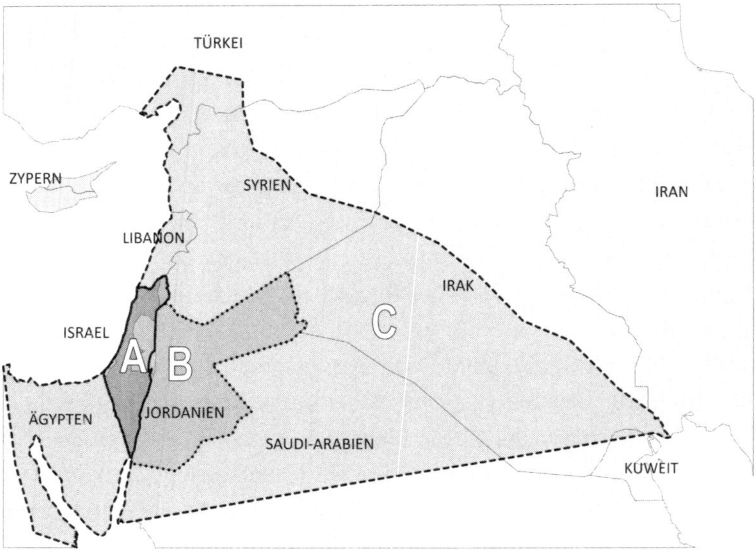

Abbildung 5 – »Großisrael« wird häufig von den Zionisten erwähnt. Es gibt mehrere Begriffsbestimmungen, worum es sich handeln könnte. Die kleinste Variante ist das heutige Israel (definiert durch die Waffenstillstandslinie von 1949) mitsamt den besetzten Gebieten (A). Es gibt eine mittlere Variante, die dem entspricht, was die revisionistischen Zionisten in den 1920er Jahren anstrebten, und die das heutige Jordanien einschlösse (B). Die größte Variante würde die Gebiete einschließen, wo die Juden nach biblischer Überlieferung gelebt haben (C). Sie wird allerdings ernsthaft nur von gewissen Ultra-Orthodoxen erwähnt. Selbst wenn es sich dabei vermutlich nur um den Traum gewisser Leute handelt, erklärt dies doch, weshalb Israel als einziges Land der Welt seine Grenzen nicht definiert hat. Es ist auch der Grund, weshalb die Palästinenser abgeneigt sind, Israel anzuerkennen. Denn unter diesen Umständen könnte die Anerkennung Israels ipso facto bedeuten, dass Palästina nicht mehr existiert. Die Anerkennung des jüdischen Staates durch die Palästinenser käme nur in Betracht, nachdem Israel seine Grenzen definiert hätte, wie es die UNO von ihm verlangt.

Es ist wichtig, hier daran zu erinnern, dass die Palästinenser nicht gegen die Existenz Israels sind, wovon die Charta der Hamas von 2017 zeugt. Wenngleich sie es zweifelsohne lieber gesehen hätte, wenn Israel nicht existierte. Hingegen will sie, dass Israels Staatsgebiet klar eingegrenzt ist: Aus rechtlicher Sicht sind die Palästinensergebiete besetzt. Aber Israel weist diese Terminologie zurück, weil ansonsten die Siedlungen und die aufgezwungenen Einschränkungen im Westjordanland und in Gaza ihre Legitimation verlieren würden.

Unsere Medien und Journalisten mühen sich, ein Bild der Hamas zu vermitteln, welches jeden Kompromiss unmöglich macht. 2006 berichtet die Zeitschrift *Boston Review* von einem Interview mit Dr. Mahmoud Ramahi, einem Abgeordneten der Hamas im Palästinensischen Legislativrat:[57]

> »Wir haben klar gesagt, dass Israel ein existierender Staat ist und von vielen Ländern auf der Welt anerkannt wird. Aber die Seite, die eine Anerkennung braucht, ist Palästina! Und die Israelis sollten unser Recht anerkennen, unseren Staat auf all dem 1967 besetzten Land zu haben. Danach sollte es einfach sein, zu einer Einigung zu kommen. Sie verlangen von uns, Israel anzuerkennen, ohne mitzuteilen, von welchen Grenzen sie sprechen! Lassen sie uns zuerst die Grenzen besprechen, und dann reden wir über eine Anerkennung.«

Anders ausgedrückt: Die Hamas ist nicht bereit, Israel für das gesamte Gebiet Palästinas einen Freibrief zu erteilen. Es ist zunächst nötig, dass Israel gemäß den Entscheidungen der Vereinten Nationen das Gebiet bestimmt, auf dem es seine Staatsmacht nach eigenem Bekunden ausübt. Anschließend würde es einfach, es anzuerkennen. Aber Israel tut nichts dergleichen ...

1.3. Die Jerusalemfrage

Jerusalem bezieht seinen Namen von Salem, Göttin der Kanaanäer, die die Vorfahren der ... Palästinenser waren. Jerusalem, das Epizentrum der drei großen monotheistischen Weltreligionen, wird von Juden, Christen und Muslimen gleichermaßen als ein heiliger Ort angesehen.

Aufgrund dieser Vielschichtigkeit sah die Resolution 181 aus dem Jahr 1949 einen internationalen Status für diese Stadt vor, um die sich damals Juden und Araber mit Gewalt stritten. In der Folge des

Sechs-Tage-Krieges annektiert Israel im Jahr 1967 Jerusalem, den Aufforderungen der Vereinten Nationen zum Trotz [Resolution 267 (1969)].

Bis heute ist die offizielle Position der Vereinten Nationen, dass es sich bei Jerusalem um ein von Israel besetztes arabisches Gebiet handelt.[58] Aus diesem Grund hat die UNESCO 2016 entschieden, die arabischen Bezeichnungen für markante Orte der Stadt beizubehalten. Dies löst einen Sturm der Entrüstung aus, insbesondere in den Reihen der amerikanischen extremen Rechten.[59] Der offizielle Name des Tempelbergs ist also Haram Al-Scharif.

Deshalb ist Donald Trumps Entscheidung, Jerusalem als Hauptstadt Israels anzuerkennen und die amerikanische Botschaft dorthin zu verlagern, völkerrechtswidrig. In Wahrheit verfolgen die Vereinigten Staaten keine Außenpolitik, die sich auf internationales Recht gründet, sondern auf »*Regeln*« (»*rules-based* international order«), die sie selbst bestimmen, etwa wenn sie Israels Recht anerkennen, die Golanhöhen zu annektieren.

Am 14.12.1981 hat also das israelische Parlament, die Knesset, das »Gesetz zur Annexion des Golan« verabschiedet. Drei Tage später verurteilt der Sicherheitsrat der Vereinten Nationen in seiner Resolution 497 diesen Akt, der die Resolution 242 sowie das humanitäre Völkerrecht (IHL) verletzt. Er erklärt den Akt für »*null und nichtig und international ohne rechtliche Wirkung*«[60]. Dennoch zieht dies keinerlei internationalen Protest oder Sanktionen nach sich. Und es hindert Donald Trump nicht daran, im Jahr 2019 diese Annexion anzuerkennen.[61]

Man hat es also mit politisch Handelnden zu tun, die das Völkerrecht selbst nicht achten, die gleichwohl wehklagen, wenn andere es missachten.

Die Situation hat sich noch mehr durch ein Projekt verschärft, das von ultraorthodoxen Juden und fanatischen amerikanischen Christen[62] betrieben wird. Sie wollen den Tempel des Salomon auf dem Haram al-Scharif (Tempelberg) wiedererrichten. Die Konsequenz wäre die Zerstörung heiliger Stätten des Islam.[63] Die Bildung einer von den Ultraorthodoxen gestützten rechtsextremen Regierung hat dieses Projekt beschleunigt.

Dieses Projekt ist alles andere als anekdotenhaft. Es hat die Unterstützung der israelischen Regierung erhalten und ist 2023 der Auslöser für zahlreiche Aufstände auf dem Al-Aqsa-Vorplatz (Tempelberg).[64] Es bildet auch die tiefere Ursache für die Operation Al-Aqsa-Flut. Das Projekt gefährdet eine Stätte, die zum Welterbe der Menschheit erklärt wurde. Trotzdem redet der Nachrichtensender France 24 davon *nur* auf seiner englischen Internetseite und nicht auf seiner französischen ... Mehr noch als die israelische Vergeltung für die Aktion der Hamas sorgt dieses Projekt für den Widerwillen Saudi-Arabiens, die Abkommen unter dem Namen *Abraham* umzusetzen oder wieder dauerhafte diplomatische Beziehungen mit Israel aufzunehmen.

1.4. Das Rückkehrrecht

Es ist ein Paradox, dass ein Volk einerseits für sich ein Rückkehrrecht in ein Gebiet, das es freiwillig vor 2000 Jahren verlassen hat,[65] beansprucht und andererseits den Palästinensern, denen vor 75 Jahren ihr Land mit Gewalt weggenommen wurde, eine Rückkehr verbietet.

Ein Problem besteht darin, dass erst die Briten und später die Israelis die Regeln für Landerwerb geändert und Gesetze eingeführt haben, die keine Rücksicht auf das Gewohnheitsrecht nehmen. Entsprechend diesem Recht wurde das Land aber ursprünglich erworben. Nachdem die Israelis die Bewohner mit Gewalt vertrieben hatten, von denen einige noch heute ihre Wohnungsschlüssel besitzen, räumten sie ihnen eine Frist ein, in der sie ihren Besitz zurückerhalten konnten. Sie teilten ihnen diese Frist jedoch nicht mit. Kurz gesagt: Man hat diesen Palästinensern ihr Land gestohlen und dem Diebstahl danach ein juristisches Deckmäntelchen gegeben.

Bereits sehr früh haben sich die Vereinten Nationen mit dem Schicksal der Palästinenser befasst, die mit Gewalt vertrieben und deren Land gestohlen wurde. Nachdem die UN ihn nach Israel entsandt hatte, um eine Lösung für diese Frage zu finden, wurde der Graf Folke Bernadotte von einer israelischen Miliz ermordet. Einer ihrer Anführer sollte später Premierminister werden ...

Im Dezember 1948 beschließt die UN-Generalversammlung ihre Resolution 194 (III):

> »11. [Sie] beschließt, dass denjenigen Flüchtlingen, die zu ihren Wohnstätten zurückkehren und in Frieden mit ihren Nachbarn leben wollen, dies zum frühestmöglichen Zeitpunkt gestattet werden soll und dass für das Eigentum derjenigen, die sich entscheiden, nicht zurückzukehren, sowie für den Verlust oder die Beschädigung von Eigentum, auf der Grundlage internationalen Rechts oder nach Billigkeit von den verantwortlichen Regierungen und Behörden Entschädigung gezahlt werden soll.«[66]

Halten wir fest, dass sie diese Aufgaben den »*verantwortlichen Regierungen und Behörden*« gibt, denn die Verbrechen sind nicht nur seit 1948 vom Staat Israel verübt worden, sondern auch von den provisorischen Behörden, die die jüdischen Milizen vor der Staatsgründung Israels angeleitet haben. Auf diesen Paragrafen wird regelmäßig in allen Resolutionen verwiesen, die das Thema betreffen. Die letzte Resolution zum Zeitpunkt des Verfassens dieses Werkes trägt das Datum 7.12.2023. Anders ausgedrückt: Seit 75 Jahren verweigert sich Israel, den Entscheidungen der Vereinten Nationen Folge zu leisten.

1.5. Das Widerstandsrecht

Die Lage der Palästinenser ist seit langer Zeit allgemein anerkannt. Im Dezember 1982 erlässt die UN-Generalversammlung die Resolution 37/43. Dies geschieht nach der israelischen Intervention im Libanon, um die PLO zu zerschlagen, die damals ihr Hauptquartier in Beirut aufgeschlagen hatte. Das damalige Vorgehen erinnert stark an das, was sich heute im Gazastreifen beobachten lässt. Die Resolution

> »[...] bekräftigt die Rechtmäßigkeit des Kampfes der Völker für ihre Unabhängigkeit, ihre territoriale Unversehrtheit, ihre nationale Einheit und, um sich von der kolonialen Fremdherrschaft und der Be-

satzung durch Fremde zu befreien mit allen ihr zur Verfügung stehenden Mitteln, einschließlich des bewaffneten Kampfes«.[67]

Dieses Prinzip wird noch genauer durch die Resolution 45/130 vom Dezember 1990 bekräftigt. Ihr Titel lautet: »*Die Wichtigkeit der allgemeinen Umsetzung des Selbstbestimmungsrechts der Völker und der schnellen Gewährung der Unabhängigkeit für kolonisierte Länder und Völker zum Zweck der effektiven Garantie und Einhaltung der Menschenrechte*«. Die UN-Generalversammlung erklärt:

»[...] Ebenfalls unter Berücksichtigung der Genfer Erklärung zu den Palästinensern und des Aktionsprogramms für die Umsetzung der Rechte der Palästinenser, die von der Internationalen Konferenz zur Palästinafrage verabschiedet wurden,

in der Überzeugung, dass die Vorenthaltung des unveräußerlichen Rechts der Palästinenser auf Selbstbestimmung, Unabhängigkeit und Rückkehr nach Palästina, dass die brutale Unterdrückung der Intifada, eines heldenhaften Aufstands, und der palästinensischen Bevölkerung in den besetzten Gebieten durch die israelischen Kräfte sowie die wiederholten Aggressionen Israels gegen die Bevölkerung der Region eine schwere Bedrohung für den Frieden und die internationale Sicherheit darstellen,

im Gedanken an die Resolutionen 605 (1987) vom 22.12.1987, 607 (1988) vom 5.1.1988 und 608 (1988) vom 14.1.1988 des Sicherheitsrats und ihrer eigenen Resolutionen 43/21 vom 3.11.1983, 43/177 vom 15.12.1988 und 44/2 vom 6.10.1989, in Betreff auf die Verschlechterung der Situation des palästinensischen Volks in den besetzten Gebieten,

in tiefer Sorge und Beunruhigung über die bedauerlichen Folgen der von Israel ausgeübten Aggressionen gegen den Libanon, über seine Praktiken und seine anhaltende Besetzung von Teilen Südlibanons, wie auch über seine Weigerung die entsprechenden Resolutionen des Sicherheitsrats, insbesondere die Resolution 425 (1978) vom 19.3.1978 umzusetzen,

1. Verlangt von allen Staaten vollständig und gewissenhaft die Resolutionen der UNO umzusetzen, die das Recht zur Selbstbe-

stimmung und Unabhängigkeit der Völker betreffen, die einer kolonialen und fremden Herrschaft unterworfen sind;

2. Bekräftigt die Rechtmäßigkeit des Kampfes, den die Völker führen, um ihre Unabhängigkeit, ihre territoriale Unversehrtheit und ihre nationale Einheit zu sichern und um sich von der kolonialen Herrschaft, der Apartheid und der fremden Besatzung mit allen, ihnen zur Verfügung stehenden Mitteln, einschließlich des bewaffneten Kampfes, zu befreien [...].«[68]

Der palästinensische Widerstand gegen die israelische Besatzung ist also rechtmäßig, auch der Einsatz von Gewalt. Natürlich erlaubt diese Rechtmäßigkeit nicht jedes Mittel, und ganz sicher keine Terrorangriffe gegen die Zivilbevölkerung.

Der Begriff »Widerstand« unterstellt einen Angriff auf eine Besatzungsarmee. Aber in Palästina müssen die Dinge differenziert betrachtet werden: Sehr viele Übergriffe werden von Siedlern begangen. Bei ihnen handelt es sich um bewaffnete Zivilisten, die ihre Aktionen mit dem wohlwollenden Einverständnis der Behörden durchführen. Im Falle des Gazastreifens macht es die Belagerung dieser Zone für ihre Bewohner unmöglich, auf »klassische« Weise Widerstand zu leisten, weil die Soldaten sie von außerhalb unter Beschuss nehmen.

Terrorismus ist etwas Verachtenswertes und muss verurteilt werden. Aber ein jeder sollte sich in die Situation der Palästinenser versetzen: Was tun Menschen in einer solchen Lage, wenn jeder Verhandlungsprozess ausgeschlossen ist, wenn sich die internationale Gemeinschaft nicht mehr für ihr Schicksal interessiert, wenn die westlichen Politiker die Massaker gutheißen, die sie erleiden?

Anfang der 1990er Jahre stellte Jan Narveson, ein Antiterrorspezialist in den Vereinigten Staaten, fest:[69]

»Wenn die israelische Regierung einfach nur den gleichberechtigten freien Handel mit den Palästinensern zulassen würde, wäre dann ihr Hang zum Terrorismus genauso stark? [...] Terrorismus ist wohl unter allen Umständen der falsche Weg, aber es gibt viele Umstände, in denen er verständlich oder sogar entschuldbar sein kann.

Wir müssen tun, was wir können, um derartige ›Umstände‹ so selten wie möglich zu machen.«

Hier sollte eine intelligente Strategie im Kampf gegen den Terrorismus ansetzen. Wenn Israel wirklich daran gelegen wäre, den Terrorismus zu beseitigen, dann würde es eine Strategie der Ermunterung zur wirtschaftlichen und sozialen Entwicklung verfolgen. Aber das ist nicht der Fall, denn sein Ziel ist ein anderes. Es geht ihm vielmehr darum, das Leben für die Palästinenser so unmöglich zu machen, dass sie ihre Gebiete verlassen.

2. Die israelische Besatzungspolitik

2.1. Die Lage in den besetzten Gebieten

Israels Präsenz in den besetzten Gebieten wird von den Genfer Konventionen geregelt. Sie bestimmen den Rahmen für das Regierungshandeln und die Behandlung der Bevölkerung. Folgende Punkte sind hierbei entscheidend:

Erstens erwirbt eine Besatzungsmacht keine hoheitlichen Rechte im besetzten Gebiet. Sie kann dementsprechend den Status und die grundlegenden Merkmale des Gebiets nicht ändern.

Zweitens ist die Besatzung ein vorübergehender Zustand. In dieser Hinsicht muss die Besatzungsmacht den Status quo erhalten und darf keine weitergehende Politik oder Maßnahmen verfolgen, die dauerhafte Veränderungen schaffen oder nach sich ziehen, insbesondere im sozialen, wirtschaftlichen und demographischen Bereich. Es geht darum, ein möglichst normales Leben im besetzten Gebiet zu ermöglichen und es zum Nutzen der örtlichen Bevölkerung zu verwalten.

Drittens muss die Besatzungsmacht ständig das Gleichgewicht zwischen den eigenen Sicherheitsinteressen und den Interessen der örtlichen Bevölkerung wahren. Selbst wenn dieses Gleichgewicht eher zugunsten der eigenen Sicherheitsbedürfnisse ausfällt, erlaubt das Besatzungsrecht ihr nicht, die Bedürfnisse der örtlichen Bevölkerung völlig zu ignorieren.

Viertens gestatten die Besatzungsregeln einer Besatzungsmacht nicht, ihre Autorität zur Durchsetzung eigener Interessen zu nutzen (abgesehen von Militärinteressen). Sie darf die Bewohner, Ressourcen und andere Güter des besetzten Gebiets nicht zum Vorteil ihres eigenen Staatsgebiets und dessen Bevölkerung einsetzen.

Seit 1947 hält Israel Gebiete besetzt, die es mit Waffengewalt erobert hat, und führt eine ethnische Säuberung der arabischen Bevölkerung Palästinas durch. Es ist übrigens zum großen Teil diese Bevölkerung, die mittlerweile die Bewohner des Gazastreifens ausmacht. Der israelische Staat, der aus diesem ersten Konflikt im Jahr 1949 entsteht, hat also schon umstrittene Grenzen, die heute die Fakten-, aber nicht die Rechtslage darstellen. Der Angriff Israels auf seine Nachbarn im Juni 1967 war rechtswidrig in Bezug auf das Völkerrecht. Und der Erwerb von Gebieten, der daraus resultierte, war es laut Charta der Vereinten Nationen ebenso.

Im August 2023 liefert ein Bericht, der für die Vereinten Nationen angefertigt wurde[1] und die Gesetzmäßigkeit der israelischen Besatzung der Palästinensergebiete untersuchen soll, eine dokumentierte Kritik der israelischen Besatzung. Die Auflösung von Demonstrationen unter Einsatz von tödlichen Waffen[2], die Bezeichnung von palästinensischen Menschenrechtsorganisationen als »*Terrororganisationen*«[3], Massenverhaftungen[4] und willkürliche Inhaftierungen werden regelmäßig von den Vereinten Nationen festgestellt:

> »Die gängige Praxis der Verwaltungshaft ist mit einem Kriegsverbrechen gleichzusetzen. Geschützten Personen wird dadurch gezielt das Recht auf ein faires und ordnungsgemäßes Verfahren entzogen.«[5]

Durch das Völkerrecht werden der Besatzungsmacht eines Landes Pflichten auferlegt. Aber Israel hält sich nicht daran. Diese Missachtung des Völkerrechts durch Israel ist die Ursache des palästinensischen Widerstands. Und die Anhäufung von wiederholten und straflosen Rechtsverletzungen ruft den Terrorismus hervor.

Ein grundlegendes Problem besteht darin, dass der Westen sich weigert, die Achtung des Völkerrechts einzufordern. Im Jahr 2015 untersucht eine vom Europäischen Parlament in Auftrag gegebene Studie die Einhaltung des Humanitären Völkerrechts (HVR) unter der Besatzung von Gebieten. Es werden die Krim und die besetzten Palästinensergebiete verglichen. Die Studie stellt fest, dass Russland sofort zum Ziel von Sanktionen wurde, und empfiehlt, Israel ebenso

Sanktionen aufzuerlegen, als Zeichen einer in sich stimmigen Politik.[6] Daraus wird nichts. Dieser Unterschied im Umgang nährt Verschwörungstheorien und befeuert den Antisemitismus bei uns.

Aber die Sicherheitsfrage ist nicht das einzige Problem. In den besetzten Gebieten ist auch der Zugang zu Wasser problematisch. Denn die Regeln für Brunnenbohrungen und für die Wassernutzung unterscheiden sich für Siedler und Palästinenser. Im Westjordanland bestimmt der *Militärerlass 158* vom 30.10.1967, dass Palästinenser keine Brunnen mehr ohne eine spezielle, durch Israel erteilte Erlaubnis bohren dürfen. Bis 1992 wurden lediglich 34 solcher Erlaubnisse erteilt. Im Jahr 1987 sah das *West Bank Data Base Project* vor, für 1990 jedem Palästinenser 137 m^3 und jedem Siedler 1 000 m^3 Wasser zuzuteilen. Israel nutzt damals 85 Prozent des Grundwasservorkommens für eigene Zwecke und erschöpft so die Ressourcen der Palästinenser. Im Ergebnis verringern sich die palästinensischen Möglichkeiten der Bewässerung, was sie dazu zwingt, ihr Land zu verlassen, während die israelischen Siedlerkolonien ihre Swimming-Pools füllen können![7] 1984 hatten die Palästinenser in Gaza einen jährlichen Pro-Kopf-Wasserverbrauch von 123 m^3, während die israelischen Besatzer pro Kopf 2 326 m^3 verbrauchten. Dadurch wurde der palästinensische Anbau von Citrusfrüchten zerstört.[8]

Seit den 1990er Jahren hat sich die Lage nur verschlechtert.

2.2. Die Frage des »jüdischen Staates«

Israel hat, wie die große Mehrheit der Staaten, keine Verfassung, sondern eine Reihe von grundlegenden Gesetzen, die einen Verfassungskorpus ergeben. Am 19.7.2018 hat die Knesset das Gesetz »*Israel, Nationalstaat des jüdischen Volkes*« verabschiedet, das die Grundprinzipien für das Regierungshandeln und die Politik des Staates Israel bestimmt.[9]

Bis dahin hatte sich Israel nicht als einen »jüdischen Staat« definiert, da fast 20 Prozent seiner Bevölkerung Nicht-Juden sind. Nichtsdestotrotz hat Benjamin Netanjahu seit 2001 wiederholt erklärt[10], dass die Anerkennung Israels als ein »jüdischer Staat«[11] eine

Vorbedingung für jedwede Diskussion mit den Palästinensern sei.[12] Paradoxerweise verlangte er von den Palästinensern etwas, das die Israelis selbst gar nicht getan hatten, wie der ehemalige Leiter des israelischen Inlandsgeheimdienstes Schabak, Avi Richter, anmerkte.[13]

Die Resolution 181 von 1947 sieht bereits die Schaffung eines »jüdischen Staates« und eines »arabischen Staates« vor. Diese Benennung ist also keine wirkliche Überraschung. Das Problem besteht darin, dass als ein Effekt des Gesetzes von 2018 den Palästinensern ihre Rechte genommen werden. Denjenigen, die immer noch zum Ziel haben, auf das Land zurückzukehren, das ihnen seit 1947 weggenommen wurde, nimmt der rein jüdische Status Israels jedes Recht auf eine eventuelle Rückkehr. Mit dem Gesetz wird sogar eine mögliche Einstaatenlösung für zwei Völker ausgeschlossen. Deshalb hätten es zahlreiche israelische Intellektuelle lieber gesehen, wenn sich Israel »Staat der Juden«[14] nennen würde.

Die Palästinenser haben also zwei wesentliche Gründe, um vorsichtig zu sein, bevor sie Israel anerkennen:

- Indem sie einen Staat Israel anerkennen, der seine Grenzen nicht definiert hat, gehen sie das Risiko ein, jedes mögliche Hoheitsrecht über diejenigen Gebiete zu verlieren, die heute als besetzt gelten.
- Indem sie anerkennen, dass es sich um einen jüdischen Staat handelt, verabschieden sie sich von den Rechten der in Israel lebenden Araber. Und sie gehen das Risiko ein, auf die Einstaatenlösung zu verzichten.

Auch deshalb spricht die Hamas in ihrer Charta von einem »zionistischen Gebilde« und manchmal in ihren Äußerungen vom »Gebilde Israel«. Es ist also falsch zu behaupten, die Hamas verneine die Existenz Israels: Sie weigert sich, die Souveränität eines Staates anzuerkennen, der von vornherein jede Lösung des Grenz- und Rückkehrproblems ausschließt. Umgekehrt fordert Benjamin Netanjahu diese Anerkennung, um die Lage der Palästinenser zu zementieren.

Wie man feststellen kann, gibt es unter den Palästinensern eine große Übereinstimmung, und sie fühlen sich dem Völkerrecht verbunden. In diesen Fragen können die Israelis nur schwer mithalten. Deshalb bemühen sie einen religiösen Diskurs.

2.3. Die Frage der »Apartheid«

Im März 2017 kommt ein von den Vereinten Nationen in Auftrag gegebener Bericht zu folgendem Ergebnis:

> »Israel hat ein Apartheid-Regime eingerichtet, welches das palästinensische Volk als Ganzes dominiert.«[15]

Auf Druck der Vereinigten Staaten und Israels wird der Bericht umgehend von der Internetseite der *Wirtschafts- und Sozialkommission für Westasien* (englisch ESCWA) der Vereinten Nationen entfernt, und ihre Leiterin tritt zurück. Im Februar 2022 veröffentlicht *Amnesty International* einen Bericht mit Sprengkraft über die israelische Verwaltung der besetzten Gebiete (nach der Sprachregelung der Vereinten Nationen: *Occupied Palestinian Territory* oder OPT).[16] Dessen Schlussfolgerungen werden im März durch den Bericht eines Experten bestätigt, den die Vereinten Nationen beauftragt hatten und der den Begriff »Apartheid« verwendet.[17]

Der Begriff »Apartheid« ist in der »Konvention gegen Apartheid« vom 30.11.1973 definiert, und die israelische Politik gegenüber der arabischen Minderheit, die auf seinem Staatsgebiet lebt, entspricht dieser Definition (siehe im Anhang). Anders ausgedrückt gewährt Israel, das sich als ein »jüdischer Staat« definiert, seinen »Staatsbürgern« unterschiedliche Rechte, abhängig von deren ethnischen und religiösen Zugehörigkeit. Es handelt sich um dasselbe Prinzip wie bei den sogenannten Nürnberger Gesetzen von 1935 in Nazideutschland.

Gleichwohl bezeichnet das Wort »Apartheid«, das gerne als »Abgrenzung« oder »Ausgrenzung« übersetzt wird, ursprünglich eine von Südafrika verfolgte Politik, die die *»getrennte Entwicklung«* (*»afsonderlike ontwikkeling«*) der Weißen, Farbigen (*sic*) und Schwarzen propagierte.[18] Sie basierte auf der Annahme, dass Weiße und Schwarze in verschiedenen kulturellen Kontexten lebten und dass ihre entsprechenden Entwicklungen daher in einem unterschiedlichen Tempo stattfinden sollten. Diese Denkweise ist ihrem Wesen nach rassistisch, aber es wäre falsch, sie durch das Prisma des Hasses zu verstehen. Denn selbst wenn es zahlreiche Entgleisungen gegeben hat, so war der Antrieb der Apartheid eher ein übertriebener Paternalismus im Geiste des Kolonialismus des ausgehenden 19. und beginnenden 20. Jahrhunderts. In der Tradition des Protestantismus fühlten sich die Südafrikaner verantwortlich für die Entwicklung ihrer schwarzen Bevölkerung. Trotz der Diskriminierungen und eines unterschiedlichen Angebots an Dienstleistungen für die jeweiligen Bevölkerungsgruppen waren die Schulen sowie die Krankenversorgung, die der schwarzen Bevölkerung zur Verfügung stand, um einiges besser als das, was die Nachbarländer zu bieten hatten. Im Übrigen gab es eine massive illegale Einwanderung *nach* Südafrika. Dies veranlasste die Regierung dazu, einen Grenzzaun zu Mosambik und Simbabwe zu errichten. Zudem wurden Autonomiegebiete (»Bantustan« oder »Homeland«) geschaffen, um eine »Selbstverwaltung« der schwarzen Bevölkerung zu erlauben. Somit bestand die Vorstellung von einer Entwicklungs- und Hilfspolitik gegenüber der schwarzen Bevölkerung, so unvollkommen und rassistisch sie auch sonst war. Diese Politik hat zur Ausbildung von Eliten beigetragen, die sich heute an der Staatsspitze befinden. Sie hat womöglich auch zum reibungslosen demokratischen Übergang Anfang der 1990er Jahre beigetragen.

Die Bewertung als Apartheid wird von Israel zurückgewiesen. Sie war das Thema zahlreicher Artikel und Diskussionen. Es müssen hier zwei Situationen betrachtet werden:

1. Die Situation innerhalb Israels, wo alle Staatsbürger gleichberechtigt sein sollten. In einem demokratischen Land dürfte die Religion kein Kriterium sein, um Rechte zu genießen. In Nazideutschland gaben die sogenannten »Nürnberger Gesetze« von 1935 den Einwohnern des Reichs je nach ethnischer Herkunft unterschiedliche Rechte. Anders ausgedrückt werden die Rechte danach vergeben, was man ist, und nicht danach, was man tut. Das Gesetz »*Israel, Nationalstaat des jüdischen Volks*« von 2018

macht exakt dasselbe. Es gibt den in Israel lebenden Arabern andere Rechte als ihren jüdischen Mitbürgern. Es besteht faktisch eine Situation der Apartheid.

2. Im Fall der besetzten Gebiete hat man es mit zwei Gebilden zu tun, von denen das eine vom anderen besetzt wird. Das Verhältnis von Besatzer zu Besetztem bringt zwingend einen Statusunterschied mit sich. Dennoch kann der Besatzer nicht über den Besetzten verfügen wie über einen verwertbaren Rohstoff. Die Genfer Konventionen existieren genau dafür, die Besatzungspolitik zu überwachen und zu vermeiden, dass der Besatzer die Situation missbraucht. Anders ausgedrückt müssen auch die Gesetze und das Verhalten, was in den besetzten Palästinensergebieten (OPT) an den Tag gelegt wird, den Völkerrechtsnormen genügen. Israel tendiert jedoch dazu, die OPT – insbesondere das Westjordanland – als sein erweitertes Staatsgebiet zu betrachten. Und die Siedlungen in den besetzten Gebieten werden als ein »*nationaler Wert*« angesehen.[19]

Das Problem besteht darin, dass Israel die besetzten Gebiete wie eigenes Staatsgebiet behandelt. Es entnimmt dort Wasser und Rohstoffe. Und es verwendet sogar die Kennzeichnung »Made in Israel« für die dort erzeugten Produkte. Und bei alldem fährt es fort, eine Besatzungspolitik zu praktizieren. Wenn sich also der Begriff »Apartheid« in erster Linie auf die auf israelischem Boden praktizierte Politik bezieht (Innenpolitik), so kann der Begriff möglicherweise auch auf seine Politik in den OPT angewendet werden (Besatzungsmacht).

Das Konzept einer »*getrennten Entwicklung*« ist für Palästina nie geltend gemacht worden. Als Besatzungsmacht hatte Israel nie die Absicht, die Palästinenser in ihrer Entwicklung zu unterstützen. Nicht einmal im Rahmen einer Antiterrorstrategie, die zum Ziel hätte, die palästinensischen Kämpfer zu demotivieren. Die Bautätigkeit und die Verbesserung der Infrastruktur im Westjordanland fanden fast ausschließlich zum Nutzen der Siedler statt. Als sich Israel im Jahr 2005 aus dem Gazastreifen zurückzog, hat es sogar die Infrastruktur zerstört, die eine wirtschaftliche Entwicklung des Gebiets ermöglicht hätte.

In einer Demokratie ist das Volk der Souverän, das gesamte Volk. Das Gesetz zum jüdischen Nationalstaat gibt jedoch nur den jüdischen Staatsbürgern gewisse Privilegien, wie etwa das Selbstbestimmungsrecht, und nicht den arabischen Staatsbürgern. Das entspricht der Erklärung Benjamin Netanjahus.

Wir hören oft, Israel sei die einzige Demokratie im Nahen Osten. Das war sicherlich das ursprüngliche Ziel. Sicher ist aber auch, dass dies heute nicht (mehr) der Fall ist. Israel ist nicht das Land aller seiner Bürger, sondern einzig und allein der jüdischen. Selbst wenn Israels Staatsorgane den westlichen Institutionen gleichen, so endet damit auch schon die Gleichheit. Bezeichnenderweise verkündet der israelische Abgeordnete Zvika Vogel:

> »Als Erstes zerschlagen wir die Hamas, dann kümmern wir uns um die Hisbollah und zum Nachtisch regeln wir die Dinge am Obersten Gericht. Alles zu seiner Zeit. Nur Geduld!«[20]

Indem dieser Abgeordnete das Oberste Gericht Israels mit der Hamas und der Hisbollah in eine Reihe stellt, zeigt er uns, welchen Wert er den Institutionen seines Landes beimisst!

2.3.1. Die Siedlerkolonien in den OPT

Das Verhalten einer Besatzungsmacht in einem bestimmten Gebiet wird vom IV. Genfer Abkommen, Teil III definiert. Beispielsweise ist es verboten, Zerstörungen zu begehen oder dauerhafte Veränderungen vorzunehmen, die das Leben der dort lebenden Menschen beeinträchtigen.

Das Gesetz »*Israel, Nationalstaat des jüdischen Volks*« definiert Israel als einen jüdischen Staat. Es setzt das Arabische vom Status einer »offiziellen Sprache« herab in den Status einer »besonderen Sprache«. Und die Siedlungen in den besetzten Gebieten werden als ein »*nationaler Wert*« angesehen.[21]

Das Problem besteht darin, dass diese Verfassung sich nicht an das Völkerrecht hält, was in praktisch allen UN-Resolutionen zur Sprache kommt, die Israel verurteilen (siehe Anhang). Um diese Schwierig-

Präsenz der Siedler im Westjordanland

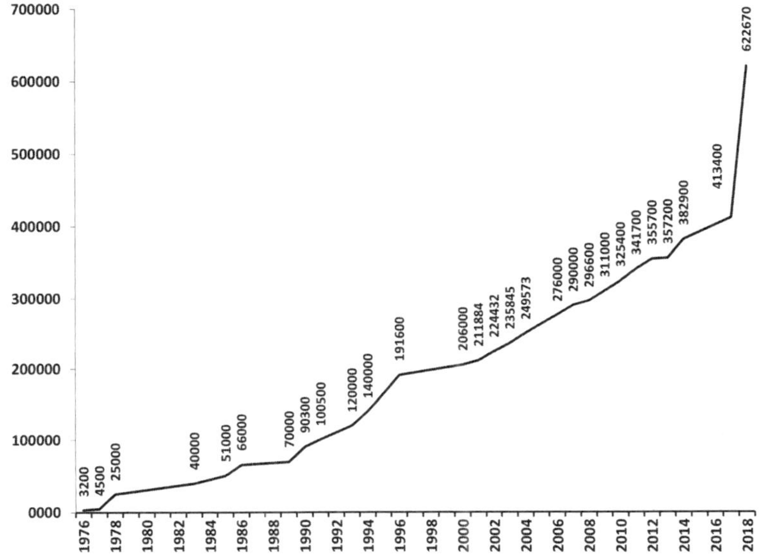

Abbildung 6 – Israels Siedlungspolitik in den besetzten Gebieten verstößt gegen mehrere UN-Resolutionen, insbesondere gegen die Resolution 242 von 1967. Israel hat eine aggressive Politik der Besiedlung verfolgt, um der arabischen Mehrheit in Palästina zu begegnen. In vierzig Jahren ist die Zahl der jüdischen Bevölkerung des Westjordanlands um fast das 200-Fache angestiegen. [Quelle: B'Tselem, Vereinte Nationen]

keit zu umgehen, spricht die israelische Regierung von »*umstrittenen Gebieten*«, während das Oberste Gericht sie »*kriegerische Besitzungen*« nennt. Man spielt mit Begriffen, um die Prinzipien nicht zu achten, wie das häufig bei Israel der Fall ist. In Wirklichkeit sind laut Völkerrecht der Gazastreifen, das Westjordanland, Ostjerusalem, die Golanhöhen und eine Vielzahl von Gebieten entlang der libanesischen Grenze (der Sektor der Schebaa-Farmen eingeschlossen) »besetzte Gebiete«.

Die dort im Rahmen einer rechtswidrigen Gerichtsbarkeit durchgeführten Bauvorhaben sind ebenfalls rechtswidrig. Demzufolge sind alle von Israel in den besetzten Gebieten gegründeten Siedlungen völkerrechtswidrig. Aber im Rahmen seiner Besatzungspolitik hat Israel

Siedlungen definiert, die über eine Erlaubnis verfügen (»legale« Siedlungen), und solche, die keine Erlaubnis haben (»illegale« Siedlungen). Es gibt also eine Art doppelter Rechtsprechung, die das Völkerrecht und das Recht der Palästinenser nicht anerkennt.

2.3.2. Die Unmöglichkeit des Aufbaus einer palästinensischen Wirtschaft

Von den Sicherheitsfragen und den Menschenrechten einmal abgesehen, verstößt die israelische Besatzung gegen das Kriegsrecht. Eine Bevölkerung hat auch unter einer Besatzung das Recht auf wirtschaftliche Betätigung wie Landwirtschaft oder Handwerk, um seinen Lebensunterhalt zu sichern. Indessen haben nicht nur landschaftliche Veränderungen, wie die Errichtung von Trennmauern im Westjordanland und in Gaza, die landwirtschaftliche Nutzung in erheblichem Maße eingeschränkt (insbesondere durch die Zerstörung der palästinensischen Bewässerungssysteme). Es sind auch an die 100 000 Olivenbäume, die der Ölgewinnung dienten, zerstört worden.[22]

Eines der Probleme der israelischen Besatzung besteht darin, dass Israel sich die Arbeit der Palästinenser unrechtmäßig aneignet, etwa indem es deren Erzeugnisse als israelische betrachtet. So haben die Erzeugnisse aus den besetzten Gebieten dieselbe Kennzeichnung, nämlich »*Made in Israel*«, wie die in Israel produzierten Güter.

Nach der Entscheidung des Europäischen Gerichtshofs[23] müssen die Konsumenten klar erkennen, welche Produkte aus dem Staat Israel und welche aus den Siedlungen in den besetzten Gebieten stammen. Diese Siedlungen sind rechtswidrig und stellen mutmaßlich ein Kriegsverbrechen nach dem Römischen Statut des Internationalen Strafgerichtshofs dar. Es ist daher gerechtfertigt, dass die europäischen Konsumenten über genaue Informationen verfügen, um sich entscheiden zu können, ob sie in diesen Gebieten hergestellte Erzeugnisse kaufen.[24] Die Europäische Union verlangt also, diese Erzeugnisse dementsprechend zu kennzeichnen.[25]

Das ist der Daseinsgrund für die Bewegung »BDS« *(Boycott, Divestment and Sanctions)*, die zum Boykott israelischer Erzeugnisse aufruft, solange der israelische Staat die internationale Regelung nicht anwendet. Frankreich ist dafür bekannt, mit dem Völkerrecht zu spielen, statt es anzuwenden. In diesem Sinne verurteilt es die Aktivisten, die sich an der BDS-Bewegung beteiligen.[26]

Die Anhäufung dieses Unrechts, ergänzt durch bestenfalls wirre Erklärungen, ruft paradoxerweise Empörung hervor. Es sind zu einem Großteil solche Gründe, die dazu führen, dass Frankreich der Ort von mehr terroristischen und antisemitischen Angriffen ist als die anderen europäischen Länder. Das ist eine bewusste Entscheidung.

3. Der Kampf gegen den palästinensischen Widerstand

3.1. Der israelische Nachrichtendienst

Jeder Strategie liegt ein Verständnis des Problems zugrunde. Es ist die Aufgabe eines Nachrichtendienstes, eine Analyse der Sicherheitslage abzugeben, um die Situation zu *verstehen* und die Entscheidungsfindung zu erleichtern. Zur Beschreibung nachrichtendienstlicher Aktivitäten benutzen die Angelsachsen das Wort »*intelligence*«, das vom lateinischen Verb »*intellegere*« (verstehen) kommt.

Der spektakulären Gefangennahme von Adolf Eichmann im Jahr 1960 verdanken die israelischen Nachrichtendienste ihren Ruf. Und in der Tat sucht ihre Fähigkeit, palästinensische Terroristen auf der ganzen Welt aufzuspüren und zu eliminieren, ihresgleichen. Aber darin besteht nicht das Wesentliche eines Nachrichtendienstes. Es ist sogar der unwesentlichste Teil.

Die Hauptaufgabe des Nachrichtendienstes ist es, wichtige Elemente für eine Entscheidungsfindung auf den Ebenen der Politik, Strategie, Operation und (operativen) Taktik zu liefern. Er ist also ein unverzichtbares Instrument des Rechtsstaats. Dort liegt die Entscheidung eben nicht im freien Ermessen, sondern im Verstand. Sie basiert auf den Interessen der Nation und nicht auf Einzelinteressen. Die Analyse des Nachrichtendienstes soll einen Bezugspunkt darstellen, der dem Entscheider dabei hilft, sich von Desinformation, Gerüchten und somit von äußeren Einflüssen freizumachen. Aus diesem Grund muss der Nachrichtendienst unparteiisch bleiben, die Lage erhellen und sich dabei aus politischen Streitereien heraushalten, wenn er sachdienlich sein möchte.

Mit der Entwicklung von Konflikten, deren asymmetrische Logik man nicht erfasst, und mit einer zunehmenden Bürokratisierung sind die Nachrichtendienste in allen Ländern risikoscheu geworden, was die Voraussicht angeht. Daraus ergeben sich seit Mitte der 1990er Jahre zwei folgenschwere negative Tendenzen, die alle westlichen Nachrichtendienste betreffen: ein Abgleiten in polizeiliche Ermittlungstätigkeit einerseits und das Erstellen von Analysen, die mehr beschreiben, als voraussehen, andererseits. Die israelischen Dienste bilden keine Ausnahme von der Regel. Sie waren nicht in der Lage, die ägyptischen Angriffsvorbereitungen im Oktober 1973 zu erkennen, sie haben die schiitische Unterstützung für den Libanon im Jahr 1982 nicht ausnutzen können, und sie haben 2006 die Verteidigungsfähigkeit der Hisbollah stark unterschätzt.

Unser Verständnis der israelischen Nachrichtendienste beschränkt sich häufig auf eine romantische Betrachtung der Heldentaten des Mossad. Der Mossad (wörtlich »Institut«) ist eine Einrichtung, die für den strategischen Nachrichtendienst und Geheimoperationen verantwortlich ist. In den Vereinigten Staaten entspricht ihm die CIA. Sein Leiter ist abhängig vom Amt des Premierministers. Seine Geheimaktivitäten beschränken sich nicht allein auf Morde (die seinen Ruf geprägt haben), sondern finden auch auf dem Gebiet der Geheimdiplomatie statt, die auf Englisch als »*second track diplomacy*« bezeichnet wird. Der Vorteil eines Geheimdienstes besteht darin, dass er Kontakt zu »geächteten« Gesprächspartnern aufnehmen kann, wie etwa zu Bewegungen, die als terroristisch gelten, um eine Einigung zu finden. Der Weg für das Oslo-Abkommen wurde ebenfalls von Diensten wie der CIA und dem Mossad bereitet, und deshalb hat auch die CIA die Schaffung von Sicherheitskräften der Palästinensischen Autonomiebehörde unterstützt. In diesem Sinne ist es der Mossad, der Ende 2023 in Warschau die Bedingungen für einen möglichen Waffenstillstand zwischen der Hamas und Israel und eine Lösung für die Gefangenen verhandelt, mit den Vereinigten Staaten, Katar und der Central Intelligence Agency (CIA).[1] Er wird erneut im Januar 2024 mit Verhandlungen in Frankreich zu einem Gefangenenaustausch beauftragt.

Allerdings lassen sich seit Ende 2023 Spannungen innerhalb der israelischen politischen Führung beobachten. Während *ausnahmslos* alle westlichen Länder die genozidale Politik Netanjahus unterstützen, scheinen die israelischen Dienste einen ausgewogeneren Ansatz der Konfliktführung zu haben. Der Mossad ist wahrscheinlich der am besten ausgerüstete Dienst, um Informationen zum Schicksal der von der Hamas genommenen Geiseln zu erhalten. Trotzdem untersagt Benjamin Netanjahu dem Leiter des Mossad, Davis Barnea, im Dezember 2023 direkte Kontakte zum Verteidigungsminister, Yoav Gallant, zu unterhalten, wenn er dabei nicht auch anwesend ist.[2]

Die Nachrichtendienste in Israel

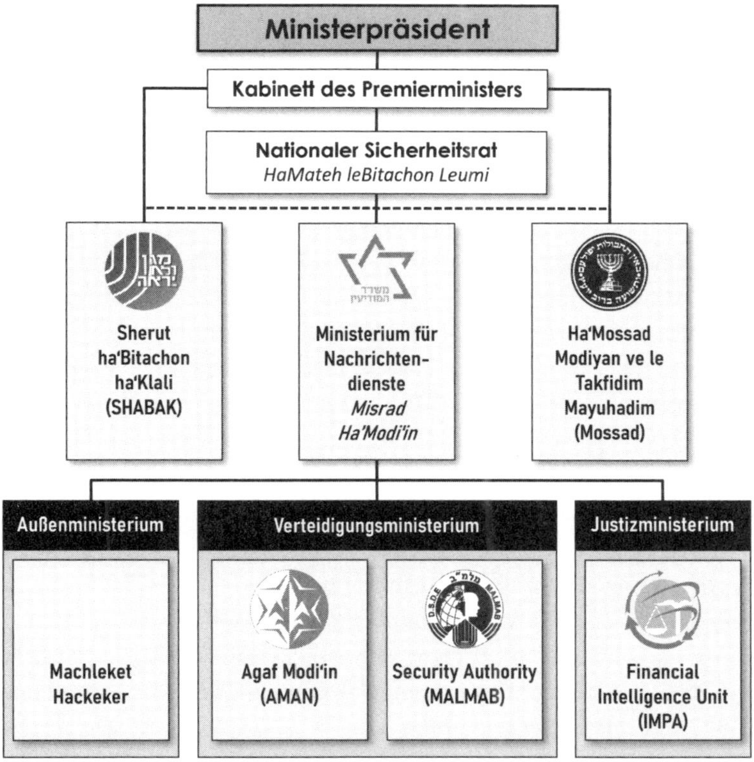

Abbildung 7 – Die israelischen Nachrichtendienste haben sich über die Jahre einen ausgezeichneten Ruf erworben. Allerdings hat man als Fachmann zwangsläufig eine kritischere Sicht der Dinge. Während die israelischen Dienste sich dank ihres unvergleichlichen Netzwerks von »Sayanim« (hebräisch für »Informanten«) bei der Personenverfolgung auszeichneten, bestand ihr Problem im Wesentlichen in ihren mangelnden analytischen Fähigkeiten.

Wie so häufig stellt man fest, dass die westlichen Regierungen (insbesondere die Vereinigten Staaten, Großbritannien, Deutschland, Italien, Frankreich, die Schweiz sowie Österreich) systematisch die radikalste Position der israelischen Regierung (die rechtsradikal und sehr umstritten ist) übernehmen, während die israelischen Nachrichtendienste sehr oft eine gemäßigtere Position vertreten.

Neben dem Mossad ist der Schabak, oder Schin Bet bzw. SBK, der zweite »sagenumwobene« Nachrichtendienst Israels. Tatsächlich handelt es sich nicht um einen Nachrichten-, sondern um einen Sicherheitsdienst. Er ist das Gegenstück zum französischen Innengeheimdienst *Direction Générale de la Sécurité Intérieure* (DGSI). Schabak unterhält ein Netz von Informanten in Israel und den besetzten Gebieten. Die Aufgabenverteilung zwischen Mossad und Schabak in den besetzten Gebieten wird pragmatisch, von Fall zu Fall, gehandhabt.

Während die israelische Herangehensweise an die Palästinenserfrage ausschließlich von Gewalt geprägt ist, stellt man fest, dass die Analysen von Mossad und Schabak realistischer und intelligenter sind als das, was uns ihre politische Führung auftischt oder deren Sprachrohre, wie zum Beispiel Meyer Habib in Frankreich. Von diesen Analysen erfährt man meist im Nachhinein durch die Geständnisse ihrer Chefs. Man bekommt manchmal das Gefühl, es bestehe ein tiefer Spalt zwischen der Sichtweise der »Dienste« und den politischen Entscheidungen. Man hat es also, anders formuliert, mit einer Führung zu tun, die nach eigenem Ermessen handelt. Dies kann zu Entscheidungen führen, die nicht mit den offiziellen Erklärungen zu vereinbaren sind, wie es seit Oktober 2023 zu beobachten ist.

Allerdings fällt es sehr leicht, den israelischen Nachrichtendienst zu kritisieren, der vor Ort präsent ist und erhebliche Mittel rund um den Gazastreifen aufbietet. Man muss sich aber auch die westlichen Nachrichtendienste vornehmen, die sehr schwach sind in ihrer Lageanalyse im Nahen und Mittleren Osten. Das ließ sich während der Krisen im Irak und in Syrien feststellen. Heutzutage in Gaza ist es nicht anders. Die amerikanischen Dienste etwa behaupten, in den Kellerräumen des Al-Schifa-Krankenhauses befänden sich der Kommandostand und Waffenlager der Hamas.[3] Dies stellte sich als falsch

Die israelischen militärischen Nachrichtendienste

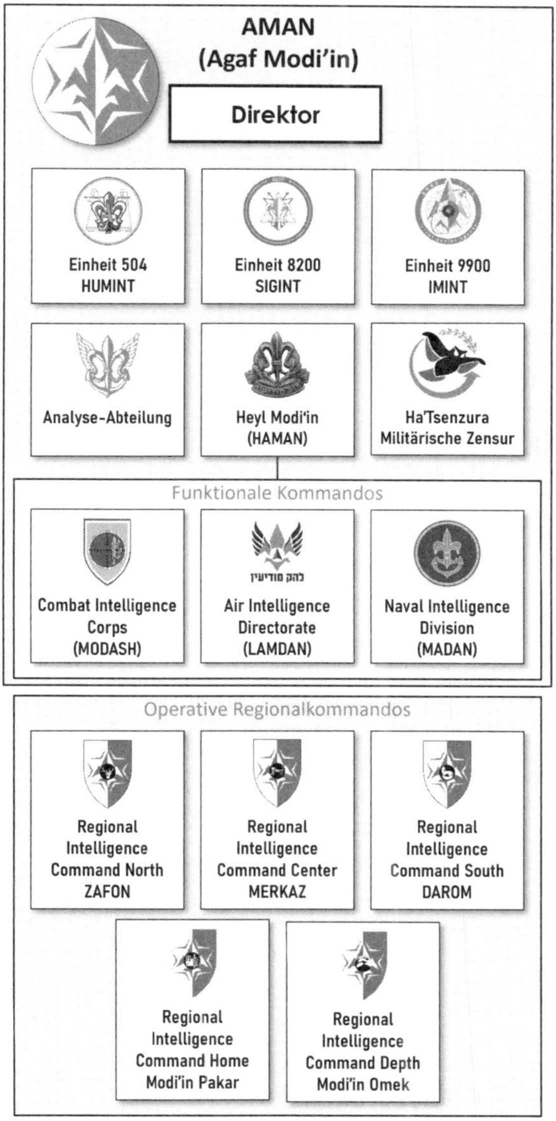

Abbildung 8 – Die israelischen operativen Nachrichtendienste befinden sich sehr nah am Geschehen. Der Modasch ist zuständig für die Informationsbeschaffung. Der Medan, der die Mittelmeerküste überwacht, und der Merkaz sind Dienste, die am ehesten Vorbereitungen der Hamas aufdecken könnten.

Die nachrichtendienstliche Unterstützung durch Großbritannien und die Vereinigten Staaten

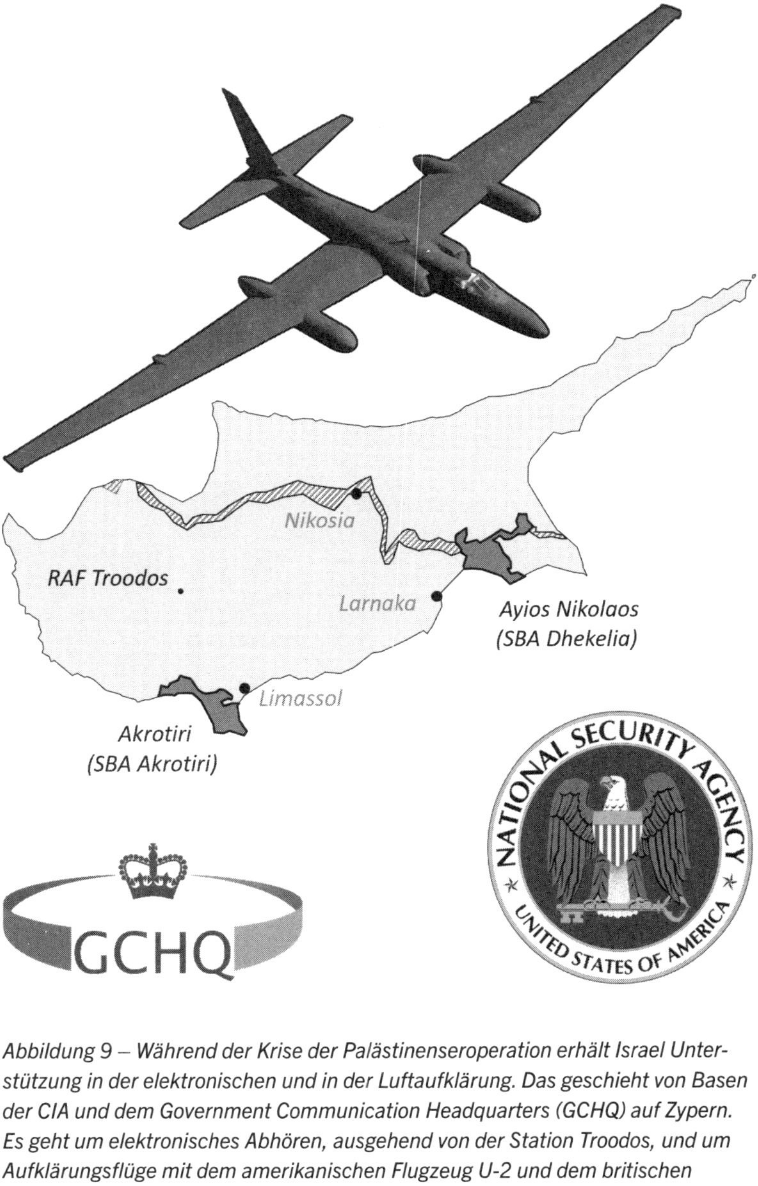

Abbildung 9 – Während der Krise der Palästinenseroperation erhält Israel Unterstützung in der elektronischen und in der Luftaufklärung. Das geschieht von Basen der CIA und dem Government Communication Headquarters (GCHQ) auf Zypern. Es geht um elektronisches Abhören, ausgehend von der Station Troodos, und um Aufklärungsflüge mit dem amerikanischen Flugzeug U-2 und dem britischen Shadow R1 von den Luftstützpunkten in Akrotiri und Ayios Nikolaos.

heraus. Das Problem liegt darin, dass unsere Dienste von den israelischen mit Informationen versorgt werden. Man bekommt also eine Falschinformation, die in Dauerschleife wiederholt wird.

Wie man sehen kann, ist unser Wissen über Bewegungen, die wir als terroristisch einstufen, äußerst schlecht. Wir haben die problematische Tendenz, ihnen Fähigkeiten zuzuschreiben, die sich mehr aus unseren Vorurteilen als aus den Fakten ergeben. Ohne Übertreibung kann man sagen, dass die »Experten«, die unsere Fernsehstudios bevölkern, die Sicherheit des Landes am meisten gefährden. Das trifft besonders auf Frankreich zu. Sie neigen dazu, ein völlig verfälschtes Bild des Gegners zu zeichnen, allein für das »Privileg«, in den Medien präsent zu sein. Das trifft auf die große Mehrheit der Journalisten zu, aber auch auf sogenannte Wissenschaftler.

Die gleiche Erscheinung war schon in Bezug auf die Ukraine zu beobachten: Unsere Regierungen haben sich auf Informationen aus einer einzigen und nicht-unabhängigen Quelle gestützt. Das kam Russland zugute, genauso, wie es heute dem palästinensischen Widerstand förderlich ist.

3.1.1. Die strukturellen Schwächen

Sie sind zwar sehr effektiv im Aufspüren von Personen, aber die israelischen Nachrichtendienste haben eine sehr gemischte Bilanz, wenn es um Bedrohungsanalyse geht. Dafür steht beispielhaft die Unfähigkeit, den ägyptischen Angriff im Oktober 1973 und denjenigen der Hamas fünfzig Jahre später vorauszusehen. Die Unfähigkeit, die Kampffähigkeit der Hisbollah im Jahr 2006 und die der Hamas nach dem 7.10.2023 einzuschätzen, zeugt von großen analytischen Schwächen. Wie die Mehrheit der westlichen Dienste meinen auch die israelischen, ihre Misserfolge hätten durch mehr Informationen vermieden werden können.

Sie haben daher sehr bedeutende und effektive Vorrichtungen zur Datensammlung geschaffen. Aber diese Vorrichtungen bringen nur Erfolge auf der taktischen Ebene, die im Übrigen auch ihre bevorzugte Ebene im Kampf gegen den Terrorismus ist. Für das Erzielen strategischer Erfolge sind sie wenig effizient. Das erklärt die wiederholten Misserfolge der Israelis in ihrem Kampf gegen den Widerstand.

Eine der Schwächen der israelischen Nachrichtendienste ist der Mangel an einer Struktur, die die Analysen der Dienste abgleicht. In den Vereinigten Staaten hat diese Funktion der Direktor der nationalen Nachrichtendienste inne (DNI) und in Großbritannien das Joint Intelligence Committee (JIC). Das israelische Ministerium für Nachrichtendienste wurde 2009 nach dem Muster des amerikanischen DNI entworfen. In Wirklichkeit funktioniert es eher wie das Generalsekretariat für Verteidigung und nationale Sicherheit (SGDSN) in Frankreich. Es ist den Nachrichtendiensten zuzurechnen, dient aber mehr der Politikgestaltung *(policy)* als der eigentlichen nachrichtendienstlichen Tätigkeit.

In Israel werden die strategischen Analysen der verschiedenen Dienste nicht wirklich harmonisiert. Das ist ein Vorteil, wenn es darum geht, unterschiedliche Ansichten zu bekommen. Es ist häufig ein Nachteil, weil so keine Synergien zwischen den Diensten entstehen und keine vertiefte Lagebetrachtung auf strategischer Ebene stattfindet. Zu dieser Schwäche gesellen sich noch weitere, wie wir sehen werden. Sie trägt dazu bei, dass Israel Schwierigkeiten hat, bei seiner Operation in Gaza die Oberhand zu gewinnen.

Hier sollte ebenfalls erwähnt werden, dass sich die Mittel der palästinensischen Gegenspionage in den letzten Jahren erheblich weiterentwickelt haben. Im Fall Gaza ist möglicherweise die erfolgreiche palästinensische Gegenspionage für die Überraschung der Israelis am 7. Oktober verantwortlich, wie wir sehen werden. Ein weiterer Aspekt dieser Entwicklung ist die Aufstellung von palästinensischen Einheiten, die die israelische Verteidigung unterwandern können.

Darüber hinaus hat die Umzäunung von Gaza die Arbeit der israelischen Nachrichtendienste erschwert. So hat beispielsweise der Inlandsgeheimdienst Schabak nicht mehr denselben Zugang zu Quellen wie im Westjordanland. Die hermetische Abriegelung des Gazastreifens hat die Nachrichtendienste faktisch von den Gazabewohnern abgetrennt, unter denen es auch Informanten geben könnte.

3.1.2. Die Selbstüberschätzung

Eine Schwäche der israelischen Nachrichtendienste ist ihr überschätzter Ruf. Es ist wahr, dass die israelischen Dienste weltweit ein ausgezeichnetes Ansehen erworben haben. Gewisse »Experten« halten sie sogar für die besten der Welt. Wenngleich spektakuläre und erfolgreiche Einsätze, gekrönt durch die Gefangennahme oder Eliminierung von Kriegsverbrechern oder Terroristen, diesen Ruf zu bestätigen scheinen, so muss man doch feststellen, dass die Dienste überschätzt werden, was ihre strategische Aufklärung und Vorausschau betrifft.

Tatsächlich können die Erfolge der israelischen Dienste in erster Linie einem hervorragenden dichten Netz von Informanten *(Sayanim)* zugeschrieben werden, das ihnen Informationsquellen in der ganzen Welt verschafft. Fast sechs Jahrzehnte der Konflikte, Kriege und des Antiterrorkampfes haben dem taktischen und operativen Nachrichtendienst der Israelis ein einzigartiges Know-how gegeben. Außergerichtliche Tötungen oder gewisse Spezialoperationen, wie etwa die berühmte Operation Entebbe[4], sind Beispiele für die Beherrschung der operativen Nachrichtendienst-Arbeit und für ihre Einbindung in taktische Entscheidungsprozesse.

Dagegen haben sich die strategischen Analysefähigkeiten des israelischen Nachrichtendienstes als mittelmäßig, um nicht zu sagen schlecht, herausgestellt. Weil er auf die direkten potenziellen Bedrohungen für Israel ausgerichtet ist, fehlt ihm die Sicht auf das Ganze. Wie in den Vereinigten Staaten, Großbritannien, Frankreich und der großen Mehrzahl der westlichen Länder liegt die Schwäche des Nachrichtendienstes in der Analyse. Im Dezember 2003 hat der Knesset-Ausschuss für äußere Angelegenheiten und Verteidigung die Bildung einer Untersuchungskommission gefordert, um das Versagen der israelischen Aufklärung vor dem Irakkrieg zu untersuchen.

Laut dem Brigadegeneral Shlomo Brom, dem ehemaligen stellvertretenden Befehlshaber des Planungsstabes der israelischen Streitkräfte, krankt der israelische Nachrichtendienst an drei wesentlichen Dingen:[5] und zwar an »*einer dogmatischen Auffassung, die auf einem eindimensionalen Feindbild basiert«,* »*Überängstlichkeit*« und »*einem Mangel an notwendiger Professionalität*«.

Die größte Schwäche der israelischen Dienste (wie auch ihrer westlichen Pendants) ist eine von Vorurteilen bestimmte Herangehensweise. Sie waren nie in der Lage, ihren Gegner richtig einzuschätzen, weil sie von der eigenen Überlegenheit überzeugt waren. Das erklärt zum Teil, weshalb sie häufig zu einem Hammer greifen müssen, um Ameisen zu zerquetschen. Im Oktober 1973 haben sie sich leicht durch die Desinformation während der ägyptischen Operation BADR (zur Rückeroberung des Sinai) täuschen lassen. Diese Operation war nach dem sowjetischen Modell der »Maskirowka« konzipiert und ist bis heute ein Paradebeispiel. Sie bleibt die bestorganisierte und anspruchsvollste Desinformationsoperation der Geschichte. Ihre Komplexität widerspricht den vereinfachenden Beschreibungen, die uns »Experten« und sogenannte »Journalisten« von Russland geben ... Aber man findet dort bereits alle Elemente, die es der Hamas ermöglicht haben, mit ihren Vorbereitungen unter dem Radar der israelischen Dienste zu bleiben.

Unter dem Einfluss der terroristischen Bedrohung sind die israelischen Dienste zu Sicherheitsdiensten geworden, in etwa wie bei uns. Und was noch schlimmer ist: Sie haben sich an einen »lokalen« Terrorismus angepasst, wie der ehemalige Leiter des Mossad, Efraim Halevy, erklärt:[6]

> »Wir müssen berücksichtigen, dass Israel Erfolge im Kampf mit einem ›lokalen‹ Terrorismus zu verzeichnen hatte. Man sollte nicht vergessen, dass wir in den ›Gebieten‹, ihrem wichtigsten Nährboden, seit 20 Jahren präsent waren [...] Und trotzdem sind die israelischen Resultate der Terrorbekämpfung diskutabel.«

Mit anderen Worten: Die israelischen Dienste kämpfen gegen Netzwerke, die sich entwickeln, deren Mitglieder aber nahezu identisch bleiben, anders als beim islamistischen Terrorismus, dessen Netzwerke unvorhersehbar entstehen und schwer nachvollziehbar gegliedert sind. Der Erfolg der Dienste wird an der Zahl der Leichen und nicht an der Verringerung des Terrors gemessen. Die Operation Al-

Aksa-Flut zeigt, dass die israelische Strategie ausschließlich auf Feuerkraft beruht. Es gibt keine politische Strategie der Befriedung, denn es herrscht die Logik der Konfrontation. Das Ganze kann nur dann enden, wenn entweder die Araber oder die Israelis verschwinden.

Unter den israelischen Nachrichtendiensten bildet die Abteilung für Politische Forschung (Mamad) des Außenministeriums zweifellos den kleinsten der israelischen Dienste. Sie steht oft in Konkurrenz zum Aman (Direktorat für militärische Aufklärung) des Verteidigungsministeriums, und ihre Analysen haben sich in der Regel als besser herausgestellt. Aber die bescheidene Größe der Abteilung verleiht ihr keine Glaubwürdigkeit. Deshalb bevorzugte auch Ehud Barak in seiner Zeit als Außenminister die Analysen des Aman.

3.1.3 Das Unterschätzen des Gegners

Aus der oben beschriebenen Schwäche folgt ein ständiges Unterschätzen der Palästinenser. In Israel gehört dies zur Kultur. Man findet dieses Phänomen auch bei einigen unserer Journalisten wieder, die sich anderen überlegen fühlen und meinen, ihre Urteilskraft rechtfertige die Entwertung der Urteile anderer Menschen.

Diese Geisteshaltung erklärt zu einem Großteil die Überlegenheit der Palästinenser. Nach den Attentaten des 11. September (»9/11«) hat man versucht, die Taten der Terroristen durch geistige Störungen zu erklären, und man hat die Terroristen als blutrünstige Psychopathen dargestellt. Anfang der 2000er Jahre war ich im Rahmen einer Arbeitsgruppe der NATO an einer Studie zur Psychologie der islamistischen Terroristen beteiligt. Wir stützten uns dabei auf die Arbeiten der Israelis, die die palästinensischen islamistischen Kämpfer untersucht hatten und die Art, wie die Selbstmordattentäter *(Schahid)* rekrutiert worden waren. Daraus lässt sich ein Bild über die Qualität der Hamas zur damaligen Zeit gewinnen.

Wie zu erwarten, stellten wir fest, dass die »Märtyrer« jung waren. Etwa 67 Prozent der Selbstmordattentäter waren zwischen 17 und 23 Jahren alt. Somit waren die »Märtyrer« der Hamas im Durchschnitt älter als diejenigen des Islamischen Dschihad. Der jüngste palästinensische »Märtyrer« in Israel war 16 Jahre alt, aber die Sicherheitskräfte haben auch schon 13-jährige Freiwillige verhaftet. Dagegen sind ihr Intellekt und Ausbildungsstand überdurchschnittlich. In Israel hatten von 149 »Märtyrern« zwischen September 2000 und Juni 2002 53 eine höhere universitäre Ausbildung, 56 hatten ein Gymnasialniveau und nur 40 besaßen lediglich eine Grundschulausbildung. Dies lässt sich teilweise dadurch erklären, dass die islamistischen Bewegungen, insbesondere die Hamas, an der An-Najah-Universität in Nablus und der Islamischen Universität Gaza Kämpfer rekrutierten.[7]

Anfang der 2000er Jahre erklärt der damalige Befehlshaber der Izz ad-Din al-Qassam-Brigaden, Salah Schehada, die Rekrutierungspolitik der Hamas:[8]

> »Wir wählen nach vier Kriterien aus: erstens die sorgfältige Einhaltung der religiösen Gebote. Zweitens überprüfen wir, dass der junge Mann die Wünsche seiner Eltern befolgt und dass sein Märtyrertod nicht das Leben seiner Familie gefährdet, soll heißen, dass er kein Familienoberhaupt ist und dass er möglichst Brüder und Schwestern hat, denn wir wollen keine Einzelkinder aufnehmen. Drittens seine Fähigkeit, den Auftrag auszuführen und dessen Tragweite zu verstehen. Viertens soll sein Märtyrertod zu weiteren Märtyrertoden ermutigen und den Dschihad im Herzen der Menschen fördern. Wir bevorzugen Unverheiratete. Die regionale Führung des Militärapparats der Hamas schlägt einen Kandidaten vor und entscheidet über seine Aufnahme.«

Im Gegensatz zu einer damals verbreiteten Ansicht wurden die zukünftigen »Märtyrer« keiner »Gehirnwäsche« unterzogen: Die von den israelischen Sicherheitskräften verübten Gewalttaten gaben ihnen eine ausreichend starke Motivation. Die Verhöre der jungen Palästinenser, die vor ihrem geplanten Akt verhaftet worden waren, zeigen, dass sich die »Selbstmordattentäter« nicht »für« die Religion opferten, sondern dass diese ihnen einen geeigneten kulturellen Rahmen für derartige Taten gab. Ihre Motivationen waren meistens mit identitären Forderungen oder mit einem Gefühl der nationalen Erniedrigung verbunden.[9]

Es spricht nichts dafür, dass sich dieses Bild heute wesentlich verändert hätte. Von der israelischen Staatspropaganda einmal abgesehen zeigen die Zeugenaussagen und Videos in der Regel kompetente, einfallsreiche und disziplinierte Kämpfer. Eine fachmännische Untersuchung der von der Hamas veröffentlichten Videos kommt zu dem Schluss, dass Fehler und Disziplinlosigkeit der israelischen Soldaten geschickt ausgenutzt werden. Ohne hier auf Einzelheiten einzugehen, lässt sich beobachten, dass die Kämpfer der Hamas bedeutend besser ausgebildet wurden als die israelischen Soldaten. Ihr Kampfverhalten ist intelligenter, besser organisiert und der Umgebung angepasster als das ihres israelischen Gegners, der anscheinend mit den Ereignissen in Gaza überfordert ist, wie wir noch sehen werden.

3.1.4. Die Taqiya und der Überraschungsangriff vom 7.10.2023

Die große Überraschung des Angriffs der Hamas bestand im Unvermögen der israelischen Dienste, seine Vorbereitung aufzudecken, und dies in Anbetracht der Tatsache, dass die Grenze zu Gaza ohne Zweifel eine der am besten bewachten der Welt ist, mit Radar- und Selbstschussanlagen.[10]

Wie konnte Israel also überrascht werden? Unsere selbst ernannten »Experten« haben alle erdenklichen Erklärungen gefunden ... bis auf die richtige! Im Übrigen haben unsere Journalisten und angebliche Militärexperten dasselbe während des Ukrainekonflikts getan, indem sie erklärten, Russland sei schwach und unfähig, einen Krieg zu führen.

Es gibt mehrere Erklärungen für das Versagen der israelischen Abwehr. Zunächst einmal haben die Palästinenser, wie sie Reuters berichtet haben[11], eines der Grundprinzipien der Kriegskunst angewendet, das vor 2500 Jahren von Sunzi formuliert wurde:

> »Erscheine schwach, wenn du stark bist!«

Die Palästinenser haben übrigens in großem Umfang zu dieser gemeinsamen Strategie mit der Hamas beigetragen. Zum Beispiel hat die Hamas in 2021–2022 den israelischen Beschuss nicht erwidert, nachdem zuvor der *Islamische Dschihad in Palästina* Raketen auf Israel abgefeuert hatte.

Laut der *New York Times* hätten die israelischen Behörden in 2022 ein 40-seitiges Dokument mit dem Titel »Die Mauern von Jericho« erhalten, das angeblich alle Einzelheiten der Planung der Hamas beinhaltete.[12] Aber die Militärs glaubten nicht an seinen Inhalt und kamen zu dem Urteil, dass die Hamas nicht die Mittel zu seiner Umsetzung besaß. Hatte man es wirklich mit der Planung der Hamas zu tun, mit einer einfachen Einschätzung ihrer Fähigkeiten oder mit einer Analyse nach der Art: »Der Himmel fällt uns auf den Kopf«? Das ist nicht bekannt. Es scheint aber, dieses Dokument hätte keine konkreten Angaben enthalten, sondern eine Reihe von Spekulationen.

Der Presse zufolge hätten die ägyptischen Nachrichtendienste ihre Kollegen informiert, dass Israel unmittelbar von *»etwas Großem«* getroffen werden sollte.[13] Daran schließen sich die Beobachtungen der für die Bewachung des Gazastreifens eingeteilten Militärs an, die ihre Vorgesetzten vor möglichen Risiken gewarnt hatten.[14]

So wird die These vorgebracht, Benjamin Netanjahu habe bewusst die Warnung missachtet, um einen Vorwand zu erhalten, einen entscheidenden militärischen Konflikt zu beginnen und den Gazastreifen wiederzuerobern. Ein denkbares Szenario, das zu diesem Zeitpunkt aber nur eine Annahme ist.

Sicher zu sein scheint aber, dass die von Ägypten (und anderen) gelieferten Informationen nicht »operativ umsetzbar« waren. Im Jargon der Nachrichtendienste benutzt man den englischen Ausdruck *»actionable intelligence«*, um eine Information zu beschreiben, die kein konkretes Handeln erlaubt, es sei denn, nach weiteren Informationen zu suchen.

Die Palästinenser konnten auf das übersteigerte Selbstbewusstsein der Israelis bauen und waren nicht einmal dazu gezwungen, alle ihre Vorbereitungen zu tarnen. Sie bauten sogar einen ganzen Kibbuz im Gazastreifen naturgetreu nach, um den Orts- und Häuserkampf zu üben. Die rund tausend Kämpfer, die am Angriff des 7. Oktober teilnahmen, waren trainiert und ausgebildet worden, ohne den Zweck zu kennen. Die Art, wie es den Palästinensern gelang, ihre israelischen

Bewacher »einzuschläfern«, erinnert an die Operation Badr der ägyptischen Armee im Oktober 1973 (Jom-Kippur-Krieg), beschrieben in meiner *Enzyklopädie des Nachrichtenwesens und der Geheimdienste.*[15]

3.2. Die israelische Strategie im Kampf gegen den Terrorismus

Der Kampf gegen einen Aufstand oder eine Widerstandsbewegung muss bereits lange vor dem Zeitpunkt beginnen, an dem eine solche in der Lage ist, Gewalt anzuwenden. Das Unvermögen, der Gewalt vorzubeugen, bevor sie auftritt, bedeutet, dass man immer einen Schritt zu spät kommt. Gerade in einer Besatzungssituation (in der sich Israel seit 1948 und mehr noch seit 1967 befindet) sollte eine wirksame Strategie auf Antizipation beruhen. Letztere setzt voraus, dass man die Logik und die Mechanismen versteht, die den Terrorismus erzeugen und nähren.

Die israelische Deutung der Erscheinung des Terrorismus ähnelt aber derjenigen in Frankreich. Sie baut auf eine gewisse Anzahl von Annahmen auf, die wie Tatsachen behandelt werden.

Annahme 1: Der Terrorismus als ein schicksalhafter Bestandteil des Islam. Anders ausgedrückt: Solange es muslimische Araber (also Palästinenser) geben wird, wird es auch Terrorismus geben. Diese Idee nährt auch das Konzept von einer geplanten islamischen Welteroberung, wie es sich Bat Ye'or (Gisèle Littman) in ihrem Buch *Eurabia* ausgemalt hat.[16] Es beschreibt eine islamische Verschwörung, um die westliche Welt zu beherrschen und »*die Scharia, die Herrschaft Allahs über die gesamte Menschheit, zu etablieren*«[17]. In Wirklichkeit handelt es sich für Bat Ye'or um eine Art von persönlichem Rachefeldzug nach der Ausweisung ihrer Familie aus Ägypten im Zuge der »Lawon-Affäre« im Jahr 1956. Wir werden darauf noch zurückkommen.

Diese Idee hat jedoch andere Werke inspiriert, wie etwa *Conquête de l'Occident* (wörtlich *Eroberung des Westens*) des schweizerischen Journalisten Sylvain Besson.[18] Laut Wissenschaftlern der Universität Uppsala in Schweden soll er den norwegischen Rechtsextremisten Anders Behring Breivik beeinflusst haben[19] (den Täter des Massakers von Utoya vom 22.7.2011). Dieses Szenario wird von allen großen rechtsextremen Bewegungen in Europa aufgegriffen.[20]

Und diese Idee beherrscht israelische und westliche Überlegungen zum Thema des islamistischen Terrorismus.

In Frankreich hat sich diese Idee stark verbreitet. In einer von Conspiracy Watch hergestellten Dokumentation mit dem Titel *Complotisme, les alibis de la terreur* (etwa *Komplottismus: Alibis für den Terror*), die im Januar 2018 auf dem Fernsehkanal *France 3* ausgestrahlt wurde, behauptet der Philosoph Jacob Rogozinski:

> »Der Dschihadismus ist auch eine Bewegung, die nach Souveränität und Weltherrschaft strebt. Dahinter steckt der Traum, zweifellos ein verrückter Traum, ein Kalifat zu schaffen, ein weltweites Kalifat, das Rom erobern wird, das Europa erobert, das Amerika besiegt und ein weltweites Netz der Rechtgläubigen spannt, die unter einer absoluten und souveränen Macht vereint sind.«[21]

Solche Verschwörungstheorien, im wahrsten Sinne des Wortes, haben nach den Attentaten 2015 in Frankreich eine schnelle Verbreitung erfahren. Ihr Vorteil liegt darin, den Muslimen die Rolle eines ewigen Feindes zuzuweisen, da der Terrorismus angeblich Teil eines weltweiten Vorhabens ist. Der Koran wird als eine Anleitung zum Krieg dargestellt, wie es der freie Journalist Antoine Hasday tut.[22] Man hat es mit einer Entsprechung zur »jüdischen Weltverschwörung« zu tun, die gewisse rechtsextreme Bewegungen verbreiten. Diese Art von Theorien, die die Palästinenser zur Zielscheibe haben, unterstützt das israelische Vorgehen bei der Terrorbekämpfung und der systematischen Auslöschung einer Bevölkerung. Deshalb pflegen unsere Medien das Bild einer Hamas als verlängerten Arm des Islamischen Staates, deren Pläne von religiöser Natur seien mit dem Hauptziel, Israel zu zerstören. Man fügt noch die Gleichsetzung »Islam = Islamismus« hinzu und behauptet so, dass der Terrorismus ein Bestandteil des Islam sei. Um den Terrorismus loszuwerden, müsste man sich nur der Muslime entledigen.

Die Idee eines Genozids an den Palästinensern liegt in diesem Kontext gar nicht so fern.

Annahme 2: Der israelisch-palästinensische Konflikt ist von religiöser Natur und hat nichts mit Gebietsansprüchen zu tun. Diese Umdeutung des Konflikts hat (für Israel) den Vorteil, dass von vornherein jedes Gespräch und jede Verhandlung ausgeschlossen werden. Deshalb hat Israel sich seit Anfang der 2000er Jahre bemüht, den palästinensischen Terror mit dem von Al-Qaida in Verbindung zu bringen. Durch die Abkoppelung der Palästinenserfrage vom Gebietskonflikt und ihre Assoziierung mit einem »weltweiten Dschihad«[23] hat sich Israel von einem Handelnden zu einem Opfer gemacht. Damit wurde auch begründet, weshalb es unmöglich sei, eine Strategie der Aufstandsbekämpfung zu haben.

Seit 1947 haben jedoch die Palästinenser aller politischen Strömungen schlüssig erklärt, ihr Ziel bestehe darin, ihr Land zurückzugewinnen. Der palästinensische Widerstand habe zum Ziel, die Resolutionen der Vereinten Nationen anzuwenden, um die unrechtmäßig von Israel seit 1947 eroberten Gebiete, die Israel zurückgeben muss, wiederzuerlangen.

Annahme 3: Das Gebiet Israels gehört dem jüdischen Volk. Israel stellt das Gesetz Gottes über die menschlichen Gesetze, wenn es sich auf die Bibel (oder Tora) beruft und erklärt, Palästina sei ihm von Gott (oder Jahwe) gegeben worden, anstatt die (nie eingehaltene) Resolution 181 der Vereinten Nationen ins Feld zu führen. Genau dasselbe werfen wir den Salafisten vor. Diese Logik wird von einer theokratischen Regierung untermauert, die ihr Handeln in Palästina mit der Religion rechtfertigt. Benjamin Netanjahu ist ein Vertreter des »religiösen Zionismus«, einer Form des Zionismus, die sich auf die religiöse Überlieferung stützt[24] und die Vernichtung der Palästinenser rechtfertigt, indem es Letztere mit dem biblischen Volksstamm der »Amalekiter« vergleicht. Der Krieg gegen Gaza wird so zu einer Art von Heiligem Krieg.[25] Wir haben es also mit einem Typ von Regierungshandeln zu tun, der mit dem Islamischen Staat verwandt ist.

Benjamin Netanjahu beschreibt beispielsweise den israelisch-palästinensischen Konflikt als »*Kampf zwischen den Söhnen des Lichts und denen der Finsternis, zwischen der Menschlichkeit und dem Gesetz des Dschungels*«[26]. Es handelt sich nicht einfach um eine persönliche Ansicht, sondern um die Wiedergabe einer offiziellen Lesart des Konflikts, die er in der Knesset vortrug.[27] Im offiziellen israelischen Diskurs hat der Verweis auf die Bibel die juristischen Argumente überlagert. Es liegt also eine paradoxe Situation mit zwei Gegenspielern vor: Ein Staat, der nach eigenem Bekunden westlich ist, aber sein Handeln mit der Religion rechtfertigt. Und eine Organisation (die Hamas), die nach eigenem Bekunden religiös inspiriert ist, die aber ihr Handeln mit dem Völkerrecht rechtfertigt.

Annahme 4: Als Schlussfolgerung aus den vorherigen Annahmen befindet sich Israel in der Verteidigung. An keiner Stelle lässt man die Möglichkeit zu, dass die israelische Politik Empörung, Wut und Unrecht erzeugen könnte, die sich, aus Mangel an einem Gesprächsmechanismus, in einem bewaffneten Widerstand äußern, der terroristische Methoden anwenden kann.

Durch eine solche Lesart sehen wir den Terrorismus als vom Schicksal gegeben. Sein Auftreten wäre dann nicht unserem Handeln, sondern unserem Sein geschuldet. Im Übrigen hatte der damalige französische Premierminister Manuel Valls genau das am 19.11.2015 in der Nationalversammlung behauptet. Er wollte damit die Verantwortung seiner Regierung bei der Entstehung von Terrorangriffen in Frankreich kaschieren:

> »Lassen wir uns nicht täuschen: Der Totalitarismus hat Frankreich angegriffen, nicht weil Frankreich etwas tut, sondern weil es so ist, wie es ist.«[28]

Israel vertritt genau die gleiche Position. In Wirklichkeit besteht keine schicksalhafte Zwangsläufigkeit. Der islamistische Terrorismus ist *immer* eine Antwort auf einen Gewaltakt. Und er ist fast immer das Ergebnis einer unglücklichen Entscheidung, die wir getätigt haben. Letzten Endes ist es natürlich der Terrorist, der ein Verbrechen verübt. Aber unsere Regierenden, Minister und Abgeordneten sind alle verantwortlich für die Schaffung von Bedingungen, die die Entstehung dieser Bedrohung begünstigen.

Diese Tatsache wird der Welt im Moment in Bezug auf Israel klar. Und diese Tatsache fügt Israel bereits jetzt eine strategische Niederlage zu, selbst wenn letztlich das palästinensische Volk das Opfer sein wird.

3.2.1. Die Unfähigkeit zu einer ganzheitlichen Überlegung

Die Kommentare unserer Journalisten zum israelischen Handeln in Gaza scheinen nahezulegen, dass der Terrorismus nur mit Militärschlägen bekämpft werden kann. Fernsehkanäle wie die französischen CNews, BFMTV und LCI, die schweizerische RTS oder einige amerikanische rechtsextreme Medien sprechen nie von anderen Lösungswegen für die Befriedung eines Aufstands.

Als Jassir Arafat offiziell auf den Terror verzichtet, versuchen die Palästinenser, einen eher politischen Weg zu gehen. Aber ihre Anstrengungen werden nicht belohnt. So entsteht die erste Intifada, die ihrem Wesen nach eine Bewegung des zivilen Ungehorsams ist. Laut israelischen Quellen wird sie 16 Zivilisten und 11 Soldaten auf israelischer Seite sowie 1 100 Palästinensern das Leben kosten.[29]

Dieses unglaubliche Missverhältnis ergibt sich aus der von den Israelis angewendeten Strategie: der Abschreckung. Die Idee besteht zu jener Zeit darin, mit aller Härte zuzuschlagen, um die Bevölkerung zu terrorisieren und von der Beteiligung an den Unruhen abzuhalten. Eine solche Herangehensweise funktioniert vielleicht in Europa, im Nahen Osten ist sie aber völlig unpassend als Strategie gegen den Terrorismus.

A priori scheint Härte ein wirksames Instrument gegen aufständische Gewalt zu sein: Sie verringert zumindest die Anzahl der Unruhestifter … fürs Erste. Aber diese zu einfache Rechnung geht nur dann auf, wenn die Zielgruppe klein ist und keine breite Unterstützung im Volk findet. In Palästina ist die Lage eine ganz andere. Wie wir weiter unten sehen werden, schwingen im Aufstand kulturelle Elemente mit, etwa die Vorstellung vom Dschihad. Im Ergebnis hat die israelische Strategie das Problem vergrößert, anstatt die Gemüter zu beruhigen. Die Israelis, Vertreter der westlichen Kultur, haben so die Bedingungen für die Entstehung eines dschihadistischen Terrorismus geschaffen. Genau dies geschieht mit dem Auftreten der Hamas im Jahr 1987.

Unter einem System, wo Ungehorsam mit dem Tod bestraft wird, erlaubt eine islamistisch inspirierte Doktrin, solch einen Tod als einen Sieg zu sehen. Dies ist einer der Gründe für das Entstehen der Hamas zum damaligen Zeitpunkt.

Seit Anfang der 2000er Jahre tun die Israelis sich schwer damit, eine konsequente Strategie für den Kampf mit dem palästinensischen Widerstand gegen die Besatzung zu finden. Einerseits verstärkt die Ausweitung der Siedlungen die Spannungen sowie die Entschlossenheit der Palästinenser, sich mit Gewalt wiederzuholen, was man ihnen gewaltsam genommen hat. Andererseits erhöht man die Zahl der Militärschläge, die die Zivilbevölkerung hart treffen, ohne dass davon die Aktivität der Widerstandsbewegungen beeinträchtigt wird.

Während die verschiedenen Strategien der Aufstandsbekämpfung versuchen, mit »Zuckerbrot und Peitsche« zu spielen, benutzen die Israelis nur unterschiedliche Peitschen. Es scheint, Israel könnte sich nicht von diesem Einheitsschema lösen, um des palästinensischen Widerstands Herr zu werden. Der Widerstand wird stärker, sowohl in Hinblick auf seine operativen Fähigkeiten als auch auf die politische Unterstützung, die er erhält.

Indem wir uns von der berühmten Formulierung Mao Zedongs inspirieren lassen, nach der ein Aufständischer sich »*in den Volksmassen wie ein Fisch im Wasser*« bewegen sollte, können wir einige mögliche Strategien entwerfen, wie sich eine Widerstandsbewegung bekämpfen lässt.

Die einzigen Länder im Westen, die mit einer annähernd vergleichbaren Situation wie Israel in Palästina zu tun hatten, sind Großbritannien (in Nordirland), Italien (während der »Bleiernen Jahre«) und Spanien (im Baskenland). Diese Länder haben es jedoch geschafft, den Terrorismus in den Griff zu bekommen, ohne ganze Städte zu zerstören, ohne Zivilisten und Kinder zu Tausenden zu töten. Es ist also offensichtlich möglich ... wenn man dies will.

Die wesentliche Schwäche im israelischen Verständnis vom Kampf gegen den Terrorismus besteht darin, dass es auf dem Prinzip der Vergeltung aufbaut und nicht auf denen der Vorausschau und Vorbeugung. Im Klartext handelt es sich um eine reaktive (antiterroristische) und nicht um eine proaktive (kontra-terroristische) Strategie. Es werden Terroristen eliminiert, aber nicht der Terrorismus.

Oder noch schlimmer: Werden Unschuldige anstelle von oder zusammen mit Terroristen getötet, dann erzeugt man Terrorismus. Wie

Mögliche Strategien der Aufstandsbekämpfung

Strategie	Beschreibung	Anwendbarkeit in Palästina
Den Fisch fangen	Im Wesentlichen versuchen der Westen und Israel auf genau diese Art den Terrorismus zu bekämpfen. Man will schlicht die Terrororganisation zerstören. Diese Art mag rachsüchtige Geister zufriedenstellen, ist aber auf lange Sicht am unwirksamsten, weil sie das Problem nicht ganzheitlich regelt. Sie erfordert ein beachtliches Wissen über den »Fisch« und sein Verhalten. Diese Art ist dann am wirksamsten, wenn die terroristische Gruppe oder Bewegung über keine große Unterstützung in der Bevölkerung verfügt. Auf diese Weise hat man die linksextremistische *Action Directe in Frankreich, die Cellules Communistes Combattantes (Kämpfende kommunistische Zellen)* in Belgien und die Rote Armee Fraktion in Deutschland neutralisiert.	Seit dem 7.10.2023 versuchen die Israelis, diese Strategie in Gaza anzuwenden, um die Hamas zu beseitigen. Aber eine solche Strategie muss sich auf den Einsatz von Spezialkräften und auf eingeschleuste Agenten, die sich unter den Aufständischen befinden, stützen. Die besitzt Israel aber nicht. Wie in allen westlichen Ländern sind seine »Spezialkräfte« zu »Kommandos« geworden, die als Eingreiftruppen verwendet werden. Es werden sicherlich viele Kämpfer der Hamas ausgelöscht, aber die Bewegung bleibt bestehen, weil sie einen zu großen Rückhalt in der Bevölkerung hat.
Das Wasser ablassen	Die Idee besteht darin, die Aufständischen von der Bevölkerung abzusondern, unter der sie sich bewegen. Dies ist eine sehr wirksame Strategie, falls die Widerstandsbewegung über keine breite Unterstützung verfügt oder die öffentliche Meinung spaltet. Die Briten haben in den 1960er und 1970er Jahren sehr gute Ergebnisse mit dieser Strategie erzielt. Ein solches Ergebnis kann auf verschiedene Weise erzielt werden: – Eine physische Trennung der Aufständischen von der Bevölkerung. Das haben die Briten mit ihrer Strategie der »Neuen Dörfer« in Malaysia getan. – Ein »Gewinnen« der Zivilbevölkerung, sodass sie kein Interesse mehr verspürt, den Widerstand zu unterstützen. Es handelt sich um die Operationen »Hearts & Minds«. Als ein Werkzeug im Einflusskrieg sollen sie die Herzen der jeweiligen Bevölkerung gewinnen.	Das wahre Problem besteht darin, dass die Israelis nicht gegen Terroristen, sondern gegen die Palästinenser kämpfen. Deshalb bedeutet die israelische Spielart dieser Strategie, dass eine ethnische Säuberung durchgeführt und die gesamte Bevölkerung gezwungen wird, Gaza zu verlassen. Im Übrigen ist dies auch das Ziel der Siedlungen im Westjordanland und Ostjerusalem.

Den Fisch ausreichend füttern, damit er seine Aggressivität verliert	Es geht darum sicherzustellen, dass einige seiner Forderungen erfüllt werden, um ihm die Kampfeslust – und die Legitimität – zu nehmen. In einigen Ländern Südamerikas hatte diese Methode große Wirkung, wie etwa in Venezuela in den 1970er Jahren. Sie erfordert jedoch eine hervorragende Kenntnis des Gegners. Und sie muss notwendigerweise Teil eines Verhandlungsprozesses sein, der oft bereits ausreicht, um die Gewalt zu beenden.	Diese Strategie hätte in Gaza nach dem Wahlsieg der Hamas 2006 angewendet werden können. Die Nichtanerkennung des Wahlergebnisses durch Israel (und die internationale Gemeinschaft) zeigte, dass die Hamas die richtige Strategie gewählt hatte. Israel trug so dazu bei, ihre Beliebtheit zu steigern. Das Problem besteht darin, dass die Israelis, entgegen einer weitverbreiteten Ansicht, ihre Gegner sehr schlecht kennen.
Einen weiteren Fisch hinzufügen	Es geht darum, eine konkurrierende Aufstandsbewegung ins Spiel zu bringen, die die bestehende neutralisiert. Dieser neue Spieler wird so zu einem Helfer des Staates. Das kann auf zwei Arten ausgenutzt werden: 1. Die neue Gruppe macht die Arbeit der Regierung und wird von ihr alimentiert. 2. Die Rivalität zwischen beiden Gruppen und ihre unterschiedliche Behandlung sollten der ersten Gruppe die breite Unterstützung rauben und sie so zu einer politischen Lösung drängen. Die Strategie setzt voraus, dass die Regierung die Kontrolle über die Situation behält. Ansonsten können neue Probleme geschaffen werden, die den ursprünglichen in nichts nachstehen.	Die Israelis haben in einem ersten Schritt genau das versucht, indem sie die Entstehung der Hamas begünstigten. In einem zweiten Schritt wollten sie deren Rivalität mit der Fatah fördern und ihr zu diesem Zweck den Wahlsieg von 2006 nehmen. Aber Israel hat vollkommen die Kontrolle über die Lage verloren. Diese Strategie hätte erfolgreich sein können, wenn Israel aufgezeigt hätte, dass der Weg der Fatah zu politischen Erfolgen führte und vielversprechender war. Indem Israel beiden Rivalen zugleich eine Absage erteilte, führte es den Palästinensern vor Augen, dass der Weg der Hamas der einzig mögliche war.
Das Wasser und den Fisch beseitigen	Im Grunde wird diese Strategie in Israel häufig erörtert, um eine Lösung für den palästinensischen Terrorismus zu finden. Teilweise wurde sie seit 1948, durch die Massenvertreibungen der Bevölkerung, bereits angewendet. Man versucht, die gesamte palästinensische Bevölkerung aus den besetzten Gebieten zu verdrängen. Im Völkerrecht wird dergleichen als »ethnische Säuberung« bezeichnet.	In gewisser Weise wird diese Strategie bereits angewendet: Dies geschieht durch die langsame schollenweise Aneignung der besetzten Gebiete mit Hilfe von Siedlungen und einem Sicherheitszaun, dessen Errichtung 2002 begann.

ich in meinem Werk zum asymmetrischen Krieg aufgezeigt habe[30], schafft Israel täglich selbst die Bedrohung, gegen die es ankämpft.

Das führt uns zu mehreren wichtigen Feststellungen, die die Situation erhellen, wie wir sie Ende 2023 vorfinden:

- Großbritannien, Italien und Spanien haben den Terrorismus in den Griff bekommen, weil diese Länder irgendwann verstanden haben, dass sie mit der lokalen Bevölkerung, die den Terrorismus unterstützt, zusammenleben müssen. In Israel gibt es eine solche Ansicht einfach nicht: Israel meint, es werde das Land Palästina niemals mit den Palästinensern teilen. Das ist auch der Grund für seine Herangehensweise, die nur auf Gewaltanwendung setzt.
- Für die Palästinenser ergibt sich daraus die logische Schlussfolgerung, dass der Staat Israel verschwinden muss. Jahrelang hat die Hamas von dessen Zerstörung gesprochen, aber seit 2017 tut sie dies nicht mehr und erwägt stattdessen eine andere Form von Staat, die eine Zusammenarbeit mit den Israelis nicht ausschließt.
- Israel ist nicht nur das einzige Land der Welt, das in 75 Jahren nicht in der Lage war, den Terrorismus loszuwerden. Vielmehr hat es durch seine Politik die Feindschaft gegen sich in Palästina und im Ausland ständig verstärkt.
- Israel scheint unfähig zu sein, den Kampf gegen den Terrorismus anders zu begreifen als den bloßen Einsatz von Gewalt. Und es ist kulturell nicht dazu in der Lage, die Herangehensweise zu ändern, wenn Letztere keine Wirkung zeigt.

Den Israelis, die im Nahen Osten mehrheitlich fremd sind, ist es nicht gelungen, die kulturellen Mechanismen der dortigen Konflikte sowie den Terrorismus, unter dem sie leiden, zu verstehen.

Entgegen den offiziellen Verlautbarungen besteht das Ziel der Israelis nicht darin, den Terrorismus zu beseitigen, sondern keinen »Konkurrenten« mit Ansprüchen auf das Land von Palästina zu haben. Mit anderen Worten: Israel kämpft unter dem Deckmantel des Antiterrorkampfes in Wahrheit gegen die palästinensische Bevölkerung.

3.2.2. Die Strategie der Abschreckung

Bis Anfang der 1950er Jahre hat Israel versucht, den Terrorismus so in den Griff zu bekommen, wie man dies in zivilisierten Ländern tut, nämlich durch Polizeigewalt.

Zu der Zeit haben die Palästinenserorganisationen jeweils eine vom Marxismus inspirierte Doktrin. Der Terrorismus wird als eine Stufe im revolutionären Prozess gesehen und als ein Mittel, um die Unterstützung der Volksmassen durch Erfolge zu gewinnen. Es handelt sich um den gleichen Prozess, den man auch in Nordirland oder im Baskenland beobachten konnte. Nach eigener Einschätzung lebten die Unabhängigkeitskämpfer/Separatisten dort ebenfalls unter einer Besatzung.

In Palästina ging es darum, eine Lage zu schaffen, die die arabischen Länder wie schon 1948 zum Eingreifen bewegt hätte. Die Israelis verstanden damals, dass sie einen Prozess in Gang gesetzt hatten, der sich ständig wiederholte und das Ende ihres Staates herbeiführen könnte. Somit standen Israel mindestens zwei Wege offen: Es konnte auf die rechtmäßigen Forderungen der Palästinenser eingehen, die UN-Resolutionen umsetzen und die Palästinenser in einen gemeinsamen Staat integrieren, wo beide Volksgruppen im Einverständnis leben würden. Oder es konnte die Konfrontation suchen.

Aber wir befinden uns mitten im Kalten Krieg. Und zu einem Zeitpunkt, wo Tel Aviv die Gunst Washingtons erlangen möchte, erscheinen Verhandlungen mit von Moskau unterstützten Bewegungen unangebracht zu sein. Im Jahr 1955 entwirft der Oberstleutnant Mosche Dajan eine Strategie, die bis heute angewendet wird:

> »Wir können nicht jede Wasserleitung vor den Explosionen und jeden Baum vor einer Entwurzelung schützen. Wir können die Ermordung eines Arbeiters in seinem Obstgarten oder einer Familie in ihrem Bett nicht verhindern. Aber wir haben es in der Hand, einen hohen Preis für unser Blut festzulegen, zu hoch, als dass die Araber, die arabische Armee oder die arabische Regierung meinten, es lohne sich, ihn zu zahlen.«[31]

Es geht also darum, jeden Akt des Widerstands in unverhältnismäßiger Weise zu bestrafen, um abzuschrecken. Das Problem besteht darin, dass ab einem gewissen Punkt die Bestrafung so groß ist, dass sie wiederum Terrorakte rechtfertigt. Die Militärstrategie wandelt sich zu einer Art von mafiösem Rachefeldzug. Man beginnt einen Teufelskreis der Gewalt, der nicht endet.

Es lässt sich feststellen, dass Israel bis Anfang der 2000er Jahre den Widerstand größtenteils mithilfe von Spezialkräften und eingeschleusten Agenten bekämpft. Sie erlauben relativ zielgerichtete Aktionen gegen die Führung des Widerstands. Man hat es auch hier mit einem Mittel der Abschreckung zu tun, hält aber gewisse Grenzen ein, selbst wenn dabei enorme Kollateralschäden entstehen. Die israelische Bevölkerung, in deren Namen solche Verbrechen begangen werden, zeigt keine Reaktion.

Die Lage ändert sich mit dem von George W. Bush in der Folge des »11. September« ausgerufenen »*Krieg gegen den Terror*«. Damals scheint der Kampf gegen den Terrorismus alle Überschreitungen zu erlauben. Die Israelis tun alles, um den palästinensischen Widerstand mit einem weltweiten Dschihadismus in Verbindung zu bringen. Damit sollen unverhältnismäßige Aktionen nach amerikanischem Vorbild gerechtfertigt werden. Man beobachtet seitdem eine Strategie, die darauf abzielt, einerseits die Palästinenser durch den Bau von Mauern und Sicherheitszäunen im Westjordanland (seit 2002) und später in Gaza (seit 2006) zu isolieren. Andererseits bekämpft man den »Terrorismus« durch Luftschläge.

Das Wort »Terrorismus« steht hier aus zwei Gründen in Anführungszeichen. Zum Ersten verstehen die Palästinenser zu dieser Zeit, dass die terroristische Methode ihnen auf internationaler Ebene eher schadet, sofern sie mit Al-Qaida gleichgesetzt werden. So lässt sich eine Verschiebung der palästinensischen Strategie hin zu einem mehr politischen Handeln beobachten. Zum Zweiten wird der Widerstand ausnahmslos als »terroristisch« bezeichnet, selbst wenn er keine Terrorstrategie anwendet. Genauso sind die Besatzungskräfte des Dritten Reichs mit dem französischen Widerstand (der Résistance) verfahren.

Diese Luftschläge nach amerikanischem Vorbild fordern eine unverhältnismäßig hohe Zahl an Kollateralopfern.

Sie weisen mehrere Besonderheiten auf, was die Aufstandsbekämpfung betrifft:

- Sie werden als feige angesehen und als eine Verweigerung, »Mann gegen Mann« zu kämpfen, da sie aus der Distanz durchgeführt werden.
- Sie sind unfähig, auf einzelne Personen zu zielen, die klar als Feinde ausgemacht wurden. Daher töten sie viele Zivilisten und verstärken so den Widerstandswillen gegen die Besatzung.
- Sie zwingen den Widerstand, ebenfalls aus der Distanz zu agieren und mit Waffen zu antworten, die auch Kollateralschäden verursachen. In Palästina sehen sich die unterschiedlichen Bewegungen durch die israelische Strategie dazu gezwungen, Raketen zu benutzen, um auf die Luftschläge zu *antworten*.

Kurzum, Terrorismusbekämpfung aus der Distanz allein durch Luftschläge, wie von Israel praktiziert, ist zweifelsohne die unwirksamste aus der Vielzahl von denkbaren Strategien. Es ergibt nur Sinn, eine solch unwirksame Strategie zu wählen, wenn man mit ihr ein Ziel von der Art eines Völkermords oder einer ethnischen Säuberung verfolgt.

Für die mehr taktische Ebene kann man sagen, dass eine solche Strategie der Abschreckung in einer islamischen Umgehung eher unwirksam ist, wie wir oben gesehen haben. Die Schwierigkeit für Israel besteht darin, dass ihm das kulturelle Verständnis für diese Umgebung fehlt, trotz seines Anspruchs, eine jahrtausendealte Zugehörigkeit zu diesem Land und zu dieser Region zu haben. Die israelische Bevölkerung hat in ihrer Mehrzahl eine westliche und europäische Kultur. Diese Kultur ist jedoch nicht in der Lage, die Vielschichtigkeit des Nahen Ostens zu begreifen.

3.2.3. Ein ungeeigneter doktrinaler Überbau für den asymmetrischen Krieg

3.2.3.1 Die Bethlehem-Doktrin

Diese Doktrin wurde von Daniel Bethlehem entwickelt[32], einem juristischen Berater von Benjamin Netanjahu und später des britischen Premierministers Tony Blair. Sie postuliert, dass Staaten ein Recht zur *legitimen Präventivverteidigung* gegen einen »unmittelbar bevorstehenden« Angriff haben. Die Schwierigkeit liegt darin, den »unmittelbaren« Charakter eines Angriffs zu bestimmen. Er setzt voraus, dass der Terrorangriff zeitnah stattfindet und man über ein Indizienbündel verfügt, um das zu bestätigen.

Im Februar 2013 hat der Fernsehkanal NBC News ein »Weißbuch« des amerikanischen Justizministeriums öffentlich gemacht, welches den Begriff »unmittelbar« definiert:[33]

> »Eine unmittelbare Bedrohung durch einen Angriff auf die Vereinigten Staaten bedeutet nicht, dass die Vereinigten Staaten den Beweis dafür haben müssen, dass ein konkreter Angriff auf Personen oder amerikanische Interessen in der unmittelbaren Zukunft stattfinden wird.«

Das Prinzip scheint zwar berechtigt zu sein, aber die Auslegung des Begriffs »unmittelbar« bereitet Probleme. Was den Nachrichtendienst angeht, so wird die »Unmittelbarkeit« eines Angriffs durch seine zeitliche Nähe und die Wahrscheinlichkeit seiner Durchführung bestimmt. Aber nach den Worten von Daniel Bethlehem trifft das hier nicht mehr zu:

> »Es erscheint nur gerecht, dass die Staaten in legitimer Selbstverteidigung handeln können, wenn Beweise für unmittelbare Angriffe von Terrorgruppen vorliegen, selbst wenn es keinen konkreten Beleg dafür gibt, an welchem Ort ein solcher Angriff stattfinden oder wie er genau aussehen wird.«[34]

Somit kann ein Terrorangriff als »unmittelbar bevorstehend« eingestuft werden, selbst wenn keine Einzelheiten über ihn oder den Zeitpunkt, an dem er stattfinden könnte, bekannt sind. Dies ermöglicht beispielsweise die Durchführung eines Luftangriffs mit der simplen Begründung eines vermutlich anstehenden Terrorangriffs.

Im November 2008 werden bei einem Einsatz der israelischen Spezialkräfte sechs Menschen in Gaza getötet, obwohl eine Waffenruhe gilt. Die Erklärung der israelischen Armee veranschaulicht die Bethlehem-Doktrin:[35]

> »Es handelte sich um eine gezielte Operation, um einer unmittelbaren Bedrohung zuvorzukommen [...] Die Waffenruhe soll damit nicht gebrochen werden. Das Ziel der Operation war vielmehr, eine unmittelbare und gefährliche Bedrohung, die von der Terrororganisation Hamas ausging, zu beseitigen.«

Diese Doktrin ist eng verwandt mit derjenigen, die der damalige Vizepräsident der Vereinigten Staaten Dick Cheney 2001 darlegte. Sie ist auch unter dem Namen *Cheney-Doktrin* oder *1-Prozent-Doktrin* bekannt:

> »Wenn pakistanische Wissenschaftler mit einprozentiger Wahrscheinlichkeit Terroristen bei der Entwicklung oder beim Bau von Massenvernichtungswaffen helfen, dann müssen wir das, in Hinblick auf eine Reaktion, wie eine Gewissheit betrachten.«[36]

Das ist die strategische/operative Version eines »Schießens aus der Hüfte« nach Wildwestmanier. Sie ist symptomatisch für unser Rechtsverständnis und unsere Art, Krieg zu führen: ohne Werte und ohne Ehre.

Das Problem der Bethlehem-Doktrin besteht darin, dass sie systematisch von Israel benutzt wird, um Waffenstillstandsverletzungen zu rechtfertigen. Das Gleiche gilt für außergerichtliche Tötungen, die nicht als ein Bruch des Waffenstillstands gesehen werden.[37] Eine Untersuchung der palästinensischen Raketenangriffe zeigt, dass sie immer als Antwort auf einen israelischen Angriff auftreten, der wiederum nicht in unseren Medien gezeigt wird. So entsteht bei uns der Eindruck, dass die Palästinenserorganisationen – insbesondere der *Islamische Dschihad in Palästina* und die Hamas – Israel grundlos mit ihren Raketen angreifen würden und also terroristisch handelten.

In seinem Bericht vom Februar 2018 schreibt der *Menschenrechtsrat der Vereinten Nationen* (UNHRC), dass die israelische Armee während der Demonstrationen an der Grenze zum Gazastreifen (Rückkehrmarsch) 183 Zivilisten getötet hat, von denen 154 unbewaffnet und 35 Kinder waren.[38] Im Februar 2019 berichtet er, dass die israelische Armee »absichtlich« Kinder erschossen habe sowie medizinisches Personal (das Kennzeichen trug und in den Rücken geschossen wurde[39]!), Journalisten und Behinderte.[40] Außerdem wurden palästinensische Kinder 2018 von israelischen Scharfschützen mit Splittermunition getötet[41], obwohl sie nur aufrecht an der Grenze zum Gazastreifen standen.[42] Oder der junge Palästinenser in Handschellen und mit verbundenen Augen, der im April 2019 durch einen Rückenschuss getötet wurde.[43] All dies sind Kriegsverbrechen.

Die Anhänger Israels machen die *legitime Selbstverteidigung* geltend[44], aber das ist irreführend, wie die von den Vereinten Nationen veröffentlichten Videos zeigen.[45] Erstens, weil sich die Opfer in einem 150 Meter breiten Sicherheitsstreifen *innerhalb* von Gaza befanden.[46] Sie waren von Israel durch einen Zaun und eine breite Berme getrennt, aus deren Schutz die israelischen Scharfschützen operierten. Zweitens waren die getöteten Personen nur mit Steinen »bewaffnet«. Und drittens wiesen tödlich getroffene Personen (insbesondere Kinder) Schussverletzungen im Rücken auf.[47]

So viel zur moralischsten Armee der Welt, die von den Vereinten Nationen aufgefordert wird, nicht mehr auf Kinder zu schießen …[48]

3.2.3.2. Die Dahiya-Doktrin

Die israelische Armee missachtet bewusst die Prinzipien des humanitären Völkerrechts und wendet die »*Dahiya-Doktrin*« an. Sie wurde vom heutigen Generalstabschef General Gadi Eisenkot entworfen. Die Doktrin empfiehlt den Einsatz von »*unverhältnismäßiger Stärke*«, um ein Maximum an Schäden und Zerstörungen zu verursachen.[49] Laut ihr gibt es »*keine zivilen Dörfer. Es handelt sich um Militärbasen […] Dies ist keine Empfehlung, sondern ein Handlungsplan.*«[50]

Diese Doktrin scheint der Abschreckung zu dienen. Aber entgegen den Behauptungen von Wikipedia[51] kann sie nur in einem symmetrischen Konflikt funktionieren. Das bedeutet, mit einer Dezimierung des Gegners wird tatsächlich auch dessen Kampfkraft geschwächt.. In einem asymmetrischen Konflikt dagegen, wo die Entschlossenheit der Kämpfer eine Folge der Brutalität des Gegners ist, stacheln solche Zerstörungen nur den Widerstandswillen an und vergrößern die Bereitschaft, terroristisch vorzugehen, gleichsam wie bei der Hydra in der griechischen Mythologie. Dies ist das Wesen des Dschihad.

Im Grunde zeigt das bloße Vorhandensein dieser Doktrin, dass die Israelis die Denk- und Handlungsweise ihrer Gegner nicht verstanden haben. Das erklärt wiederum, weshalb Israel als einziges Land der Erde auch in 75 Jahren den Terrorismus nicht in den Griff bekommen konnte ...

Im Oktober 2023 wird genau diese israelische Logik angewandt. Die britische Zeitung *The Telegraph* zitiert die Worte des israelischen Militärsprechers Konteradmiral Daniel Hagari. Er sagt über die Luftangriffe: »Die Betonung wird auf Zerstörungen und nicht auf Präzision gelegt.« Das Ziel bestehe darin, Gaza am Ende der Militärkampagne zu einer »*Zeltstadt*« zu machen.[52]

Vergleich der Opferzahlen der Militäraktionen in der Ukraine[53] und in Gaza[54]

Konflikt	von	bis	Anzahl der Tage	getötete Zivilisten	Durchschnitt pro Tag	getötete Kinder	Durchschnitt pro Tag
Ukraine	24.02.2022	04.12.2023	648	6702	10,3	386	0,6
Gaza	07.10.2023	08.12.2023	63	17487	277,6	7729	122,7

Abbildung 10 – Vergleich der Opferzahlen der zwei Kriegsschauplätze Ukraine und Gazastreifen. Dieser Vergleich endet Anfang Dezember, da das Amt für die Koordinierung humanitärer Angelegenheiten (engl. OCHA) bis zum 8. Dezember genaue Zahlen der getöteten Kinder angibt. Von da an wird vom OCHA nur noch ein Prozentsatz (70 Prozent der zivilen Opfer) geliefert.

Hier besteht das Problem darin, dass eine heftige Verdammung der Aktionen der Palästinenser, ohne dass auch nur ein einziges Wort zu

Die Rechtfertigung durch die Bombardierung Dresdens (1945)

Abbildung 11 – Die israelische Botschafterin in Großbritannien droht damit, die gleiche Strategie einer Bombardierung der Zivilbevölkerung gegen Gaza anzuwenden wie gegen Dresden im Jahr 1945. [Quelle: https://twitter.com/mtracey/status/1713847432935510354].

Israels Handeln fällt, gleichbedeutend ist mit einer Unterstützung der Völkerrechtsverletzungen durch den jüdischen Staat.

3.2.3.3. Die Hannibal-Direktive

Die 1986 in Kraft getretene »Hannibal-Direktive« wird von unseren Medien nie erwähnt. Sie soll verhindern, dass israelische Gefangene von den Palästinensern als ein Tauschmittel benutzt werden können.[55] Sie sah vor, dass die Halter eines Gefangenen unter Einsatz aller Mittel getötet werden sollten (auch wenn dadurch das Leben des Gefangenen selbst oder von anwesenden Zivilisten gefährdet würde). Die Direktive wurde während der Operation Schützende Klippe *(Operation Protective Edge)* angewandt und ist für die totale Zerstörung eines Stadtviertels von Rafah verantwortlich. Das Ereignis vom 1.8.2014 ist in Palästina unter dem Namen *Black Friday* bekannt.[56]

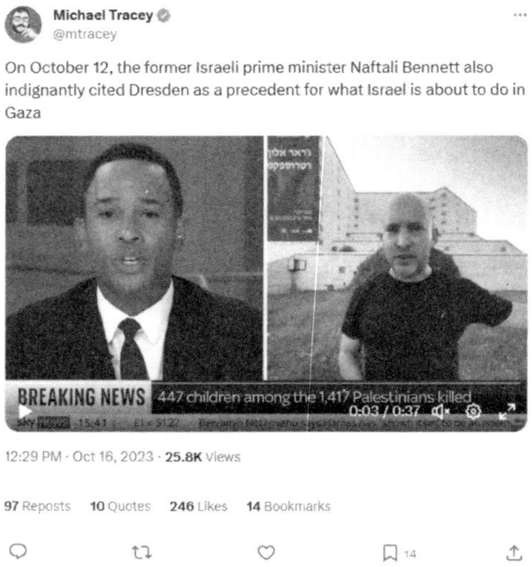

Abbildung 12 – Der ehemalige israelische Premierminister Naftali Bennett beschwört die Anwendung der Strategie, die die Briten für die Bombardierung Dresdens im Jahr 1945 gewählt hatten. [Quelle: https://twitter.com/mtracey/status/1713864692559429745]

Diese Direktive scheint immer noch Anwendung zu finden, natürlich ohne es groß öffentlich zu machen. Das erklärt, weshalb die Israelis sich durch die genommenen Geiseln nicht beeindrucken lassen:

> *»Die europäischen Diplomaten waren ebenfalls verblüfft, wie wenig Interesse die israelische Regierung zeigte, das Leben der in Gaza gefangenen Geiseln in den Vordergrund zu stellen.«*[57]

Sehr schnell nach Beginn der Hamas-Operation meldet Israel den Tod von 1400 israelischen Zivilisten. Diese Zahl wird zu einem Leitmotiv erhoben und dient als Vorwand, um jeden Dialog mit der Hamas und anderen Palästinenserorganisationen abzulehnen. Die Zahl wird allerdings heruntergesetzt, nachdem 200 verkohlte Leichname als Hamas-Kämpfer identifiziert wurden. Dann wird sie in einem Tweet der israelischen Regierung vom 2.12.2023 noch einmal auf 1000 gesenkt.[58]

Ein Oberst der israelischen Luftwaffe wird später bestätigen, dass den Luftstreitkräften am 7. Oktober ein »Feuer frei«, bezeichnet als ein »Massen-Hannibal«, befohlen wurde.

Die Hannibal-Direktive wird nicht nur bei Geiselnahmen angewandt, sondern auch, wenn die Gefahr besteht, Soldaten könnten in Gefangenschaft geraten. So wurde am 24.1.2014 bei der Stadt Chan Yunis ein Panzer durch Raketenbeschuss beschädigt. Die israelischen Soldaten konnten sich ihm nicht nähern, um die drei verletzten Kameraden der Panzerbesatzung zu bergen. Der Generalstab zog es deshalb vor, den Panzer samt Besatzung zu bombardieren, statt das Risiko einzugehen, dass sie der Hamas in die Hände fällt ...

Wie dem auch sei, man stellt fest, dass die israelische Armee das Vorsorgeprinzip weder bei den Palästinensern noch bei den eigenen Soldaten anwendet. Man könnte mit einem gewissen Zynismus behaupten, dass wenigstens hier Palästinenser und Israelis gleichbehandelt werden.

Mitte Dezember 2023 löst die Entdeckung dreier Leichen in einem Tunnel in Gaza eine Polemik aus. Es handelt sich um drei von der Hamas festgehaltene Männer, von denen der israelische Armeesprecher vermeldete, sie seien von der Palästinenserorganisation getötet worden. Sie weisen keine Wunden auf und scheinen vergiftet worden zu sein. Sind sie durch den gezielten Einsatz eines Giftkampfstoffs oder versehentlich durch Explosionsgase (wie etwa Kohlenmonoxid) getötet worden? Man weiß es nicht. Aber die Mutter eines der Getöteten, Ron Sherman, denkt, dass er absichtlich von der Armee geopfert wurde.[59] In jedem Fall zeigt dies die Missachtung des Vorsorgeprinzips vonseiten der israelischen Armee.

3.2.4. Außergerichtliche Tötungen

Die außergerichtlichen Tötungen sind ein wichtiger Bestandteil der Abschreckungspolitik Israels gegen die Palästinenserbewegungen. Sie beinhalten die Beseitigung von militanten Anhängern ohne einen Gerichtsprozess und mithilfe von Auftragsmördern bzw. »gezielten« Bombenangriffen, etwa aus der Luft. Sie sind nicht nur rechtlich angreifbar, sondern aus strategischer Sicht oft auch wenig effizient. Drei

Länder führen sie regelmäßig durch: die Vereinigten Staaten, Israel und Frankreich. Obwohl sie als vorbeugend dargestellt werden, haben sie oft den Charakter von Strafmaßnahmen und werden wie sizilianische Vendetten durchgeführt, ohne eine wirkliche Auswertung ihrer strategischen Folgen. In der Praxis begünstigen sie ein Anwachsen der Gewalt und verleihen dem Terrorismus Legitimität. Im Grunde sind sie oft der Ausdruck dafür, dass es an einer wirklichen Strategie gegen den Terrorismus mangelt.

Die Operation Gotteszorn *(Mivtza Za'am Ha'el)* ist ein Paradebeispiel für derartige Strafaktionen. Sie ist auch unter dem Namen *Operation Bajonett* bekannt und wird vom Mossad durchgeführt, um die Verantwortlichen für das Attentat auf die israelische Olympiamannschaft in München im Jahr 1972 (Operation Ikrit & Biram) zu bestrafen. Im Laufe eines Jahres wird fast das gesamte palästinensische Kommando umgebracht: Wael Zwaiter (16.10.1972 in Rom), Mahmoud Hamshari (9.1.1973 in Paris), Abd El-Hir (24.1.1973 in Nikosia), Basil Al-Kubaisi (6.4.1973 in Paris), Ziad Muchassi (12.4.1973 in Athen), Mohammed Boudia (28.6.1973 in Paris), Kamal Nasser und Kamal Adwan (9.4.1973 in Beirut). Der Anführer des Kommandos Mahmoud Najjar, Ali Hassan Salameh, wird am 22.1.1979 in Beirut umgebracht, sein Stellvertreter Chalil al-Wazir (genannt Abu Dschihad) am 16.4.1988 in Tunis. Letztlich scheint nur ein Mitglied der Gruppe, Jamal al-Gashey, dem »Gotteszorn« entkommen zu sein.[60] Dagegen wird versehentlich ein Unschuldiger in Lillehammer (Norwegen) getötet.

Dies sind Strafaktionen. Was laut unseren Ländern und Israel Teil des politischen Spiels ist, wenn wir es tun, das bezeichnen wir als Terrorismus, sobald andere es tun. Wenn wir solche Handlungen vonseiten Israels akzeptieren, dann schaffen wir ein Umfeld, in dem die Tötung einiger unserer politischen Führer ebenfalls als legitim erscheinen könnte. Und dies erscheint durchaus denkbar ...

Seit 1988 benutzt Israel Spezialeinheiten, die ausgebildet sind, um heimlich in den besetzten Gebieten zu operieren. Die als *Mista'aravim* (auf Deutsch etwa »Arabisierte«) oder Jamas bezeichneten Einheiten werden jeweils passend zusammengestellt und operieren heimlich in den besetzten Gebieten (in arabischer Kleidung, daher ihre Bezeichnung) bei Aufklärungsmissionen, Kommandoeinsätzen oder außergerichtlichen Tötungen. Die Aktionen der *Mista'aravim* werden im Westjordanland hauptsächlich von der Jechidat Duvdevan (Einheit 217) durchgeführt.

Die bekannteste dieser Aktionen ist der Versuch des Mossad im Jahr 1997, den politischen Anführer der Hamas in Jordanien, Chalid Maschal, zu vergiften. Er schlägt fehl: Die zwei mit kanadischen Ausweisen ausgestatteten israelischen Agenten werden festgenommen. Um den Schaden wiedergutzumachen, sieht sich Israel gezwungen, Scheich Ahmad Yasin aus der Haft zu entlassen, als Gegenleistung für die Freilassung seiner Agenten. Folge des Ganzen ist ein Glaubwürdigkeitsverlust Israels bei der internationalen Gemeinschaft und ein großes Misstrauen Jordaniens, mit dem Israel einen Friedensvertrag geschlossen hatte.

Die *Mista'aravim* entsprechen den *Antiterroristischen Befreiungsgruppen* (*Grupos Antiterroristas de Liberación*, kurz GAL), die in Spanien während der 1980er Jahre zum Einsatz kamen und als eine Form von Staatsterrorismus gelten. Nichtsdestotrotz besteht der Vorteil solcher Aktionen darin, dass durch sie eine Einzelperson ausgeschaltet werden kann, ohne ein komplettes Stadtviertel oder ganze Familien zu vernichten. Dafür werden allerdings kompetente und mutige Agenten benötigt, gerade weil die Palästinenser die Fähigkeiten ihrer Gegenspionage und ihrer inneren Sicherheit verbessert haben. Deshalb können solche Aktionen mittlerweile fast nicht mehr in Gaza durchgeführt werden. Im Westjordanland sind sie weiterhin üblich. Israel zieht es vor, seine Aktionen im Gazastreifen »ferngesteuert« durchzuführen. Es setzt dazu technisch kompliziertere Mittel wie Drohnen oder Lenkwaffen ein, die eine zerstörerische Wirkung auf die Zivilbevölkerung haben.

Mit 2300 (bekannten) Aktionen macht Israel den Vereinigten Staaten den ersten Rang derjenigen Länder streitig, die regelmäßig Tötungen von Gegnern oder Terroristen praktizieren.[61] Wenn eine »Eliminierung« auf fremdem Staatsgebiet stattfindet, dann handelt es sich um eine aufwändige Operation, die sich auf ein Netz von ortsansässigen Informanten (die *Sayanim*) stützt, die häufig innerhalb der jüdischen Diaspora rekrutiert werden. Das hat jedoch eine perverse Folge: Die jüdischen Gemeinden in vielen Ländern des Nahen und Mittleren Ostens, die bislang gut integriert waren, werden zu einem Objekt des Misstrauens und als eine »Fünfte Kolonne« betrachtet.

Die außergerichtlichen Tötungen bergen aber nicht nur ein großes politisches Risiko in sich, falls sie scheitern, sondern sie rechtfertigen tendenziell ungesetzliche Gewalt und Terrorismus. Davon zeugt die Zeitschrift *Inspire* der *Basis des Dschihad auf der Arabischen Halbinsel* (BDPA):[62]

> »[Die Ermordung von zivilen und militärischen Führern der Ungläubigen] ist eine der wichtigsten Techniken des Terrorismus und eine Art von Operation, die besonders vorteilhaft und abschreckend ist. Diese Methoden werden auch von den Feinden Allahs angewandt. Die CIA wird von der amerikanischen Regierung autorisiert, Präsidenten zu ermorden, wenn es im nationalen Interesse der Vereinigten Staaten liegt. Und das war mehrmals der Fall. Innerhalb der CIA gibt es dafür extra eine Abteilung! Daher weiß ich nicht, warum man uns hindert, das Gleiche zu tun.«

Man hat es hier mit einem Fall der islamistischen Asymmetrie zu tun: Das »Gegenmittel« ist schlimmer als das eigentliche »Übel«. Die Ermordung von Führungspersonal hat keine abschreckende Wirkung. Es macht den Ermordeten zu einem Märtyrer und Vorbild. Sie führt praktisch nie zu einem Ende des terroristischen Handelns, sondern schürt das Feuer des Widerstands und lässt den Terrorismus neue Formen annehmen.

Wenn die Strukturen einer Terrorgruppe stark dezentralisiert sind, dann führt die Eliminierung von Führungskadern nicht notwendig zu einer Schwächung. Die Führung wird vielmehr dazu getrieben, sich schneller zu erneuern und neue Methoden und Richtlinien des Handelns anzuwenden. Genau das ist bei der Hamas geschehen.

Am 21.8.2003 wird Ismail Abu Schanab von den israelischen Streitkräften eliminiert. Er gilt damals als ein Gemäßigter in der Hamas. Seine Ermordung sorgt für allgemeine Missbilligung und eine nie da gewesene Mobilisierung der palästinensischen Bevölkerung. Im Takt der von Israel durchgeführten Tötungen werden auch die Anschläge wieder aufgenommen.

Im September 2023 lobt der Journalist Darius Rochebin auf dem französischen Fernsehsender LCI die von den ukrainischen Geheimdiensten praktizierten Ermordungen in den höchsten Tönen. Und der General Christophe Gomart erklärt, Frankreich praktiziere sie ebenfalls. Er veranschaulicht damit das westliche Denken in perfekter Weise. Wie auch die Israelis meint er, es sei nötig, einen Anführer umzubringen, »*da im Grunde die Anführer die Entscheidungen treffen und es länger dauert, einen Anführer auszubilden als einen einfachen Soldaten*«. Dementsprechend gelte Folgendes:[63]

> »Man destabilisiert und desorganisiert. Im Krieg will man den Gegner desorganisieren, um ihn zu schwächen, einen Sieg zu ermöglichen und ihn so zu stürzen [...] So sind wir im Sahel gegen die Terroristenführer vorgegangen: Wir haben versucht, die terroristischen oder dschihadistischen ›Katibats‹ zu desorganisieren.«

Diese Aussagen zeigen nicht nur eine rein taktische Herangehensweise an den Kampf gegen den Terrorismus. Sie treffen auch nicht auf stark dezentralisierte Strukturen der Aufständischen zu, die aus weitgehend autonomen Kleingruppen bestehen. Dadurch lassen sich der operative und strategische Misserfolg des französischen Einsatzes im Sahel teilweise erklären.

Solch eine fast schon kindische Sichtweise des Krieges ist vielleicht in einem konventionellen Konflikt angebracht, aber nicht in einem unkonventionellen und erst recht nicht im Zusammenhang mit dem Dschihad. Sie widerspricht dem, was mir ein Offizier der britischen Spezialkräfte SAS während meiner Ausbildung im Kampf gegen den Terrorismus mitteilte. Das war Mitte der 1980er Jahre während des Konflikts in Nordirland. Die Briten besaßen Karteikarten mit äußerst detaillierten Informationen zu den verschiedenen Anführern der *Irisch-Republikanischen Armee* (IRA) und kannten jede ihrer Bewegungen. Als ich fragte, weshalb man sie nicht eliminieren würde, antwortete mir der Offizier:

Gezielte Tötungen, die zur Anwendung von terroristischen Methoden führen (unvollständige Auflistung)

Datum	Zielperson	Gruppe	Antwort	Opfer durch die Antwort (Tote)	Kommentar
06.01.1996	Yahya Ayyash	Hamas	25.02.1996 25.02.1996 03.03.1996 04.03.1996	1 27 20 13	Diese Tötung löste die größte Welle von menschlichen Bomben aus.
31.07.2001	Jamal Mansour	Hamas	09.08.2001	15	
23.11.2001	Mahmoud Abou Hanoud	Hamas	01.12.2001 02.12.2001	11 15	
14.01.2002	Raed al-Karmi	Fatah	27.01.2002 16.02.2002 02.03.2002	1 2 11	Diese Tötung veranlasst die Al-Aqsa-Brigaden dazu, menschliche Bomben einzusetzen
23.07.2002	Salah Shahada	Hamas	04.08.2002	9	Die israelische Aktion hat 14 Menschenleben gekostet.
26.12.2002	6 Aktivisten	Fatah, DIP	05.01.2003	22	
15.08.2003 21.06.2003	Mohammed Sidr Abdallah 'Awashmeh	Phalanges Al-Quds Hamas	19.08.2003	21	Gemeinsame Antwort der Al-Quds-Brigaden und der Hamas.
08.08.2003	Fayez al-Sadr	Phalanges Al-Qassam	12.08.2003	2	

22.03.2004 17.04.2004	Ahmed Yassine Abd el-Rantissi	Hamas	31.08.2004	16	Die israelischen Ermordungen haben 9+2 Menschenleben gekostet und ein doppeltes Selbstmordattentat in Be'er Scheva provoziert.
09.03.2012	Zohair al-Qaisi	Volkswiderstandkomitee (CRP)	09.03.2009		15 unschuldig Getötete. Die Antwort: Beschuss mit 300 Raketen, die 23 Israelis verletzen.

Abbildung 13 – Die Technik der »menschlichen Bomben« ist keine »Tradition« bei den Palästinenserbewegungen. Diese Technik wurde zwischen 1994 und 2005/06 eingesetzt und war eine Antwort auf die außergerichtlichen Tötungen durch Israel. [Anmerkung: Hier werden nur die Getöteten aufgezählt.]

> »Weil wir sie bereits kennen. Wir kennen ihre Psychologie, ihre Familien, ihre Netzwerke und ihre Art zu kämpfen. So können wir ihre Aktionen besser vorhersehen oder ihnen sogar zuvorkommen. Wenn wir sie jetzt töten, dann kommen andere nach, die vielleicht effizienter und aggressiver sind und von denen wir nichts wissen.«

Eine solche Antwort ergibt natürlich nur dann Sinn, wenn man den Gegner intensiv studiert hat und sehr genau kennt. In Wahrheit kennen wir heutzutage unsere Gegner sehr schlecht. Selbst über öffentliche Persönlichkeiten, wie Wladimir Putin, weiß man so wenig, dass man bei ihm fälschlicherweise Krankheiten diagnostiziert. Das Gleiche trifft in Palästina zu.

Die Erfahrung zeigt, dass außergerichtliche Tötungen keine operative Wirkung haben. Sie wecken Rachegefühle und häufig den Widerstandsgeist. Dieses Phänomen wird dadurch verstärkt, dass dabei Zivilisten getötet werden. Sie rufen eher Widerwillen als Bewunderung hervor, weil es sich um Erfolge handelt, die nicht in einem Kampf

Mann-gegen-Mann errungen wurden. Im Übrigen führen die israelischen Soldaten keinen »heldenhaften« Kampf, wie bei der Operation Al-Aqsa-Flut deutlich wird. Deshalb werden diese Tötungen zu einem Ersatz für einen wirklichen Erfolg gegen den Terrorismus. Sie erscheinen somit eher ein Zeichen für Schwäche und Unvermögen zu sein als ein Beweis für Effizienz.

Laut einiger (unbestätigter) Informationen hat der Schabak angeblich eine heimliche Einheit mit dem Codenamen INDIGO aufgestellt, mit der Aufgabe, die Urheber der Verbrechen des 7.10.2023 zu jagen. Mit den sich mehrenden Schilderungen von Zeugen, die zeigen, dass diese Verbrechen zu einem Großteil auf Fehler der Militärführung zurückgehen, bleibt offen, inwieweit diese Gruppe die wahren Verursacher der Massaker bestrafen wird.

Folgen der israelischen Tötungen (unvollständige Auflistung)

Israelische Aktion	Folge
Die Ermordung am 16.4.1988 von Chalil al-Wazir (genannt Abu Dschihad), dem rechten Arm von Jassir Arafat. Er galt als verantwortlich für die Durchführung der ersten Intifada. Seine Ermordung sollte dem Palästinenseraufstand ein Ende setzen.	Die Aktion war nicht nur erfolglos, sondern man nahm Jassir Arafat auch einen klugen Berater.
Eliminierung von Scheich Abbas al-Musawi am 16.2.1992, des Generalsekretärs der Hisbollah.	Dies ermöglichte den Aufstieg des radikaleren Hassan Nasrallah an die Spitze der Hisbollah.
Die Eliminierung von Fathi Schakaki, dem Anführer des Islamischen Dschihad in Palästina, am 26.10.1995 war in der Annahme entschieden worden, sein möglicher Nachfolger Ramadan Shallah besäße nicht die nötigen Eigenschaften, um die Organisation zu führen, und sei daher ein weniger erbitterter Feind.	Die Beurteilung der israelischen Dienste war falsch: Die Anzahl und Wirkung der Anschläge des Islamischen Dschihad haben sich nach seinem Tod vergrößert.
Die Eliminierung am 6.1.1996 von Yahya Ayyasch (genannt »Ingenieur«), einem Spezialisten für Sprengwaffen, während dieser einen Waffenstillstand mit Israel einhielt.	Dadurch wurde Jassir Arafat unglaubwürdig gemacht und moderate Mitglieder der Hamas, die auf einen politischen Prozess bauten, wurden entmutigt. Die Tat löste die größte Welle von Selbstmordanschlägen aus, mit denen Israel jemals zu tun hatte.

Die Eliminierung am 27.8.2001 von Abu Ali Mustafa, dem Generalsekretär der Volksfront zur Befreiung Palästinas (PFLP), als Antwort auf einen Angriff, der drei israelischen Soldaten das Leben kostete.[64]	Diese Aktion provozierte die Ermordung des Tourismusministers Rechaw'am Ze'ewi am 10.10.2001 sowie eine Kampagne von Selbstmordattentaten, die die PFLP zuvor noch nie angewendet hatte. Letzten Endes führte die israelische Aktion indirekt zu zwei toten und 48 verletzten Israelis.[65]
Die Ermordung am 22.3.2004 von Scheich Ahmad Yasin[66], dem geistigen und historischen Führer der Hamas, hatte zum Ziel, die Bewegung zu schwächen.	Das Gegenteil war der Fall. Durch die Ermordung übernahm Abd ar-Rantisi die Führung. Er war feindseliger als sein Vorgänger und wurde seinerseits am 17. April eliminiert. Am 31.8.2004 fand in Be'er Scheva ein doppeltes Selbstmordattentat mit 16 Opfern statt, zu dem sich die Hamas bekennt. Damit sollen der Tod von Scheich Yasin und Abd ar-Rantisi gerächt werden.[67]
Die Eliminierung von Zuhir al-Qaisi, dem Generalsekretär des Volkswiderstandskomitees (PRC) durch Israel am 9.3.2012, bei dem 15 unschuldige Zivilisten umkamen.[68]	Die Unterstützung der französischen Regierung für diese Operation ist das Motiv für die Anschläge von Mohammed Merah vom 22. März.

Abbildung 14 – Was wie ein Erfolg des Nachrichtendienstes erscheint, ist in Wirklichkeit ein Misserfolg. Genauer gesagt handelt es sich um einen Erfolg für den taktischen und einen Misserfolg für den strategischen Nachrichtendienst.

Diese Eliminierungen machen das Wesen der israelischen Dienste deutlich: Sie haben eine große Fähigkeit, ihre Ziele ausfindig zu machen, und erscheinen dennoch gänzlich unfähig, ihre Feinde zu verstehen, was das wahre Beurteilungskriterium für die Fähigkeiten eines Nachrichtendienstes ist. Daraus ergibt sich, dass die Israelis weit davon entfernt sind, ihre Gegner zu schwächen. Sie haben vielmehr ihren Kampfeswillen gestärkt, indem sie die Bemühungen der Gemäßigten innerhalb von Hamas und Fatah behindert haben. Zusammengefasst ergeben sich taktische Erfolge und ein großer strategischer Misserfolg.

Der kontraproduktive Charakter von außergerichtlichen Tötungen wird dann besonders deutlich, wenn sie während eines Verhandlungsprozesses oder Waffenstillstands durchgeführt werden: eine gängige Praxis bei den Israelis. In Wirklichkeit betrachtet Israel gezielte Eliminierungen oder Drohnenangriffe nicht als eine Verletzung der Waffenruhe ...[69]

So tritt etwa der palästinensische Raketenbeschuss, der von der westlichen Presse zumeist als stimmungsgeleitet dargestellt wird, praktisch *immer nach* einem israelischen Spezialeinsatz oder einer Verletzung der Waffenruhe auf.[70]

Friedensprozess oder Waffenstillstand

Datum	Zielperson	Gruppe	Kommentar
06.01.1996	Yahya Ayyasch	Hamas	Seine Tötung hat die Hamas veranlasst, eine Sondergruppe, die Gruppe Jerusalem (Majmuat al-Quds), zu gründen, um Vergeltungsoperationen durchzuführen. Sie sollte 60 Israelis das Leben kosten.
31.07.2001	Jamal Mansour	Hamas	Die israelische Aktion bricht eine fast zweimonatige Waffenruhe.
23.11.2001	Mahmoud Abou Hanoud	Hamas	Die israelische Aktion macht das Abkommen zwischen Hamas und Fatah hinfällig, nach dem »11. September« keine Ziele in Israel anzugreifen.
23.07.2002	Salah Shehade	Hamas	Die israelische Aktion tötet 14 Menschen wenige Stunden vor einer breit angekündigten Waffenruhe zwischen der libanesischen Militärorganisation Al-Tanzim und der Hamas.
26.12.2002	6 Aktivisten	Fatah, PIJ	Die israelische Aktion findet statt, während in Kairo Repräsentanten von Fatah, Hamas und anderen Gruppierungen eine Waffenruhe für Anschläge auf israelische Zivilisten aushandeln.
23.08.2003	Ismail Abu Schanab	Hamas	Durch seine Ermordung wird ein Waffenstillstand vom 29. Juni gebrochen. Sie löst eine beispiellose Mobilisierung der palästinensischen Bevölkerung aus. Die Terroranschläge werden wieder aufgenommen.
05.11.2008	6 Aktivisten	Hamas	Israel bricht die seit dem 19. Juni geltende Waffenruhe. Die Hamas antwortet mit 35 Raketen. Dies ist der Beginn der Operation GEGOSSENES BLEI.[71]
09.03.2012	Zuhir al-Qaisi	Volkswiderstandskomitee (PRC)	Eine Verletzung der Waffenruhe, die bei der Operation GEGOSSENES BLEI geschlossen wurde. Es handelt sich dabei um einen heimtückischen Akt, mit dem sich die französische Regierung solidarisch erklärte[72], was den Zorn von Mohammed Merah erregte.

15.11 2012	Ahmed al-Jabari	Hamas	Die israelische Aktion fordert 9 Menschenleben. Die Antwort der Hamas liefert den Vorwand für den Beginn der Operation WOLKENSÄULE.[73]
01.08 2014		Hamas	Obwohl sich beide Parteien auf eine Waffenruhe geeinigt haben, beginnt Israel, die Tunnel der Hamas zu sprengen.[74] Benjamin Netanjahu erklärt, er würde »mit oder ohne Waffenruhe« so handeln.[75]
18.08.2014	unbekannter Anführer	Hamas	Obwohl am 18. August eine erneute Waffenruhe vereinbart wurde, führt Israel einen Luftangriff gegen einen Anführer der Hamas durch und tötet drei Menschen, darunter eine Frau und ein Kind. Die Hamas schlägt mit einer Salve von 40 Raketen zurück.[76]
02.01.2024	Salah al-Arouri	Hamas	Al-Arouri wird in Beirut ermordet, obgleich dank der Vermittlung von Ägypten und Katar Verhandlungen stattfinden. Daraufhin werden sie unterbrochen.

Abbildung 15 – Wirkung der außergerichtlichen Tötungen auf die Verhandlungen. Neuere Vergleiche sind schwer anzustellen. Einerseits wurde der Verhandlungsprozess aufgegeben, und andererseits haben sich die Art und die Mittel des palästinensischen Widerstands verändert.

Wie die Zeitung *Haaretz* aufdeckt, führt die israelische Regierung seit 2019 gezielte Tötungen im Kampf gegen den *Islamischen Dschihad in Palästina* (engl. PIJ) durch. Sie tut dies im Rahmen ihrer Politik *»teile und herrsche«*, und die Eliminierungen sind alles andere als punktgenaue chirurgische Eingriffe. So führt Israel am 12.11.2019 einen Anschlag auf Baha Abu al-Ata, den Anführer des PIJ, aus. Er war ursprünglich für 2017 vorgesehen (was zeigt, dass keine Notsituation vorlag). Die *New York Times* stellt wiederum fest, dass dieser Angriff *»nach einer Phase der relativen Ruhe«* stattfinde[77] und mitten in einem erbitterten Kampf um die israelische Regierungsbildung, was ein innenpolitisches Ziel nahelegt.

Diese Tötungen tragen nicht zur Verbesserung der Sicherheit bei. Intuitiv könnte man meinen, dass durch sie die Bedrohung rechnerisch reduziert würde. Und gewisse Studien versuchten nachzuweisen, dass diese Tötungen die Anzahl der Selbstmordattentate gesenkt hätten.[78] In Wirklichkeit trifft das Gegenteil zu. Das allmähliche Verschwinden dieser Art von Angriffen seit 2005 ist das Ergebnis eines Strategiewechsels, der 2002 von Mohammed Deif, dem Anführer der *Izz-ad-Din-al-Qassam-Brigaden,* eingeleitet wurde. Im Zusammenhang mit der Errichtung des israelischen »Schutzzauns« sollte ein »planloser« Terrorismus zugunsten eines strukturierteren Widerstandskampfes aufgegeben werden. Letzterer beinhaltet insbesondere den Einsatz von Raketen und Mörsern als Waffen.

4. Gaza

4.1. Die besondere Situation des Gazastreifens

Der Gazastreifen ist nicht nur das Gebiet, in dem man im Altertum die Vorfahren der heutigen Palästinenser, die Philister, verortete. Er ist auch bis 1948 ein Teil des Mandatsgebiets Palästina. Dort finden die Überlebenden der Nakba im Jahr 1948 Zuflucht, nachdem sie aus ihren Häusern und Dörfern vertrieben wurden. Im Anschluss an den israelischen Überfall von 1967 lebt die palästinensische Bevölkerung unter einer Besatzung. Im Jahr 2005 tritt Israel in Folge der Oslo-Abkommen und nach anfänglichem Zögern den »Rückzug« aus dem Gazastreifen an.

Seit diesem Zeitpunkt behauptet Israel, es habe den Gazastreifen geräumt und es handle sich nicht mehr um ein besetztes Gebiet, wie es Alain Finkielkraut auf LCI[1] oder der Journalist Pascal Praud von *CNews*[2] formulieren. Deshalb betrachtet Israel seinen Konflikt mit der Hamas als einen internationalen Konflikt[3] und nimmt für sich das *»Recht auf Selbstverteidigung«* in Anspruch, worauf wir noch zurückkommen werden. Zu Unrecht. In Wirklichkeit betrachtet nicht nur die internationale Gemeinschaft, wie auch die Europäische Union[4], Gaza als besetztes Gebiet. Sie hält die Blockade des Gebiets zudem für illegal.[5]

Wenn Vincent Hervouët von *CNews* behauptet, Gaza sei *»autonom«*, dann zeigt er damit das hohe Maß an Unwissen und Inkompetenz unserer Medien: Israel verbietet die Einfuhr von »Koriander, Salbei, Marmelade, Schokolade, Pommes frites, Trockenfrüchten, Stoffen, Notebooks, leeren Blumentöpfen und Spielzeug«[6].

Artikel 42 des *IV. Haager Abkommens (Haager Landkriegsordnung)* definiert die Besatzung/Besetzung eines Gebiets folgendermaßen:[7]

Internationale Institutionen, die Gaza als ein besetztes Gebiet ansehen (unvollständige Auflistung)

Institution	Quellenangabe
Amnesty International (AI)	https://www.amnesty.org/en/latest/campaigns/2017/06/israel-occupation-50-years-of-dispossession/
Generalversammlung der Vereinten Nationen	https://www.un.org/unispal/document/assistance-to-the-palestinian-people-ga-resolution-a-res-76-126-2/
B'Tselem	https://www.btselem.org/duty_to_end_occupation
Vorverfahrenskammer I des Internationalen Strafgerichtshofs (IStGH)	https://www.icc-cpi.int/sites/default/files/CourtRecords/CR2021_01165.PDF
Das Internationale Komitee vom Roten Kreuz (IKRK)	https://www.icrc.org/en/document/ihl-occupying-power-responsibilities-occupied-palestinian-territories
Ständige Faktenfindungsmission der Vereinten Nationen zum Israel-Palästina-Konflikt	https://undocs.org/en/A/78/198
Internationaler Strafgerichtshof (IStGH)	https://www.icc-cpi.int/sites/default/files/itemsDocuments/palestine/210215-palestine-q-a-eng.pdf

> »Ein Gebiet gilt als besetzt, wenn es sich tatsächlich in der Gewalt des feindlichen Heeres befindet. Die Besetzung erstreckt sich nur auf die Gebiete, wo diese Gewalt hergestellt ist und ausgeübt werden kann.«

Die israelischen Truppen sind also in der Lage, Gaza Lebensbedingungen aufzuzwingen, die nichts mit einem freien Land zu tun haben, selbst wenn sie nicht mehr innerhalb des Gazastreifens stationiert sind. Mit den Worten des Internationalen Komitees vom Roten Kreuz (IKRK):

> »Das IKRK hält Gaza weiterhin für ein besetztes Gebiet, da Israel immer noch wesentliche Elemente einer Hoheit über den Gazastreifen ausübt, einschließlich seiner Grenzen (über den Luftraum,

Fédération Internationale pour les Droits de l'Homme (FIDH) (dt. Internationale Föderation der Ligen für Menschenrechte)	https://www.fidh.org/en/region/north-africa-middle-east/israel-palestine/50th-anniversary-of-israel-s-military-occupation-of-palestine
Global Centre for the Responsibility to Protect (dt. Weltweites Zentrum für die Schutzverantwortung)	https://www.globalr2p.org/countries/israel-and-the-occupied-palestinian-territory/
Human Rights Watch (HRW) (dt. Menschenrechtswacht)	https://www.hrw.org/report/2021/04/27/threshold-crossed/israeli-authorities-and-crimes-apartheid-and-persecution
Ärzte ohne Grenzen (MSF)	https://www.msf.org/photo-story-living-under-occupation-palestine
Büro des Chefanklägers des IStGH	https://www.icc-cpi.int/sites/default/files/CourtRecords/CR2020_00161.PDF
Afrikanische Union (UA)	https://archives.au.int/bitstream/handle/123456789/6461/EX CL 1115 (XXXIV)_E.pdf
Europäische Union (EU)	https://www.eeas.europa.eu/node/41718_en

Abbildung 16 – Im Gegensatz zu unseren Medien betrachten die internationalen Organisationen Gaza als ein besetztes Gebiet. Das entscheidende Kriterium ist nicht etwa die An- oder Abwesenheit von israelischen Soldaten im Gazastreifen, sondern die Frage, ob die Palästinenser ihr Leben selbst bestimmen können.

> die See- und Landgrenze, mit Ausnahme der Grenze zu Ägypten). Auch wenn Israel nicht mehr innerhalb des Gazastreifens präsent ist, so ist es doch weiterhin durch gewisse Verpflichtungen des Besatzungsrechts gebunden, und zwar in dem Maße, wie es eine Kontrolle über Gaza ausübt.«[8]

Selbst der *Atlantic Council*, eine der NATO nahestehende Organisation, meint, Israel hätte gegenüber dem Gazastreifen die Verpflichtungen einer Besatzungsmacht und sollte alles daransetzen, die Zivilbevölkerung zu schützen, ganz gleich, welche Begriffe man verwendet.[9]

Während ihres Rückzugs aus Gaza im Jahr 2005 haben die Israelis systematisch seine Infrastruktur zerstört (Häuser, Straßen, den Flughafen uvm.) und der Palästinensischen Autonomiebehörde ein

Karte des Gazastreifens

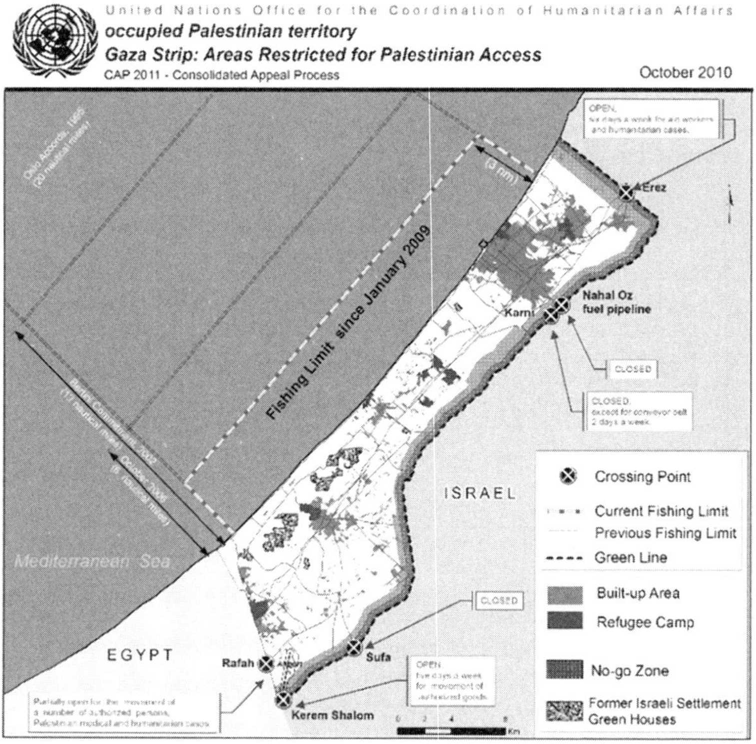

Abbildung 17 – Karte des Gazastreifens vom Amt für die Koordinierung humanitärer Angelegenheiten der Vereinten Nationen (OCHA). Aufgrund der Einschränkungen, die den Gazabewohnern durch Israel auferlegt werden, sehen die Vereinten Nationen den Gazastreifen als besetzt an, selbst wenn auf seinem Gebiet keine israelischen Truppen stationiert sind.
[Quelle: https://www.unocha.org/attachments/11fc4a3f-1f13-3f4d-b52d-673176533390/645600582A81E1B4852577F2005CE77E-map.pdf]

Ruinenfeld hinterlassen.[10] Heutzutage wird den Palästinensern durch die Blockade von Gaza und die Begrenzung der Fischereizonen ein gewisser Wohlstand vorenthalten, der sie vielleicht von ihrem Kampf abhalten sollte.

Nach dem Sieg der Hamas bei den Parlamentswahlen beschloss Israel im Jahr 2007, eine Blockade rund um das Gebiet von Gaza zu errichten. Offiziell wollte man Terrorangriffen gegen die umliegende israelische Bevölkerung vorbeugen, die sich in einer Zone befindet, die unter dem Namen *Gazagürtel* bekannt ist.

Die gewählte Methode ist wenig überzeugend, auch wenn man das Sicherheitsinteresse nachvollziehen kann. Sie ist nicht nur gesetzeswidrig nach internationalem Recht.[11] Sie behindert vielmehr auch die wirtschaftliche Entwicklung des Gebiets und treibt so die Bewohner dazu, Terrorangriffe durchzuführen.

So ist der als »Freiluftgefängnis«[12] bezeichnete Gazastreifen zu einem riesigen Flüchtlingslager geworden, umringt von Wachtürmen und Mauern. Letztere bohren sich bis zu einer »geheimen« Tiefe in die Erde, möglicherweise mehr als 40 Meter. So soll verhindert werden, dass die Gazabewohner Tunnel als Verbindung zur Außenwelt graben. Die israelischen Behörden gestatten die Einfuhr von Lebensmitteln nur bis zu einer Höhe von 2 279 Kalorien pro Einwohner.[13] Zum Vergleich: Laut der *Enzyklopädie des Holocaust* hatten die russischen Gefangenen in den Konzentrationslagern der Nazis im Jahr 1941 ein Recht auf 2 200 Kalorien am Tag.[14] Nach Angaben von *Amnesty International* ist das nach Gaza geleitete Wasser zu 90 bis 95 Prozent nicht trinkbar, und die israelischen Behörden erlauben keinen Wassertransport aus dem Westjordanland, wo die Israelis die Wasservorräte in Besitz genommen haben:[15]

> »Im November erteilten die israelischen Behörden den Militärbefehl 158, der besagt, dass Palästinenser keine neue Wasservorrichtung bauen können, ohne zuvor eine Erlaubnis der israelischen Armee erhalten zu haben. Seitdem erfordert die Wassergewinnung aus jeder neuen Quelle oder die Entwicklung jeder neuen Infrastruktur zur Wasserversorgung eine Erlaubnis durch Israel, die praktisch nicht zu erlangen ist.«

Der Bericht des amerikanischen Außenministeriums aus dem Jahr 2015 zur Lage der Menschenrechte in Israel und den besetzten Gebieten verzeichnet »*institutionelle und gesellschaftliche Benachteiligungen*« der israelischen Araber »*insbesondere in Bezug auf Chancengleichheit und berufliche Gleichberechtigung*«[16].

Die Art der Behandlung von Gaza durch die israelischen Behörden ist eine Quelle für Gewalt in Gaza selbst und für den heutigen Antisemitismus im Westen. Sie ist aber auch die Ursache für eine wachsende Abneigung der (jungen) amerikanischen Juden gegenüber Israel. Davon zeugen eine bemerkenswerte Reportage mit dem Titel *Life in Palestine* von Anna Baltzer[17] und ein Interview mit Dr. Gabor Maté, einem Holocaust-Überlebenden und Vater des Journalisten Aaron Maté[18].

4.2. Der israelische Sicherheitsapparat rund um Gaza

Die »Division Gaza« *(Ugdat Aza)* trägt die Verantwortung für die Überwachung des Gazastreifens und den Schutz des »Gazagürtels«. Sie untersteht dem Kommando Süd der israelischen Streitkräfte. Seit August 2022 wird sie vom Brigadegeneral Avi Rosenfeld angeführt.

Ihre Aufgabe ist die ständige Überwachung des Zauns, der den Gazastreifen umgibt. Es handelt sich um einen doppelten Zaun mit Überwachungstürmen sowie Schießtürmen, die in regelmäßigen Abständen aufgestellt sind. Sie sind mit optoelektronischen Beobachtungsgeräten ausgestattet, mit denen Aktivitäten in der Nähe des Zauns tags wie nachts überwacht werden können. Die Schießtürme sind mit ferngesteuerten Maschinengewehren bestückt, von denen einige automatisch aktiviert werden können.

Der Sicherheitsapparat der Division Gaza wird durch eine elektronische Aufklärungsstation *(Sigint)* vervollständigt, die in Urim steht[19], 17 Kilometer entfernt von der Grenze zum Gazastreifen. Diese ist auch bekannt unter dem Codenamen Yarkon und wird von einem Trupp der Einheit 8 200 des Aman, des israelischen militärischen Nachrichtendiensts, betrieben.[20] Dieser Sondertrupp namens *National Warning Unit* überwacht ohne Unterbrechung jede elektronische Aktivität der Palästinenser. Der Grund für sein Bestehen ist die Bedrohung, die auf den Gebieten längs des Gazastreifens, allgemein als »Gazagürtel« bezeichnet, lastet.

Im November 2018 wird ein Kommando der israelischen Spezialeinheit »Sajeret Matkal« bei Chan Yunis von Hamas-Agenten

Gliederung der israelischen Aufklärung rund um Gaza

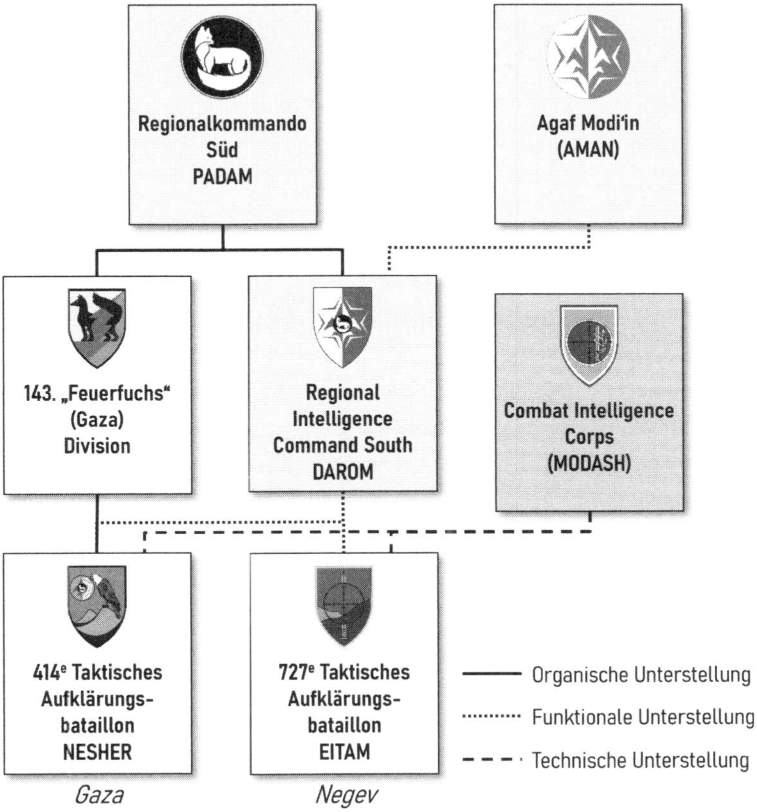

Abbildung 18 – Die operative Aufklärung im südlichen Sektor von Israel. Das Bataillon Nescher ist für die Überwachung von Gaza verantwortlich. Es untersteht organisatorisch dem Regionalkommando Süd. Das Bataillon ist Teil des Corps für Operative Aufklärung, das 2009 im Zuge der Ereignisse im Südlibanon gegründet wurde.

abgefangen. Der Versuch ihrer Einschleusung scheitert. Der Nachrichtendienst der Hamas, der Dschihaz Al-Amn, kann damals die Übertragungsgeräte sicherstellen, und es gelingt ihm, die Algorithmen der Verschlüsselung zu knacken. Das ermöglicht den Palästinensern, Informationen über die Mannschaften der Division Gaza zu erlangen, die für die Überwachung des Gazastreifens verantwortlich sind. Dieser Erfolg gibt ihnen ein Verständnis vom Vorgehen der Israelis. Sie wählen von nun an Übertragungswege, die die elektronischen Abhöranlagen der Israelis nutzlos machten. Deshalb beendet die Einheit 8 200 im Jahr 2022 die Praxis, Telefongespräche der Hamas abzufangen und zu entschlüsseln[21], da dies jetzt als eine Zeitverschwendung erscheint.[22]

Aber die wichtigsten von der Hamas gewonnenen Informationen betreffen die Militärbasis von Urim. Am 7.10.2023 erlauben sie zehn Männern der *Gruppe 17* der Hamas-Spezialkräfte *(Wahdat Al-Khassa)* bis zu Yarkon vorzustoßen und dort einzudringen, um Dokumente an sich zu reißen.

Wie bereits gesehen handelt es sich bei Gaza um ein besetztes Gebiet, mit der Besonderheit, dass die Besatzung aus der Distanz betrieben wird. Anders gesagt bedeutet dies, dass sich Aktionen des Widerstandes nur außerhalb des Gebiets durchführen lassen, im sogenannten »Gazagürtel«, wo israelische Soldaten und Zivilbevölkerung vermischt sind.

Das Problem besteht darin, dass die israelischen Sicherheitskräfte versuchen, den direkten Kontakt mit dem palästinensischen Widerstand zu vermeiden, und bevorzugen, ihn auf Distanz zu halten. Genau das findet bei der Belagerung von Gaza statt. Um aber ihr Widerstandsrecht geltend zu machen, *müssen* die Palästinenser ihr Gebiet verlassen, um die israelischen Kräfte im Gazagürtel zu attackieren, wo sich ebenfalls Zivilisten befinden.

4.3. Die Islamische Widerstandsbewegung (Hamas)

4.3.1. Geschichte der Bewegung

4.3.1.1. Die Anfänge

Hamas ist das Kürzel für *Harakat al-muqawama al-islamiyya (Islamische Widerstandsbewegung)* und bedeutet ebenfalls *»Begeisterung/Eifer«*. Sie wurde am 14.12.1987 in Gaza gegründet, fünf Tage nach Beginn der ersten Intifada. Ihr historischer und spiritueller Anführer ist damals Scheich Ahmad Yasin[23], der am 22.3.2004 durch israelischen Hubschrauberbeschuss gezielt getötet wird.

Die Hamas ist aus der Bewegung *Al-Mujama al-Islami* hervorgegangen, die 1967 gegründet und 1978 von Scheich Ahmad Yasin in Israel angemeldet und eingetragen wird. Die sieben Gründungsmitglieder der Hamas sind Ahmad Yasin, Abdel Fattah Dukhan, Mohammed Shama, Ibrahim Al-Yazouri, Issa Al-Najjar, Salah Schahada und Abd al-Aziz ar-Rantisi. Unter den Anhängern der ersten Stunde dieser Bewegung befindet sich ebenfalls Ismail Abu Schanab.

In den 1960–1970er Jahren ist die Palästinenserbewegung gespalten. Sie wird größtenteils von der UdSSR sowie den Staaten des Ostblocks unterstützt und vertritt einen im Wesentlichen antiimperialistischen und marxistischen Ansatz. Die Bewegung ist einer der vielen Bauern, die im internationalen Schachspiel gegen den sogenannten westlichen Imperialismus aufgestellt sind. Die vielen einzelnen Palästinensergruppen haben sehr unterschiedliche Handlungsstrategien und führen Operationen überall auf der Welt durch, immer mit der Zielscheibe Israel. Traurigen Ruhm unter diesen Terrorangriffen erlangt dabei die Attacke auf israelische Sportler während der Olympischen Spiele in München im Jahr 1972. Diese Angriffe bringen den Palästinensern eine weltweite Verurteilung ein.

In dieser Phase wird der Kampf der Palästinenser hauptsächlich von Jassir Arafats PLO getragen. Am 13.11.1974 erzielt er einen entscheidenden politischen Erfolg, indem er von der Rednertribüne zur Generalversammlung der Vereinten Nationen spricht. Er verpflichtet sich damals dazu, den internationalen Terrorismus aufzugeben und sein Handeln auf Palästina zu konzentrieren. Damals trägt er auch einen Pistolengürtel, um die Wichtigkeit des bewaffneten Kampfes zu betonen. Die PLO erlangt dort einen Beobachterstatus bei den UN. Im Jahr 1988 verkündet Jassir Arafat schließlich, den Terrorismus aufzugeben. Eine solche, mehr politische Orientierung verschafft dem Anliegen der Palästinenser internationale Unterstützung, und Israel sieht darin eine Bedrohung.

Seit dem Machtantritt des Likud im Jahr 1977 besteht daher das israelische Interesse darin, die PLO zu marginalisieren und die Palästinenserbewegung zu spalten, indem das Aufkommen rivalisierender Gruppen gefördert wird.[24] Die Kontakte zwischen den Führern von *Al-Mujama* und israelischen Offiziellen häufen sich. Der damalige Militärgouverneur von Gaza, der Brigadegeneral Yitzhak Segev, sollte später zugeben, dass er damals über Finanzkredite verfügte, um den Bau von Moscheen zu finanzieren[25] und die Entstehung einer islamistischen Bewegung zu fördern, aus der die Hamas entstehen sollte.[26]

Die Sache ist allgemein bekannt, wird aber weitgehend von den französischen Medien verschwiegen, die gerne die Zwischentöne weglassen[27]: Sie mögen keine Widersprüche, die die Kritik an Israel befeuern könnten. Nichtsdestotrotz ist diese Politik über Jahre aufrechterhalten worden, wie Benjamin Netanjahu selbst auf einer Fraktionssitzung des Likud im Jahr 2019 zugab. Das veranlasst den ehemaligen Verteidigungsminister Avigdor Liberman zu der Aussage, Israel *»finanziert den Terrorismus gegen sich selbst«*[28].

In den 1970–1980er Jahren sieht Israel seine größte Bedrohung in der PLO. Seine Strategie besteht deshalb darin, eine Art Gegenfeuer zur PLO zu entzünden, um die Palästinenserbewegung zu spalten.[29] Die unterschiedlichen Palästinensergruppen werden nach und nach alle aus Palästina vertrieben. Israel findet sich damals folglich in der gleichen strategischen Lage wieder wie die Hamas in 2023: Es hat einen Gegner, der aus der Distanz agiert und den es von seinem Staatsgebiet aus nicht bekämpfen kann. Es tut also das, was auch die Hamas vierzig Jahre später tun sollte: Israel interveniert.

Die Hamas profitiert von den Misserfolgen Jassir Arafats auf internationaler Ebene. Die Verlagerung der PLO-Führung in den Libanon und im Jahr 1982 nach Tunesien hinterlässt ein Vakuum in den besetzten Gebieten, das *Al-Mujama* nur zu gerne ausfüllt.

Scheich Yasin gründet zusätzlich die Gruppe *Al-Madschahadun Al-Filistinjun*, die gleichzeitig gegen die Israelis und gegen rivalisierende Palästinensergruppen kämpft. Zunächst ist ihr Kampf eher von politischer Natur. Aber dann verschafft sie sich Waffen, um den eigenen Handlungsbereich auszuweiten. Im Jahr 1984 führt die Aufdeckung dieser Gruppe durch die israelischen Dienste zur Verhaftung von Scheich Yasin und dreizehn seiner Hauptkader. An der Islamischen Universität Gaza versteckte Waffen werden beschlagnahmt. Im Jahr

1985 zählt *Al-Mujama* etwa 2 000 Anhänger, die hauptsächlich an dieser Universität rekrutiert werden.[30]

Während des Golfkriegs (1990–1991) verurteilt die Hamas die Unterstützung Jassir Arafats für Saddam Hussein und empfiehlt einen Rückzug des Irak und der Vereinigten Staaten aus Kuweit wie auch aus Saudi-Arabien. Nach dem Krieg wird die saudische Finanzhilfe, die ursprünglich für die Sozialarbeit der PLO gedacht war, an die Hamas umgeleitet. Es handelt sich um ungefähr 28 Millionen US$ pro Jahr, die fortan in das Sozialwerk der Hamas fließen, die auf diese Weise ihre Präsenz in der palästinensischen Bevölkerung stärken kann.

Die Hamas konnte so in kurzer Zeit eine alternative soziale und politische Struktur aufbauen, parallel zu derjenigen der PLO. Ausgehend vom Gazastreifen hat sich die Basis der Hamas-Unterstützer allmählich erweitert.

4.3.1.2. Das Hervortreten der Hamas

Die erste Intifada 1987 ist im Wesentlichen eine Bewegung des zivilen Ungehorsams gegen die Ausweitung der Siedlungen im Westjordanland und in Ostjerusalem. Die von Israel angewandte Abschreckungsstrategie, als mit scharfer Munition auf Demonstranten geschossen wird, hatte zur Folge, dass die Toten zu Märtyrern wurden. Diese Strategie hat einem dschihadistischen Vorgehen Tür und Tor geöffnet, denn dort ist die Aufopferung des eigenen Lebens ein integraler Bestandteil des Widerstands.

Im Jahr 1988 begrüßen die Palästinenser den politischen Ansatz von Jassir Arafats Fatah wie auch seinen Verzicht auf Terrorismus. Sie führen aber nicht zu einer Änderung der israelischen Unterdrückung oder einer politischen Lösung der Gebietsfrage. Gleichzeitig verblasst der Marxismus, auf den sich der palästinensische Widerstand stützte, und der Islam wird zum Hoffnungsträger für Revolutionen in Palästina und anderswo in der Welt.

Der Mangel an greifbaren Ergebnissen macht den Palästinensern zunehmend klar, dass es Israel nicht ernst meint mit einer für beide Seiten befriedigenden Lösung. Man muss gleichsam zur Tat schreiten.

Die stillschweigende »Zusammenarbeit« zwischen Israel und der Hamas verschlechtert sich nach der Entführung und Ermordung von zwei israelischen Soldaten (von Avi Sasportas im Februar 1989 und von Ilan Saadon im Mai desselben Jahres). Die Hamas wird im Dezember 1989 offiziell verboten.

Seit 1989 akzeptiert die Hamas, sich den Entscheidungen des *Palästinensischen Nationalrats (PNC)* zu fügen. Gleichzeitig arbeitet sie aktiv mit anderen Palästinenserbewegungen zusammen, etwa mit der *Volksfront zur Befreiung Palästinas (PFLP)*, einer Gegnerin der Fatah. Nichtsdestotrotz geht die israelische Spaltungsstrategie auf, und die Zusammenstöße zwischen Hamas und Fatah sind so zahlreich wie brutal, beispielsweise im Juni 1991 in Nablus oder im Juli 1992 in Gaza. Seltsamerweise nutzt Israel diesen opportunen Bruderkampf nicht. Es macht keinen Unterschied zwischen den zwei Organisationen und bekämpft sie beide.

Nach dem Ereignis vom 8.10.1990, das die Palästinenser »Al-Aqsa-Moschee-Massaker« nennen, verschärft die Hamas ihre Position und erklärt, jeder israelische Soldat sei nunmehr ein mögliches Ziel. Die Vereinigten Staaten, die damals etwas hellsichtiger sind als heute, erkennen, dass sich die Situation rapide verschlechtern kann, und machen Druck auf die Vereinten Nationen, Israel zu verurteilen.[31] Aber Israels Politik bleibt dieselbe.

Diese Lage, in der mit keinem anderen Mechanismus als der Gewalt Ergebnisse erzielt werden können, begünstigt die Terrorstrategie der Hamas. Auch ohne ein konkretes Ergebnis hat man zumindest das Gefühl, gehandelt zu haben. Das ist genau der Sinn des Begriffes »Dschihad«.

Am 21.12.1992 strahlt das israelische Fernsehen ein Interview mit dem historischen Anführer der Hamas, Scheich Yasin, aus. Etwas noch nie Dagewesenes in Israel. Das Interview ist ein Teil der Forderungen der Hamas, um im Gegenzug das Leben des Feldwebels Nissim Toledano zu schonen, der am 12. Dezember entführt wurde.

Ein klarer Erfolg der Hamas-Strategie: Jassir Arafat kann erst nach Unterzeichnung der Osloer Abkommen 1993 von einem echten Interview in den israelischen Medien profitieren.

Anfang der 1990er Jahre hat der schnelle Aufstieg der Hamas in den besetzten Gebieten eine Schwächung des Einflusses der PLO zur Folge. Diese Entwicklung hat Arafat zweifelsfrei dazu getrieben, Erfolge auf der internationalen Ebene zu suchen. Er akzeptiert Verhandlungen und später ein Abkommen mit Israel, das die Hamas weiterhin ablehnt.

Seit der Unterzeichnung der Osloer Abkommen 1993 gewinnt die PLO auf internationaler Ebene an Legitimität und Glaubwürdigkeit. Sie findet externe Geldgeber, die ihr erlauben, die Sozialarbeit auszubauen und so an die Hamas verlorenes Terrain zurückzugewinnen. Letztere sinkt in der Gunst der palästinensischen Bevölkerung. Aber die israelische Einstellung gegenüber den Palästinenserführern – und insbesondere die persönliche »Rivalität« zwischen Ariel Scharon und Jassir Arafat – tragen stark dazu bei, den Friedensprozess unglaubwürdig zu machen. Indirekt wird dadurch den Befürwortern einer harten Linie, wie derjenigen der Hamas, recht gegeben.

Die israelische Politik des »Teile und herrsche« führt nicht zu einer Verbesserung der Sicherheit. Die Palästinensische Autonomiebehörde ist außerstande, den Terror, der sich aus der Rivalität zwischen den Palästinensergruppen ergibt, zu verringern. Die israelische Strategie hat zum Ergebnis, dass die Palästinensische Autonomiebehörde als unfähig angesehen wird, die Sicherheit der Palästinenser zu garantieren. Das ist Wasser auf die Mühlen der Hamas. Um glaubwürdig zu bleiben, müssen also die verfeindeten Brüder einen Kompromiss eingehen. Daher beschließen sie im März 1993, ein gemeinsames Kommando zu bilden, um ihre Aktionen während der Intifada in den besetzten Gebieten miteinander abzustimmen.

4.3.1.3. Die Terrorstrategie der Hamas

Vor der ersten Intifada hat die damals als »*Al-Mujama al-Islami*« bezeichnete Bewegung noch eine den Muslimbrüdern nahestehende Ideologie und richtet ihr Handeln gegen Häretiker und Abweichler vom Islam. Aber sie entfernt sich mehr und mehr von der »muslimbrüderlichen« Doktrin. Ihre Prioritäten verlagern sich: weg von ideologischen Erwägungen und hin zu einem mehr operativen Handeln gegen Armeeangehörige oder Sicherheitskräfte.

Im Jahr 1992 unterstreicht die Hamas ihren ideologischen Bruch mit den Muslimbrüdern durch die Schaffung eigener Mechanismen der politischen Führung, wie eines eigenen Beirats *(Majlis al-Shura)* und eines Politbüros *(Maktab al-Siyasi)*.

Nach Unterzeichnung der Osloer Abkommen ändert sich die Lage allmählich. Der Einfluss der Hamas schwindet, während die Palästinensische Autonomiebehörde (PA) unter internationalem Druck nachweisen muss, dass sie die Keimzelle eines Staates bilden kann. Die gewaltsamen Zusammenstöße zwischen PA und Hamas im Gazastreifen 1994 führen zu einer Neuausrichtung der Hamas-Aktivitäten auf das Westjordanland. Der Leiter des Hamas-Politbüros in Jordanien, Mousa Abu Marzouk, erkennt implizit den Staat Israel an und kämpft für eine Rückkehr zu den Grenzen von 1948, zusätzlich zur Befreiung der palästinensischen Häftlinge. Anfang 1994 bietet Scheich Yasin als Ausgleich für einen israelischen Rückzug aus den besetzten Gebieten, die Freilassung der palästinensischen Häftlinge und die Auflösung der Siedlerkolonien eine Waffenruhe *(Hudna)* an.

Am 25.2.1994 tötet der israelische Terrorist Baruch Goldstein 29 Palästinenser bei ihrem Gebet in einer Moschee in Hebron. Er wird weiterhin in Israel als ein Held verehrt. Aber er bewegt die Hamas dazu, die Taktik der Selbstmordattentate zu wählen, wodurch ihre Operationen mörderischer werden. Zwischen 2000 und 2002 machen Selbstmordattentate in Palästina nur 1 Prozent der Angriffe, aber 44 Prozent der Opfer aus.[32] Die Bomben der Hamas werden von Yahya Ayyasch (genannt Al-Muhandis) entwickelt, den der Mossad am 5.1.1996 mithilfe eines manipulierten Handys beseitigte.

In den 1990er Jahren treten Unterschiede innerhalb der Bewegung zutage: Die im Ausland ansässige politische Führung der Hamas sowie ihr militärischer Zweig lehnen jeden Kompromiss mit Israel ab. Die politische Führung in Palästina ist dagegen eher dazu bereit. Im Juli 1999 erklärte aber der ehemalige Chef des Hamas-Politbüros Mousa Abu Marzouk, dass die Bewegung für Verhandlungen mit den anderen »Kräften des palästinensischen Volkes« offen sei.

Zu diesem Zeitpunkt besteht die Hamas-Strategie im Verfolgen einer harten Linie, die der Enttäuschung der Palästinenser mit dem von Jassir Arafat vertretenen politischen Weg Rechnung trägt. Damals gibt es zahlreiche Freiwillige für Selbstmordoperationen der Hamas:

> »Wir können nicht [allen unseren Freiwilligen] eine Märtyreroperation anbieten, weil die Anzahl der Ziele begrenzt ist und die feindlichen Ziele, die wir treffen wollen, äußerst stark gesichert sind.«[33]

4.3.1.4. Der Einfluss des 11. September 2001

Entgegen einer weitverbreiteten Meinung haben sich die Palästinenser nicht über den »11. September« gefreut. Das Ereignis hat ein Misstrauen gegenüber den Palästinensergruppen ausgelöst und zum Versiegen gewisser Geldquellen gesorgt, die nicht mit der Finanzierung von Al-Qaida in Verbindung gebracht werden wollten.

Am 22.12.2001 veröffentlicht die Hamas eine Stellungnahme, in der sie ankündigt, auf die Durchführung von Operationen »*in den seit 1948 besetzten Palästinensergebieten*« zu verzichten, »*Mörserangriffe eingeschlossen*«[34]. Diese Entscheidung folgt auf die Empfehlungen einer Sondersitzung der UN-Generalversammlung[35] und die Verhandlungen zwischen der Hamas und Jassir Arafat. Sie werde allerdings nur aufrechterhalten, wenn Israel seine Politik der gezielten Tötungen aufgebe.[36]

Am 29.6.2003 akzeptieren die Hamas und ihr bewaffneter Flügel *Izz ad-Din al-Qassam* eine dreimonatige Waffenruhe *(Hudna)*, wie es die »Road Map« (dt. Handlungsplan) vorsieht. Aber am 21.8.2003 eliminieren israelische Kräfte Ismail Abu Schanab, der damals in der Hamas als gemäßigt gilt. Seine Ermordung erntet allgemeine Missbilligung und führt zu einer beispiellosen Mobilisierung der Palästinenser. Im gleichen Rhythmus, wie Israel seine gezielten Tötungen durchführt, finden auch wieder Attentate statt.

Am 22.3.2004 wird der historische Anführer der Hamas, Scheich Ahmad Yasin, durch Hubschrauberbeschuss umgebracht. Auf ihn folgt Abd al-Aziz ar-Rantisi an der Spitze der Bewegung, bevor er am 17.4.2004 seinerseits getötet wird. Chalid Maschal ersetzt ihn und bleibt bis 2017 politischer Anführer der Hamas. Um seine Eliminierung zu verhindern, hält man seinen Namen zunächst geheim.

Während der ersten Jahre ihrer Existenz machen die israelischen Operationen die Hamas zur »wahren« Trägerin des palästinensischen Kampfes und verschaffen ihr so eine beispiellose Popularität. Die Attentate des 11. September 2001, der von George W. Bush ausgerufene »*Krieg gegen den Terror*« und die Verbindung, die die Israelis zwischen der Hamas und Al-Qaida herstellen, halten die arabischen Länder davon ab, die Hamas aktiv zu unterstützen. Letztere verlagert daher zunehmend ihren Kampf auf das Feld der Politik und gewinnt an internationaler Glaubwürdigkeit.

Israels Räumung des Gazastreifens im Jahr 2005 ist ein entscheidender Wendepunkt für die Politik der Bewegung. Jetzt, wo sie fast der alleinige Herr innerhalb dieses Gebiets ist, übernimmt die Hamas Verantwortung und versucht, von einer auf den bewaffneten Kampf beschränkten Widerstandsbewegung zu einer mehr politischen Bewegung zu werden, die mit der Fatah konkurrieren kann.

4.3.1.5. Die politische Wende der Hamas

Die Hamas schließt sich der Waffenruhe an, mit der die zweite Intifada im Februar 2005 endet[37], und stoppt ihre Terroraktivitäten.[38] Sie engagiert sich damals in der Sozial- und Gewerkschaftsarbeit und nimmt an den Kommunalwahlen von 2005 sowie an den Parlamentswahlen im Januar 2006 teil.

Die britische Tageszeitung *The Guardian* schreibt über die Hamas: »*Nachdem sie vier Jahre lang den bewaffneten Kampf gegen Israel angeführt hat, will sie sich jetzt auf die Politik konzentrieren.*«[39]

Im Juni 2002 ruft Präsident Bush die Palästinenser auf, einen Nachfolger für Jassir Arafat zu finden.[40] Im Februar 2005 wird Mahmud Abbas zum Präsidenten der Palästinensischen Autonomiebehörde gewählt. Dieser Erfolg veranlasst die Amerikaner, Parlamentswahlen zu fordern, in der Überzeugung, die Fatah werde siegen. Die Idee besteht darin, einen Gesprächspartner für die Fortsetzung des Dialogs zu haben.

Aber die Israelis verfolgen eine andere Strategie: Man will unterschiedliche Regeln in Gaza und dem Westjordanland anwenden, um die Palästinenserbewegung zu spalten. In diesem Zusammenhang muss man auch den Plan eines Abzugs aus Gaza verstehen, dem die israelische Regierung am 6.6.2004 zustimmt. Er führt zu einem Rückzug der Siedler, der am 12.9.2005 abgeschlossen wird. Vor ihrem Abzug zerstört die israelische Armee allerdings minutiös die Infrastruktur des Gazastreifens, und die Zugänge zum Gebiet von Gaza werden streng kontrolliert. Die Palästinenser bekommen so ein Gebiet, aber es handelt sich dabei in Wahrheit um ein riesiges Flüchtlingslager.

Zu diesem Zeitpunkt ist der Oslo-Friedensprozess bereits mausetot, aber die Gazabewohner empfinden diese Gebietsrückgabe als das Resultat ihres bewaffneten Widerstands. Anders ausgedrückt haben sie das Gefühl, das bewaffnete Vorgehen der Hamas sei vielversprechender als der politische Ansatz der Fatah. Diese Schlussfolgerung scheint dadurch bestätigt zu werden, dass die Fatah und die israelischen Behörden zusammen keinen politischen Fortschritt erzielen. Die Hamas kann so ihre Autorität festigen. Am 26.1.2006 geht sie als Sieger aus den Parlamentswahlen hervor. Die EU-Wahlbeobachtermission beurteilte sie wie folgt:[41]

> »Die Durchführung dieser Wahlen war ein Modell für die gesamte arabische Welt und hat den Einsatz für Demokratie vonseiten des palästinensischen Volkes deutlich gemacht.«

Die Hamas erringt 74 von 132 Sitzen im palästinensischen Parlament. Sie wird so die stärkste politische Kraft vor der Fatah (mit 45 Sitzen). Dieses Ergebnis überrascht jedoch die internationale Gemeinschaft. Im Jahr 2016 veröffentlicht die angelsächsische Presse eine Aussage, die Hillary Clinton am Tag nach der Wahl machte:[42]

> »Ich denke, wir hätten keine Wahlen in den Palästinensergebieten fordern sollen. Ich glaube, das war ein Riesenfehler [...] Wenn wir aber solche Wahlen gefordert hätten, dann hätten wir auch sichergehen sollen, dass wir etwas tun, um den Ausgang der Wahl zu bestimmen.«

Diese Änderung der Ausrichtung der Hamas hätte von Israel und der internationalen Gemeinschaft genutzt werden können, um die

Hamas endgültig in eine mehr politische Rolle zu drängen. Aber man entschied sich anders.

Statt diese Entwicklung zu nutzen, um die Hamas in die Enge zu treiben und eine Lösung zu finden, weigert sich die internationale Gemeinschaft, mit der Hamas-geführten neuen Palästinenserregierung zu verhandeln. Schlimmer noch: Der vom Wahlergebnis enttäuschte Präsident George W. Bush genehmigt eine Geheimaktion, bei der die Fatah benutzt werden soll, um einen »Putsch« gegen die Hamas zu versuchen:[43]

> »Nachdem man unfähig war, den Sieg der Hamas über die Fatah bei den Palästinenserwahlen 2006 vorauszusehen, hat das Weiße Haus ein weiteres skandalös-geheimes und selbstzerstörerisches Debakel im Mittleren Osten zusammengebraut: halb Iran-Contra, halb Schweinebucht. Anhand vertraulicher Dokumente, die von empörten ehemaligen und derzeitigen amerikanischen Offiziellen belegt werden, enthüllt der Autor, wie Präsident Bush, Condoleezza Rice und der Stellvertretende Nationale Sicherheitsberater Elliott Abrams bewaffnete Kräfte unter dem Fatah-Mann fürs Grobe, Mohammed Dahlan, unterstützt, einen blutigen Bürgerkrieg in Gaza losgetreten und so die Hamas stärker denn je gemacht haben.«

Es kommt in der Folge zu gewalttätigen Auseinandersetzungen zwischen Hamas- und Fatahanhängern, die einem Bürgerkrieg ähneln und mit dem Rückzug der Fatah aus Gaza enden, was wiederum der Hamas die vollständige Kontrolle über das Gebiet gibt.

Israel benutzt dies als Vorwand, um Gaza zu belagern. Es zieht einen Zaun um das Gebiet und stellt Gaza unter eine strikte Überwachung und totale Kontrolle. Der Gazastreifen wird so zu einem »Freiluftgefängnis«. Die Hamas wird dazu verdammt, eher den militärischen Weg zu wählen.

Aber unsere Medien geizen nicht mit Lügen. Der schweizerische Fernsehsender RTS behauptet: »*Die Hamas hat im Juni 2007 mit Waffengewalt und zu Lasten der Palästinensischen Autonomiebehörde die Macht in Gaza übernommen.*«[44] Das ist das genaue Gegenteil dessen, was sich wirklich ereignet hat! Das Bild, das uns unsere Medien von der Krise geben, lässt gezielt eine ganze Reihe von Ereignissen und israelischen Entscheidungen außer Acht, die systematisch eine Konfliktlösung verbaut haben. Die Palästinenser werden dadurch immer weiter in die Enge getrieben und dazu verurteilt, ihre Rechte mit Gewalt geltend zu machen.

Die Legende einer finanziellen Unterstützung der Hamas durch den Iran hat ihren Ursprung in den Parlamentswahlen im Januar 2006. Nach ihrem Wahlsieg beginnt die Hamas Sondierungsgespräche mit der Fatah, um eine Koalition zu bilden. Die internationale Gemeinschaft friert ihre Hilfen ein, die Vereinigten Staaten erklären ein Embargo gegen die Enklave und Israel blockiert die Hilfe der Vereinten Nationen. Am 21.2.2006 beauftragt Präsident Mahmud Abbas offiziell die Hamas mit der Regierungsbildung. Unter amerikanischem Druck entscheidet die Fatah, sich nicht an einer Regierung zu beteiligen. Aber zwischen den beiden rivalisierenden Gruppen wird eine Art Partnerschaftsabkommen für die Leitung einer gewissen Zahl von Diensten geschlossen.

Am 22. Februar nun bietet der Iran der Palästinenserregierung an, die erlittenen finanziellen Verluste auszugleichen.[45] Im Juni offeriert die Europäische Union Gleiches.[46] Es ist wichtig anzumerken, dass der Iran der palästinensischen *Regierung* Hilfe anbietet und nicht der *Hamas*, selbst wenn Letztere sich an der Macht befindet. Der Grund für diese iranische Geste ist das Vorhandensein einer schiitischen Minderheit in Gaza. Durch ihren Versuch, die Hamas zu isolieren, haben die Vereinigten Staaten dem Iran Tür und Tor geöffnet, der im Übrigen darin auch eine Gelegenheit sieht, indirekt Israels Palästinapolitik zu attackieren.

Seit ihrer politischen Wende 2005–2006 gehen die militärischen Überlegungen der Hamas mehr in Richtung einer Politik des Ausgleichs, die den Begriff eines lang währenden Waffenstillstands *(Hudna)* einschließt und den bewaffneten Kampf zurückstellt. Dr. Ahmed Youssef von der Hamas empfiehlt eine Strategie der Hudna:

»Die Hudna geht über das westliche Konzept einer Waffenruhe hinaus und verpflichtet die Parteien, diese Zeit zu nutzen, um eine dauerhafte und gewaltlose Lösung ihrer Streitigkeiten zu finden.

> (…) Während der Krieg den Feind entmenschlicht und seine Tötung leichter macht, eröffnet die Hudna die Möglichkeit, seine Gegner als Menschen zu sehen und ihre Position zu verstehen, mit dem Ziel, den Streit zwischen Stämmen oder Nationen zu lösen«.[47]

Die Hudna wird wie folgt definiert:

> »Im islamischen Recht entspricht die Hudna nach heutigen Begriffen einem ›internationalen Vertrag‹. Ihr Zweck besteht darin, die juristischen Folgen der Feindseligkeiten auszusetzen und die Voraussetzungen für Frieden zwischen Muslimen und Nicht-Muslimen zu schaffen, ohne dass das Gebiet der Letzteren ein Bestandteil des Dar al-Islam wird. Der Koran hat für die Muslime nicht nur die Möglichkeit vorgesehen, ein Friedensabkommen mit dem Feind zu schließen, sondern auch die Verpflichtung gegeben, die Bedingungen des Abkommens bis zum Ende seiner Laufzeit einzuhalten.«[48]

Ein anderer Begriff, der im Januar 2024 während der Verhandlungen zu einer Waffenruhe benutzt wird, ist »Tahdiya«, was einer militärischen Feuerpause entspricht.[49]

Anscheinend hat die *Bewegung des Islamischen Dschihad in Palästina* (PIJ) bei den Verhandlungen, die in Paris stattgefunden haben, angedeutet, die Palästinenser seien mit einer »dauerhaften Tahdiya« einverstanden. Man befände sich damit in einem Zwischenzustand, der zu einer ständigen Waffenruhe führen könnte.

Das Problem besteht darin, dass die Politik Israels niemals zum Ziel hatte, die Bedingungen für Frieden und eine harmonische Entwicklung der zwei Völker nebeneinander zu schaffen, sondern die Palästinenser ins Exil zu treiben, indem man ihnen das Leben unerträglich macht.

Im Mai 2018 erklärte Yahya Sinwar, Chef des Politbüros der Hamas in Gaza, seine Bewegung werde an den »Rückkehrmärschen« teilnehmen und könnte, unter der Ägide der Palästinensischen Autonomiebehörde, zu einer Taktik des zivilen Ungehorsams übergehen.[50] Wie man feststellt, hat man es nicht mit einer Strategie der Gewalt um jeden Preis zu tun, wie unsere Medien uns glauben machen.

4.3.2. Die Hamas-Doktrin

4.3.2.1. Die Hamas-Charta

Im Oktober 2023 erwähnen unsere Medien die Hamas-Charta, um die Vorstellung zu festigen, die Hamas habe eine religiöse Dimension. Auf dem französischen Radiosender *Sud Radio* erinnert etwa der Philosophieprofessor Raphaël Einthoven daran, dass die Charta auf die *Protokolle der Weisen von Zion* Bezug nehme, ein im Westen sehr umstrittenes Dokument (das im Rest der Welt viel gelesen wird). Es unterstellt den Juden einen Plan, die Welt zu erobern.[51] Außerdem findet man sorgfältig ausgewählte Ausschnitte aus dieser Charta auf der Internetseite des israelischen Generalkonsulats in New York[52], die davon spricht, dass sich die Hamas weigere, Israel anzuerkennen, und es zerstören wolle. In Wirklichkeit haben wir es mit Desinformation und einer Verschwörungstheorie zu tun. Wie Enthoven selbst es ausdrückt: »*Nichts ist schlimmer, als die Barbarei erklären zu wollen.*«[53]

Unsere Medien nehmen regelmäßig auf diese Dinge Bezug, wie etwa Stéphanie de Muru auf *Sud Radio*, die behauptet, die Hamas strebe danach, »*den Staat Israel und die Juden auszurotten*«. (Diese Begriffe finden sich in keiner Version der Hamas-Charta.) Ihr Gesprächspartner Aurélien Taché dagegen (der Israel durchaus kritisiert) erklärt, es handle sich bei der Hamas um eine »*genozidale*« (dt. völkermörderische) Bewegung.[54] Ob für oder gegen die Sache der Palästinenser, das Unwissen und die Dummheit unserer Diskussionsteilnehmer allein erklären, weshalb das Problem weiterhin besteht.

In Wahrheit zitieren unsere Medien ausnahmslos die Hamas-Charta von 1988. Diese ist jedoch komplett neu verfasst und durch eine neue Charta ersetzt worden, die am 1.5.2017 veröffentlicht wurde. Selbst Wikipedia zitiert und beschreibt nur die Charta vom 18.8.1988 und erwähnt dabei kurz, sie sei im Jahr 2017 »*vervollständigt*« worden.[55] Das ist falsch. Der Inhalt und die Gliederung des Dokuments zeigen deutlich, dass es sich um ein neues Dokument handelt.

Neben anderen Änderungen fordert neue Charta nicht die Zerstörung des Staates Israel, wie unsere Journalisten behaupten, und sie macht ihre Distanz zur Doktrin der Muslimbrüder deutlich. Sie formalisiert nur die Veränderung in der Vorgehensweise, die bei der Hamas nach der zweiten Intifada und dem Ende des Oslo-Friedensprozesses stattgefunden hat. Heutzutage hat die Hamas keine Gemeinsamkeiten mehr mit den Muslimbrüdern. Damit sich jeder selbst ein Bild von ihr machen kann, ist diese Charta im Anhang abgedruckt.

Die Ziele der Hamas sind in ihrer neuen Charta vom 1.5.2017 festgehalten. Es geht im Wesentlichen darum, eine arabische Selbstbestimmung über das gesamte Gebiet von Palästina wiederherzustellen. Die Balfour-Deklaration (1917), der Teilungsplan für Palästina (Resolution 181 von 1947) und die sich daraus ergebenden Dokumente werden zurückgewiesen.

Die Zurückweisung dieser Dokumente ist nicht völlig abwegig. Der Standpunkt der Hamas besagt, dass diese Dokumente durch die Anwendung des Völkerrechts auf Selbstbestimmung ersetzt werden müssen. Das sah auch die Resolution 181 vor, die lediglich ein »Plan« und keine Entscheidung war. Dieser Plan sollte den betroffenen Bevölkerungen als Volksentscheid vorgelegt werden – was weder von den Briten vor ihrem Abzug noch von den Israelis getan worden ist.[56]

Gleichwohl stellt die Hamas-Charta eine Verbindung zwischen dem Islam und der Befreiung der besetzten Gebiete her. Dadurch wird jeder Kompromiss zu den besetzten Gebieten eingeschränkt oder sogar ausgeschlossen, weil er wie ein Abrücken vom Islam interpretiert werden könnte.

4.3.2.2. Ein territorialer und kein religiöser Krieg

Im offiziellen israelischen und westlichen Diskurs heißt es, der Kampf der Palästinenser *»ist kein territorialer Krieg, sondern ein Religionskrieg«*[57]. Das ist falsch. Abgesehen davon, dass die Sache der Palästinenser lange vom Marxismus durchdrungen war, ist sie eher wenig mit dem Islam verbunden, sodass sie keine Unterstützung bei den Dschihadisten des Islamischen Staats gefunden hat. In Wahrheit schließt die israelische Rhetorik jede politische Lösung aus, wenn sie das palästinensische Vorgehen einem größeren religiösen Projekt zuschreibt und damit den Konflikt auf das Feld der Religion verlagert.

Das Problem besteht darin, dass Israel keine Verbindung des Konflikts mit den Palästinensern und ihrem Selbstbestimmungsrecht, und somit der Gebietsfrage, sieht. Stattdessen sieht es eine Verbindung zu der Idee, nach der die umgebenden Länder Israels Untergang wollen. Anders ausgedrückt sieht Israel den Konflikt eher als eine Frage der äußeren Sicherheitspolitik als ein Problem der inneren Sicherheit. Dies erklärt wahrscheinlich, weshalb Israel nie wirklich eine Strategie gegen den Terrorismus (eine kontraterroristische Strategie) entwickelt hat.

Bei der Operation Al-Aqsa-Flut haben unsere Medien und Politiker das israelische Narrativ von einem Religionskonflikt übernommen. In diesem Sinne behauptet der Journalist des französischen Nachrichtenkanals *CNews* Pascal Praud, die Hamas *»will die Vernichtung der Juden«*[58]. Wie kommt er zu dieser Anschuldigung? Es ist ein Rätsel, denn so etwas steht in keinem Hamas-Dokument, geschweige denn in der Hamas-Charta, die in ihrem Artikel 16 das genaue Gegenteil sagt:

> »Die Hamas bekräftigt, dass ihr Kampf das zionistische Projekt betrifft und nicht die Juden aufgrund ihrer Religion. Die Hamas führt keinen Krieg gegen die Juden, weil sie Juden sind, sondern sie führt einen Krieg gegen die Zionisten, die Palästina besetzen. Es sind vielmehr die Zionisten, die ständig Juden und Judentum mit ihrem eigenen kolonialen Projekt und ihrem illegalen Staatsgebilde gleichsetzen.«

Aus ebendiesem Grund versuchen die zionistischen Milieus (aber nicht die jüdischen Organisationen), eine Gleichsetzung von »Antizionismus« mit »Antisemitismus« zu erzwingen. Es ist im Übrigen dieselbe Logik, die auch »Islam« und »Islamismus« gleichsetzt: Damit sollen Probleme politischer Natur (die verhandelbar sind) von einer höheren (religiösen) Logik abhängig gemacht werden und unausweichlich erscheinen. Auf diese Weise flieht man vor der Verantwortung, Lösungen zu finden, und man verbarrikadiert sich hinter immerwährenden Konflikten.

Im Gegensatz zur Botschaft, die Israel an den Mann bringen möchte, um zu zeigen, dass Verhandlungen mit der Hamas unmöglich sind, vertritt Letztere wesentlich realistischere Positionen. Im Jahr 2003 erklärte Ismail Abu Schanab:

> »Seien wir ehrlich. Wir können Israel nicht zerstören. Die praktische Lösung für uns besteht darin, einen Staat zu haben. Wenn wir einen palästinensischen Staat errichten, dann brauchen wir all diese Milizen nicht mehr; das Bedürfnis nach Angriffen besteht nicht mehr. Alles wandelt sich hin zu einem zivilen Leben.«[59]

Von israelischer Seite besteht seit Langem der Wille, das Problem in eine religiöse Konfrontation abgleiten zu lassen. Das war das Ziel des Massakers an Palästinensern während des Gebets in der Abrahamsmoschee (das Grab der Patriarchen für die Juden) am 25.2.1994. Es gab den Anstoß für die Selbstmordattentate der Hamas.

Im Gegensatz zu den Palästinensern, die systematisch von der Rückkehr auf ihr Land von 1948 und von der Anwendung der UN-Resolutionen sprechen, zieht Israel es vor, sich auf die Bibel zu berufen. Seit dem 7. Oktober tut dies Benjamin Netanjahu immer häufiger, um seine Militäroperationen im Gazastreifen zu rechtfertigen.[60] Er hat sogar entschieden, den Namen seiner Operation in Gaza (Eiserne Schwerter) zu ändern und ihr den biblischen Namen »Genesis« zu geben.[61]

Während einer Pressekonferenz am 25.10.2023 hat Benjamin Netanjahu von der Erfüllung der Prophezeiung Jesajas gesprochen.[62] Zudem erklärt er vier Tage später:

> »Ihr müsst euch in Erinnerung rufen, was Amalek euch angetan hat, sagt unsere Heilige Bibel im ersten Buch Samuel, Kapitel 15,3: ›Darum zieh jetzt in den Kampf und schlag Amalek! Weihe alles, was ihm gehört, dem Untergang! Schone es nicht, sondern töte Männer und Frauen, Kinder und Säuglinge, Rinder und Schafe, Kamele und Esel!‹«[63]

Dieser von einer göttlichen Mystik durchtränkte Diskurs hat zum Ziel, dem Konflikt eine religiöse Logik zu geben und damit eine mögliche politische Lösung auszuschließen. So kann der Konflikt nur mit der Zerstörung der einen oder anderen Konfliktpartei enden. Dieser Diskurs ist nicht nur im Kern genozidal (völkermörderisch), sondern er widerspricht dem, was die Vereinten Nationen zum Konflikt sagen. (Übrigens wird auch der Internationale Gerichtshof diese Zitate berücksichtigen.)

Im Dezember 2000 erklärte der Hamas-Gründer Scheich Yasin am Mikrofon der schweizerischen Journalistin Malika Nedir:[64]

> »Der Konflikt ist nicht religiös. Wir respektieren alle Religionen und haben gute Beziehungen zu allen Religionen. Die Frage, um die es geht, ist ein Angriff. Es gibt einen Angreifer, der uns angegriffen und ins Exil getrieben hat, der uns unsere Häuser und unser Land weggenommen hat. Wir müssen Widerstand leisten, und wir müssen unsere Rechte zurückgewinnen.«

Die Hamas fordert, wie Israel, die Souveränität über das gesamte Gebiet zwischen dem Mittelmeer und dem Jordanfluss. Sie hat diese Linie konsequent beibehalten, aber ihre Führer haben wiederholt zugestanden, dass eine palästinensische Unabhängigkeit in den Grenzen von 1967 (im Grunde die Waffenstillstandslinie von 1949 oder »Grüne Linie«) als Grundlage für Verhandlungen hinnehmbar sei. Dies legt nahe, dass die Hamas keine Vernichtung Israels anstrebt:[65]

> »Wenn Israel sich auf die Grenzen von 1967 zurückzieht, einschließlich Jerusalem, wenn es das Rückkehrrecht anerkennt, seine Blockade aufhebt, die Siedlungen [in den besetzten Gebieten] räumt und die Häftlinge freilässt, dann ist es für uns Palästinenser und Araber möglich, einen ernsthaften Schritt auf die Zionisten zuzugehen.«

Die Hamas hat diese Zusage in ihrer Charta von 2017 wiederholt. Sie erkennt so die Existenz eines »*zionistischen Staatsgebildes*« oder »*israelischen Staatsgebildes*« an. Andererseits kann sie, wie wir gesehen haben, einen Staat Israel formal nicht anerkennen, der seine Grenzen trotz der Aufforderung der Vereinten Nationen immer noch nicht definiert hat.

4.3.3. Der islamische Widerstand und der Islamismus

Am 11.10.2023 berichtet der Fernsehjournalist Pascal Praud von *CNews* über den Redebeitrag des Abgeordneten Meyer Habib am Vortag in der französischen Nationalversammlung. Der Abgeordnete behauptet dort, es gebe einen Krieg »*zwischen unserer Zivilisation und der Barbarei*«. Die Hamas wolle »*einen Staat an der Stelle von und nicht neben Israel*«. Und er verkündet: »*Die Hamas ist der Islamische Staat.*«[66] Man hat es hier mit billiger Propaganda zu tun. Um die islamische Dimension des palästinensischen Widerstands zu verstehen, muss man auf die Geschichte zurückkommen.

Die Hauptfolge des Ersten Weltkriegs ist das Verschwinden der großen europäischen Imperien und das Entstehen von Staaten, die sich auf die Idee der Nation gründen. Die Zeit zwischen den beiden Weltkriegen ist von Instabilität geprägt und führt zur Entstehung von Diktaturen. Im Nahen Osten versuchen die westlichen Mächte schnell das Vakuum zu füllen, das das Osmanische Reich hinterlassen hat. Dadurch lösen sie an vielen Orten des Maschrek (des arabischen Orients) Widerstandsbewegungen aus.

Diese Bewegungen sind allerdings in Ethnien und Stämme gespalten und können deshalb nicht die nötige kritische Masse erreichen, um die Besatzer zu vertreiben. Die Idee einer »Nation« kann dort schwerlich mit einem Gebiet verbunden werden wie etwa in Europa.

Um die Bevölkerung in Ägypten zu mobilisieren, empfiehlt Hasan al-Banna einen Nationalismus, der nicht ein Gebiet, sondern eine religiöse Gemeinschaft zur Grundlage hat. Im Jahr 1928 gründet er die Bewegung der Muslimbrüder. In Wahrheit legt er genau dieselbe Argumentation zugrunde wie Theodor Herzl, der einige Jahrzehnte zuvor den Zionismus begründet hatte: Um ein Volk zu vereinen, das geografisch aufgespalten ist, muss man sich auf das Gemeinsame stützen, die Religion. Im Grunde haben diese zwei Nationalismen, die sich heute in Palästina gegenüberstehen, beide denselben Ursprung: die Entstehung von Nationalismen am Ende des 19. und am Anfang des 20. Jahrhunderts.

In Palästina nimmt der Widerstand gegen die Kolonialmacht eine besondere Form an. Ab 1920 erteilt der Völkerbund Großbritannien das Mandat, Palästina zu verwalten. Die Balfour-Deklaration von 1917 versprach den Juden eine »nationale Heimstatt« in Palästina. Aber aufgrund der Gegnerschaft der arabischen Bevölkerung, die das Land seit biblischen Zeiten besiedelt, zögern die Briten, ihr Versprechen einzulösen. So entwickelt sich eine antibritische Widerstandsbewegung vonseiten der jüdischen Gemeinde. Die Araber dagegen nehmen die Briten zu jener Zeit eher als Beschützer wahr.

Nach dem Zweiten Weltkrieg erhalten die jüdischen Aktivisten Unterstützung aus der UdSSR. Nach ihrer Unabhängigkeit im Mai 1948 wenden sie sich allerdings dem Westen zu. Die UdSSR hilft daraufhin der Palästinenserbewegung im Rahmen eines Kampfes gegen den westlichen Imperialismus. Aber seit Mitte der 1980er Jahre ist die Palästinenserbewegung durch eine geografische und ideologische Aufsplitterung bedroht. Das einigende Element des marxistischen Antiimperialismus ist nicht mehr vorhanden.

Der Panarabismus der 1950–1960er Jahre, eine Mischung aus Nationalismus und Marxismus, ist seinem Wesen nach weltlich und auf die Moderne gerichtet. Aber er spricht die hauptsächlich ländliche Bevölkerung nicht an, deren Alltag mit der Tradition sehr verhaftet bleibt. Um die Palästinenser für ihre Sache zu gewinnen, zu einen und die Unterstützung der arabischen Völker zu bekommen, entlehnt die Hamas bei den Muslimbrüdern die Idee eines islamischen Nationalismus.

Das ist übrigens der Grund, weshalb die Hamas sich mit Erfolg bemüht hat, ihren Kampf auf die Grenzen Palästinas zu beschränken: Man will die internationale öffentliche Meinung nicht gegen sich aufbringen. Diesen Fehler haben die palästinensischen Befreiungsbewegungen der 1960–1970er Jahre gemacht, die damals einen internationalen Kampf im ideologischen Rahmen des Marxismus propagierten.

4.3.3.1. Die Art des palästinensischen Widerstands

Die Ereignisse vom Oktober 2023 sind ein Anlass für die französischen Medien und Politiker, sich der Hamas anzunehmen und aus ihr ein Thema der nationalen Sicherheit zu machen. Um diese intellektuelle Aufgabe zu bewältigen, muss man behaupten, Islam sei gleich Islamismus, wie es Manuel Valls tut.[67] Daher sei die Hamas das Gleiche wie der Islamische Staat, wie Benjamin Netanjahu und Anthony Blinken sagen.[68] Und deshalb gelte auch: »*Frankreich war ein Opfer der Hamas*«, wie der französische Abgeordnete Damien Rieu behauptet.[69] Eine solche Anzahl von Dummheiten könnte belächelt werden, wenn diese »Intellektuellen« keine politische Verantwortung trügen. Diese künstlich herbeigeredete Verbindung zwischen Hamas und Islamischem Staat erklärt, weshalb unsere Politiker intellektuell nicht in der Lage sind, die Frage des Terrorismus zu behandeln.

In Frankreich beschreiben unsere »Experten« den Islamismus als »politischen Islam«. Ein Begriff, der niemals wirklich definiert wurde. Darunter versteht man in etwa den Versuch, eine gewisse Zahl von Verhaltensregeln durchzusetzen, wie erstens das Tragen des islamischen Kopftuchs, zweitens angepasste Menüs in den Schulkantinen oder drittens getrennte Badezeiten für Männer und Frauen in den Schwimmbädern. Das ist eine Vereinfachung. Das Erste hat eher traditionelle als religiöse Ursprünge. Das Zweite ist eine Praxis, die den Fluggesellschaften seit Langem bekannt ist. Und das Dritte begann in Frankreich mit den Forderungen der jüdischen Gemeinde zum Ende der 1970er Jahre.[70]

Besonders in Frankreich, wo unangebrachte politische Entscheidungen das Gefühl einer Ablehnung der arabischen Bevölkerung erzeugt haben, ist das jeweilige Verhalten (das Tragen eines islamischen Kopftuchs etc.) eher ein identitärer als ein islamistischer Schritt. In den angelsächsischen Ländern, in denen die Dinge nicht durch aufgeregte Leidenschaft verschlimmert wurden, wie etwa in Frankreich, stellt dieses individuelle Verhalten kein Problem dar.

Wie jede Gemeinschaft in einer Krisensituation definieren sich auch revolutionäre oder Widerstandsbewegungen über Werte. Diese Werte sind eine Kombination aus kulturellen, religiösen, gesellschaftlichen oder politischen Elementen. Auf einem eingegrenzten geografischen Gebiet sind diese Werte recht einheitlich und werden von allen verstanden. Dies ist anders, sobald eine in der Welt zerstreute Gemeinschaft versammelt werden soll, die keinen einheitlichen Wertekanon hat. Einige haben in solch einem Fall versucht, die Menschen unter dem »kleinsten gemeinsamen Nenner« zu versammeln: der Religion. Theodor Herzl tat dies mit dem Zionismus, und Hasan al-Banna tat dasselbe mit dem Islamismus der Muslimbrüder.

Im Grunde kann der Islamismus als ein muslimischer Nationalismus definiert werden. Er hat sich nach den vom Westen seit Anfang der 2000er Jahre geführten Kriegen im Nahen und Mittleren Osten rasant entwickelt. Sie haben bei den Bevölkerungen, die von den Konflikten betroffen waren, das Gefühl einer solidarischen islamischen Identität wiederbelebt – oder sogar geschaffen.

Genau wie die Franzosen, die sich nach den Anschlägen von 2015–2016 solidarisch gefühlt haben oder wie die Israelis nach dem 7.10.2023, so haben sich auch die Muslime mit den Bevölkerungen solidarisch gefühlt, die vom Westen seit 2001 angegriffen wurden. Diese Solidarität hat das Zugehörigkeitsgefühl zu einer muslimischen Nation gestärkt und einen muslimischen Nationalismus geschaffen: den Islamismus.

Was die Sicherheit angeht, so liefert der Islam im Wesentlichen das, was man in der Informatik ein »Betriebssystem« nennt, im Einklang mit der Kultur der Bevölkerung. Er fügt zu dem militärischen Begriff »Widerstand« *(Muqawama)* noch den Begriff »Dschihad« hinzu, der nichts zu tun hat mit einem »heiligen Krieg«. Der Begriff »Dschihad« kommt vom Verb für »widerstehen« oder »sich anstrengen«. Er beinhaltet, dass man angesichts von Schwierigkeiten nicht den Kopf hängen lässt, sondern den Willen bewahrt, sie anzugehen.

Kurz gesagt: Der Dschihad ist kein Handeln aus dem Nichts heraus. Er ist die Antwort auf etwas. Etymologisch und im täglichen Handeln eines jeden Muslims dient der Dschihad (als *Großer Dschihad* bezeichnet) dazu, sich den Versuchungen zu widersetzen, den Weg Gottes zu verlassen. Er hat also im Wesentlichen eine spirituelle und kulturelle Dimension. Allerdings kann er auch eine eher körperliche Form annehmen (militärisch oder anderweitig). Dann spricht man vom *Kleinen Dschihad.*

Dieser letztere Dschihad-Begriff klingt auch im Wort »Sumud« (Widerstandskraft) mit[71], das in Palästina nach dem Krieg vom Juni 1967 aufkam. Es handelt sich um eine Form des persönlichen passiven Widerstands, der zu einem Teil der Volkskultur geworden ist.

Drei Formen des Widerstands in Palästina

arabischer Begriff	Übersetzung	Bedeutung	Operationelle Bedeutung
Muqawama	Widerstand	Dem Gegner zusetzen und ihn abnutzen	Widerstand im militärischen Sinn
Dschihad	moralischer Widerstand	Weigerung den Kopf zu senken, vor einer Schwierigkeit zu resignieren	Persönliches aktives Engagement im Widerstand
Sumud	Widerstandskraft	Widerstehen und ertragen	Passive Form des persönlichen Widerstands

Abbildung 19 – Der palästinensische Widerstand speist sich aus militärischen, religiösen und kulturellen Elementen, die sich überlagern und gegenseitig verstärken, was wiederum seine Festigkeit ausmacht.

Die Palästinenser wissen, dass Israel zahlenmäßig im Vorteil ist. Das Nutzen der islamischen »Software« erlaubt ihnen ein anderes Verständnis vom Sieg, das im westlichen (und israelischen) Verständnis von Sieg, der auf Kräfteverhältnissen basiert, nicht enthalten ist. Für einen Islamisten ist der Begriff »Sieg« nicht gleichbedeutend mit einer Vernichtung des Gegners, sondern mit einer Weigerung, den Kampf aufzugeben. Das sagte im Übrigen auch Abu Mohammed al-Adnani, Einsatzoffizier des Islamischen Staats, im Juni 2015:[72]

> »Die wirkliche Niederlage besteht darin, den Willen und den Wunsch zu kämpfen zu verlieren.«

Für einen Islamisten meint ein Sieg vor allen Dingen einen Sieg über sich selbst. Deshalb kann er auch bei einem ungünstigen Kräfteverhältnis einen Sieg erringen: Der Widerstandswille ist bereits ein Sieg. Das erklärt, weshalb der Widerstandskämpfer selbst dann siegreich ist, wenn er stirbt. Und es erklärt die Langlebigkeit des palästinensischen Widerstands.

Deshalb haben beispielsweise die palästinensischen Raketen nicht die Bestimmung zu töten, sondern abgefeuert zu werden. Aktionen wie das Senden von Brandballons, die von verschiedenen Gruppen im Gazastreifen durchgeführt wurden, haben nicht das Töten zum

Ziel, sondern einen Widerstandswillen zu bekunden. Indem sie mit Luftschlägen antworten, ermutigen die Israelis lediglich den Widerstandswillen der Palästinenser. Deshalb werden sie auch das Problem nicht auf diese Weise lösen.

Wenn man verstanden hat, wie solch eine Logik funktioniert, dann versteht man die Absurdität der folgenden Bemerkung von Darius Rochebin auf dem Fernsehkanal LCI:

»Erkennen Sie an, dass es gut ist, jeden einzelnen Islamisten zu töten, um zu verhindern, dass er Schaden anrichtet?«

Der Grund für die derart schnelle Entwicklung von Islamismus und Dschihadismus in den letzten Jahren ist die Häufung der Kriege gegen muslimische Bevölkerungen in der Welt. In Palästina ist der Islamismus nichts anderes als der Ausdruck eines Widerstands gegen die illegale Besatzung von Gebieten, die während eines Angriffskrieges im Jahr 1967 erobert wurden. Selbst ein Verschwinden der Hamas wäre nicht gleichbedeutend mit einem Verschwinden des Widerstandes. Der israelische und westliche Diskurs vermeidet es, von »Widerstand« zu sprechen. Er zieht es vor, einen »Terrorismus« aus Judenhass zu beschwören und ihn wie eine Unvermeidlichkeit zu verstehen. Es ist essenziell wichtig zu verstehen, dass der Islam der Hamas kein Ziel vorgibt, sondern eine Vorgehensweise.

Deshalb ist es sachlich, politisch, intellektuell und sicherheitstechnisch falsch, die Hamas mit dem Islamischen Staat gleichzusetzen.[73] Ihre einzige echte Gemeinsamkeit besteht darin, dass sie auf Angriffe antworten, die zwar von der internationalen Gemeinschaft verurteilt wurden, gegen die sie aber nichts getan hat. Hätte sie gehandelt, um diesen Angriffen zuvorzukommen, sie zu verhindern oder zu verdammen, dann hätten diese Bewegungen wahrscheinlich keinen Bedarf gehabt, Gewalt einzusetzen. Denn die gesamte Welt ist sich darin einig, dass unsere Militärinterventionen seit 2001 bis zum heutigen Tag ungerechtfertigt, unnütz und furchtbar dumm waren.

Das Rezept, um gegen den Islamismus zu kämpfen, ist einfach: Führen wir weniger Kriege; achten wir das Völkerrecht, das wir selber beschlossen haben; hören wir damit auf, uns in die inneren Angelegenheiten von muslimischen Ländern einzumischen. Kurz gesagt: Lasst uns nicht dasselbe machen wie Israel. Es sind nicht die Aktionen der Hamas, die im Oktober 2023 antisemitische Akte in Frankreich auslösen, sondern die Unfähigkeit der Regierung, auf Distanz zu Israel zu gehen und von ihm die Achtung der Resolutionen der Vereinten Nationen zu fordern.

4.3.3.2. Unsere Deutung des Islamismus

Wir haben die Angewohnheit, die verschiedenen terroristischen Gruppen mit dem Adjektiv »islamistisch« zu beschreiben. Und wir haben eine sehr einheitliche Vorstellung von ihnen. In Wahrheit fallen sehr verschiedene Dinge unter diesen Begriff:

- Al-Qaida war nie eine Organisation, sondern eine Strömung, der sich eine gewisse Zahl von dschihadistischen Gruppen angeschlossen hat. Ihr »Islamismus« stützte sich auf die Weigerung der Vereinigten Staaten, ihre Zusage einzuhalten, das Staatsgebiet von Saudi-Arabien (das als heilig gilt) nach dem Ersten Golfkrieg zu verlassen. Ihr »Dschihadismus« hatte das Ziel, sie zum Abzug zu bewegen.
- Der Islamische Staat möchte einen Staat (ein Kalifat) im Südosten Syriens gründen (auf einem Gebiet, das ihm nicht gehört). Sein »Islamismus« diente hier dazu, die Muslime gegen die westlichen Luftschläge zu mobilisieren. Und sein »Dschihadismus« zielte darauf ab, ausländische Militärinterventionen (Frankreichs, Belgiens oder der Vereinigten Staaten) zu bekämpfen, die ihn daran hinderten, sein Projekt vollständig zu verwirklichen. Denn die westlichen Länder haben nicht versucht, den Islamischen Staat daran zu hindern, in Syrien Fuß zu fassen, sondern nur zu verhindern, dass er den Platz der Kurden einnimmt.
- Die Hamas benutzt den »Islamismus«, um die Muslime in die Sache der Palästinenser einzubinden. Diese, bis 1990 vor allem sozialistisch geprägt, war in Gefahr, nach dem Untergang des Kommunismus in Vergessenheit zu geraten. Der »Dschihadismus« der Hamas beseelt den Widerstand gegen die israelische Besatzung.

Wie man feststellt, stützen sich die Hamas und der Islamische Staat auf einen islamischen Nationalismus, aber zu verschiedenen Zwecken. Die Hamas nutzt ihn für einen rein palästinensischen Nationalismus, um ein besetztes Gebiet zurückzugewinnen, während der Islamische Staat darin die Grundlage für ein Kalifat sieht, das er auf dem Gebiet eines souveränen arabischen Staates errichten möchte. Deshalb hat der Westen den Islamischen Staat nicht wirklich bekämpft, sondern hat ihn benutzt, um die syrische Regierung zu destabilisieren.[74]

Hier sollte betont werden, dass der Islamische Staat den Abfall von Glauben der arabischen Staaten als ein wichtigeres und dringenderes Problem betrachtet als die Bedrohung, die von Ungläubigen ausgeht. Abu Musab al-Zarqawi, einer der Vorläufer des Islamischen Staates, hatte höchstselbst erklärt, die Zerstörung Israels habe keine Priorität (was der Generalmajor und Chef der israelischen Militäraufklärung Aharon Ze'evi im Jahr 2006 bestätigt hat[75]). Deshalb hat der damalige Verteidigungsminister Mosche Jaalon im Jahr 2016, als der IS seinen Höhepunkt erreichte, erklärt:[76]

> »Wenn in Syrien die Wahl zwischen dem Iran oder dem Islamischen Staat besteht, dann wähle ich den Islamischen Staat.«

Unsere Regierungen wollten den IS benutzen, um gegen Baschar al-Assad zu kämpfen, haben jedoch die Kontrolle über die Lage verloren. Deshalb erklärten sie den IS zu einer absoluten Bedrohung. Die Israelis haben eine weit weniger dramatische Wahrnehmung vom IS. Der Vergleich, den Benjamin Netanjahu zwischen Hamas und Islamischem Staat anstellt, dient nur der »Öffentlichkeitsarbeit« gegenüber den völlig unwissenden Europäern.

Die Hamas ist keine religiöse Bewegung, wird aber häufig – zu Unrecht – als palästinensischer Zweig der ägyptischen *Muslimbrüder* beschrieben. Man beachte Folgendes: Es gibt zwar *Muslimbrüder* in Ägypten *(Jamaat al-Ikhwan al-Muslimin fi Misr)*, in Syrien *(Ikhwan al-Muslimin fil-Suriya)*, in Jordanien *(Jamiat Jama'at al'Ikhwan al-Muslimin fil'Urdun)*, im Sudan und in der Türkei. Es gibt dagegen keine »*Muslimbrüder in Palästina*«. Denn die Verbindung der beiden Bewegungen beschränkt sich auf die Ursprungsidee von einem muslimischen Nationalismus. Was die *Muslimbrüder in Jordanien* nicht daran hindert, den Kampf des palästinensischen Volkes zu unterstützen.[77]

Die Doktrin der Muslimbrüder predigt eine Stärkung des Islam in den muslimischen Ländern, bevor ein Prozess der Befreiung und Unabhängigkeit begonnen werden kann. Aus Sicht der Hamas muss umgekehrt erst ein Befreiungskampf gegen den israelischen Besatzer geführt werden. Anschließend erst kann der Islam mit seinen Werten gefestigt werden. Die Frage nach dem Platz der Ideologie im revolutionären Kampf betrifft bei Weitem nicht nur die Hamas. Sie betrifft auch den Großteil der marxistischen Gruppen im 20. Jahrhundert. In diesem Punkt könnte man den Ansatz der Hamas mit dem von Che Guevara in Lateinamerika vergleichen. Dieser grundlegende Unterschied im strategischen Ansatz unterscheidet die Hamas von den Muslimbrüdern.

In Frankreich werden die Muslimbrüder als das Verbindungsglied zwischen der Hamas und dem Dschihad des Islamischen Staates angesehen. So entsteht der Gedanke, die Hamas sei eine religiöse Bewegung, die das islamische Kalifat neu erschaffen und die Scharia einführen wolle. In diesem Sinne behauptet Damien Rieu, ein Politiker der ultra-nationalistischen französischen Partei *Reconquête* (dt. Rückeroberung): »*Frankreich war ein Opfer der Hamas.*«[78] Das ist nicht nur ein überdeutliches Zeichen von Unbildung, sondern sachlich falsch. Unser Politiker betreibt also Desinformation. In der Februarausgabe 2016 seiner Zeitschrift *Dar al-Islam* kritisierte der Islamische Staat die palästinensische Hamas in ziemlich harscher Weise.[79] Und er erklärte der Hamas sogar den Krieg, weil sie nicht für die Religion, sondern für ein Land kämpfe![80]

Der wesentliche Unterschied zwischen der Hamas und dem Islamischen Staat besteht darin, dass Letzterer zum Ziel hat, (mit Hilfe des Westens![81]) ein Gebiet (in Syrien) zu erobern, das ihm nicht gehört, um dort einen Staat in Form eines Kalifats zu gründen. Die Hamas ist eine Bewegung, die die von Israel besetzten Gebiete befreien und die Unversehrtheit des muslimischen Erbes in Jerusalem bewahren möchte, insbesondere den Haram Al-Scharif (den die Israelis Tempelberg nennen) und die Al-Aqsa-Moschee, die dritte heilige Stätte des Islam. Diese Rolle erklärt auch, weshalb die Palästinenser ihre Operation Al-Aqsa-Flut getauft haben: Von Juni bis Oktober 2023 gab es Versuche israelischer Extremisten, den Haram Al-Scharif zu besetzen.[82] Man hat es also mit einem ganz anderen Schema als beim Islamischen Staat zu tun.

4.3.4. Strategie und Operationen

4.3.4.1. Die Art des Widerstands der Hamas

Anfang der 1990er Jahre führt die Hamas terroristische Messerangriffe gegen Einzelpersonen durch, oft gegen Soldaten in Bussen oder an Bushaltestellen. Diese Angriffe ähneln den Aktionen des französischen Widerstands während des Zweiten Weltkriegs. Diese Art des Angriffs kann von jedermann ohne spezielle Vorbereitung oder Logistik ausgeführt werden. Aber sie neigt dazu, eine politische Aktion zu einem persönlichen Racheakt zu machen. Man erzeugt eine Unsicherheit unter den Israelis, jene hat aber keinen politischen Zusammenhang. Deshalb wird diese Methode schnell wieder aufgegeben.

Das Massaker in der Abrahamsmoschee (Patriarchengrab) im Jahr 1994 mitten in der Gebetszeit läutet eine neue Phase des palästinensischen Widerstands ein. Es ist die Zeit der Selbstmordattentate mithilfe von Bomben. Sie machen es möglich, gezielter die Besatzungskräfte anzugreifen (wie beispielsweise Kontrollposten oder Patrouillen). Obwohl diese Attentate häufig zivile Begleitopfer fordern, bleibt man im Rahmen eines Widerstandskampfes gegen eine militärische Besatzung.

Der »Widerstand« drückt die Bereitschaft aus, eine Besatzung zu bekämpfen. Der Unterschied zwischen einem Terrorakt und einem Akt des Widerstandes liegt, vereinfacht gesagt, in der Natur des Angriffsziels: Ist es militärischer Natur, dann hat man es mit einem Akt des Widerstands zu tun. Ist es ziviler Natur, dann geht es um Terrorismus. Dies ist übrigens eines der von den Vereinigten Staaten anerkannten Kriterien.[83] Der Fokus auf zivile Ziele erklärt, weshalb die Taliban nicht als Terroristen angesehen werden.

Aber aus drei Gründen ist die Lage in Palästina komplizierter. Erstens sind die Zivilisten im Westjordanland bewaffnet und in paramilitärischen Milizen oder Bürgerwehren organisiert.[84] Zweitens erlaubt der erleichterte Zugang zu Waffen, den die neue Regierung ermöglicht hat, den Bürgern zwar, sich zu verteidigen, aber sie werden so zu legitimen Zielen für Angriffe, die man ansonsten als Terrorismus bezeichnen würde. Das ist besonders bei einer extrem angespannten Gesamtlage der Fall.[85] Drittens besteht in der israelischen Armee die Wehrpflicht. Und wenn sie Ausgang haben, müssen die Soldaten ihre persönliche Waffe mit sich führen. Diese Maßnahme wurde als potenziell gefährlich für die Gesellschaft kritisiert, nachdem sie im Februar 2016 beschlossen worden war.[86]

Die Militarisierung der Bevölkerung und das Recht der Israelis, auf Palästinenser zu schießen, ohne dafür gerichtlich belangt zu werden[87], all das sind gravierende Verstöße gegen den Rechtsstaat, die tendenziell das Bild von einer »Apartheid«[88] bestätigen. Damit wurde eine Situation geschaffen, in der »Zivilisten« nicht wirklich Zivilisten sind. Im November 2023 etwa wird Yuval Castleman, ein israelischer Bürger, der das Feuer auf Palästinenser eröffnet hatte, von einem israelischen Soldaten erschossen, der ihn ebenfalls für einen Palästinenser hält.[89]

Somit bekommt der Begriff »Terrorismus« hier eine andere Dimension. Das scheint auch am 7. Oktober der Fall gewesen zu sein: Junge Israelis haben ihre Waffen im Kofferraum ihrer Autos mitgenommen, und es kommt zu Schießereien, obwohl Zivilisten *nicht* das Ziel der Hamas waren.

Gleichwohl hat die Hamas wiederholt erklärt, ihre Terrormethoden aufzugeben. Insbesondere nach den Kommunalwahlen von 2005 hat sie versucht, sich auf dem Feld der Politik zu engagieren. Es bestand allerdings nicht die Absicht, eine Regierung in Gaza zu bekommen, die mittelfristig in der Lage wäre, die Fatah abzulösen und eine harte Haltung gegenüber Israel einzunehmen. Aus diesem Grund haben die Vereinigten Staaten im Jahr 2006 einen Putsch gegen die Hamas organisiert, der, wie wir gesehen haben, 2006–2007 zu einem Bürgerkrieg in Gaza führte.

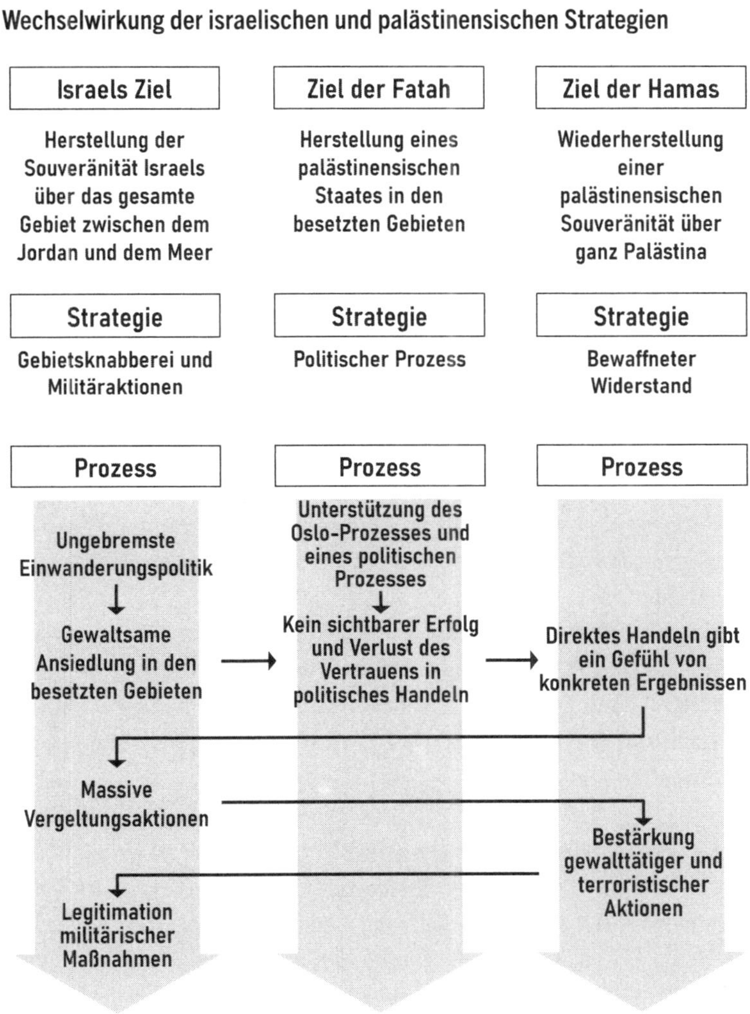

Abbildung 20 – Ein Vergleich der unterschiedlichen Strategien der Parteien im israelisch-palästinensischen Konflikt. Wie man feststellt, greifen sie ineinander über. Die israelische Strategie lässt sich nur mit einer völligen Auslöschung des palästinensischen Volkes erklären. Genau genommen nennt man dies eine ethnische Säuberung.[90]

4.3.4.2. Die Raketen

Die von Israel seit Anfang der 2000er Jahre betriebene Politik der Absperrung, insbesondere durch den Bau von »Mauern« rund um die Palästinensergebiete, hat zur Anwendung von neuen Methoden des Widerstands geführt. Der Vorteil der Raketen hat sich schnell gezeigt. Man geht nach derselben Logik vor wie die Israelis: Man greift aus der Distanz an.

Der Raketenbeschuss aus dem Gazastreifen heraus verdeutlicht den asymmetrischen Charakter des palästinensischen Verständnisses von einem Sieg. Seit der Errichtung der »Mauer« zwischen Israel und den besetzten Gebieten im Jahr 2000 hat sich die Möglichkeit, Attentate auf israelischem Boden durchzuführen, bedeutend verringert. Zunächst hat sich die Anzahl der gegen Israel vorbereiteten Attentate stark erhöht, um die Schwierigkeit bei ihrer Umsetzung auszugleichen. Aber weil die Anzahl der verhinderten Attentate ebenfalls zunahm, haben die Palästinenser ein anderes Mittel gewählt: den Raketenbeschuss.

Die palästinensischen Raketen, die weiterhin den Süden Israels treffen, sind militärisch unwirksam: Die Anzahl der Getöteten ist minimal[91], aber sie zeugen von der Entschlossenheit des palästinensischen Widerstands. Wie es die amerikanische Internetseite *Stratfor* ausdrückt:[92]

> »Der Raketenbeschuss aus Gaza ins Herz von Israel ist eine politische und keine militärische Taktik, so erschreckend er für die Bewohner von Tel-Aviv, Jerusalem und Hadera auch sein mag.«

Dagegen sorgen die etwa 140-mal höheren Opferzahlen der israelischen Vergeltungsschläge dafür, dass der Widerstandswille lebendig bleibt und die internationale Unterstützung für das Schicksal der Palästinenser bestärkt wird. Sie haben also eine strategische Wirkung: Sie tragen dazu bei, eine Dynamik auf internationaler Ebene zu erzeugen, die den Israelis immer weniger wohlgesinnt ist. Israel erhält die Illusion von einem Sieg in Palästina aufrecht und zahlt dafür einen hohen Preis: Seine politische Legitimität schwindet von Tag zu Tag, selbst bei seinem größten Verbündeten, den Vereinigten Staaten.

Palästinensischer Raketenbeschuss (2001–2021)

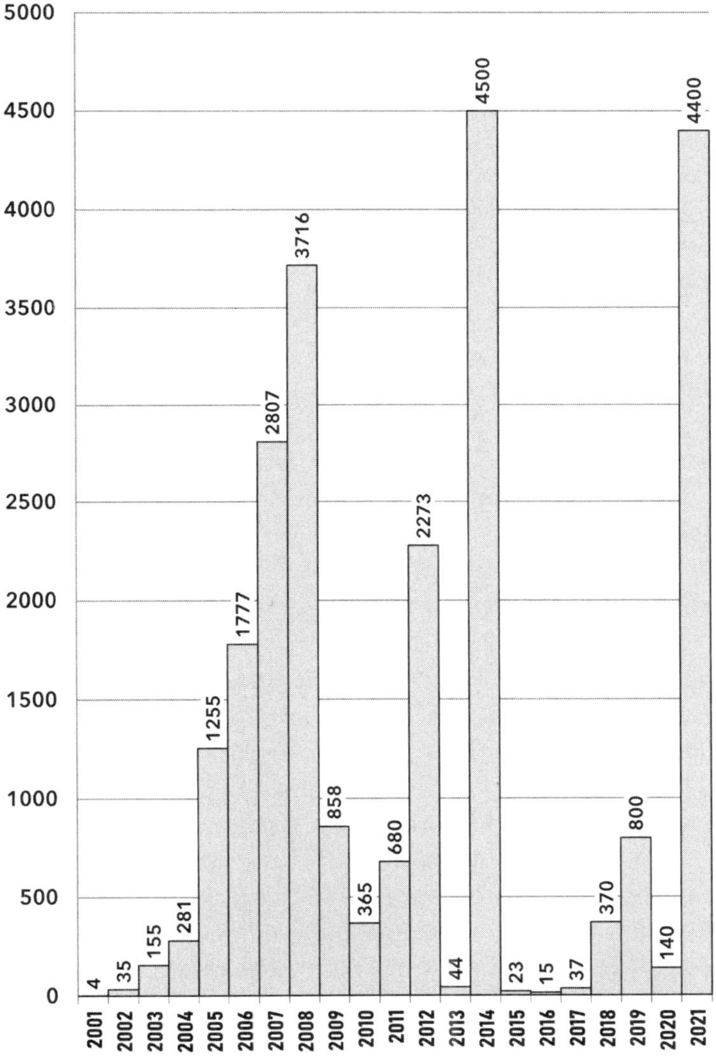

Abbildung 21 – Nach dem Mauerbau im Westjordanland und der Abriegelung des Gazastreifens haben die Palästinenserorganisationen begonnen, eher Raketen einzusetzen, als »klassische« Attentate zu verüben. Somit hat der »Zaun« der Entschlossenheit der Palästinenser keinen Abbruch getan. Aus asymmetrischer und dschihadistischer Sicht ist dies bereits ein Sieg für die Palästinenser. In mehr als 60 Jahren Krieg haben die Israelis nie die Denkweise ihres Gegners verstehen können: Als einziges Land der Welt hat Israel keine Lösung für sein Terrorismus-Problem gefunden. [Zahlen: israelisches Außenministerium]

In Wirklichkeit haben die Palästinenser durchschaut, dass Israel es nötig hat, eine terroristische Aktivität am Leben zu halten, um seinen Plan zu verwirklichen, sich das gesamte Palästinensergebiet anzueignen. Sie haben deshalb die Strategie gewählt, zu reagieren und spektakuläre Terrorangriffe zu vermeiden. Israel soll alleine die schwere Verantwortung für diesen unbeliebten Konflikt tragen. So lässt sich erklären, weshalb sie in den 1970er Jahren den internationalen Terrorismus und in den 2000er Jahren die Selbstmordaktionen aufgegeben haben. Dadurch, dass sie mit Raketenbeschuss auf israelische Luftschläge antworten – der spektakulär ist, aber gleichzeitig sehr wenige Opfer fordert –, haben die Palästinenser klar die internationale Öffentlichkeit für sich gewonnen. Ihrerseits haben die Israelis eine Politik der bewusst unangemessenen Unterdrückung verfolgt, die völkerrechtswidrig ist und einzig von der amerikanischen Regierung unterstützt wird. Sie wird dagegen von der öffentlichen Meinung in der Welt weitgehend missbilligt, die amerikanischen Juden eingeschlossen.[93]

Zwei Jahre später, nach Ariel Scharons Entscheidung, den Gazastreifen zu verlassen, etablieren die ägyptischen Dienste sich rasch als ein unumgänglicher Gesprächspartner, um zu verhindern, dass Gaza zu einem Terrorstaat wird. Im Juni 2004 beginnt der Direktor der ägyptischen Nachrichtendienste, General Suleiman, Verhandlungen mit der *Hamas* und dem *Islamischen Dschihad*, um den Beschuss Israels durch *Qassam-Raketen* zu stoppen und einen Mechanismus einzurichten, der die Entwicklung der Gewalt im Gazastreifen verhindern soll: die Ausbildung von Offizieren der Palästinensischen Autonomiebehörde in Ägypten, die Beschlagnahmung der illegalen Waffen, die Auflösung der Palästinensermilizen und eine Informationskampagne, die für den Rechtsstaat werben soll.[94] Ariel Scharons Politik, die sich persönlich gegen Arafat richtet, macht diese Bemühungen zunichte.

Den Palästinensern gibt bereits die Tatsache, dass sie Widerstand leisten, auf welche Weise und mit welchen Waffen das auch geschehen mag, schon die Genugtuung eines »Sieges«. Das erklärt auch den durchschlagenden Erfolg der Hamas in den besetzten Gebieten: Ihre Attentate geben ein Gefühl des Sieges im Kleinen, weil sie sich weigern, den Kampf aufzugeben. Die Fatah dagegen, die auf Verhandlungen ausgerichtet ist, vermittelt eher den Eindruck, »Gebiete preiszugeben«.

Die Palästinenser streben nicht danach, möglichst viele Menschen zu töten, sondern zu zeigen, dass sie ihren Widerstand nicht aufgeben. Diese zutiefst mittelöstliche Logik wird im Westen nicht immer verstanden. Deshalb neigt Israel häufig dazu, mit den Zahlen zu schummeln, um zu zeigen, dass die Palästinenser angeblich das jüdische Volk vernichten wollen. So wurde während der Vorfälle vom Mai 2021 in Jerusalem und Gaza versucht, das Verhältnis von 10 zu 1 zwischen palästinensischen und israelischen Opfern damit zu erklären, dass Israel 90 Prozent der palästinensischen Raketen mit seinem Raketenabwehrsystem Eiserne Kuppel (engl. Iron Dome) abgefangen hätte. So wird scheinbar das Gleichgewicht wiederhergestellt.

Das Raketenabwehrsystem Eiserne Kuppel

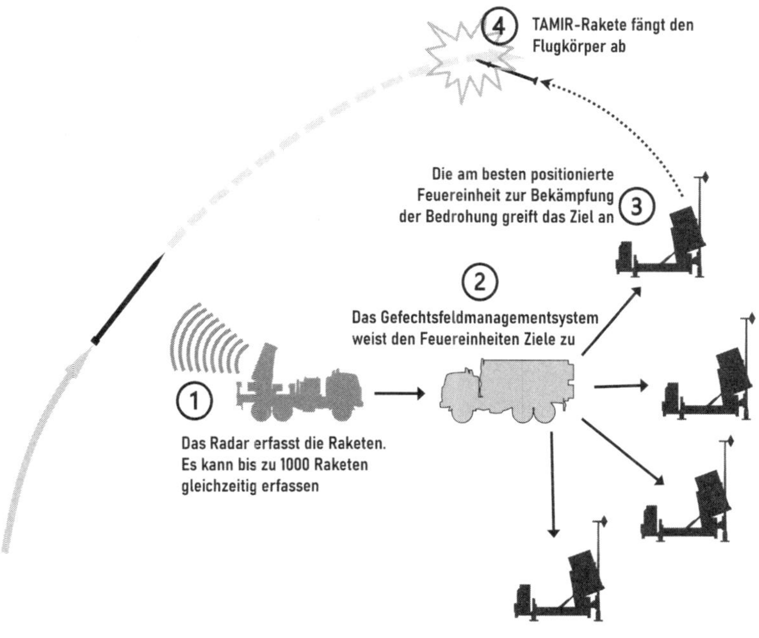

Abbildung 22 – Das System Eiserne Kuppel wurde entwickelt, um die palästinensischen Raketen zu bekämpfen.

Anzahl der palästinensischen Selbstmordanschläge (1994–2008)

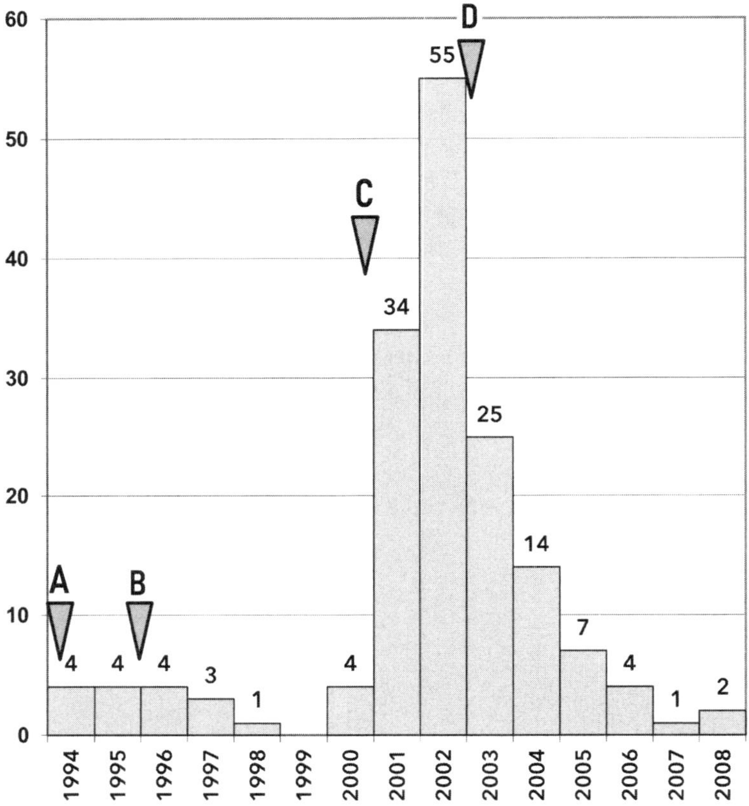

Abbildung 23 – Obwohl eine eindeutige Verbindung zwischen der Mehrzahl der Selbstmordattentate und den von Israel praktizierten gezielten Tötungen manchmal schwer zu erkennen ist, lässt sich ein Zusammenhang beobachten. Die ersten Selbstmordattentate im Jahr 1994 wurden vom Angriff am Patriarchengrab ausgelöst (25.2.1994) (A). Diejenigen von 1996 wurden durch die Eliminierung von Yahya Ayyasch hervorgerufen (4.1.1996) (B). Man stellt einen radikalen Anstieg der Attentate nach der offiziellen Wiederaufnahme der israelischen Politik der gezielten Tötungen fest (9.11.2000) (C). Der Bau des Schutzzauns zwischen dem Westjordanland und Israel (D) nötigt die Hamas, ihre Strategie zu ändern: Sie gibt die Selbstmordattentate auf und entscheidet sich, Raketen zu nutzen, um auf die israelischen Angriffe zu antworten. [Zahlen: israelisches Außenministerium]

In Wirklichkeit ist die Eiserne Kuppel nicht so effektiv, wie die israelischen Behörden behaupten. Laut CNN hat das System im Mai 2021 nur 1200 von 2650 Flugkörpern abgefangen, also 45 Prozent[95], was den Schätzungen zur wirklichen Effizienz des Abwehrsystems entspricht. Im Übrigen ist es nur rund um sensible Orte stationiert und beispielsweise nicht im Bereich von Sderot, unweit des Gazastreifens. Mit anderen Worten: All dies beweist, dass die palästinensischen Raketen nicht abgefeuert werden, um möglichst viele Menschen zu töten, und dass ein wirkliches Missverhältnis besteht in Bezug auf die Mittel, die beide Konfliktparteien einsetzen.

Generell lässt sich sagen, dass Palästinenser – und im Besonderen die Hamas – ihren Gegner besser verstehen, als dies die Israelis tun, wie man vor und seit dem 7. Oktober sehen konnte. Deshalb werden die Palästinenser den Israelis stets standhalten können, auch wenn sie zahlenmäßig unterlegen sind.

4.3.4.3. Die Brandballons

Ballons, die kleine brennbare Ladungen transportieren, um auf den Feldern, die den Gazastreifen umgeben, Feuer zu legen, gehören zum Arsenal des Widerstands. Wie schon bei den Raketen handelt es sich nicht um eine Strategie, mit der Menschen getötet werden sollen, selbst wenn diese Flugkörper potenziell gefährlich sind.

Erklärung der Al-Aqsa-Märtyrerbrigaden vom 30.8.2020 zum Einsatz der Ballons:

> »Wir teilen Ihnen mit, dass keine Entscheidung getroffen wurde, die Ballons zu stoppen. Wir in der Al-Aqsa-Brigade verstärken die Arbeit, indem wir den feindlichen Schändern im Gazagürtel Brandballons mit Sprengfallen senden, bis sich alle Forderungen unseres Volkes in der vollständigen Aufhebung der Belagerung von Gaza wiederfinden. Und wir werden weiterarbeiten und das Gebiet noch lange nicht räumen.«

Hier geht es also darum, einen Willen zur Verteidigung zu unterstreichen. Nach der Logik des Dschihad zählt nicht etwa die Wirkung auf den Gegner, sondern das Zeigen von Entschlossenheit.

4.3.4.4. Zusammenarbeit mit der Außenwelt

Entgegen den Behauptungen der israelischen Regierung scheint die Hamas keine Politik der Zusammenarbeit mit internationalen islamistischen Bewegungen zu verfolgen. Der Kampf gegen die israelische Besatzung wird weiterhin als ein rein palästinensisches Problem wahrgenommen, und die Hamas führt ihre Aktionen auf dem *Mandatsgebiet* Palästina durch. Die arabischen Revolutionen in Ägypten, Libyen und Syrien scheinen keine bemerkenswerten Auswirkungen auf Palästina zu haben, was eine mögliche strategische Koordinierung angeht. Der Anstieg des Dschihadismus in Syrien hat nicht zu einer größeren Aktivität der Hamas geführt. Möglicherweise mit Absicht, damit keine israelische Reaktion herausgefordert wird, die zu einer Art »Endlösung« der Palästinenserfrage werden könnte.

Dagegen scheint es so, als hätten von außen kommende sunnitische Dschihadisten die Radikalisierung gewisser Palästinenser gefördert, die daraufhin den Dschihadismus angenommen und Zellen in den besetzten Gebieten gegründet haben. Die israelische Strategie, der Hamas dafür die Verantwortung zuzuschieben, hat nur dazu geführt, die Entstehung dieser Extremistenzellen zu begünstigen und die Situation der Hamas zu erschweren, die eine mehr politische als militärische Rolle einnehmen möchte. Davon abgesehen haben die Blockade des Gazastreifens durch die israelischen Behörden und die praktische Unmöglichkeit, dort eine einträgliche wirtschaftliche Tätigkeit auszuüben, zu einer Abhängigkeit der Gesamtheit der Palästinenser, insbesondere der bewaffneten Bewegungen, geführt. Sie sind für ihre Versorgung von illegalen Netzwerken abhängig. Dadurch wird eine Zusammenarbeit mit Israel verhindert. Und es werden Kontakte begünstigt, die sich der Kontrolle der israelischen Behörden entziehen.

Die Hamas wird gewiss vom Iran unterstützt, der ihr Waffen über die Hisbollah und die palästinensischen Zellen im Südlibanon liefert. Israel bombardiert regelmäßig die iranischen Kräfte, die zur Unterstützung der syrischen Regierung nach Syrien gekommen sind. Es ist nur logisch, dass der Iran dasselbe tut. Dies erklärt, weshalb der Iran seine Unterstützung für den palästinensischen Widerstand wiederaufgenommen hat. Doch es wäre falsch zu behaupten, der Iran »kon-

Struktur der Hamas

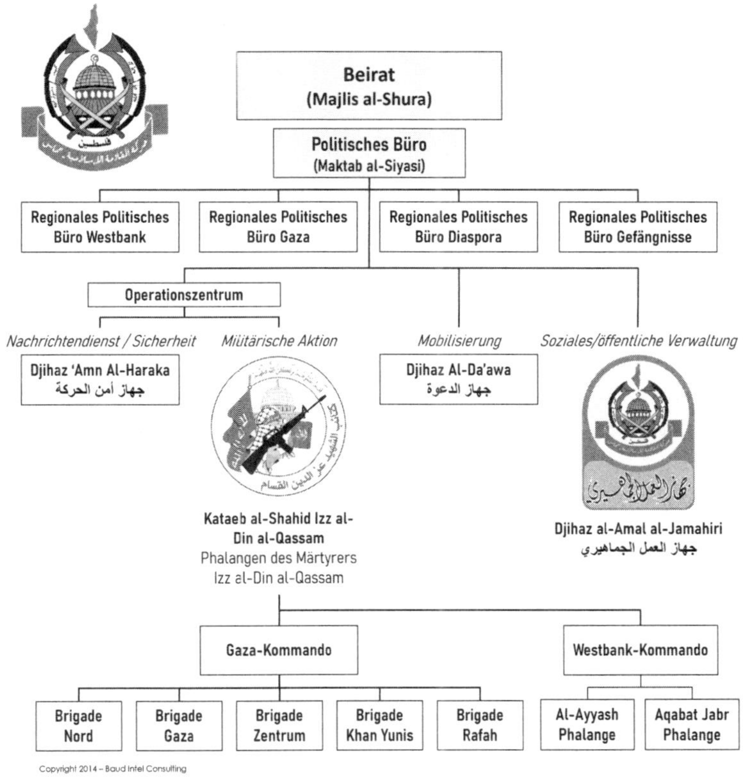

Abbildung 24 – Struktur der Hamas. Der bewaffnete Teil der Bewegung ist relativ gut bekannt, im Gegensatz zu seinem politischen und zivilen Flügel. Die Hamas ist beliebt geworden, indem sie den »Erfolg« ihrer Militäraktionen durch soziales Handeln ergänzte. Ihre Strategie erinnert an diejenige Che Guevaras in Lateinamerika in den 1960er Jahren. Die Unfähigkeit der Israelis, die Hamas-Strategie zu verstehen und eine entgegengesetzte zu entwickeln, hat dazu beigetragen, die Zustimmung der Palästinenser zu dieser Bewegung zu vergrößern.

trolliere« die Hamas. Es überrascht dagegen, dass die Israelis es nicht verstanden haben, die Rivalitäten zwischen den sunnitischen Bewegungen und der winzig kleinen schiitischen Minderheit im Gazastreifen (etwa 1 Prozent) auszunutzen. Diese Rivalitäten äußern sich in Zusammenstößen zwischen Milizen. Sie zeigt sich auch, wenn die

Hamas Büros von Wohltätigkeitsorganisationen schließen lässt, die vom Iran finanziert werden, zum Beispiel des Vereins *Al-Baqiyat al Salihat* im Jahr 2011. Hinzu kommt die Festnahme von militanten Schiiten.

4.3.5. Struktur

Die Hamas wird von einem Beirat geleitet *(Majlis al-Schura)*, dem seit Mai 2017 Ismail Haniyya vorsteht. (Auf diesem Posten ist er der Nachfolger von Scheich Ahmad Yasin, Dr. Abd al-Aziz ar-Rantisi und Chalid Maschal.) Die genaue Anzahl der Mitglieder dieses Rates bleibt geheim.

Der *Majlis al-Schura* ist ein Beratungsorgan, das aus den Mitgliedern der vier »regionalen« Schuras besteht, die von den Hamas-Mitgliedern in Gaza, im Westjordanland, in der Diaspora und von den Häftlingen in den israelischen Gefängnissen bestimmt werden. Um ihre Leben nicht zu gefährden, läuft dieser Prozess in einem exklusiven Zirkel ab. Die Schuras wurden ursprünglich von religiösen Persönlichkeiten dominiert, aber sie enthalten aktuell Persönlichkeiten aus der Politik und dem Sozialwesen, deren Identität meist geheim gehalten wird.

Die allgemeine Struktur der Hamas umfasst das nationale und vier »regionale« Politbüros: jeweils eins für das Westjordanland, Gaza, die Diaspora und die Häftlinge. Das nationale Politbüro besteht aus 15 Mitgliedern, die alle vier Jahre vom *Majlis al-Schura* gewählt werden, während die Mitglieder der regionalen Büros von den »regionalen« Schuras bestimmt werden.

Das *Politbüro* (*Maktab al-Siyasi*) ist das Exekutivorgan der Hamas. Es erhält seine Macht vom *Majlis al-Schura* und bestimmt die gesellschaftliche, soziale und militärische Politik, wobei es vom *Majlis al-Schura* beraten wird. Bis 2011 befand sich das Politbüro in Syrien. Die sunnitische Revolution zwang es zum Umzug nach Katar. Im Mai 2017 trat Ismail Haniyya die Nachfolge von Chalid Maschal an seiner Spitze an.

Seit März 2021 wird das Politbüro der Hamas für Gaza von Yahya Sinwar geführt, der die operative Führung der Bewegung im Gazastreifen innehat. Einige schreiben ihm zu, der Urheber der Operation Al-Aqsa-Flut zu sein, und er ist heute die meistgesuchte Person in Palästina.

4.3.5.1. Die politische Komponente

Der Wesenskern der Hamas ist ihr Widerstand; ihre Militäraktivitäten sind natürlich am bekanntesten. Aber die Bewegung hat es seit Beginn der 2000er Jahre verstanden, dass sie sich die simple Strategie der Israelis, die auf Gewaltanwendung basiert, zunutze machen kann. Das Ergebnis ist eine asymmetrische Herangehensweise an den Konflikt, die bewirkt, dass sich Israel mit seinen Aktionen selbst schadet. Die israelische Strategie ist zu einer Waffe geworden, die zur Beliebtheit der Hamas bei den Palästinensern und in der Welt beiträgt.[96] Das ist alles nichts Neues. Wie ich es bereits in meinem Werk *Der asymmetrische Krieg oder die Niederlage des Siegers*[97] in 2003 beschrieben habe: Israels taktische Erfolge werden zu strategischen Niederlagen. Dasselbe ließ sich in der Folge der Hamas-Aktion vom Oktober 2023 beobachten.

Um diese Schwäche Israels auszunutzen, musste die Hamas gegenüber der palästinensischen Bevölkerung sowie der internationalen Meinung handlungsfähig sein. Sie hat deshalb zwei Instrumente entwickelt, um diese Vorhaben umzusetzen:

- Einen »Propagandaapparat« *(Djihaz al-Da'wa)*, der Unterstützung für die Bewegung mobilisieren soll. Er arbeitet mit Hilfsorganisationen zusammen und trägt dazu bei, die Aktionen der Hamas zugunsten der palästinensischen Bevölkerung sowie die Verbrechen Israels hervorzuheben. Dieser Apparat arbeitet intensiv mit internationalen Organisationen zusammen, um Gelder zur Unterstützung der leidenden Bevölkerung zu sammeln. Er verfügt über eine soziale Einrichtung, die sich *Koalition des Guten (I'tilaf al-Kheïr)* nennt. Letztere koordiniert die Arbeit von rund fünfzig Wohltätigkeitsorganisationen in den besetzten Gebieten.[98] Die *Koalition des Guten* wird vom amerikanischen Finanzministerium seit dem 12.11.2008 als eine Organisation angesehen, die den Terrorismus finanziert.[99]

- Einen »*Apparat für öffentliche Arbeiten*« *(Djihaz al-Amal al-Jamahiri)*, der zur Aufgabe hat, den Kommunen und der Zivilbevölkerung bei konkreten Aufgaben zu helfen. Es handelt sich dabei beispielsweise um den Wiederaufbau der Infrastruktur, sodass jeder israelische Angriff zu einem politischen Argument für die Hamas wird.

Israel hat erstaunlicherweise nie auf die politischen Folgen seiner Nichtbeachtung des Völkerrechts und seiner Aktionen Rücksicht genommen. Es wird darin zweifellos durch die Unterstützung des Westens, der in der Welt bislang dominierte, bestärkt.

Israel möchte zum Beispiel die palästinensische Bevölkerung vertreiben, indem es ihre Wohnhäuser zerstört. Es tut dies zu Zwecken der Bestrafung (1 Prozent der Fälle), aus verwaltungstechnischen, gerichtlichen oder militärischen Gründen (etwa dann, wenn sie sich zu nah an Siedlungen oder Militäreinrichtungen befinden) (20 Prozent der Fälle). Laut dem *Israelischen Komitee gegen den Abriss von Wohnhäusern* wurden zwischen 1967 und September 2023 auf diese Weise 56445 Häuser zerstört.[100]

Die israelische Politik erweckt den Eindruck, als gehe man mit harter Hand konsequent gegen den Terrorismus vor und wolle abschrecken. Das ist eine Täuschung. Diese Politik hat nicht nur den palästinensischen Widerstand gefördert, sondern auch zu einer qualitativen Veränderung seiner Strategie geführt. Denn die israelischen Behörden haben nicht vorausgesehen, dass die Familien, denen man ihr Haus genommen hat, in den allermeisten Fällen von Hilfsorganisationen versorgt werden, die mit der Hamas verbunden sind. In weiser Voraussicht hat die Hamas solche Organisationen seit Oktober 2000 geschaffen. Die Familien treibt man so in die offenen Arme der Hamas, selbst wenn sie ihr vorher nicht angehörten. Mit anderen Worten: Israel hat nicht nur den Hass auf seine Besatzung verschärft, sondern auch dazu beigetragen, die Popularität und die Mitgliederzahl der Hamas zu vergrößern. Letztendlich bewirken diese Strafhausabrisse, dass die Gewalt weiter geschürt wird, ohne eine abschreckende Wirkung auf die Terrorattentate zu haben.[101] In militärischen Begriffen hat Israel seine eigene strategische Position durch eine taktische Maßnahme verschlechtert.

4.3.5.2. Die militärische Komponente

Der militärische Arm der Hamas tritt das Erbe von *Jihaz Aman* an, der für die Sicherheit von *Al-Mujama al-Islami* verantwortlich war. Er war im Wesentlichen für die innere Sicherheit zuständig und insbesondere beauftragt, mögliche Verräter ausfindig zu machen, die mit den israelischen Behörden zusammenarbeiteten oder die Regeln der Bewegung verletzten (beispielsweise durch Drogenhandel).

Im Jahr 1987 hat der bewaffnete Arm der Hamas zwei Hauptbestandteile:

- Den *Madjmuath Jihad u-Da'awa*, ebenfalls unter der Abkürzung *(Al)Majd (Ruhm)* bekannt, der von Yahya Sinwar und Ruhi Muschtaha angeführt wird.
- Die *Al-Madjahadun Al-Filistiniun*, die 1982 nach den Massakern von Sabra und Schatila im Libanon gegründet wurden. Sie sind für Geheimaktivitäten (Beschaffung von Waffen und Sprengstoff) sowie für Anschläge zuständig. Sie werden (bis zu dessen Tod am 1.1.2009) von Nizar Abd el-Qadir Rayan angeführt.

Anscheinend bilden sich mehrere Zellen, um Gewaltaktionen gegen die israelischen Besatzungskräfte durchzuführen. Die erste entstandene Zelle trug den Namen Gruppe 101 und wurde von Muhammad Al-Scharatha geleitet.

Allgemeine Struktur der palästinensischen Widerstandsgruppen

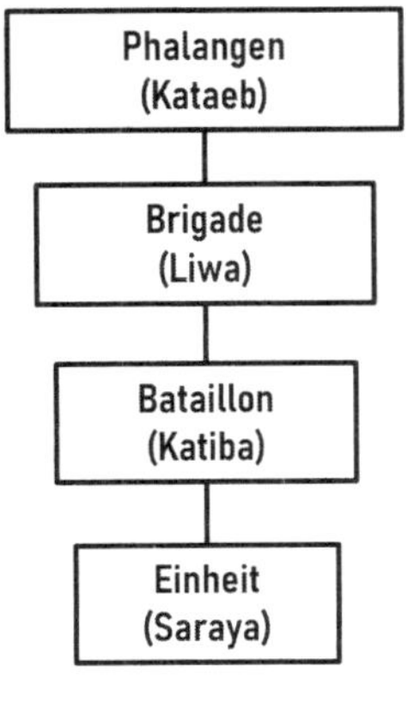

Abbildung 25 – Durch ihre Entwicklung ist die Bezeichnung der Palästinensergruppen oft überholt. Was ursprünglich nur ein Bataillon war, ist jetzt eine kleine Armee. Daraus entsteht eine Begriffsverwirrung. Eine nähere Untersuchung der Unterlagen, die von diesen Gruppen erstellt werden, zeigt jedoch, dass sie, trotz einer scheinbaren Unschärfe, klare Strukturen besitzen.

Im Jahr 1991 werden diese zwei Bestandteile in die *Izz-ad-Din-al-Qassam-Märtyrerbrigaden* (die wir hier *Qassam-Brigaden* nennen werden) eingefügt, die vom damaligen Militärverantwortlichen in Gaza, Zaccaria Walid Akel, gegründet worden waren. Der Name Brigaden wird jedoch erst am 1.1.1992 in ihrer ersten Pressemitteilung offengelegt. Sie sind hauptsächlich im Gazastreifen angesiedelt, haben aber auch Mitglieder im Westjordanland. Ihre Mitgliederzahl ist nicht bekannt, aber die Zahl ihrer für den Orts- und Häuserkampf ausgebildeten Männer wird auf 30 000 geschätzt. Ursprünglich bilden sie den

Operative Einheiten der Kataeb des Märtyrers Izz ad-Din al-Qassam in Gaza

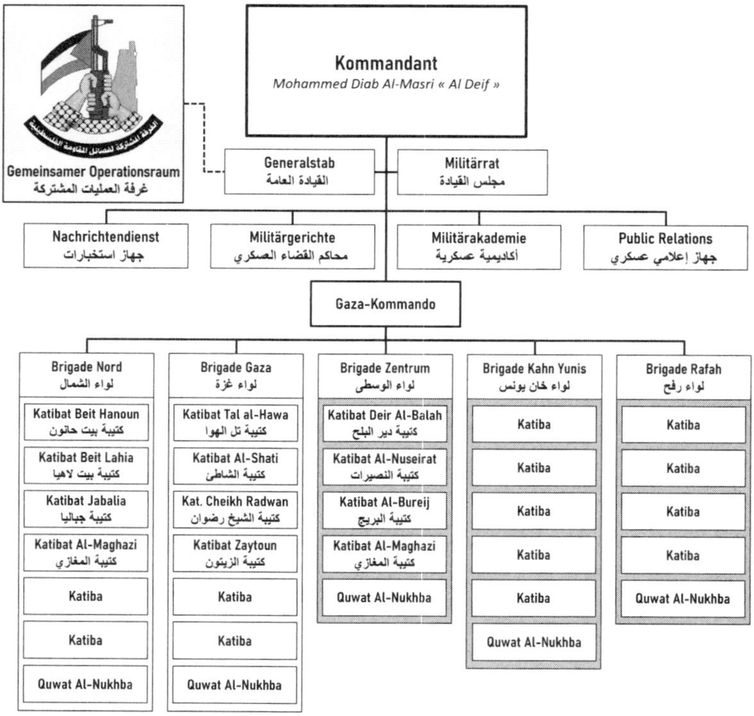

Abbildung 26 – Befehlsstruktur der Qassam-Brigaden in Gaza. In Grau die Einheiten der strategischen Reserve. Am 7. Oktober und in den Folgewochen wurden die Einheiten der Brigaden Nord und Gaza eingesetzt. Dieser Einsatzplan zeigt, dass die Befehlshaber der Hamas die israelische Entscheidung sehr gut vorhergesehen haben.

kleinsten Arm der Hamas. Sie bestehen aus kleinen, autonomen Zellen, die nur sehr schwer aufgespürt und von israelischen Sicherheitskräften durchdrungen werden können. Bis zum Jahr 1994 führen sie Attentate mit Handfeuerwaffen oder Stichwaffen durch.

Die Führungsstruktur der Brigaden wird im Jahr 2005 offengelegt. Sie besteht aus einem Oberbefehlshaber, dem ein Militärrat zur Seite steht, dessen Zusammensetzung anscheinend variiert. Ende November 2023 gehörten ihm Mohammed Al-Deif, Mohammed Al-Sinwar, Raed Saad und Marwan Issa an. Drei Mitglieder des Militärrats sind zu dem Zeitpunkt von Israel eliminiert worden: Abu Schamala, Ahmed Al-Dschabari, Anführer der Qassam-Brigaden im Gazastreifen, und Ahmed Al-Ghandur (Befehlshaber der Brigade Nord).

Wie auch in Syrien und im Irak sorgt die Bezeichnung der Militäreinheiten der Palästinensergruppen im Westen manchmal für Verwirrung, weil man dort eine genaue Namensgebung gewohnt ist. Die Widerstandsgruppen bezeichnen sich in der Regel als »Kataeb«, was man meist mit »Brigade« übersetzt. Aber einige wichtige Bewegungen haben »Brigaden« (Liwa), die in Bataillone (Kataeb) gegliedert sind. Das erscheint widersprüchlich. In Wahrheit ist der Großteil der arabischen Widerstandsgruppen als eine nicht weiter gegliederte Gesamtheit von »Bataillonen« (Kataeb) gegründet worden. Man hat es also meistens mit einer »historischen« Sammelbezeichnung zu tun, die nichts über die Struktur aussagt. Wir verwenden hier die Übersetzung »Brigaden«, um Verwechslungen zu vermeiden.

Seit 2018 werden die Qassam-Brigaden von Mohammed Diab Ibrahim Al-Masri, »Al-Deif«, angeführt, der den Kampfnamen »Abu Khaled« trägt. Sein Stellvertreter ist Marwan Issa.

Auf den Rat von Salah Schahada beschließt die Hamas im Jahr 2003 die Gründung einer Volksmiliz, einer Art Reserve, die sich von den Qassam-Brigaden unterscheidet. Ihre als *Al-Murabitun*[102] bezeichneten Mitglieder geben zu zahlreichen Mutmaßungen Anlass und ihre Zahl könnte einige zehntausend Mann betragen. Sie wird bei den Auseinandersetzungen mit der Fatah im Gazastreifen in den Jahren 2006–2007 eingesetzt.

Nach dem Attentat vom 14.1.2004, das von Reem Salah al-Riyashi, einer Kämpferin der Al-Aqsa-Märtyrerbrigaden, ausgeführt worden

Einsatzorte der Kataeb des Märtyrers Izz ad-Din al-Qassam (2023)

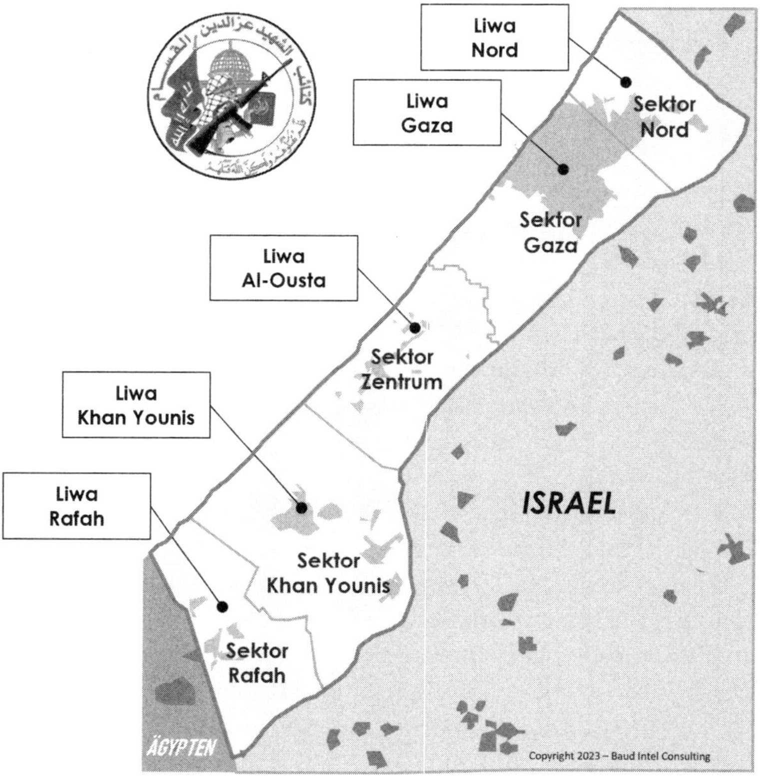

Abbildung 27 – Schema der Stationierung der einzelnen Brigaden (Liwa) der Al-Qassam-Brigaden.

ist, beschließt die Hamas, eine Fraueneinheit zu bilden. Ihre Bereitschaft, Selbstmordattentate durchzuführen, wird durch eine von Nizar Abd el-Qadir Rayyan unterzeichnete Fatwa autorisiert. Heute verfolgen die Qassam-Brigaden die Taktik eines Raketenbeschusses aus dem Westjordanland und dem Gazastreifen. Im Prinzip führen sie keine Selbstmordattentate mehr durch, sind aber weiterhin dazu fähig, wobei sie dafür »*Männern und jungen Leuten den Vorzug geben*«[103].

Kurz nach ihrem Sieg bei den Parlamentswahlen vom April–Mai 2006 schafft die Hamas eine *Exekutivgewalt (Tanfithya)*, die für die Sicherheit im Gazastreifen zuständig ist.

Aus operativer Sicht teilt sich die Hamas in zwei Befehlsbereiche: Einer umfasst den Gazastreifen, und damit auch das wesentliche militärische Potenzial der Bewegung, und der zweite das Westjordanland.

In Gaza sind die Kataeb der Hamas in fünf Brigaden (Liwa) unterteilt, die den Verwaltungseinheiten des Gebiets entsprechen: Nord, Gaza, Zentrum, Chan Yunis und Rafah. Sie unterstehen dem Oberbefehl für die Streitkräfte von Gaza, deren politische Führung Yahya Sinwar innehat. Jede Brigade zählt etwa 8 000 Kämpfer, was eine Gesamttruppenstärke von 40 000 Mann für Gaza ergibt. Die Brigaden bestehen aus Bataillonen (Katiba), deren Stärke jeweils 800 bis 1 500 Mann beträgt.

Im Westjordanland ist die Hamas aus historischer Sicht nicht präsent. Aber durch die aggressivere Politik der rechtsextremen israelischen Regierung hat die Hamas begonnen, auch dort Fuß zu fassen.

Befehlsstruktur der Hamas im Westjordanland

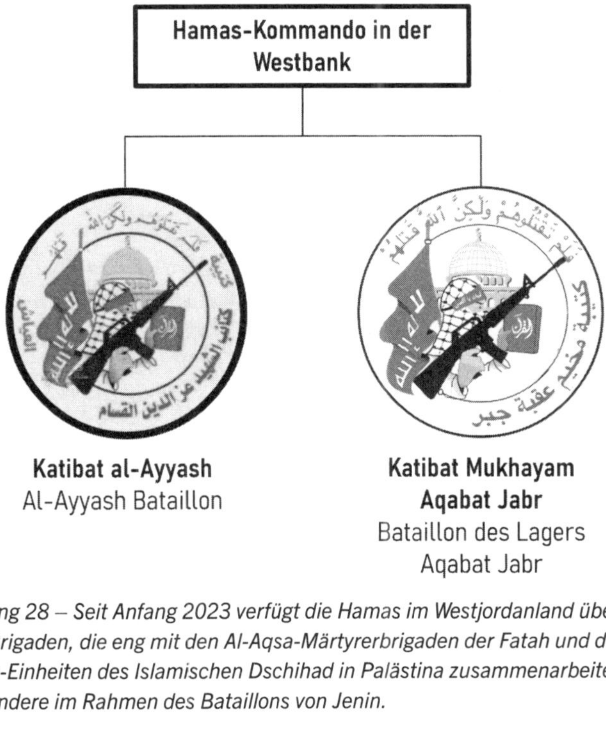

Abbildung 28 – Seit Anfang 2023 verfügt die Hamas im Westjordanland über zwei aktive Brigaden, die eng mit den Al-Aqsa-Märtyrerbrigaden der Fatah und den Al-Quds-Einheiten des Islamischen Dschihad in Palästina zusammenarbeiten, insbesondere im Rahmen des Bataillons von Jenin.

Die *Katibat Al-Ayyasch* (abgeleitet vom Namen des »Ingenieurs« der Hamas, der 1996 eliminiert wurde) untersteht organisatorisch dem Oberbefehl der Hamas im Westjordanland, aber auf operativer Ebene ist sie in das Bataillon Jenin des *Islamischen Dschihad in Palästina* eingegliedert.

4.3.5.2.1. Militäreinheiten der Hamas

Die verschiedenen Einheiten zeugen von den Fähigkeiten der Hamas, die teilweise während der Operation Al-Aqsa-Flut offenbar wurden.

Infanterie

Die Infanterie *(Wahdat al-Muschat)* macht etwa 85 Prozent der Truppenstärke der Qassam-Brigaden aus.

Luftabwehr

Die Soldaten der Luftabwehr *(Wahdat al-Difa' al-Javviyah)* sind dazu bestimmt, die zahlreichen von Israel durchgeführten Luftschläge zu bekämpfen oder zu verhindern. Sie benutzen Maschinengewehre vom Typ DSchK des Kalibers 12,7 mm, das ZPU-2 des Kalibers 14,5 mm und die tragbaren Flugabwehrraketen SA-7 (9K32 Strela2), SA-18 (9K38 IGLA) und das Raketensystem MUTABAR-1 aus lokaler Produktion.

Das auf Videos der Hamas der Öffentlichkeit gezeigte System MUTABAR-1 ist eine der Überraschungen der Operation Al-Aqsa-Flut. Es handelt sich um ein System, das in Gaza entwickelt und produziert wurde. Dabei zeugt es von der Fähigkeit der Palästinenser, auch unter sehr prekären Bedingungen Abwehrsysteme zu entwerfen, zu entwickeln und zu bauen.[104]

Allerdings scheint es so zu sein, dass nur die Lafette in Gaza produziert wird. Die Rakete selbst scheint von außerhalb zu kommen, aber das Modell ist nicht hundertprozentig bekannt. Es handelt sich nicht um eine Rakete mit Zielsuchkopf, sondern um eine vom Radartechniker gelenkte Rakete, die in einer festgelegten Höhe explodiert. Ihre Funktion scheint zu sein, den Beschuss aus Kampfhubschraubern zu erschweren. Laut palästinensischen Quellen soll das Mutabar-1 an den ersten Tagen der Operation Al-Aqsa-Flut Schäden an vier israelischen Kampfhubschraubern verursacht haben. Das ist jedoch bisher unbe-

Waffengattungen der Hamas

Abbildung 29 – Arten der Militärkräfte, über die die Hamas verfügt.

stätigt. Die Frage, in welchem Maße dieses System trotz der starken israelischen Gegenmaßnahmen Ziele treffen kann, bleibt offen.

Der Raketenstarter ist ferngesteuert und mehrere Feuereinheiten können gleichzeitig eingesetzt werden. Zu diesem Zeitpunkt ist die

Gesamtzahl der Feuereinheiten, über die die Hamas verfügt, noch unbekannt.

Das Mutabar-1 ist möglicherweise eine »Propagandawaffe«, die eher dazu dient, den Widerstandswillen der Palästinenser gegen die israelischen Kräfte zu zeigen, als tatsächlich Fluggeräte zu zerstören.

Spezialkräfte

Die Spezialkräfte (*Wahdat al-Khassa*) sind ausgebildet, um Überfälle auf israelischem Gebiet durchzuführen. Sie sind unter dem allgemeinen Namen *Quwat al-Nukhba* (Eliteeinheit) bekannt. Im Ganzen kommen sie auf 5000 bis 7000 Kämpfer, die auf die fünf Brigaden der Qassam-Brigaden im Gazastreifen verteilt sind.

Die Kämpfer werden ein bis zwei Jahre lang, wahrscheinlich im Libanon, ausgebildet, wo noch eine große Bevölkerungsgruppe von Palästinensern lebt. In welchem Maße Einheiten der Hisbollah diese Kräfte anführen, ist Stoff für Diskussionen.

Anscheinend sind sie am 7. Oktober während der ersten Phase der Operation Al-Aqsa-Flut nicht eingesetzt worden. Sie sind im Nahkampf und in Guerillatechniken ausgebildet und bekämpfen die israelischen Kräfte, die in das Gebiet des Gazastreifens eindringen.

Kampfschwimmer

Es handelt sich um Kommandosoldaten der Marine oder um Kampfschwimmer (*al-Dhafadi' al-Baschariat al-Bahriah*), die auf die fünf Befehlsbereiche verteilt sind. Sie sind Teil der Eliteeinheiten (*Quwat al-Nukhba*) und gelten als die bestausgebildeten Soldaten der Qassam-Brigaden. Sie wurden im Jahr 2014 geschaffen und haben in jenem Jahr bereits Operationen gegen den israelischen Marinestützpunkt Zikim durchgeführt, was die israelische Armee dazu zwang, ihr Aufgebot entlang der Küste neben dem Gazastreifen zu verstärken. Die Aktivitäten der israelischen *Einheit 916*, die für die Sicherung der Küstengewässer zuständig ist, wurden ebenfalls intensiviert. In 2018 wurde ein Zaun zum Schutz des Stützpunktes gebaut. Er ist 200 Meter lang und 6 Meter breit, gilt als unüberwindbar und ist, unter Wasser sowie an Land, mit Bewegungsmeldern ausgestattet.[105] Das sollte die Spezialkräfte der Hamas nicht daran hindern, den Stützpunkt am

7.10.2023 erneut anzugreifen und bis zum 24.10.2023 die Stellung zu halten.[106] Im November 2021 sprachen palästinensische Medien bereits von den Vorbereitungen der Hamas für einen »*strategischen Schlag*« gegen Israel in ihrer »*nächsten Schlacht*« mit einer »*ähnlichen Militäroperation wie zuvor*«. Genau das findet am 7.10.2023 statt[107], mit einer Anlandung im Sektor von Aschkelon.[108]

Luftwaffeneinheit mit motorisierten Ultraleicht-Hängegleitern
Am 7. Oktober wurde auch die Schwadron »SAQR« (Falke) (تاوقلا ةيوجلا – سرب رقصلا) enthüllt. Sie bildet die Luftwaffe der Bewegung. Sie ist mit motorisierten Ultraleichtfliegern vom Typ »Hängegleiter« ausgerüstet, die benutzt wurden, um den Zaum rund um den Gazastreifen zu überwinden.[109] Sie scheint ausschließlich für die Operation Al-Aqsa-Flut aufgestellt worden zu sein.

Pioniertruppen
Die Pioniereinheiten (*Wahdat al-Hindisa*) sind für das Graben und Instandhalten der Tunnelnetze zuständig, von denen die Versorgung des Gazastreifens abhängt. Am 7. Oktober haben ebendiese Pioniere Stücke des Zauns gesprengt, der den Gazastreifen umgibt, und die Löcher mit Bulldozern erweitert, damit die Fahrzeuge der Hamas passieren konnten.

Artillerie
Die Artillerieverbände (*Wahdat al-Midfa'yah*) sind für den Einsatz der Al-Qassam-Raketen zuständig.

Eine weitere technische Überraschung der Operation Al-Aqsa-Flut war der Einsatz des lokal produzierten Mehrfach-Raketenwerfers Rajum. Ihm dienen chinesische Raketenwerfer des Kalibers 107 mm aus den 1960–1970er Jahren als Vorbild. Es handelt sich um eine wirkungsvolle Waffe, die ungelenkte Raketen mit einer Reichweite von 8–9 Kilometern abfeuert. Der Raketenwerfer wurde verwendet, um Anlagen der israelischen Armee im Gebiet von Deir al-Balah und Beit-Hanun im Gazastreifen zu beschießen, ebenso wie im Gazagürtel befindliche militärische Ziele in Re'im, Nissim, Kissufim und Amitai, in einer Entfernung von 2–3 Kilometern zur Grenze von Gaza.

Cyberkrieg
Die Einheit für elektronische Kriegsführung *(Wahdat al-Harb al-Alektrunia)* ist der neueste Arm der Qassam-Brigaden. Seine Existenz wurde am 13.10.2022 publik gemacht. Die Hamas hat seit 2014 an der Aufstellung dieser Einheit gearbeitet, zunächst mit Mohammed Al-Tawashi (den Israel eliminierte), später mit dem Hamas-Ingenieur Jumaa Al-Tahla (den Israel im Mai 2021 eliminierte, bevor er sein Projekt einer »Elektronischen Armee Jerusalems« [Jaisch al-Quds al-Alektrunii] verwirklichen konnte). Die Einheit sollte Kapazitäten außerhalb des Gazastreifens erschließen, um Angriffe gegen die israelischen Kräfte auszuführen.[110]

Laut der Hamas soll diese Einheit in die Betriebssysteme der Wachtürme und in die militärische Übertragung im Gebiet des »Gazagürtels« in Nir Oz eingedrungen sein. Die Einheit sei ebenfalls in das Hauptquartier des Kommandos Süd, in diejenigen der Kommandos Nord und Zentrum sowie in die Luftwaffenstützpunkte von Nevatim, Hatzrim, Palmachim und Ramat David elektronisch eingedrungen. Das ist nur schwer nachprüfbar. Aber zahlreiche israelische Informationen scheinen die Erfolgsbilanz dieser Hamas-Einheit zu bestätigen.[111] Von diesen bestätigten oder unbestätigten Erfolgen einmal abgesehen wird deutlich, dass der palästinensische Widerstand zweifellos über mehr Fähigkeiten verfügt, als unsere Medien uns zeigen.[112]

Die »Phantom-Einheit«
Die sogenannte »Phantom-Einheit« *(Wahdat al-Zili)* wurde im Jahr 2006 gebildet, um den israelischen Soldaten Gilad Schalit gefangen zu nehmen und ihn später gegen 1027 palästinensische Gefangene auszutauschen. Die Existenz dieser Einheit wurde erst im Jahr 2016, nach ausdrücklicher Genehmigung des Anführers der Qassam-Brigaden, Mohammed Deif, öffentlich gemacht. Ihre Rolle ist es, die für einen Austausch vorgesehenen Gefangenen zu verstecken und zu verhindern, dass sie von den Israelis befreit werden.[113]

Diese Einheit ist für die Bewachung und den Transport der Gefangenen vom 7. Oktober verantwortlich. Als Letztere Ende November 2023 freikamen, gaben sie Auskunft über das anständige Verhalten und die menschliche Behandlung seitens dieser Einheit, die mit ihrem Schutz beauftragt war. Leider konnten die palästinensischen Gefangenen, die damals von den Israelis freigelassen wurden, nicht das Gleiche berichten …

4.3.5.3. Die Waffen

4.3.5.3.1. Die Panzerabwehrwaffen

Der Einsatz von gepanzerten Fahrzeugen seitens der Israelis, insbesondere des Kampfpanzers Merkava und der Transportpanzer Namer und Achzarit, um die Aufstände in den besetzten Gebieten niederzuschlagen, hat die Palästinenser dazu veranlasst, ihre Fähigkeiten im Panzerabwehrkampf weiterzuentwickeln. Die Hamas besitzt eine Einheit, die Raketen für die reaktive Panzerbüchse RPG-7V herstellen kann.

Die Yassin-105 ist eine Kopie der russischen Rakete PG-7VR (105 mm), die in den Hamas-Werkstätten in Serie produziert wird.[114] Sie besteht aus zwei kombinierten Hohlladungen: eine vom Kaliber 64 mm und eine weitere von 105 mm. Die erste soll die zusätzliche Seitenpanzerung brechen, die dazu dient, die Hohlladung zu früh explodieren zu lassen. (Sie wurde von den Deutschen im Zweiten Weltkrieg als »Panzerschürze« bezeichnet.) Dann kann die zweite Hohlladung die eigentliche Panzerung brechen. Solch eine Granate funktioniert auch gegen reaktive Panzerungen oder andere Systeme, wie etwa Trophy, das auf die Merkava-Panzer oder auf die Kettentransportpanzer Namer oder die Radpanzer Eitan montiert ist.

Die Hamas produziert ebenfalls eine Kopie der russischen Aerosolgranate TBG-7V, die dafür gedacht ist, mit der Panzerbüchse RPG-7 abgefeuert zu werden. Sie wird im städtischen Raum gegen Soldaten eingesetzt. Es handelt sich um eine Granate mit einem Durchmesser von 105 mm, die eine Gaswolke auf Kohlenwasserstoffbasis freisetzt und entzündet, wobei sie einen tödlichen Feuerball erzeugt. Zahlreiche Videos zeigen, wie sie gegen Trupps der israelischen Armee eingesetzt werden, wenn sie in Hochhäusern in einen Hinterhalt geraten.

4.3.5.3.2. Die Drohnen

Mit der Rekrutierung von Mohammed Zawari, einem tunesischen Ingenieur, haben die Qassam-Brigaden seit 2006 eine ganze Reihe von Kampfdrohnen entwickelt. Sie haben am 14.7.2014 den Einsatz ihres ersten Modells, Ababil A1a, sogar offiziell angekündigt.[115]

Die Technologie dieser Drohnen scheint recht einfach zu sein. Zieht man aber die strenge Überwachung und die Importbeschränkungen für Gaza in Betracht, dann handelt es sich um eine technische Meisterleistung.[116] Sie haben israelische Drohnen, die über dem Gazastreifen abgeschossen wurden, sowie von der Hisbollah im Iran benutzte Geräte zum Vorbild. Laut israelischer Quellen ist es eher unwahrscheinlich, dass der Iran oder die Hisbollah Teile für diese Fluggeräte geliefert haben.[117]

Die Drohne Zawari ist eine der Überraschungen in diesem Konflikt.[118]

Die Selbstmorddrohne Zawari

Abbildung 30 – Die Izz-ad-Din-al-Qassam-Brigaden haben ein Video über die Einsätze der Zawari-Drohnen veröffentlicht. Sie wurden am 7.10.2023 benutzt, um militärische Ziele im »Gazagürtel« anzugreifen. Es geht im Wesentlichen um Einrichtungen der Division Gaza.
[Quelle: https://twitter.com/timand2037/status/1711094206880714960]

Die Industriekapazitäten von Gaza sind sehr bescheiden, und die Einfuhr der notwendigen Technik ist nur beschränkt möglich. Das erschwert die Herstellung von Drohnen. Ihre operative Wirkung ist daher eher von symbolischer als militärischer Natur.

4.3.5.3.3. Die Panzerabwehrdrohnen

Am 7. Oktober bestand die erste Schwierigkeit der Hamas-Kämpfer darin, den Sicherheitszaun zu überwinden und die Selbstschussanlagen auszuschalten, die ungefähr im Abstand von 500 Metern aufgestellt sind. Die palästinensischen Ingenieure haben daher Drohnen konzipiert, die PG-7-Panzerabwehrgranaten tragen können. Sie sind mit einer Kamera ausgestattet, die es erlaubt, die Granate zielgenau abzuwerfen. Dieses System kann natürlich gegen Panzerfahrzeuge genutzt werden. Es ist aber ideal dafür geeignet, die Überwachungssysteme des Sicherheitszauns zu zerstören.

4.3.5.3.4. Die Marinedrohnen

Die Hamas hat ebenfalls das System der Unterwasserdrohnen Al-Asif vorgeführt, die Schiffe der israelischen Küstenwache bekämpfen sollen. Es erinnert stark an die in der Ukraine entwickelten Apparate zum Angriff auf die russische Flotte. Der genaue Zweck einer solchen Waffe ist nicht klar ersichtlich.

4.3.6. Geldmittel

Um die Finanzierungsmechanismen der Hamas zu verstehen, muss man daran erinnern, dass die Palästinensische Autonomiebehörde (PA) durch die Osloer Abkommen zum Hauptempfänger der internationalen Hilfszahlungen wurde. Die Hamas erfreut sich einer großen Unterstützung durch die arabischen Länder, aber infolge der Abkommen ist sie zum Hauptpartner der Fatah innerhalb der Palästinensischen Autonomiebehörde geworden.

Katar finanziert zu einem Großteil die Palästinensische Autonomiebehörde, weil der Westen dies nur noch ungern tut, seit die Hamas dort ihren Platz hat. Von den 480 Millionen Dollar an Hilfsgeldern, die für Palästina vorgesehen sind, übernimmt Katar rund

300 Millionen Dollar. Insgesamt hat Katar seit Anfang der 2010er Jahre der Palästinensischen Autonomiebehörde etwa 1,5 Milliarden Dollar an Hilfe zur Verfügung gestellt.[119]

Anders als unsere Medien nahelegen, gibt es keinen Beweis dafür, dass durch diese Hilfe die Militäraktivitäten der Hamas finanziert werden. In Wirklichkeit findet diese Hilfe im Rahmen einer Vermittlung zwischen der Hamas und der israelischen Regierung durch Ägypten statt. Unter Aufsicht der Vereinten Nationen erhält die Hamas monatlich 8,2 Millionen Dollar aus Katar. Im Übrigen war es die Umverteilung eines Teils dieser Gelder auf andere Projekte in Gaza, die im Mai 2023 soziale Unruhen in den Reihen der Hamas ausgelöst hat, die wiederum zur Unsicherheit der Lage im Gazastreifen beigetragen haben.

Was den Iran betrifft, so lässt sich nicht eindeutig konstatieren, er unterstütze die Hamas. Die Palästinenserfrage hat für die iranische Politik keine große Bedeutung. Allerdings gibt es eine kleine schiitische Minderheit im Gazastreifen, die vom Iran protegiert wird. In diesem Zusammenhang unterstützt der Iran auch die von den Osloer Abkommen vorgesehene Verwaltung.

So hat der Iran, wie auch die Europäische Union, die Palästinensische Autonomiebehörde (PA) finanziell unterstützt. *In diesem Zusammenhang* konnte die Hamas ab 1993 ein Verbindungsbüro in Teheran eröffnen. Die politische Führung der Bewegung sitzt allerdings in Katar.

Nach dem Sieg der Hamas bei den Parlamentswahlen von 2006, die die Europäische Union als *»ein Modell für die gesamte arabische Region«* bezeichnete[120], und dem Rückzug der Fatah aus der PA hat der Westen aufgehört, die Hamas zu finanzieren, und damit das Verwalten der besetzten Gebiete eigentlich unmöglich gemacht. Der Iran hat jedoch die Finanzierung der PA nicht gestoppt und ist so zum einzigen Geldgeber der palästinensischen Regierung geworden.[121] Es war somit einfach für die westlichen Propagandisten zu behaupten, der Iran finanziere die Hamas. Weil sie über keine anderen Mittel verfügt, akzeptiert die Hamas widerwillig die iranische Hilfe, wie die britische Zeitung *The Guardian* feststellt:[122]

»Unsere Beziehungen zum Iran verärgern Saudi-Arabien, aber zuweilen haben wir keine andere Wahl. Wir würden gerne engere Beziehungen zu Saudi-Arabien pflegen, aber das kann sich ja vielleicht noch ergeben.«

In Wahrheit hat also der Westen die etwas widernatürliche Annäherung zwischen der Hamas und dem Iran hervorgerufen – nach einem unvorhergesehenen Wahlergebnis. Das bedeutet aber keinesfalls, die Hamas wäre ein Werkzeug der iranischen Außenpolitik. Im Übrigen stellt der sehr neo-konservative amerikanische *Council of Foreign Relations* (eine Denkfabrik) fest, dass der Iran keine direkte Kontrolle über die Palästinenserbewegung habe.[123]

Seit 2007 sind die Bemühungen der iranischen Diplomatie auf die Wiederherstellung einer Regierung der nationalen Einheit auf Ebene der Palästinensischen Autonomiebehörde gerichtet. Die iranische Politik gründet sich nicht auf eine mit der sunnitischen Bewegung identische Sichtweise. Sie will vielmehr die Einheit der Palästinenser aufrechterhalten.

Diese Politik läuft der israelischen Strategie zuwider, die ganz im Gegenteil versucht, eine Spaltung unter den Palästinensern beizubehalten. Während eines Likud-Kongresses im Jahr 2019 hatte Benjamin Netanjahu unmissverständlich klargemacht:

»Diejenigen, die die Schaffung eines palästinensischen Staates verhindern wollen, sollten die Stärkung und Finanzierung der Hamas unterstützen. Das ist ein Teil unserer Strategie, die darin besteht, für eine Auseinanderentwicklung zwischen den Palästinensern von Gaza und denen von Judäa und Samaria [dem Westjordanland] zu sorgen.«[124]

Im Jahr 2011 beginnt die sunnitische islamistische Revolution, die von Saudi-Arabien, Frankreich und den Vereinigten Staaten unterstützt wird, Syrien auseinanderzureißen. Im April lässt der Sicherheitsdienst der Hamas die Büros der schiitischen Wohltätigkeitsorganisation *Al-Baqiyat al Salihat* schließen[125], die vom Iran finanziert wird, und macht Jagd auf die Aktivisten der schiitischen Minderheit in Gaza (die etwa

1 Prozent der Bevölkerung ausmachen).[126] Nachdem sich die politische Führung der Hamas offiziell auf die Seite der syrischen Rebellion gestellt und Damaskus verlassen hat, stellt Teheran im August 2011 die Finanzierung der PA ein, die von der Hamas dominiert wird.[127] Dagegen beginnt Teheran, schiitische Milizen im Gazastreifen zu finanzieren, was zur Entstehung von schiitischen palästinensischen Widerstandsgruppen führt, wie etwa der Gruppe der *Sabirine*.

Die USA bauen auf die alten Wildwest-Methoden.

Abbildung 31 – Demjenigen, der Informationen zur Finanzierung der Hamas liefern kann, winkt eine Belohnung von 10 Millionen Dollar. Wie man feststellt, kennen weder die israelischen Nachrichtendienste noch die amerikanischen Dienste die gesuchten Netzwerke.

Mit der Beruhigung der Lage in Syrien und dem Scheitern der vom Westen geförderten Revolution sind die Beziehungen zwischen dem Iran und dem Gazastreifen wieder enger geworden. So soll der Iran am 27.11.2018 angeboten haben, die Opfer der Gewalt in Gaza infolge der »Rückkehrmärsche« zu entschädigen.

Die Finanzierung der Hamas als politische Bewegung gibt zu zahlreichen Spekulationen Anlass. Die Beträge, die sie erhält, und die Art und Weise, wie diese befördert werden (in Geldkoffern!), sind häufig von unseren »Experten« frei erfunden. Die entsprechenden Finanzierungsmechanismen sind derart schlecht bekannt, dass Anfang Januar 2024 das *Amerikanische Justizministerium* virtuelle »Flugblätter« veröffentlicht hat, die öffentliche Unterstützung erbitten, um die Finanzierungswege zu finden.[128] Mit anderen Worten: Wir kennen diese Palästinenserbewegungen äußerst schlecht. Und was unsere Medien uns auftischen, sind meistens wenig erhellende Gedankenkonstrukte ihrer Vorurteile.

Die Finanzierung der Hamas funktioniert im Großen und Ganzen nach dem Prinzip, dass Kleinvieh auch Mist macht. Die eigentliche Finanzierung erfolgt im Wesentlichen aus der Zakat, einer religiösen Pflichtabgabe, die im Gebiet von Gaza erhoben wird. Es gibt angeblich auch einen Finanzierungsmechanismus, der auf einer virtuellen Internetwährung basiert (Bitcoin). Bislang ist das aber noch nicht bestätigt worden. Man schreibt der Hamas außerdem ein weites Netz von Wohltätigkeitsorganisationen und sozialen Einrichtungen in den besetzten Gebieten zu, die ihr zur Beschaffung von Geldmitteln dienen würden. Hier handelt es sich jedoch auch häufig um leere Anschuldigungen, wie etwa im Fall des *Comité de Bienfaisance et de Secours aux Palestiniens (dt. Komitee für Wohltätigkeit und Palästinenserhilfe)*, dem der *Conseil représentatif des institutions juives de France (dt. Rat der jüdischen Einrichtungen Frankreichs)* zu Unrecht vorwirft, es trage zur Unterstützung der Hamas bei.[129]

Die Schwierigkeit, ein klares Bild zur Frage der Finanzierung der Hamas zu bekommen, rührt zum großen Teil daher, dass Israel (also auch die Vereinigten Staaten) die humanitäre Arbeit der Hamas als Terrorismus ansieht. In Wirklichkeit ist die Finanzierung der Hamas-Hilfsorganisationen, die insbesondere für Opferhilfe, Unterstützung von Witwen und Waisen sowie den Wiederaufbau von Wohnungen aufkommen, recht gut überwacht und bekannt.

Die Schwierigkeit, die Quellen der Finanzierung der Hamas ausfindig zu machen, resultiert größtenteils aus der Politik Israels, das die Vorstellung von einer internationalen Verschwörung gegen sich aufrechterhalten möchte. Zu diesem Zweck will es auch Verbindungen zwischen der Hamas und dem Iran aufzeigen. Faktisch stellt man jedoch fest, dass die schiitische Präsenz in Palästina sehr gering ausfällt, dass die libanesische Hisbollah und die Hamas nicht dieselben Grundziele verfolgen (selbst wenn sie denselben Gegner haben) und dass bewaffnete schiitische Gruppen regelmäßig sunnitische Gruppen mit Waffengewalt bekämpfen.

Die Finanzierung der Hamas durch Cyberwährung

Abbildung 32 – Man behauptet, die Hamas nutze digitale Finanzwerkzeuge, um sich zu finanzieren. In Wirklichkeit ist unser Wissen hier äußerst beschränkt und größtenteils Spekulation. In dem Maße, dass das amerikanische Justizministerium einen Appell an die Öffentlichkeit richten muss, um Informationen zu erhalten. Der Text lautet: »Die Hamas verfügt dank ihrer geheimen Investitionen über enorme Einkünfte, mit denen sie ihre Terrorangriffe finanziert. Wenn Sie über Informationen zum Finanznetzwerk der Hamas verfügen, dann senden Sie sie uns per Signal, Telegram, WhatsApp oder an die folgende Hotline …«
[Quelle: https://twitter.com/RFJ_USA/status/1735730255539650631]

Seit Oktober 2023 gehört es zum guten Ton zu erklären, die Hamas werde vom Iran unterstützt. Es ist nicht wirklich einleuchtend, weshalb der schiitische Iran speziell die Hamas unterstützen sollte, eine sunnitische Bewegung, die in Syrien nicht für Irans Interessen kämpft. Und weshalb sollte der Iran eine Sache unterstützen, die nicht die seinige ist?

4.3.7. Bezeichnung der Hamas als Terrororganisation

Man ist versucht, das Problem der Hamas dadurch zu lösen, dass man ihr das Schild »Terrorist« anhängt, um ihre Vernichtung und die Verweigerung jeden Dialogs zu rechtfertigen. Man sollte allerdings vorsichtig sein und eine vereinfachende Herangehensweise vermeiden.

Zunächst einmal ist der Begriff »Terrorismus« vor allem politischer Natur und folgt je nach Land unterschiedlichen Kriterien. In diesem Sinne wurden die französischen Widerstandskämpfer im Zweiten Weltkrieg *(Résistants)* von den Deutschen als Terroristen bezeichnet. Die Aufrührer des 6.1.2021 in Washington bezeichnete man ebenfalls als Terroristen. Tatsache ist, dass es keine offizielle und international anerkannte Definition von Terrorismus gibt.

Jedes Land definiert den Terrorismus anhand der eigenen politischen Interessen, mit dem Ergebnis, dass es niemals gelungen ist, diese Methode des Kampfes auszumerzen. Dieses Unverständnis zeigt sich auch in der Anzahl der Definitionen, die auf der Welt verwendet werden. Und es erklärt das Unvermögen, schlüssige Strategien festzulegen, um mit dem Terrorismus umzugehen.

Wenn man die westlichen Definitionen auf den Staat Israel anwenden würde, dann würden wir nicht mehr mit ihm sprechen und all diejenigen verurteilen, die ihn unterstützt haben. Denn der jüdische Terrorismus hat nicht nur die Briten dazu getrieben, sich aus Palästina zurückzuziehen und das Völkerbundmandat aufzugeben, sondern er steht am Ursprung der Gründung des Staates Israel.[130] Des Weiteren waren einige seiner Staatsführer ehemals blutrünstige Terroristen. Und Israel wendet weiterhin eine terroristische Politik in Bezug auf die palästinensische Bevölkerung an[131], die der Definition von Staatsterrorismus entspricht.

Im Jahr 1994 gab es weltweit 212 Definitionen von Terrorismus, von denen 90 offiziell angewendet wurden.[132] Nach dem »11. September« hat sich ihre Anzahl explosionsartig vermehrt, und oft werden mehrere unterschiedliche Definitionen in ein und demselben Land verwendet. Die Arbeit an einer allgemeingültigen Definition hat 1937 im Völkerbund begonnen, als die *Convention pour la Prévention et la Répression du Terrorisme (dt. Konvention über die Verhütung und Bekämpfung des Terrorismus)* erstellt wurde[133], sie konnte aber nie abgeschlossen werden.

Vereinfacht gesagt, stehen sich bei der Debatte zwei Lager gegenüber:

- Die westlichen Länder neigen dazu, den Terrorismus anhand seiner Aktionsweise und Wirkung zu definieren, wobei sie seinen verbrecherischen Charakter betonen.
- Der »globale Süden«, insbesondere die Teilnehmerländer der *Organisation für Islamische Zusammenarbeit (OIZ)*, bevorzugen eine Definition, die den Gründen des Terrorismus Rechnung trägt, ohne ihm im Vorhinein einen verbrecherischen Charakter zuzuschreiben. Diese Position erklärt sich durch die Freiheitskämpfe gegen stark überlegene westliche Kräfte und durch den israelisch-palästinensischen Konflikt, der aus dem gleichen Blickwinkel gesehen wird.

Man könnte zusammenfassend sagen, dass die westliche Sichtweise es ermöglicht, den Terrorismus zu verurteilen, aber nicht zu bekämpfen; die Sichtweise der restlichen Welt dagegen würde seine Bekämpfung ermöglichen, nicht aber seine Verurteilung. Diese Diskussion zeigt sich besonders deutlich in Frankreich, wo die Journalisten sich bemühen, »Verurteilungen« der Hamas zu erhalten, ohne *jemals* eine Lösung für das grundlegende Problem vorzuschlagen.

Das Risiko besteht natürlich darin, dass eine Definition des Terrorismus, die dessen Ursachen miteinschließt, nur zu seiner Rechtfertigung beiträgt:

»Was die juristische Definition von ›Terrorismus‹ betrifft, so erklärte der Vertreter Israels, gewisse Länder würden weiterhin die Ansicht vertreten, ein Terrorakt – beispielsweise eine Autobombe auf einem belebten Marktplatz – sollte nicht als Terrorismus angesehen werden, wenn man sich zu ihm im Zusammenhang mit einer nationalen Befreiung bekannt hätte. Er sagte, der Terrorismus sei dadurch definiert: ›was man tut, nicht weshalb man es tut‹. Ein Attentat gegen Unschuldige mit einem Freiheitskampf zu rechtfertigen sei unbegreiflich.«[134]

Der Vertreter Israels hat recht: Im Prinzip rechtfertigt selbst eine gerechte Sache nicht den Terrorismus. Aber auch hier muss nuanciert werden. Der Grund, weshalb die westlichen Länder so vehement gegen den Terrorismus kämpfen, besteht darin, dass sie sich selbst als Demokratien bezeichnen. Anders ausgedrückt: Eine (politische oder anderweitige) Forderung kann sich durch bestimmte festgelegte und von allen akzeptierte Mechanismen äußern. Der Terrorismus ist daher eine Form der Umgehung dieser Mechanismen und ein Versuch, Entscheidungen durch Gewalt zu erzwingen, was dem demokratischen Prozess als solchem zuwiderläuft. Neben dem verbrecherischen Charakter des Terrorismus rechtfertigt dies seine Bekämpfung.

Ein Problem tritt auf, wenn ein Staat keinen Raum mehr dafür lässt, dass sich eine solche Forderung in demokratischer Form äußern kann, dass sie gehört oder berücksichtigt wird. Der Staat sinkt dann selbst zu einer Form der Demokratieverweigerung herab. Das geschieht mit Israel, das sich weigert, das humanitäre Völkerrecht umzusetzen, und keinen Raum gibt, um die palästinensischen Forderungen zu beachten. Deshalb hat der politische Ansatz von Jassir Arafat zu keiner Verbesserung der Lage geführt, was radikaleren islamistischen Bewegungen den Weg geebnet hat.

Die Bezeichnung als »terroristisch« hat lediglich zur Folge, jeden Dialog mit dem so bezeichneten Gegenüber (einer Person oder Organisation) auszuschließen. Deshalb haben die Vereinten Nationen Israel im Jahr 2021 verurteilt, weil es palästinensische Menschenrechtsorganisationen so bezeichnet hatte.[135] Denn die israelische Strategie bestand systematisch darin, alle Kommunikationswege mit den Palästinensern zu versperren, als ob man sie zwingen wollte, Gewalt anzuwenden.

Die Position der »übrigen Welt« gründet darauf, dass der Terrorismus manchmal den letzten Ausweg in einem Krieg mit einem technologisch und zahlenmäßig überlegenen Gegner darstellt. Der Terrorismus wird dann als eine Kampfweise verstanden, die den unterschiedlichsten Zielen dienen kann, auch den legitimsten, und die Teil einer Kampfstrategie »David gegen Goliath« ist:

> Solange wir unfähig sind, zwischen Terrorismus und dem Recht, sein Land zu verteidigen, zu unterscheiden, können wir uns nicht darüber einig werden, was Terrorismus ist.[136]

Das Problem besteht darin, dass die Möglichkeiten, Unzufriedenheit zu äußern, in Palästina dermaßen gering sind, dass bei der Wahl von Strategien häufig nur der Terrorismus übrigbleibt, was ihm wiederum Legitimität verleiht.

Dazu kommt das Problem des Staatsterrorismus (wahllose Bombardierungen[137], Ermordungen[138], Folter[139], willkürliche Verhaftungen[140] uvm.), der anscheinend zu einer Strategie der Terrorismusbekämpfung wird und denjenigen Argumente liefert, die für den bewaffneten Kampf eintreten.

Durch die revolutionären Bewegungen der 1960–1980er Jahre haben wir begonnen, den Terrorismus als eine eigene Ideologie anzusehen und einen Gegensatz eingeführt zwischen dem »Freiheitskämpfer« und dem »Terroristen«. Auf der Bedeutungsebene handelt es sich aber um zwei grundsätzlich verschiedene Dinge: Der »Freiheitskämpfer« (oder »Widerstandskämpfer«) definiert sich nach seinem Ziel, während der »Terrorist« nach seiner Handlungsweise definiert ist.

In diesem komplexen Zusammenhang wird die Hamas von der westlichen Welt, also im Wesentlichen von den Vereinigten Staaten[141] und der Europäischen Union[142], als terroristisch angesehen, nicht aber vom Rest der Welt. Tatsächlich definiert sich die Hamas als eine nationale Befreiungsbewegung, die gegen die Besatzung Palästinas und für die Wiederherstellung der Rechte des palästinensischen Volkes kämpft. Außerhalb der Grenzen Palästinas hat sie keine Ansprüche und stellt keinerlei Gefahr dar.

Die Bezeichnung der Hamas als Terrorgruppe durch den Westen spiegelt eine Unkenntnis über das Wesen der Hamas wider. Es demonstriert einfach nur den Willen, Israel die Unterstützung auszusprechen. Indem wir dies tun, verzichten wir auf eine Vermittlerrolle im Konflikt. Deshalb ist die westliche Diplomatie machtlos. Heute ist der palästinensische Widerstand von drei Seiten bedroht: dem Staat Israel, der sich weigert das Völkerrecht anzuwenden und zu verhandeln; dem Westen, der sich selbst verbietet, mit der Hamas zu verhandeln; und einer arabischen Welt, die eine Einmischung verweigert, aus Angst vor amerikanischen und europäischen Sanktionen. Im Ergebnis bleibt nur gewaltsames Handeln.

Am 17.10.2023 versucht der Journalist Jean-Jacques Bourdin auf dem französischen Radiosender *Sud Radio* eine französische Politikerin zu verunsichern, indem er sie fragt, ob die Hamas eine Terror- oder eine Widerstandsorganisation sei.[143] Der für seine manipulativen und perversen Neigungen bekannte Journalist[144] zeigt eine tiefe Inkompetenz und Unaufrichtigkeit. Die Ausdrücke »Widerstand« oder »Freiheitskämpfer« beziehen sich auf das Ziel der Bewegung. Der »Terrorismus« dagegen ist eine Methode (bzw. eine der Methoden), um es zu erreichen. Er vergleicht Birnen mit Äpfeln, als würde man die Frage stellen: »Handelt es sich um einen Journalisten oder um einen Dummkopf?« Offensichtlich schließt das eine das andere nicht aus. (Es tut dies sogar äußerst selten.)

In Frankreich gehört eine solche Art von Manipulation zum Regierungshandeln. So reichte etwa der französische Innenminister Gérald Darmanin am 18. Oktober Klage gegen die Politikerin wegen »*Verherrlichung des Terrorismus*« ein.[145] Man hat den Eindruck, der Minister wolle den Kommunitarismus (Identitäts- und Herkunftskonflikte innerhalb der französischen Gesellschaft, A. d. Ü.) befeuern. In den Vereinigten Staaten erwähnt die Internetseite des *Direktors der nationalen Nachrichtendienste* (DNI) die Hamas auf seiner Liste der Terrororganisationen, erklärt dabei aber, die Bewegung leiste »*bewaffneten Widerstand*«, was mit der Resolution 45/130 (1990) vereinbar ist.[146]

Auf einer eher technischen Ebene führt die Bezeichnung der Hamas als terroristisch nur zu ihrer politischen Verurteilung und nicht zu einer Problemlösung. Denn juristisch gesehen hat der Terrorismus keine international anerkannte Definition. Mit anderen Worten: Mit solchen Bezeichnungen kann juristisch kein gemeinsames Vorgehen begründet werden, das sich auf das Völkerrecht stützt. Deshalb waren die westlichen Interventionen im Nahen und Mittleren Osten allesamt illegal oder ihr ursprüngliches Ziel wurde auf illegale Weise abgeändert.

Das Problem besteht darin, dass die westlichen Länder systematisch versucht haben, sich selbst in Schwierigkeiten zu bringen. Wenn man ein Terrorismusproblem auf seinem Staatsgebiet hat, wie mit der ETA in Spanien oder der PKK in der Türkei, dann ist es offensichtlich, dass man es als terroristisch definiert, um eine Rechtsprechung anwenden zu können, die dieser Art von Bedrohung gerecht wird. Wenn Israel ein Problem mit dem palästinensischen Widerstand hat und wenn dieser Widerstand – wie sein Name besagt – eben »Widerstand leistet« und in anderen Weltgegenden nicht aktiv ist, dann gibt es keinen Grund, weshalb dritte Länder, wie die Schweiz oder selbst die Europäische Union, die Bezeichnung »terroristisch« übernehmen sollten.

Die Tatsache, die Hamas als terroristische Bewegung zu bezeichnen, hat keinerlei Auswirkung auf unsere Sicherheit, nicht einmal auf die Sicherheit Israels. Im Grunde besteht die einzige Wirkung darin, jede Verhandlungsmöglichkeit auszuschließen oder an einer Vermittlung mit der Hamas teilzunehmen. Der Staat Israel hat in Palästina systematisch versucht, eine Verbindung zwischen dem Widerstand und der weltweiten dschihadistischen Bewegung herzustellen, mit dem Ziel, seine Nichtbeachtung des Völkerrechts zu rechtfertigen. Dieses Vorgehen ist verbunden mit einer allgemeinen Tendenz des Westens, im Rahmen einer internationalen Ordnung zu arbeiten, die von »Regeln« anstatt vom »Recht« regiert wird.

Der palästinensische Widerstand hat sich seit 2005–2006 dem Wesen nach verändert. Der amerikanische »*Krieg gegen den Terror*« trug seinen Teil dazu bei: Die Palästinenser verstanden, dass ihnen offensive Terrorangriffe keine zusätzliche Unterstützung einbringen würden und dass die Unverhältnismäßigkeit des israelischen Handelns ihnen in einem asymmetrischen Kontext zum Vorteil gereichen

Länder, die die Hamas als terroristisch bezeichnen

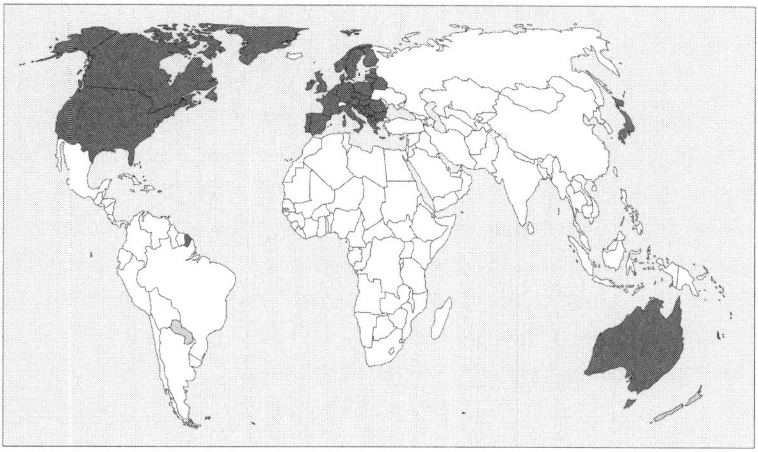

Abbildung 33 – Länder, die die Hamas als terroristisch bezeichnen. In Dunkelgrau die Länder, die die gesamte Bewegung so bezeichnen. In Hellgrau die Länder (Paraguay und Neuseeland), die nur die Qassam-Brigaden so bezeichnen.

könnte. Deshalb hat der palästinensische Widerstand einen Ansatz gewählt, der mehr auf Strategie und Politik setzt.

Wenn man sich mit dem Problem der Hamas befasst, dann darf man nie vergessen, dass Israel selbst aus einem Terrorismus entstanden ist, dessen damalige Brutalität bei Weitem die der Palästinenser überstieg. Israel attackierte Verbündete wie Feinde. Es hat sich nie wie ein vertrauenswürdiger Partner verhalten, und dennoch sprechen wir heute mit ihm …

Im Übrigen ist es paradox, die Hamas zu einer Terrororganisation zu erklären: Dadurch wird *automatisch* die israelische Regierung (besonders Benjamin Netanjahu) für gesetzlos erklärt. Nach den amerikanischen Antiterrorgesetzen wird die wissentliche Finanzierung einer Organisation, die vom Außenministerium als terroristisch eingestuft wird, mit Sanktionen geahndet!

Wie man feststellt, hat die Bezeichnung der Hamas als terroristisch nur eine Wirkung: Israel wird dazu gedrängt, amerikanische, britische und französische Methoden der Terrorbekämpfung anzuwenden, das heißt, Zivilisten zu massakrieren. Wer Israel aus der internationalen

Gemeinschaft verbannen möchte, der mag sich freuen, denn genau das geschieht gerade. Man könnte sich fragen, ob nicht diejenigen, die in unseren Medien auftreten, die wahren Antisemiten sind ...

Der Terrorismus ist nichts Zwangsläufiges. Die Hamas hat bewiesen, dass sie auf Gewalt verzichten konnte und offen für eine politische Verhandlungslösung war. Der israelisch-palästinensische Konflikt wird nicht durch Beleidigungen oder fruchtlose Bezeichnungen gelöst. Die Kriegsverbrechen auf beiden Seiten, sofern sie vorliegen, müssen untersucht und verurteilt werden. Gleichzeitig müssen Gespräche begonnen werden. Unsere Journalisten sollten den Politikern helfen, Brücken zu bauen, anstatt durch unnütze »Verurteilungen« Mauern zu errichten. Aber sind sie dazu fähig?

4.4. Weitere palästinensische Widerstandsbewegungen in Gaza

Die palästinensischen Widerstandsbewegungen sind alle in unterschiedlichem Maße vom Islamismus beeinflusst. Es wäre aber falsch, darin zivilisatorische Ziele oder den Ausdruck eines antiwestlichen Extremismus zu sehen, wie man dies in Frankreich gerne tut. Es handelt sich eher um eine gemeinsame Sichtweise, wie der Widerstand gegen die israelische Besatzung geführt werden sollte. Das Verständnis von einem persönlichen Opfer, von der Entschlossenheit des Einzelnen, vom Sieg oder von der Weigerung, die Sache aufzugeben, bildet den Kern dieser Entscheidung für eine Glaubenslehre.

Im Übrigen, selbst wenn wir hier Angaben zur religiösen oder philosophischen Tendenz der Palästinensergruppen machen, dann sollten sie nuanciert betrachtet werden, denn in einzelnen Gruppen können sich sehr unterschiedliche Tendenzen vermischen. Der palästinensische Widerstand als Ganzes ist klar und deutlich von dem Ziel geleitet, ein Gebiet zu befreien, und nicht etwa davon, ein religiöses Ziel zu verwirklichen. Deshalb trifft man schiitische Kämpfer in sunnitischen Gruppen an, und umgekehrt. Es ist sehr wichtig zu begreifen, dass die Religion nicht das Ziel darstellt, sondern einen kulturellen Beitrag zur Art des Kampfes liefert.

Selbst die Bewegungen mit einer säkularen Weltanschauung sind von der muslimischen Kultur inspiriert. Die westliche Unterscheidung ergibt sich aus unserer Unfähigkeit, die eigene Verantwortung für die ansteigende Gewalt im Mittleren Osten anzuerkennen. Durch sie missverstehen wir die palästinensische Gewalt als den Ausdruck eines religiösen Projekts. Solch eine vereinfachende Sichtweise trifft man bei französischen Politikern an. Sie ist falsch. Und sie ist der Grund, weshalb wir es nicht schaffen, dem Terrorismus vorzubeugen.

4.4.1. Die Bewegungen sunnitischer Prägung

4.4.1.1. Die Bewegung des Islamischen Dschihad in Palästina (engl. PIJ)

Die *Bewegung des Islamischen Dschihad in Palästina* (PIJ) *(Harakat al-Jihad al-Islami fi Filastin)* (PIJ) ist eine sunnitisch geprägte Palästinenserbewegung, die 1982 von Studenten der Islamischen Universität Gaza gegründet wurde. Sie begann aber erst unter der Führung von Fathi Schakaki[147] und Scheich Abd el-Aziz Awda, operativ zu handeln. Sie ist heute die zweitbedeutendste Widerstandsbewegung im Gazastreifen.

Ihr Ziel ist die »Befreiung« des historischen Palästinas und die Schaffung eines palästinensischen islamischen Staats mit der Hauptstadt Jerusalem. Sie tritt für ein *»Palästina – vom Fluss [Jordan] bis ans Meer – ein arabisches und muslimisches Land, dessen Gesetz es verbietet, auch nur einen Zoll Boden aufzugeben«*[148] ein. Obwohl sie für die Befreiung von Gesamtpalästina kämpft, ist ihr aktuelles Ziel auf die Grenzen vor dem Juni 1967 beschränkt. Im Mai 2002 bekräftigte der Generalsekretär der Bewegung, Dr. Ramadan Abdullah Shalah: *»In der derzeitigen Intifada stimmen alle Palästinenser-*

Die Bewegung des Islamischen Dschihad in Palästina

Abbildung 34 – Emblem der PIJ.

fraktionen überein, dass heute das Ziel des palästinensischen Widerstands darin besteht, die israelische Besatzung bedingungslos aus dem Westjordanland und Gaza zurückzudrängen.«[149]

Heute besteht ihr bewaffneter Arm aus den Al-Quds-Einheiten (oder Jerusalem-Einheiten). Laut divergierenden Sichtweisen sollen sie von Mahmud Arafat Al-Khawaja, laut anderen von Ziyad an-Nachala gegründet worden sein. Während der ersten Intifada waren sie unter dem Namen *Saif-al-Islam-Brigaden* bekannt. In der Folge wurden sie zu den *Islamischen Mudschahedinkräften* umgetauft, allgemein als *Department* bezeichnet. Ihr Mittelpunkt befindet sich in Jenin im Westjordanland.

Während der Demonstrationen von Bewohnern des Gazastreifens gegen die israelische Belagerung im Jahr 2019 warnte die PIJ, dass es zu einem Krieg kommen könnte, falls dabei Zivilisten getötet würden.[150] Genau das ist eingetreten.

Die *Al-Quds-Einheiten* (Jerusalem-Einheiten) bilden ihren bewaffneten Arm. Sie entstammen dem Gazastreifen, sind aber militärisch auch im Westjordanland präsent. Ihre bemerkenswerte Organisiertheit hat sie zu einem Bezugspunkt in den besetzten Gebieten gemacht.

Die Al-Quds-Einheiten haben mit Aktionen von geringer Tragweite begonnen, häufig handelte es sich um Messerangriffe. Sie haben sich schrittweise weiterentwickelt hin zu strukturierteren Aktionen von bewaffneten Gruppen. Sie sind die Ersten, die Raketen gegen Israel eingesetzt haben. Ihr erstes Geschoss aus lokaler Herstellung wurde am 15.11.2002 auf Aschkelon abgefeuert. Ihre Raketen trugen zunächst den Namen »Jenin«, bevor sie zu »Al-Quds« umbenannt wurden.

Al-Quds-Brigaden

Abbildung 35 – Emblem der Al-Quds-Einheiten.

Viele Führungskader der Bewegung sind von den israelischen Kräften ermordet worden. Das

Kampfeinheiten der PIJ

Abbildung 36 – Der Islamische Dschihad in Palästina stammt ursprünglich aus Gaza, wo seine Al-Quds-Einheiten operieren. Neuerdings hat er auch Brigaden im Westjordanland aufgestellt. Die Jenin-Brigade ist eine zusammengesetzte Einheit, die auch das Al-Ayyash-Bataillon der Hamas miteinschließt.

trifft auf folgende Personen zu: Fathi Schakaki, seinen historischen Anführer, der am 26.10.1995 von einem israelischen Kommando auf Malta ermordet wurde; Khaled al-Dahduh, genannt »Abu al-Walid«, den Befehlshaber der Gaza-Brigade, der im März 2006 durch eine Autobombe getötet wurde; Hossam Jaradat, der im August 2006 von der israelischen Armee beim Angriff auf das Lager von Jenin ermordet wurde; oder Baha Abu al-Ata, den Befehlshaber der Al-Quds-Einheiten in Gaza, der 2019 zusammen mit seiner Familie durch einen Luftangriff getötet wurde. Als eine Folge der zahlreichen Tötungsversuche der israelischen Dienste teilt die PIJ die Namen ihrer Anführer nicht mehr mit.

Nach der Ermordung von Fathi Schakaki führte Dr. Ramadan Abdullah Shalah, der Generalsekretär der PIJ, die Bewegung, bis er am 6.6.2020 an den Folgen einer Krankheit starb. Ihr derzeitiger Generalsekretär heißt Ziyad an-Nachala.

Die PIJ nimmt am *Gemeinsamen Kommandoraum* teil, und sie ist an der Seite der Hamas an der Operation Al-Aqsa-Flut beteiligt.

Man vermutet, dass Akram al-Adschuri an der Spitze der Al-Quds-Brigaden steht. Er soll für ihre Logistik zur Herstellung von Raketen und unterschiedlichen Waffen verantwortlich sein sowie für die Ausbildung ihrer Mitglieder im Ausland. Angeblich ist er ein Mitglied des Politbüros und des Schura-Rats der Bewegung und hat eine wichtige Rolle bei ihrer Finanzierung und Bewaffnung gespielt. Israel hat im Jahr 2019 versucht, ihn in Syrien zu ermorden. Der Versuch scheiterte jedoch.

4.4.1.2. Die Volkswiderstandsbewegung (VWB)

Die Volkswiderstandsbewegung *(Harakat al-Muqawamah al-Shaebiya)* ist aus dem Volkswiderstandskomitee hervorgegangen. Sie wird von Zakaria Dughmush, genannt »Abu al-Qasim«, ihrem Generalsekretär, angeführt. Ihr militärischer Zweig, die *Al-Nasser-Salah-al-Din-Brigaden (Kataeb Al-Nasser Salah al-Din)*, wurden im Jahr 2000 aufgestellt.

Im Oktober 2022 kündigten die Al-Nasser-Salah-al-Din-Brigaden, der militärische Zweig der Volkswiderstandsbewegung in Palästina, ihre erste Operation im Westjordanland, ausgehend von der Stadt Jenin, an.[151] Man stellt fest, dass sich fast alle Palästinensergruppen aus Gaza auf das Westjordanland ausbreiten.

4.4.1.3. Die Bewegung Freies Palästina (BFP)

Die Bewegung Freies Palästina ist eine kleine, von Chaled Abu Hilal alias »Abu Adham«, ihrem Generalsekretär, geführte Widerstandsbewegung. Die Zahl ihrer Kämpfer ist nicht genau bekannt, soll aber rund 1 000 Mann betragen.

Volkswiderstandsbewegung

Abbildung 37 – Die VWB ist eine islamistische Gruppe, wie die Einzelheiten ihres Emblems zeigen.

Kataeb al-Nasser Salah al-Din

Abbildung 38 – Emblem der Al-Nasser-Salah-al-Din-Brigaden.

Bewegung Freies Palästina

Abbildung 39 – Emblem der Bewegung Freies Palästina. Man erkennt hier deutlich die historische Symbolik der Palästinenserbewegungen (die Karte und die Flagge Palästinas vom Mittelmeer bis zum Jordanfluss) und der islamistischen Bewegungen.

Kataeb al-Ansar

Abbildung 40 – Die Partisanen-Brigaden greifen die graphischen Elemente der sunnitischen Bewegungen auf, die man in Syrien antrifft, beispielsweise die zwei Krummsäbel. Dagegen unterstreicht die traditionelle palästinensische Symbolik (die Karte und die Moschee Haram Al-Sharif) den nationalen Charakter der Bewegung.

Humat al-Aqsa

Abbildung 41 – Emblem der Humat al-Aqsa.

Liwa Chan Yunis

Abbildung 42 – Emblem der Chan-Yunis-Brigade der Gruppe Humat al-Aqsa.

4.4.1.4. Die Humat al-Aqsa

Die Humat al-Aqsa (Beschützer von Al-Aqsa) sind eine sunnitisch inspirierte Gruppe, die im April 2006 von Fathi Hamad als ein Ableger der Hamas gegründet wurde. Im Jahr 2018 haben sie sich insbesondere durch Brandballon-Angriffe auf den »Gazagürtel« hervorgetan.

4.4.2. Schiitisch inspirierte Bewegungen

4.4.2.1. Die Volkswiderstandskomitees (VWK, engl. PRC)

Die *Volkswiderstandskomitees in Palästina* (VWK) *(Lijan al-Muqawamat al-Shaebia fi Filastin)* bilden die drittstärkste bewaffnete Gruppe im Gazastreifen. Sie wurden am 28.9.2000, zu Anfang der zweiten Intifada, gegründet. Ihre Gründungsmitglieder Jamal Abu Samhadana, Jassir Zanun, Mubarak Al-Hasanat und Abu Yussef Al-Quqa sind seitdem allesamt ermordet worden.

Die gezielte Tötung des Generalsekretärs der VWK, Zohair al-Qaisi, am 9.3.2012 hat auch den Tod von über einem Dutzend Zivilisten zur Folge und löst einen Raketenbeschuss aus. Der wiederum führt zu einer Eskalation der Gewalt. Die französische Regierung begrüßt damals das Vorgehen Israels, was den späteren Attentäter Mohammed Merah in Frankreich empört.

Volkswiderstandskomitees (VWK)

Abbildung 43 – Embleme der VWK (unterschiedliche Varianten).

Die VWK arbeiten regelmäßig mit der Hamas und dem *Islamischen Dschihad in Palästina* zusammen. Nach ihrem Wahltriumph im Jahr 2006 stellt die Hamas einen ehemaligen Führungskader der VWK, Jamal Abu Samhadana, an die Spitze ihrer paramilitärischen Exekutive.

Die *Al-Nasser-Salah-al-Din-Brigade* ist der bewaffnete Arm der VWK. Sie soll von ehemaligen Mitgliedern der Al-Aqsa-Märtyrerbrigaden (AMB), die sich der Palästinensischen Autonomiebehörde (PA) widersetzten, im Süden des Gazastreifens gebildet worden sein. Der ehemalige Palästina-Korrespondent der britischen Zeitschrift *The Economist*, Graham Usher, berichtete: »*Die Masse der Kämpfer entstammt der Fatah Tanzim. Das schließt auch Nachrichtendienstoffiziere und Polizeikräfte der PA ein.*« Die Brigade handelt im Gazastreifen autonom. Sie stellt die Raketen Nasser und Nasser-3 her und setzt sie ein.

Im April 2001 soll Jassir Arafat die Auflösung der VWK und die Rückkehr der VWK-Kämpfer zu ihren ursprünglichen Gruppen angeordnet haben. Die Anführer

Liwa al-Nasser Salah al-Din

Abbildung 44 – Emblem der Al-Nasser-Salah-al-Din-Brigade, dem bewaffneten Arm der VWK im Gazastreifen.

der VWK haben jedoch den Gehorsam verweigert. Es scheint, dass sich in den Reihen der VWK auch ehemalige Mitglieder der Volksfront zur Befreiung Palästinas (PFLP) befinden.

Die Doktrin der VWK wird vom islamischen Nationalismus beeinflusst. Obwohl die Gruppe keinen Anteil an der Politik der PA oder der PLO nimmt und den bewaffneten Widerstand propagiert, unterstützt sie die Schaffung eines Palästinenserstaats auf Basis der Grenzen vor dem Juni 1967. Israel bezichtigt den Iran, die VWK zu unterstützen und zu finanzieren.

Die VWK haben an gemeinsamen Operationen mit den Qassam-Brigaden (IQB) teilgenommen, darunter auch die Gefangennahme und Inhaftierung von PFLP-Mitgliedern.

4.4.2.2. Die Bewegung der Geduldigen für einen Sieg in Palästina (HASN)

Die *Harakat al-Sabirin Nasran li-Filastin (HASAN)*, auch bekannt unter dem Namen *Bewegung der Sabirin* oder *Bewegung »Festung«*, ist eine schiitische Bewegung, die 2014 im Gazastreifen entstanden ist. Sie ging aus der Abspaltung einer von Hisham Salem angeführten Fraktion des *Islamischen Dschihad in Palästina* (PIJ) hervor. Ihre Entstehung hat ihren Ursprung in den Spannungen zwischen Schiiten und Sunniten: Die Vereinigten Staaten und Frankreich wollten Syrien destabilisieren und unterstützten dazu die Freie Syrische Armee (FSA) der Muslimbrüder. Das Verschwinden dieser FSA zugunsten von dschihadistischen Gruppen hat die Rivalität zwischen Sunniten und Schiiten entfacht, bis in den Gazastreifen hinein.

Harakat »Al-Sabirin«

Abbildung 45 – Das Emblem der Bewegung der Geduldigen ähnelt offensichtlich demjenigen der libanesischen Hisbollah. Die Bewegung soll eine Finanzierung durch den Iran erhalten, nachdem sich in Syrien sunnitische islamistische Kräfte gebildet haben, die politisch von der Hamas unterstützt werden.

Die Bewegung der Sabirin soll angeblich vom Iran finanziert werden. Sie wurde von den Vereinigten Staaten auf ihre Liste von Terrororganisationen gesetzt.[152] Durch den Nachdruck, mit dem die westlichen Länder und unsere Medien die Gazabewohner und die Hamas mit dem Islamischen Staat in Verbindung bringen wollen, wird verdeckt, dass es eine kleine schiitische Minderheit im Gazastreifen gibt. Und genau diese Minderheit wird vom Iran finanziert.

Im Juli 2015 hat die Hamas die Aktivitäten der Bewegung unterbunden und sie verboten.[153] Die wechselhaften Beziehungen zwischen der Hamas und den schiitischen Bewegungen im Gazastreifen erklären auch die Beziehungen zwischen dem Iran und Gaza. Umgekehrt zu dem, was gewisse Experten behaupten, versucht der Iran, eine Stabilität im Gazastreifen zu bewahren, bei der auch die schiitische Minderheit berücksichtigt wird.

4.4.2.3. Bewegung der Palästinensischen Mudschahedin (BPM)

Die *Bewegung der Palästinensischen Mudschahedin (Harakat al-Mujahidin al-Filastinia)* ist eine schiitische Bewegung, die aus Gaza stammt und Ende 2022 bis Anfang 2023 damit begonnen hat, Einheiten im Westjordanland zu stationieren. Sie scheint der *Volkswiderstandsbewegung* (VWB) nahezustehen.

Sie versteht sich als eine reformistische islamische Bewegung, deren Ziel die Befreiung des gesamten Gebiets von Palästina ist. Ihre Verbindungen zu Teheran und der libanesischen Hisbollah haben ihr 2018 eine Eintragung auf der amerikanischen Liste der Terrororganisationen eingebracht.[154]

Die Bewegung der Palästinensischen Mudschahedin (BPM)

Abbildung 46 – Das Emblem der BPM.

Der bewaffnete Arm der BPM entstand im Jahr 2000 aus einer Abspaltung von den Al-Aqsa-Märtyrerbrigaden der Fatah. Dieser Arm wurde von Omar Abu Sharia unter dem Namen *Mudschahedin-Batail-*

lon (Katibat al-Mudjahidin) ins Leben gerufen. Im Jahr 2006 wird er offiziell zum militärischen Flügel der BPM und wird in »*Mudschahedin-Brigaden*« *(Kataeb al-Moudjahidin)* umbenannt. Sie stehen unter der Führung von Assad Abu Sharia (genannt »Abu Al-Sheikh«). Derzeit werden die Brigaden von Nael Abu Odeh geführt, dem Politbüroleiter der BPM in Gaza.

Die BPM verfügt über die lokal hergestellten Raketen »Sa'ir« und »Hafs al-Mutawwar« des Kalibers 107 mm. Außerdem besitzen sie Raketen vom Typ Grad des Kalibers 122 mm sowie tragbare Luftabwehrsysteme (Manpads) vom Typ SA-16. Die BPM verfügt zudem über ein eigenes Tunnelsystem, das ihr zu Kampf- und Organisationszwecken dient.

Die Märtyrereinheit innerhalb der Besatzung (kurz Einheit DAHIM) ist eine geheime Freiwilligeneinheit, die die israelischen Kräfte unterwandern soll. Am 22.5.2022 hat die israelische Abwehr einen dieser Eingeschleusten, Shehada Abu Al-Qia'an, verhaftet. Er versorgte den Widerstand mit Informationen.[155]

Kataeb al-Mudjahidin

Abbildung 47 – Emblem der Mudschahedin-Brigaden. Die Symbolik erinnert an diejenige der Al-Aqsa-Märtyrerbrigaden.

Märtyrereinheit innerhalb der Besatzung

Abbildung 48 – Emblem der Märtyrereinheit innerhalb der Besatzung. Die Einheit ist ein Teil der Bewegung der Palästinensischen Mudschahedin (BPM).

4.4.3. Weltlich inspirierte Bewegungen

Die weltlichen Widerstandsbewegungen sind die Erben des marxistisch-inspirierten palästinensischen Widerstands der 1960–1970er Jahre. In der Regel sind sie weiterhin weltlich und bilden eine kleine Minderheit. Es ist im Übrigen kaum nachzuvollziehen, dass Israel und der Westen nicht versucht haben, diese Bewegungen zu begünstigen, und stattdessen die Entwicklung von islamistischen Bewegungen zugelassen haben. So zeigt etwa die Abschiebung von Mariam Abu Daqqa aus Frankreich, einer 73-jährigen Anhängerin der *Volksfront zur Befreiung Palästinas* (PFLP), dass eine Palästinastrategie nicht vorhanden ist.

Davon abgesehen lässt sich bei diesen Bewegungen mit der Zeit eine veränderte Rhetorik beobachten, die sich den islamistischen Bewegungen annähert. In einer marxistisch-weltlichen Logik, wie sie bei den Bewegungen im 20. Jahrhundert vorherrschte, lassen sich die Begriffe »Erfolg« oder »Sieg« nur schwerlich aufrechterhalten. Der Mangel an politischen Perspektiven, die von der Besatzungsmacht in Aussicht gestellt werden, drängt den palästinensischen Widerstand langsam zu einer islamistischen Herangehensweise. Letztere macht es einfacher, die Hoffnungen und Erwartungen der Bevölkerung zu lenken. Dies ist eine der Ursachen, weshalb die israelische Strategie dazu führt, dass die Palästinenser für eine härtere Konfrontation mit Israel eintreten.

4.4.3.1. Fraktionen der Al-Aqsa-Märtyrerbrigaden in Gaza

Die *Al-Aqsa-Märtyrerbrigaden* (AMB) bilden den bewaffneten Arm der Fatah. Es gibt sie hauptsächlich im Westjordanland. Aber trotz des von den Vereinigten Staaten finanzierten Putschversuchs 2006–2007, der zu tödlichen Zusammenstößen mit der Hamas führte, herrscht im Gazastreifen ein gutes Verhältnis zwischen den beiden Bewegungen. Die Fatah unterhält mehrere Fraktionen auf dem Gebiet von Gaza, die zusammenarbeiten, insbesondere durch ihre Beteiligung am *Gemeinsamen Kommandoraum*.

Ursprünglich sind die AMB kleine bewaffnete Widerstandsgruppen, die sich im Jahr 2000 während der zweiten Intifada bildeten. Ihr

Daseinsgrund ist der Kampf gegen die Siedlerkolonien im Westjordanland, die regelmäßig Palästinenser von deren Land vertreiben. Am 27.3.2002 wurden sie, die AMB, auf die Liste der Terrororganisationen des amerikanischen Außenministeriums gesetzt.

Liwa Gaza

Abbildung 49 – Emblem der Gaza-Brigade. Sie sorgt für die Abstimmung unter den verschiedenen Fraktionen der Al-Aqsa-Märtyrerbrigaden auf dem Gebiet von Gaza.

Zunächst richten sich ihre Aktionen gegen die Siedler in den besetzten Gebieten. Mit der Häufung von Vertreibungen aus Ostjerusalem verstärken die AMB ihre Aktionen innerhalb von Israel. Hier muss angemerkt werden, dass die Bewaffnung der Siedler im Westjordanland und in Jerusalem aus Zivilisten militärische Ziele gemacht hat.

Die Brigaden beanspruchen für sich, das erste weibliche Selbstmordattentat in Palästina verübt zu haben. Am 14.1.2004 zündet Reem Salah al-Riyashi die Bombe, die sie zum Kontrollposten von Erez, am Eingang zum Gazastreifen, getragen hat. Diese Aktion macht Schule. Im Folgenden wird eine weibliche Einheit innerhalb der *Al-Aqsa-Märtyrerbrigaden* geschaffen. Auch der *Islamische Dschihad in Palästina* und die *Al-Qassam-Brigaden* folgen schnell ihrem Beispiel.

Seit 2013 stehen die Einheiten der *Al-Qassam-Brigaden* im Gazastreifen unter dem Kommando der Gaza-Brigade (Liwa Gaza).[156] Sie nehmen zusammen mit der Hamas und dem *Islamischen Dschihad in Palästina* am gemeinsamen Kommando der palästinensischen Kräfte teil. Ihre Truppenstärke ist nicht genau bekannt.

4.4.3.2. Die Volksfront zur Befreiung Palästinas (PFLP)

Die PFLP *(Jabha Al-Cha'abiya li-Tahrir Filastin)* ist eine marxistisch-leninistische Bewegung, die im Dezember 1967 aus Teilen der *Palästinensischen Befreiungsfront* (engl. PLF) und der *Bewegung Arabischer*

Nationalisten (BAN) entstanden ist. Bis Juli 2000 wurde sie von ihrem Gründer Dr. Georges Habache angeführt. Sein Nachfolger Abu Ali Mustafa wurde am 27.8.2001 durch eine israelische Rakete ermordet. Seit dem 3.10.2001 leitet sie Ahmad Sa'adat, der von den israelischen Sicherheitsdiensten im Jahr 2002 verhaftet wird. Die politische Führung der PFLP befindet sich in Damaskus (Syrien). Den Mittelpunkt ihrer operativen Aktivität hat sie in Nablus im Westjordanland und unter den christlichen Palästinensern.

Die PFLP ist aus der *Bewegung Arabischer Nationalisten (BAN) (Harakat el-Kaumiyne el-Arabi)* hervorgegangen, die 1952 von Georges Habache zusammen mit Abdul Karim Hamad, Ahmed Yamani und Waddi Haddad gegründet wurde. Die BAN war arabisch-nationalistisch, konzentrierte sich aber bereits auf die Palästinenserfrage. Die Bewegung mit dem Motto »Einheit, Freiheit, Vergeltung« sollte einen gewissen Erfolg bei der arabischen Jugend finden.[157] Im Jahr 1964 wird die Bewegung zur *Nationalfront zur Befreiung Palästinas* und führt noch Ende desselben Jahres einige Terroroperationen gegen Israel durch.

Volksfront zur Befreiung Palästinas (PFLP)

Abbildung 50 – Emblem der PFLP.

Nach dem Krieg von 1967 ändert sie ihren Namen in *Volksfront zur Befreiung Palästinas* und verlagert ihren Sitz nach Jordanien. Sie versucht, die palästinensische Sache im Ausland bekannt zu machen, und erwirbt sich mit zahlreichen Flugzeugentführungen einen zweifelhaften Ruf. Nach ihrer alljährlichen Konferenz spaltet sich im Februar 1969 der linke Flügel der PFLP unter der Führung von Nayef Hawatmeh ab und gründet die *Demokratische Volksfront zur Befreiung Palästinas (DPFLP)*.[158] Die PFLP dagegen führt ihren Kampf fort und tritt für den Umsturz der Haschemiten-Herrschaft in Jordanien ein. Das zieht die heftigen Kämpfe vom September 1970 nach sich, die die Vertreibung des palästinensischen Widerstands aus Jordanien zur Folge haben. Die PFLP boykottiert die Sitzungen des Palästinensischen Nationalrats und des Exekutivkomitees der PLO, bleibt aber weiterhin dem Prinzip einer nationalen Einheit der Palästinenser und dem Erhalt der PLO verpflichtet.

Im Jahr 1972 verzichtet die PFLP schließlich auf »Auslandsoperationen« und konzentriert sich auf Israel und die besetzten Gebiete. Nach 1973 widersetzt sich die PFLP der neuen gemäßigten Ausrichtung der PLO. Die Unterschiede zwischen der PFLP und der Fatah bleiben groß und treten nach dem Libanonkrieg von 1982 wieder offen zutage.

Im September 1974 zieht sich die PFLP aus dem *Exekutivkomitee der PLO* zurück (in das sie erst 1987 zurückkehren wird) und bildet eine »Ablehnungsfront«, die jede Verhandlung mit Israel sowie dessen Existenzrecht ablehnt. Die PFLP stellt offen ihre Meinungsverschiedenheiten mit Jassir Arafat zur Schau und sorgt damit für die Entstehung einer Vielzahl von radikalen (und oft mörderischen) Dissidentengrüppchen. Die PFLP spricht sich gegen das israelisch-palästinensische Abkommen von 1993 (Osloer Abkommen) und dasjenige von Wye Plantation aus.

In den 1970–1980er Jahren arbeitet die PFLP eng mit der *Demokratischen Front zur Befreiung Palästinas* (DFLP) zusammen und ist eine der am engsten mit dem europäischen Terrorismus verknüpften arabischen Bewegungen (unter anderem mit der Irisch-Republikanischen Armee IRA). Sie vergibt ihre Terroraktionen an andere Gruppen, wie etwa 1993 an die von Samir Shaas angeführten *Roten Adler*.

Kataeb Abu Ali Moustafa

Abbildung 51 – Abu-Ali-Moustafa-Brigaden.

Im April 2000 tritt Georges Habache aus gesundheitlichen Gründen vom Posten des Generalsekretärs zurück, bleibt dabei aber politisch aktiv. Er wird im Juli von der Nummer zwei der Bewegung, Abu Ali Mustafa, ersetzt, der bereits im August 1999 das Büro der PFLP in Ramallah wiedereröffnet hat. Während der zweiten Intifada führt die PFLP Attacken gegen Israel und die Siedlerkolonien durch. Am 27.8.2001 wird Abu Ali Mustafa von den israelischen Kräften eliminiert. Dies geschah als Antwort auf eine Attacke gegen einen Militärposten, bei der drei israelische Soldaten getötet worden waren. Dieser Angriff ist jedoch von einem Kommando der *Demokratischen Front zur Befreiung Palästinas (DFLP)* ausgeführt worden. Als Antwort auf diese Aktion wird der bewaffnete Arm der Bewegung in *Märtyrer-Ali-Abu-Mustafa-Brigaden* umbenannt. Am 17.10.2001 führen Letztere eine Operation durch, die sich zum ersten Mal gegen einen israelischen Minister richtet: Eines ihrer Kommandos eliminiert in Jerusalem Rehavam Zeevi, den Tourismusminister. Er war Mitglied der rechtsextremen israelischen Partei Moledet.

Die Palästinensische Autonomiebehörde hat versucht, die Aktionen der radikalen Palästinenserbewegungen zu begrenzen, insbesondere diejenigen der *Ali-Abu-Mustafa-Brigaden*. Nach dem Attentat auf den Minister Zeevi verhaftet die Palästinensische Autonomiebehörde am 14.1.2002 den Generalsekretär der PFLP Ahmed Saadat. Am 14.3.2006 werden Ahmed Saadat und Ahed Ghulmeh, der Anführer der Märtyrer-Abu-Ali-Mustafa-Brigaden, von Israel gefangen genommen.

4.4.3.3. Die Demokratische Front zur Befreiung Palästinas (DFLP)

Die DFLP (*Jabha al-Demoqratiya li-Tahrir Filastin*) wurde, wie oben schon erwähnt, von Nayef Hawatmeh unter dem Namen *Demokratische Volksfront zur Befreiung Palästinas (DPFLP) (Jabhat al-Cha'abiya al-Demoqratiya li-Tahrir Falestin)* gegründet. Ihre Ausrichtung ist maoistisch. Sie ist weniger nasseristisch (eine auf den ägyptischen Präsidenten Gamal Abdel Nasser zurückgehende Form des Arabischen Sozialismus, A. d. Ü.) als die PFLP, gegen eine Internationalisierung des Terrorismus und konzentriert ihre Operationen auf Israel selbst.

Die DPFLP besteht aus denjenigen, die von der Politik der Fatah enttäuscht sind. Sie spaltet sich im Mai 1969 von der *Volksfront zur Befreiung Palästinas* (PFLP) ab. Die DPFLP ist insbesondere für das

Demokratische Front zur Befreiung Palästinas (DFLP)

Abbildung 52 – Varianten des Emblems der DFLP.

spektakuläre und umstrittene Massaker an der Schule von Ma'alot (Israel) im Jahr 1974 verantwortlich. Im August 1974 änderte sie ihren Namen in DFLP. Trotz ihrer Kritik an Jassir Arafat unterstützt die DFLP weiterhin die Einheit der PLO. Sie ist innerhalb des Exekutivkomitees der PLO durch Taysir Khaled (alias Mahmud Odeh) vertreten. Die DFLP erkennt die Existenz einer jüdischen Nation an, besteht aber auf der Aufgabe des genuin jüdischen Staates, um eine echte Demokratie errichten zu können.

Sie beteiligt sich an den gewalttätigen inneren Kämpfen der Palästinenserbewegung, insbesondere gegen die PFLP, und verübt Attentate in Jordanien und Ägypten. Sie unterhält Beziehungen zu Kuba, der Volksrepublik China, dem Irak und früher zur Sowjetunion. Der Irak unterstützt sie finanziell bis ins Jahr 1974. Nach dem Massaker von Ma'alot übernimmt Libyen die Unterstützung der DFPL. Im Jahr 1991 spaltet sie sich in zwei Fraktionen: eine pro-syrische, die von Hawatmeh angeführt wird und sich zur Opposition in Syrien gesellt; eine andere, die von Yasser Abd Rabbo angeführt wird und Arafat mehr gewogen ist.

Die Abd-Rabbo-Fraktion befürwortet die vom PLO-Chef begonnenen Verhandlungen mit den Vereinigten Staaten. Im Juli 1999 erklärte sich die DFLP zu Verhandlungen bereit, mit dem Ziel, sich der Bewegung Jassir Arafats und dem Friedensprozess anzuschließen.

Kataeb al-Muqawamat al-Wataniat al-Filastinia
Phalangen des Nationalen Palästinensischen Widerstands

Quwat al-Shahid Omar al-Qassi
Streitkraft des Märtyrers Omar al-Qassi

Abbildung 53 – Einheiten der DFLP, die im Gazastreifen agieren.

Seit den Jahren 1990/91 entwickelt sie sich zu einer Reformbewegung innerhalb der PLO und bildet die *Palästinensische Demokratische Union (Al-Ittihad al-Dimuqrati al-Filastini – FIDA)*, die seit 1993 in Erscheinung tritt.

Die bewaffneten Kräfte der DFLP sind die *Brigaden des Nationalen Palästinensischen Widerstands* (BNPW) *(Kataeb al-Quawama al-Wataniyya al-Filastiniyya)*, die in Gaza stationiert sind. Im Juni 2003 haben die BNPW zur Einheit aller Kräfte des palästinensischen Widerstands aufgerufen und dazu, die Operationen gegen Israel zu verstärken. Ihre Operationen haben zuallererst die militärischen Sicherheitskräfte Israels zum Ziel.

4.4.3.4. Die Volksfront zur Befreiung Palästinas – Generalkommando (engl. PFLP-GC)

Die PFLP-GC *(Jabhat al-Cha'abiya li-Tahrir Filastiniya – al-Qiyada al-Amma)* ist eine abtrünnige Fraktion der PFLP, die Ende 1968 von Ahmed Djibril gegründet und angeführt wird und Syrien unter Hafiz al-Assad nahesteht. Während der 1970–1980er Jahre hat sie ihr Hauptquartier in einem Vorort von Damaskus (Syrien) und unterhält eine operative Kommandozentrale in Deir Zenun im Libanon.

PFLP – Generalkommando

Abbildung 54 – Das Emblem der PFLP-GC. Wie bei den Emblemen der Palästinenserbewegungen der 1960–1970er Jahre sieht man auch hier keine islamischen Symbole. Man hat es mit dem Selbstverständnis einer nationalen Befreiungsbewegung zu tun. Die israelische Politik wird allerdings für eine Radikalisierung dieser Bewegungen sorgen.

Die PFLP-GC steht auf der Liste der Organisationen, die die Vereinigten Staaten durch ihre Executive Order 13 224 als Terrororganisationen einstufen.[159]

Bereits im Jahr 1959 gründet Ahmad Dschibril die *Palästinensische Befreiungsfront* (engl. PLF), die ihre ersten Angriffe auf Israel im Jahr 1965 durchführt. Im Jahr 1967 schließt sich die PLF mit der PFLP von George Habasch zusammen. Während jedoch Letzterer den Kampf auch aus einem politischen Blickwinkel betrachtet, tritt Dschibril für rein militärisches Handeln ein. Diese Spannungen führen zur Trennung der zwei Bewegungen, und so entsteht im Jahr 1968 die PFLP-GC. Obwohl die PFLP-GC ein Mitglied der *Palästinensischen Befreiungsorganisation* (engl. PLO) ist, widersetzt sie sich systematisch der politischen Ausrichtung, die Jassir Arafat dem Kampf der Palästinenser gegeben hat. Sie zieht sich schrittweise aus dem Exekutivkomitee der PLO und dem *Zentralrat der Palästinenser* zurück. Sie fügt sich allerdings der Entscheidung des *Palästinensischen Nationalrats,* dem sie weiterhin angehört, der 1974 beschließt, den internationalen Terrorismus aufzugeben.

Im Jahr 1983 findet innerhalb der Fatah eine Revolte der radikalen Mitglieder statt, die den von Jassir Arafat eingeleiteten politischen Prozess ablehnen. Syrien unterstützt dabei Abu Musa, den Anführer des *Fatah-Revolutionsrats* (engl. Fatah-RC), und Dschibril, der mit der PLO bricht. Im Jahr 1985 schließen sich der Fatah-RC und die PFLP-GC der *Palästinensischen Nationalen Heilsfront* (engl. PNSF) an.

Ab 1988 führen die Versuche Arafats, die erste Intifada einzudämmen und die UN-Resolutionen 242 und 338 durchzusetzen, zur endgültigen Trennung zwischen Dschibril und der PLO.

Bis 1989 ist die PFLP-GC eng mit Libyen verbunden, wo sie Militärbasen unterhält. Nach der Vertreibung aus Libyen im Jahr 1990 lässt sie sich in Syrien und im Libanon nieder.

Seit Anfang der 1990er Jahre verringern sich die Aktivitäten der PFLP-GC. Im Jahr 1990 führt sie ein Attentat gegen die amerikanischen Kräfte in Deutschland durch. Syrien, das mit dem Fall der Berliner Mauer die Gönnerschaft der Sowjetunion eingebüßt hat, versucht sich in den Augen der westlichen Gemeinschaft zu rehabilitieren. Syrien nimmt an der Koalition gegen den Irak teil und bemüht sich, die Aktivitäten der PFLP-GC zu beschränken. Letztere konzentriert sich daher auf den Kampf gegen diejenigen Palästinenserbewegungen, die sich der Linie Arafats anschließen.

Im Jahr 1999 beginnt Syrien Verhandlungen mit Israel zur Beendigung des Terrorkampfes. Aber der Ausbruch der *Al-Aqsa-Intifada* und deren harte Unterdrückung durch Israel werfen die Diskussionen über den Haufen, und Syrien setzt seine Unterstützung der PFLP-GC diskret fort.

Seit dem israelischen Rückzug aus dem Südlibanon verhält sich die PFLP-GC relativ ruhig. Seit 2001 lässt sich jedoch eine Verstärkung der Aktionen an der Grenze zu Israel beobachten. Der sicherlich bedeutendste Angriff fand am 4.4.2002 mit neun Raketen des Kalibers 107 mm gegen elektronische Überwachungseinrichtungen der Israelis am Berg Hermon statt. Dieser Angriff wird am 8. April mit weiterem Raketenbeschuss der Stadt Kirjat Schmona fortgesetzt.

Kräfte der PFLP-GC

Abbildung 55 – Emblem der Märtyrer-Dschihad-Dschibril-Brigaden. Wie man feststellt, führen die von Israel durchgeführten Ermordungen zur Bildung neuer Kampfeinheiten.

Am 20.5.2002 wird der Sohn von Ahmad Dschibril, Mohammed Dschihad Dschibril, durch eine Autobombe ermordet. Selbst wenn sich eine mysteriöse »Bewegung Libanesischer Nationalisten« zu diesem Attentat bekannte, geht man allgemein davon aus, dass es sich dabei um eine außergerichtliche Tötung durch den israelischen Mossad handelte. Während der Trauerfeier verkündet Ahmad Dschibril, die PFLP-GC bilde Kämpfer der Hamas in ihren Lagern im Libanon aus.[160] Heutzutage trägt die bewaffnete Fraktion der PFLP-GC in Gaza den Namen Ahmad Dschibrils.

4.4.4. Andere bewaffnete Bewegungen und Gruppen

Der Großteil der »anderen« bewaffneten Gruppen in Gaza sind radikale Splittergruppen, die aus »traditionelleren« Bewegungen – wie der Hamas, der Fatah oder dem PIJ – hervorgegangen sind. Diese Fraktionen bestehen aus denjenigen, die von dem bisherigen Vorgehen enttäuscht sind, das keine Lösung gebracht hat. Sie entstehen Anfang der 2000er Jahre gleichzeitig zum »Krieg gegen den Terror«, der vom Westen geführt wird und einen radikalen islamischen Nationalismus wiederbelebt hat.

Seit dem »11. September« ist die westliche Strategie im Mittleren Osten eher von Vergeltung bestimmt als von einem rationalen Ansatz, den Terrorismus zu beseitigen. In Wahrheit bekämpft der Westen Terroristen, aber nicht den Terrorismus, mit der Folge, dass sich der Terrorismus lediglich verstärkt und ausgeweitet hat. Der palästinensische Widerstand bildet hier keine Ausnahme. Nach dem Scheitern unterschiedlicher politischer Lösungsversuche erscheint einigen nunmehr politische Gewalt als eine mögliche Lösung. Die israelische (und somit westliche) Politik hat nur dazu beigetragen, den palästinensischen Widerstand zu radikalisieren.

Aber die Palästinenserführer, alle politischen Tendenzen eingeschlossen, verhalten sich häufig rationaler als die Israelis. Sie sehen ein, dass Gewalt für sich allein genommen keine Lösung bringen kann. Aus diesem Grund versucht die Hamas seit 2005, sich der Politik zuzuwenden, sie wird aber von Israel und der internationalen Gemeinschaft daran gehindert. Zu jenem Zeitpunkt entstehen, besonders im Gazastreifen, dschihadistische Bewegungen mit einer salafistischen Ausrichtung. Die *Jerusalem Post* erklärt dies so:[161]

> »Die schwierigen Beziehungen zwischen der Hamas und den dschihadistisch-salafistischen Gruppen gehen auf das Jahr 2006 zurück, als die Hamas an demokratischen Wahlen teilnahm. Viele dschihadistisch-salafistische Kämpfer gehörten zuvor der Hamas an. Die Teilnahme an den Wahlen und das Regierungshandeln der Hamas, die sich weigerte, eine salafistische Lesart der Scharia anzuwenden, haben jedoch die Hamas in Widerspruch zur dschihadistisch-salafistischen Ideologie gebracht. Deshalb bezeichnen die dschihadistisch-salafistischen Gruppen in Gaza die Hamas oft als eine ›Abtrünnige‹.«

Wie man feststellen kann, sind die Erklärungen, die man in französischen Medien wie *CNews* und *BFMTV* oder von politischen Parteien wie dem Rassemblement National (dt. Nationale Versammlung) und Reconquête (dt. Rückeroberung) vernehmen kann, und die die Hamas mit dschihadistisch-salafistischen Bewegungen gleichsetzen wollen, nichts als bloße Lüge. Gleichzeitig möchte man damit Spannungen zwischen den religiösen Gemeinschaften in Frankreich erzeugen.

In Wirklichkeit war die Hamas immer bestrebt, eine Radikalisierung der Bewegungen im Gazastreifen zu vermeiden. Das Problem besteht darin, dass die Palästinenser durch die wiederholten Militärschläge der Israelis, die beschleunigte Kolonisierung in den besetzten Gebieten, die sich wiederholenden Misserfolge von Verhandlungsinitiativen und die ständigen Verletzungen des Völkerrechts durch Israel dazu neigen, sich zu radikalisieren.

Man muss im Grunde nur die offizielle Zeitschrift des Islamischen Staats, *Dabiq*, lesen, um sich davon zu überzeugen:[162]

> »Die unterschiedlichen Anführer und Zweige der Hamas haben jahrelang verkündet, den Dschihad gegen die Juden zu führen. In Wirklichkeit ist diese Miliz eine nationale Vereinigung, die seit ›2005‹ aktiv die Demokratie als ein Instrument der Veränderung übernimmt.

> Die Hamas hat an Kommunalwahlen, an Präsidenten- und Parlamentswahlen teilgenommen und war an der Ausarbeitung und der Anwendung von menschengemachten Gesetzen beteiligt. Diese demokratische Ideologie wurde von ihrer Führung sogar vor dem Jahr ›2005‹ verbreitet, seit der Zeit von Ahmad Yasin.«

Trotz der wiederholten Anschuldigungen einer Absprache mit Al-Qaida hat sich die Hamas systematisch von etwaigen dschihadistischen Strömungen distanziert, die in Gaza entstanden. Das ist für *Dschaisch al-Islam* der Fall, einer Gruppe, die im September 2008 brutal von den Sicherheitskräften der Hamas zerschlagen wurde. Das Gleiche gilt für mehrere radikale Grüppchen, die in Gaza als eine Folge des Anstiegs des Dschihadismus in Syrien und Ägypten entstanden, und die zwischen 2013 und 2015 ebenfalls aufgelöst wurden. Am 4.5.2015 wurde etwa das Hauptquartier der Hamas zur Zielscheibe eines Bombenangriffs von militanten Islamisten der Gruppe *Ansar Bait al-Maqdis*, die einen ihrer von der Hamas verhafteten Anführer freipressen wollten.[163] Im selben Monat berichtete die offizielle Zeitschrift des Islamischen Staats, ihre Kräfte hätten die Gruppe *Aknaf Bait al-Maqdis*, die örtliche Hamas-Miliz, angegriffen[164], die die Palästinenser im Flüchtlingslager Jarmuk bei Damaskus in Syrien beschützt.[165]

Trotz der Bemühungen der Hamas, sie zu beseitigen, bestehen diese Gruppen weiterhin und haben von der Operation Al-Aqsa-Flut profitiert, um ihrerseits Israel anzugreifen. Dies erklärt, weshalb die israelischen Kräfte in den Besitz von dschihadistischen Fahnen kommen konnten,[166] um anschließend die Hamas zu beschuldigen, eine dschihadistische Bewegung zu sein.

Flagge des Islamischen Staats

Abbildung 56 – Die Existenz von Salafisten im Gazastreifen ist seit langer Zeit bekannt. Aber trotz der Versuche der Hamas, sie auszumerzen, scheint es so, als hätten sie sich als »heimliche Trittbrettfahrer« in die Operation Al-Aqsa-Flut einmischen können.

Entgegen den Behauptungen unserer Journalisten hat die Hamas nichts mit den vom Salafismus inspirierten Bewegungen gemein. Im Übrigen stellt das israelische *Meir Amit Intelligence and Terrorism Information Center* fest, dass die Hamas vielmehr aktiv gegen die salafistischen Bewegungen kämpft.[167]

4.4.4.1. Die Armee der Ummah – Fraktion Bait al-Maqdis

Bei der Dschaisch al-Ummah handelt es sich um eine salafistisch inspirierte Gruppe, die 2008 in Chan Yunis (Gaza) entstanden ist. Sie steht der als Al-Qaida bezeichneten internationalen dschihadistischen Strömung nahe.

Sie ist eine Gegnerin der Hamas, die sie als zu gemäßigt ansieht und der sie vorwirft, die Scharia im Gazastreifen nicht angewendet zu haben. Sie ist für einen Beschuss Israels mit Raketen verantwortlich und hat an Kämpfen gegen die israelischen Kräfte während der Gazakriege von 2012 und 2014 teilgenommen.

Dschaisch al-Ummah – Bait al-Maqdis

Abbildung 57 – Emblem der Dschaisch al-Ummah. Man beachte, dass sie eine Symbolik verwendet, die sich grundlegend von den Emblemen der anderen Palästinenserbewegungen unterscheidet.

4.4.4.2. Die Armee des Islam (Gaza)

Die Dschaisch al-Islam ist eine salafistisch inspirierte dschihadistische Gruppe. Sie ist um 2006 in Gaza infolge einer Spaltung der Hamas entstanden. Neben der Weigerung, die Scharia anzuwenden, wirft die Gruppe der Hamas vor, die Muslime zu unterdrücken und für die »*Interessen der Juden*« zu arbeiten.

Sie wird von Mumtaz Dughmush angeführt und ist eine der ältesten und stärksten dschihadistisch-salafistischen Gruppen im Gazastreifen. Sie erlangt Bekanntheit, als sie am 12.3.2007 den BBC-Reporter Alan Johnston in Gaza entführt. Der Journalist wird keine vier Monate später dank einer Intervention der Hamas freigelassen.[168] Die Gruppe wird im September 2008 brutal von den Hamas-Sicherheitskräften zerschlagen. Aber sie kann sich dank des Konflikts in Syrien neu formieren mit der Unterstützung der westlichen Länder gegen die Regierung von Baschar al-Assad.

Ursprünglich stand sie der dschihadistischen Strömung nah, die allgemein Al-Qaida genannt wird. Die Gruppe nahm am Kampf gegen die alawitische Regierung in Syrien teil, bevor sie noch radikalere Positionen einnahm. Im September 2015 verkündete die *Jerusalem Post*, die Gruppe habe dem Islamischen Staat offiziell Gefolgschaft geschworen.[169]

Dschaisch al-Islam (Gaza)

Abbildung 58 – Emblem der Dschaisch al-Islam. Wie auch bei den anderen salafistischen Gruppen enthält ihre Symbolik keine Kennzeichen des palästinensischen Widerstands.

Das amerikanische Außenministerium setzt *Dschaisch al-Islam* im Mai 2011 auf seine Liste der Terrororganisationen und im August 2011 auch ihren Anführer.[170]

Aber in recht symptomatischer Weise lehnten die Vereinigten Staaten, Großbritannien und Frankreich im Mai 2016 einen russischen Vorschlag ab, die Gruppe auf die Liste von Terrororganisationen der Vereinten Nationen zu setzen.[171] Zu jenem Zeitpunkt benutzen diese drei Länder den Islamischen Staat bei dem Versuch, die syrische Regierung zu stürzen.

4.4.4.3. Die Armee der Anhänger Allahs

Die *Dschund Ansar Allah* ist eine salafistisch inspirierte dschihadistische Gruppe mit einer Nähe zur Strömung Al-Qaida. Sie trat im Juni 2009 in Gaza beim Angriff auf den Kontrollposten Karni in Erscheinung.

Im August löste die Ausrufung eines »Islamischen Staats von Palästina« durch den Anführer der Gruppe, Latif Mussa, in der Moschee von Rafah eine heftige Reaktion vonseiten der Hamas aus, bei der

Dschund Ansar Allah (Gaza)

Abbildung 59 – Emblem der Dschund Ansar Allah. Man bemerke die Weltkarte im Hintergrund und nicht etwa die Karte Palästinas. Man befindet sich also in einem ganz anderen ideologischen Kontext, als die israelische Regierung und ihre Fürsprecher im Westen behaupten, die versuchen, die Hamas mit salafistischen Bewegungen gleichzusetzen.

Flagge des Islamischen Staats von Palästina

Abbildung 60 – Banner des Islamischen Staats von Palästina – Regierungsbezirk Gaza, der im Jahr 2009 von der Dschund Ansar Allah ausgerufen wurde. Man findet auf ihr dieselben Bestandteile wie auf den Bannern der Basis (Al-Qaida) des Dschihad auf der Arabischen Halbinsel (engl. AQAP). [https://ctc.westpoint.edu/militant-imagery-project/0329/]

22 Menschen getötet wurden, unter ihnen auch der Anführer der Gruppe.

4.4.4.4. Die Legionen der Einigkeit Gottes und des Dschihad in Palästina

Die *Legionen der Einigkeit Gottes und des Dschihad in Palästina (Jahafil Al-Tawhid Wal-Jihad fi Filastin)* sollen in Gaza im Jahr 2008 entstanden sein und ihre erste Aktion gegen die israelischen Kräfte am 5. November desselben Jahres durchgeführt haben.[172]

Die Legionen sind aus der Bewegung *Tawhid wal-Djihad (Einigkeit Gottes und Dschihad)* hervorgegangen, die die größte dschihadistisch-salafistische Bewegung auf der Sinai-Halbinsel darstellte. Sie wurde im Jahr 1997 von Khaled Masaad und Nasser Khamees El-Malakhi gegründet und trat anscheinend im Jahr 2007 im Gazastreifen in Erscheinung.[173]

Wie bei den anderen salafistischen Formationen im Gazastreifen handelt es sich auch hier um ein Grüppchen, das keinen wirklichen Einfluss auf die Operationen der traditionelleren Palästinensergruppen nimmt. Diese Formationen haben die Schaffung eines islamischen Staatsgebildes zum Ziel, in dem die Scharia mit all ihrer Strenge angewandt werden soll.

Tawhid wal-Djihad

Abbildung 61 – Emblem der Tawhid wal-Jihad – Fraktion Bait al-Maqdis.

4.4.5. Eine gemeinsame Führung der Fraktionen des palästinensischen Widerstands

Im Mai 2006 haben die Hamas und der *Islamische Dschihad in Palästina* ein »Dokument der nationalen Einigung« (auch »Gefangenendokument« genannt) unterzeichnet, mit dem Ziel, *»eine Einheitsfront zum Widerstand gegen die Besatzung zu bilden, ihre Aktionen abzustimmen und einen politischen Bezugspunkt zu geben«*. Zunächst betraf diese Abstimmung nur die Izz-ad-Din-al-Qassam-Brigaden und die Al-Quds-Märtyrerbrigaden. Es ging damals im Wesentlichen darum, ihre Aktionen abzustimmen. Vor allem wollte man den Raketenbeschuss auf Israel einschränken und ihn mit einem politischen Vorgehen verknüpfen.

Aber nach den »Rückkehrmärschen« und deren brutaler Unterdrückung durch Israel im Jahr 2018 beschlossen ein Dutzend Widerstandsgruppen und -bewegungen, im Gazastreifen einen »Gemeinsamen Kommandoraum« (GKR) zu schaffen.

Die Aufgabe des Gemeinsamen Kommandoraums (GKR) besteht darin, die Ressourcen für die Planung von Operationen zu bündeln, Synergien zwischen den Gruppen zu nutzen und die Doktrin für

Der Gemeinsame Kommandoraum in Gaza

Abbildung 62 – Seit 2006 sorgt der palästinensische Widerstand für eine gegenseitige Abstimmung in Gaza. Zwölf Fraktionen sind daran direkt beteiligt. Die Hamas-Kräfte sind ein Teil dieser Abstimmung, aber sie kommen dort auch mit den Formationen der Fatah und anderen historischen Widerstandsbewegungen Palästinas in Kontakt.

die Operationen abzustimmen. Dem Ganzen liegt der Gedanke zugrunde, dass diese bislang uneinheitlichen Gruppen in Zukunft den Kern einer nationalen palästinensischen Armee bilden könnten. Der GKR erleichtert zudem die Kommunikation zwischen den verschiedenen Gruppen und veröffentlicht gemeinsame Mitteilungen.

Die Hamas ist natürlich die dominierende Kraft in diesem Bund. Sie gewährt aber den Gruppen, die über weniger Ressourcen verfügen, technische und militärische Hilfe.[174]

5. Die Operation Al-Aqsa-Flut

5.1. Die Voraussetzungen

Die Operation Al-Aqsa-Flut kam nicht aus heiterem Himmel. Seit 2021 hatte man es mit steigenden Spannungen zwischen Palästinensern und Israelis zu tun, aber unsere Medien blieben auffallend still, wenn es um das Vorgehen der israelischen extremen Rechten gegen die arabische Bevölkerung geht. Es häuften sich seit der Rückkehr an die Macht von Benjamin Netanjahu jedoch die Vorfälle: die Vertreibungen im Westjordanland, das Eindringen von militanten Ultraorthodoxen auf der Esplanade der Moscheen (auf dem Tempelberg), die Verschärfung der Haftbedingungen für Palästinenser in den israelischen Gefängnissen und die Einstellung der Finanzierung der palästinensischen Verwaltung.

Ab Ende 2022 und während des gesamten Jahres 2023 haben sich vielfältige Spannungen überlagert. Untermauert wurde das Ganze von Gewaltakten und Verletzungen des Völkerrechts, auf die die internationale Gemeinschaft – deren Fokus dem Ukrainekonflikt galt – nicht reagierte. Die Hauptgründe für den Ausbruch der Gewalt im Oktober 2023 sind die folgenden:

- Die sozialen Spannungen in Gaza.
- Die gewaltsame Ausweitung der Siedlungen im Westjordanland.
- Die Ausweitung der Verhaftungen und die Verschärfung der Haftbedingungen.
- Die wiederholten Verletzungen des Haram al-Scharif (Tempelberg) durch die orthodoxe jüdische Gemeinde.
- Die Blockade von Gaza und ihre humanitären Auswirkungen.
- Die von den Vereinigten Staaten vorangetriebene Normalisierung

des Verhältnisses zwischen Israel und gewissen arabischen Staaten, welche die palästinensische Sache außer Acht lässt.

Diese Ereignisse fanden vor einem Hintergrund der Unzufriedenheit statt, der bereits viele Jahrzehnte lang anhält, sowie der Einschränkungen der wirtschaftlichen Tätigkeit. Es ist auch wichtig zu verstehen, dass der Aufstand in Gaza ebenfalls mit der Situation im Westjordanland verbunden ist.

5.1.1. Die Ausweitung der israelischen Siedlungen im Westjordanland

Im Westjordanland hat sich die israelische Kolonisierungspolitik augenscheinlich verstärkt. Das grundlegende Gesetz »Israel, Nationalstaat des jüdischen Volkes«, das von der Knesset am 19.7.2018 verabschiedet wurde, definiert die Siedlungen in den besetzten Gebieten als einen »*nationalen Wert*«[1]. Das Problem besteht darin, dass sie dem Völkerrecht widersprechen und zwei seiner Rechtsprinzipien verletzen:

- Das Prinzip der »*Unzulässigkeit des Gebietserwerbs durch Krieg*«, an das die Resolution 242 des UN-Sicherheitsrats erinnert.
- Die Nichteinhaltung des Genfer Abkommens vom 12. August 1949 über den Schutz von Zivilpersonen in Kriegszeiten.

Die Regierungspolitik Netanjahu hat die Lage im Jahr 2023 noch einmal dramatisch verschlechtert.

Die Vertreibungen der Palästinenser von ihrem Land haben sich nicht nur vervielfacht, sondern sie wurden auch immer gewalttätiger. Gleichzeitig verschärfte sich die Verfolgung derjenigen, die mit ihrer Vertreibung unzufrieden waren.[2]

Im Juni arteten die Angriffe israelischer Siedler auf Palästinenser in tödliche Zusammenstöße aus.[3] Selbst die stark pro-israelische *Anti-Defamation League* (ADL) empörte sich über die Aggressivität und Gewalt der Siedler. Sie forderte von den israelischen Behörden, mehr zu unternehmen, um Leben und Eigentum der Palästinenser besser zu schützen.[4] In Frankreich, Belgien und der Schweiz hat keines der »rechtsextremen« Medien von diesen Verbrechen berichtet.

Obwohl der Bau von Siedlerkolonien aufgrund des Genfer Abkommens für illegal erklärt wurde, entschied der israelische Finanzminister Bezalel am 6.9.2023, drei neue Siedlungen zu legalisieren: »Avigail« und »Asael« im Süden des Westjordanlands und »Beit Hogla« in der Jordantalregion.

Diese Lage wird natürlich durch die Operation Al-Aqsa-Flut weiter angeheizt. Wie die israelische Zeitschrift +972 feststellt, haben die Ereignisse vom Oktober 2023 die Gewalt der ultranationalistischen Juden im Westjordanland nur noch gesteigert.[5] Nicht nur die Vertreibungen haben sich vervielfacht. Auch die Gewalt und die Pogrome gegen Palästinenser allgemein haben stark zugenommen, Massaker (die auch Kinder betreffen) eingeschlossen. So haben bewaffnete israelische Siedler (eigentlich Zivilisten) Ende Oktober 2023 in nur einer Woche 51 Palästinenser getötet, darunter auch Kinder.[6] Selbst die Europäische Union (die Israel vermeintlich »bedingungslos« unterstützt) scheint über diesen Anstieg der Gewalt besorgt zu sein … handelt aber nicht.[7]

Selbst die ADL begehrt gegen die unzumutbare Behandlung der Palästinenser auf

Abbildung 63 – Selbst die stark pro-israelische Anti-Defamation League kritisiert den Gebrauch von Gewalt in den besetzten Gebieten. Es spricht Bände, dass die europäischen Medien, die den Respekt unserer Werte für sich beanspruchen, blind die rechtsradikale Politik der israelischen Regierung unterstützen, die selbst bei ihrer eigenen Bevölkerung umstritten ist. [Quelle: https://twitter.com/ADL/status/1671529084696903681]

5.1.2. Soziale Spannungen in Gaza

Im Mai 2023 warnte das *Welternährungsprogramm* (engl. WFP), man bewege sich auf eine humanitäre Krise zu, denn die Nahrungsversorgung des Gazastreifens sei nicht mehr finanziell sichergestellt. Die israelische Zeitung *Haaretz* erklärte sogar, die ausländischen Diplomaten in Israel wüssten über die Lage und eine mögliche Verschiebung von einer humanitären hin zu einer Sicherheitskrise Bescheid. Der Finanzierungsmangel rührte damals daher, dass die europäischen Länder ihre für Palästina vorgesehene Hilfe in die Ukraine umleiteten. Nur so konnten sie die finanziellen Anstrengungen meistern, die sie Selenskyj versprochen hatten. Die Perspektivlosigkeit des Palästinakonflikts schreckt die westlichen Länder ab. Sie ziehen es vor, einen scheinbar bevorstehenden Erfolg in der Ukraine zu finanzieren. Wie die Zeitung *Haaretz* berichtet, erklären die Diplomaten:[8]

> »In Israel haben wir eine Regierung, die nichts in der Palästinenserfrage unternehmen möchte. Wenn aber eine humanitäre Krise ausbricht, dann schickt sie ihre Botschafter aus, um uns zu bitten, unsere Finanzhilfen zu erhöhen.«

Wir sind wieder bei dem unfassbaren Unvermögen der Israelis auf allen Ebenen, das Wesen ihres Problems zu begreifen und dauerhafte Lösungen zu finden. Man konstatiert: »Die israelische Strategie besteht darin, den Status quo aufrechtzuerhalten und gelegentlich denselben Kreislauf der Gewalt zu wiederholen.«[9]

Zu der bereits angespannten Situation kommt nun auch noch eine soziale Krise. Für den September 2023 hat Katar nur 55 Prozent des Betrages gezahlt, den es zahlen sollte. Dadurch blieben 50 000 Angestellte der Hamas ohne Lohn, in Gaza wurden soziale Unruhen und Demonstrationen ausgelöst.[10] Gleichzeitig forderten die ägyptischen und katarischen Konfliktvermittler von Israel, es solle mehr Arbeitserlaubnisse für Arbeiter aus Gaza ausstellen, um die Spannungen an der Grenze zu entschärfen.[11]

5.1.3. Verschärfung der Haftbedingungen

Parallel zur Verschärfung der Besatzungspolitik erfolgte auch eine solche der Haftbedingungen. Das ist einer der wichtigsten Gründe für die Operation Al-Aqsa-Flut. Nach Abbruch der Verhandlungen über die Gefangenen, die zwischen der Hamas und den israelischen Behörden unter Vermittlung Katars und Ägyptens stattfanden, wurde den Palästinensern klar, dass die einzige Möglichkeit einer Gefangenenbefreiung darin bestand, Besatzungssoldaten gefangen zu nehmen und so zu einem Gefangenenaustausch zu kommen. Darin besteht eines der Hauptziele der Operation Al-Aqsa-Flut.

Bezeichnenderweise wurden die Gefangenen, die von den Israelis bei einem vereinbarten Austausch im November 2023 freigelassen wurden, nackt in die Freiheit entlassen. Zudem löst ihre Behandlung in den israelischen Verliesen[12] seit Jahren Proteste von Menschenrechtsorganisationen aus.

5.1.4. Entweihung des Haram al-Scharif (Esplanade der Moscheen)

Mit dem Antritt der neuen, von Benjamin Netanjahu geführten Regierung kommt es vermehrt zu Provokationen der Ultraorthodoxen. Das Bauvorhaben eines dritten Salomonischen Tempels auf dem Tempelberg hat neuen Schwung bekommen und das Vordringen von Hunderten, oder gar Tausenden, von orthodoxen Demonstranten auf der Esplanade der Moscheen ausgelöst.

Im Grunde geht es um den Bau des dritten Salomonischen Tempels an der Stelle der Al-Aqsa-Moschee:[13]

> »Nach jüdischem Gesetz muss die Asche einer roten Färse (junges weibliches Rind, das noch nicht gekalbt hat) (…) auf dem Haram al-Scharif (Esplanade der Moscheen) verstreut werden, bevor die Juden ihn betreten und dort den Dritten Tempel errichten können. Während die Jagd nach der roten Färse lange als ein Projekt von Außenseitern galt, das von den Tempelberg-Aktivisten betrieben wurde, zeigen neuere Untersuchungen, dass nunmehr auch die israelische Regierung an diesem Projekt beteiligt ist. […]

Trotz des Versprechens der israelischen Regierung, den Status quo von Al-Aqsa beizubehalten, betonen die Siedler, die an dem Projekt der roten Färse beteiligt sind, das Ziel sei ein jüdisches Betreten des Haram al-Scharif und der Bau des Dritten Tempels – was die Zerstörung des Felsendoms bedeuten würde.«

Dieses Projekt setzt die Zerstörung der Al-Aqsa-Moschee und die Entweihung des Haram al-Scharif voraus, der dritten heiligen Stätte des Islam, die die Palästinenser als ein Zeichen ihrer Identität ansehen. Die Hamas sieht sich zudem als ihr Beschützer, wie ihre Charta von 2017 zu verstehen gibt (siehe Anhang).[14]

Im September 2023 stürmten etwa 4500 Siedler die Al-Aqsa-Moschee.[15] Diese Ausschreitungen, die die religiöse Bestimmung der dritten heiligen Stätte des Islam abändern wollten, konnten nicht ohne Folgen bleiben.

In Wahrheit hatten die palästinensischen islamischen Organisationen schon im Mai 2022 davor gewarnt, dass dieses vom rechtsextremen Finanzminister Bezalel Smotrich angetriebene Projekt zahlreiche »rote Linien« bedrohen würde.[16] Zwischen September und Oktober 2023 warnten die informierten Beobachter (womit nicht unsere Journalisten gemeint sind), dass diese Krawalle zu noch schwerwiegenderen Gewaltakten führen könnten.[17]

Man wusste also, dass die Lage explosiv war und die Palästinenser das Vordringen der Ultraorthodoxen auf den Haram al-Scharif zum Anlass für Demonstrationen nehmen würden.[18] Anscheinend machte sich Anfang Oktober auch die israelische Regierung Sorgen, die mit der sozialen Lage in Gaza verbundenen Unruhen könnten sich auf das Abraham-Abkommen mit Saudi-Arabien auswirken.[19] Im Übrigen ist es wahrscheinlich, dass die Lage um den Haram al-Scharif auch die anderen arabischen Länder beunruhigt. An erster Stelle betrifft dies Saudi-Arabien als Beschützer der ersten zwei heiligen Stätten des Islam. Es ist wahrscheinlich, dass diese Länder auch ohne die Operation der Hamas die Abraham-Abkommen nicht unterschrieben hätten.

Im Jahr 2023 hat Israel in erster Linie den *Islamischen Dschihad in Palästina* (engl. PIJ) bekämpft. Er ist vermutlich der engste Verbün-

Die Altstadt von Jerusalem

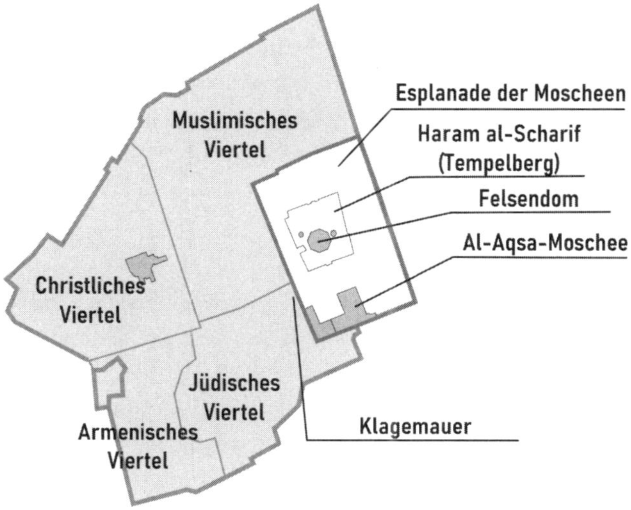

Abbildung 64 – Die Verteilung der Stätten in Jerusalem macht die Gewährung einer Souveränität für die eine oder andere Gemeinde so unauflöslich problematisch. Aus diesem Grund sah die Resolution 181 (1947) vor, Jerusalem unter internationale Aufsicht zu stellen, was seinem Status als Welterbe der Menschheit und Begegnungspunkt der drei monotheistischen Weltreligionen entsprach. Donald Trumps Entscheidung, die Heilige Stadt als die Hauptstadt des Staates Israel anzuerkennen, hat zweifellos dazu beigetragen, eine bereits angespannte Lage noch zusätzlich zu vergiften.

dete des Iran in Gaza. Damit sollten die Palästinenser gespalten und gleichzeitig der Iran provoziert werden. Die Hamas hielt sich aus diesem Duell zwischen dem PIJ und Israel heraus, um nicht die eigene Finanzierung zu riskieren, die weitgehend von Israel abhängt, und um Israel nicht zu veranlassen, die von ihm erteilten Arbeitserlaubnisse und die Erlaubnisse für den Wiederaufbau von Gaza zurückzuziehen.

Die tiefe Verachtung unserer Journalisten für die arabische Bevölkerung allgemein und speziell für die Lage der Palästinenser hat zu einer Akzeptanz der Menschenrechtsverletzungen gegen sie geführt. Unsere Medien haben nicht über sie berichtet; aber in Israel hat man sie sehr wohl wahrgenommen. Die israelische Zeitung *Haaretz* deutete bereits eine Woche vor der palästinensischen Operation an, dass die Vorkommnisse in Jerusalem und dem Westjordanland, ebenso wie die auferlegten strengeren Haftbedingungen für die palästinensischen Sicherheitsgefangenen in Israel, eine direkte Wirkung auf Ereignisse entlang der Grenze von Gaza haben könnten.

5.2. Die Ziele der Operation

Wie wir gesehen haben, gibt es unzählige Gründe für die Gazabewohner aufzubegehren. Man muss sich daher die Frage stellen: »Warum gerade jetzt?«

Auf den ersten Blick sind die Ziele der Operation Al-Aqsa-Flut nicht eindeutig zu erkennen. Das von den westlichen Medien folgsam übernommene israelische Narrativ neigt dazu, die Motive der Palästinenser zu verschleiern. Man befindet sich somit etwa in der gleichen Lage wie zu Anfang der russischen Offensive in der Ukraine, als ein im Westen frei erfundenes Narrativ die Tatsachenanalyse völlig verdrängte. Das führte zu einem Unverständnis der wahren Gründe für das russische Eingreifen. Und letztlich sollte dieses Narrativ zur Falle für die Ukraine werden. Dasselbe Phänomen lässt sich bei der palästinensischen Operation beobachten: Nicht nur, dass Israel seine Ziele nicht erreicht, es ist auch mit den Widersprüchen seines Narrativs konfrontiert, sowohl gegenüber der eigenen Bevölkerung als auch in Hinblick auf die internationale Gemeinschaft.

In Wahrheit herrschte in den besetzten Gebieten bereits seit vielen Monaten eine explosive Stimmung. Am 3.10.2023 äußert die israelische Zeitung *Haaretz* ihre Sorge hinsichtlich der sich häufenden Vorstöße von militanten Ultraorthodoxen und Siedlern auf der Esplanade der Moscheen (Haram al-Scharif). Sie berichtet, die ägyptischen Behörden seien beunruhigt aufgrund der möglichen Folgen an der Grenze zu Gaza.[20] Es sind also ein Bündel von Problemen und eine Zunahme der Spannungen, die die Bedingungen für das Auslösen der Operation Al-Aqsa-Flut geschaffen haben. Der Abbruch der Verhandlungen über einen Gefangenenaustausch Ende 2021 hat sicherlich die Entscheidung provoziert, eine großangelegte Operation durchzuführen, um Israel zu zwingen, an den Verhandlungstisch zurückzukehren.

Zunächst erlauben lediglich die Erklärungen der zwei Hauptakteure der Operation, der Hamas und des PIJ, die Ziele der Operation herauszuarbeiten.

Am 22.1.2024 veröffentlicht die Hamas eine 16-seitige Broschüre mit dem Titel *Unser Narrativ – Die Operation Al-Aqsa-Flut*[21], die ihr Handeln und ihre angestrebten Ziele erklärt. Das späte Erscheinen dieses Dokuments lässt sich sicherlich durch die israelischen und westlichen Anschuldigungen bezüglich der Verbrechen und Gräueltaten erklären, die die Kämpfer der Hamas angeblich am 7.10.2023 verübt haben. Es scheint, als hätten sich die Hamas-Führer zunächst ein klares Bild verschaffen wollen, was tatsächlich geschehen war, bevor sie ihre Position darlegten. Und in der Tat finden sich im Dokument viele Anspielungen auf die israelische Presse, was den Gedanken nahelegt, die Hamas hätte zunächst verstehen und dann reagieren wollen.

Zwar hat diese Verzögerung dem israelischen Narrativ ermöglicht, sich weltweit festzusetzen, sie ermöglicht aber auch, die Ereignisse in einer kohärenteren Weise darzustellen. Was die Hamas durch mangelnde Präsenz in unseren Medien verloren hat, das gewinnt sie an Glaubwürdigkeit in den Herzen der Öffentlichkeit. Die Version der Hamas entspricht den Beobachtungen, Analysen und Feststellungen von Forschern und Analytikern insbesondere in den Vereinigten Staaten sowie den Zeugenberichten, die in der israelischen Presse erschienen sind. In Sachen In-

Die Veröffentlichung der Hamas

Abbildung 65 – Die Erklärung der Hamas zu ihrer Operation kam sehr spät und kommt in unseren Medien nicht vor. Sie bestätigt die Analysen zahlreicher ernst zu nehmender Kommentatoren im Westen.

formationskrieg kann Israel vielleicht kleine taktische Siege erringen, aber die Hamas hat ganz bestimmt auf der strategischen Ebene gesiegt.

Die Operation Al-Aqsa-Flut erinnert ein wenig an einen explodierenden Dampfkochtopf. Es sind vermutlich die Anhäufung von Problemen, von nicht eingehaltenen Versprechen und täglich verübten Übergriffen (mit Billigung der westlichen Länder und den Empfehlungen der Vereinten Nationen zum Trotz), die zu dieser Gewaltexplosion geführt haben. An diese Beobachtung schließt sich logisch eine weitere an: Die Gazabewohner scheinen eine ganze Reihe von Zielen mit dieser Operation zu verbinden.

5.2.1. Die strategischen Ziele

Neben den historischen Zielen des palästinensischen Widerstands, die die Schaffung eines palästinensischen Staates oder das Rückkehrrecht auf das ihnen genommene Land einschließen, betreffen die Ziele der Operation Al-Aqsa-Flut im Wesentlichen die Lage in Gaza.

Das zentrale strategische Ziel der Operation ist die Beendigung der Blockade des Gazastreifens und die Wiederherstellung normaler Lebensbedingungen für die Bevölkerung. Das umfasst insbesondere die Beendigung der ständigen Überwachung durch die israelischen Kräfte, der Beschränkungen für den Handel mit Gütern sowie ein Ende der Maßnahmen, die die wirtschaftliche und soziale Entwicklung verhindern. Dieses Ziel ist gewissermaßen eine Fortsetzung der »Rückkehrmärsche«, die von der Zivilgesellschaft angeführt, allerdings vom Gewehrfeuer der israelischen Scharfschützen empfangen wurden.

Das Erreichen dieses Ziels beinhaltete auch Zwischenziele *(enabling objectives)*. Das wichtigste Zwischenziel bestand darin, die Palästinenserfrage auf die internationale Bühne zurückzubringen. Im November 2012 hatte die UN-Generalversammlung Palästina den »Beobachterstatus als Nicht-Mitgliedstaat« zuerkannt.[22] Aber seitdem lässt sich kein Fortschritt bei der Behandlung der Palästinenserfrage beobachten. Und durch die Regierungsübernahme der israelischen Ultranationalisten hat sich die Lage sogar noch verschlechtert.

Palästinensische Opfer während der »Rückkehrmärsche« in Gaza (2018–2019)

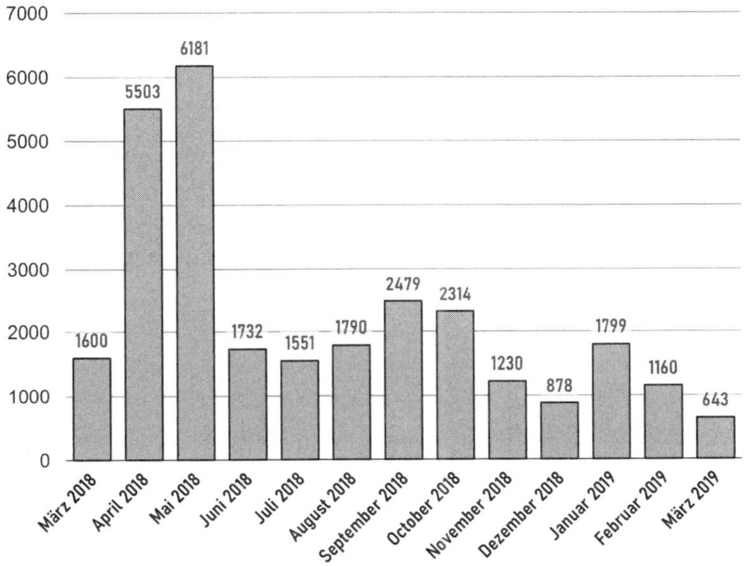

Abbildung 66 – Die Rückkehrmärsche hatten zum Ziel, die Aufmerksamkeit der Weltöffentlichkeit auf die Lebensbedingungen der Palästinenser in Gaza zu lenken. Die Anzahl der zivilen Opfer (Tote und Verletzte), die von außerhalb des Zauns beschossen wurden, zeigte die Unmöglichkeit, auf friedlichem Weg zum Erfolg zu kommen. [Quelle: https://www.theguardian.com/world/ng-interactive/2019/mar/29/a-year-of-bloodshed-at-gaza-border-protests]

Das zweite Zwischenziel war die Unterbrechung des Normalisierungsprozesses zwischen Israel und einigen arabischen Ländern. Es ging dabei nicht um die Normalisierung als solche, sondern darum, dass sie die Palästinenserfrage beiseitelegte. Den Palästinensern war aber immer daran gelegen, diese Fragen miteinander zu verknüpfen. Es sollte ein Hebel vorhanden sein, der Israel zwingen würde, die Entscheidungen der Vereinten Nationen umzusetzen.

Das dritte Zwischenziel bestand darin, die muslimische Gemeinschaft rund um die Frage der Zukunft der Esplanade der Moscheen (oder Tempelbergs) zu mobilisieren. Sie ist nämlich eng mit der Palästinenserfrage verbunden.[23] So erklärte Ihsan Ataya, ein Mitglied des Politbüros des *Islamischen Dschihad in Palästina* (PIJ) und Leiter der Abteilung für arabische und internationale Beziehungen des PIJ:[24]

> »Das Ziel der Operation Al-Aqsa-Flut wurde von Anfang an erklärt: Angriffe auf die Al-Aqsa-Moschee (in Jerusalem), die Diffamierung und Beleidigung von muslimischen Riten, Angriffe auf unsere Frauen und Versuche, die Al-Aqsa-Moschee zu judaisieren und ihre Besetzung durch Israel zu normalisieren oder sie örtlich und zeitlich aufzuteilen, all das sollte verhindert werden.«

Auch wenn die Blockade von Gaza nicht aufgehoben wurde, so muss man doch feststellen, dass diese drei Zwischenziele zumindest teilweise erreicht wurden. Inwieweit sie erlauben, eine dauerhafte und gerechte Lösung der Palästinenserfrage zu finden, bleibt offen. Aber die Hamas hat mit aller Deutlichkeit die Verantwortung der internationalen Gemeinschaft aufgezeigt, dafür zu sorgen, dass die von ihr getroffenen Entscheidungen auch umgesetzt werden.

5.2.2. Die operativen Ziele

5.2.2.1. Das erste Ziel: Die israelische Division Gaza

Das erste Ziel bestand darin, die Bestandteile der Division Gaza und die Überwachungseinrichtungen zu zerstören, die den Gazastreifen umgeben. Am 12. Oktober erläutert der Sprecher der Al-Qassam-Brigaden Abu Obaida:

> »Die Operation Al-Aqsa-Flut hatte zum Ziel, die Division Gaza zu zerstören, die erst an 15 Stellen und dann an 10 weiteren angegriffen wurde. Wir haben den Ort Zikim attackiert und mehrere andere Siedlerkolonien außerhalb des Hauptquartiers der Division Gaza attackiert.«

Dieses Ziel mag uns seltsam erscheinen, denn es war von Anfang an klar, dass die palästinensische Operation ihre Stoßkraft nicht lange würde aufrechterhalten können und sich die Kämpfe notwendigerweise im Gazastreifen selbst fortsetzen würden. Folglich wären auch die Zerstörungen der israelischen Infrastruktur nur vorübergehend, wenngleich von sehr symbolischer Natur.

Um das zu verstehen, muss man sich in die Denkweise der Palästinenser versetzen: Ein Sieg wird nicht durch die Zerstörung des Feindes erzielt, sondern durch die Tatsache, dass der Widerstandswillen bewahrt wird. Mit anderen Worten: Ganz egal, was die Israelis auch tun, wie hoch die Zahl der Zerstörungen und Toten auch sein wird, die Palästinenser gehen aus dieser Operation bereits als Sieger hervor. Gegen einen zahlenmäßig und materiell überlegenen Gegner ist ein Sieg im westlichen Verständnis nicht möglich. Dagegen ist die Überwindung der eigenen Angst und des eigenen Gefühls der Machtlosigkeit bereits ein Sieg. Dies ist das eigentliche Wesen des Begriffes »Dschihad«.

Folglich lassen alle Erniedrigungen, die die Israelis ihren Gefangenen oder der Zivilbevölkerung antun können, die Palästinenser nur größer und die rachedurstigen israelischen Soldaten kleiner erscheinen. Im Übrigen kann man genau das weltweit beobachten: Die Israelis müssen ihre Zensur einschalten, um die von den eigenen Soldaten verübten Verbrechen zu verheimlichen. Und die Vorstellung von der israelischen als der »*moralischsten Armee der Welt*« ist heute völlig unglaubwürdig geworden.

5.2.2.2. Das zweite Ziel: Gefangene machen

Das zweite Ziel bestand darin, Gefangene zu machen, um sie gegen die in Israel inhaftierten Palästinenser einzutauschen. Die in der israelischen Presse erschienenen Zeugenberichte zeigen sehr schnell, dass die Kämpfer der Hamas und des *Islamischen Dschihad in Palästina* (PIJ) nicht das Ziel verfolgten, ein »Pogrom« zu verüben, sondern Soldaten gefangen zu nehmen, um sie gegen palästinensische Häftlinge in Israel auszutauschen. Es ging also darum, einen Hebel für die Wiederaufnahme der Verhandlungen zu haben, die von der israelischen Regierung im November 2021 abgebrochen worden waren. Seit damals wusste man, dass die Hamas eine Operation dieser Art durchführen würde.[25] Der stellvertretende Generalstabschef der

Al-Qassam-Brigaden Marwan Issa hatte erklärt: »*Die Angelegenheit der Gefangenen wird die Überraschung unter den kommenden Überraschungen unseres Feindes.*«[26]

Es wird also deutlich, dass das Ziel nicht im Töten von Zivilisten bestand. Es ging vielmehr darum, einen Tauschpfand zu haben, um die Befreiung der etwa 5300 von Israel Inhaftierten zu erreichen.[27]

Die in der israelischen Presse erschienenen Zeugenberichte legen nahe, dass der ursprüngliche Plan war, nur Soldaten gefangen zu nehmen (… die in einem Gefangenenaustausch »mehr Wert« besitzen als Zivilisten). Dieselben Zeugenaussagen zeigen auch, dass die Palästinenser überrascht waren, so wenige Soldaten vor Ort zu finden. Dies lässt sich durch die Tatsache erklären, dass ein Teil der Garnisonen einige Wochen zuvor ins Westjordanland verlegt wurde. Der weiter oben erwähnte Bericht von Yasmin Porat zeigt, dass die Hamas-Kämpfer zusammen mit den Zivilisten in den Häusern geblieben sind, um auf das Eingreifen der Sicherheitskräfte zu warten. Die Zeugenberichte weisen darauf hin, dass die palästinensischen Kämpfer erst dann mit zivilen Gefangenen zurückgegangen sind, nachdem die israelischen Soldaten eingriffen und dabei unterschiedslos die Häuser mit ihren Panzern unter Beschuss nahmen. Es scheint daher, als ob die Gefangennahme von Zivilisten eher ein Zusammentreffen von Umständen als eine im Voraus getroffene Entscheidung war.

Der Tod von Zivilisten war also kein Ziel. Und die Tatsache, dass die befreiten Geiseln aussagten, sie seien mit Respekt und sogar auf freundliche Weise behandelt worden, scheint zu bestätigen, dass man es nicht mit einem »Pogrom« gegen die israelische Bevölkerung zu tun hatte.

Die Gefangenenaustausche vom November 2023 verdeutlichen die Strategie der Hamas. In deren Mittelpunkt standen die militärischen und nicht die zivilen Gefangenen. Daher befreiten die Palästinenser als Erstes die Frauen und Kinder und behielten die Soldaten (insbesondere die hochrangigen) für einen späteren Zeitpunkt. Wir kommen noch darauf zurück.

5.2.3. Die taktischen Ziele

Der Angriff der Hamas zielte auf 25 militärische Ziele, die sich im »Gazagürtel« befanden. Die drei wichtigsten taktischen Ziele der Operation waren:

- der Marinestützpunkt von Zikim im Norden des Gazastreifens, der von Marinekommandos der Hamas attackiert werden wird, die den israelischen Gegenangriffen mehrere Tage lang standhalten werden;
- der Kontrollposten von Erez nördlich des Gazastreifens, der einen Teil Überwachungseinrichtungen am Zaun kontrolliert;
- der Befehlsposten der Division Gaza, der sich bei dem Ort Re'im befindet und wo am 7. Oktober die härtesten Kampfhandlungen stattfinden werden;
- das Aufklärungszentrum von Urim in circa 17 Kilometern Entfernung vom Gazastreifen, um die israelischen Überwachungseinrichtungen zu beschädigen.

Ein unweit des Kibbuz Mefalsim (2 Kilometer vom Gazastreifen entfernt) gefundenes Dokument, das Angaben zur Personalstärke des Militärs und der Sicherheitskräfte enthält, zeigt, dass die Operation sehr minutiös geplant und gegen die Militäranlagen gerichtet war.

5.3. Der Ablauf der Operation

Die Operation Al-Aqsa-Flut (wörtlich: *Schlacht der Al-Aqsa-Flut*) ist eine gemeinsame Operation verschiedener Palästinenserorganisationen, die die Jerusalem-Achse, auch bekannt als »*Achse des Widerstands*«, bilden. Die Gruppen werden vom *Gemeinsamen Kommandoraum* (GKR) in Gaza koordiniert. Die *Hamas* ist die bedeutendste Gruppe, gefolgt vom *Islamischen Dschihad in Palästina* (PIJ), den *Volkswiderstandskomitees* (VWK) und der *Volksfront zur Befreiung Palästinas* (PFLP).

Die Vorbereitungen für die Operation scheinen knapp zwei Jahre gedauert zu haben. Offenbar hatten die Israelis sie seit Mai 2022 entdeckt[28], konnten sie aber nicht deuten und ihre genaue Natur und ihren Umfang nicht verstehen. Die Tatsache, dass die Operation fast 50 Jahre nach dem Beginn des Jom-Kippur-Krieges (6.10.1973) stattfindet, ist wahrscheinlich nur ein Zufall. Es ist dagegen kein Zufall, dass sie an einem Samstagmorgen gestartet wurde. Jeder, der für einen Warnnachrichtendienst gearbeitet hat, weiß, dass Feiertage (Weihnachten, Ostern, Neujahr uvm.) und freie Tage (Sabbat, Sonntag uvm.) die geeignetsten Zeitpunkte für Militäroffensiven sind.

Die Operation beginnt am Samstag, dem 7.10.2023, um 6:26 Uhr in der Früh mit einem Abfeuern von einigen Hundert Raketen auf Ziele, die sich im Gazagürtel befinden. An jenem Tag werden etwa 5 000 Raketen abgefeuert.

Unter der Führung der Hamas überwinden zwischen 1 000 und 1 500 palästinensische Kämpfer den Sperrzaun an sechs Stellen[29] und gehen in einer breit angelegten Operation der gemeinsamen Kriegsführung zum Angriff über. 25 im »Gazagürtel« befindliche militärische Ziele werden vom Land, vom Meer und aus der Luft angegriffen. Unterlagen, die bei den Angreifern gefunden wurde, zeigen, dass die Hamas detailgenau über die Ziele und die mit ihrem Schutz beauftragten Kräfte informiert war – in einem so exakten Umfang, dass gewisse Leute die These aufstellten, wonach Quellen innerhalb der israelischen Armee diese Informationen geliefert hätten.[30]

Der Gesamtplan ist recht einfach.

In einer ersten Phase war geplant, gleichzeitig die Vorposten und Basen der Division Gaza und der Polizei anzugreifen, um sie zu zerstören oder funktionsunfähig zu machen, sowie die Verbindungswege zu blockieren, um das Eintreffen von Verstärkungen zu verzögern, nachdem zuvor die Überwachungskameras und andere Verteidigungssysteme ausgeschaltet worden waren.

In einer zweiten Phase sollten die Kommandos Soldaten gefangen nehmen und sie in den Gazastreifen zurückbringen, um sie in der Folge austauschen zu können.

In einer dritten Phase ging es darum, die israelischen Kräfte in den Gazastreifen zu locken, um sie in einem günstigen Terrain zu bekämpfen und ihnen möglichst großen Schaden zuzufügen. Die Palästinenser konnten die Israelis mit Handstreichen und Hinterhalten angreifen, indem sie ein riesiges Netz von »Angriffstunneln« nutzten, die konzipiert waren, um sich innerhalb des Gebiets von Gaza zu bewegen.

5.3.1. Falsch gedeutete Hinweise

Am 12.1.2024 schildern Ronen Bergman und Yoav Zitun, zwei Journalisten des israelischen Nachrichtenportals *YNet* mit sehr guten Kontakten zu Militärs und Nachrichtendienstlern, den Ablauf der Ereignisse vom 7. Oktober. Sie zeigen uns schonungslos die Unzulänglichkeiten der israelischen Streitkräfte, die etwas verloren wirken angesichts einer Situation, welche sie nicht wirklich vorhergesehen haben.[31]

Anscheinend werden in der Nacht vom 6. auf den 7.10.2023 Signale empfangen, die andeuteten, dass in Gaza etwas in Vorbereitung ist. Aber weder dem Schabak noch den IDF gelingt es, diese Signale zu deuten und in ein Schema einzuordnen. In Wahrheit ist es eher die Menge an Signalen als ihre Art, die den israelischen Verantwortlichen Sorgen bereitet und sie veranlasst, noch während der Nacht mehrere Telefonkonferenzen abzuhalten.

Zunächst denken die israelischen Verantwortlichen an den Vorstoß eines kleinen Kommandos mit noch unerkanntem Ziel. Der Schabak-Direktor ordnet die Bereitstellung eines Einsatzteams unter dem Namen *Tequila* an, zusammengestellt aus Kommandos von Schabak und IDF.

Die erste Schwierigkeit besteht darin, trotz des Zauns und der Warn- und Sicherheitsvorrichtungen (insbesondere der Selbst-

Das Logo der Operation Al-Aqsa-Flut (معركة طوفان الأقصى) (Tufan Al-Aqsa)

Abbildung 67 – Das am Tag nach ihrem Beginn erschienene Logo der Operation Al-Aqsa-Flut. Es nimmt graphische Elemente des Logos der Izz-ad-Din-al-Qassam-Brigaden mit auf.

Operation Al-Aqsa-Flut

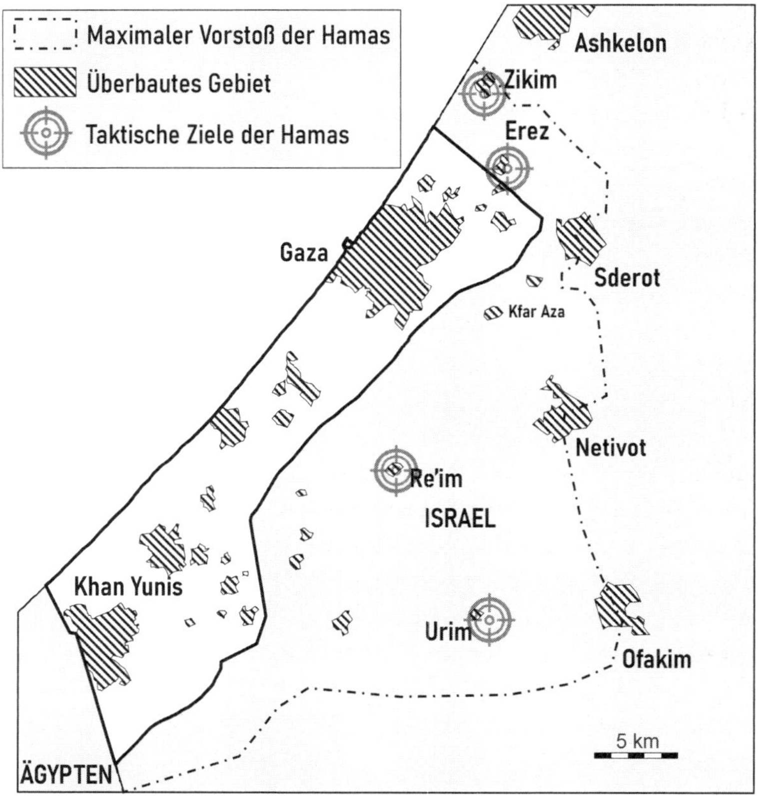

Abbildung 68 – Trotz ihrer Resonanz war die Operation der Hamas zu keinem Zeitpunkt in der Lage, Israel zu gefährden.

schussanlagen), die das Palästinensergebiet umgeben, einen Überraschungseffekt zu erzielen. Um ihn zu erreichen, hat die Operation einen perfekt abgestimmten zeitlichen Ablauf. Zunächst haben Drohnen die Überwachungs- und Schusstürme angegriffen und dabei die Waffensysteme RCWS Samson zerstört.

Gleichzeitig überwinden die Kommandos der Staffel SAQR den Zaun auf dem Luftweg mit ihren Ultraleichtgleitern (UL) und überrumpeln damit die israelischen Soldaten.[32] Diese Operation überrascht die ganze Welt, aber in Wirklichkeit benutzt der palästinensische Widerstand nicht zum ersten Mal UL. Am 25.11.1987 hatte das Generalkommando der PFLP bereits vom Südlibanon aus eine solche Operation gegen einen israelischen Armeestützpunkt durchgeführt. Die Operation trug den Namen Al-Qibya-Gleiter, benannt nach dem palästinensischen Dorf nahe Ramallah, das 1953 von der israelischen Luftwaffe bombardiert worden war.[33]

Amphibische Kommandoeinheiten greifen während der Al-Aqsa-Flut die Militärbasis von Zikim an. Sie halten dort mindestens eine Woche lang aus. Die israelische Armee ist unorganisiert und offensichtlich nicht vorbereitet, eine Aktion dieser Art zu bekämpfen.

5.3.2. Eine durch die Ereignisse überforderte israelische Militärführung

In den ersten Minuten der Operation, nach der Überwindung des Sicherheitszauns, neutralisieren die Spezialkräfte der Hamas *(Quwat al-Nukhba)* mit Scharfschützen, Angriffsdrohnen sowie der Sprengung von Relaisstationen 40 Prozent der Übertragungs- und Überwachungsvorrichtungen der Division Gaza. Handelt es sich um das Schicksal oder eine Aktion der Hamas? Die drei Ballons, die die ständige Überwachung des Gazastreifens sicherstellen, sind nicht einsatzbereit. Kurz gesagt: Der israelischen Militärführung ist die Sicht genommen. Sie folgt nichtsdestotrotz gleichermaßen blind den Abläufen, die eigentlich nicht für eine solche Situation erdacht wurden. Man rechnet zu diesem Zeitpunkt mit einem Eindringen von kleinen palästinensischen Kommandogruppen.

Zwei F-16-Jagdbomber werden vor Ort entsandt. Aber ihre Aufgabe besteht darin, den Luftraum zu überwachen. Ohne Beobachter am Boden, die ihnen die Situation beschreiben und Ziele angeben können, sind sie machtlos. Sie kreisen eine Dreiviertelstunde über dem Operationsgebiet, ohne etwas tun zu können.

Am Boden versuchen die palästinensischen Kämpfer, den Stützpunkt von Re'im zu erreichen, wo sich die Führung der Division Gaza befindet. Sie wurden vor der Operation sorgfältig eingewiesen: Sie müssen möglichst oft marschieren und das Laufen vermeiden, damit die Überwachungsdrohnen sie nicht zu schnell identifizieren können. Laut den Journalisten der israelischen Nachrichtenplattform *YNet* ist diese List am Morgen des 7. Oktober lange Zeit erfolgreich – bis der Befehl erteilt worden sei, auf jedes mögliche Ziel zu schießen, selbst wenn es nicht einwandfrei identifiziert werden kann.

Auf dem Weg stoßen einige Gruppen auf die jungen Besucher des Musikfestivals, das genau zwischen dem Stützpunkt und dem Gazastreifen stattfindet. Einige Hamas-Kämpfer sind daraufhin verwirrt und fragen die Festivalbesucher nach dem Weg. Es sollte sich herausstellen, dass das Festival eigentlich am Freitagabend beendet sein sollte. Aber weil es so gut ankam, baten die Organisatoren um eine Verlängerung bis zum Samstagmorgen.

Sehr schnell werden Kampfdrohnen geschickt, ohne dass die Lage vor Ort bekannt ist. Weil keine präzisen Befehle vorhanden sind, setzen die Operatoren die Drohnen ohne die Koordinierung oder die Anweisungen des Kommandos der Luftwaffe ein. Normalerweise wird Luftunterstützung nach den Anweisungen von Beobachtern am Boden gegeben. In diesem Fall erteilen stattdessen Zivilisten den Hubschrauber- und Drohnenpiloten Befehle. Insgesamt führen die Drohnen mehr als einhundert Einsätze durch, hauptsächlich auf israelischem Gebiet, aber praktisch ohne jegliche Koordinierung.

Die Kampfhubschraubereinheiten werden unverzüglich alarmiert und die ersten Kampfhubschrauber vom Typ Apache treffen um 7 Uhr morgens vor Ort ein. Sie stammen vom Flugwaffenstützpunkt Ramon unweit des Gazastreifens. Aber der Großteil an Hubschraubern wurde aufgrund der Bedrohungslage an der libanesischen Grenze in den Norden des Landes verlegt. Die meisten Hubschrauber werden also erst um 10 Uhr morgens eintreffen. Vor Ort suchen die Piloten den Kontakt zum Kommando der Division Gaza. Aber Letzteres hat seine Übertragungsvorrichtungen verloren und bleibt stumm. Die Piloten versuchen deshalb, über Mobiltelefone Kontakt zu den Sicherheitskräften der Kibbuze aufzunehmen. Eine Benutzung privater Mobilfunknetze widerspricht allen militärischen Grundregeln, aber der Zusammenbruch des militärischen Übertragungsnetzes zwingt die Kämpfer am Boden dazu, das Feuer der Luftunterstützung mit ihren Mobiltelefonen zu leiten.

Zu diesem Zeitpunkt ist das Kommando der Division Gaza nicht einsatzfähig, und das Kommando Süd sowie das Oberkommando der

Die von den Apache-Kampfhubschraubern anvisierten Fahrzeuge

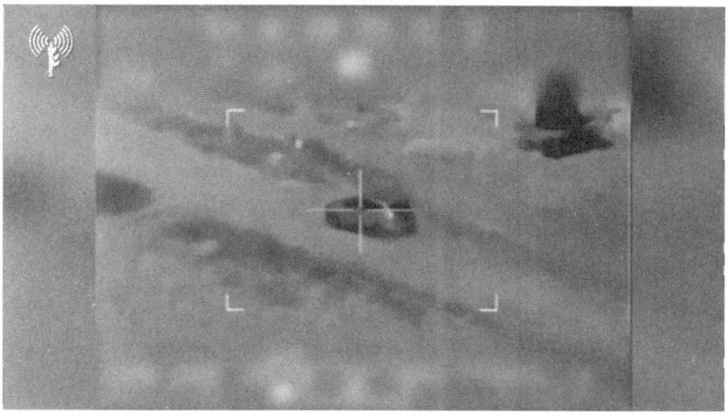

Abbildung 69 – Die in den israelischen Medien erschienenen Videosequenzen zeigen den Beschuss von Fahrzeugen, die offenkundig nicht eindeutig als Hamas-Fahrzeuge identifiziert worden sind. Laut ihren eigenen Aussagen haben die Piloten auf Fahrzeuge geschossen, die aus der Kampfzone flüchteten, ohne wirklich zu wissen, wer sich im Inneren befand. Es sollte sich herausstellen, dass sehr viele junge Israelis in diesen Autos waren. [Quelle: IDF]

Streitkräfte in Tel Aviv müssen übernehmen. Aber beide sind völlig »blind« und haben keine Vorstellung vor der wirklichen Lage vor Ort. Man interpretiert sie als Vorstöße von geringem Ausmaß und beginnt erst zu verstehen, dass es sich um eine Großoperation handelt. Der israelische Generalstab greift daher auf das soziale Netzwerk Telegram zurück und versucht, die Lage mithilfe der von den Palästinensern benutzten Kanäle und der lokalen Presse zu begreifen.

Es herrscht eine völlige Unorganisiertheit, was die militärische Führung angeht. Die Militärs sind nicht in der Lage, koordiniert zu reagieren. Am Kontrollposten von Erez wenden sich die Gefechte schnell zugunsten der palästinensischen Kämpfer. Am 20. Oktober beschreibt die Zeitung *Haaretz* die Situation:

»Die Koordinierungs- und Verbindungsstelle wurde am 7. Oktober attackiert, genau wie die Vorposten entlang des Divisionssektors. Eine bedeutende Hamas-Truppe bemächtigte sich des Kontrollpunkts Erez, der wegen des Feiertags Simchat Tora geschlossen war. Von dort aus sind sie minutenschnell und ohne auf Widerstand zu treffen in den Militärstützpunkt vorgerückt und töteten oder verschleppten die Soldaten der Verwaltung, obwohl es einigen von ihnen geglückt war zurückzuschießen, bevor sie selbst getroffen wurden ... Brigadegeneral Rosenfeld verschanzte sich mit einer Handvoll Soldaten, Männern wie Frauen, in der unterirdischen Kommandozentrale und versuchte verzweifelt, den angegriffenen Sektor zu befreien und zu organisieren. Draußen wurden viele Soldaten getötet oder verletzt, der Großteil gehörte nicht zur Kampftruppe. Die Division war gezwungen, Luftangriffe gegen den Stützpunkt selbst anzufordern, um die Terroristen zurückzudrängen.«[34]

Von der unterirdischen Kommandozentrale der Division Gaza in Re'im löst also der Brigadegeneral Avi Rosenfeld Luftschläge gegen die eigenen Positionen aus, die damit unterschiedslos Palästinenser und israelische Soldaten treffen. Letztere werden einen Teil der Opfer des 7. Oktober ausmachen, die man der Hamas zuschreibt. Die

Die Apache-Kampfhubschrauber schießen auf Zivilisten

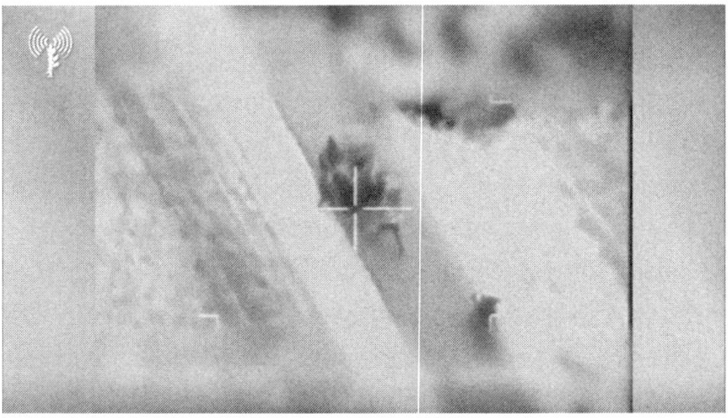

Abbildung 70 – Das Studium der von den israelischen Streitkräften gemachten Bilder, die in den israelischen Medien veröffentlicht wurden, zeigt, wie etwa diesen SUV unmittelbar vor seiner Zerstörung, dass die Hubschrauber auf Zivilisten geschossen haben. Handelte es sich um Palästinenser oder Israelis? Niemand hat die Antwort. Aber die Bilder zeigen klar, dass keine Waffen, etwa Sturmgewehre, vorhanden sind. Unterdessen lässt die junge Frau, die versucht, auf das Fahrzeug aufzuspringen, vermuten, es handle sich um junge Israelis. In jedem Fall ist das vom humanitären Völkerrecht (HRV) vorgeschriebene Vorsichtsprinzip nicht eingehalten worden.

Kämpfer der Hamas halten bis in den Nachmittag hinein die Stellung.

Gegen Mittag befiehlt der israelische Oberkommandierende laut dem Nachrichtenportal *YNet*, Gefangennahmen müssen »*egal um welchen Preis*« verhindert werden. Laut den zwei Journalisten wird damit die sogenannte Hannibal-Direktive gegeben, die jedoch nicht direkt genannt wird.

Offenbar haben die Palästinenser auch Autoreifen verbrannt, nicht etwa um Häuser anzuzünden, sondern um eine Rauchwand gegen die Hubschrauberangriffe zu erzeugen. Es wurde deshalb noch schwieriger für die Apache-Helikopter, die richtigen Ziele auszumachen und zu treffen. Diese Technik, die bereits während der Rückkehrmärsche im Jahr 2018 breit angewendet (oder getestet?) wurde, hatte schon gegen die Überwachungs- und Schussvorrichtungen Wirkung gezeigt. Die Palästinenser haben so dazu beigetragen, den Clausewitzschen

Zerstörungen, die mit der Bewaffnung der Palästinenser unvereinbar sind

Abbildung 71 – Ein Tweet der israelischen Regierung. Die Größe der Zerstörung zeigt, dass sie nicht auf das Handeln der Hamas, sondern auf die Panik der israelischen Militärführung und auf den unverhältnismäßigen Einsatz von Gewalt zurückzuführen ist.[35]

»Nebel des Krieges« zu erzeugen, der die israelische Kriegsführung zu diesem entscheidenden Zeitpunkt beeinträchtigt hat.

Das Interview mit einer Überlebenden aus dem Kibbuz Be'eri im israelischen Radio scheint zu bestätigen, dass die israelische Armee unterschiedslos auf die Kämpfer der Hamas und auf die eigenen Bürger geschossen hat.[36]

Im Kibbuz Be'eri interveniert eine Einheit von Merkava-Kampfpanzern. Aber ohne zu wissen, was sich wirklich abspielt und an welchen Orten sich die Hamas-Kämpfer befinden, schießen sie gleichermaßen auf Israelis und Palästinenser, wie eine junge Panzerkommandantin eingesteht. Ob es sich nun um eine Anwendung der Hannibal-Direktive handelt oder nicht (die in meinem Werk *Vaincre le terrorisme djihadiste*, dt. *Den dschihadistischen Terrorismus besiegen*, beschrieben ist)[37], aus diesen traurigen Ereignissen geht zumindest hervor, dass sich die israelische Militärführung im Panikzustand befindet. Das israelische Kommando verfügt eindeutig über keinen Notfallplan. Auf der taktischen Ebene sind die Kommandeure ganz auf sich allein gestellt. Unteroffizieren und niedrigen Offiziersrängen ohne Erfahrung oder Verständnis der Gesamtlage überlässt man die Initiative.

Ohne die genaue Art des Angriffs und die wirkliche Lage vor Ort zu kennen, befiehlt die Militärführung in Tel Aviv eine Mobilisierung der Reservisten. Bei ihrer Ankunft an den Sammelpunkten werden sie von den Spezialkräften der Hamas in Empfang genommen. Das Szenario, mit dem der israelische Generalstab arbeitet, ist ein Einsickern durch Tunnel, die unter dem Schutzzaun, der den Gazastreifen umgibt, gegraben worden sind. Es ist demzufolge keine Überwindung des Zaunes an mehreren Stellen. Anders ausgedrückt: Der israelische Militärapparat ist auf den Schutz der Kibbuze und israelischen Dörfer ausgerichtet und nicht auf eine Offensive gegen die undichten Stellen im Grenzzaun.

Die israelischen Einheiten kämpfen, ohne zu wissen, was sich in den angrenzenden Sektoren abspielt. Laut dem Nachrichtenportal *YNet* hat der Generalstab in Tel Aviv auch um 8 Uhr morgens, also mehr als anderthalb Stunden nach Beginn der Operation, das Ausmaß des Angriffs immer noch nicht erkannt.

Ein »Massen-Hannibal«

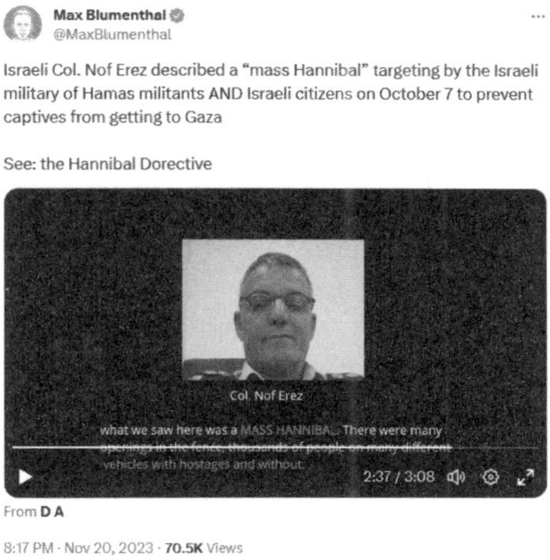

Abbildung 72 – Oberst Nof Erez erklärt, dass der Generalstab am 7. Oktober, aus Mangel an einem klaren Überblick über die Lage und aufgrund der Anzahl der palästinensischen Angreifer, das Schießen bei Sichtkontakt auf alle auftauchenden Ziele zulässt, ohne im Voraus zu bestimmen, ob es sich um Freund oder Feind handelt. Er erwähnt die Anwendung einer »Massen-Hannibal-Direktive«, selbst wenn dieser Begriff vom israelischen Generalstab nicht gebraucht wird. Max Blumenthal ist momentan einer der besten Investigativ-Journalisten zum Thema Gaza.

Aus Mangel an Befehlen beschließen die Kampfhubschrauber-Einheiten, auf sämtliche militärische Prozeduren zu verzichten und das Feuer auf alles zu eröffnen, was »bedrohlich oder wie der Feind aussieht«. Ohne Beobachter am Boden stellen die Piloten ihre eigenen Listen von Zielen auf. Sie öffnen den Kurznachrichtendienst WhatsApp und kommunizieren direkt über ihre Mobiltelefone mit den Zivilisten in den Kibbuzen, die ihnen Ziele nennen. Das Ganze hat jedoch wenig mit dem militärischen Protokoll bei der Zielauswahl gemein: Stattdessen hat man es mit Schätzungen und Ungenauigkeiten zu tun.

Man nimmt an, die palästinensischen Kämpfer seien gekommen, um Gefangene zu machen und sie später gegen inhaftierte Palästinenser auszutauschen. Hier liegt ein Fall für die Hannibal-Direktive vor. Sie berechtigt jeden zu erschießen, um die Gefangennahme eines Israeli zu verhindern, auch wenn es diesem Israeli das Leben kostet. Genau das passiert. Es wird also der Befehl gegeben, auf alle Fahrzeuge zu schießen, »*selbst wenn man befürchtet, dass sich darin Geiseln befinden*«, wie *YNet* berichtet. Genau das ist der Fall: Die Kampfhubschrauber schießen unterschiedslos auf alle Fahrzeuge. In der Mehrzahl der Fahrzeuge befinden sich junge Menschen, die aus der Kampfzone fliehen wollen. Ein Oberst der israelischen Luftwaffe spricht von einem »*Massen-Hannibal*«[38].

In Wahrheit haben die Israelis nicht mit einer Operation dieses Ausmaßes gerechnet. Ihre Notfallpläne waren für Operationen ausgelegt, bei denen kleine Kommandos durch Tunnel oder Löcher im Zaun auf das israelische Gebiet einsickern würden. Die an Ort und Stelle entsandten Einsatzgruppen sind daher schnell mit der Anzahl der Kämpfer überfordert. Die israelischen Überwachungs- und Befehlsposten werden rasch neutralisiert. Die Drohnenpiloten sehen sich gezwungen, WhatsApp-Gruppen von Kibbuzen zu nutzen, um von Zivilisten Ziele genannt zu bekommen.

Die Panzer werden mit Besatzungen aus sehr (zu?) jungen Frauen vor Ort geschickt, die offensichtlich keine echte Kampferfahrung besitzen. In einem Interview erklärt die junge Panzerkommandantin, dass sie nicht mehr recht wusste, wo oben und wo unten war, und sie letztlich das Feuer auf Ziele befiehlt, die ihr Zivilisten vor Ort nennen. Die Besatzung feuert mit ihrer 120-mm-Kanone auf Häuser, ohne zu wissen, ob es darin Zivilisten gibt. Es gibt sie, und in der Folge zeigen Fotos eines Hauses, dass in der Tat diese Schüsse die Zerstörungen verursacht haben. Im Übrigen wurde die ganze Szene auch von einer Drohne aufgezeichnet.

Es ist also möglich, dass die Hamas-Kämpfer an jenem Tag Kriegsverbrechen verübt haben. Aber alles deutet darauf hin, dass die Panik der jungen Soldaten, die nicht wirklich von ihren Vorgesetzten geführt wurden, wahrscheinlich der wahre Grund für das Massaker des 7. Oktober ist.

Alles spricht somit dafür, dass die Hamas eine geplante und vorbereitete Militäroperation durchführte, die gegen Ziele der Besatzungsarmee gerichtet war.

Der Bericht einer jungen Panzerkommandantin

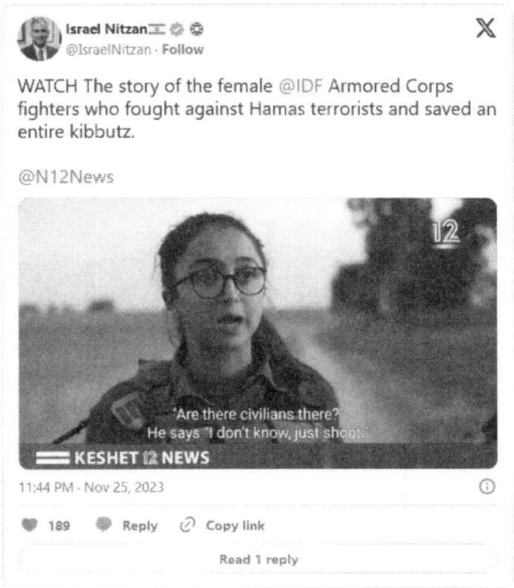

Abbildung 73 – Diese junge Kommandantin eines Merkava-Panzers gibt schlichtweg zu, auf Anweisung eines Zivilisten das Feuer auf die Häuser eines Kibbuz eröffnet zu haben, ohne zu wissen, ob sich darin neben den Hamas-Kämpfern auch israelische Zivilisten befanden.

5.3.3. Neue Kampftaktiken

Nach dem 7. Oktober stoßen die israelischen Truppen in den Gazastreifen vor. Genau das wollten die Palästinenser: Sie haben sich auf einen Guerilla-Kampf auf ihrem Territorium vorbereitet. Die Israelis mussten nur noch »in den Köder beißen«. Letztere sind dort mit Kampftechniken konfrontiert, auf die sie nicht vorbereitet sind.

5.3.3.1. Aktionen im »Direktkontakt«

Trotz der numerischen und materiellen Überlegenheit der Israelis gelingt es den Palästinensergruppen standzuhalten. Die sogenannten Aktionen im »Direktkontakt« beziehungsweise die Aktionen von Infanteristen oder Fußsoldaten, die in direktem Kontakt zu den israelischen Panzern ausgeführt werden, sind gleichsam hocheffizient und sehr medienwirksam.

Die israelischen Soldaten, die technisch, taktisch und psychologisch schlecht auf den Guerillakampf vorbereitet sind, befinden sich in einem Klima der ständigen Unsicherheit. Im Ergebnis verlassen sie ihre Panzer nicht und versuchen, unter dem Schutz der Panzerung und der abstandsaktiven Schutzsysteme, wie dem Windbreaker (auch unter dem Namen *Trophy* bekannt), zu bleiben.

Die palästinensischen Kämpfer nutzen die toten Winkel der Panzer und die Minimalabstände für die Aktivierung des Systems *Trophy* aus. Sie haben Waffen entwickelt, die im direkten Kontakt zu den Panzern eingesetzt werden. Es handelt sich um Sprengladungen, die an der Panzerung befestigt werden und bei ihrer Explosion erhebliche Schäden verursachen.

Um sich gegen diese »Kontaktwaffen« zu schützen, wurden die israelischen Panzer mit einem antimagnetischen Überzug versehen, der die Befestigung eines Sprengkörpers verhindern soll. Bei den deutschen Panzern im Zweiten Weltkrieg entschied man sich für dieselbe Problemlösung (Zimmerit).

Die Sprengladungen Shoaz sind Teil des Arsenals, das von den Palästinensern entwickelt wurde. Es handelt sich um Hohlladungen, die in unmittelbarer Nähe der Panzer abgelegt werden, oder um Ladungen, die Kupferplättchen verschleudern, welche sich im Flug verformen und zu wirksamen sowie zerstörerischen Projektilen werden. Diese *Explosive Formed Penetrators* (EFP) genannten Waffen wurden schon Anfang der 2000er Jahre im Irak beobachtet.

Der für die Herstellung dieser Sprengkörper benötigte Sprengstoff stammt aus den nicht detonierten israelischen Bomben und Granaten. Er wird eingeschmolzen und so wiedergewonnen. Der Anteil von »Blindgängern« unter den israelischen Sprenggeschossen beträgt laut dem israelischen Nachrichtendienst um die 15 Prozent.[39]

5.3.3.2. Die Kampftunnel

Der Untergrund des Gazastreifens ist von einer Fülle von kleinen Tunneln durchzogen, die nur dazu dienen, den palästinensischen Kämpfern zu ermöglichen, sich ungesehen fortzubewegen und in der Nähe der israelischen Truppen aufzutauchen. Diese Tunnel zeigen, dass die Hamas in erster Linie dazu befähigt ist, defensiven Widerstand zu leisten. Sie zeigen aber auch, dass ihre Anführer sehr gut die Art und Weise und die Orte der israelischen Intervention auf dem Gebiet von Gaza vorhergesehen haben. Sprich, die israelische Armee handelt vorhersehbar. Und das macht ihre große Verwundbarkeit aus, für die die israelischen Soldaten seit ihrem Eindringen in den Gazastreifen teuer bezahlen.

Die Propagandavideos der Hamas zeigen lang eingeübte Taktiken, die seit dem 7. Oktober diszipliniert angewendet werden. Man sieht dort insbesondere Angriffe auf gepanzerte Fahrzeuge. Ein erster Trupp bringt den Panzer mit Al-Yassin-105-Granaten zum Stehen, bevor er schnell wieder in einen Tunnel verschwindet. Ein zweiter Trupp kommt, um die unter Schock stehenden israelischen Soldaten zu empfangen und Gefangene zu machen.

Das bedeutet, die Netzwerke von Tunneln sind weitverzweigt, von unterschiedlicher Art und auf mehrere Ebenen verteilt.

5.3.3.3. Die Hinterhalte

Der Hinterhalt ist eine Taktik, die so alt ist wie die Menschheit. Für die israelische Armee handelt es sich jedoch um eine neue Situation. Die Operation Eiserne Schwerter ist weitgehend die erste Operation, bei der sie mit Widerstandsaktionen im klassischen Sinne konfrontiert ist. Die klassischen Taktiken des Widerstands werden allesamt mit Einfallsreichtum angewendet.

Die Hamas-Kämpfer sind offensichtlich gut für den Guerilla-Kampf ausgebildet. Videos, die sie beim Üben mit lebensgroßen und sehr realistischen Panzermodellen zeigen, sind eine Erklärung für ihre Geschicklichkeit.

In Gaza sind die israelischen Panzer gehandicapt. Die Palästinenser kämpfen mit einer praktisch ununterbrochenen Folge von Hinterhalten. Man könnte bisweilen von »geschachtelten Hinterhalten« sprechen: Ein erster israelischer Trupp gerät in einen Hinterhalt. Wenn dann die Verstärkung eintrifft, wird jene mit einem neuen Hinterhalt empfangen. Man hat beobachtet, dass bis zu drei Hinterhalte nach diesem Prinzip verschachtelt sind.

Die israelischen Streitkräfte werden versuchen zu behaupten, dass die Palästinenser Häuser der Zivilbevölkerung nutzen, um Raketen

Ein extrem realistisches Einüben

Abbildung 74 – Die Hamas-Kämpfer haben das Stellen von Hinterhalten mit lebensgroßen Modellen eingeübt. Hier sehen wir einen Kampfpanzer Merkava IV gefolgt von einem Schützenpanzer Namer und einem weiteren Merkava. Die während der Übungen einstudierten Abläufe werden heute präzise wiederholt und gegen die israelischen Truppen eingesetzt. [Quelle: Hamas-Propaganda]

Zerstörte Häuser werden zu Mehrfachraketenwerfern.

Abbildung 75 – Blick auf das Innere des Hauses mit den sechs Raketen des Kalibers 107 mm, die zwischen Hohlblocksteine geklemmt sind. [Quelle: Saraya Al-Quds]

Abbildung 76 – Blick auf die Fassade des Hauses mit seinen sechs Öffnungen. [Quelle: Saraya Al-Quds]

abzufeuern. Und dass sie aus diesem Grund gezwungen seien, die bewohnten Gebiete zu bombardieren. Diese Ausrede ist allerdings »überführt« worden. Das in Zeitoun befindliche fragliche Haus war bereits zuvor bombardiert worden und die Zivilbevölkerung hatte die Umgebung bereits geräumt.[40]

5.3.3.4. Dynamische Strukturen der Militärführung

Die palästinensische Militärführung und ihre Strukturen scheinen auch nach 120 Tagen des intensiven Kampfes noch nicht getroffen worden zu sein. Den Palästinensern gelingt es nicht nur, weiterhin im gesamten, von der israelischen Armee besetzten Gebiet präsent zu sein, es scheint auch, als seien die Koordinierung und Ausführung ihrer Operationen nicht beeinträchtigt. Man beobachtet sogar, dass die palästinensischen Kämpfer im Norden und Süden des Gazastreifens ihre gewonnenen Kriegserfahrungen austauschen.

Dies bedeutet, dass die Führungsstrukturen sehr dezentralisiert sind, jedoch weiterhin ihre Aktionen abstimmen können. Mit anderen Worten: Das von Israel verbreitete Bild von angeblich unter den Krankenhäusern versteckten Kommandozentralen ist falsch, weil es sie nie gab. Aber noch schwerwiegender erscheint, dass die Israelis immer noch nicht verstanden haben, wie die Palästinenser ihre Operationen durchführen. Anders ausgedrückt verstehen sie nicht, wie der palästinensische Widerstand funktioniert. Dies entspricht der Art und Weise, wie Israel seit 75 Jahren gegen die Palästinenser kämpft: Sie versuchen, Einzelpersonen zu beseitigen, sind aber nicht in der Lage, das palästinensische »System« zum Einsturz zu bringen.

Das heißt, den Israelis gelingt es lediglich, taktische Ziele zu erreichen, während die Palästinenser einen operativen Sieg erringen können und bereits einen strategischen erzielt haben.

5.4. Die Kriegsverbrechen

Sehr schnell im Tagesverlauf des 7. Oktober verkünden die israelischen Behörden, es habe auf israelischer Seite 1400 Tote gegeben. Diese Zahl wird später noch nach unten korrigiert. Aber sie wird auch heute noch häufig von unseren Medien zitiert, um das Ausmaß der Hamas-Verbrechen zu zeigen und sie mit einer völkermörderischen Absicht in Verbindung zu bringen.

Obwohl nach rechtsstaatlichen Prinzipien ein Verbrechen kein anderes rechtfertigen kann, ist das Narrativ bezüglich der Kriegsverbrechen der Hamas zum Eckpfeiler der israelischen Strategie geworden, wie man während der Vorverhandlungen vor dem Internationalen Gerichtshof feststellen konnte.[41] Es ist daher essenziell wichtig zu verstehen, was sich an jenem Tag wirklich abspielte, denn die Verschwommenheit der Ereignisse wird von unseren Medien genutzt, um die Brutalität der israelischen Antwort »akzeptabler« erscheinen zu lassen.

Die von Israel nach dem 7. Oktober verbreiteten Bilder scheinen den Verteidigungen der Hamas bezüglich deren angeblicher Kriegsverbrechen Glaubwürdigkeit zu geben. Im November 2023 produzierte die israelische Regierung einen Zusammenschnitt der Videos, die angeblich von den Hamas-Kämpfern gemacht worden sind. Das Ergebnis ist ein 45-minütiger Film, der an alle israelischen Vertretungen im Ausland ausgeteilt und einem ausgewählten und geladenen Publikum präsentiert wurde. Der für seine Unterstützung Israels bekannte eingeladene britische Journalist Owen Jones stellte nach der Vorführung fest:

»Es gibt keine einzige Szene einer Enthauptung von lebenden Personen. Es gibt nichts, was den Foltervorwurf belegen könnte. Es gibt keine Szene der Vergewaltigung oder sexueller Übergriffe. Es gibt keine Szene, die die Hamas beim Töten von Kindern zeigt.«[42]

Sehr schnell zeigt das israelische bzw. westliche Narrativ Schwächen. Die in der israelischen Presse erschienenen Augenzeugenberichte geben ein völlig anderes Bild der Situation. Die zahlreichen, in den israelischen Medien (aber nicht in den anderen westlichen Staaten!) veröffentlichten Zeugenberichte beschreiben eine chaotische Reaktion des israelischen Militärs. Sie zeigen, dass das Wesen und die Tragweite der Verbrechen, die der Hamas vorgeworfen werden, alles andere als klar sind. Die Art der an jenem Tag verursachten Zerstörungen scheint zu zeigen, dass sie von wesentlich schwereren Waffen hervorgerufen wurden als denjenigen, über die die Palästinenser verfügten.

Auch wenn gewisse Verbrechen der Hamas zugeschrieben werden können, so scheint es doch, als hätten die abscheulichsten Verbrechen, die von den französischen Medien LCI, BFMTV oder CNews erwähnt werden, nie stattgefunden, wie etwa die 40 enthaupteten Babys oder der in den Ofen gesteckte Säugling. Das Problem besteht darin, dass das israelische Narrativ von unseren Medien benutzt wird, um das Massaker an der Zivilbevölkerung in Gaza zu rechtfertigen.

Nur eine unabhängige, internationale und unparteiische Untersuchung könnte zu einem ehrlichen Urteil kommen. Solange der Handelnde, der sich als Opfer bezeichnet, eine solche Untersuchung, die eine objektive und unanfechtbare Anklage erlauben würde, ablehnt, kann man sich die Frage stellen, ob er nach Treu und Glauben handelt. Die Behörden der Länder, die bei den Affären des Flugs MH-17, des Massakers von Butscha oder der Sabotage der Nordstream-Gasleitung die Opfer sind, haben in der Vergangenheit regelmäßig internationale Untersuchungen abgelehnt und es bevorzugt, stattdessen nationale Untersuchungen durchzuführen. Dies ist im Allgemeinen ein Anzeichen dafür, dass zwischen dem Narrativ und der Wahrheit der Tatsachen eine große Lücke klafft. Der 7. Oktober scheint hier keine Ausnahme zu sein: Die israelische Regierung weigert sich, eine internationale Untersuchung zu erlauben.[43] Nach einer lebhaften Debatte über das Ja oder Nein einer nationalen Untersuchung hat Netanjahu am Ende akzeptiert, dass eine interne Untersuchung von den Streitkräften durchgeführt wird.[44] Im Klartext scheint Israel besorgt zu sein über die möglichen Ergebnisse, zu denen eine unparteiische und unabhängige internationale Untersuchung kommen könnte.

Eine Rechtfertigung der Unverhältnismäßigkeit der israelischen Antwort ist zu einem zentralen Bestandteil der Kommunikation der israelischen Regierung sowie der traditionellen europäischen Medien geworden. Je nachdem, wie der Internationale Gerichtshof entscheidet, könnte es passieren, dass diese Medien, die alle Einzelheiten des Dossiers kennen, beschuldigt werden, einen Völkermord zu unterstützen oder sogar angestiftet zu haben.

5.4.1. Geiseln oder Gefangene?

Im Juli 2023 erinnerte der Sonderberichterstatter des Hohen Kommissars der Vereinten Nationen für Menschenrechte daran, dass in Israel zu der Zeit etwa 5 000 Palästinenser in Haft waren, darunter 160 Kinder und 1 100 Personen, gegen die keine Anschuldigung vorlag.[45] Diese ohne eine Anklage inhaftierten Palästinenser werden von Israel als Druckmittel gegen deren Familien eingesetzt. Es handelt sich also um Geiseln, von denen niemand im Westen spricht.

Seit 2021 hatte die Hamas über ägyptische Mittelsmänner versucht, Verhandlungen über die Freilassung dieser Gefangenen in Gang zu bringen, insbesondere derer, gegen die keinerlei Anklage erhoben worden war.[46] Aber zu Ende des Jahres bricht Israel die Gespräche ab.

Aus Mangel an internationaler Unterstützung für die Regelung dieses Streitfalls bestand eines der Ziele der Palästinenser darin, Gefangene zu machen. Sie sollten ein Hebel sein, um die Verhandlungen über die Freilassung der von Israel inhaftierten Palästinenser erneut aufzunehmen. Deren Haftbedingungen in Israel wurden wiederholt von Hilfsorganisationen angeprangert. Auch hier gilt: Hätte sich die internationale Gemeinschaft für diese Frage interessiert, dann hätte man der Hamas zweifellos einen Grund genommen, ihre Operation auszuführen.

Der Plan der Hamas sah sich allerdings mit zwei unerwarteten Umständen konfrontiert: der Abwesenheit von israelischen Soldaten und dem Musikfestival. Die Hamas-Kommandos waren darauf gefasst, gegen Soldaten zu kämpfen, aber ein Teil der Division Gaza war ins Westjordanland verlegt worden, und sie sahen sich nun Zivilisten gegenüber. Weil sie also keine Militärgefangenen machen konnten, mussten sie sich mit Zivilisten begnügen. Aus diesem Grund warteten die Palästinenser zunächst in den Häusern auf Soldaten, nachdem sie in die Kibbuze eingedrungen waren. Laut gewissen Zeugenberichten hätten sie sogar die Zivilisten aufgefordert, die Sicherheitskräfte anzurufen. Als die ersten israelischen Soldaten mit Panzern eintrafen, war die Lage völlig undurchsichtig. Die Panzer schossen auf die Häuser und töteten dabei alle darin befindlichen Palästinenser und Israelis, woraufhin sich die Kommandos mit zivilen Gefangenen zurückzogen.

Zivilisten gefangen zu nehmen, um sie für einen Gefangenenaustausch mit einer Besatzungsmacht zu nutzen, ist sicher nicht konform mit dem Humanitären Völkerrecht (HVR). Aber dieses Recht fordert auch, dass die Gefangenen der Israelis ebenfalls von ihm profitieren und dass es Verständigungskanäle gibt. Die palästinensischen Gefangenen haben jedoch unter Folter und schlechter Behandlung zu leiden. Zudem existieren aus den weiter oben angeführten Gründen die Verständigungskanäle nicht mehr. Im Übrigen ist es auch nicht konform mit dem HVR, absichtlich auf Zivilisten zu schießen, um ihre Gefangennahme zu verhindern! Das Problem, das übrigens die gesamte Palästinenserfrage betrifft, besteht darin, dass Israel einen rechtsfreien Raum geschaffen hat, dem es jetzt selbst zum Opfer fällt.

All das entschuldigt in keiner Weise, dass die Hamas Zivilisten gefangen genommen hat. Aber wenn es kein einziges Mittel gibt, um das Problem der von Israel genommenen Geiseln zu lösen (soll heißen, der Palästinenser, die ohne Anklage verhaftet wurden und die mit dem einzigen Ziel eingesperrt sind, Druck auf ihre Familien auszuüben), wenn Israel alle Diskussionskanäle verschließt, wenn die internationale Gemeinschaft sich verweigert, für die Einhaltung der Rechtsnormen zu sorgen, dann bleibt der Hamas nur die Anwendung von Gewalt.

Aus technischer Sicht ist der Begriff »Geisel« angebracht, um die von den militanten Palästinensern gefangenen Zivilisten zu bezeichnen. Diese Geiselnahme könnte ein Kriegsverbrechen darstellen, selbst wenn ihr Ziel darin besteht, Israel zum Verhandeln zu zwingen. Was die Soldaten angeht, so müsste man allerdings von Kriegsgefangenen sprechen, deren Gefangennahme völlig legal ist, was mit den Erklärungen Netanjahus vereinbar ist, die lauten: »Israel befindet sich im Krieg.«[47]

Am 24.11.2023 wird ein Gefangenenaustausch zwischen der Hamas und Israel organisiert. Letzteres lässt 39 Gefangene frei: 15 Minderjährige und 24 Frauen, gegen die keinerlei Anklage erhoben wurde. Jeder mag selbst über die Natur eines Staates urteilen, der willkürliche Verhaftungen vornimmt. Das Interessanteste aber ist, dass den Palästinensern verboten wurde, die Heimkehr dieser Gefangenen zu feiern. Andernfalls würde man sie wie Terroristen behandeln.[48]

5.4.2. Die Behandlung der Geiseln durch die Hamas

Während der französischen Fernsehtalkshow »C à vous« vom 14.11.2023 auf dem Sender *France* 5 versucht uns der ehemalige französische Außenminister Yves Le Drian zu überzeugen, die Hamas benutze ihre Gefangenen unter einem Krankenhaus als menschliche Schutzschilde, wie damals Israel behauptet:[49]

> »Dies ist eine von allen Terrorgruppen angewendete Methode. Als ihr Kollege Didier François vom IS gekidnappt wurde, befand er sich unter einem Krankenhaus.«

Wenn man also dem Glauben schenkt, was uns die israelische Armee und Le Drian erzählen, dann behandelt die Hamas ihre Gefangenen gut und hält sie an dem Ort, der aller Wahrscheinlichkeit nach nicht von Luftschlägen getroffen wird: nämlich in einem Krankenhaus. Le Drian bestätigt somit, dass Israel sich nicht an das Humanitäre Völkerrecht hält! Aber offensichtlich weiß das auch die Hamas. Sie versucht jedoch das Leben ihrer »Geiseln« zu bewahren, um verhandeln zu können. Das erklärt, weshalb man keinen einzigen konkreten Hinweis gefunden hat, dass die Geiseln in den Krankenhäusern gefangen gehalten wurden: Die Hamas versucht sie zu schützen.

Und tatsächlich stimmen die Aussagen der Ex-Geiseln in dem Punkt überein, dass die Hamas-Kämpfer ihre Gefangenen mit Respekt und ohne Feindseligkeit behandelt haben.

Die 85-jährige, am 7. Oktober verschleppte Yocheved Lifschitz wird nach ihrer Befreiung erzählen, dass die Gefangenen an jenem Tag von Yahya Sinwar, dem operativen Verantwortlichen der Hamas im Gazastreifen, Besuch erhielten. Er habe sie beruhigt, ihnen den Grund für ihre Entführung erläutert und von ihrer baldigen Freilassung gesprochen. Sie habe ihm sogar vorgeworfen, Personen zu verschleppen, die, wie sie, für einen Frieden zwischen Israelis und Palästinensern eintreten würden. Und er habe ihr nichts entgegnet.[50]

Ein französischer Dokumentarfilm aus der Reihe »Complément d'enquête« (dt. »Weitere Untersuchung«) mit dem Titel *Hamas, du sang et des armes* (dt. *Hamas. Blut und Waffen*) ist ein Beispiel für ein Werk, das nichts mit Journalismus zu tun hat und in dem abwechselnd Ungenauigkeiten und Lügen verbreitet werden. Der Bericht einer französisch-israelischen Geretteten ist dort offensichtlich emotionsgeleitet. Er kontrastiert mit demjenigen von Yasmin Porat, die auf einem israelischen Radiosender erklärt, die israelischen Soldaten hätten die meisten israelischen Zivilisten zusammen mit den Hamas-Kämpfern getötet.[51]

Yasmin Porat, eine dreifache Mutter, die vom Rave-Konzert »Supernova« flüchtete und dann von Hamas-Kämpfern gefangen genommen wurde, erklärte, dass sie und andere Zivilisten mehrere Stunden lang festgehalten und »menschlich« behandelt worden seien. Eine Aufnahme ihres Interviews auf dem öffentlichen Sender Kan[52], in der von Aryeh Golan moderierten Sendung *Haboker Hazeh* (»Heute Morgen«) zirkulierte in den sozialen Netzwerken, aber nicht in unseren Medien, die damit beschäftigt sind, die Gemüter zu erhitzen:

> »Sie haben uns mit Menschlichkeit behandelt [...] nicht misshandelt. [...]
>
> Ich möchte damit sagen, dass sie auf uns aufpassen [...] Sie geben uns ab und zu etwas zu trinken. Sie beruhigen uns, wenn sie

sehen, dass wir nervös sind. Es war sehr furchterregend, aber niemand hat uns Gewalt angetan. Zum Glück ist mir nicht zugestoßen, wovon ich in den Medien gehört habe.«[53]

Auf dem Kanal 12 des israelischen Fernsehens erklärt sie:

»Sie haben sich uns gegenüber sehr menschlich gezeigt. [...] [Einen palästinensischen Kämpfer zitierend, der hebräisch sprach:] Er sagte zu mir: ›Schau mich an, wir werden dich nicht töten. Wir wollen euch nach Gaza bringen. Wir werden euch nicht töten. Also bleibt ruhig, ihr werdet nicht sterben.‹ Genau das hat er mir gesagt, mit diesen Worten.

Ich war ruhig, weil ich wusste, dass mir nichts zustößt.

Wir waren es, die die Polizei gerufen haben, zur gleichen Zeit wie die Entführer. Denn sie wollten ja, dass die Polizei kommt. Ihr Ziel war, uns zu kidnappen, um uns nach Gaza zu bringen.«[54]

Obwohl die gefangenen Israelis nur zu zwölft waren, legte die israelische Polizei Frau Porat nahe, sie solle aussagen, 40 von ihnen seien von Hamas-Kämpfern festgehalten worden. Die Kämpfer selbst zählten zwischen 40 und 50 Männer. Nach Frau Porats Einschätzung war der Großteil von ihnen Anfang zwanzig. Sie waren selbst jung und verängstigt, wie sie dem Kanal 12 erzählte.

Am 26.10.2023 gibt die über 80-jährige Geisel Yocheved Lifschitz, die einige Tage zuvor von der Hamas freigelassen worden war, eine Pressekonferenz zu den Bedingungen ihrer Gefangenschaft und ihrer Freilassung. Sie berichtet: »*Die Gefangenen wurden medizinisch versorgt und haben als Nahrung dasselbe Brot, denselben Frischkäse und dasselbe Gurkengericht wie ihre ›freundlichen‹ Wärter bekommen.*« Man stellt hier fest, dass die Hamas-Kämpfer ihre weiblichen Gefangenen mit Respekt, Würde und zuvorkommend behandelt haben. Das hindert den staatlichen Fernsehkanal France 24 nicht daran zu titeln, sie hätte »*die Hölle erlebt*«[55]. Diese Israelin sollte im Folgenden von den israelischen und westlichen Medien durch den Dreck gezogen und als Lügnerin beschimpft werden. Aber Ende November werden ihre Aussagen durch die Berichte anderer Geiseln bestätigt.

Auf dem israelischen Kanal 13 bekräftigt der Militäranalyst Alon Ben David:

> »Sie hat die Wahrheit gesagt, genauso wie diese [Gefangenen] hier auch. Ich habe mit ihnen zusammengesessen und aus ihrem Mund genau die gleiche Geschichte gehört.«[56]

Aber diese Erklärungen schaden dem israelischen Narrativ. Am Tag nach den Erklärungen von Frau Lifschitz verkündet Jonathan Pollard, man sollte den Familien der befreiten Geiseln »*das Maul stopfen*«[57]. Pollard ist ein ehemaliger Mitarbeiter des amerikanischen Nachrichtendienstes, der wegen Spionage für Israel verurteilt und 2016 von Donald Trump begnadigt wurde.

Chen Goldstein-Almog, die Ende November mit ihren drei Kindern befreit wurde, erklärte, »*sie und ihre Kinder wurden zusammen festgehalten, mit Respekt behandelt und nicht misshandelt*«[58]. Sie sagte sogar aus, dass die Hamas-Kämpfer sie während der Luftangriffe mit ihren Körpern beschützt hätten. Und als sie einen von ihnen fragte, ob sie die Geiseln töten würden, habe er geantwortet: »*Wir werden vor euch sterben.*«[59]

Nach dem Gefangenenaustausch vom November 2023 schreibt Danielle Aloni, die mit ihrer Tochter von der Hamas festgehalten worden war, einen Brief an ihre Aufseher, um ihnen für die »*außerordentliche Menschlichkeit*« zu danken, mit der sie und ihre Tochter behandelt worden seien. Sie löst damit in Israel einen Sturm der Entrüstung aus. Dort behauptet man, es handle sich bei dem Brief um Propaganda[60] und er sei unter Zwang geschrieben worden. Aber die psychologischen Experten, die sich näher mit diesem Brief befasst haben, sehen keine Elemente, die auf Zwang oder eine Fälschung hindeuten könnten.[61]

Ganz offensichtlich widerspricht der Brief der offiziellen Propaganda. Aber es wäre vielleicht interessanter, über die Gründe nachzudenken, die Frau Aloni veranlasst haben, ihn zu schreiben. Denn die Art, wie die Kämpfer der Wahdat al-Zili ihre Geiseln behandelt haben, hat mit einem Schlag die jahrelange entfesselte Propaganda zunichtegemacht, die die Palästinenser und die Hamas als blutrünstige

Bestien darstellt. Die Berichte der befreiten Personen zeigen, dass sie überrascht und beeindruckt von der Freundlichkeit und Rücksichtnahme der Palästinenser waren.

Auf dem Kanal 13 gibt der israelische Militäranalyst Alon Ben David, der mit den von der Hamas freigelassenen Geiseln sprechen konnte, zu Protokoll:

> »[Die Hamas-Kämpfer] haben die Bewohner der jeweiligen Kibbuze zusammengelegt, wodurch sie weniger beunruhigt waren.
>
> [Die Gefangenen] mussten keine Gewalt oder Beschimpfungen erdulden. Und die Mitglieder der Hamas haben versucht, sie so häufig es ging mit Nahrungsmitteln, Schmerzmitteln und ihren gewohnten Medikamenten zu versorgen. Das Ganze unter gefährlichen und schwierigen Sicherheitsbedingungen unter der Erde innerhalb der Tunnel. (...) Sie saßen und sprachen miteinander. (...) Das gab ihnen den Mut durchzuhalten.«[62]

Ende 2023 erklärt ein Familienmitglied von Ruth Munder in der Zeitung *Jerusalem Post*:

> »Glücklicherweise haben sie während ihrer Gefangenschaft keine schlechten Bedingungen ertragen müssen. Sie sind menschlich behandelt worden. [...] Entgegen unseren Befürchtungen haben sie nicht die schrecklichen Dinge erlebt, die wir uns ausgemalt hatten. [...] Man hat ihnen kein Leid zugefügt.«[63]

Man ist also recht weit entfernt von den *»von Judenhass aufgepeitschten Menschenmengen«* eines Meyer Habib.[64] Die Gefangenen der Hamas sind anständig behandelt worden. So anständig, dass die israelische Regierung Maßnahmen ergriffen hat, damit sich die befreiten Geiseln nicht mehr in den Medien äußern. Kein Vergleich zu den palästinensischen Gefangenen, die von Israel freigelassen wurden. Ihnen wurden Vergewaltigungen angedroht, sie hatten Blutergüsse oder gar gebrochene Arme und sechs von ihnen verstarben während der sieben Wochen vor ihrer Freilassung.[65] Die israelischen Medien sollten behaupten, dass die Verletzungen des jungen Mohammed Nazzal (der ohne einen Grund im August 2023 festgenommen wurde) falsch seien. Sie drehten ein Video (von schlechter Qualität), um zu zeigen, dass es ihm gut gehe und man es also mit palästinensischer Propaganda zu tun habe. Aber France 24 ging der Sache nach, und das israelische Video stellte sich als ein »Fake« heraus. Es zeigte eine andere Person unter anderen Umständen.[66] Lügner also ...

Wie immer in den Fällen, in denen sich »Terroristen« besser verhalten als die »Befreier«, tut man so, als seien die Ex-Geiseln Opfer des Stockholm-Syndroms geworden.

Die Wirklichkeit sieht nüchterner aus: Die israelischen Soldaten meinen, dass die Palästinenser keine Rechte besitzen, wie es ein Militärverantwortlicher gegenüber einem jungen Palästinenser mit amerikanischer Staatsangehörigkeit formuliert.[67]

Das Stockholm-Syndrom ist ein Verhalten, das man Geiseln zuschreibt, die sich in einer Lage der Abhängigkeit befinden und daher eine Form der Zuneigung für ihre Aufseher entwickeln würden. In Wahrheit gibt es dieses Phänomen nicht. Es wurde 1973 von einem schwedischen Polizeipsychologen erfunden, um die Kritik einer Geisel nach einem besonders brutalen Sturm der schwedischen Polizei unglaubwürdig zu machen.[68] Wie vor fünfzig Jahren in Stockholm, so dient auch jetzt dieses »Syndrom« dazu, die Hamas-Kämpfer zu diskreditieren. In Wirklichkeit zeigten sie ein respektvolleres Verhalten als die israelischen Soldaten.

Man wusste, dass »Tiere« auch »menschliche« Empfindungen haben. Man weiß jetzt, dass die »*menschlichen Tiere*« ein wesentlich höheres Niveau an Moral und Ethik besitzen als gewisse Völker, die sich als überlegen betrachten.

Die Israelis behandeln Gefangene wie Tiere. Gandhi sagte:

> »Die Größe und den moralischen Fortschritt einer Nation kann man daran messen, wie sie die Tiere behandelt.«

Ein jeder bilde sich sein Urteil selbst ...

5.4.3. Der Angriff auf das Musikfestival Supernova

Das Festival Supernova, das unweit von Re'im stattfand (wo sich das Hauptquartier der Division Gaza befindet), war der Schauplatz, an dem am 7. Oktober ein Großteil der Toten zu beklagen war. Es löst zu Recht die größte Verbitterung bei der israelischen Bevölkerung aus. Die westlichen Medien behaupten, die Hamas-Kämpfer hätten gezielt die flüchtenden jungen Leute getötet.

In Wahrheit wird es schwer werden, die genauen Umstände dieser Massentötung festzustellen, solange keine internationale und unparteiische Untersuchung stattgefunden hat. Einzelne Elemente und Zeugenaussagen erlauben nichtsdestotrotz, einen Eindruck von den Tatsachen und dem, was sich abgespielt hat, zu bekommen.

Das Ausmaß der Schäden, insbesondere die Zerstörung der Autos und die enorme Hitze, die die Körper dermaßen verbrannt hat, dass selbst die Israelis die Leichen von Hamas-Kämpfern mit denen von jungen Israelis verwechselt haben – all dies lässt darauf schließen, dass sie von der israelischen Armee verursacht wurden.

Im Übrigen erscheint es heute als gesichert, dass das Ziel der Palästinenser nicht die »Rave Party« war, wie unsere Medien uns glauben lassen, sondern der Militärstützpunkt in Re'im neben dem Festivalgelände. Eigentlich sollte es am Freitagabend beendet sein. Aber auf Bitten der Veranstalter wurde es bis zum Samstag verlängert. Eine von der israelischen Polizei durchgeführte Untersuchung scheint zu bestätigen, dass die palästinensischen Kämpfer nicht damit rechneten, auf das Festival zu stoßen, und nicht die Absicht hatten, die Festivalbesucher anzugreifen.

Es ist also unglücklichen Umständen geschuldet, dass das Musikfestival von den Kämpfen betroffen war.[69] Eine Untersuchung der Aufnahmen von den massiven Zerstörungen zeigt zudem, dass israelische Apache-Hubschrauber den allergrößten Teil der jungen Leute getötet haben.[70]

Die verkohlten Leichen, die in unseren Medien als ein Massaker der Hamas präsentiert werden, sind in Wirklichkeit Opfer der Hellfire-Raketen, die von Hubschraubern abgefeuert wurden. Die Leichen sind so unkenntlich verkohlt, dass die Behörden erst im Nachhinein

200 von ihnen als palästinensische Kämpfer unter den 1400 Opfern des 7. Oktober identifizieren konnten.[71]

Vor der Kommission des Außenministeriums und der französischen Nationalversammlung stellt der Experte Gilles Kepel eine Verbindung zwischen der Operation Al-Aqsa-Flut und einer »Razzia« her, wo »*man kommt, plündert und so viele Menschen wie möglich [...] auf irrationale Art tötet*«. Sie sei im »*religiösen Bewusstsein der Muslime*«[72] präsent. Das ist falsch.

Zunächst einmal schreibt man die Erscheinung der »Razzia« dem Islam zu, obwohl es sich um ein Vorgehen handelt, das schon vor der Ankunft des Islam existierte und in Nordafrika weitverbreitet war. Des Weiteren sieht Gilles Kepel darin ein völlig irrationales Vorgehen, dessen Ziel im Töten besteht. Er gibt dem Iran dafür die Verantwortung: Er wolle so die Ermordung des Generals Soleimani rächen. Kepel verbindet insbesondere die Al-Quds-Einheiten (des *Islamischen Dschihad in Palästina*), die Sunniten sind, mit den schiitischen iranischen Revolutionsgarden ...

Ein weiteres Problem in Bezug auf die »Rave Party« war, dass zahlreiche junge Leute eine Waffe in ihrem Auto mitführten und dorthin eilten, um sie zu holen. Dies würde erklären, weshalb palästinensische Kämpfer auf Personen in der Nähe der Autos geschossen haben. Aber noch einmal: Ein abschließendes Urteil wird erst dann möglich sein, wenn eine ernsthafte Untersuchung durchgeführt worden ist.

Wenn das Ziel der Palästinenser darin bestanden hätte, Zivilisten zu töten, dann hätten sie dafür viel Zeit gehabt. In Wahrheit haben sie das betroffene Gebiet stundenlang besetzt, einige Zonen sogar tagelang, bis sie vertrieben wurden. Aus den Zeugenberichten geht aber hervor, dass sie während dieser Zeit freundlich zu den israelischen Zivilisten waren.

Eine Israelin namens Rotem beschreibt ihren ersten Kontakt mit einem Hamas-Kämpfer in ihrem Kibbuz und erzählt, dass er um Erlaubnis bat, sich eine Banane zu nehmen, bevor er wieder ging.[73] Man ist also weit von dem entfernt, was uns Benjamin Netanjahu und seine Sprachrohre in Frankreich, wie die Sender *CNews* und *BFMTV*, weismachen wollen.

Am 18. Dezember gelingt drei israelischen Kriegsgefangenen die Flucht und sie nähern sich den israelischen Linien. Sie haben die Oberkörper frei gemacht, um zu zeigen, dass sie unbewaffnet sind und keine Sprenggürtel tragen. Auf einer weißen Fahne schreiben sie eine Bitte um Hilfe auf Hebräisch, um nicht mit Palästinensern verwechselt zu werden. Trotzdem werden sie von den israelischen Soldaten erschossen[74], die damit beauftragt sind, sie »*rauszuholen*«[75].

Unbewaffnete Personen zu erschießen, die sich ergeben und eine weiße Fahne bei sich tragen, stellt ein Kriegsverbrechen dar. Sie ist aber auch ein weiteres Zeichen für die Undiszipliniertheit in den Rängen der israelischen Streitkräfte (engl. IDF).

5.4.4. Die 40 enthaupteten Babys

Am 10.10.2023 twitterte die Journalistin Nicole Zedeck: »*Soldaten haben mir gesagt, sie glaubten 40 Babys/Kinder seien getötet worden. Die genaue Zahl der Toten ist noch unbekannt, denn die Armee geht immer noch von Haus zu Haus, um weitere israelische Opfer zu finden.*«[76]

Eden Tal, Sprecherin der israelischen Armee, bestätigt, dass Kinder enthauptet worden seien.[77] Allerdings wird keinerlei Bild oder Art der Bestätigung veröffentlicht. In Wahrheit weiß sie überhaupt nichts darüber und lügt, indem sie das Gerücht bestätigt. Diese leicht zu widerlegende Lüge hinterlässt sicherlich Spuren im Gedächtnis. Sie trägt aber ebenso zu einem Glaubwürdigkeitsverlust der israelischen Regierung bei.[78]

Tal Heinrich, Sprecher der rechtsextremen Regierung von Benjamin Netanjahu, bestätigt – wie könnte es anders sein – ebenfalls die Meldung.[79] Gleichwohl lassen die israelischen Streitkräfte (IDF) bereits am 10. Oktober verlautbaren, sie seien nicht in der Lage, die Information zu bestätigen.[80] Die amerikanische Internetseite *The Intercept* wiederholt, dass die IDF dieses Massaker nicht bestätigen können, und unterstreicht dabei: »*Die Menge an Fehlinformationen – und an Falschinformationen – scheint beispiellos zu sein.*«[81]

Tatsächlich wird sogar der amerikanische Präsident Joe Biden erklären, er habe die Fotos der enthaupteten Babys gesehen. Aber das Weiße Haus muss später zurückrudern und erklären, dies sei nicht

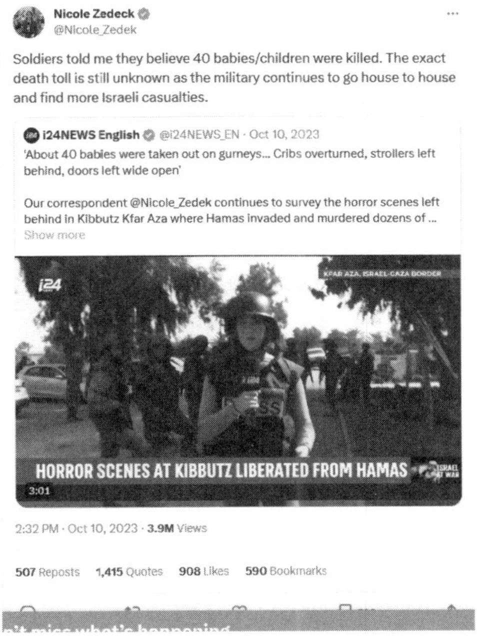

Abbildung 77 – Der Twitterbeitrag von Nicole Zedeck vom 10.10.2023.

der Fall gewesen.[82] Ein Präsident, der praktisch sein gesamtes Leben lang gelogen hat, dichtet etwas zusammen, um die israelischen Luftangriffe gegen palästinensische Zivilisten zu rechtfertigen. Dieses Bild gibt die amerikanische Demokratie ab.

Der israelische Journalist Oren Ziv suchte die Ortschaft Kfar Aza auf, in der sich das Drama angeblich abgespielt hat, und konnte mit Soldaten der IDF sprechen. Am 11. Oktober twittert er: »*Die Soldaten, mit denen ich mich gestern in Kfar Aza unterhalten habe, sprachen nicht von ›enthaupteten Babys‹.*«[83] Die israelische Armee teilt mit, sie könne ein solches Verbrechen nicht bestätigen und würde keine Untersuchung einleiten.[84] Es wird sich herausstellen, dass die Geschichte erfunden war. Sie hält sich aber weiterhin in den Nachrichten, wie die Presseagentur Anadolu aufzeigt. Sie stellt klar, dass der in Jerusalem ansässige französische Journalist Samuel Forey erklärt habe, er sei am Dienstag in der Siedlung Kfar Aza gewesen. Es habe aber niemand von den mutmaßlichen Enthauptungen gesprochen und unter den Soldaten gebe es »*keine Augenzeugen von solchen Gräueltaten*«[85].

Aber der schweizerische Rundfunksender RTS ignoriert solche Mahnungen zur Vorsicht. In der Sendung *Forum* vom 11.10.2023 spricht der RTS-Korrespondent in Jerusalem, Stéphane Amar, von der »*Barbarei der Hamas*« mit »*dem Durchschneiden der Kehle bei Kindern, Abtrennen von Gliedmaßen, Hunderten Toten, die oft aus nächster Nähe erschossen wurden*«[86]. In ihren Abendnachrichten vom 11. Oktober gibt der schweizerische Kanal einem Israeli das Wort:

Die westlichen Medien und die Anstachelung zur Gewalt

AA

WORLD, MIDDLE EAST

Israeli army says it does not have 'confirmation' about allegations that 'Hamas beheaded babies'

Israeli army spokesperson tells Anadolu over phone that they have no information confirming allegations that 'Hamas beheaded babies'

Turgut Alp Boyraz | 10.10.2023 - Update : 11.10.2023

Abbildung 78 – Am 10. Oktober berichtet die türkische Presseagentur Anadolu, dass die israelische Armee die Gräueltaten, über die in unseren Medien berichtet wird, nicht bestätigen kann. Diese Information sollte zumindest für Vorsicht und Zurückhaltung angesichts der explosiven Gesamtlage sorgen. Das ist jedoch nicht der Fall … [Quelle: https://www.aa.com.tr/en/middle-east/israeli-army-says-it-does-not-have-confirmation-about-allegations-that-hamas-beheaded-babies-/3014787]

Die westlichen Medien und die Anstachelung zur Gewalt

AA

MIDDLE EAST

Despite refutations from Israeli military, headlines that Hamas 'beheaded babies' persist

Claim initially made by Israeli news channel allegedly employing dozens of ex-military staff, with close ties with Netanyahu government

Mehmet Solmaz and Enes Calli | 11.10.2023 - Update : 16.10.2023

Abbildung 79 – Die türkische Presseagentur Anadolu meldet als Erste, dass die Geschichte von den enthaupteten Babys falsch ist. Unsere Medien aber, die bereits Falschinformationen zur Ukraine verbreitet hatten, tun dies erneut. Es geht darum, den in Gaza stattfindenden Völkermord zu rechtfertigen. [Quelle: https://www.aa.com.tr/en/middle-east/despite-refutations-from-israeli-military-headlines-that-hamas-beheaded-babies-persist/3016167]

Unterscheidung nach Alter der israelischen Opfer vom 7.10.2023

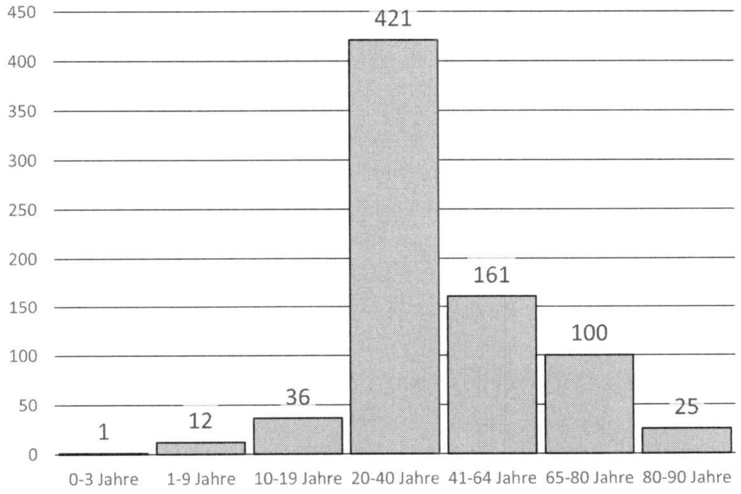

Abbildung 80 – Die am 4.12.2023 in der Zeitung Times of Israel veröffentlichte Unterscheidung nach Alter zeigt, dass an jenem Tag nur ein einziges Baby gestorben ist. Es soll im Kibbuz Be'eri durch israelischen Panzerbeschuss getötet worden sein, anscheinend zusammen mit seinem Vater und seiner Großmutter. [Quelle: The Times of Israel][87]

> »Ich weiß, dass die Amerikaner uns helfen werden, weil sie merken, was sich hier abspielt. Wir haben eine kleine Shoah erlebt. Eine Shoah. Sie haben Babys **getötet**, Frauen. Kein Land der Welt kann so etwas unterstützen. Dem Ganzen muss ein Ende gesetzt werden.«[88]

Aber in dem Artikel, der auf der Internetseite des RTS veröffentlicht wird, gibt es eine Änderung:

> »Ich weiß, dass die Amerikaner uns helfen werden, weil sie merken, was sich hier abspielt. Wir haben eine kleine Shoah erlebt. Eine Shoah. Sie haben Babys **die Kehle durchgeschnitten**, Frauen. Kein Land der Welt kann so etwas unterstützen. Dem Ganzen muss ein Ende gesetzt werden.«[89]

In Wahrheit ist in keiner offiziellen Information von Kindern mit durchschnittener Kehle die Rede. Und es sieht so aus, als sei nur ein einziges Baby am 7. Oktober getötet worden (die 10 Monate alte Mila Cohen), anscheinend durch israelischen Beschuss laut dem *Jewish News Syndicate*.[90]

Der schweizerische staatliche Rundfunksender ist dafür bekannt, Verschwörungstheorien zu entwickeln.[91] Und einige seiner Journalisten haben sogar den rechtsextremen Terroristen Anders Breivik inspiriert.[92] Er verbreitet nicht nur unbestätigte Informationen, sondern er ändert auch Textinhalte, um zu Hass und Völkermord gegen die Palästinenser anzustacheln.

5.4.5. Das in den Ofen gesteckte Baby

Schnell machte die Geschichte von einem Baby, das Hamas-Kämpfer angeblich am 7. Oktober in einem Ofen verbrannt hätten, in der ganzen Welt die Runde. In Frankreich wurde die Influencerin Warda A., die sich ironisch zu diesem »Ereignis« äußerte, wegen »*Verherrlichung des Terrorismus*« angeklagt.[93] In Wirklichkeit wollte sie diese unbegründeten Anschuldigungen verspotten, die mit dem einzigen Ziel, zum Hass anzustacheln, in der Presse verbreitet wurden.

Denn selbst wenn ihre Scherze mehr als geschmacklos sind, so betreffen sie nicht das Verbrechen selbst, sondern die Fehlinformation, die das Ereignis erst geschaffen hat. Denn es wird sehr schnell deutlich, dass die Geschichte unwahr ist, wie die *Jerusalem Post* am 8. November berichtet:[94]

> »Die Geschichte von einem israelischen Baby, dessen Überreste in einem Ofen gefunden wurden, zirkuliert seit 24 Stunden und hat gravierende Folgen. Die Geschichte wurde zunächst von proisraelischen Internet-Konten verbreitet, um das Ausmaß des am 7.10. verübten Massakers zu beschreiben. Aber sehr schnell ging die Tendenz in die entgegengesetzte Richtung: Die Geschichte wurde benutzt, um Hamas-Propaganda zu verbreiten und zu behaupten, Israel würde falsche Beweise schaffen und die Zahl der Mordopfer künstlich in die Höhe treiben.«

Aus diesem Fall lassen sich zwei Schlussfolgerungen ziehen. Erstens haben wir ungebildete und unbesonnene Richter, die Fehlinformationen verbreiten und die zum Hass anstacheln. Gleichzeitig entmutigen sie diejenigen, die sich kritisch zu Informationen verhalten. Die Richter handeln impulsiv und ohne Weitsicht. Genau umgekehrt zu dem, was ihnen ihre Berufsethik eigentlich vorschreiben sollte. Denn Verhaltensweisen wie diese können zu einer Radikalisierung führen.

Die zweite, ironischere Schlussfolgerung besteht darin, dass diese Fehlinformation die Aufmerksamkeit auf ein besonders abscheuliches Verbrechen gelenkt hat, das wirklich stattgefunden hat und von Israelis verübt wurde ... Im Grunde sollten die französischen Richter für eine Verherrlichung von Völkermord, Kriegsverbrechen und Terrorismus verurteilt werden!

Das Baby im Ofen

Abbildung 81 – Unabsichtlich beleuchten unsere Richter eines der abscheulichsten Verbrechen der Juden. Es wurde im Jahr 1948 während des Massakers im Dorf Deir Yasin von jüdischen Milizen verübt, wie ein Überlebender bezeugt. [Quelle: https://youtu.be/Bwy-Rf15UIs?t=1498]

5.4.6. Die aufgeschlitzte Frau

Am 18. Oktober teilte Brooke Goldstein, eine auf Menschenrechtsfälle spezialisierte Anwältin, ein Video einer aufgeschlitzten Frau in den sozialen Netzwerken und versah es mit einem Kommentar und einer Warnung: »*Das ist das schlimmste Video, das ich jemals gesehen habe. So etwas tun die Nazis der palästinensischen Hamas einer schwangeren Frau an.*«

In Wahrheit ist eine gewisse Yossi Landau die einzige Person, die behauptet, die aufgeschlitzte Frau gesehen zu haben. Sie ist Mitglied der jüdisch-orthodoxen Selbsthilfeorganisation ZAKA[95], die ebenfalls vorgab, die Babys mit durchgeschnittener Kehle gesehen zu haben. Es hat aber niemand sonst eine aufgeschlitzte Frau gesehen. Selbst die Verantwortlichen des Kibbuz Be'eri, in dem der Vorfall sich angeblich abspielte, bestätigten der Zeitung *Haaretz*, dass niemand davon wisse:

»Der Kibbuz fügt hinzu, dass die ›von Zaka berichtete Geschichte von schwangeren Frauen auf Be'eri nicht zutrifft‹. Die Polizei erklärt, sie wisse nichts von dieser Angelegenheit, und ein Arzt des Militärstützpunktes Shura erklärte gegenüber Haaretz, er wisse nichts von dem Vorfall.«[97]

Video der aufgeschlitzten Frau

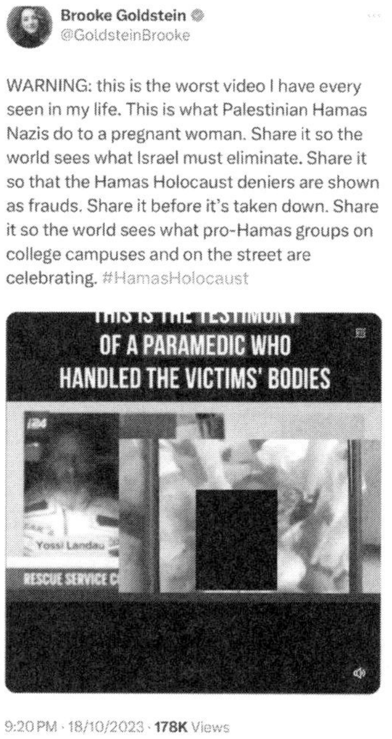

Abbildung 82 – Die in unseren Medien viel zitierte und oft wiederholte Geschichte einer schwangeren Frau, der man den Bauch aufgeschlitzt hat, fand nicht während des Angriffs der Hamas statt. Die Geschichte gründet sich auf ein Video vom 17.1.2018, das ein Verbrechen zeigt, welches von der mexikanischen Organisation »La Guardia Guerrerense« verübt wurde. Der Post wurde in der Folge gelöscht. Aber das Gerücht über diesen Vorfall macht weiter die Runde, insbesondere in den französischen Fernsehstudios[96].

Das Problem besteht darin, dass ein Großteil der Vorwürfe, die angebliche Gräueltaten der Hamas betreffen, von ZAKA stammen. Diese Organisation wird jedoch von gewissen israelischen Journalisten als eine »*Miliz*« angesehen.[98] Sie ist in Israel dafür bekannt, Geschichten frei zu erfinden und Falschinformationen zu verbreiten.[99]

5.4.7. Die Vergewaltigungen

Frauen und Kinder zählen stets zu den primären unschuldigen Opfern von Konflikten. Sie sind indirekte Opfer durch die Folgen des Konflikts für ihre Lebensbedingungen. Aber oft werden sie auch zu direkten Opfern von Waffengewalt oder sexueller Gewalt. Die den Frauen im Krieg zugefügten Gewalttaten sind so alt wie die Menschheit, und leider scheint es so, als hätten wir uns auf diesem Gebiet (wie übrigens auch auf anderen!) kaum weiterentwickelt.

Es handelt sich um ein Thema, das im Informationskrieg der aktuellen Konflikte wiederholt vorkommt. Daher sollte es mit Vorsicht behandelt werden. Im Rahmen der Operation Al-Aqsa-Flut taucht die Frage der Serienvergewaltigungen recht spät, Ende November 2023, in unseren Medien auf. Das sollte stutzig machen. Die amerikanische Nachrichtenseite *The Intercept* hat die Sache untersucht und festgestellt, dass direkt nach dem palästinensischen Angriff seltsamerweise nichts unternommen wurde, um Beweise zu sammeln, die die Anschuldigungen der israelischen Regierung untermauern könnten.[100]

Die israelischen Frauenrechtsorganisationen haben die Vereinten Nationen beschuldigt, sich nicht ausreichend für das Schicksal der Frauen zu interessieren, die von der Hamas vergewaltigt wurden. Das ist jedoch unzutreffend. Gleich am 10. Oktober richten die Vereinten Nationen eine Untersuchungskommission für die Verbrechen des 7. Oktobers ein[101], die einen Zeugenaufruf startet, insbesondere für Fälle von sexueller Gewalt.[102] Am 13. Oktober veröffentlicht UN Women, die UN-Behörde für Frauenangelegenheiten, eine Pressemitteilung, die die Gewalttaten des 7. Oktober verurteilt, ohne von möglichen Vergewaltigungen zu sprechen.[103] In einer Bewertung der humanitären Lage erwähnt UN Women eine Woche später weder Vergewaltigungen noch sexuelle Gewalttaten.[104]

Seinerseits scheint Israel die Aufgabe derer, die versuchen, Beweise für sexuelle Gewalttaten zu finden, nicht leichter zu machen. Zum einen lehnt Benjamin Netanjahu die von der Hamas vorgeschlagenen Waffenruhen zum Austausch von Gefangenen ab, die Frauen aus einer Lage hätten befreien können, in der sie möglicherweise einer schlechten Behandlung ausgesetzt waren.[105] Zum anderen werden keine Maßnahmen ergriffen, um eventuelle Beweise zu sichern.[106] Anfang November stellt das israelische Nachrichtenportal *YNet* fest, dass nichts unternommen wird, um Beweise zu sammeln und die Tatorte zu Untersuchungszwecken abzusichern.[107]

Wie CNN konstatiert, besteht hier die Besonderheit darin, dass den Befragern keine Opfer zur Verfügung stehen und dass eine Vielzahl von Berichten aus zweiter oder dritter Hand stammt.

> »Der Polizeidirektor Dudi Katz erklärte, die Polizei habe mehr als tausend Aussagen und mehr als 60 000 Videoclips zu den Angriffen gesammelt, darunter auch Zeugenberichte von Personen, die beobachtet hätten, wie Frauen vergewaltigt wurden. Er fügte hinzu, dass die Ermittler über keine Aussagen aus erster Hand verfügten und er nicht sicher sei, ob die Vergewaltigungsopfer überlebt hätten.«[108]

Mit anderen Worten: Man hat Tausende von Zeugenaussagen, aber keine Opfer, was von der Zeitung *Times of Israel* bestätigt wird. Sie berichtet Anfang November, dass Beweise für diese Vergewaltigungen fehlten und die Gerichtsmediziner, die die Leichen untersuchten, keine Spuren von Vergewaltigungen entdeckt hätten:

> »Aber in der Folge dieses Ereignisses von einer nie da gewesenen Tragweite wurde vom israelischen gerichtsmedizinischen Dienst kein einziger physischer Beweis für sexuelle Angriffe bei den Leichen gefunden. Die Dienste sind überlastet im Rahmen der Anstrengungen, die geleistet werden, um die Getöteten zu identifizieren, deren Körper zumeist verstümmelt und verbrannt wurden.«[109]

Es gibt also allem Anschein nach keine lebenden Opfer, keine Leichenobduktionen und keine Videos, die von Zeugen aufgenommen wurden, die die Vergewaltigungsvorwürfe bestätigen könnten. (Deren Glaubwürdigkeit müsste später ebenfalls überprüft werden.)

Hinter diesen Anschuldigungen und der Unfähigkeit der Israelis, die nötigen Beweise zu finden, kommt etwas anderes zum Vorschein: Die Tatsache, dass die Leichen massenhaft verbrannt waren, was auf den Gebrauch von Waffen schließen lässt, die wesentlich stärker waren als diejenigen der Hamas. Der extrem schlechte Zustand der Leichen und die Schwierigkeit, die Toten zu identifizieren, sind Anzeichen dafür, dass sie sehr wohl der israelischen Armee zum Opfer gefallen sind. Ironischerweise ist der Vorwurf der Vergewaltigungen unbegründet und bringt israelische (und keine palästinensischen) Verbrechen zum Vorschein.

Am 28.12.2023 veröffentlicht die *New York Times* einen Artikel über die Vergewaltigungen vom 7. Oktober.[110] Der Artikel stützt sich auf 150 Interviews. In seinem Mittelpunkt steht Gal Abdush, die als »die Frau im schwarzen Kleid« beschrieben wird. Aber Anfang Januar bittet die Familie der Hauptzeugin darum, den Artikel zurückzuziehen, weil die Geschichte erfunden war:

> »Wir wussten nichts von dieser Vergewaltigung. Wir haben erst davon erfahren, als uns ein Journalist der New York Times kontaktierte. Sie sagten, sie hätten die Beweise verglichen und seien zu dem Schluss gekommen, dass sie sexuell angegriffen wurde.«[111]

Letzten Endes wird die *New York Times* nach heftigen Auseinandersetzungen innerhalb und außerhalb der Zeitung diskret die Artikel, die sich mit diesen Anschuldigungen befassen, zurückziehen.[112] Wir haben Dokumente, die zeigen, dass die Hamas auf Zivilisten geschossen hat, und wir haben Beweise dafür, dass sie Zivilisten gefangen genommen hat. Es gibt aber weder ein Dokument noch einen Beweis oder ein Untersuchungsergebnis, das erlauben würde, die Vergewaltigungsvorwürfe zu bestätigen. Es ist möglich, dass an jenem Tag Vergewaltigungen stattgefunden haben, aber es gibt dafür keinen Beweis. Das trifft auch auf »Sapir« zu, die angeblich einzige Zeugin, die mit eigenen Augen gesehen habe, wie »*drei andere Frauen vergewaltigt wurden und die Terroristen die abgetrennten Köpfe von drei weiteren*

Frauen bei sich trugen«[113]. Laut der Zeitung *Haaretz* konnte jedoch die israelische Polizei diese Vergewaltigungsopfer weder identifizieren noch finden.[114] Es liegen überdies keine Berichte vor, dass Frauen am 7. Oktober enthauptet worden wären. Die amerikanischen Journalisten Max Blumenthal und Aaron Maté der alternativen Nachrichtenseite The Grayzone sind diesen Vorwürfen nachgegangen und haben sie als eine Erfindung entlarvt.[115]

Massenvergewaltigungen sind eine Anschuldigung, die häufig im Informationskrieg gemacht, aber selten bewiesen wird. Man rufe sich den Fall von Ljudmyla Denissowa, der ukrainischen Menschenrechtsbeauftragten in Erinnerung, die im Jahr 2022 gleichlautende Anschuldigungen gegen Russland erhob.[116] Der schweizerische Sender RTS bekräftigte damals, diese Verbrechen seien sorgfältig nachgeprüft worden.[117] Nichtsdestotrotz war alles frei erfunden[118] und Denissowa wurde entlassen, weil ihre Anschuldigungen nicht nachgewiesen werden konnten und laut der ukrainischen Nachrichtenagentur *Ukrinform* dem Ansehen der Ukraine schadeten.[119]

Es scheint, als ob wir uns im Fall Gaza einmal mehr in der gleichen Situation befinden würden. Das Problem besteht darin, dass die israelischen Behörden verstanden haben, dass es nur einen Weg gibt, um ihre unverhältnismäßige Reaktion zu rechtfertigen: Sie müssen aufzeigen, dass ihr Gegner noch brutaler ist als sie selbst. Mit diesen Anschuldigungen ist also ein strategisches Ziel verbunden. Dies erklärt im Übrigen, weshalb Israel sich weigert, Untersuchungen dieser Verbrechen durchzuführen.

Es ist wahrscheinlich, dass solche Untersuchungen nur die Lügen deutlich machen würden. Die Berichte der Opfer, die mit den Hamas-Kämpfern in Kontakt kamen, scheinen verbrecherische Absichten oder eine unkontrollierte Brutalität zu widerlegen. Im Übrigen war der Angriff der Hamas nur von sehr kurzer Dauer und von einer derartigen Intensität, dass die Kämpfer wahrscheinlich gar keine »Muße« hatten, sich solchen Verbrechen hinzugeben.

6. Die israelische Antwort – die Operation Eiserne Schwerter

6.1. Die erste Reaktion

Die erste Reaktion auf den palästinensischen Angriff vom 7. Oktober war chaotisch und planlos. Auf die Schnelle wurden Befehle und Prozeduren, die eigentlich für eine wesentlich geringere Bedrohung entwickelt worden waren, an die Situation angepasst.

Die Unfähigkeit zu reagieren ist nicht so sehr dem Überraschungseffekt geschuldet, der sich nie ganz vermeiden lässt. Sie ist vielmehr ein Zeichen für eine Aufklärung, die nichts über die Wirklichkeit der Palästinenserbewegungen und ihre Fähigkeiten weiß, sowie für eine Führung, der es an Flexibilität mangelt.

Ein Notfallplan bedeutet nicht etwa, dass man genau vorhersieht, was sich ereignen könnte, sondern eher dass man (meist vereinfachte) Befehle vorbereitet, um auf ungewisse Entwicklungen der Lage zu reagieren. Die chaotische Reaktion auf die Aktion der Palästinenser war insofern besonders unentschuldbar, da die Struktur der Kräfte, die für die Überwachung des »Gazagürtels« eingesetzt waren, aufgrund der Truppenverlegung ins Westjordanland verändert worden war. Diese Fehlerkette in der Führung war, mehr als die Hamas, die Ursache für die große Mehrzahl der Toten an jenem Tag.

Das Chaos ist dermaßen groß, dass die israelischen Behörden nicht in der Lage sind, die Zahl der an jenem Tag getöteten Hamas-Kämpfer zu benennen. Sie brauchen mehr als einen Monat, um festzustellen, dass sich unter den verkohlten Opfern vom 7. Oktober mindestens 200 Palästinenser befinden ...

6.2. Der Aktionsplan

Während der ersten zwei Wochen nach dem 7. Oktober hatte Israel keine Strategie und offensichtlich keinen Notfallplan. Seine Antwort beschränkte sich auf massive Luftschläge und Artilleriebeschuss. Zu jenem Zeitpunkt haben die Israelis bereits eine dreimal höhere Zahl an Kindern getötet als Ukrainer und Russen zusammen während der 20 Kriegsmonate!

Nach einem anfänglichen Zögern, mit Truppen im Gazastreifen zu intervenieren, hat die israelische Regierung eine Drei-Phasen-Strategie aufgestellt:[1]

- Die erste Phase besteht darin, die Kontrolle über den nördlichen Teil des Gazastreifens zu gewinnen, die Stadt Gaza eingeschlossen, wo angeblich die Führungsstruktur der Hamas untergebracht ist. Es ist also das Ziel, diese Führungsstruktur zunächst mit Luftschlägen und später mit einer Bodenoffensive zu zerstören.
- Die zweite Phase ist die Vernichtung von Widerstandsnestern durch die Infanterie.
- Die dritte Phase ist die Errichtung neuer Strukturen im Gazastreifen sowie der Abzug der israelischen Kräfte.

6.3. Wenig klare Ziele

Jede Strategie braucht Ziele. Hier scheinen jedoch die Ziele wenig klar zu sein: Man spricht von der Befreiung der Geiseln, der sogenannten Enthauptung der Hamas (soll heißen, der Eliminierung ihrer Anführer), der Zerstörung der Hamas (soll heißen, der Zerstörung ihrer militärischen und zivilen Fähigkeiten), der Zerstörung der Al-Qassam-Brigaden (soll heißen, der Militärfähigkeiten der Hamas), der Beseitigung der Bevölkerung von Gaza und ihrer Umsiedlung in ein Drittland. Kurzum stellt man fest, dass die israelische Führung angesichts der Machbarkeit, der Annehmbarkeit und der Ideologie zögert, eine adäquate Herangehensweise an das Problem zu erarbeiten.

Am 14.10.2023 erklärt Bernard-Henri Lévy auf dem französischen Fernsehkanal LCI, die israelischen Militärs hätten ihm »*alle*« bestätigt, drei Ziele zu haben: die Hamas zu »enthaupten«, die Geiseln zu retten und die Zivilbevölkerung von Gaza zu verschonen.[2] Gleichwohl besitzt die Hamas Ende Dezember noch ihre gesamte Führungsfähigkeit[3], die einzigen toten Geiseln wurden von der israelischen Armee getötet[4] und die Zivilbevölkerung von Gaza hat nicht nur die weltweit brutalsten Militärschläge seit zwei Jahrzehnten ertragen müssen. Sie wurde auch in den Zonen getroffen, die von der israelischen Armee für »sicher« erklärt worden waren.

> »Am Donnerstag wurde durch einen israelischen Luftangriff ein Haus in Mawasi zerstört, einem ländlichen Streifen an der Südküste von Gaza, den die israelische Armee zur sicheren Zone erklärt hatte. Die Explosion hat laut palästinensischen Krankenhaus-Verantwortlichen mindestens 12 Menschen das Leben gekostet. Laut einer Liste der Toten, die im Nasser-Krankenhaus im benachbarten Khan Younes eingetroffen sind, befanden sich ein Mann mit seiner Frau, sieben ihrer Kinder und drei weitere Kinder zwischen 5 und 14 Jahren unter den Toten.«[5]

Das Problem der israelischen Antwort besteht in ihrer Kurzfristigkeit. Im Kampf gegen den Terrorismus mag Gewalt als ein verlockendes Mittel erscheinen, aber es bleibt immer die Frage: »Und was kommt danach?«

In Wahrheit sind die Vereinigten Staaten, anders als die übrigen westlichen Länder, recht schnell beunruhigt, was die Art der israelischen Planung angeht, um auf die Operation der Palästinenser zu antworten.[6] Ungeachtet der Tatsache, dass sie Israel aktiv unterstützen, insbesondere durch Waffenlieferungen, sind sie doch über den Gang der Ereignisse besorgt. Sie hatten stets ein gespaltenes Verhältnis zur Politik der Israelis. Im Bemühen, gute Beziehungen zu den Golfmonarchien zu bewahren, waren sie die treibende Kraft hinter den verschiedenen Friedensinitiativen in der Region. Aber sie waren auch immer ein bedingungsloser Unterstützer Israels.

Deshalb hatten die Vereinigten Staaten allem Anschein nach einen ersten Plan Israels gutgeheißen, der vorsah, die Gazabewohner

Richtung Ägypten zu treiben, um dann Gaza in Schutt und Asche zu legen und endgültig alle palästinensischen Kämpfer zu beseitigen. Aber angesichts des entschlossenen Widerstands der arabischen Länder brachten die USA Israel dazu, seine Ambitionen zurückzuschrauben.

6.3.1. Vorbereitungsphase

Sofort nach Beginn der Hamas-Operation ist klar, dass Israel zurückschlagen muss. Die Frage ist, wie das geschehen soll. In der Ukraine hatten die Zivilisten vor den Kämpfen die Stadt Bachmut, eine Kleinstadt mit etwa 50 000 Einwohnern, vor Einbruch des Krieges verlassen. Aber in Gaza ist die Lage komplizierter: Es stellt ein weites, verstädtertes Gebiet von 10 mal 36 Kilometern dar, in dem 2 bis 3 Millionen Einwohner leben.

Die Israelis ergreifen eine Sofortmaßnahme und belagern die Palästinenser. Verteidigungsminister Joaw Galant ordnet eine »vollständige Belagerung« des Gazastreifens an: »*Kein Strom, keine Nahrung, kein Treibstoff. Alles ist abgesperrt*«:[7]

> »Wir bekämpfen menschliche Tiere, und wir handeln dementsprechend.«

Diese Worte schockieren zu Recht die arabische Welt und die Welt im Allgemeinen: Er benutzt genau die gleichen Begriffe wie Heinrich Himmler in Bezug auf die Juden.[8]

Obwohl Israel jene nicht als solche definiert hat, soll diese Phase das Schlachtfeld für die späteren Phasen der Operation Eiserne Schwerter vorbereiten. Im Wesentlichen geht es darum, die Zivilbevölkerung in den Süden zu treiben, damit sie der Militäroperation nicht in die Quere kommt, und so zu erreichen, dass vor Ort nur palästinensische Kämpfer übrigbleiben.

Die Brutalität der israelischen Antwort hat jedoch die internationale Gemeinschaft, insbesondere die Vereinigten Staaten, veranlasst, die Schaffung von humanitären Korridoren zu fordern, um den Zivilisten zu ermöglichen, das Gebiet von Gaza Stadt zu verlassen, was

Operation Eiserne Schwerter – Vorbereitungsphase

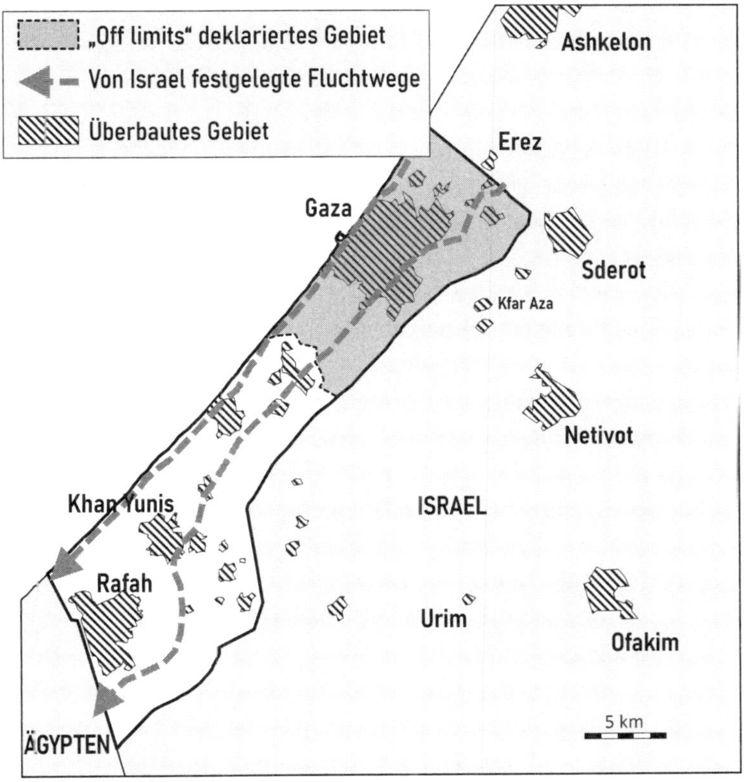

Abbildung 83 – Um die Phase 1 vorzubereiten, versuchen die Israelis, die Gazabewohner gen Süden zu treiben. Die Nordhälfte des Gazastreifens wird für »tabu« erklärt. Gleichzeitig werden massive Bombardierungen durchgeführt.

die israelische Armee nicht daran gehindert hat, die nach Süden fliehenden Hilfskonvois zu beschießen.[9] Auch hier scheint es so zu sein, dass ein Gleichgewicht zwischen taktischen und strategischen Zielen keinen Einfluss auf die israelische Führung hat. Das wird ihr im Januar 2024, mit der Entscheidung des Internationalen Gerichtshofs, zum Verhängnis.

Obwohl unsere Medien nur von den Hamas-Kämpfern sprechen, stammen die palästinensischen Verteidiger aus allen oben behandelten Milizen und Gruppen. Die im Gemeinsamen Kommandoraum

(GKR) abgestimmten Gruppen handeln nach einem Gesamtplan, während die anderen Gruppen anscheinend unabhängig agieren und sich lokal abstimmen, gestützt auf persönliche Beziehungen.

Für die Israelis besteht das Problem darin, dass nicht alle Zivilisten das Gebiet räumen wollten oder konnten. Die Befürchtung, seine Wohnung später nicht mehr vorzufinden; die Angst, einen alten, nicht transportierfähigen Verwandten zurückzulassen; all das hatte zur Folge, dass ganze Familien in der Nordhälfte des Gebiets verblieben.

6.3.2. Die 1. Phase: Übernahme der Kontrolle

Das Ziel dieser ersten Phase besteht darin, die Führungsstrukturen der Hamas zu zerstören, die die israelischen Dienste in Gaza-Stadt verortet haben.

Als Erstes zielen die israelischen Truppen auf die Krankenhäuser von Gaza, die von der Hamas als Stützpunkte für die Durchführung von Militäroperationen genutzt werden sollen. Wahllos werden Gaza-Stadt und die Nordhälfte des Gazastreifens bombardiert.

Die Bodenoffensive hat zwei Stoßrichtungen: eine entlang der Küste von Norden nach Süden in Richtung des Flüchtlingslagers Al-Schifa, die andere von Osten nach Westen südlich von Gaza-Stadt. Damit soll die Stadt vom Rest des Gazastreifens getrennt werden, um die Führung der Hamas wie in einer Fischreuse einzuschließen.

6.3.2.1. Der Krieg um die Krankenhäuser

Aus undurchsichtigen Gründen ist Israel überzeugt, eine »*große Zahl*« von Palästinensern nutze die Krankenhäuser »*als Stützpunkte für die Planung von Terroraktivitäten und um Anschläge zu verüben*«[10]. Das ist möglich, aber bis Ende Januar 2024 haben die israelischen Kräfte noch keine Beweise für diese Anschuldigung gefunden, nachdem sie die Krankenhäuser im Norden des Gazastreifens unter ihre Kontrolle gebracht haben. Abgesehen von der Tatsache, dass dies auf ein Versagen der militärischen Aufklärung hindeutet, lässt die Wiederholung dieser Anschuldigungen die begründete Vermutung zu, dass es sich nur um einen Vorwand handeln könnte, um völkerrechtswidrige Aktionen zu rechtfertigen.

Seit Beginn der Operation Eiserne Schwerter besteht das Ziel der Israelis darin, den Gazastreifen »von seinen Bewohnern zu räumen«: zunächst von seiner Zivilbevölkerung und anschließend von den palästinensischen Kämpfern. Das Problem besteht darin, dass die Krankenhäuser durch die israelischen Luftangriffe zur zentralen Infrastruktur geworden sind, an die sich die Bevölkerung klammert. Sie müssen also zerstört oder unbrauchbar gemacht werden, um die Gazabewohner gen Süden zu treiben.

So gibt Israel vor, das indonesische Krankenhaus in Gaza beherberge einen Stützpunkt, der der Hamas dazu diene, Raketen auf Israel abzufeuern.[11] Diese Information wird von der indonesischen Regierung, die seinen Betrieb finanziert, und von MER-C, der Wohltätigkeitsorganisation, die es managt, entschieden zurückgewiesen.[12]

Am 17. Oktober fordert die Explosion einer Rakete in unmittelbarer Nähe zum Al-Ahli-al-Arabi-Krankenhaus[13] eine gewisse Anzahl von Opfern: Schätzungen reichen von einigen Dutzend bis zu mehr als 500 Menschen. Israel wird verdächtigt, das Krankenhaus gezielt beschossen zu haben. Es antwortet aber schnell, dass es sich um eine defekte Rakete des *Islamischen Dschihad in Palästina* (PIJ) handeln würde. Um diese Behauptung zu untermauern, zeigt die israelische Regierung das um 18:58 Uhr gemachte Bild einer Raketensalve des PIJ.[14] Unsere Medien werden diese Version der Tatsachen übernehmen.[15]

Denn sie schenken natürlich nur Israel Gehör. Sie unterlassen es zu berichten, dass Hananya Naftali, ein ehemaliger Berater von Benjamin Netanjahu, direkt nach dem Angriff auf seinem Konto auf dem sozialen Netzwerk X erklärte: »*Die israelischen Streitkräfte haben einen Hamas-Stützpunkt in einem Krankenhaus in Gaza angegriffen.*« Sein Tweet wurde danach schnell gelöscht.

Aus eher technischer Sicht lässt sich sagen, dass der Raketenangriff um 19:20 Uhr stattfand, das heißt rund zwanzig Minuten nach dem Video, das die israelischen Streitkräfte vorgelegt hatten. Deshalb wird auch ihr Tweet gelöscht und durch einen anderen (ohne Video) ersetzt,[16] was auf eine mögliche Manipulation hindeutet.[17]

Unsere Medien versäumen es natürlich auch zu erwähnen, dass dasselbe Krankenhaus bereits drei Tage zuvor direkt von der israelischen Luftwaffe attackiert wurde.[18] Laut dem Erzbischof von Canterbury, dem Oberhaupt der für das Krankenhaus verantwortlichen anglikanischen Kirche, hätten israelische Soldaten am 15. Oktober das Krankenhaus angerufen, um seine Evakuierung anzuordnen.[19] Seine Aussage wird von Hosam Naoum, dem anglikanischen Bischof von Jerusalem, bestätigt, der präzisierte, das Krankenhaus habe vor der Raketenexplosion am 17. Oktober einen Befehl zur Evakuierung erhalten.[20] Derartige Befehle sind sämtlichen Krankenhäusern im Gazastreifen erteilt worden. Und am 14. Oktober veröffentlichte die Weltgesundheitsorganisation (engl. WHO) eine Pressemitteilung, in der sie erklärte: »*Die von Israel erteilten Evakuierungsbefehle für die Krankenhäuser im Norden des Gazastreifens sind ein Todesurteil für die Kranken und Verletzten.*« Es sei zudem nicht möglich, ihnen in der eingeräumten Frist und mit den verfügbaren Mitteln nachzukommen.[21] Man wusste also, dass Israel plante, die Krankenhäuser anzugreifen.

Um ihre Version der Ereignisse darzustellen, veröffentlichen die israelischen Streitkräfte ein Video, das alle belastenden Beweise enthält.[22] Auf der Grundlage dieser »Beweise« und Videos, die von dem Ereignis vorliegen, konnte *Forensic Architecture* der Universität London ein 3D-Modell konstruieren und nachweisen, dass es sich sehr wohl um einen israelischen Raketenangriff handelte.[23]

Hinzu kommt eine Audio-Analyse des auf das Krankenhaus zufliegenden Geschosses, die von der Nichtregierungsorganisation (NRO) *Earshot.ngo* vorgenommen wurde, welche auf Untersuchungen humanitärer Angelegenheiten spezialisiert ist. Die Analyse basiert auf dem Doppler-Effekt, der es erlaubt, die Richtung der Flugbahn eines Geschosses zu bestimmen.

Am Ende besteht der von den israelischen Behörden gelieferte »Beweis« in einem Telefongespräch, das angeblich zwei Hamas-Verantwortliche führen, und indem sie den misslungenen Abschuss einer Rakete konstatieren und ihn dem PIJ zuschreiben.[24] Eine von *Earshot.ngo* durchgeführte forensische Untersuchung zeigt aber, dass diese Aufnahme derartig manipuliert wurde, dass sie kaum als Beweis dienen kann.[25] Um es klar zu sagen: Es deutet alles darauf hin, dass die Israelis gelogen haben.

Die Israelis versuchen nachzuweisen, dass die medizinische Infrastruktur des Gazastreifens von der Hamas zu militärischen Zwecken genutzt wurde. Sie müssen eine Legitimierung für ihre wahllose Bombardierung von Krankenhäusern, religiösen Gebäuden oder der Gesamtbevölkerung finden.

Recht schnell konzentrieren sie sich dabei auf das in Küstennähe und unweit des Flüchtlingslagers Al-Schati gelegene Al-Schifa-Krankenhaus. Sie behaupten, es beherberge die Hauptkommandozentrale der Hamas.[26]

Der Grund, weshalb sie sich ihrer Sache so sicher sind, ist ihre ausgezeichnete Kenntnis des Krankenhauses. Es wurde 1946 unter dem britischen Mandat errichtet und später von den Ägyptern modernisiert. Seit Juni 1967 wird der Gazastreifen von den Israelis besetzt, die einen Kommandoposten unter dem Al-Schifa-Krankenhaus bauen, um die eigene Bevölkerung als einen menschlichen Schutzschild zu benutzen.[27] Deshalb werfen sie bei jeder Operation, die sie gegen den Gazastreifen durchführen (wie beispielsweise 2009[28] und 2014[29]), der Hamas vor, diese Einrichtungen zu nutzen. Aber Letztere hat stets bestritten, die medizinischen Einrichtungen in Gaza zu Militärzwecken zu nutzen. Dessen ungeachtet bekräftigt der Sprecher der israelischen Armee, Daniel Hagari:

> »Die IDF haben zahlreiche unwiderlegbare Beweise darüber veröffentlicht, dass die Hamas den Krankenhauskomplex Al-Schifa für ihre terroristischen Ziele und geheimen Terroraktivitäten missbraucht.«[30]

Um uns davon zu überzeugen, hat die israelische Armee eine 3D-Animation angefertigt, die einen hochentwickelten Kommandoposten unter dem Krankenhaus zeigt. Es wird ebenfalls behauptet, ein Netz von Tunneln, das zum Kommandoposten und diversen weiteren Einrichtungen der Hamas führe, sei vom Inneren des Krankenhauses zugänglich. Die Angelegenheit erinnert an den unterirdischen Kommandoposten von Osama bin Laden in den Höhlen von Tora Bora, den kein Mensch jemals gefunden hat! Die Hauptsache ist jedoch, dass Dummköpfe daran glauben. Das ist der Fall bei dem bekannten französischen Nachrichtensprecher David Pujadas, der nicht zögert zu behaupten, es handle sich *»um eines der Hauptquartiere der Hamas«*[31]! Trotz seines überzeugenden Tonfalls hat er keine Ahnung, wovon er spricht, und wiederholt einfach eine Falschinformation, die Israel im Folgenden bloß lächerlich erscheinen lässt.

Für Israel ist es von strategischer Wichtigkeit aufzuzeigen, dass die Hamas das Humanitäre Völkerrecht (HVR) verletzt. Denn Israels Bombardierungskampagne ruft zunehmend Widerwillen und Kritik aus der gesamten Welt hervor. Die israelischen Truppen stoßen deshalb schnell zum Krankenhaus vor, um ihre Anschuldigungen zu belegen.

Zunächst versuchen sie aus Norden kommend an der Küste durchzustoßen. Aber nachdem sie in Höhe des Flüchtlingslagers auf Widerstand treffen, unternehmen sie einen Vorstoß aus dem Süden.

Die israelische Armee dreht ein Video, nachdem sie das Krankenhaus eingenommen hat, um den Angriff auf dieses medizinische Zentrum zu rechtfertigen. Laut dem schweizerischen RTS handle es sich um ein unbearbeitetes Video.[32] Das ist falsch. In Wirklichkeit ist die Endversion dieses Videos um 20 Sekunden gekürzt, denn ein Computer, der von den israelischen Soldaten »entdeckt« wurde, zeigte auf dem Monitor das Bild einer jungen Soldatin ... einer israelischen Soldatin![33] Aber unsere Medien werden diskret über diese Fälschung hinwegsehen.

In einem weiteren Video nimmt uns der israelische Armeesprecher mit auf einen Rundgang vor Ort:[34] zwei Toiletten, eine kleine Küche, einige leere Zimmer mit Klimaanlage. Ein Zugang zum Tunnel vom Krankenhaus aus wird uns nicht gezeigt. Der israelische Offizier zeigt uns dagegen, dass die Soldaten graben mussten, um ins Krankenhaus zu gelangen und dass der Ausgang durch Schutt versperrt ist. Anders ausgedrückt: Die Hamas-Kämpfer konnten ihn nicht benutzen, und die leeren Räume scheinen zu belegen, dass die Hamas nicht gelogen hat und diese Tunnel nicht nutzte. Tatsächlich erklärt der israelische Nachrichtenkanal i24 News: »*Die Zugangsschächte zu den Tunneln oder den Kellern im Innern des Kranken-*

hauses waren von der Hamas durch Beton versperrt worden. Die Armee ließ Panzer anrollen, um die Zone zu überwachen, und Bulldozer, um zu versuchen, die Schächte zu öffnen.«[35] Das bedeutet, die israelische Armee hat das Al-Schifa-Krankenhaus angegriffen, ohne zu wissen, was sich darin befindet, und nur auf Vermutungen gestützt. Nach dem Humanitären Völkerrecht handelt es sich eindeutig um ein Kriegsverbrechen.

Wie die *Washington Post* später feststellen wird:[36]

- Die Zimmer, die mit dem von den IDF entdeckten Tunnelnetz verbunden waren, lieferten keinen Beweis für eine militärische Nutzung durch die Hamas.
- Keines der fünf von Daniel Hagari benannten Krankenhausgebäude schien mit dem Tunnelnetz verbunden zu sein.
- Nichts deutet darauf hin, dass die Tunnel vom Inneren der Krankenhausstationen zugänglich sind.

Wie zu erwarten, bricht das Narrativ schnell in sich zusammen. Das von der israelischen Armee gedrehte Video[37] zeigt einige Kalaschnikow-Sturmgewehre (die die israelischen Soldaten auch sehr gut selbst dort haben platzieren können), eine militärische Ausrüstung für einen (1!) Hamas-Kämpfer, einen eingeschalteten Laptop (dessen Bildschirm »verpixelt« ist) und einen Stapel von CD-ROMs. Die Probleme dabei: In einer vorherigen Version des israelischen Filmchens ist der Bildschirm nicht verpixelt und man erkennt dort ... eine israelische Soldatin! Was den Laptop betrifft, so handelt es sich um ein *Lenovo ThinkPad TP490* ..., das kein Laufwerk für CD-ROMs besitzt!

Das Video einer weinenden Krankenschwester, die erklärt, die Hamas sei im Al-Schifa-Krankenhaus aktiv und stehle Nahrungsmittel und Medikamente, ist ein von der israelischen Armee erstelltes »Fake«, wie es der französische Nachrichtenkanal France 24 aufzeigt.[38] In Wahrheit existiert auch nach mehreren Tagen der israelischen Besatzung kein Beweis dafür, dass das Krankenhaus einen Kommandoposten der Hamas beherbergt haben könnte. Bei den von der israelischen Armee vorgelegten Dokumenten handelt es sich um einfachste Fälschungen.[39] Wie ein BBC-Journalist feststellt, der sich vor Ort umschauen konnte (aber nicht berechtigt war, mit dem Krankenhauspersonal zu sprechen), versucht Israel offenkundig, seine Kriegsverbrechen zu rechtfertigen ...

Kurz gesagt haben die Israelis nichts gefunden. Sie mussten aber eine Erklärung dafür abliefern, dass sie dem Krankenhaus den Strom abgestellt und es wiederholt bombardiert haben. Wie es der chinesische Stratege Sun Tsu (Sunzi) vor 2500 Jahren treffend ausdrückte: Es ist stets gefährlich zu glauben, der Gegner sei dümmer als man selbst. Das Vorhandensein dieses »Kommandopostens« ist so bekannt, dass die Hamas ihn schlicht und einfach nicht benutzt.

Präsident Biden hatte die Militäraktion der israelischen Truppen gegen das Krankenhaus unterstützt.[40] Grund dafür war das angebliche Vorhandensein einer Kommandozentrale der Hamas.[41] Aber angesichts des Misserfolgs der Aktion rudert das Weiße Haus zurück und erklärt, es habe Netanjahu nie grünes Licht für einen Angriff auf das Krankenhaus gegeben.[42]

Der Nachdruck, mit dem Israel die Anwesenheit der Hamas im Al-Schifa-Krankenhaus nachweisen wollte, hat beinahe vergessen lassen, dass Israel es speziell auf die Krankenhäuser in den besetzten Gebieten abgesehen hat.

6.3.2.2. Der Tunnelkrieg

Bei jedem Militärschlag, den es auf eine medizinische Einrichtung durchführt, in der Kinder und Frauen behandelt werden, rechtfertigt sich Israel mit der Behauptung, Hamas-Kämpfer würden sich dort verstecken. Das ist insbesondere beim indonesischen Krankenhaus der Fall. Diese Behauptung wird von Indonesien aber entschieden zurückgewiesen.[43]

Tatsächlich scheint es so, als seien die Tunnelnetze umfangreicher, als sich die israelischen Militärs vorstellen. Es gibt relativ große Tunnel, die es auch der Zivilbevölkerung ermöglichen, aus den Trümmern zerstörter Gebäude zu fliehen. Es gibt Netze von Logistiktunneln, die Munitionsdepots an strategisch wichtigen Orten sowie Werkstätten beherbergen. Und schließlich gibt es auch Kampftunnel, bei denen es sich um eine Art unterirdischer Gräben handelt, die es ermöglichen, sich von einem Punkt des Schlachtfeldes zu einem anderen zu bewegen. Diese Kampftunnel werden oft sehr schnell gegraben, je nachdem, wo sich die israelische Position befindet.

Die Tunnel sind naturgemäß defensive Anlagen. Sie zeigen, dass es sich bei der Hamas um eine Widerstandsorganisation handelt.

Anfang Dezember beschließt die israelische Militärführung, die unterirdischen Gänge mit Meerwasser zu fluten. Trotz der Vorbehalte derjenigen, die sich um das Leben der Geiseln sorgen, werden Pumpen an den Strand von Gaza gebracht. Aber die erforderliche Menge an Wasser ist gigantisch. Den Israelis gelingt es nicht, diesen Plan zu verwirklichen, allen enthusiastischen Erklärungen zum Trotz.[44] Im Januar 2024 stellt das *Wall Street Journal* fest, dass die Versuche gescheitert sind, weil die palästinensischen Ingenieure wasserdichte Türen in die Tunnel eingebaut haben, um Flutungen und den Gebrauch giftiger Substanzen zu verhindern.

Tatsächlich befinden sich die Tunnel in einer sehr unterschiedlichen Tiefe, die mehr als 80 Meter betragen kann. In einer solchen Tiefe zeigen die Bombardierungen praktisch keine Wirkung. Ende Januar 2024 stellen das *Wall Street Journal* und der israelische Journalist Israel Hayom fest, dass 80 Prozent des Tunnelnetzes intakt sind. Anders ausgedrückt haben die Israelis für nichts und wieder nichts Tausende Wohnungen zerstört und Zehntausende von Unschuldigen getötet. Und sie waren sich dessen bewusst.[45]

Am Ende werden die israelischen Soldaten nichts finden. Man zeigt uns einen leeren Tunnel, der nirgendwo hinführt und den die israelischen Soldaten nur betreten konnten, nachdem sie die Betonplatte gesprengt hatten, die den Eingang versperrte: Es gibt dort zwei Toiletten und eine kleine Küche, nichts, das an ein Hauptquartier erinnert.[46] Einige in den Kellern der Krankenhäuser gedrehte Videos sollen ihre Nutzung als Kommandoposten nachweisen. Aber der Nachweis ist wenig überzeugend und sorgt für Spott.[47] Im Internet mehren sich die Parodien, und Israel gelingt es nicht, seine Bombenkampagne zu rechtfertigen.

Im November wird Israel behaupten, das Zentrum der Hamas-Führung befinde sich in Chan Yunis, und eine Militäroperation in jenem Sektor beginnen. Doch anscheinend hat es auch dort nichts

Die Israelis waren überzeugt, dass sich die Geiseln in den Krankenhäusern befinden.

Abbildung 84 – Laut der israelischen Propaganda sollte hier der Dienstplan der Hamas-Terroristen abgebildet sein, die die Geiseln bewachen. Aviva Klompas fügt sogar hinzu: »Jeder Name auf dieser Liste ist bereits zum Tode verurteilt.« Aber eine seriösere Betrachtung zeigt, dass hier schlicht die Wochentage zu sehen sind … [Quelle: (Gelöschter) Tweet von Aviva Klompas]

gefunden. Im Klartext heißt das: Israel hatte nicht nur keine Strategie. Es wusste auch nicht, wo es militärisch zuschlagen sollte.

Bald schon lässt sich feststellen, dass die Israelis ins Straucheln kommen. Sie sind materiell und zahlenmäßig klar in der Überzahl. Aber es gelingt ihnen nicht, die von ihnen besetzten Zonen zu beherrschen. Man schätzt die Gesamtlänge des Tunnelnetzes auf 500 Kilometer. Laut dem *Wall Street Journal* sind nur 20 Prozent davon durch die israelischen Operationen betroffen.[48]

6.3.3. Die 2. Phase: Die Beseitigung von Widerstandsnestern

6.3.3.1. Das Ziel: Die Führung der Hamas

Eines der Ziele der israelischen Regierung ist die Zerstörung der Führungsstruktur der Hamas, um die Organisation auszulöschen. Fast zwei Monate später jedoch, nachdem die israelischen Militärschläge an die 16 000 Menschenleben gekostet haben, die israelischen Truppen einen Großteil von Gaza-Stadt besetzt haben und sie in das vorgebliche Hauptquartier der Hamas unter dem Al-Schifa-Krankenhaus eingedrungen sind, wird ein Abkommen über eine Feuerpause geschlossen.

Die Waffen der Hamas verstummen zeitgleich in der gesamten Kampfzone. Danach ist die Hamas in der Lage, die für den Austausch bestimmten Gefangenen herbeizuholen und sie anschließend perfekt abgestimmt an verschiedenen Orten der in Trümmern liegenden Stadt freizulassen.

Dies bedeutet, dass die Hamas nicht bloß eine dezentralisierte Führungsstruktur besitzt, die in keinster Weise den Vorstellungen der israelischen Militärs entspricht. Diese Führungsstruktur ist zudem voll funktionstüchtig, trotz der israelischen Zerstörungen und Kriegsverbrechen. In militärischen Fachbegriffen heißt dies, dass ihr C3I *(Command, Control, Communications & Intelligence)* voll funktionsfähig ist. Die Palästinenser kommunizieren mithilfe von Telefonkabelnetzen, denen die elektronischen Gegenmaßnahmen der Israelis nichts anhaben können. Paradoxerweise macht ihre Einfachheit sie weniger verwundbar.

Mit anderen Worten: Einmal mehr ist die israelische Aufklärung nicht in der Lage, die Denkweise ihrer Gegner zu verstehen. Zu einem großen Teil liegt hier auch der Grund, weshalb die israelische Armee selbst drei Monate nach Beginn der Operation Eiserne Schwerter nicht in der Lage ist, eine ständige Präsenz in Gaza aufrechtzuerhalten, trotz der Zerstörungen und des Anspruchs, in bestimmten Zonen in Nord-Gaza die »totale operative Kontrolle« zu besitzen.

In einigen Fällen sehen die israelischen Soldaten, wie wenige Meter von ihrer eigenen Stellung entfernt Raketen auf Israel abgeschossen werden. Man stellt also fest:

- Die palästinensischen Kämpfer scheinen durch die Anwesenheit der Israelis nicht stark eingeschränkt zu werden und sich frei in einem Gebiet zu bewegen, das sie hervorragend kennen.
- Die palästinensischen Führungsstrukturen scheinen voll funktionstüchtig zu sein. Hinterhalte und ähnliche Aktionen gegen die israelischen Truppen werden perfekt abgestimmt. Komplizierte Aktionen, wie etwa Hinterhalte, die von mehreren Kommandos in 30 Meter tiefen Tunneln gegen israelische Einheiten durchgeführt werden, werden perfekt mit den Hamas-Truppen an der Erdoberfläche abgestimmt. Es lassen sich sogar konzentrische Hinterhalte gegen die israelischen Truppen beobachten, die aus mehreren unterschiedlichen Tunnelnetzen ausgeführt werden. All dies zeigt, dass die Führungskapazitäten intakt sind.

Das Ergebnis: Im Norden des Gazastreifens hat Israel nirgendwo die Lage unter Kontrolle. Im Übrigen hat die Hamas am 1.1.2024 eine Minute nach Mitternacht 27 Raketen aus dieser Zone auf Tel Aviv abgefeuert. Die Al-Quds-Einheiten haben von dort aus mit sechs Raketen einen israelischen Stützpunkt attackiert. Dieser Stützpunkt beherbergte elektronische Abhöreinrichtungen und Aufklärungssysteme. In demselben Sektor haben auch die Abu-Ali-Mustafa-Brigaden einen APACHE-Kampfhubschrauber angegriffen.

Im Laufe der israelischen Operation gewinnt man den Eindruck, dass sich die palästinensischen Kräfte in ihrem Element befinden. Sie haben die Israelis auf ihr Territorium gelockt und scheinen sich hinter deren Linien recht frei bewegen zu können. Sie filmen alle ihre Einsätze mithilfe von Kameras, die am Gewehr oder am Kopf befestigt sind. In einigen Fällen folgt sogar ein Kameramann dem Kämpfer: Sie benutzen denselben Tunnel, um sich den Israelis zu nähern und später wieder zu verschwinden.

Am 6.1.2024 befinden sich Generalleutnant Herzi Halevi, Generalstabschef der IDF, sowie Ronen Bar, der Leiter des SCHABAK, in Chan Yunis, um einen Hamas-Tunnel in Augenschein zu nehmen[49] und damit den Erfolg der israelischen Armee zu demonstrieren. Genau diesen Augenblick nutzt die Hamas, um von Chan Yunis aus einen massiven Raketenangriff auf Tel Aviv zu starten. Für gewöhnlich besteht ihre Taktik darin, eine Rakete abzufeuern und dann schnell den Ort zu verlassen, bevor das israelische Gegenfeuer einsetzt. Aber dieses Mal feuern die Palästinenser ihre Raketen langsam, eine nach der anderen ab, als wollten sie zeigen, dass sie trotz der Anwesenheit zweier hochrangiger israelischer Generäle die volle Kontrolle über die Zone innehaben.

Am 29. Januar, dem 115. Tag der Operation, feuern die Palästinenser 15 Raketen von einem nicht preisgegebenen Standort auf Tel Aviv und Zentralisrael ab. Mit anderen Worten: Die Palästinenser zeigen, dass ihre operativen Fähigkeiten noch intakt sind und die israelische Strategie somit gescheitert ist. Letztere hat nur dazu geführt, dass wenig glanzvolle und völkerrechtswidrige israelische Praktiken angeprangert werden. Eine militärische Lösung hat die Strategie nicht herbeigeführt. Damit wird im Übrigen auch die These des vorliegenden Buches veranschaulicht, der zufolge Israel und der Westen nie wirksame Überlegungen und Strategien gegen die Aufstände im Nahen und Mittleren Osten entwickelt haben, außer, Massaker zu verüben.

In Wirklichkeit stellt man fest, dass die individuelle Ausbildung der israelischen Soldaten sie nicht auf diese Art von Kampf vorbereitet hat. Der Orts- und Häuserkampf, besonders in einer Stadt wie Gaza, ist körperlich wie geistig eine extreme Herausforderung. Er verwandelt sich oft in einen Einzelkampf, wo man jede Kleinigkeit beachten muss, weil jedes Objekt und jeder Trümmerrest eine Gefahr darstellen können.

Die israelischen Soldaten sind aber für den Kampf in kleinen Einheiten ausgebildet, nicht für den Einzelkampf. Dies erklärt, weshalb man einen hohen Anteil von Führungspersonal feststellen kann, wenn man den Dienstgrad der getöteten israelischen Soldaten untersucht (26 Prozent Offiziere und 19 Prozent Unteroffiziere[50]), die von palästinensischen Scharfschützen eliminiert wurden. Während die Palästinenser mit einer sehr dezentralen Führung arbeiten, mangelt es den israelischen Soldaten an Eigeninitiative. Sie neigen dazu, Grüppchen zu formen und so zu leichten Zielen für die Guerilleros der Hamas zu werden.

Die schlecht vorbereiteten Soldaten tendieren dazu, stundenlang in ihren gepanzerten Fahrzeugen zu bleiben. Aber ein Panzer ohne äußeren Schutz wird in der Stadt zu einer leichten Beute, insbesondere für die »Kontaktwaffen« der Hamas.[51]

Die israelische Armee kämpft nach einem konventionellen Schema. Sie ist jedoch nicht auf einen Guerillakampf vorbereitet, bei dem ihre Soldaten in Fallen und in sogenannte »Tötungszonen« (»killing zones«) gelockt werden. Sie funktionieren nach dem gleichen Prinzip wie die russischen Tötungszonen in der Ukraine, mit dem Unterschied, dass sie hier in »3D« vorhanden sind: Die palästinensischen Kämpfer lassen die israelischen Soldaten vorrücken. Dann kommen sie aus ihren Tunneln, um sie in deren Rücken anzugreifen.

Die nicht detonierten Fliegerbomben werden wiederverwendet, um in den Gebäuden, in denen die israelischen Soldaten Stellung bezogen haben, Sprengfallen anzubringen. Diese Art von Rücksendung an den Absender hat unter den israelischen Soldaten für Dutzende von Toten gesorgt.

Die Untersuchung der Datenspeicher von abgeschossenen israelischen Drohnen hat der Hamas ermöglicht, die israelischen Positionen zu lokalisieren, um sie anschließend zu beschießen.

Etappe: Die Abtrennung von Gaza

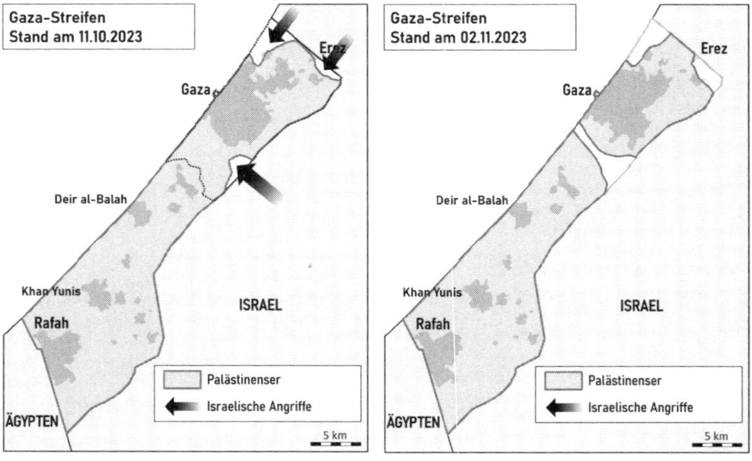

Abbildung 85 – In einem ersten Schritt versucht die israelische Armee, Gaza-Stadt abzutrennen. Sie denkt, dort die Hamas-Führung finden zu können. Sie rückt entlang der Küste und im unbewohnten Teil des Gazastreifens vor.

Das Vorrücken auf die Krankenhäuser

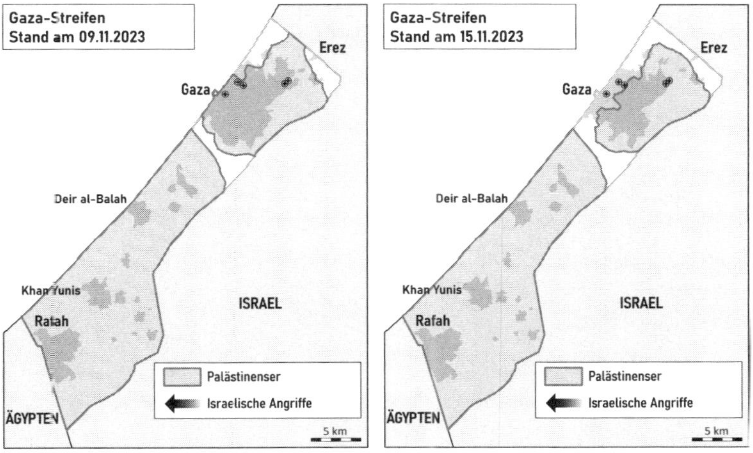

Abbildung 86 – In der Überzeugung, die Führung der Hamas sei in den Krankenhäusern versteckt (schwarze Punkte), rücken die Israelis auf das wichtigste Krankenhaus der Stadt, das Al-Schifa-Krankenhaus, vor.

Das Säubern von Gaza-Stadt

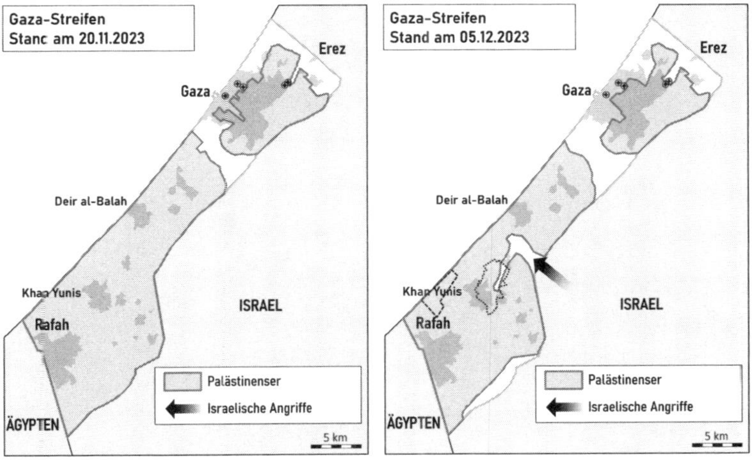

Abbildung 87 – Die Besetzung der Krankenhäuser hat gezeigt, dass die Erklärungen der Hamas den Tatsachen entsprachen. Aber trotz einer breiten Propagandakampagne, die eher für Spott in den sozialen Netzwerken gesorgt hat, als dass sie überzeugte, versucht Israel, genauso im Sektor von Chan Yunis vorzugehen, wo die Bevölkerung Zuflucht gefunden hat.

Das Säubern von Chan Yunis

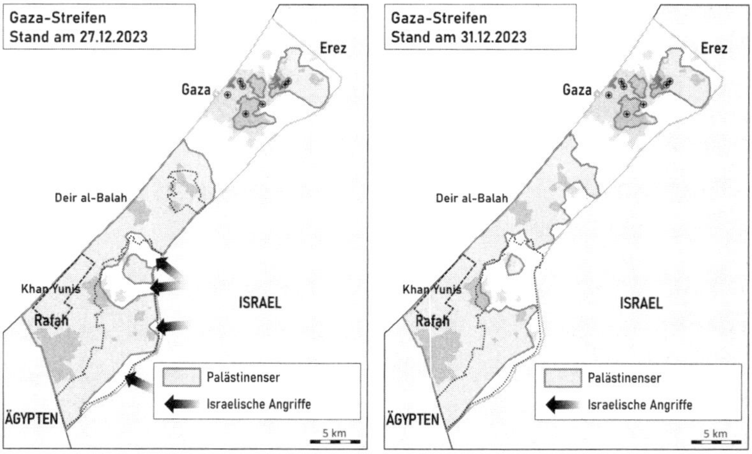

Abbildung 88 – In Chan Yunis haben es die israelischen Streitkräfte mit einem erbitterten und bemerkenswert beweglichen Widerstand zu tun.

Der Misserfolg von Chan Yunis und der Beginn eines Rückzugs aus Gaza

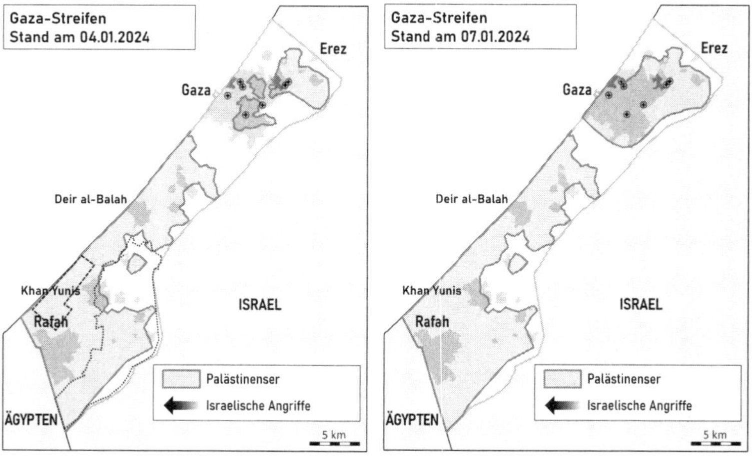

Abbildung 89 – Die Operation fordert von Israel einen hohen Preis. Es hat die Geiseln nicht befreien können. Außerdem besitzen die Hamas und die anderen Widerstandsbewegungen noch ihre vollen operativen Fähigkeiten und agieren in perfekt abgestimmter Weise.

Am 8.11.2023 behauptet das israelische Oberkommando, die Hamas habe die Kontrolle des nördlichen Gazastreifens verloren.[52] Zwei Monate später, am 7.1.2024, verkündet es, »die Zerschlagung der Hamas-Strukturen im nördlichen Gazastreifen«[53] vollendet zu haben. Nichtsdestotrotz vermelden die israelischen Medien am 3. Februar, die Hamas sei wieder in Nord-Gaza eingezogen.[54]

Am 5.2.2024 erklärt der israelische Verteidigungsminister, 18 der 24 Kataeb der Hamas zerschlagen zu haben. Sie seien nicht mehr einsatzbereit.[55] Aber die Tatsachen sprechen eine andere Sprache. Auf dem amerikanischen Sender CBS News erklärt der ehemalige Befehlshaber von US CENTCOM (United States Central Command), General Frank McKenzie, der Erfolg der Israelis sei »äußerst begrenzt«. Die gesetzten Ziele, die politische und militärische Führungsstruktur der Hamas zu zerstören, seien nicht erreicht worden. Er stellt fest, Israel mangle es an einer Strategie.[56] Er bestätigt, was wir hier gesagt haben.

Die Israelis beteuerten damals, 10 000 Hamas-Kämpfer getötet zu haben.[57] Aber bei dieser Zahl handelt es sich einfach um die Anzahl der in Gaza getöteten Männer. Tatsächlich gibt es damals laut den UN im Ganzen etwa 27 000 Tote im Gazastreifen, darunter etwa 70 Prozent Frauen und Kinder (also etwas weniger als 19 000). Die israelische Zahl ist also klare Propaganda. Im Übrigen sieht man viele Bilder von Hauszerstörungen durch die israelischen Soldaten, aber sehr wenige von Kampfeinsätzen.

Das steht im Gegensatz zu den Bildern, die von den Palästinensern produziert werden. Sie versuchen ihre PR-Arbeit glaubwürdiger zu machen. So behauptet etwa die Hamas Anfang Februar, circa 1 108 gepanzerte Fahrzeuge (das heißt Kampfpanzer, Schützenpanzer und Angriffsbulldozer) zerstört oder schwer beschädigt zu haben. Die Zahl ist kaum überprüfbar. Sie scheint aber mit den kursierenden Bildern vereinbar zu sein.

Wenn man die israelischen Soldaten betrachtet, die begeistert der Zerstörung der Universität von Gaza beiwohnen[58], dann sollte man wissen, dass dieses Gebäude einige Tage zuvor von ihnen als Hauptquartier genutzt wurde. Anders ausgedrückt: Sie wissen, dass es dort keine Tunnel gibt und es keinen Kommandoposten der Hamas beherbergt. Im Klartext handelt es sich also um eine mutwillige Zerstörung, einen Akt der reinen Vergeltung. Militärisch gesehen ist dies das genaue *Gegenteil* davon, wie man eine Volkswiderstandsbewegung bekämpfen sollte.

Die israelische Armee ist eine Armee, die auf taktische Art geführt wird. Das war möglich, weil das Ziel in der Vernichtung der palästinensischen Bevölkerung bestand: Es gab keinen Bedarf nach einer Strategie, Militärschläge allein reichten schon aus. Und die Operation Al-Aqsa-Flut hat der israelischen Führung die Gelegenheit für solche Schläge gegeben. Aber die Klage Südafrikas hat die Karten neu gemischt. Indem Südafrika deutlich macht, dass die Plausibilität eines Völkermords besteht, zeigt es auch, dass Israel keine Strategie hat, um eine Konfliktlösung zu finden. Denn es ist offensichtlich, dass dieser Konflikt keine militärische Lösung haben kann. Wir haben Israel erlaubt, mit den Palästinensern zu »spielen«, aber jetzt steht es mit dem Rücken zur Wand.

6.3.4. Die 3. Phase: Die Umgestaltung des Gazastreifens

Die Einzelheiten dieser Phase sind nie richtig vom israelischen Oberkommando erklärt worden. Es scheint sich bei dieser Auslassung eher um den Ausdruck einer Rückzugsstrategie als um einen klaren Plan zu handeln.

Die Abfolge der Ereignisse im Nordteil von Gaza geben uns möglicherweise eine Vorstellung davon, woraus diese dritte Phase besteht. Offenbar will Israel das Gebiet umgestalten, um seine Frühwarnkapazitäten zu erhöhen. Es geht also darum, entlang der Grenze des Gazastreifens zu Israel eine 500–1 000 Meter breite »Pufferzone« einzurichten, in der systematisch die Gebäude zerstört werden. So soll eine Art »Niemandsland« geschaffen werden, wo sich jede Bewegung erfassen lässt. Diese Zone sollte dann ebenfalls von Beobachtungsposten und Überwachungssystemen abgedeckt werden. Es handelt sich also um eine Methode, um das Gebiet von Gaza noch weiter zu verkleinern.

Aber anscheinend verfolgen die vermehrten Operationen von Palästinensergruppen in dieser Zone das Ziel, den israelischen Soldaten zu zeigen, dass diese Zone Widerstandsgebiet bleiben wird.

Einrichtung einer »Pufferzone«

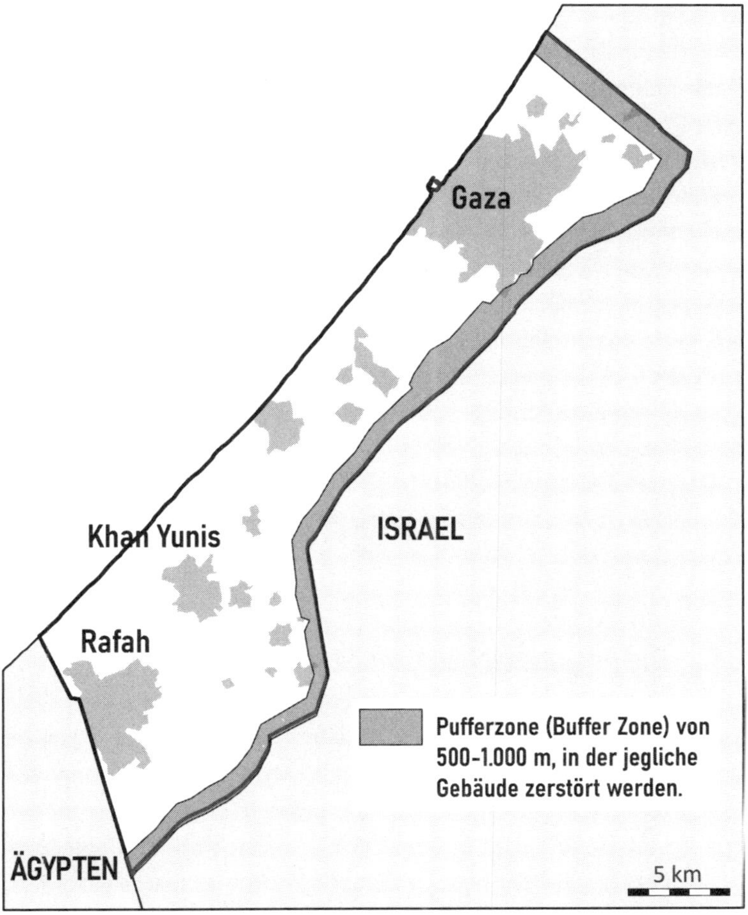

Abbildung 90 – Der graue Streifen stellt in etwa die von der israelischen Armee eingerichtete Pufferzone dar. Am 24.1.2024 wurden 21 Soldaten der 261. Brigade der Division Gaza, die die Zerstörung einer Häusergruppe im Südosten des Flüchtlingslagers Al-Maghazi vorbereiteten, durch die Explosion ihrer eigenen Panzermunition getötet. Sie wurde durch das Abfeuern einer Yassin-105-Rakete durch die Hamas auf den Panzer ausgelöst, der die Soldaten absichern sollte.[59]

Israel hat behauptet, Gaza-Stadt beherberge das Kommando der Hamas. Nachdem sie dort nichts gefunden haben, erklärten sie, das Zentrum befinde sich in Chan Yunis, wo die israelischen Streitkräfte allerdings auch nichts fanden. Deshalb befiehlt Netanjahu Mitte Februar, einen Angriff auf Rafah zu planen. Als Folge davon wird eine neuerliche Vertreibung der palästinensischen Bevölkerung in einer nicht näher definierten Zone gefordert. Man stellt hier zwei Dinge fest: Erstens bewegen sich die Israelis tastend vorwärts und haben keine Vorstellung von der Führungsstruktur der Hamas und ihren Standorten. Zweitens wird der Bevölkerung beim Vorrücken der Israelis nicht gestattet, in die von ihnen verlassenen Zonen zurückzukehren. Sie wird stattdessen systematisch nach Süden gedrängt. Die Schlussfolgerung lautet, dass die israelische Armee trotz der offiziellen Verlautbarungen ihre Ziele der Geiselbefreiung und der Zerstörung der Hamas immer noch nicht erreicht hat. Sie verfolgt dagegen konsequent eine Strategie, die immer deutlicher als eine ethnische Säuberung erscheint.

Deshalb sieht »Genocide Joe« Biden, wie seine demokratische Wählerschaft zusehends schwindet, und er erklärt, die israelische Offensive auf Rafah sei *»übertrieben«*[60].

6.4. Die Angemessenheit der Strategien

Der Kampf gegen eine Widerstandsbewegung ist eine besonders komplizierte Aufgabe, wenn man sich konform zum Humanitären Völkerrecht (ehemals als Kriegsrecht bezeichnet) verhalten möchte. Die Hauptschwierigkeit besteht darin, dass sich die Kämpfer innerhalb einer Gesellschaft bewegen und fließend vom Status eines Kombattanten in den Status eines Zivilisten wechseln. Die zweite Schwierigkeit besteht darin, den Kombattanten zu bekämpfen und dabei die Schäden für die ihn umgebenden Unschuldigen möglichst gering zu halten. Die dritte Schwierigkeit liegt darin, all das zu leisten, ohne eine den Widerstandswillen anfachende Stimmung zu schaffen.

Eine Analyse der israelischen Strategie, um mit der Hamas fertigzuwerden, zeigt eine Kluft zur Wirklichkeit vor Ort. Das Problem besteht darin, dass es in den 1940er Jahren noch möglich war, große Militärkampagnen des Durchkämmens und Beseitigens durchzuführen. Die vernetzte Welt von 2024 lässt dies nicht mehr zu. Israel muss sich entscheiden zwischen einem strategischen Sieg ohne eine Zerstörung der Hamas und einem taktischen Sieg über die Hamas unter Verlust der internationalen Unterstützung.

Für die Analyse der jeweiligen »Schwerpunkte« der Hamas und Israels stützen wir uns auf die Definition von Carl von Clausewitz aus seinem Werk *Vom Kriege*, 8. Buch, 4. Kapitel:

> »Aus [den vorherrschenden Verhältnissen beider Staaten] wird sich ein gewisser Schwerpunkt, ein Zentrum der Kraft und Bewegung bilden, von welchem das Ganze abhängt, und auf diesen Schwerpunkt des Gegners muss der gesammelte Stoß aller Kräfte gerichtet sein.«

Der Schwerpunkt meint aber mehr als nur ein »Machtzentrum«. Er ist vielmehr eine materielle oder immaterielle Sache, der ein Akteur seine Kraft und seine Fähigkeit zu kämpfen oder sein Ziel zu erreichen verdankt.[61] Der Schwerpunkt ist auch nicht sein strategisches Ziel, wie einige den Begriff verstehen. Andererseits wird aber der eigene Schwerpunkt zu einem Ziel für den Gegner.

Strategieelemente der Handelnden in Bezug auf Gaza

	Hamas	**Israel**
Strategisches Ziel	Die Schaffung von anständigen Lebensbedingungen für die Bevölkerung von Gaza	Das Gewährleisten der Sicherheit Israels
Angestrebtes Endziel	Das Schaffen einer Verhandlungsbasis	Die Vertreibung der palästinensischen Bevölkerung aus dem Westjordanland und Gaza
Operatives Ziel	Die Wiederherstellung der eigenen Autorität im Gazastreifen	Zerstörung der Hamas und ihrer Führungsstrukturen
Schwerpunkt	Tunnelnetze Unterstützung der Bevölkerung von Gaza	Narrativ, das das eigene brutale Vorgehen rechtfertigt

Abbildung 91 – Ein Vergleich der Bestandteile der Strategien der Hamas und Israels. Das angestrebte Endziel meint die von den beiden Handelnden wahrscheinlich erwartete Situation nach Beendigung des derzeitigen Konflikts, der am 7.10.2023 ausgelöst wurde.

Sehr schnell wird die Rechtmäßigkeit des israelischen Handelns innerhalb der internationalen Gemeinschaft infrage gestellt. Niemand bestreitet die Tatsache, dass Israel auf den Angriff vom 7. Oktober antworten darf. Aber die Form seiner militärischen Antwort unter Missachtung des HVR stößt in der zivilisierten Welt (die von der westlichen Welt unterschieden werden muss!) auf einstimmige Ablehnung.

Untersuchung der Schwerpunkte

	Hamas	Israel
Schwerpunkte	Tunnelnetze Unterstützung der Bevölkerung von Gaza	Narrativ, das das eigene brutale Vorgehen rechtfertigt
Wichtige Funktionen	Aufrechterhaltung des operativen Handelns	Kontrolle des Narrativs in den westlichen Medien
Wichtige Ressourcen	Unterstützung der Bevölkerung im Westjordanland	Unterstützung der Vereinigten Staaten
Wichtige Schwächen	Die humanitäre Lage in Gaza	Aussagen der Überlebenden des 7. Oktober in den israelischen Medien

Abbildung 92 – Ein Vergleich der Schwerpunkte von Hamas und Israel zeigt, dass Israel stark von dem in unseren Medien verbreiteten Narrativ abhängig ist. Dagegen hängt die Hamas nur von der Unterstützung einer Bevölkerung ab, die ihr grundsätzlich gewogen ist. Aus diesem Grund müssen unsere Medien, wie im Fall der Ukraine, sicherstellen, dass die Nachrichten dem israelischen Diskurs entsprechen.

Israels Schwerpunkt nach Clausewitz ist also das Narrativ. Denn hierauf stützt es sich, um die Unverhältnismäßigkeit seiner Antwort zu rechtfertigen. Das Problem besteht darin, dass dieses Narrativ zusammenbrechen könnte. Nach einer Harvard-Harris-Umfrage vom Dezember 2023 wären 51 Prozent der jungen Amerikaner bereit, »*Israel zu zerschlagen und es der Hamas zu geben*«[62].

Sicherlich hat die Altersgruppe der politischen Entscheider zum jetzigen Zeitpunkt noch überwiegend eine Israel-freundliche Einstellung. Aber diese Unterstützung wird zunehmend geringer. Und das hat Auswirkungen auf die amerikanische Innenpolitik. Die Mehrheit der Demokraten unterstützt nicht länger Joe Biden. Ein Grund dafür ist seine Politik im Nahen Osten.[63] Die Zusammensetzung der demokratischen Wählerschaft in den Vereinigten Staaten ist jedoch einer der Gründe für diese Politik. Mit anderen Worten: Der Nutzen, der sich aus der Unterstützung eines Landes ergibt, das durch seine kriminellen Aktionen abseits der internationalen Gemeinschaft steht, ist nicht mehr sehr groß.

Deshalb ist das Narrativ von essenzieller Wichtigkeit für Israel, damit sein Projekt weiterhin auf eine wichtige Ressource zählen kann: auf die amerikanische Unterstützung. Die Verschlechterung von Israels Image in der Welt hat zur Folge, dass die Zeit zu einer wichtigen Schwäche Israels wird. Das erklärt die Anstrengungen, die in Israel und anderswo unternommen werden, das Narrativ weiter zu kontrollieren und alternative Erklärungsansätze zu verhindern.

Die Palästinenser verfügen über zwei Schwerpunkte nach Clausewitz: Einer betrifft die operative Ebene. Das Tunnelnetz gestattet ihnen, die israelischen Kräfte an praktisch jedem Ort des Gazastreifens anzugreifen. Der zweite betrifft die strategische Ebene. Sie haben die Unterstützung der Bevölkerung von Gaza, die Israel in Geiselhaft nimmt, indem sie ihren Zugang zu Lebensmitteln und medizinischer Hilfe begrenzt.

Hätten die Palästinenser eine westliche Denkweise, dann hätten sie bestimmt schon das Gefühl, verloren zu haben: Die Zerstörungen, die zivilen Toten und möglicherweise die gefallenen Kämpfer geben das Gefühl eines Misserfolgs. Bei einer islamischen Herangehensweise bestimmt jedoch der Verlust des Kampfeswillens über eine Niederlage und nicht die Anzahl der Toten oder der Zerstörungen. Man stellt fest, dass die Palästinenser eine beachtliche Unterstützung gewonnen haben, weil sie es mit einem stärkeren Gegner aufgenommen haben. Der Westen möchte anscheinend diese asymmetrische Dimension des Konflikts ignorieren. Sie ist jedoch entscheidend, um zu verstehen, wie die Muslime den Kampf verstehen, sei er nun politisch oder militärisch.

Auf einer eher operativen Ebene: Obwohl eines der israelischen Ziele darin besteht, die Freilassung der Geiseln zu erreichen[64],

Die asymmetrische Dimension des Konflikts

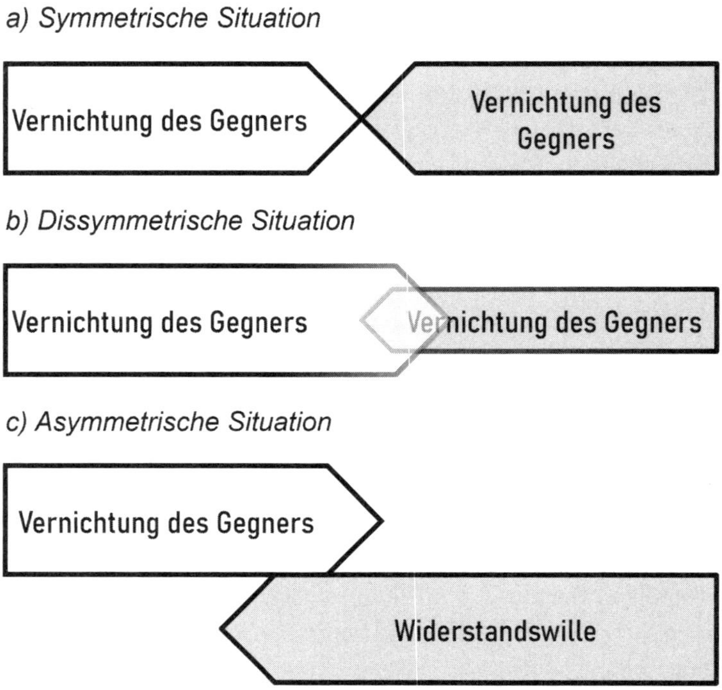

Abbildung 93 – In einer asymmetrischen Situation begünstigt die Strategie eines der Handelnden die Strategie des anderen. Je mehr Häuser die Israelis zerstören und je mehr Zivilisten sie töten, desto mehr befördern sie den Sieg der Palästinenser. Hier kann der Gegner mit einer sogenannten »nicht-newtonschen« Flüssigkeit verglichen werden: Je mehr Schwerkraft man auf sie anwendet, desto fester und verformungsresistenter wird sie. Dies ist die »Niederlage des Siegers«.

braucht es mehr als einen Monat, um eine zielführende Verhandlung zu akzeptieren. Anders ausgedrückt hat Israel mehr als einen Monat benötigt, um zu verstehen, dass sein Ziel auf einem anderen Weg als durch massive Zerstörungen erreicht werden könnte. Letztere rechtfertigen wiederum die Klage, die Südafrika beim Internationalen Gerichtshof (IGH) einreicht. Das bedeutet, dass taktische Ziele für Israel wichtiger sind als strategische. Oder dass Israels taktische Ziele mit anderen Zielen in Verbindung stehen, die nichts mit einer Befriedung der Lage zu tun haben. In Wahrheit hätte sich Israel schon vor vielen Jahren mit wesentlich weniger Zerstörungen und internationalen Verurteilungen der terroristischen Bedrohung entledigen können ...

Das Kappen der Strom-, Wasser- und Lebensmittelversorgung, das die israelische Regierung ab dem 10.10.2023 anordnete, ist ebenfalls eine völkerrechtswidrige Maßnahme. So sieht es auch Josep Borrell, Verantwortlicher für Außenpolitik der Europäischen Union:[65]

> »Israel hat das Recht, sich zu verteidigen, aber es muss dies unter Beachtung des Völkerrechts tun ... Der Zivilbevölkerung das Wasser, den Strom und die Lebensmittelversorgung zu kappen widerspricht dem Völkerrecht.«

Keines unserer traditionellen Medien hat diese Erklärung zur Illegalität in seiner Berichterstattung hervorgehoben. Dadurch tragen sie zur Straflosigkeit, die den jüdischen Staat umgibt, bei. Sie wiederum steigert den Antisemitismus in der Welt.

Seit 1948 besteht das Problem der Israelis darin, ein Gleichgewicht zu finden zwischen dem, was militärisch und was politisch auf dem Spiel steht. Heute ist ihr Ziel, die militärischen Fähigkeiten der Hamas zu zerstören. Das wird aber augenscheinlich das Problem nicht lösen. Dies ist lediglich ein Racheakt, der nur dafür sorgen wird, dass sich neue Freiwillige melden, um Israel noch heftiger zu bekämpfen. Es ist bedauerlich, dass die westlichen Länder die israelische Regierung nicht besser beraten haben, um Israels strategische Interessen besser zu wahren. Wir befinden uns hier in einer ähnlichen Lage wie in der Ukraine. Unsere »Araberfeindlichkeit« scheint vor den Interessen unserer Verbündeten Vorrang zu haben.

Am 9.2.2024 berichtet die *New York Times*, dass nach Einschätzung der amerikanischen Nachrichtendienste Israel weit davon entfernt sei, *»die Hamas beseitigen zu können«*[66]. Eines der angesprochenen Probleme ist die Unmöglichkeit, zwei sich gegenseitig ausschließende Ziele gleichzeitig zu verfolgen: die Befreiung der Geiseln und die Beseitigung der Hamas.

6.5. Eine schlecht vorbereitete Truppe

Die israelische Antwort am 7. Oktober zeigt, dass die Soldaten auf das Ausmaß der palästinensischen Operation schlecht vorbereitet sind. Weiter oben haben wir bereits das Versagen des Systems der israelischen operativen Führung behandelt. Hinzu kommt eine offenkundige Unerfahrenheit der Soldaten. Eine von der Zeitung *Haaretz* veröffentlichte Liste der an diesem Tag getöteten israelischen Soldaten zeigt ein Durchschnittsalter von 21 Jahren. Das bedeutet, sie hatten praktisch keine Erfahrung.

Die Videos, die von den Israelis während der Kämpfe in den Ruinen von Gaza ins Netz gestellt wurden, zeugen von einer mangelhaften Vorbereitung und einer extrem lückenhaften Ausbildung. Soldaten, die sich in der Schusslinie ihrer Kameraden bewegen oder sich vor die Waffe desjenigen stellen, der sie absichern soll, sind der Beweis für eine sehr rudimentäre Grundausbildung. Dieses Ausbildungsniveau entspricht den Augenzeugenberichten vom 7. Oktober, die nahelegen, dass sich die Soldaten in Panik befinden, sie die Situation nicht richtig einschätzen können *(situational awareness)* und ungeordnet vorgehen. Dies scheint die Feststellungen der israelischen Medien zu bestätigen, nach denen 20 Prozent der israelischen Soldaten von ihren eigenen Kameraden getötet worden sind *(»blue on blue«)*.[67]

Man kommt somit schnell zu dem Schluss, dass die am 7. Oktober eingesetzten israelischen Soldaten nicht für heikle Situationen ausgebildet waren, in denen sie das Vorhandensein von Zivilisten (Geiseln) berücksichtigen mussten. Das Gleiche gilt für die sehr jungen Besatzungen der Merkava-Kampfpanzer, die schnell vor Ort eintrafen, die aber aus Mangel an einem konkreten Auftrag einfach die »Befehle« von Zivilisten ausführten, ohne wirklich zu wissen, auf was sie zielen.

Dieses sehr mittelmäßige Ausbildungsniveau, das die Zeugenberichte vom 7. Oktober und die anschließenden Videos von israelischen Soldaten zeigen, gibt den Erklärungen der Hamas Glaubwürdigkeit. Sie behauptete (ohne dabei Verbrechen der eigenen Kämpfer auszuschließen), dass der Großteil der Opfer von den israelischen Soldaten selbst verursacht wurde.

Wenn man zu dem Ganzen noch die Anwendung der Hannibal-Doktrin hinzufügt, nach der ein Soldat damit rechnen muss, zur Zielscheibe seiner Kameraden zu werden, wenn er in Schwierigkeiten steckt, dann versteht man die niedrige Moral der Soldaten. Übrigens ist man in den Generalstäben um die geistige Gesundheit der israelischen Soldaten besorgt. Uriel Busso, der Gesundheitsminister, erklärt, man habe es in der israelischen Armee mit der größten Krise der geistigen Gesundheit seit ihrer Entstehung zu tun.[68] Die Palästinenser, die daran gewöhnt sind, unter Bomben und in einer schwierigen Lage zu leben, sind robuster als die jungen Israelis, die gerade ihre angenehme Lebenssituation in Tel Aviv oder Haifa hinter sich gelassen haben. Die von den israelischen Soldaten auf TikTok veröffentlichten Videos zeigen ihre sonstigen Sorgen und Nöte. Sie scheinen in einem totalen Widerspruch zur Lage vor Ort zu stehen, wie etwa die Hautpflege während des Kampfes oder das Schonen von Nagellack.

Nach seiner Intervention in Chan Yunis, einem Vordringen von nur ein paar Kilometern, war Israel nicht in der Lage, seinen Nachschub zu sichern – trotz der kurzen Distanz und des weitgehend durch Bombardierungen zerstörten Territoriums. Zur Versorgung der Truppen musste auf Fallschirmabwürfe zurückgegriffen werden. Das bedeutet, die Palästinenser beherrschen das Terrain in wesentlich höherem Maß als die israelischen Kräfte.

Im Übrigen beobachtet man, dass sich die Palästinenser praktisch ungehindert zwischen den israelischen Linien bewegen können, um die Truppen im Rücken zu attackieren. Und das, obwohl das Ziel der Israelis darin bestand, die Infrastruktur der Hamas zu zerstören. Die israelischen Soldaten ihrerseits zögern, ihre Panzer zu verlassen, in denen sie sich geschützt fühlen. Das hat den Palästinensern erlaubt, Angriffe im sogenannten »Direktkontakt« durchzuführen. Das heißt, sie nähern sich den Panzern so nah wie möglich und bringen dort Sprengladungen an.

Man stellt ebenfalls fest, dass gewisse israelische Soldaten an der Richtigkeit der Entscheidungen ihrer Regierung zweifeln. Und man stellt bereits seit Juli 2023[69] ein Unbehagen bei den Piloten fest, das sich auf die Operation Eiserne Schwerter auswirkt.[70]

6.6. Die Einflussoperationen

Wie ihr Name besagt, dienen Einflussoperationen dazu, die Wahrnehmung zu verändern. Sie werden übrigens häufiger als »Operationen zur Steuerung der Wahrnehmung« beschrieben. Ihre Aufgabe besteht darin, unser Bild von den Handelnden des Konflikts und vom Ablauf der Militäroperationen zu formen.

Im Allgemeinen haben sie eine strategische Funktion, denn sie bestimmen die Art und die Stärke der Unterstützung für einen Handelnden. Diese Funktion ist umso entscheidender, wenn der Handelnde völlig von äußerer Unterstützung abhängt, sei sie politisch oder materiell. Deshalb haben Einflussoperationen eine entscheidende Rolle in der Ukraine gespielt und stehen im Zentrum der israelischen Strategie.

Die Bedeutung des Israel-Bildes ist kein neues Problem, aber es hat in den letzten Jahren deutlich an Bedeutung gewonnen, insbesondere mit dem Machtantritt der Regierung Netanjahu. Dank der Immunität seines Amtes entgeht er den Tribunalen für Korruption und alle möglichen Veruntreuungen. Um an der Macht zu bleiben, musste er sich mit Parteien verbünden, deren Extremismus einen Grad erreicht hat, den man in Europa seit bald 80 Jahren nicht mehr kennt. Wie in der Ukraine, wo das Problem der neo-nazistischen Milizen das Image und die Unterstützung des Landes gefährdet, musste auch Israel einen Mechanismus schaffen, der ihm erlaubt, das Narrativ seiner Aktionen in den besetzten Gebieten zu kontrollieren.

Für diese Aufgabe verfügt Israel über zivile Mechanismen, wie die »Hasbara«, und militärische wie Einflussoperationen und militärische Zensur.

6.6.1. Die Hasbara

Der genaue Ablauf des 7. Oktober ist noch immer sehr wenig bekannt. Nur durch eine unparteiische, multilaterale und faktische Untersuchung wird es möglich sein, die Tatsachen festzustellen. In Ermangelung eines solchen Vorgehens sind wir gezwungen, uns auf Zeugenberichte zu stützen, die häufig ein ganz anderes Bild der Lage geben, als von der israelischen Regierung und unseren Medien (was auf dasselbe hinausläuft) verbreitet wird.

Das Problem besteht darin, dass die Ereignisse sofort ausgenutzt wurden, um eine brutale und sogar unverhältnismäßige israelische Antwort zu rechtfertigen. Man weiß das Folgende:

- Unter den 1400 Toten, die die israelischen Behörden vermeldeten, waren mindestens 200 Hamas-Kämpfer, die erst nach drei Wochen identifiziert werden konnten, weil ihre Leichen entsprechend verkohlt waren. Offiziell wurde die Anzahl der Opfer auf 1200 heruntergesetzt.[71]
- Am 2. Dezember wird diese Zahl, laut der israelischen Botschaft in den Vereinigten Staaten, noch einmal auf »*mehr als 1000 Tote*«[72] reduziert.
- Am 4. Dezember wird der Anteil von Soldaten und Sicherheitspersonal unter den Toten jenes Tages mit 369 beziffert.[73]

Dies bedeutet, dass während der Kämpfe 369 Soldaten, Sicherheitsagenten (mehr als eine Hundertschaft) und bewaffnete Polizisten getötet wurden, was an sich kein Kriegsverbrechen darstellt.

Damit hätte die Hamas also 600 bis 700 zivile Opfer zu verantworten. Aber die in den israelischen Medien erschienenen Berichte zeigen, dass ein Großteil dieser Opfer von den israelischen Streitkräften selbst verschuldet wurde. Es ist wahrscheinlich und möglich, dass die Hamas-Kämpfer an jenem Tag Kriegsverbrechen verübt haben. Es stellt sich aber die Frage, in welchem Ausmaß. Denn das Vergrößern der Rolle der Hamas kann als Vorwand für eine israelische Antwort herhalten (die in jedem Fall unverhältnismäßig ist).

Um eine unverhältnismäßige Reaktion zu rechtfertigen, die von der internationalen Gemeinschaft entschieden verurteilt wird (mit Ausnahme der europäischen Länder und insbesondere Frankreichs), muss die Aktion der Hamas als besonders unmenschlich dargestellt werden. So sind Geschichten entstanden, in denen Hirngespinste und Horror zusammenkommen. Seit Mitte Oktober ist bekannt, dass die »*zerteilten*«, »*enthaupteten*«, »*an Stricken aufgehängten*« oder »*in den Ofen gesteckten*« Kinder »*mit durchgeschnittener Kehle*« sowie die

»*aufgeschlitzten Frauen*« Erfindungen sind, die *absichtlich* verbreitet wurden, um die intensiven Bombardierungen von Gaza und seiner Bevölkerung zu rechtfertigen.

Israel versucht, ähnlich wie die Ukraine, die Rechtmäßigkeit seines militärischen Handelns auf ein Narrativ zu gründen. Zu diesem Zweck benutzt es eine Art von öffentlicher Diplomatie, genannt *Hasbara*[74], die seine Interessen in den sozialen Netzwerken und im Internet vertreten soll.

Es ist interessant zu beobachten, dass Journalisten wie Ruth Elkrief oder Darius Rochebin mehr Energie in den französischen Medien aufwenden, um ein Narrativ zu schützen und die Reaktion gegen die Hamas zu rechtfertigen, als sich zu fragen, weshalb Israel seit 75 Jahren unfähig ist, sein Terrorismusproblem zu lösen. Man kann ebenfalls beobachten, dass sich Israels Antwort auf die von Südafrika eingereichte Anklage wegen Völkermords nicht auf den Inhalt der Anklage bezieht. Während der vorläufigen Anhörungen vor dem IGH[75] betont Israel dagegen die Bedrohung, die von der Hamas ausgeht. Strategisch betrachtet ist das Narrativ zu Israels Schwerpunkt geworden, was seine Antwort auf die Operation Al-Aqsa-Flut angeht.

Aber im Strafrecht wie auch im Völkerrecht kann kein noch so großes Verbrechen, und sei es sogar Völkermord, eine Rechtfertigung für andere Verbrechen sein, wie unsere Journalisten nahelegen. Tatsächlich findet sich diese falsche Denkweise in dem Sprachgebot wieder, das von Israel vorgeschlagen wird: Man soll nicht über die Politik oder die Strategie Israels diskutieren, sondern nur über die Verbrechen der Hamas. So beginnt beispielsweise am 3.10.2023 der Abgeordnete Meyer Habib seinen Redebeitrag auf dem Fernsehkanal La Chaîne Parlementaire (dt. Der Parlamentskanal).[76]

Das Problem besteht darin, dass Israel weiß, dass es in der Sache Unrecht hat. Die westlichen Politiker, die ihm ihre »uneingeschränkte Unterstützung« aussprechen, wissen ebenfalls, dass sie wahrscheinlich einen Genozid unterstützen. Sie fühlen sich dabei sicher, weil Israel, dank der Unterstützung durch die Vereinigten Staaten, seit Jahrzehnten von einer Straflosigkeit profitiert.

Der Wille, die Wahrscheinlichkeit eines Völkermords in Gaza kleinzureden, dient in Wirklichkeit dazu, Israel Rückendeckung für sein Handeln zu geben. Und dieses Handeln ist, Völkermord hin oder her, im Kern illegal. Das ist bei Christian Estrosi, einem rechtsextremen Politiker, der Fall. Er warf am 10.12.2023 den Medien vor, Bilder zu zeigen, »*wo heulende Mütter mit einem Plastikbaby zu sehen sind, die so tun, als handle es sich um ein totes Kind*«. Gegen ihn wird eine Beschwerde wegen »*unwahrer und schwerwiegender Äußerungen*«[77] erhoben. Denn diese in den sozialen Netzwerken weitverbreitete »Information« wurde bereits im Oktober widerlegt.[78] Sie ist erwiesenermaßen falsch und dient lediglich dazu, die Palästinenser zu entmenschlichen, um die Massaker vertretbarer zu machen.[79]

Diejenigen, deren Aussagen von der offiziellen Linie abweichen, die die Verletzungen des HVR durch Israel verurteilen oder für die Palästinenser eintreten, sind Verschwörungstheoretiker oder stehen »*in Verbindung zu Russland*«[80]. Diejenigen, die ihre Meinung in unseren Fernsehstudios kundtun, haben eine so karikaturartige und vereinfachende Sicht der Dinge, dass man sich fragen muss, ob sie wirklich der Sache Israels dienlich sind.

Das Wesen des israelischen Narrativs

Versuchen Sie NICHT, Israels Politik zu erklären

Das vorliegende Problem ist nicht der israelisch-palästinensische Konflikt im Ganzen. Hier können wir nur schwerlich gewinnen. Der 7. Oktober handelt von Kriegsverbrechen der Hamas, einer Organisation, die von vielen Menschen im Ausland aus verschiedenen Gründen nicht als terroristisch angesehen wird, wie sehr wir auch betonen, dass sie es ist. Jetzt haben wir einen Beweis. Das ist unser 11. September, und das ist für die meisten Menschen im Westen eine verständliche Analogie.

Abbildung 94 – Ausschnitt aus dem Kommunikationsratgeber, der von der Internetseite »Israel under Fire« empfohlen wird. Er zeigt die großen Linien von Israels Kommunikation in den sozialen Netzwerken. Israel ist sich völlig klar darüber, dass seine Politik in Bezug auf die Palästinenser nicht zu verteidigen ist. Deshalb dreht sich seine Argumentation ausschließlich um das Beschwören der von der Hamas verübten Verbrechen. Beispielsweise ist das bei den 40 angeblich enthaupteten Babys der Fall: Unsere Medien verbringen mehr Zeit damit, diesen erfundenen Vorfall zu besprechen, als über die 7000 in Gaza getöteten palästinensischen Kinder zu reden. [Quelle: https://israelunderfire.net/best-practices/]

Das Problem Israels ist sein kontinuierlicher Verlust an Glaubwürdigkeit in der Welt. Tatsächlich ist seine Siedlungspolitik in den besetzten Gebieten seit Anfang der 2000er Jahre auf der ganzen Welt extrem unbeliebt. Es ist dadurch zu dem Land geworden, das weltweit die meisten Verurteilungen durch die Vereinten Nationen erhielt. Es geht deshalb längst nicht mehr darum, politisches Handeln und Strategien zu rechtfertigen, die bereits verurteilt wurden und von denen bekannt ist, dass sie weitestgehend unwirksam im Kampf gegen den Terrorismus sind. Die Tatsache allein, dass Israel seine Strategie nicht ändert, bedeutet, dass sein Ziel weit über die Bekämpfung des Terrorismus hinausgeht.

6.6.2. Die Einflussoperationen

Einflussnahme spielte in Konflikten immer eine Rolle, und der Gaza-Konflikt ist hier keine Ausnahme. Man findet dort in etwa dieselben Merkmale wie bei den Einflussoperationen auf dem ukrainischen Kriegsschauplatz. Auf der einen Seite sind die Palästinenserorganisationen, die recht wenig kommunizieren. Einerseits hat dies technische und kulturelle Gründe, es entspricht aber auch ihrer Philosophie: Man lässt eher die Fakten sprechen, als dass man ein Narrativ konstruiert. Deshalb geschieht die palästinensische Kommunikation im Wesentlichen durch Videos, die von den Kämpfern selbst während ihrer Operationen gedreht und schnell bei Instagram oder Telegram gepostet werden.

Auf israelischer Seite hat man es mit viel raffinierteren Nachrichten zu tun. Eine drakonische Zensur filtert dort alle Berichte aus, die ein positives Bild der Hamas geben könnten. Facebook und Instagram[81] zensieren beispielsweise Bilder, die zeigen, wie israelische Geiseln bei ihrer Freilassung die Hamas-Kämpfer küssen.[82] Nach der Freilassung von Yocheved Lifschitz im Oktober 2023 begreift die israelische Regierung, dass dessen Erklärungen dem nationalen Interesse schaden[83], das damals darin besteht, die palästinensische Bevölkerung unverhältnismäßig stark zu treffen.

Die israelische Propaganda verstört zuweilen durch ihre Naivität. Die Lügen über die 40 enthaupteten Babys oder die »Beweise« über den Gebrauch der Kellerräume des Al-Schifa-Krankenhauses veranschaulichen dies besonders gut (und sorgen für den größten Spott im Internet). Deshalb bedarf es schon einer französischen Ministerin, die diejenigen verklagt, die solche Falschinformationen anprangern.

Das Bild, das die israelischen Soldaten in den sozialen Netzwerken abgeben, ist alles andere als beeindruckend. Im Bewusstsein ihrer Straflosigkeit filmen sie ohne Scham ihre Kriegsverbrechen. In einem Interview auf Sky News bestätigt der israelische Präsident Isaac Herzog, bei einem Hamas-Mitglied sei ein USB-Stick gefunden worden, der detaillierte Einweisungen zum Bau von chemischen Waffen enthalte. Diese Einweisungen entstammten einem *Handbuch der Terrororganisation Al-Qaida von 2003*. Herzog zeigt dessen Einband, um so eine Verbindung von Al-Qaida zur Hamas herzustellen.[84] Er ist jedoch ein Lügner. In Wahrheit handelt es sich um eine frei verkäufliche Broschüre, die im Nahen Osten viel verkauft wird.[85]

Innerhalb der operativen Führung des israelischen Generalstabs befindet sich die *Einflussabteilung* (engl. DI), die die Wahrnehmung des Palästinakonflikts in Israel und im Ausland beeinflussen soll. Sie ist selbstverständlich sehr aktiv in den sozialen Netzwerken und betreibt beispielsweise einen *Telegram*-Kanal mit dem Titel »72 Jungfrauen – ohne Zensur«. Er wurde am 9.10.2023 eingerichtet und verherrlicht die von den israelischen Soldaten verübten Kriegsverbrechen. Man sieht dort die Zerstörung von Häusern; Fahrzeuge, die über palästinensische Leichen fahren; Plünderungen von palästinensischen Wohnungen und Geschäften sowie viele weitere Schreckenstaten.[86] Laut *Haaretz* werden etwa die Fotos von gefangenen Gazabewohnern und von Leichen mit Kommentaren versehen wie: »Die Kakerlaken ausrotten ... ausrotten der Hamas-Ratten ... Teilt dieses herrliche Bild!«[87] Hiermit sollen der Hass entfacht und die niedrigsten Instinkte bedient werden, um die Palästinenser zu entmenschlichen. Am 11. Oktober heißt es in einem Post:

> »Ihre Mutter verbrennen ... Ihr könnt euch nicht vorstellen, was wir für ein Video bekommen haben! Ihr könnt hören, wie ihre Knochen knacken. Wir stellen es sofort online, macht euch auf etwas gefasst!«[88]

Hier haben wir also die, nach Meyer Habib, »moralischste Armee der Welt«. Jeder bilde sich selbst ein Urteil …

Die Einflussabteilung (DI) hat auch eine falsche Hamas-Internetseite geschaffen, die gedacht ist, um die Verbrechen der Hamas zu zeigen. Der Nachrichtensender Euronews hat zu dieser Seite recherchiert. Sie ist offensichtlich eine Schöpfung der Israelis und soll eine fiktive Wirklichkeit der Hamas zeigen.[89] Sie ist professionell gemacht und gibt ein karikaturartiges Bild der Hamas. Nebenbei bemerkt entsprechen die Botschaften auf dieser Seite dem, was man auf den Fernsehkanälen LCI oder BFMTV in Frankreich hören kann!

Im Grunde ist die israelische Kommunikation in recht stimmiger Weise darauf gerichtet, die Verbrechen der Hamas hervorzuheben, denn sie sind – laut den israelischen Behörden – die Legitimierung für eine massive militärische Antwort. In diesem Sinn hat übrigens die Militärzensur *(Ha'tzenzura Ha'tzva'it)*, die ein Teil des militärischen Nachrichtendienstes ist, eine Richtlinie zu den Themen herausgegeben, über die man nichts mitteilen darf:[90]

1. Die Geiseln.
2. Einzelheiten der Operationen.
3. Dem Nachrichtendienst.
4. Den Waffensystemen.
5. Den Raketenangriffen.
6. Den Cyber-Angriffen.
7. Den Besuchen von Persönlichkeiten.
8. Informationen bezüglich der Kabinettssitzungen.

Wie man feststellt, geht es darum, die Kommunikation auf die Verbrechen der Hamas zu konzentrieren. Selbst die Geiseln (die freigelassenen eingeschlossen) sind einer der zensierten Themenbereiche. Man fürchtet sich nämlich vor Erklärungen, die andeuten könnten, dass die Hamas ihre Gefangenen mit Respekt behandelt.

Wiederholt haben Organisationen von (wahren) Journalisten die Aktionen Israels angeprangert, die sie daran hindern, ihrer Arbeit nachzugehen.[91] Seit Beginn ihrer Operationen in Gaza haben die israelischen Militärs den Presseagenturen Reuters und Agence France

Journalisten in Gaza

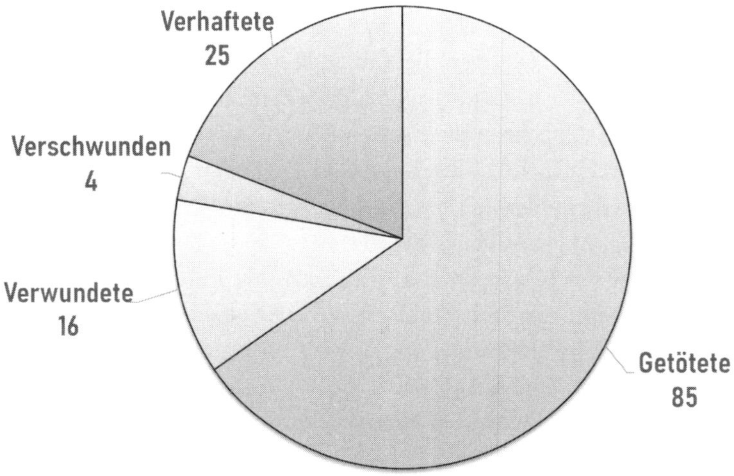

Abbildung 95 – Die Anzahl der Journalisten, die den israelischen Kräften bis zum 2.2.2024 zum Opfer fielen. Unter den 85 getöteten Journalisten befinden sich 78 Palästinenser, 4 Israelis und 3 Libanesen. [Quelle: Committee to Protect Journalists]

Press (AFP) erklärt, dass sie die Sicherheit von Journalisten nicht garantieren könnten.[92] Mit anderen Worten: Die israelischen Streitkräfte geben zu, dass ihre chirurgischen Luftangriffe ein Märchen sind.

6.6.3. Der Krieg der Zahlen

Ende Oktober 2023 nimmt die Zahl der von Israel getöteten Zivilisten, Frauen und Kinder, gewaltige Ausmaße an. Die israelischen Behörden und unsere Medien, wie etwa Libération[93], France Info[94] oder La Croix[95] geben zu verstehen, die palästinensischen Opferzahlen seien unglaubwürdig. Die *Washington Institute* unternimmt eine »Studie« zu dieser Problematik. Sie bezieht sich jedoch auf die unterschiedliche Zahl an getöteten Männern über mehrere Tage hinweg, ohne zu berücksichtigen, wie die Israelis ihren Beschuss einteilen.[96] Um ihren Zweifel an den palästinensischen Zahlen zu begründen, beruft sich die französische Tageszeitung *La Dépêche*[97] auf die Zweifel von Joe Biden.[98] Die »Krone« hat sich aber ohne jeden Zweifel Caroline Fourest verdient. Auf dem Sender BFMTV (wo auch sonst!) erklärt sie am 29. Oktober, die Zahlen stammten aus einer »*einzigen terroristischen Quelle*« und dass man die Zahlen »*um das Fünffache, wenn nicht Zehnfache*« reduzieren müsse.[99] Aber intellektuelle Aufrichtigkeit zählt nicht zu ihren größten Tugenden.

Was die Quelle der Zahlen angeht, so greifen unsere Medien recht unterwürfig, wie etwa der schweizerische Sender RTS, das israelische Narrativ auf, das behauptet, die Zahlen stammten »*von der Hamas*«[100]. Das ist Desinformation, denn am 26. Oktober ruft der belgische Rundfunk RTBF in Erinnerung: »*Die Palästinensische Autonomiebehörde übernimmt also diese Zahlen, die von der eigenen Verwaltung, aus dem Gesundheitsministerium, stammen, das sich ebenfalls in Gaza befindet. Es ist also korrekt, wenn man hier von ›Zahlen des palästinensischen Gesundheitsministeriums‹ spricht, und nicht von ›Zahlen der Hamas‹.*«[101]

Was die Zahlen selbst angeht, so spricht rein gar nichts dafür, dass sie fünf- bis zehnmal zu hoch seien. Zugegeben, ihre Genauigkeit ist nicht garantiert, selbst wenn die Gesundheitsbehörden Namenslisten mit der Identifikationsnummer jedes einzelnen Opfers an die UNO übergeben haben.

Nichtsdestotrotz verwendet das amerikanische Außenministerium laut der *Huffington Post* regelmäßig diese Zahlen in seinen Berichten.[102] Die amerikanische Onlinezeitung zitiert sogar einen amerikanischen »Offiziellen« mit der Behauptung: »*Laut den Berichten der UNO und der NGOs sind die wahren Zahlen wahrscheinlich noch viel höher.*« Das *Wall Street Journal* macht übrigens am 11. November genau dieselbe Andeutung.[103]

Im Gegensatz zu dem, was unsere Medien behaupten, sind die von der Gesundheitsbehörde in Gaza genannten Zahlen im Allgemeinen glaubhaft. Das bestätigt auch die renommierte britische medizinische Fachzeitschrift *The Lancet* in einer im Dezember 2023 veröffentlichten Studie.[104] Darüber hinaus hat die Zeitschrift sogar die Sterblichkeit in Gaza zwischen dem 7. und 20.10.2023 auf der Basis der genannten Opferzahlen untersucht. Die Autoren stellen fest, dass die von den Palästinensern gelieferten Daten mit den demographischen

Getötete Journalisten in Gaza

Yuval Abraham יובל אברהם
@yuval_abraham

Israeli intelligence secretly surveilled officials in Gaza's Health Ministry to check if their data on the number of civilians killed in Gaza is 'reliable', Israeli intelligence sources told us.

The army found the numbers are reliable and now regularly uses them internally in intelligence briefings.

According to two sources, Israeli intelligence has no good independent

Abbildung 96 – Unsere Medien versuchen systematisch, die von den Palästinensern stammenden Zahlen unglaubwürdig zu machen. Trotzdem meinen offensichtlich sogar die israelischen Nachrichtendienste, dass man den Zahlen trauen kann, wie der israelische Journalist Yuval Abraham berichtet.
[Quelle: https://twitter.com/yuval_abraham/status/1750123648533324158]

des Gazastreifens vereinbar sind. Und dass die Zahlen aller Wahrscheinlichkeit nach nicht übertrieben sind. Die Experten kommen im Gegenteil zu der Schlussfolgerung, die Zahl der Toten werde womöglich unterschätzt. Grund dafür seien Kommunikationsschwierigkeiten und das Vorhandensein von Leichen unter den Trümmern der zerstörten Gebäude.[105]

Demnach erzählen Caroline Fourest, BFMTV, der RTS und all die anderen Unsinn. In Wirklichkeit sind die Zahlen »der Hamas« nicht nur glaubwürdig, sondern sie werden sogar von den israelischen Nachrichtendiensten für ihre internen Briefings benutzt!

Die Gefahr, die von diesen Kommentatoren und skrupellosen Medien ausgeht, besteht darin, dass ihre grundlosen und unbewiesenen Behauptungen nur dazu dienen, die Unverhältnismäßigkeit der israelischen Antwort zu rechtfertigen.

6.6.4. Die Suche nach einem Erfolg

Ende 2023 zeigt die Operation Eiserne Schwerter erste Anzeichen von Schwäche und gerät allmählich ins Stocken, ohne dass Israel den versprochenen entscheidenden Schlag setzen kann. Die Hasbara beginnt, sich gegen den jüdischen Staat zu wenden, und ihre Glaubwürdigkeit nimmt ab. Einerseits muss man daher die Veröffentlichung von Informationen verhindern, die wie palästinensische Erfolge aussehen könnten. So ist es beispielsweise den Familien der freigelassenen palästinensischen Gefangenen verboten, die Rückkehr ihrer Angehörigen zu feiern. Das gilt als Unterstützung des Terrorismus.[106] Andererseits versucht man Beweise für einen Erfolg zu finden.

Von der Entdeckung eines Schuhs von Yahya Sinwar in den Trümmern seines Hauses wird berichtet wie von einem Sieg.[107] Bilder von der Zerstörung Gazas kursieren in großer Menge. Darunter sind auch Bilder von den Übergriffen der israelischen Soldaten gegen die palästinensische Bevölkerung (was angesichts der Anklage vor dem IGH nur schwer verständlich ist).

Man erfindet sogar Persönlichkeiten der Hamas, die angeblich von Israel eliminiert worden seien, wie in der schweizerdeutschen Zeitung *20-Minuten*, die einen im Jahr 1947 verstorbenen Ajatollah wieder zum Leben erweckt!

6.7. Der Gebrauch von Gewalt

Der westliche und israelische Diskurs neigen dazu, den Terrorismus zum zentralen Element des israelisch-palästinensischen Konflikts zu erklären. Auf diese Art wird die Anschuldigung umgekehrt. Es ist wichtig, hier darauf hinzuweisen, dass die Vereinten Nationen den Palästinensern ein Widerstandsrecht »*mit allen ihnen zur Verfügung stehenden Mitteln, einschließlich des bewaffneten Kampfes*«[108] zugestehen. Anders ausgedrückt ist der palästinensische Widerstand eine *Antwort* auf die Missachtung des Völkerrechts durch Israel, das sich das Recht anmaßt, gewaltsam über Gebiete zu verfügen, die von einer arabischen Bevölkerung bewohnt werden.

Selbst wenn der Gebrauch von Terrorismus durch die Hamas vor dem Jahr 2005 in einigen Fällen nachgewiesen werden kann, so ist er doch fraglich, seit die Hamas im Gazastreifen eine politische Verantwortung wahrnimmt. Dennoch ist der Rückgriff auf Terrorismus ohne jeden Zweifel zu verurteilen. Aber es ist wie in anderen Situationen auch: Hätte Israel von Anfang an das Völkerrecht beachtet, dann hätten die Palästinenser zweifellos keinen Terrorismus ange-

Die Rückkehr der Untoten in der schweizerischen Zeitung *20-Minuten*

Abbildung 97 – Die schweizerische Zeitung 20-Minuten veröffentlicht die Fotos der eliminierten Hamas-Führer. Links unten befindet sich das Foto des im Februar 1947 verstorbenen Ajatollahs Seyyed Ali Ghazi!

wendet. Solange ein Widerstandsrecht besteht und keine Alternative vorhanden ist, bleibt nur der Terrorismus. Wenn ihn Israel wirklich beseitigen wollte, dann stünden ihm Dutzende möglicher Strategien zur Verfügung. Israel hat sie aber nicht einmal ausprobiert.

Hier muss an drei wesentliche Dinge erinnert werden:

- Die Einhaltung des Völkerrechts beschränkt sich nicht auf die Frage des Terrorismus.
- Die Einhaltung des Völkerrechts gilt für alle Konfliktparteien.
- Seine Missachtung durch eine Partei rechtfertigt nicht, dass sich die anderen von ihm lossagen können.

Das Problem der israelischen Aktionen besteht darin, dass sie nie rechtliche Konsequenzen nach sich ziehen. Solange unsere Politiker die brutale israelische Antwort hinnehmen oder sogar ermutigen, werden die Missbräuche niemals geahndet werden. Mit anderen Worten: Seit 75 Jahren ermutigt man trotz der Appelle der Vereinten Nationen Israel dazu, die Palästinenser (sogar kollektiv) zu bestrafen. Gleichzeitig nimmt man, in voller Kenntnis der Sachlage, die schweren Verletzungen des Menschenrechts und des Humanitären Völkerrechts durch Israel hin. Jeder unserer Politiker sollte demnach für jedes einzelne verlorene Menschenleben der palästinensischen Zivilbevölkerung haftbar gemacht werden.

Das Nichtvorhandensein von Kritik gegenüber der israelischen Politik wird auch im Urteil des Internationalen Gerichtshofs zu einem möglichen Fall von Völkermord deutlich. Dort hat man das Gefühl, Israel hätte eine negative Entscheidung vermeiden können, wenn sich seine politischen Führer nur etwas maßvoller geäußert hätten. Wir kommen noch darauf zurück.

6.7.1. Das Recht auf Selbstverteidigung

Das Selbstverteidigungsrecht ist in die Charta der Vereinten Nationen aufgenommen worden. Erinnern wir uns daran, dass die Charta nach dem Ende des Zweiten Weltkriegs zum Ziel hatte, einen allgemeinen Frieden zu schaffen, und dass sie Kriegsakte verurteilte. Die Charta musste aber zugestehen, dass es Situationen gibt, in denen ein Land gezwungen sein kann, einen Krieg zu führen, und dass er in gewissen Fällen rechtmäßig sein könnte. Ein solcher Fall ist die legitime Verteidigung, die der Artikel 51 der Charta vorsieht. Hier hat man es mit dem Fall zu tun, dass ein Land von einem anderen angegriffen wird und seine Streitkräfte in einem Verteidigungskrieg einsetzt, um eine existenzielle Gefahr abzuwehren und gegen einen Gegner zu kämpfen, der über vergleichbare Mittel verfügt.

Dennoch muss sich die Militäraktion selbst in diesem Fall im Rahmen des Völkerrechts bewegen, insbesondere was den Schutz der Zivilbevölkerung angeht.

Wenn Israel dieses Recht in Bezug auf den palästinensischen Widerstand in Anspruch nimmt, dann befindet es sich in einer anderen Lage. Zunächst einmal ist Israel offiziell Besatzungsmacht und seine Anwesenheit in den Palästinensergebieten ist nach der Resolution 242 (1967) des UN-Sicherheitsrates gesetzeswidrig. Folglich ist der Widerstand gegen diese Besatzung gesetzeskonform. Im Übrigen besagt dies die Resolution 45/130 (1990) der UN-Generalversammlung. Sie gibt den Palästinensern speziell ein Widerstandsrecht »*mit allen ihnen zur Verfügung stehenden Mitteln, einschließlich des bewaffneten Kampfes*«[109]. Auch wenn sich keine Truppen mehr auf dem Gebiet als solchem befinden, lebt die Bevölkerung im Gazastreifen weiterhin unter einer Besatzung. Zusätzlich gibt der international anerkannte Status als Besatzungsmacht nach dem IV. Genfer Abkommen Israel die Verpflichtung, die palästinensische Bevölkerung zu schützen und für ihr Wohlergehen zu sorgen.

Anschließend besitzt Israel natürlich das Recht, seine Bevölkerung zu schützen. Es ist sogar eine seiner Verpflichtungen. Aber wegen seiner Rolle als Besatzungsmacht, die die Gazabevölkerung kontrolliert, ist der Verteidigungsbegriff ein anderer als in einem internationalen Konflikt. Zur Wiederherstellung der Ordnung muss es geeignete Mittel anwenden, die die Zivilbevölkerung sowie Unschuldige verschonen. Die Situation am 7. Oktober ist schlicht und einfach das Ergebnis einer Besatzungspolitik, die der Lage nie angemessen war – sofern man annimmt, dass das Ziel nicht darin besteht, die Palästinenser ins Exil zu treiben.

Weil es eine »Besatzung aus der Ferne« betreiben will und dazu ein riesiges Freiluftgefängnis geschaffen hat, fehlt Israels Überwachung jetzt die nötige Granularität oder Detailgenauigkeit. Deshalb hat der jüdische Staat gänzlich die Kontrolle der Lage verloren. Aber sein gesetzlicher Status bleibt der einer Besatzungsmacht.

Wenn Israel den Palästinensern das Recht auf ihren eigenen Staat zugestehen würde, dann hätte es selbst ironischerweise das Recht, einen Verteidigungskrieg gegen ihn zu führen und so die Hamas zu zerschlagen.[110] Wie dem auch sei, im Gegensatz zu dem, was uns Journalisten wie Darius Rochebin auf dem Fernsehsender LCI weismachen[111], die die Verbrechen Israels rechtfertigen wollen, lässt sich ein Verbrechen nicht durch (wie auch immer geartete) andere Verbrechen rechtfertigen.

6.7.2. Die Regeln für Militäreinsätze

Israel beschwört den Kampf gegen den Terrorismus, um seinen Einsatz von Gewalt zu rechtfertigen. Aber bei der Terrorismusbekämpfung bedeutet der Einsatz von Gewalt, dass man unfähig war, den Mechanismus des (in diesem Fall dschihadistischen) Terrorismus zu verstehen und Strategien zu entwickeln, die den Gegner davon hätten abhalten können, den Weg des Terrors einzuschlagen. Der Terrorismus ist kein Schicksal, er ist *in jedem Fall* vermeidbar.

Der Hauptgrund für Israels Misserfolg ist seine Überzeugung, dass der Terrorismus eine unvermeidbare und dem Islam genuine Erscheinung darstelle.[112] Diese Sichtweise ist nicht neu. Sie neigt dazu, den palästinensischen Widerstand mit religiösen Zielen in Verbindung zu bringen. Dadurch wird jede Möglichkeit einer Verhandlung über territoriale Fragen ausgeschlossen. Hieraus folgt, dass nur der Gebrauch von Gewalt eine Lösung herbeiführen könne. Diese Sichtweise ist in Frankreich und Belgien weitverbreitet und wird von islamophoben Kreisen vertreten, die sich weigern, unsere Außenpolitiken und Aktionen im Ausland zu hinterfragen. Die Sichtweise ist stark vereinfachend und extrem gefährlich, denn sie stellt den Terrorismus als eine Erscheinung dar, die nicht im Vorhinein mit einer ganzheitlichen Strategie bekämpft werden kann, sondern nur reaktiv durch Gewalt. Diese Herangehensweise ist nicht nur reaktiv, weil sie den Terroristen die Initiative überlässt. Sie »verengt« auch die Sicht auf die Ursachen des Terrorismus und fördert den Kommunitarismus. Die Herangehensweise ist der Grund für die Ausweitung des Terrorismus und unsere Unfähigkeit, mit ihm adäquat umzugehen.

Eine Untersuchung des israelischen Vorgehens im Kampf gegen den Terrorismus deutet darauf hin, dass weniger ein echter Wille besteht, gegen den Terrorismus zu kämpfen als gegen die Palästinenser. Im Grunde ist der Gebrauch von Gewalt nur gegen einen Terrorismus symmetrischer Natur wirklich wirksam. Die Terrorismen asymmetrischer Natur (etwa diejenigen, die mit einer islamischen »Software« arbeiten) werden durch Gewalt nur weiter ermutigt. Aber Israel hat dies auch nach einem Dreivierteljahrhundert immer noch nicht verstanden ...

Das NATO-Kommando in Afghanistan urteilte anhand der getöteten Aufständischen über die Wirksamkeit der Operation Resolute Support[113]. Immer wenn die Operation Barkhane einen Toten fordert, dann ruft man in Frankreich ihren »Erfolg« ins Gedächtnis, der sich an der Zahl der getöteten Kämpfer bemisst.[114] Aber das Ansteigen dieser Zahlen spiegelt keinen Erfolg wider: Die Lage verbessert sich nicht und die Feindseligkeit gegenüber der ausländischen Truppenpräsenz steigt. Wenn man keine messbaren Ziele definiert hat, dann bleibt nur die Zahl der getöteten Gegner, um einen Erfolg zu zeigen.

Der Gebrauch von Gewalt im Antiterrorkampf ist ein zweischneidiges Schwert: Sie sollte ihr Ziel erreichen, ohne eine zusätzliche Motivation für die Terroristen zu sein. Im Jahr 1990 erklärte ein Veteran des Vietnamkriegs:

> »Je länger wir in Vietnam blieben, desto zahlreicher wurde der Vietcong, denn wir haben sie selbst geschaffen; wir haben sie produziert ... Die Vietnamesen haben mich gehasst, und ich habe ihnen jeden Grund gegeben, um mich zu hassen.«[115]

Heute hört man dieselben Aussagen in Bezug auf die Operation Barkhane. Am 6.7.2009 erlässt das Oberkommando der NATO-Streitkräfte in Afghanistan (ISAF) eine Richtlinie, nachdem man – recht spät – die asymmetrische Natur des Konfliktes erkannte. In ihr heißt es:

> »Wir dürfen nicht in die Falle gehen, taktische Siege zu erringen – aber gleichzeitig strategische Niederlagen zu erleiden –, indem wir zivile Opfer oder übermäßige Zerstörungen verantworten und so die Bevölkerung gegen uns aufbringen.«[116]

Es gibt keine Regel, mit der sich das optimale »Gewaltniveau« bestimmen ließe, um erfolgreich gegen den Terrorismus zu sein. Es gibt ein schwer bestimmbares Gleichgewicht zwischen der Beseitigung von aufständischen oder terroristischen Kräften und dem Gegen-sich-Aufbringen der Bevölkerung, die diese Kräfte unterstützt. Dies bedeutet, dass sich die terroristische Bedrohung in jedem Fall mit einer maximalen Gewaltanwendung nicht verringern lässt. Ganz im Gegenteil.

Das Beste ist daher, im Rahmen des gesunden Menschenverstands und des Humanitären Völkerrechts zu bleiben.[117] Diesen Rahmen bilden drei Grundprinzipien für die Planung und Ausführung von Militäroperationen:

- das *Prinzip der Unterscheidung*, das die Differenzierung zwischen Zivilisten und Kombattanten fordert. Es verbietet wahllose Angriffe, die kein spezielles militärisches Ziel haben, die eine Methode oder ein Kampfmittel benutzen, deren Wirkung nicht eingegrenzt werden kann;
- das *Prinzip der Verhältnismäßigkeit*, das fordert, dass die verursachten Schäden oder die Gefahr, der man Zivilisten aussetzt, in einem vertretbaren Verhältnis zum direkten und konkreten militärischen Nutzen stehen;
- das *Prinzip der Vorsichtsmaßnahmen*, das den Angreifer verpflichtet, alle möglichen Vorsichtsmaßnahmen zu ergreifen, um die Zivilbevölkerung und ihr Hab und Gut gegen die Auswirkungen seiner Angriffe zu schützen.

Wenn trotz der Anwendung dieser Prinzipien zivile Opfer zu beklagen sind, dann kann man von »Kollateralschäden« sprechen. Wenn nicht sämtliche dieser Prinzipien eingehalten wurden, dann hat man es mit Kriegsverbrechen oder Schlimmerem zu tun. Das trifft auf Israel zu. Es wird regelmäßig angeprangert, weil es diese drei Grundprinzipien nicht achtet.

6.7.2.1. Der Begriff »Zivilist«

Aus diesem Begriff ergibt sich schon, dass es heute schwieriger ist, seinen Gegner zu treffen, als auf einem Schlachtfeld des 17. Jahrhunderts. Deshalb erfordert der Kampf gegen eine Widerstandsbewegung Einfühlungsvermögen, Vorstellungskraft und Kreativität. Drei Eigenschaften, die die israelische Armee noch nie vorweisen konnte.

Das Humanitäre Völkerrecht[118] definiert einen Zivilisten auf folgende Weise:

> »In einem nicht zwischenstaatlichen bewaffneten Konflikt bezeichnet der Begriff ›Zivilist‹ all diejenigen Personen, die weder den Streitkräften des Staates noch einer organisierten bewaffneten Gruppe angehören.«[119]

Und die Zivilbevölkerung:

> »Die Zivilbevölkerung besteht aus Zivilisten. In internationalen bewaffneten Konflikten nimmt die Anwesenheit von Individuen innerhalb der Zivilbevölkerung, die nicht der Definition von Zivilisten entsprechen, der Bevölkerung nicht ihren zivilen Status. Entsprechende Regeln beschützen die gesamte Bevölkerung einer Konfliktpartei, ohne eine gegenteilige Unterscheidung.
>
> In internationalen und nicht internationalen bewaffneten Konflikten genießt die Zivilbevölkerung allgemeinen Schutz vor den Gefahren der Militäroperationen.«

6.7.2.2. Das Prinzip der Unterscheidung

Das Prinzip der Unterscheidung ist am einfachsten anzuwenden. Nach der israelischen Intervention im Südlibanon im Jahr 2006 betonte die Menschenrechtskommission der UN-Generalversammlung:[120]

»[...] einen systematischen Gebrauch von übertriebener, wahlloser und unangemessener Gewalt von Seiten der israelischen Streitkräfte gegen die libanesischen Zivilisten und ihr Hab und Gut, ohne eine Unterscheidung zwischen Zivilisten und Kombattanten sowie zivilen Gütern und militärischen Zielen.«

In gleicher Weise rechtfertigte der israelische Armeesprecher Jonathan Conricus im Mai 2021, während der Kämpfe in Jerusalem und Gaza, die Anzahl der getöteten palästinensischen Zivilisten mit der Verflechtung von Kombattanten und Zivilisten im Gazastreifen. Aber die Entschuldigung ist irreführend. Denn das Prinzip der Unterscheidung untersagt eindeutig, das Feuer zu eröffnen, wenn man nicht in der Lage ist, militärische und zivile Ziele zu unterscheiden. Im Übrigen ist Israel beim Angriff auf den Hamas-Führer Saleh al-Aruri am 2.1.2024 in Beirut ein relativ gezielter Beschuss gelungen. Er ist also möglich. Mit anderen Worten: Wenn man eine 1000-Kilo-Bombe in einem dicht bevölkerten Gebiet verwendet, um eine Einzelperson zu treffen, dann will man offensichtlich der Zivilbevölkerung Schäden zufügen.

Die Wahl der Waffen spielt hier eine Rolle, denn einige von ihnen treffen wahllos. Das ist beispielsweise bei Brandbomben mit weißem Phosphor der Fall. Anders als von gewissen Kommentatoren behauptet, sind die von Israel verwendeten Phosphorbomben nicht durch internationale Abkommen verboten. Allerdings ist es verboten, sie gegen Zivilisten einzusetzen, insbesondere in Situationen, in denen man Soldaten nicht von Zivilisten unterscheiden kann. Dies ist in dicht bewohnten Gebieten von der Art des Gazastreifens der Fall. Der Gebrauch solcher Waffen wird von Artikel 2 des III. Protokolls des *Übereinkommens über das Verbot oder die Beschränkung des Einsatzes bestimmter konventioneller Waffen* geregelt, der präzisiert:

»2. Es ist unter allen Umständen verboten, ein militärisches Ziel, das sich inmitten einer Anhäufung von Zivilisten befindet, zum Ziel eines Angriffs mit Fliegerbrandbomben zu machen.«[121]

Nichtsdestotrotz verwendet Israel sie in einem Gebiet, dessen Bevölkerungsdichte eine der höchsten weltweit ist.[122] Das Gleiche gilt für den Einsatz von 1000-Kilo-Bomben.[123] Die Vereinigten Staaten haben anscheinend diese Unangemessenheit verstanden und Israel gebeten, »*kleinere Bomben*«[124] zu verwenden!

Inwieweit der Internationale Gerichtshof meint, es handle sich um einen Fall von Völkermord, ist zum jetzigen Zeitpunkt noch offen. Es lässt sich aber mit Bestimmtheit sagen, dass ganz klar Verletzungen des HVR vorliegen, zu denen unsere Länder, insbesondere die Vereinigten Staaten, beitragen, die Israel derartige Waffen liefern und wissen, dass sie gegen die Zivilbevölkerung eingesetzt werden.[125]

Bis zum 5.12.2023 hat Israel etwa 2000 Hamas-Kämpfer mit 12000 Bomben von 150–1000 Kilogramm getötet. Anders ausgedrückt haben die Israelis Ziele angegriffen, in denen sich keine Hamas-Kämpfer befanden. Und 10000 Bomben haben Zivilisten getötet.

Wenn die Unterscheidung zwischen Soldaten und Zivilisten schwer oder gar unmöglich ist, dann muss eine andere Methode gewählt werden, wie zum Beispiel der Kampf mit Bodentruppen. Dies garantiert allerdings auch nicht, dass es keine Massaker geben wird: Man erinnert sich an das Massaker von Sabra und Schatila in der Umgebung von Beirut während der Operation Frieden in Galiläa.

Sehr viele Beispiele zeigen, dass ein klarer Wille besteht, Palästinenser zu töten. Israel wurde wiederholt harsch von den Vereinten Nationen kritisiert, weil es sich nicht an die Normen des Humanitären Völkerrechts hielt: Soldaten töten aus Lust am Töten[126] oder sie brechen jungen palästinensischen Gefangenen die Knochen[127]. Im Mai 2021 gestanden israelische Piloten laut dem israelischen Fernsehsender Channel 12, Gebäude in Gaza zerstört zu haben, um »*Frustrationen loszuwerden*«[128].

Beim Kampf gegen den Terrorismus sollte der Gebrauch von Gewalt streng in eine klare Strategie eingebunden sein. In Israels Fall gibt einem die Unfähigkeit, die Palästinenserfrage zu lösen, das Gefühl, als ob die Gewaltanwendung nichts als eine von Rachegefühlen geleitete Gruppentherapie wäre.

6.7.2.3. Das Prinzip der Verhältnismäßigkeit

Das Prinzip der Verhältnismäßigkeit ist zuweilen schwerer zu bestimmen. Am 5.12.2023 erklärt Samy Cohen, ein emeritierter Forschungsleiter des Zentrums für internationale Studien und Forschung von Sciences Po (einer französischen Eliteuniversität), auf dem Fernsehkanal France 5:[129]

> »Wenn man von Unverhältnismäßigkeit spricht, dann muss man vorsichtig sein, was man meint. Denn Unverhältnismäßigkeit meint im Völkerrecht nicht, dass man keine Zivilisten angreifen darf. Man darf sie angreifen, wenn sie sich in der Nähe eines militärischen Ziels befinden, vorausgesetzt, das militärische Ziel steht in einem angemessenen Verhältnis zur Zahl der Opfer.«

Das ist falsch. Anders als er vorgibt, hat man nicht das Recht, Zivilisten anzugreifen. Punkt. Hingegen darf man militärische Ziele angreifen, selbst wenn sich in der Nähe Zivilisten aufhalten, vorausgesetzt, dass sie von den eingesetzten Waffen nicht getroffen werden. Um zum Beispiel einen Hamas-Führer zu eliminieren, könnte man einen Scharfschützen einsetzen, mit der Gewissheit, dass dabei keine Kollateralschäden entstehen. Oder man könnte Raketen einsetzen, wie im Fall des Hamas-Anführers Scheich Ahmad Yasin, der im März 2004 in seinem Rollstuhl durch eine Verfolgungsrakete des Typs Hellfire getötet wurde.[130] Ironischerweise handelt es sich um denselben Typ von Rakete, der die jungen Besucher des Festivals Supernova am 7.10.2023 zu Asche verbrannte. Auch nach zwanzig Jahren haben sich die Methoden nicht geändert. Aber dieses Mal wurden Dutzende junge Israelis auf diese Weise eliminiert. Wir kommen noch darauf zurück.

Es ist so, wie der Oberst der französischen Armee François-Régis Legrier nach seinem Einsatz in Syrien mutig und hellsichtig feststellte:[131]

> »Wir haben massiv die Infrastruktur zerstört und der Bevölkerung ein abscheuliches Bild davon gegeben, wie eine Befreiung nach westlicher Art aussehen kann. Wir haben den Boden für die zu-

künftige Entstehung eines neuen Gegners bereitet und den Krieg in keinster Weise gewonnen.«

Es sind alle Zutaten vorhanden, um Terrorismus zu erzeugen. Und genau das hat Israel seit 1947/1948 getan. Es hätte genügt, mein im Jahr 2003 veröffentlichtes Buch *La guerre asymétrique ou la défaite du vainqueur* (dt. *Der asymmetrische Krieg oder die Niederlage des Siegers*) zu lesen, um dies zu verstehen.[132] Die »Kollateralschäden« werden so zu einer zusätzlichen Rechtfertigung für die Terroristen, wie es auch der Islamische Staat schreibt:

»Die Artillerie wie auch der Terrorismus führen zu Verlusten unter Nicht-Kombattanten. Eine Rakete, die in einer Stadt einschlägt und offensichtlich keine Präzisionswaffe darstellt, unterscheidet sich nicht von einer Bombe in der Stadt eines Landes, das sich im Krieg mit den Muslimen befindet.

Somit [...] ist es klar, dass die Muslime berechtigt sind, die Bevölkerung in den Ländern, die sich mit den Muslimen im Krieg befinden, mit Bomben, Schusswaffen oder auf andere Weise anzugreifen, was unvermeidlich zum Tod von Nicht-Kombattanten führt.«[133]

Es genügt, sich den ehemaligen israelischen Botschafter Mark Regev anzuhören, um festzustellen, dass er genau dieselbe Argumentationsweise wie der Islamische Staat verwendet.[134]

Das Prinzip der Abschreckungsstrategie selbst, die von Mosche Dajan Anfang der 1950er Jahre entworfen wurde, beinhaltet den Begriff der Unverhältnismäßigkeit, der sich heutzutage in der Dahiya-Doktrin wiederfindet. Die Entscheidung, 1 000-Kilo-Bomben auf eng besiedelte Zonen abzuwerfen, widerspricht der Vorstellung, dass die Zivilbevölkerung nicht das Angriffsziel bildet. Tatsächlich zielt man auf Zivilisten, um sie dazu zu bewegen, gegen die Hamas zu rebellieren. Es handelt sich also sehr wohl um eine bewusste Politik, die mit der Politik der Briten in den Jahren 1943–1945 vergleichbar ist. Letztere versuchten, einen Aufstand gegen das Naziregime herbeizuführen. Aus diesem Grund bezeichnet auch die israelische Regierung die gesamte Gazabevölkerung als »*Nazis*«[135]. Genau deshalb erwähnt sie überdies immer wieder die Bombardierung von Dresden, die dieses Ziel verfolgte.[136]

Bis zum 26.11.2023 hat Israel 40 000 Tonnen Bomben auf Gaza abgeworfen[137] und den Tod von 14 800 Zivilisten verschuldet[138], um zwischen 1 000 und 2 000 Hamas-Kämpfer zu töten[139]. Es ist somit leicht nachzuprüfen, dass Israel bis zu diesem Zeitpunkt

- etwa 10 Zivilisten, darunter 6 Kinder, für jeden gefallenen Hamas-Kämpfer tötet;
- zwischen 20 und 40 Tonnen Bomben verwendet, um ein Hamas-Mitglied zu töten;
- mehr als zwei Tonnen Bomben für einen getöteten Zivilisten verwendet.

Die israelische militärische Antwort scheint also das Prinzip der Verhältnismäßigkeit zu missachten. Diese Zahlen stellen aber anscheinend den israelischen Generalstab zufrieden, wie die Erklärung des israelischen Armeesprechers Jonathan Conricus bezeugt:

> »Ich kann sagen, dass, wenn das wahr ist – und ich denke, dass unsere Zahlen bestätigt werden –, wenn Sie dieses Verhältnis mit jedem beliebigen Konflikt in einem bewohnten Gebiet zwischen einer Armee und einer Terrororganisation vergleichen, wo die Terrororganisation Zivilisten als menschliche Schutzschilde nimmt und in die Zivilbevölkerung integriert ist, dann stellen Sie fest, dass das Verhältnis hervorragend ist, ungemein positiv und vielleicht einzigartig auf der Welt.«[140]

Zusammenfassend lässt sich (jenseits der klaren rechtlichen und humanitären Erwägungen) sagen, dass die israelische Armee zutiefst ineffizient und wirkungslos ist. Sie ist ineffizient, weil die Menge an Munition und die Anzahl der Toten, die nötig sind, um eines ihrer Ziele zu erreichen, jedes Maß übersteigen. Und sie ist unwirksam, weil die Zerstörungen und der Tod, den sie den Palästinensern bringt, das Problem nicht lösen, wie man vor Ort feststellen kann.

Verletzte in den besetzten Palästinensergebieten zwischen 2008 und September 2023

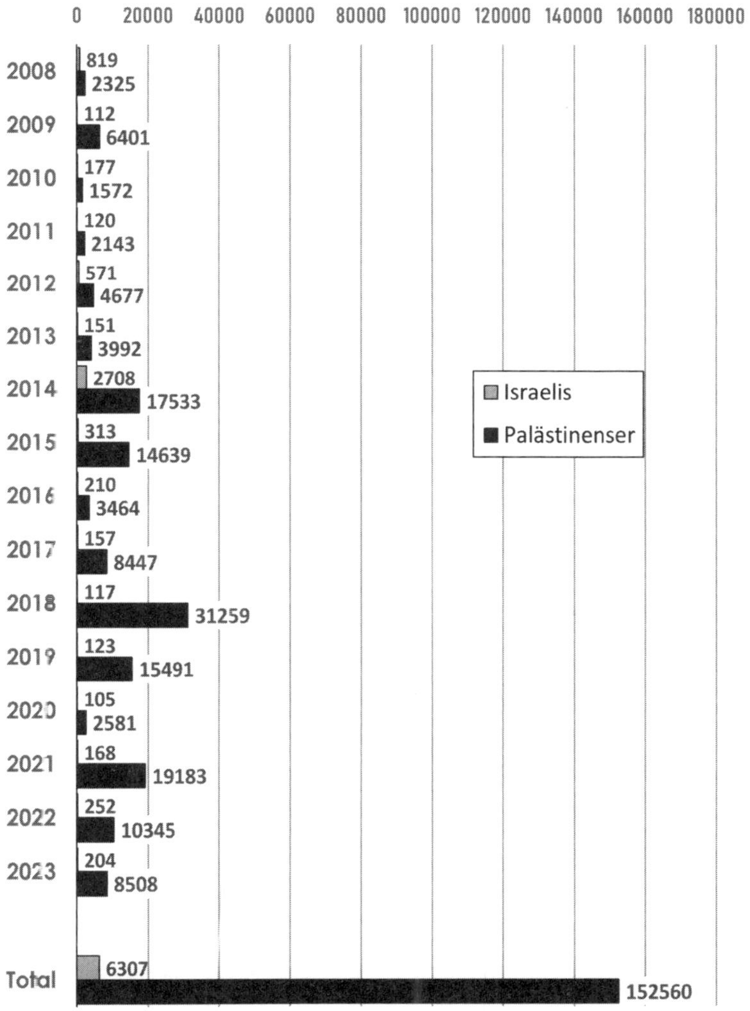

Abbildung 98 – Zahl der Verletzten pro Jahr zwischen 2008 und dem 19.9.2023. Insgesamt hatten die Israelis während dieser Zeitspanne 6307 Verletzte zu beklagen, die Palästinenser 152560. Das Völkerrecht fordert eine Verhältnismäßigkeit bei militärischen Erwiderungen. Offenkundig ist es schwer, bei einem Verhältnis von 24 zu 1 von Verhältnismäßigkeit zu sprechen! [https://www.ochaopt.org/data/casualties]

Getötete in den besetzten Palästinensergebieten zwischen 2008 und September 2023

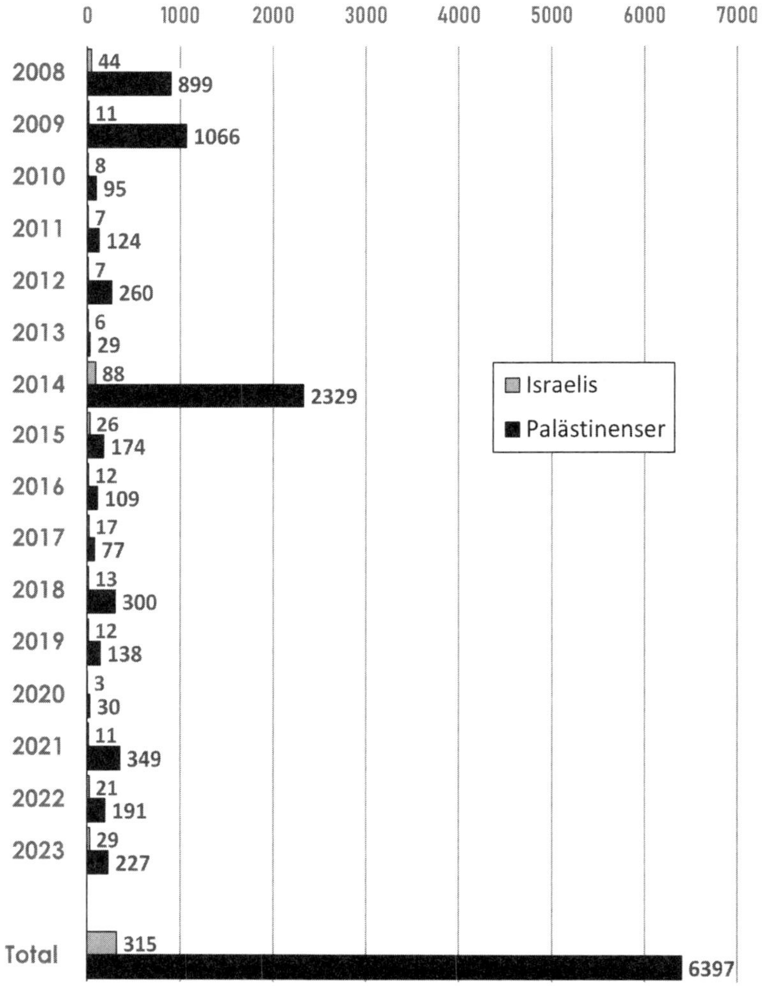

Abbildung 99 – Die Zahl der zwischen 2008 und dem 19.9.2023 Getöteten. Die Palästinenser haben 6407 und die Israelis 308 Tote zu beklagen. Diese Unverhältnismäßigkeit zeigt, dass Israel sich nicht bloß verteidigt, sondern an der palästinensischen Bevölkerung Rache nimmt, unter dem völligen Stillschweigen der internationalen Gemeinschaft. Dieses Schweigen ist zweifelsohne ein Antrieb für die Aktion der Hamas vom 7.10.2023. [https://www.ochaopt.org/data/casualties]

Wie wir gesehen haben, äußert sich die Verhältnismäßigkeit einerseits im Verhältnis der eingesetzten Waffen zum angestrebten Ziel, und andererseits im Verhältnis der Bedrohung zur Antwort auf diese Bedrohung. Das Verhältnis in der Tötungsrate zwischen dem Angriff der Hamas und der Operation Eiserne Schwerter ist bereits ein Indikator für Unverhältnismäßigkeit. Aber eine Untersuchung der Sterberate der Palästinenser und der Israelis zwischen 2008 und September 2023 veranschaulicht, dass die Unverhältnismäßigkeit ein Teil der israelischen Strategie ist. Auf eine gewisse Weise nimmt Israel die palästinensische Bevölkerung als Geisel, um Druck auf die Widerstandsbewegungen zu machen.

6.7.2.4. Das Prinzip der Vorsichtsmaßnahmen

Was das Prinzip der Vorsichtsmaßnahmen angeht, so unterstellt es, dass man sich der Wichtigkeit bewusst ist, die Zivilbevölkerung vor den Folgen einer Militäroperation zu bewahren. Aber mittlerweile erklärt der israelische Präsident:

> »Eine ganze Nation ist verantwortlich.«[141]

Seine Aussagen lassen an die Worte des ehemaligen Verteidigungsministers Avigdor Liberman denken, der im April 2018 behauptete:

> »In Gaza gibt es keine Unschuldigen.«[142]

Man könnte auch das weiter oben angeführte Beispiel nennen, in der Gazabevölkerung »2 Millionen Nazis« zu sehen, um zu verdeutlichen, dass keine Unterscheidung zwischen Zivilisten und Kombattanten gemacht wird.

Anders ausgedrückt wird das Prinzip der Vorsichtsmaßnahmen von vornherein abgelehnt. Das wiederum legt nahe, dass man (wie die *Huffington Post* feststellt) die Zivilbevölkerung als ein legitimes Ziel betrachtet.[143]

Diese Aussagen, die der IGH festhalten wird, um die »Plausibilität« eines Völkermords darzulegen, sind nicht bloß vernichtend. Sie setzen sich auch nach dem 26.1.2024 noch fort, was deutlich macht,

Die Widersprüchlichkeit der israelischen Aussagen

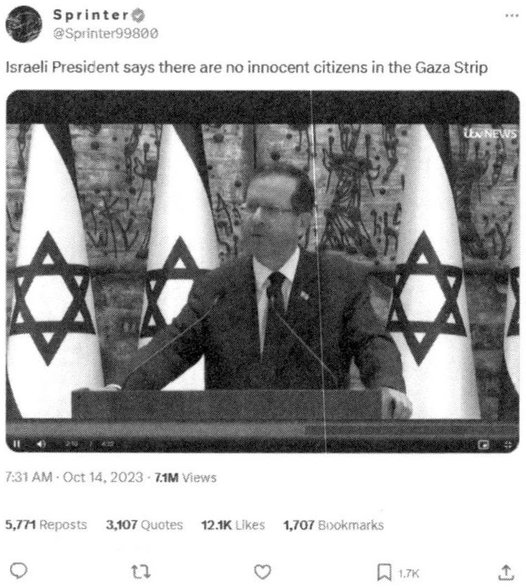

Abbildung 100 – Laut dem israelischen Präsidenten Isaac Herzog gibt es in Gaza keine Unschuldigen. Das deutet nicht nur auf eine Leugnung des Prinzips der Vorsichtsmaßnahmen hin, sondern es widerspricht auch der Vorstellung, nach der die Hamas »die eigene Bevölkerung in Geiselhaft genommen hat«, wie Caroline Fourest auf BFMTV erklärte.[144] *[Quelle: https://twitter.com/Sprinter99800/status/1713064886027063584]*

wie sehr die israelischen Behörden die internationalen Institutionen missachten.

Ein weiteres Indiz für die Missachtung des Prinzips der Vorsichtsmaßnahmen ist das Fehlen eines Mechanismus zur Auswertung der Schäden (*Battle Damage Assessment* – BDA), durch den vermieden würde, die gleichen Fehler oder Verbrechen noch einmal zu wiederholen.[145]

Das Richten von Appellen an die Bevölkerung, die Zonen zu verlassen, in denen Bombardierungen geplant sind, stellt zwar eine Vorsorgemaßnahme dar. Aber das Prinzip der Vorsichtsmaßnahmen setzt voraus, dass ohne eine gründliche Überprüfung oder beim Verdacht der Anwesenheit von Zivilisten, selbst von einem kleinen Rest, Luftangriffe nicht durchgeführt werden.

Unsere Verweigerung, Israel aufzuzeigen, dass es sich mit seiner Herangehensweise an das Problem irrt, hatte zur Folge, dass Israel sich nie bemüht hat, alternative Strategien zu finden. Im Übrigen hat es auch unseren Militärs stets an der nötigen Vorstellungskraft gefehlt, um Lösungen im Kampf gegen den Terrorismus zu finden, die Zivilisten schonen würden.

6.7.3. Eine unnötig brutale militärische Antwort

Die Brutalität der israelischen Antwort auf den 7.10.2023 ist außergewöhnlich, was ihre Intensität, ihr Ausmaß und ihre Mediatisierung betrifft. Für sich genommen stellt sie aber nichts Außergewöhnliches dar. Sie ist im Grunde eine Reaktion auf die Empfindung, man sei von einem Schwächeren geschlagen worden, einem »menschlichen Tier« oder »von Untermenschen«. Deshalb ist eine starke Reaktion nötig. Aber auf einer weniger kulturellen und mehr politischen Ebene ergibt sich die Notwendigkeit, hart zuzuschlagen, aus der Philosophie der israelischen Sicherheitspolitik. Ihre Grundlage ist ein überlegenes Kräfteverhältnis: Der Mythos von einer »unbesiegbaren Armee« ist Teil des israelischen Verständnisses von nationaler Sicherheit, das darin besteht, potenzielle Gegner abzuschrecken. Nach den Vorfällen im Gazastreifen im Jahr 2008 hatte die *New York Times* angemerkt:

> »Israel hat eine größere Sorge: Es hat Angst, dass es heute weniger als früher oder weniger als nötig von seinen Feinden gefürchtet wird. Die israelische Führung denkt, dass eine Kraftdemonstration in Gaza hier Abhilfe schaffen könnte.«[146]

Man hat es also mit einer Logik der Abschreckung zu tun, die die Beseitigung der Palästinenser als eine Demonstration der eigenen Stärke versteht.

Meine Beobachtung zahlreicher Kriegssituationen und meine Analyse der seit mehr als hundert Jahren geführten Schlachten hat ergeben, dass militärische Brutalität in einem umgekehrten Verhältnis zur Qualität einer militärischen Führung und Planung steht.

Die allgemeine Funktion einer Armee besteht darin, den Einsatz der Kräfte auf ein gemeinsames Ziel zu lenken und somit zu vermeiden, dass sie sich gegen unwichtige oder isolierte Ziele richtet und dadurch zerstreut. Es ist also entscheidend, dass man in einer Krisensituation zumindest ein klares Ziel sowie die Führungskapazitäten besitzt, um seine Bemühungen auf dieses Ziel zu richten.

Im Falle der israelischen Erwiderung glänzen all diese Dinge durch ihre Abwesenheit. Man zieht eine »Zerschlagung der Hamas« einer »Beseitigung der Bedrohung« vor. Es handelt sich um zwei verschiedene Dinge. Wie ich bereits im Jahr 2003 geschrieben habe, töten die Israelis Einzelpersonen. Sie verringern aber nicht den Widerstandswillen der Palästinenser, was ihr Ziel sein sollte. Man könnte im Gegenteil glauben, sie täten alles dafür, Terrorismus zu erzeugen.

Im Zeitalter der sozialen Netzwerke stellt man fest, dass die Übergriffe der israelischen Soldaten, die sie verüben, wenn sie palästinensische Häuser plündern, Schmuck stehlen oder Spielzeugläden ausrauben, ein noch desaströseres Bild der israelischen Armee abgeben. Allein die Tatsache, dass diese Soldaten ihre Videos ins Netz stellen, zeigt ihre Disziplinlosigkeit und schlechte Führung.

Bei der Ansetzung von Zielen wird keine Rücksicht auf die Anwesenheit von Zivilisten genommen. In einer von den israelischen Medien *Local Call* und *+972 Magazine* unternommenen Recherche deckte der israelische Journalist Yuval Abraham im November 2023 auf, dass die Bestimmung von Zielen in Gaza vier Kategorien umfasst:

- Die taktischen Ziele. Es handelt sich um die erkannten Stellungen der palästinensischen Kämpfer (Schussstellungen, befestigte Stellungen usw.).
- Die Tunnel und unterirdischen Netze von Gängen. Ihr exakter Standort ist nicht immer bekannt. Ihre Zerstörung kann ebenfalls die Zerstörung von Wohngebäuden bedeuten.
- Die Ziele, deren Zerstörung Druck auf die Führung der Palästinenser (oder der Hamas) ausüben soll. Diese Ziele werden im Englischen als »*power objectives*« bezeichnet. Im Deutschen ließen sie sich besser als »*Druckpunkte*« übersetzen. Sie sollen der Zivil-

Zivile Opfer der israelischen Operation Eiserne Schwerter

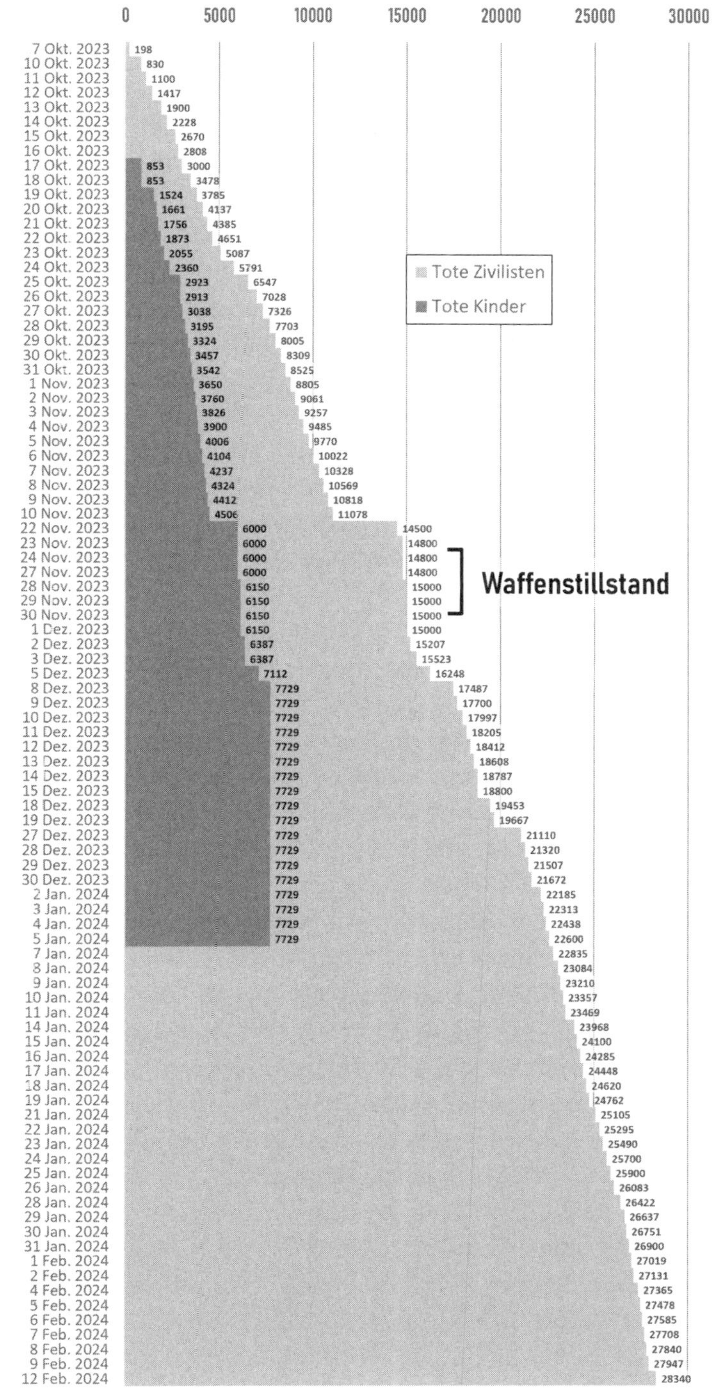

Abbildung 101 – Anzahl der zivilen Opfer der israelischen Militärschläge seit dem 7.10.2023. [Quelle: https://www.ochaopt.org/updates]

bevölkerung einen Stoß verpassen, der sie dazu bringt »*Druck auf die Hamas auszuüben*«. Mit anderen Worten: Es geht nicht darum, Kämpfer oder Mitglieder der Hamas beziehungsweise Terroristen zu attackieren, sondern diejenigen Gebäude und Infrastruktureinrichtungen, deren Zerstörung am ehesten bewirkt, dass die Bevölkerung gegen die Hamas rebelliert. Laut +972 können diese Ziele auch bewohnt sein:

> »[Die Quelle] hat bestätigt, dass die israelische Armee für den größten Teil der möglichen Ziele in Gaza – Wohnungen eingeschlossen – über Dateien verfügt, die die Anzahl der Zivilisten enthalten, die beim Angriff auf ein gegebenes Ziel wahrscheinlich getötet werden. Diese Anzahl ist berechnet und den Einheiten des Nachrichtendienstes im Voraus bekannt. Sie wissen kurze Zeit vor dem Angriff auch, wie viele Zivilisten mit Sicherheit getötet werden.«

- Die Wohnungen oder Unterkünfte von Hamas-Mitgliedern oder ihrer Familien.

Die Auswahl der Ziele findet teilweise mithilfe eines Programms statt, das künstliche Intelligenz anwendet und den Namen *Habsora* (Evangelium) trägt.[147] Dieses System scheint allerdings nur über eine eingeschränkte Intelligenz zu verfügen, da es dazu geführt hat, dass auch Standorte attackiert wurden, an denen sich kein einziger Kämpfer befand. Der Grund dafür ist, dass dieses System seine Ziele nicht anhand nachrichtendienstlicher Informationen auswählt, die einen Hamas-Kämpfer an einem bestimmten Standort verorten. Stattdessen wertet es die Häufigkeit aus, mit der ein Mobiltelefon benutzt wird.

Das System verwertet die gesammelten Metadaten, die von den Telefonanbietern gesammelt und an die Nachrichtendienste übermittelt werden. Diese Daten vergleicht man mit typischen »Profilen«, die von Algorithmen erstellt wurden und das typische Verhalten von Terroristen darstellen sollen. Vereinfacht gesagt nimmt man von einem Telefon an, es gehöre einem Terroristen, wenn es häufig mit Telefonen verbunden ist, die im Verdacht stehen, Terroristen zu gehören, oder sich in Gegenden befinden, wo sich Terroristen aufhalten. Ein solches Telefon wird attackiert, ohne dass man weiß, wer es in dem Moment wirklich benutzt oder welche Personen sich in seiner Nähe befinden (beispielsweise die Familie). Diese Personen werden automatisch als Terroristen angesehen.

Die Amerikaner haben ein vergleichbares System im Irak und in Afghanistan verwendet. Es lieferte äußerst schlechte Ergebnisse und tötete zu mehr als 90 Prozent unschuldige Opfer.[148] Offensichtlich bringt auch das israelische System keine bessere Leistung. Das Problem besteht darin, dass die Zielauswahl nicht anhand einer wirklichen Situation stattfindet, sondern anhand von Vorstellungen, wie die Situation aussehen könnte. Bei dieser Systematik handelt sich es um eine, wie es der israelische Journalist ausdrückt, »*Fabrik des Massenmords*«. Anders ausgedrückt sind Erklärungen, es gebe einen gezielten Beschuss, irreführend. Der Beschuss ist nicht gezielt, weil es den israelischen Nachrichtendiensten nicht gelungen ist, die Hamas-Führer zu orten, die mögliche Ziele darstellen könnten.

Zum Vergleich: Im Oktober 2023 erklärt ein ukrainischer Militär der britischen Zeitung *Times*, die Russen würden im Sektor Orechow-Rabotino pro Tag 25–30 gelenkte Bomben einsetzen.[149]

Zwischen dem 7. und 14.10.2023 hat die israelische Luftwaffe 6 000 gelenkte Bomben auf Gaza abgeworfen, ein Gebiet, das hauptsächlich von Zivilisten bewohnt wird. Das macht 1 000 Bomben am Tag. Am 16. Oktober stellt das amerikanische Wirtschaftsmagazin *Business Insider* fest, dass Israel in sechs Tagen bereits mehr Bomben auf Gaza abgeworfen hat als die Vereinigten Staaten in einem beliebigen Monat ihrer Militärkampagne gegen den Islamischen Staat.[150] Laut CNN kommen die israelischen Luftangriffe bis zum 22.12.2023 auf insgesamt 29 000 Bomben.[151] Bis zu jenem Tag steigt die Gesamtzahl der bisher getöteten Zivilisten auf 19 000. Anders ausgerückt verwendet die israelische Armee zu jenem Zeitpunkt anderthalb Bomben pro getötetem Zivilisten. Schwer zu sagen, ob die israelische Armee die moralischste der Welt ist. Sie ist aber in jedem Fall die mörderischste in Hinblick auf Zivilisten und die ineffizienteste, was das Eliminieren ihrer Gegner betrifft!

In der israelischen Armee können die Planer von Luftangriffen ermächtigt werden, Kollateralschäden zu verursachen, je nachdem, wie wichtig ein bestimmtes Ziel ist. Es existiert eine Skala, mit der sich die Zahl von »hinnehmbaren« Kollateralopfern in Bezug auf ein bestimmtes Ziel bestimmen lässt.

Laut den Vereinten Nationen hat die russische Offensive zwischen dem 24.2.2022 und dem 8.10.2023 den Tod von 560 Kindern in dem Gebiet, das von der Ukraine kontrolliert wird, verursacht.[152] Gemäß den palästinensischen Behörden in Gaza hat die israelische Armee zwischen dem 7. und dem 27.10.2023 insgesamt 2665 Kinder getötet.[153] Somit hätten die Russen 7 Kinder pro Woche getötet, die Israelis dagegen fast 890!

Bleibt man bei dem Begriff »Zivilisten«, dann hat Israel in drei Wochen genauso viele von ihnen getötet wie Russland in 20 Monaten Krieg in der Ukraine. Zur Entlastung der Israelis sei gesagt, dass die Unterscheidung zwischen »Zivilisten« und »Kombattanten« in Palästina schwerer fällt.

Vergleich der Sterberaten der Konflikte in der Ukraine und in Gaza

Konflikt	Von	Bis	Anzahl der Tage	Getötete Zivilisten	Durchschnitt pro Tag	Getötete Kinder	Durchschnitt pro Tag
Ukraine	24.02.2022	08.10.2023	591	7 649	13	560	0,95
Gaza	07.10.2023	03.11.2023	28	9 257	330	3 826	137

Abbildung 102 – Wie man feststellt, neigen die Soldaten auf dem europäischen Kontinent dazu, die Zivilbevölkerung zu achten. Die Lage ändert sich völlig, wenn dieselben Soldaten auf anderen Kontinenten eingesetzt werden. In Israel haben die Soldaten nicht die Kultur der Region, aus der sie angeblich stammen. Sie verhalten sich wie ihre westlichen Kollegen: ohne jeden Respekt vor dem Leben. Diese Brutalität ist die Ursache für die Entschlossenheit der Terroristen, uns in Europa anzugreifen.

Das Problem der westlichen Streitkräfte besteht darin, dass sie den Sieg durch eine größere Feuerkraft erringen wollen *(»firepower superiority«)*. Auf diese Art führte man in den Jahren 1914–1918 Krieg, in einer sehr symmetrischen Kriegssituation und praktisch ohne eine Strategie. Heutzutage führt diese Art der Kriegsführung in einem asymmetrischen Konflikt oft dazu, dass die Regeln des Kriegsrechts verletzt werden, ohne dass dies den Sieg bringen würde.

6.7.4. Die Rechtfertigung für den Einsatz von Gewalt

Zusammenfassend folgt das Denken unserer Journalisten in Bezug auf die Kriegsverbrechen Israels immer demselben Schema:

Das Problem besteht hier darin, dass der Antisemitismus nicht durch die Aktionen Israels an sich ausgelöst wird. Er entsteht vielmehr durch die Tatsache, dass Israel seine Aktionen durchführen kann, ohne dass sie hinterfragt oder kritisiert werden dürfen.

Das Abschneiden der Strom-, Trinkwasser- und Treibstoffversorgung seit dem 10. Oktober[154] unter dem Vorwand, die Hamas könnte ansonsten von diesen Dingen profitieren, stellt ein Kriegsverbrechen dar. Die Annahme, dass gewisse Zivilisten die erhaltene Nahrung an die Hamas weiterverkaufen könnten, ist kein Argument, um ihnen diese Nahrung gänzlich vorzuenthalten.

Ein Kriegsverbrechen ist und bleibt ein Kriegsverbrechen, egal was unsere Journalisten behaupten. Es besteht niemals ein guter Grund, um ein Kriegsverbrechen oder einen Völkermord zu verüben. Am Ende hat der IGH die israelischen Erklärungen, die in den Fernsehstudios von LCI, BFMTV oder CNews kleingeredet werden, als belastende Beweismittel gegen Israel festgehalten. Sie sind Indizien für einen »genozidalen« Vorsatz Israels.

Auge um Auge im Sinne unserer Medien

	Argumente unserer Medien	Sichtweise des Humanitären Völkerrechts
Rechtfertigung durch die Geschichte	Die Bombardierungen der deutschen Bevölkerung durch die Alliierten im Zweiten Weltkrieg waren gerechtfertigt. Niemand hat die westlichen Bombardierungen der Zivilbevölkerung in Afghanistan, im Irak, in Libyen oder in Syrien, um gegen den Islamischen Staat zu kämpfen, verurteilt. Deshalb ist auch die Bombardierung von Zivilisten in Palästina rechtmäßig.	Kein Verbrechen kann ein anderes rechtfertigen. Folgt man dagegen dem Argument der Medien, dann akzeptiert man die Talionsformel »Auge um Auge«. Damit ließen sich beispielsweise auch die Terroranschläge in Frankreich in den Jahren 2015–16 rechtfertigen, die verübt wurden, nachdem Frankreich loszog, um die Bevölkerung im Irak und später in Syrien zu bombardieren. Im Übrigen rechtfertigen gewisse Journalisten, die dieses Argument vertreten, auch die ukrainischen Terroranschläge gegen Russland.

Rechtfertigung durch das Bedürfnis nach Strafe	Die Hamas-Kämpfer haben am 7.10.2023 Verbrechen verübt. Es besteht also kein Grund, mehr Vorsorgemaßnahmen als sie zu treffen.	Wie bereits gesagt: Wie groß der Schrecken des 7. Oktober auch gewesen sein mag, er kann nicht als Rechtfertigung für andere Verbrechen dienen. In jedem Fall ist das Prinzip der Verhältnismäßigkeit anzuwenden. Andererseits bedeutet die Weigerung, Vorsichtsmaßnahmen anzuwenden (bsw. indem man großkalibrige Bomben abwirft), dass man die Bevölkerung anstelle der Hamas bestraft. Man hat es also mit einer »Kollektivstrafe« zu tun, die laut Artikel 33 des IV. Genfer Abkommens und nach Artikel 4 des II. Zusatzprotokolls verboten ist.
Rechtfertigung durch das Recht auf Selbstverteidigung	Israel hat das Recht, sich zu verteidigen.	Das ist ungenau. Israel hat ein Selbstverteidigungsrecht, aber nicht im Rahmen des Artikels 51 der UN-Charta, der nur zwischen Staaten Anwendung findet. Israel hat das Recht – und die Pflicht – seine Bevölkerung zu schützen. Es könnte sich also auf die Schutzverantwortung berufen. Was Israel nicht in Anspruch nehmen kann, denn diese Verpflichtung gibt ihm ebenfalls die Pflicht, als Besatzungsmacht die palästinensische Bevölkerung zu schützen. In jedem Fall kann das Selbstverteidigungsrecht nur im Rahmen des Völkerrechts wahrgenommen werden. Israel ist nicht berechtigt, alle nur erdenklichen Mittel einzusetzen.

Abbildung 103 – Im Westen und besonders in Frankreich rechtfertigen unsere Kommentatoren den Rückgriff auf unverhältnismäßige Gewalt, indem sie auf Situationen wie die Bombardierung Dresdens (1945) oder die Luftangriffe auf den Islamischen Staat verweisen. Wenn sie so argumentieren, dann machen sie sich genau dieselbe Logik und dieselben Argumente wie der Islamische Staat zu eigen.

6.7.5. Die menschlichen Schutzschilde

Die Praxis der menschlichen Schutzschilde besteht darin, Zivilisten gegen deren Willen in der Nähe von Zielen zu platzieren, um den Gegner davon abzuhalten, diese Ziele anzugreifen. Nach dem HVR ist diese Praxis gänzlich gesetzeswidrig.[155] Wie wir weiter oben gesehen haben, beschuldigt Israel regelmäßig die Hamas, so vorzugehen. Wer sein eigenes brutales Handeln entschuldigt, indem er den

Einsatz von »menschlichen Schutzschilden« beschwört, der war in Wirklichkeit nicht in der Lage, das Problem zu umgehen und eine geeignete Strategie zu finden, denn die Anwesenheit von Zivilisten und Unschuldigen ist typisch für derartige Konflikte.

Eine Untersuchung der Militärschläge gegen Gaza, insbesondere seit 2008, zeigt, dass dieser Vorwurf unbegründet ist, was die Hamas angeht, und dies aus mehreren Gründen:

Erstens agiert eine Widerstandsbewegung ihrer Natur nach inmitten einer Bevölkerung wie ein »*Fisch im Wasser*«, wie Mao Zedong es ausdrückte. Das war beim französischen Widerstand im Zweiten Weltkrieg (der Résistance) wie auch im übrigen Europa der Fall. Und es trifft auch auf den palästinensischen Widerstand zu. Es handelt sich also um einen Aspekt des Problems. Um ihn zu lösen, muss der Staat, der Besatzer oder der Aggressor die richtige Strategie wählen. Wie wir sehen werden, hat Israel dies nie getan. Es hat sich stattdessen daran orientiert, wie die Vereinigten Staaten, Großbritannien oder Frankreich ihre Gegner im Mittleren Osten, in Zentralasien oder in Nordafrika bekämpft haben.

Hier sei daran erinnert, dass die Briten es in den 1960–1980er Jahren mit demselben Problem in Nordirland zu tun hatten, ähnlich die Spanier im Baskenland und die Italiener in Norditalien, zu einer Zeit, in der intelligente (präzisionsgelenkte) Waffen noch nicht existierten. Trotzdem mussten sie nicht die Bevölkerung dezimieren, um den Terrorismus zu besiegen.

Zweitens kann man nur dann von menschlichen Schutzschilden sprechen, wenn Zivilisten in den von den gegnerischen Waffen gefährdeten Gebieten bewusst platziert werden. Weil Israel die Hamas fast ausschließlich aus der Luft angreift, wird der gefährliche Bereich der Geschosse mit dem Begriff CEP umschrieben. Der CEP oder *Circular Error Probable* (dt. Streukreisradius) beschreibt die Streuung eines Geschosses um den Zielpunkt herum. Wenn Zivilisten absichtlich nahe an einem militärischen Ziel platziert werden, in einem Abstand, der geringer oder gleich dem CEP der vom Gegner verwendeten Geschosse ist, dann darf man annehmen, dass menschliche Schutzschilde benutzt werden. Sofern durch die Detonation Zivilisten in Gefahr gebracht werden, bedeutet dies, dass der Gegner eine schlechte

Strategie gewählt hat. Er hat nicht das Recht, sich auf menschliche Schutzschilde zu berufen. Wenn demnach Israel 1000-Kilo-Bomben verwendet, deren Tötungsradius 300–400 Meter beträgt, kann es sich nicht auf menschliche Schutzschilde berufen.

Der CEP der israelischen Bomben und Raketen reicht in etwa von 0,9–4 Metern, was die Präzisionswaffen angeht. Für die Freifallbomben sind es 30 Meter. Sobald die israelische Armee einen Hamas-Führer ins Visier nimmt, kann vernünftigerweise davon ausgegangen werden, dass sie Waffen verwendet, deren CEP circa 1–2 Meter umfasst. Wenn man folglich Zivilisten in einem Abstand von 0,9–4 Meter von einem deutlichen Ziel wiederfindet, dann darf man von menschlichen Schutzschilden sprechen.

Drittens funktioniert die Strategie der menschlichen Schutzschilde nur bei einem Gegner, der das HVR achtet. Aber wer weiß besser als die Palästinenser, dass Israel sich aus Prinzip nicht an das HVR hält,

Menschliche Schutzschilde und der CEP (Streukreisradius) der Geschosse

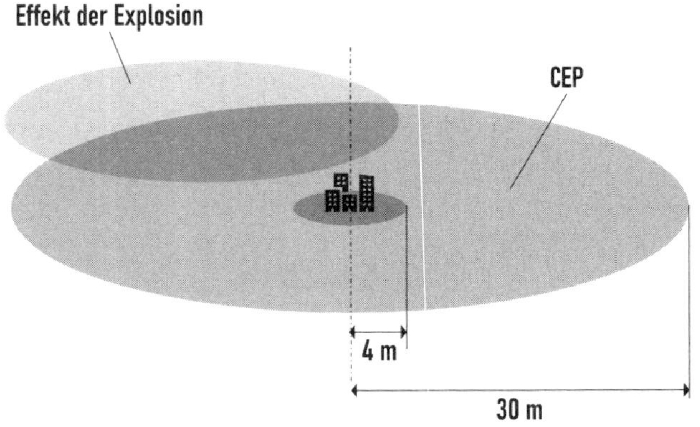

Abbildung 104 – Israel benutzt den Begriff der menschlichen Schutzschilde als Rechtfertigung, um seine Waffen wahllos einzusetzen. Und unsere Medien verbreiten Israels Botschaften, um seine Politik zu unterstützen. Der Gebrauch von menschlichen Schutzschilden lässt sich jedoch nach technischen Kriterien bestimmen. Man müsste beispielsweise Zivilisten in einem Abstand von weniger als 4 Metern platzieren, wenn Israel Präzisionswaffen verwendet (etwa um einen Hamas-Führer zu eliminieren), oder von 30 Metern, falls Israel ein großes Ziel mit Freifallbomben treffen wollte. Man stellt jedoch fest, dass die Praxis der Hamas nicht den Behauptungen der israelischen Behörden entspricht.

Der CEP (Streukreisradius) der israelischen Präzisionswaffen

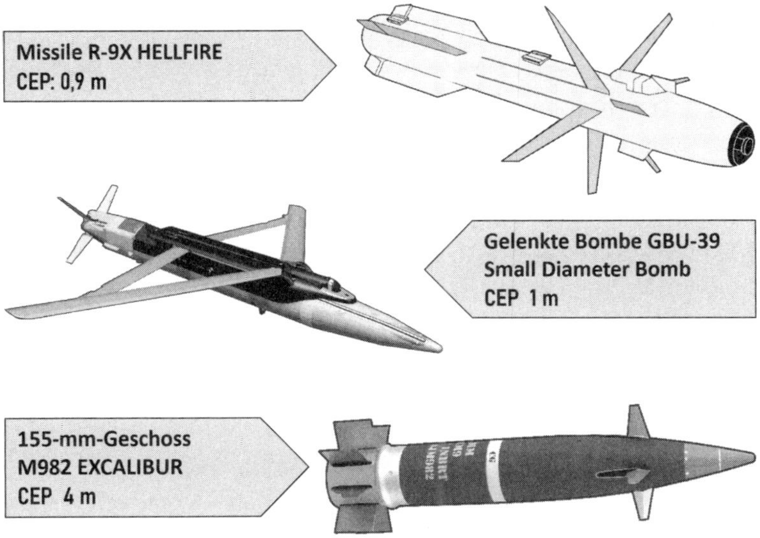

Abbildung 105 – Unter Berücksichtigung der von Israel erklärten Ziele kann der Hamas vorgeworfen werden, menschliche Schutzschilde zu benutzen, wenn sie absichtlich Zivilisten in einem Abstand von 0,9 Metern von einem Ziel platziert.

und eine solche Strategie demzufolge unnütz wäre. Die Tatsachen belegen, dass die Hamas ihre Entscheidungen sehr rationell trifft.

Viertens lässt sich der israelische Beschuss durch kein wie auch immer geartetes Handeln der Hamas rechtfertigen. Das Zusatzprotokoll zu den Genfer Abkommen vom 12.8.1949 bezüglich des Schutzes der Opfer von bewaffneten internationalen Konflikten (Protokoll I) vom 8.6.1977 besagt:

> »8. Eine Verletzung dieser Verbote enthebt die am Konflikt beteiligten Parteien nicht ihrer rechtlichen Verpflichtungen gegenüber der Zivilbevölkerung und Zivilpersonen [...]«[156]

Mit anderen Worten: Wie wir bereits wiederholt in diesem Werk gesagt haben, kann ein Verbrechen kein weiteres rechtfertigen, ob es unseren Journalisten und Politikern gefällt oder nicht.

Das Problem der »*menschlichen Schutzschilde*« ist lediglich ein Propagandatrick, der den Beschuss der Zivilbevölkerung rechtfertigen soll. Selbst wenn der Vorwurf der menschlichen Schutzschilde wahr sein sollte, und erst recht, wenn die Bevölkerung von der Hamas als Geisel genommen wird, ergibt die Bombardierung dieser Bevölkerung keinen Sinn. Denn eine Armee, die etwas auf sich hält, sollte versuchen, die Zahl der unschuldigen Opfer so gering wie möglich zu halten.

Am 29.10.2023 erklärte der französische Autor und Regisseur Bernard-Henri Lévy auf dem Fernsehkanal LCI, die Hamas habe »Kontrollpunkte« im Gazastreifen eingerichtet, um die Zivilbevölkerung daran zu hindern, die von einer israelischen Bombardierung bedrohten Zonen zu verlassen. Aber die vor Ort befindlichen Journalisten der *Washington Post* berichteten: »*Die seit Freitag gen Süden fliehenden Zivilisten haben der Post erklärt, sie hätten keine Hamas-Kämpfer in den Straßen gesehen.*«[157] Es erübrigt sich jeder Kommentar ...

Wenn man auf operativer Ebene die Karte der Kämpfe seit Beginn der Operation Eiserne Schwerter in Gaza und später Chan Yunis betrachtet, dann stellt man fest, dass die Palästinenser die Israelis in Zonen gelockt haben, die vorher von ihren Bewohnern verlassen wurden. Anders ausgedrückt versuchen die palästinensischen Kämpfer im Gegenteil die Zonen zu vermeiden, in denen die Zivilbevölkerung zu einem Hindernis für ihre Aktionen werden könnte.

Im Übrigen benutzen die palästinensischen Kämpfer ein Tunnelnetz, um ihre Angriffe auszuführen. Diese Tunnel sind aber getrennt von den Räumen, in denen sich die Zivilbevölkerung bewegt. Die Ausrede der »menschlichen Schutzschilde« spiegelt nur die Unfähigkeit der Israelis wider, sich an eine Kampfweise anzupassen, die sie durch ihre Militärschläge aus der Distanz stets vermieden haben.

In Wahrheit benutzen die Israelis ihre Zivilbevölkerung in den Siedlerkolonien des Westjordanlands und im Gazagürtel als einen Schutzschirm zwischen den Palästinensern und der israelischen Armee. Aus diesem Grund hat es auch am 7.10.2023 so viele zivile israelische Opfer gegeben. Übrigens gibt es sehr viele Augenzeugen, die berichten, dass die israelischen Soldaten palästinensische Kinder dazu benutzen, ihnen in Zonen voranzugehen, die im Verdacht stehen, vermint oder mit Sprengfallen ausgestattet zu sein.[158]

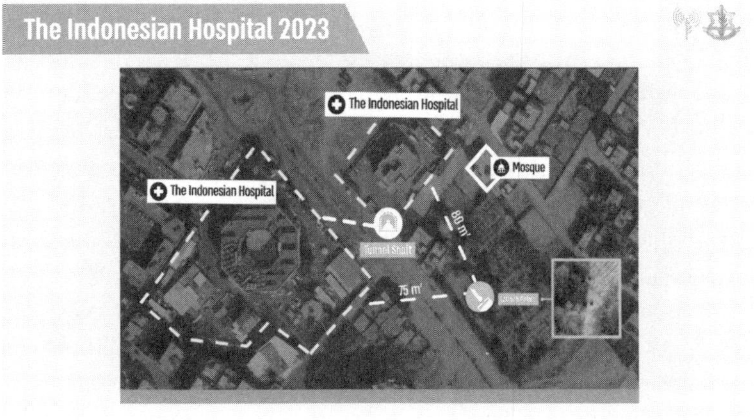

Abbildung 106 – Am 5.11.2023 rechtfertigte der israelische Armeesprecher den Sturm auf das indonesische Krankenhaus mit Abschussrampen in 75 und 80 Metern Entfernung vom Krankenhausgelände. Und er beschwor den Gebrauch von menschlichen Schutzschilden. Das Krankenhaus befindet sich jedoch in einer Entfernung, die doppelt so groß ist wie der CEP (Streukreisradius) der von Israel verwendeten Freifallbomben. Folglich ist der Vorwurf der menschlichen Schutzschilde nur vorgeschoben. [Quelle: The Times of Israel]

6.8. Eine unzulängliche Taktik

Die Israelis versuchen, eine *»vollständige operative Kontrolle« (absolute operational control)* über die von ihnen besetzten Zonen des Gazastreifens zu erlangen. Aber die Videos, die wir zu Gesicht bekommen haben, zeigen, dass dies bei Weitem nicht der Fall ist. Wie bereits 2006 im Libanon haben sie das Niveau der Verteidigungsvorkehrungen der palästinensischen Kämpfer unterschätzt. Letzteren gelingt es, hinter den Linien der Israelis aufzutauchen und tödliche Angriffe auf ihre Panzer und ihre Soldaten durchzuführen.

Die Verzahnung zwischen den israelischen und palästinensischen Truppen erschwert eine Luftunterstützung. Trotz der vermeintlich überlegenen israelischen Technologie sind die verfeindeten Kräfte auf dem Terrain ebenbürtig. Angesichts der Verteidigungsvorkehrungen ist es nicht unwahrscheinlich, dass die Palästinenser eine israelische Intervention erwartet haben. Die Operation Al-Aqsa-Flut zielte möglicherweise darauf ab, die Israelis auf palästinensisches Terrain zu locken.

Die Intervention im Norden des Gazastreifens wird von der Division Golani durchgeführt, einer der ältesten und angesehensten Formationen der israelischen Armee. Aber Ende Dezember 2023 versucht die israelische Regierung, ihrer Operation Eiserne Schwerter eine religiöse Dimension zu geben, und beschließt, ihren Namen dahingehend zu ändern, dass ebenjene zum Ausdruck kommt.

Die Division Golani wird von der Brigade 900 »Kfir« abgelöst, die das Bataillon 97 »Netsakh Yehuda« (Ewiges Judäa) einschließt. Es handelt sich um eine Einheit von orthodoxen Juden, deren Funktionsweise die Gebote und Traditionen der jüdischen Religion berücksichtigt. Diese Einheit hat durch ihre zahlreichen Übergriffe im Westjordanland eine traurige Bekanntheit erlangt.

6.9. Ein Mangel an militärischen Erfolgen

Angesichts der weltweiten Kritik an seinem barbarischen Vorgehen gegen die Zivilbevölkerung, der steigenden Zahl an Verletzten und Toten innerhalb der eigenen Armee und der innerisraelischen Opposition muss die israelische Regierung einen Erfolg vorweisen.

Aber die Palästinenser haben auf der Ebene des Narrativs die Oberhand. Die vom israelischen Oberkommando verkündeten Erfolge in Bezug auf das Hamas-Hauptquartier und die Tunnel erweisen sich als grobe Manipulationen. Doch sie werden offensichtlich weder den Willen noch die Fähigkeiten des palästinensischen Widerstands erschüttern.

Anfang Januar 2024, drei Monate nach dem Angriff der Hamas, tut sich die israelische Armee schwer damit, Erfolge vorzuweisen, trotz massiver Zerstörungen und in der Geschichte einmaligen zivilen Opferzahlen.

Laut Blinken gibt es »zu viele getötete Kinder«. »Die Zahl der getöteten Kinder ist viel zu hoch.«[159] Was meinen hier die Worte »zu hoch«? Wie hoch ist eine hinnehmbare Zahl von getöteten Kindern? Aber offensichtlich vertritt Biden dieselbe Kultur wie Benjamin Netanjahu: Er nimmt nicht die geringste Rücksicht auf Menschenleben.

6.10. Die Reaktionen in Israel

In Israel hatten die Meldung vom Angriff der Hamas und die anschließenden Massaker-Vorwürfe den Effekt einer Bombe. Die Opposition gegen Benjamin Netanjahu fiel schnell in sich zusammen und machte Platz für das, was sich unter vergleichbaren Umständen überall beobachten lässt: eine Demonstration der nationalen Einheit. Gewisse Leute wollten darin sogar einen Grund sehen, weshalb die Warnhinweise auf eine Operation der Hamas ignoriert wurden: um die Opposition gegen die Regierung, die 2023 auf der Straße demonstrierte, zu entschärfen. War das wirklich der Fall? Man weiß es nicht.

Das bedeutet aber nicht, dass die gesamte israelische Bevölkerung die Regierungspolitik gutheißt. Ganz im Gegenteil: Die Regierung muss Maßnahmen ergreifen, um die Kritiker der israelischen Reaktion aus den eigenen Reihen zu unterdrücken. Die israelischen Araber, die Palästinenser und die linkspolitischen Juden werden aus dem Studium oder ihrer Arbeitsstelle entlassen oder nachts verhaftet, weil sie ihre Meinung in den sozialen Netzwerken gepostet haben.[160] Selbst an den Universitäten werden linke Studenten entlassen oder festgenommen.[161]

Später, als sich die Zeugenaussagen von befreiten Geiseln häufen, erscheinen die Ereignisse des 7. Oktober immer mehr wie das Ergebnis eines völlig unfähigen Krisenmanagements.

6.11. Völkermord, ethnische Säuberung oder Verbrechen gegen die Menschlichkeit?

Sobald die Situation der Palästinenser angesprochen wird, stehen bedeutungsschwere Begriffe im Raum, die uns unvermeidlich das Schicksal der Juden in den 1940er Jahren ins Gedächtnis rufen. Wir haben uns daran gewöhnt, diese Begriffe zu verwenden, ohne an ihre wirkliche Bedeutung zu denken. Beispielsweise wird das Wort »Völkermord« verwendet, um das Vorgehen von Wladimir Putin in der Ukraine zu beschreiben.[162] In Wirklichkeit geht es einfach darum, ein wie auch immer geartetes Handeln mit einer möglichst negativen Konnotation zu versehen. Selbst wenn dieses Handeln darin besteht, Kinder vor dem Krieg in Sicherheit zu bringen.

Es wird uns zunehmend klar, dass diese Begriffe auf ein Land angewendet werden können, das am wenigsten im Verdacht stehen sollte, schuldig zu sein: auf Israel.

Daher erscheint es wichtig, auf diese Begriffe zurückzukommen und sie im Sinne des Humanitären Völkerrechts (HVR) zu verstehen. Das HVR ist ein juristischer Korpus, der eine ganze Reihe von Abkommen und Verträgen umfasst. Sie geben der Kriegsführung einen Rahmen, um ihre Auswirkungen auf die Zivilbevölkerung zu begrenzen.

6.11.1. Ethnische Säuberung

Die ethnische Säuberung wird vom HVR nicht als ein eigenständiges Verbrechen angesehen. Sie wird anhand von Aktivitäten definiert, die in unterschiedlichen Konflikten stattfinden. Laut den Vereinten Nationen kann sie wie folgt definiert werden:[163]

> »[...] ein Gebiet ethnisch homogen machen, indem man Gewalt und Einschüchterung benutzt, um aus dem fraglichen Gebiet diejenigen Personen zu entfernen, die bestimmten Gruppen angehören.[164]
>
> [...] eine bewusste Politik, die von einer ethnischen oder religiösen Gruppe entwickelt wurde, um mithilfe von Gewalt und Terror eine Zivilbevölkerung mit einer anderen ethnischen oder religiösen Zugehörigkeit aus bestimmten geografischen Gebieten zu entfernen.«[165]

Eine ethnische Säuberung kann im Rahmen eines Völkermords durchgeführt werden, muss es aber nicht. So besteht die israelische Politik in Bezug auf die besetzten Gebiete seit vielen Jahren darin, die

Palästinenser zu veranlassen, ihr Gebiet zu verlassen. Diese Politik wurde durch den Machtantritt von ultranationalistischen Ministern bekräftigt und noch verstärkt. So vertrat der Verkehrsminister Bezalel Smotrich im Jahr 2020 offen die Politik einer Vertreibung der arabischen Bevölkerung von ihrem Gebiet und zitierte dazu die Bibel:[166]

> »Wenn ihr die Einwohner des Landes vor euch nicht vertreibt, dann werden die, die von ihnen übrigbleiben, zu Splittern in euren Augen und zu Stacheln in eurer Seite.«

Die ganze Palästinenserfrage dreht sich um die Achtung des Völkerrechts, das von Israel zurückgewiesen wird. Israel wiederum wird von den Vereinigten Staaten und deren westlichen »Gefolgsleuten« unterstützt.

Ein wesentlicher Gedanke zum Verständnis der Palästinenserfrage besteht darin, dass die durchgehende Strategie der Israelis von Beginn an die Vertreibung der arabischen Bevölkerung aus Palästina zum Ziel hat. In technischer und juristischer Sicht nennt man dies eine ethnische Säuberung.[167]

Bereits im Jahr 1940, lange vor der Schaffung des Staates Israel, ging die Vision der Zionisten über das hinaus, was sieben Jahre später von den Vereinten Nationen vorgeschlagen werden sollte:

> »Es sollte klar sein, dass in dem Land keine zwei Völker Platz finden [...] Wenn die Araber verschwinden, dann wird das Land groß und weiträumig für uns ... Die einzige Lösung nach dem Ende des Zweiten Weltkriegs ist das Land Israel **ohne Araber**, zumindest sein westlicher Teil.[168] In diesem Punkt ist kein Kompromiss möglich. Es gibt keinen anderen Weg, als alle hiesigen Araber in die benachbarten Länder zu verschieben, außer vielleicht diejenigen aus Bethlehem, Nazareth und der Altstadt von Jerusalem. Kein Dorf darf bleiben und kein Beduinenstamm. Eine Verschiebung in den Irak, nach Syrien und sogar nach Transjordanien muss organisiert werden. Zu diesem Zweck müssen auch Gelder gefunden werden [...] Und erst nach dieser Verschiebung kann das Land Millionen unserer Brüder aufnehmen, und die Judenfrage wird nicht mehr existieren.«[169]

Am 30.10.2023 veröffentlicht ein israelisches Medium ein vom *Ministerium für Nachrichtendienste* erstelltes Dokument, in dem der israelischen Regierung eine Strategie[170] mit den folgenden Hauptpunkten vorgeschlagen wird:

»5. die drei untersuchten Optionen sind die folgenden:
   a. Option A: Der Verbleib der Bevölkerung in Gaza unter der Kontrolle der Palästinensischen Autonomiebehörde (PA).
   b. Option B: Der Verbleib der Bevölkerung in Gaza und die Schaffung einer örtlichen arabischen Behörde.
   c. Option C: Die Evakuierung der Zivilbevölkerung von Gaza auf den Sinai.
6. eine gründliche Untersuchung der Optionen erlaubt folgende Schlüsse:
   a. Option C – Diese Option bringt auf lange Sicht positive strategische Resultate für Israel und ist umsetzbar. Sie erfordert Entschlossenheit auf der politischen Ebene angesichts des internationalen Drucks. Dabei sollte der Akzent auf die Mobilisierung der Unterstützung für das Vorhaben durch die Vereinigten Staaten und andere proisraelische Länder gelegt werden.
   b. Die Optionen A und B weisen deutliche Schwächen auf, insbesondere was ihre strategischen Folgen und ihren Mangel an Realismus auf lange Sicht angeht. Keine von beiden hätte die nötige abschreckende Wirkung oder würde eine Veränderung der Geisteshaltung bewirken. Beide könnten in einigen Jahren wieder zu den gleichen Problemen und Bedrohungen führen, mit denen sich Israel von 2007 bis zum heutigen Tag konfrontiert sah.
   c. Die Option A birgt das größte Risiko; die Teilung der palästinensischen Bevölkerung zwischen den Bewohnern von Judäa und Samaria (Westjordanland) und diejenigen von Gaza ist eines der Haupthindernisse für die Schaffung eines palästinensischen Staats.«

Wie man feststellt, handelt es sich hier nicht um den Schutz der palästinensischen Bevölkerung, sondern darum, die Schaffung eines palästinensischen Staats unmöglich zu machen. Hinzu kommt, dass die arabischen Länder die palästinensischen Flüchtlinge aus mehreren Gründen nicht aufnehmen wollen:

- Für Israel wäre dies ein Weg, sich seiner Verpflichtungen als Besatzungsmacht zu entledigen. Es müsste keine politische Lösung des Problems finden, wohl dann aber die arabischen Staaten.
- Auf diese Weise würde auch die Besatzung oder sogar die Annexion des Gazastreifens gebilligt, was dem Völkerrecht im Allgemeinen und der Resolution 242 (1967) des UN-Sicherheitsrats zuwiderliefe.
- Es wäre eine Form der Unterstützung für eine Politik der ethnischen Säuberung.[171]
- Dies würde dazu führen, dass die an Israel grenzenden Länder Probleme mit ebenjenem Land bekämen, wie etwa im Fall des Libanons, von dessen Staatsgebiet der palästinensische Widerstand grenzüberschreitende Überfälle auf Nordisrael durchführt.

Das von der israelischen Propaganda und bestimmten Journalisten vorgebrachte Argument, es handle sich dabei nur um einen Schutz der Bevölkerung, ist irreführend. Tatsächlich ist im Dokument des Ministeriums für Nachrichtendienste eindeutig davon die Rede, die Gazabevölkerung auf die Sinai-Halbinsel zu vertreiben:

> »[Man müsste] an die Gazabevölkerung selbst gerichtete Kampagnen durchführen, um sie zu einer Annahme dieses Plans zu bewegen – die Botschaften sollten sich um den Verlust von Grund und Boden drehen, mit der Klarstellung, dass es keine Hoffnung auf Rückkehr in die demnächst von Israel besetzten Gebiete geben wird, ob das nun der Wahrheit entspricht oder nicht. Das Bild sollte etwa wie folgt aussehen: ›Allah hat die Dinge so gefügt, dass ihr dieses Land wegen den Hamas-Führern verlieren werdet – es besteht für euch keine andere Möglichkeit, als euch mithilfe eurer muslimischen Brüder anderswo anzusiedeln.‹«

Die israelische Antwort auf die Operation Al-Aqsa-Flut passt zu dieser Logik. Man möchte nicht nur die Hamas bestrafen und nimmt die

Opfer der Zivilbevölkerung billigend in Kauf. Es geht vielmehr auch darum, diese Zivilbevölkerung davon abzuhalten, in Gaza zu leben, wie der israelische Finanzminister Bezalel Smotrich erklärte.[172] Ende Januar 2024 zeigen Zeugenberichte, die die Zeitung *Haaretz* gesammelt hat, dass die israelischen Truppen systematisch die noch heil gebliebenen palästinensischen Häuser anzünden. Damit soll verhindert werden, dass die Bewohner dorthin zurückkehren.[173]

Im Übrigen hat Israel Verhandlungen mit der Demokratischen Republik Kongo aufgenommen, damit diese palästinensische Emigranten aufnimmt. Die israelische Ministerin für Nachrichtendienste erklärt dazu:

> »Gaza ist nicht allein unser Problem. Die Welt sollte die humanitäre Emigration unterstützen, denn sie ist die einzige mir bekannte Lösung.«[174]

6.11.2. Völkermord

In Bezug auf die Situation der Palästinenser in Gaza fiel häufig der Begriff »Völkermord« Wenn wir hier von Völkermord sprechen, dann handelt es sich nicht um eine unbegründete Anschuldigung, sondern um das Ergebnis einer nüchternen Analyse der Kriterien, die diesen Begriff bestimmen. Man findet sie im *Übereinkommen über die Verhütung und Bestrafung des Völkermordes* (engl. CPPCG), das am 9.12.1948 einstimmig von der UN-Generalversammlung gebilligt wurde und am 12.1.1951 in Kraft trat. Es ist Teil des Völkerrechts und bestimmt:

> »Artikel II
> In dieser Konvention bedeutet Völkermord eine der folgenden Handlungen, die in der Absicht begangen werden, eine nationale, ethnische, rassische oder religiöse Gruppe als solche ganz oder teilweise zu zerstören:
> a) Tötung von Mitgliedern der Gruppe;
> b) Verursachung von schwerem körperlichen oder seelischen Schaden an Mitgliedern der Gruppe;

c) vorsätzliche Auferlegung von Lebensbedingungen für die Gruppe, die geeignet sind, ihre körperliche Zerstörung ganz oder teilweise herbeizuführen;
d) Verhängung von Maßnahmen, die auf die Geburtenverhinderung innerhalb der Gruppe gerichtet sind;
e) gewaltsame Überführung von Kindern der Gruppe in eine andere Gruppe.«[175]

Aus dieser Definition beziehen wir zwei zentrale Elemente, die den Begriff des Völkermords beschreiben: *die Absicht* und die Tatsache, Personen als *Mitglieder einer Gruppe* anzugreifen.

Die Absicht und die Handlungen sind entscheidend, nicht das Ergebnis.

Unsere Medien und unsere Regierungen tun alles, die Unklarheit in Bezug auf den Begriff des Völkermords aufrechtzuerhalten: Damit soll Israels Handeln gerechtfertigt und dessen Tragweite kleingeredet werden. So macht man uns beispielsweise glauben, dass ein Völkermord aus einer schnellen und massiven Tötung einer großen Anzahl von Personen besteht. In Wirklichkeit nennt das Völkerrecht kein zeitliches Kriterium, sondern beschreibt vielmehr mehrere Bestandteile eines Prozesses.

Ein zentrales Element für die Bestimmung eines Falls von Völkermord ist selbstverständlich das Äußern einer Absicht. Eine solche Äußerung ist natürlich unterschiedlich zu gewichten, je nachdem, ob sie von einem Passanten auf der Straße getätigt wird oder ob es sich um die Erklärungen eines politischen Entscheiders handelt. Während der gesamten russischen Spezialoperation in der Ukraine wurde jede Antwort von Wladimir Putin auf die westlichen Drohungen, Nuklearwaffen einzusetzen, wie der Wille der Russen dargestellt, ihrerseits solche Waffen einzusetzen. Heute dagegen wurde die Drohung des israelischen Ministers Amihai Eliyahu, die Atombombe gegen die palästinensische Bevölkerung einzusetzen, in den westlichen Medien mit großer Diskretion behandelt.[176] Diese Äußerung ist jedoch viel schwerwiegender, weil sie eine Absicht darstellt.

So erklärte etwa Sicherheitsminister Itamar Ben-Gvir im November 2023:

> »Um es deutlich zu sagen: Wenn man davon spricht, dass die Hamas beseitigt werden soll, dann meint das auch diejenigen, die singen, unterstützen und Bonbons verteilen. Allesamt sind Terroristen. Und sie müssen beseitigt werden.«[177]

Wir befinden uns hier nicht mehr auf der Ebene eines einfachen Bürgers von der Straße, sondern auf derjenigen der Entscheider. Die Absicht ist hier klar zu erkennen. Es ist übrigens dieselbe Absicht, die auch die israelische Botschafterin in Großbritannien, Tzipi Hotovely, Anfang Januar auf dem britischen Sender LBC äußert.

Es ist offensichtlich, dass Artikel II der Konvention auf die Situation der Palästinenser, insbesondere der Gazabewohner, anwendbar ist. Man kann es nicht oft genug betonen: Ein Verbrechen kann niemals ein anderes rechtfertigen. Wenn aber eine Bevölkerung von Völkermord bedroht wird, dann müssen diejenigen, die dafür die Verant-

Keine andere Lösung als die Zerstörung des gesamten Gazastreifens

Abbildung 107 – Auf dem britischen Sender LBC sieht die israelische Botschafterin in Großbritannien keine andere Lösung, als ganz Gaza zu zerstören. [Quelle: https://twitter.com/LBC/status/1742628517966229662]

wortung tragen, mit einer Verzweiflungsreaktion gegen sich rechnen. Man muss schon dumm oder überlegenheitstrunken sein, um dies nicht zu verstehen. Im Übrigen hat Israel aus Palästina eine Art von rechtsfreier Zone gemacht, indem es sich seit 75 Jahren weigert, das Völkerrecht umzusetzen und den Aufforderungen der UN Folge zu leisten. Jetzt wird Israel selbst zu einem Opfer dieser Entwicklung.

Jenseits aller Emotionen: Die Kriterien für einen Völkermord

Kriterien der Konvention	In Palästina beobachtete Tatsachen
a) Tötung von Mitgliedern einer bestimmten Gruppe	Gezielte Tötungen und Tötungen von Kindern.[178] Der Feind ist nicht die Hamas, sondern Gaza.[179]
b) Verursachung von schwerem körperlichen oder seelischen Schaden an Mitgliedern ebendieser Gruppe	Bombardierungen von Gaza mit unangemessener Munition (darunter auch Phosphorbomben[180]) und mit unverhältnismäßigen Mitteln.[181] Drohen mit dem Einsatz von Nuklearwaffen.[182] Tötung von Kindern.[183]
c) vorsätzliche Auferlegung von Lebensbedingungen für die Gruppe, die geeignet sind, ihre körperliche Zerstörung ganz oder teilweise herbeizuführen	Seit 2007 Blockade des Gazastreifens mit Einschränkungen für den Handel, die Arbeit, den Zugang zu Lebensmitteln uvm.[184] Drohen mit Vernichtung.
d) Verhängung von Maßnahmen, die auf die Geburtenverhinderung innerhalb dieser Gruppe gerichtet sind	Unterernährung durch die Einfuhrbeschränkungen für Lebensmittel durch Israel, die sich wiederum auf die Geburtenrate auswirkt.[185] Gezielte Angriffe auf Krankenhäuser und Schulen.[186]
e) gewaltsame Überführung von Kindern ebenjener Gruppe in eine andere	Verhaftungen von Kindern ohne eine Anklage.[187] Gewaltsame Überführung von Kindern aus dem Gazastreifen, ohne die Eltern darüber zu unterrichten.[188]

Abbildung 108 – Letztendlich bestimmt der IGH, ob Israel einen Völkermord verübt oder nicht. Eine Untersuchung der in der Konvention angeführten Kriterien erklärt uns, weshalb der IGH die Plausibilität eines Völkermords festgestellt hat.

Der israelische Analyst Eliyahu Yossian erläutert, dass alle Gazabewohner, einschließlich der Frauen, Kinder und Babys, wie Feinde behandelt werden sollten:

Die 10 Etappen des Völkermords nach dem Holocaust Memorial Day (HMD)[189]

Etappe	Beschreibung (nach dem HMD)	Beispiel in Palästina
Klassifizierung	Es gibt eine Unterscheidung zwischen »uns« und »ihnen«, die mithilfe von Stereotypen vollzogen kann oder durch einen Ausschluss der als anders wahrgenommenen Personen.	Die Tatsache, Israel als einen »jüdischen Staat« zu definieren, hatte eine Einteilung in »Juden« und »Nichtjuden« zur Folge.[190] Diese Einteilung führte zu unterschiedlichen Rechten für jüdische und nichtjüdische Bürger.
Symbolisierung	Es handelt sich um eine sichtbare Demonstration des Hasses. Im nazistischen Europa mussten die Juden gelbe Sterne tragen, um ihre »Andersartigkeit« zu zeigen.	Diese Symbolisierung findet in den besetzten Gebieten statt, wo die Palästinenser nur bestimmte Zonen betreten dürfen. In den besetzten Gebieten (die naturgemäß palästinensisch sind) haben die Palästinenser nur mit einem Spezialausweis Zugang zu bestimmten Zonen.
Diskriminierung	Die dominante Gruppe verweigert den markierten Gruppen die Bürgerrechte oder sogar die Staatsangehörigkeit. Die Nürnberger Gesetze von 1935 nahmen den Juden ihre deutsche Staatsangehörigkeit, verboten ihnen, zahlreiche Berufe auszuüben oder nichtjüdische Deutsche zu heiraten.	Für einige Leute stellt bereits die Selbstdefinition von Israel als »jüdischer Staat« eine Diskriminierung dar. In einer Demokratie ist der Staat für alle da und nicht nur für einen Teil der Bürger.[191] Die Diskriminierung zwischen jüdischen und nichtjüdischen Israelis geschieht durch eine gewisse Anzahl von Gesetzen, die Beschränkungen für die Heirat, den Erwerb von Immobilien oder die Niederlassung in jüdischen Vierteln vorsehen. Letztere kann von den jüdischen Anwohnern verweigert werden.[192] Diese Diskriminierungen betreffen auch die christlichen Araber.[193]
Entmenschlichung	Die als »anders« wahrgenommenen Personen werden ohne jede Form von Menschenrechten oder persönlicher Würde behandelt. Während des Völkermords an den Tutsi in Ruanda wurden die Tutsi als »Kakerlaken« bezeichnet. Die Nazis bezeichneten Juden als »Ungeziefer«.	Verteidigungsminister Joaw Gallant: »Wir kämpfen gegen menschliche Tiere.«[194] Die Araber sind »Schaben«.[195]

Organisation	Völkermorde werden immer geplant. Die Regime des Hasses bilden häufig die Leute aus, die sich später der Aufgabe annehmen, ein Volk zu vernichten.	Die Ausweisung von Palästinensern aus Ostjerusalem und aus Dörfern im Westjordanland hat zum Ziel, sie zu schwächen und ihnen die wirtschaftliche Betätigung zu nehmen. Frankreich trägt dazu bei, indem es diejenigen bestraft, die die BDS-Initiative fördern.
Polarisierung	Die Gruppe der Hasser beginnt mit der Verbreitung von Propaganda.	Die Bevölkerung von Gaza[196] und die Hamas[197] werden mit den Nazis gleichgesetzt.
Vorbereitung	Die Täter planen den Völkermord. Sie verwenden häufig Euphemismen wie den Ausdruck »Endlösung«, der von den Nazis gebraucht wurde, um ihre Ziele zu verschleiern. Sie verbreiten Angst in der Opfergruppe, indem sie Armeen bilden und Waffen benutzen.	Eine Rechtfertigung der Vernichtung der Palästinenser, indem man sie mit dem biblischen Volk der »Amalekiter« vergleicht. Der Krieg gegen Gaza wird so zu einer Art von Heiligem Krieg.[198] David Azoulai, der Bürgermeister von Metula, schlägt vor, den Gazastreifen dem Erdboden gleichzumachen und ihn so in ein neues Auschwitz zu verwandeln.[199]
Verfolgung	Die Opfer werden nach ihrer ethnischen oder religiösen Zugehörigkeit identifiziert. Todeslisten werden erstellt.	Die Palästinenser sind in den besetzten Gebieten eingesperrt und können sie nur mit speziellen Genehmigungen verlassen, deren Erteilungsregeln ankündigungslos geändert werden.[200]
	Die Bevölkerung wird häufig in Gettos umgesiedelt, deportiert oder ausgehungert. Und oft wird ihr Besitz enteignet. Die Massaker des Völkermords beginnen.	Dieses ereignet sich dergestalt im Gazastreifen.
Vernichtung	Die Gruppe der Hasser ermordet ihre Opfer im Rahmen einer gezielten und systematischen Gewaltkampagne.	Es handelt sich beispielsweise um die Politik des regelmäßigen »Rasenmähens« in Gaza.[201]
Bestreiten	Die Täter oder die nachfolgenden Generationen bestreiten das Vorliegen jeglichen Verbrechens.	Das feierliche Gedenken an die Nakba von 1948 wird strafrechtlich verfolgt.[202]

Abbildung 109 – Die zehn Etappen des Völkermords, wie man sie in den besetzten Palästinensergebieten feststellen kann. [Quellen: https://www.hmd.org.uk/learn-about-the-holocaust-and-genocides/what-is-genocide/the-ten-stages-of-genocide/]

In Israel eingesperrte Kinder

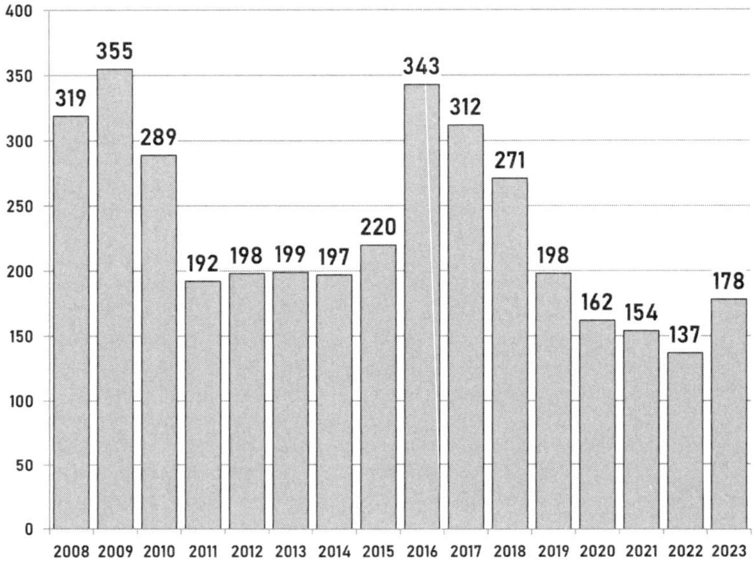

Abbildung 110 – Jährlicher Mittelwert der Anzahl von Kindern, die in israelischen Gefängnissen eingesperrt sind. Alles in allem durchlaufen im Jahr etwa 700 Kinder die israelischen Gefängnisse. [Quelle: https://www.dci-palestine.org/children_in_israeli_detention]

»Die Hamas kontrolliert den Gazastreifen nicht und ist auch nicht der Feind. Gaza schließt die Hamas mit ein. Also ist hier nicht die Hamas der Feind, sondern Gaza. Ändert man die Terminologie, dann ändert sich auch die Lesart der Situation, und die Definition des Feindes ist eine andere. So verstanden ist es nicht wichtig, wen Sie vorwarnen oder aus einem Sektor evakuieren. Man bezeichnet das Ganze als Einebnen einer Zone, ein dem Erdbodengleichmachen. Sie fragen mich, was ich tun würde. Meine Antwort ist einfach: alles dem Erdboden gleichmachen und so viele Menschen wie möglich töten. Denn die Frau ist ein Feind, das Baby ist ein Feind, das Schulkind ist ein Feind, der Hamas-Anhänger ist ein Feind und die schwangere Frau ist ein Feind. Weil wir die Dinge aus unserem Blickwinkel sehen. Weshalb können wir die westlichen Werte nicht verinnerlichen? Weil sie keine klare Logik haben. Weshalb? Weil wir einen kleinen Jungen mit einem Schokobrötchen in der Hand sehen. Aber dasselbe Kind wird in der Grundschule lernen, wie man mit einer Kalaschnikow umgeht. Es ist ein Terrorist, selbst wenn es noch ein Kind ist.«[203]

Allerdings ist Eliyahu Yossian kein politischer Entscheider. Deshalb ist dieses Zitat lediglich repräsentativ für eine Denkströmung in der israelischen Bevölkerung. Sie ist demzufolge an sich kein Beweis für einen Völkermord.

In den besetzten Gebieten werden 59 Prozent der betroffenen palästinensischen Kinder nachts von bewaffneten Männern verhaftet. Die minderjährigen Kinder werden von Militärtribunalen verurteilt.[204] Während sich die israelische Regierung bei den Bombardierungen von Zivilisten an den westlichen Normen orientiert, ist sie bei der Behandlung von Minderjährigen sehr, sehr weit von westlichen Standards entfernt!

Allen, die meinen, Israel tue alles Nötige zum Schutz der Bevölkerung von Gaza, könnte man die Frage stellen: Gesetzt den Fall, die Hamas-Führer versteckten sich auf israelischem Territorium, würde die israelische Armee dann dieselbe Politik der massiven Bombardierungen verfolgen?

6.11.2.1. Die Anstiftungen zum Völkermord

Es ist ziemlich beunruhigend – aber nicht sehr überraschend – festzustellen, dass unsere Medien nicht den geringsten kritischen Geist besitzen, was die Art und Weise angeht, wie Israel (aber auch die westlichen Länder, insbesondere Frankreich) den Terrorismus bekämpft. Unsere Journalisten scheinen intellektuell nicht in der Lage zu sein, sich den Kampf gegen einen derartigen Widerstand anders vorzustellen als mit erdrückenden Bombardierungen der Bevölkerung oder gezielten Tötungen in souveränen Ländern.[205] Im Grunde denken sie genau wie Terroristen, und ihre Denkweise führt unweigerlich zu genozidalen Tendenzen. Im Übrigen haben dieselben Journalisten auch nie die ukrainischen Terroranschläge in Russland verurteilt.

Obwohl unsere Medien vorgeben, die Fürsprecher der Verteidiger von Menschenrechten und Humanität zu sein, verbreiten sie ohne

Skrupel genozidale Aussagen. So zögert Nikki Haley, ehemalige UN-Botschafterin der Vereinigten Staaten und amerikanische Präsidentschaftskandidatin für 2024, nicht, am 8.10.2023 auf dem Sender FOX News in Bezug auf die Palästinenser auszurufen: »*Finish them all!*« (dt. »*Bringt sie alle um!*«).[206] Auf NBC News wirft der republikanische Senator und Gouverneur von Florida Ron DeSantis in den Raum: »*Macht ein für alle Mal Schluss mit diesen Hamas-Schlächtern!*«[207]

In Frankreich ist das Niveau der Debatte keineswegs höher. Und die israelkritische Position der linken Partei *La France Insoumise* (LFI, dt. *Das nicht unterworfene Frankreich*) gilt als Terrorismus. So erklärt etwa der Sänger Enrico Macias in Bezug auf LFI, man müsse sie »*körperlich fertigmachen*«[208].

Zu ihrer Entlastung sei gesagt, dass eine allgemeine Stimmung der Rache herrscht. Selbst die israelischen Ärzte[209] und Rabbiner[210] fordern in offenen Briefen, die Dutzende von ihnen unterschrieben haben, die Bombardierung der Krankenhäuser von Gaza, insbesondere des Al-Schifa-Krankenhauses! Die Antwort der palästinensischen Mediziner in einem offenen Brief an ihre israelischen Kollegen bewegt sich auf einem anderen Niveau: Sie zeigt auf, dass die Rolle der Ärzte nicht darin besteht, Krieg zu führen, ganz gleich welche Überzeugungen sie vertreten. Ihre Mission geht darüber hinaus.[211]

Welches Ergebnis die Kämpfe auch haben werden: Man stellt fest, dass die Palästinenser auf der Ebene der Moral und der Würde die Sieger sind und dass die Israelis leider nichts aus der Geschichte gelernt haben.

6.11.2.2. Die Klage Südafrikas

Angesichts der Brutalität der Operation Eiserne Schwerter schweigt die westliche Welt, trotz des Drucks der Straße. Die Protestierer stellen heraus, dass die israelische Antwort unangemessen und zugleich ungeeignet sei, das Problem zu lösen. Als Unterzeichner des Übereinkommens über den Völkermord entschließt sich Südafrika, den Internationalen Gerichtshof in Den Haag anzurufen.

Der IGH ist kein Strafgericht, sondern vielmehr ein Gericht, das Streitfragen zwischen Ländern entscheidet, in diesem Fall zwischen Südafrika und Israel. Südafrika handelt als ein Unterzeichner des

Übereinkommens, der Verantwortung übernimmt, um einen Völkermord zu verhindern. Die erste Frage, die der IGH beantworten muss, besteht darin, ob wirklich ein Rechtsstreit zwischen den beiden Ländern besteht. Südafrika beteuert, es gebe einen Streit über die Art, wie das Übereinkommen, das beide Länder unterzeichnet haben, angewendet wird. Israel behauptet, es gebe keinen Streit mit Südafrika und der Fall solle daher abgelehnt werden. Letztendlich entscheidet das Gericht, dass ein Rechtsstreit vorliegt.

Des Weiteren fällt die Hamas nicht in den Zuständigkeitsbereich des IGH, weil sie weder ein Land ist noch das Übereinkommen über den Völkermord unterzeichnet hat. Der IGH kann ihr daher keine Anweisungen geben. Im Übrigen betreffen der von Südafrika eingebrachte Fall und der Völkermordvorwurf nur Israel. Ein Waffenstillstand betrifft dagegen beide Kriegsparteien. Weil der IGH keinen Waffenstillstand von der Hamas fordern kann, hat er es vorgezogen, Israel vorzuschreiben, *sofort* seine Operationen einzustellen.

Israel ist natürlich durch die Entscheidung des IGH beunruhigt. Deshalb versuchte es, Druck auf die Richter auszuüben.[212] Laut der amerikanischen Nachrichtenseite Axios hat das israelische Außenministerium angeblich ein Telegramm an alle seine diplomatischen Vertreter gesandt, in dem sie angewiesen wurden, den Behörden ihres Gastlandes folgende Botschaft zu übermitteln:

> »Wir bitten um eine sofortige und unmissverständliche öffentliche Stellungnahme nach dem folgenden Muster: Eine öffentliche und deutliche Erklärung, dass IHR LAND die höchst skandalösen, absurden und grundlosen Anschuldigungen gegen Israel zurückweist.«[213]

Für Israel steht selbstverständlich viel auf dem Spiel. Aber wäre es nicht einfacher, politische Entscheidungen zu treffen, die im Einklang mit dem IGH stehen?

6.11.2.3. Die Anordnung des Internationalen Gerichtshofs (IGH)

Am 26.1.2024 veröffentlicht der Internationale Gerichtshof (IGH) seine Entscheidung zur Klage Südafrikas gegen Israel. Zu diesem Zeitpunkt war es nicht die Aufgabe des IGH, sich zur eigentlichen

Streitfrage zu äußern, ob Israel einen Völkermord verübe, sondern er musste die *Plausibilität* (die Wahrscheinlichkeit) für das Vorliegen eines Völkermords bestimmen, um gegebenenfalls danach über vorläufige Maßnahmen zu seiner Verhinderung zu entscheiden.

Hier muss daran erinnert werden, dass der IGH in Rechtsstreitigkeiten zwischen Staaten entscheidet. Weil die Hamas kein Staat ist, unterliegt sie nicht dem IGH. Letzterer entscheidet also einen Rechtsstreit, in dem Südafrika behauptet, dass Israel die Vorschriften des Übereinkommens über die Verhütung des Völkermords verletze. Israel versucht sich einem Verfahren vor dem IGH zu entziehen, indem es erklärt, es liege kein Rechtsstreit mit Südafrika vor. Das Gericht entscheidet aber anders, was einen herben Rückschlag für Israel bedeutet.

Unsere Medien stellen mit Genugtuung fest, dass der IGH keinen Waffenstillstand gefordert habe, und sehen darin einen Erfolg für den jüdischen Staat. Dem ist aber mitnichten so. Um das zu verstehen, muss daran erinnert werden, dass das Gericht über die Plausibilität eines Völkermords urteilte und nicht über den Konflikt zwischen Israel und der Hamas. Mit anderen Worten: Es geht nicht darum, den Konflikt zwischen Israel und der Hamas zu regeln, sondern zu bestimmen, ob die Art und Weise, wie Israel seine Operationen durchführt, nicht einem Völkermord entspricht. Die Frage nach dem Handeln der Hamas wird hier also nicht diskutiert. (In jedem Fall kann ein Verbrechen nie ein anderes Verbrechen rechtfertigen.) Das Urteil des IGH zielt auch nicht darauf ab, den Konflikt zu lösen. Deshalb hat er keinen »Waffenstillstand« gefordert.

Der Gerichtsbeschluss weist Israel an, sechs vorläufige Maßnahmen zu ergreifen:

1. Der Staat Israel ergreift in Bezug auf die Palästinenser im Gazastreifen alle in seiner Macht stehenden Maßnahmen, um die Begehung aller in den Anwendungsbereich von Artikel II dieses Übereinkommens fallenden Handlungen zu verhindern, insbesondere:
   a. die Tötung von Mitgliedern dieser Gruppe;
   b. die Verursachung schwerer körperlicher oder seelischer Schäden bei Mitgliedern dieser Gruppe;

c. die vorsätzliche Zufügung von Lebensbedingungen, die die totale oder teilweise körperliche Zerstörung der Gruppe herbeiführen müssen; und
d. die Auferlegung von Maßnahmen zur Verhinderung von Geburten innerhalb dieser Gruppe.

2. Der Staat Israel stellt mit sofortiger Wirkung sicher, dass seine Soldaten keine der ersten Maßnahme widersprechenden Handlungen begehen.
3. Der Staat Israel ergreift alle in seiner Macht stehenden Maßnahmen, um die direkte und öffentliche Anstachelung zum Völkermord an Mitgliedern der palästinensischen Gruppe im Gazastreifen zu verhindern und zu bestrafen.
4. Der Staat Israel ergreift sofortige und wirksame Maßnahmen, um die Bereitstellung grundlegender Dienstleistungen und humanitärer Hilfe zu ermöglichen, derer die Palästinenser im Gazastreifen dringend bedürfen, um so die widrigen Lebensbedingungen, denen sie ausgesetzt sind, zu verbessern.
5. Der Staat Israel ergreift wirksame Maßnahmen, um die Zerstörung von Beweismaterial zu verhindern und seine Sicherung zu gewährleisten, das in Zusammenhang mit Anschuldigungen zu Verbrechen nach Artikel II und III des Übereinkommens über die Verhütung und Bestrafung des Völkermordes steht, die an Mitgliedern der Gruppe der Palästinenser im Gazastreifen verübt wurden.
6. Der Staat Israel legt dem Gerichtshof innerhalb eines Monats ab dem Datum dieses Beschlusses einen Bericht über alle Maßnahmen vor, die zur Durchführung dieses Beschlusses ergriffen wurden.[214]

Beim Schreiben dieser Zeilen ist die endgültige Entscheidung des IGH noch nicht bekannt. Und er benötigt angesichts dessen, was auf dem Spiel steht, sicherlich noch einige Monate für eine Urteilsfindung. Es handelt sich aber um einen im angelsächsischen Recht als »*prima facie*« bezeichneten Fall, bei dem das Gericht über genügend Beweismittel verfügt, um zu einem Urteil zu kommen und die Schuld des Angeklagten (in diesem Fall Israels) nachzuweisen.

Ein wichtiger Punkt dabei ist, dass der Gerichtsbeschluss von Beweisen spricht, die in der Anklage Südafrikas nicht genannt wurden, wie etwa die Aussagen von Ministern und anderen israelischen Verantwortlichen, deren Inhalte ihrem Wesen nach genozidal sind. Dies bedeutet, dass der IGH verstanden hat, es mit einem ernst zu nehmenden Fall zu tun zu haben. Das sollte all diejenigen beunruhigen, die die Verbrechen Israels bestreiten.

Die Entscheidung des IGH erfolgt *erga omnes*. Das heißt, alle Unterzeichner des Übereinkommens sind angehalten, Israels Anstrengungen bei der Umsetzung der vorläufigen Maßnahmen zu unterstützen. Das wiederum bedeutet, dass die von Deutschland[215], Österreich[216], der Europäischen Union (mit der umstrittenen Stimme von Ursula von der Leyen)[217] und natürlich der Vereinigten Staaten[218] versprochene »uneingeschränkte Unterstützung« Israels infrage gestellt werden müsste. Die Länder, die Israel aktiv bei seiner »Verletzung des Übereinkommens über den Völkermord« unterstützen, wie die Vereinigten Staaten und Deutschland, indem sie beispielsweise Israel militärische Unterstützung geben, sollten eine größere Zurückhaltung an den Tag legen. Das könnte ein Hebel sein, um die Weise zu beeinflussen, wie Israel das Problem behandelt.

Das Ganze ist also ein ernster Schlag gegen Israel und seine Strategie, der bereits jetzt seine Außenpolitik beeinflussen könnte. Sollte der IGH am Ende Israels Schuld in einem endgültigen Urteil feststellen, dann könnte das für Israels Lage auf der internationalen Ebene eine entscheidende Wende bedeuten. Denn Israel wäre demzufolge gezwungen, sich wie ein normaler Staat zu verhalten. Möglicherweise bestand die israelische Reaktion deshalb darin, den IGH für antisemitisch zu erklären.[219]

Inwieweit könnte ein solches Urteil die Tür öffnen für Strafverfahren gegen Journalisten, Medien und Kommentatoren in unseren Fernsehstudios? Sie haben sich seit dem 7. Oktober bemüht, eine israelische Antwort zu rechtfertigen, die offensichtlich unangemessen war und das humanitäre Völkerrecht verletzte. Die Frage ist offen. Auf diese Weise ließe sich aber unsere Medienlandschaft ein wenig bereinigen.

Noch einmal: Die Hamas ist nur die Spitze des Eisbergs. Es geht nicht um die »Ideologie« der Hamas, wie man in französischen

Fernsehstudios hören kann, sondern um ihren Widerstandsgeist. Solange es besetzte Gebiete gibt und Israel deren Bewohner wie »menschliche Tiere« behandelt, wird es stets Organisationen wie die Hamas geben, unter welchem Namen auch immer. Und das Problem wird sich nicht lösen lassen, indem man die Gazabevölkerung in einer modernen Variante des Viehwaggons nach Ägypten oder in den Kongo deportiert.

6.11.2.4. Die israelische Antwort

6.11.2.4.1. Benjamin Netanjahus Erklärungen

Benjamin Netanjahu hatte bereits vor der Entscheidung des IGH erklärt, er werde sie nicht achten. Während einer Fernsehansprache am 13.1.2024 erklärt er:

> »Niemand wird uns aufhalten, weder Den Haag noch die Achse des Bösen noch sonst jemand.«[220]

Israels Argument ist sein Selbstverteidigungsrecht. Wie wir gesehen haben, besteht die Frage nicht darin, ob es grundsätzlich das Recht hat, sich gegen feindliche Akte zur Wehr zu setzen. Es geht vielmehr um die Weise, wie es dies tut. Im Übrigen habe ich genau diesen Punkt bereits im Jahr 2003 beschrieben, aber Israel hat nur eine einzige Strategie im Kopf: die Vernichtung der Palästinenser durch Bombardierungen. Darin liegt das Problem.

Die Entscheidung des IGH ist ein herber Schlag für Israel. Zum ersten Mal seit dem Zweiten Weltkrieg – mit der bedeutenden Ausnahme von Ruanda – sind wir wahrscheinlich Zeugen eines Völkermords. Der Schlag ist umso stärker, als man bislang in Israel ein Opfer sah. Dies ist nicht länger der Fall.

Aber durch die Entscheidung des IGH wird die israelische Regierung nicht entmutigt. Deren genozidale und vom IGH festgehaltene Erklärungen wurden von keiner westlichen Regierung und keinem traditionellen westlichen Nachrichtenmedium verurteilt. Es überrascht nicht, dass der israelische Sicherheitsminister Itamar Ben-Gvir das Gericht als »antisemitisch«[221] bezeichnet.

Die Sterberate in Gaza nach der Entscheidung des IGH

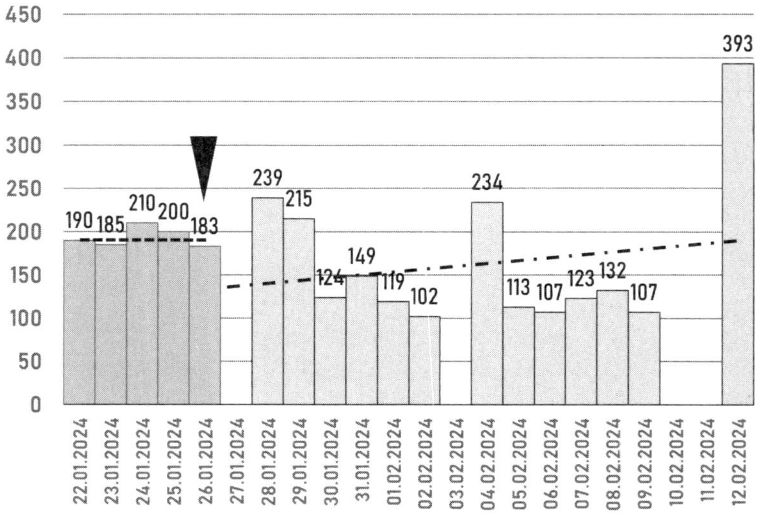

Abbildung 111 – Anzahl der Getöteten während der israelischen Operationen in Gaza zwischen dem 22.1. und dem 5.2.2024. Die hohen Werte vom 28.1. sowie vom 4.2. und 12.2. sind den fehlenden Veröffentlichungen der Zahlen für die vorhergehenden Tage geschuldet. Man stellt fest, dass der Tagesdurchschnitt genau vor dem 26.1. bei 194 Toten liegt. Nach diesem Datum ist die Zahl der Toten zurückgegangen, aber die Tendenz steigt erneut. Die beobachteten fallenden Zahlen nach dem 26.1. ergeben sich eher aus der Natur der Militäroperationen als aus einer Änderung der israelischen Politik in Bezug auf die Palästinenser. Im Klartext: Israel hat seine Politik auch nach dem Beschluss des IGH nicht geändert, was die Befürchtungen der internationalen Gemeinschaft zu bestätigen scheint. [Quelle: https://www.ochaopt.org/updates]

Am 27. Januar erklärt Benjamin Netanjahu, die Regierung entscheide und handle »so, wie es für die Sicherheit des Landes erforderlich ist« und dass sie bis zu einem totalen Sieg fortfahren werde.[222] Anders ausgedrückt erkennt er die Autorität des IGH, als Ausdruck eines die Staaten verpflichtenden Rechts, nicht an. Genau wie Frankreich oder die Vereinigten Staaten hält er die nationale Sicherheit für höherwertiger als das Völkerrecht. Das Problem dieser Denkweise besteht darin, dass es das Völkerrecht gerade deshalb gibt, um die Sicherheit aller Staaten zu garantieren, unter der Voraussetzung, jeder hält sich an dieselben Regeln. Israel wird so lange keine Sicherheit erlangen, wie es das Völkerrecht missachtet, was es bereits seit 1947 tut. Der Terrorismus und die sich wiederholenden »Elften September«, unter denen die westlichen Länder leiden, sind das Ergebnis ihrer Unfähigkeit, das Völkerrecht zu achten. Der islamistische Terrorismus ist immer nur eine Antwort.

Allerdings haben die israelischen Militäraktionen seit Ende Januar 2024 etwas weniger zivile Opfer gefordert. Die Behauptungen, nach denen Israel nach der Entscheidung des IGH mehr Opfer verursacht hätte, sind falsch.

6.11.2.4.2. Die Zerstörung des UNRWA: Eine Maßnahme, die den Vorwurf des Völkermords verstärkt

Das Hilfswerk der Vereinten Nationen für Palästina-Flüchtlinge im Nahen Osten (UNRWA) wurde am 8.12.1949 durch die UN-Resolution 302(IV) gegründet, um für die palästinensischen Flüchtlinge zu sorgen. Zu jener Zeit gab es noch keinen *Hohen Flüchtlingskommissar der Vereinten Nationen* (UNHCR). Dieses Amt wurde erst im Dezember 1950 geschaffen. Die ab 1947 von den jüdischen Milizen und seit 1948 vom jüdischen Staat durchgeführte ethnische Säuberung (Nakba) zwang Hunderttausende von Palästinensern zur Flucht.

Heutzutage hat das UNRWA Stützpunkte *(field offices)* in allen Ländern, die seitdem palästinensische Flüchtlinge aufgenommen haben: im Libanon, in Syrien, Jordanien, dem Westjordanland und Gaza. Es beschäftigt 30 000 Personen (hauptsächlich die lokale Bevölkerung), 13 000 davon in Gaza. Das UNRWA sichert die Grundversorgung für das Überleben einer Gesellschaft: die Lebensmittelversorgung, Erziehung, Sozialhilfe, medizinische Versorgung uvm.

In Gaza arbeitet das UNRWA mit allen ortsansässigen humanitären Organisationen zusammen, was mit Sicherheit die mit der Hamas verbundenen Selbsthilfeorganisationen einschließt. Die Hamas beschäftigt fast 50 000 Menschen für Selbsthilfetätigkeiten. Israel betrachtet sie als Terroristen, selbst wenn sie nicht an bewaffneten Aktionen teilnehmen.

Diese Herangehensweise wird offensichtlich von wenig hellsichtigen westlichen Geistern verbreitet. So hat etwa im Dezember 2023 die untere Kammer des schweizerischen Parlaments (Nationalrat) auf

Initiative von David Zuberbühler, einem rechtsextremen Parlamentarier und Mitglied der proisraelischen Lobbygruppe »Schweiz-Israel«, abgestimmt, um die Finanzierung von Aktivitäten des UNRWA zu stoppen.[223]

Die schweizerischen Parlamentarier gründeten ihre Entscheidung auf einen Bericht einer israelischen NRO (IMPACT-SE), die behauptet, das UNRWA stehe der Hamas nahe. Sie stützt sich dabei auf verwendete Schulbücher, die angeblich den Terrorismus verherrlichen würden.[224] Laut dem in Brüssel ansässigen und bei der Europäischen Union angemeldeten[225] *European Middle East Project* (EuMEP) sind jedoch die Vorwürfe von IMPACT-SE »*nicht glaubhaft*« und mit »*methodologischen Schwächen*« behaftet.[226] In Wirklichkeit zeigte sich der damalige Staatsminister für den Mittleren Osten und Afrika Alistair Burt »*besorgt*« über den Bericht von IMPACT-SE: Er »*war nicht objektiv in seinen Schlussfolgerungen und ihm fehlte die methodologische Strenge*«[227]. Eine Studie des deutschen Georg-Eckert-Instituts (GEI) zeigt ebenfalls, dass der Bericht von IMPACT-SE parteiisch und irreführend ist.[228]

Letztendlich spricht sich die obere Kammer des schweizerischen Parlaments (Ständerat) gegen die Idee aus, die Finanzierung zu streichen, und die Diskussion endet mit einem Kompromiss: Die Finanzhilfe für das UNRWA wird um die Hälfte gekürzt.[229]

Im Übrigen stützt sich die Debatte im Wesentlichen auf die Frage der Schulbücher, was die Unfähigkeit unserer Parlamentarier veranschaulicht, die Lage zu verstehen. Zu denken, der Zorn der Palästinenser auf Israel entstehe durch den Inhalt von Schulbüchern und nicht etwa durch die alltäglichen Ungerechtigkeiten und Erniedrigungen, die die Palästinenser unter der Besatzung erleiden, ist schlicht und einfach töricht.

Die Entscheidung, den Palästinensern eine offizielle und nachprüfbare Finanzierung abzuschneiden, ist ein Teil der israelischen Politik, die das Leben in den besetzten Gebieten für die Palästinenser unerträglich machen soll. Sie hat aber zur Folge, die Palästinenser dazu zu treiben, heimliche Geldquellen zu suchen. Gesetzt den Fall, man betrachtet die Hamas als eine Terrororganisation: Dann hat man es fortan mit einer Art der Finanzierung zu tun, die jeder Antiterrorstrategie zuwiderläuft. Man muss also feststellen, dass es nicht um den Kampf gegen den Terrorismus geht. Vielmehr hat man es mit einem Vorgehen zu tun, das auf eine ethnische Säuberung abzielt, wenn nicht auf mehr. Aber unsere Parlamentarier – alle europäischen Länder, auch die Schweiz, eingeschlossen – waren nie besonders gut auf diesem Gebiet informiert und haben erheblich zur Entwicklung des Terrorismus in unseren Ländern und anderswo beigetragen.

Am 26.1.2024, wenige Stunden nach der Veröffentlichung der Entscheidung des IGH[230], äußert Israel einen Vorwurf, der wie eine Bombe einschlägt: 12 Mitarbeiter des Hilfswerks der Vereinten Nationen für Palästina-Flüchtlinge im Nahen Osten (UNRWA) (das wären zwischen 0,04 und 0,1 Prozent seiner Mitarbeiter) hätten am Angriff der Hamas vom 7.10.2023 teilgenommen.[231]

Laut Reuters hätte Israel am 29. Januar einen sechsseitigen Bericht verteilt, demzufolge 190 Mitarbeiter des Hilfswerks (also 0,6–1,4 Prozent), unter ihnen auch Lehrer, ebenfalls überzeugte Hamas-Mitglieder seien.[232] Unter Berufung auf denselben Bericht meldete das *Wall Street Journal*, dass 10 Prozent des UNRWA-Personals (also 1300–3000 Personen) Kontakte zur Hamas hätten, dass 6 der Mitarbeiter am Angriff vom 7. Oktober teilgenommen und zwei von ihnen sogar einen Beitrag zur Entführung von Israelis geleistet hätten.[233]

Ihre Rolle wird jedoch nicht näher erläutert. Sind sie der Bewegung aus Neugierde gefolgt? Wurden sie gegen ihren Willen mitgezogen? Wir wissen nichts darüber.

Im Übrigen sollen diese Informationen aus Verhören von in Gaza verhafteten Gefangenen stammen. Zieht man in Betracht, dass Israel regelmäßig die Folter anwendet[234], dann darf die Glaubwürdigkeit der Vorwürfe bezweifelt werden.

Aber bereits eine aufmerksame Untersuchung der Angelegenheit zeigt, dass die Vorwürfe höchst diskutabel sind. Zunächst einmal werden keine Beweise für die Behauptungen angeführt. Dann scheint es so, als beträfen die Anschuldigungen im Bericht diejenigen, die nur sporadische Kontakte zur Hamas hatten (beispielsweise über einen Familienangehörigen mit Beziehungen zur Hamas). Tatsächlich verfügt die Hamas über Strukturen der Selbsthilfe, insbesondere für die Opfer von Bombardierungen oder für den Wiederaufbau von

Wohnungen, die durch Luftangriffe zerstört wurden. Es ist also sehr wahrscheinlich, dass es Kontakte zwischen dem UNRWA und diesen Strukturen gibt. Das Problem ist, dass Israel diese Strukturen als terroristisch ansieht.

Hinzu kommt, dass Israel sich seit mehreren Jahren bemüht, die Arbeit des UNRWA zu beenden. Während seiner Amtszeit hatte Donald Trump versucht, dem Hilfswerk die Finanzierung abzuschneiden.

Aus Sicht der Israelis sorgt das UNRWA dafür, dass die »Ursünde« Israels weiterlebe: Die sich ablösenden Generationen von Menschen, die die Hilfe vom UNRWA in Anspruch nehmen, bleiben Flüchtlinge. Dieser Status besteht folglich über Generationen hinweg fort, und Israel sieht darin die Ursache des Terrorismus. Am 4.1.2024 erklärte Noga Arbell, eine ehemalige Beamtin im israelischen Außenministerium, während einer Anhörung in der Knesset:

> »[...] Ich denke, wir sollten allmählich anerkennen, dass das UNRWA eine existenzielle Bedrohung darstellt, die wir angehen müssen. [...]
>
> Unser wichtigstes Ziel im Krieg besteht darin, die Bedrohung zu beseitigen, und nicht, sie zu entschärfen. Und wir wissen, wie man Terroristen beseitigt. Wir haben mehr Schwierigkeiten mit einer Idee. Das UNRWA steht am Ursprung dieser Idee: Die Idee besteht darin, dass durch die unterschiedlichsten Mechanismen mehr und mehr Terroristen entstehen und dass es unmöglich sein wird, den Krieg zu gewinnen, ohne das UNRWA zu zerschlagen. Und diese Zerschlagung muss sofort beginnen. Es nützt nichts, von der Zeit danach zu sprechen. Wir müssen bereits jetzt handeln und diese Bedrohungen angehen. Wenn nicht, dann verpassen wir den richtigen Zeitpunkt, wie es uns hier schon oft passiert ist.«[235]

In Wirklichkeit bleiben die Palästinenser Flüchtlinge, weil sie darauf warten, dass Israel seinen Verpflichtungen in Bezug auf das Völkerrecht nachkommt und ihnen die Rückkehr auf das Land, das ihnen gewaltsam genommen wurde, ermöglicht.

Die israelische »Strategie« im Kampf gegen den palästinensischen Widerstand ist ein Teufelskreis: Die Tatsache, dass Israel die palästinensischen Flüchtlinge wie »*menschliche Tiere*« behandelt, hat die Palästinenserorganisationen gezwungen, eigenständig Strukturen der Selbsthilfe zu organisieren. Wir tun uns heute schwer damit, den Kampf gegen einen Aufstand nicht als einen Vernichtungsfeldzug zu sehen. In den 1960er Jahren bestand jedoch eine der Aufgaben der Spezialkräfte (der berühmten »Grünen Barette«) in Vietnam darin, in den Gebieten des Vietcong Selbsthilfestrukturen aufzubauen, um die Herzen der Bevölkerung zu gewinnen und zu verhindern, dass sie zu den Kommunisten überlaufen.

Ende Januar 2024 stoppen die Hauptgeldgeber des UNRWA infolge der israelischen Anschuldigungen ihre Unterstützungszahlungen. Man erinnere sich daran, dass der IGH mit seinem Beschluss vier Maßnahmen anordnete, die Israel ergreifen sollte. Unter anderem sollten der Zugang zu humanitärer Hilfe für die Palästinenser im Gazastreifen sowie ihre körperliche Unversehrtheit gewährleistet werden. Indem Israel den Stopp der Zahlungen und somit ein Ende der Arbeit des UNRWA in Gaza provoziert, verlagert es die Verantwortung für den stattfindenden wahrscheinlichen Völkermord in gewisser Weise auf die Beitragsländer des UNRWA. Diese 18 Länder werden damit zu Komplizen des Völkermords, den man Israel vorwirft.

Das Problem hierbei ist allerdings, dass die von den Israelis gelieferten Informationen keine Beweise enthalten und somit nicht überprüfbar sind. Die *New York Times* merkt hierzu an, dass die amerikanische Entscheidung über die Aussetzung der Zahlungen nur auf der Wahrscheinlichkeit der Anschuldigungen gründet und nicht einmal die amerikanischen Dienste in der Lage waren, sie zu bestätigen.[236] Die *Washington Post* stellt ebenfalls fest:

> »Verantwortliche haben mitgeteilt, dass die Vereinigten Staaten die Behauptungen Israels keiner unabhängigen Prüfung unterzogen haben. Diese Behauptungen beruhen auf mitgeschnittenen Telefonaten, auf Metadaten, auf Verhören von Hamas-Kämpfern und auf Unterlagen, die die israelische Armee im Gazastreifen gefunden hat. Die Washington Post hat ein Dokument untersucht, das den Vereinigten Staaten und weiteren Regierungen übermittelt wurde. Es enthält die Namen, die Posten bei den Vereinten Nationen und

die vermutete Rolle innerhalb der Hamas von 12 Personen. Die Washington Post war aber nicht in der Lage, die Richtigkeit dieser Informationen zu überprüfen.«[237]

Wenn also diese Länder die Palästinenser wirklich hätten schützen wollen, dann hätten sie als Erstes eine eingehende Untersuchung dieser Fälle und anschließend ein gerichtliches Vorgehen gegen die vermeintlichen Schuldigen gefordert. Das taten sie aber nicht. Sie stellten stattdessen zu einem kritischen Zeitpunkt ihre Zahlungen ein, obwohl der IGH ausdrücklich eine ununterbrochene humanitäre Hilfe für Gaza gefordert hatte.

Paradoxerweise ist die Frage von möglichen Verbindungen zwischen dem palästinensischen Widerstand und den Vereinten Nationen nichts Neues. Um diesem Problem vorzubeugen, führt das UNRWA regelmäßig Sicherheitskontrollen durch. Diese betreffen sein Personal, die Geldgeber und Einrichtungen, die Leistungsempfänger, die Partnerunternehmen, die Verkäufer, die Lieferanten und die Empfänger von Zahlungen des UNRWA.[238] Daher gilt:

- Jeder Geldbeitrag für das Hilfswerk unterliegt einer Prüfung und muss der Sorgfaltspflicht des UNRWA entsprechen. Diese Prüfungen werden von strategischen Partnern und, in letzter Instanz, vom Büroleiter überwacht.
- Die Namen aller möglichen Lieferanten und sonstiger Zahlungsempfänger werden anhand der konsolidierten Liste der UN-Sanktionen überprüft.
- Die Namen des gesamten Personals, der Geldgeber, der Empfänger, der Verkäufer und der Lieferanten werden halbjährlich anhand der konsolidierten Liste der UN-Sanktionen überprüft.

Hinzu kommt, dass diese Überprüfungen regelmäßig an die israelischen Behörden weitergeleitet werden, die daher fortlaufend und detailgenau über das UNRWA-Personal informiert sind. Die Vorwürfe der israelischen Behörden sind insofern undurchsichtig, als dass das vollständige Dossier des israelischen Nachrichtendienstes nicht an die UN-Behörden und Geberländer übermittelt wurde.[239]

Länder, die ihre Zahlungen an das UNRWA ausgesetzt haben (30.1.2024)

Beitragsland	Beitragshöhe [in Millionen US-Dollar]
Vereinigte Staaten[240]	343,900
Deutschland[241]	202,100
Europäische Union[242]	114,100
Schweden[243]	61,000
Japan[244]	30,200
Frankreich[245]	343,900
Schweiz[246]	202,100
Kanada[247]	114,100
Großbritannien[248]	61,000
Niederlande[249]	30,200
Australien[250]	13,800
Italien[251]	18,000
Österreich[252]	8,100
Finnland[253]	7,800
Neuseeland[254]	0,5608
Island[255]	0,5587
Rumänien[256]	0,2107
Estland[257]	0,9000
Gesamtsumme	921,7302

Abbildung 112 – Einige Länder haben ihre Zahlungen ganz abgebrochen, andere warten auf mehr Einzelheiten, um sie fortzusetzen. Alle haben eine Entscheidung getroffen, ohne zunächst die Beweise für die israelischen Behauptungen abzuwarten. Und kein Land hat gegen das Massaker an Zivilisten im Gazastreifen protestiert.[258]

Belgien stellt in dieser Angelegenheit eine Ausnahme dar: Es zog vor, auf Bestätigungen und weitere Informationen zu dem Fall zu warten, bevor es eine Entscheidung über das Aussetzen seiner Beitragszahlungen fallen würde.[259] Am darauffolgenden Tag wird diese Entscheidung vom *Comité de coordination des organisations juives de Belgique* (CCOJB) (dt. *Komitee für die Koordinierung der jüdischen Organisationen Belgiens*) kritisiert[260] und das Gebäude, in dem sich die *Agence belge de développement* (ENABEL) (dt. *Belgische Entwicklungsagentur*) und die NRO *Handicap International* befinden, wird bei einem Luftangriff zerstört.[261] Dieser Angriff erregt internationales Missfallen. Er verdeutlicht, wie Israel diesen Krieg führt: Es macht Anschuldigungen, die es nicht mit Beweisen untermauern kann und die sich im Laufe der Zeit als falsch herausstellen. Und es übt Druck auf seine Verbündeten aus, damit sie Israels völkerwidriges Handeln unterstützen. Das ist ein weiterer Ausdruck dessen, was den Antisemitismus in der Welt auf dramatische Weise befeuert: Straflosigkeit.[262]

Die israelischen Beschuldigungen scheinen eher eine Form der Vergeltung als eine dokumentierte Anklage zu sein. Denn parallel zu diesem Vorgehen blockieren die Israelis am Kontrollpunkt Karem Abu Salam die Durchfahrt für Lastwagen mit Hilfsgütern für Gaza.

6.11.2.5. Militäroperationen trotz eines Verdachts auf Völkermord

Am 24.1.2024 schwenkt eine Gruppe von Palästinensern in einer von der israelischen Armee für »sicher« erklärten Zone eine weiße Flagge. Sie wollen ihre Familienangehörigen suchen und sie in »Sicherheit« bringen. Der Mann, der die Fahne hochhält, wird durch einen Kopfschuss von einem israelischen Scharfschützen getötet.[263] Am 26. Januar, dem Tag, an dem der IGH seinen Beschluss verkündet, versucht in Gaza eine Großmutter mit ihrem Enkel in eine für »sicher« erklärte Zone zu gelangen. Obwohl der Enkel eine weiße Flagge schwenkt, wird die Frau mitten auf der Straße von israelischen Soldaten erschossen.[264]

Am 30. Januar dringen Kämpfer der (als Araber verkleideten) *Mista'aravim* in ein Krankenhaus in Dschenin im Westjordanland ein, um drei palästinensische Kämpfer zu eliminieren.[265]

Zu diesen Militäroperationen kommen noch Massenhinrichtungen von Gefangenen durch die israelische Armee. Anfang Februar 2024 haben die Palästinenser nach dem Rückzug der israelischen

Truppen ein Massengrab auf dem Schulhof einer Grundschule in Beit Lahia (Nordgaza) entdeckt, in dem sich etwa dreißig Leichen befanden.[266] Ihre Augen waren verbunden und ihre Hände hinter dem Rücken gefesselt. Man hatte sie in Plastiksäcke mit israelischer Aufschrift gesteckt.[267] Die Medien, die einen derartigen Völkermord unterstützen, haben dieses Verbrechen nicht erwähnt, weil solche Taten zu der südafrikanischen Initiative einer Klage wegen Völkermordes passen. Jene wurde vom ehemaligen französischen Premierminister Manuel Valls auf dem Sender LCI sogar als »*schrecklich, grauenhaft und skandalös*«[268] bezeichnet.

Die Kommando-Aktion der Mista'aravim

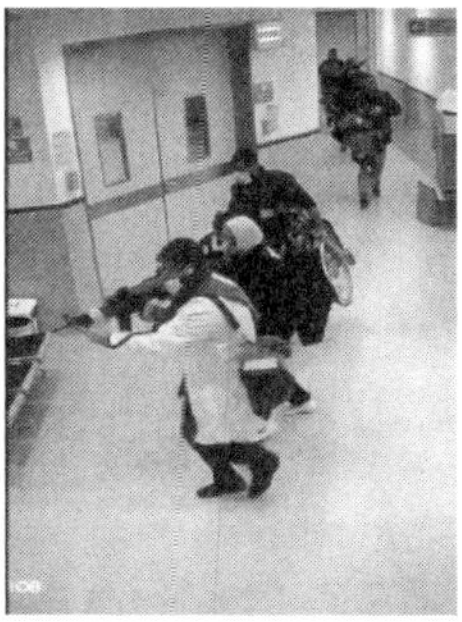

Abbildung 113 – Die Intervention von bewaffneten Männern in einem Krankenhaus in Dschenin, um Palästinenser (unter ihnen ein Gelähmter) zu exekutieren, zeigt das in Israel vorherrschende Gefühl der Straflosigkeit. Insbesondere dann, wenn ein solches Kriegsverbrechen vier Tage nach der Verkündung des IGH-Beschlusses stattfindet.

Bereits am 16.12.2024 hatte das *Büro des Hohen Kommissars für Menschenrechte* einen Bericht veröffentlicht, der von einer Verantwortung der israelischen Streitkräfte für Massenverhaftungen, schlechte Behandlung und über »*das mögliche gewaltsame Verschwinden Tausender palästinensischer Männer und Jungen sowie einer gewissen Zahl von Frauen und jungen Mädchen*« im Norden des Gazastreifens sprach.[269]

Was in Wirklichkeit skandalös erscheint, ist das Ausbleiben einer Reaktion von Manuell Valls! Wie es der damalige französische Außenminister Jean-Yves Le Drian formulierte: »*Das Ausbleiben einer Reaktion kann als Eingeständnis gewertet werden …*«[270]

6.12. Verhandlungen und Zugeständnisse

Die Idee, man dürfe nicht mit einer Terrorgruppe verhandeln, ist absurd. Zunächst einmal deshalb, weil die Bezeichnung als »terroristisch« rein politischer Natur ist und keinen international anerkannten Kriterien entspricht. Daher werden auch Bewegungen wie die Hamas oder die Hisbollah nur von einem Bruchteil der internationalen Gemeinschaft als terroristisch bezeichnet.

Es ist offensichtlich, dass man nicht mit einer Pistole an der Schläfe verhandeln kann. Es war schwer, mit Bewegungen wie den Roten Brigaden in Italien oder anderen Bewegungen der 1960–1980er Jahre zu verhandeln, die den Staat zerstören wollten. Bedeutend einfacher sind Verhandlungen dagegen mit Autonomie- oder gar Separatistenbewegungen. Denn hier gibt es Lösungen, die den Staat nicht infrage stellen, sondern nur seine Funktionsweise. Mit Widerstandsbewegungen, die es nur deshalb gibt, weil sich ein Staatsgebilde auf fremdem Territorium befindet, sind Verhandlungen leichter möglich. Es sei denn, man wollte sich dieses Territorium dauerhaft aneignen.

Aus diesem Grund nennen die Medien und Kommentatoren nur die Hamas-Charta von 1988 und niemals diejenige von 2017: Damit soll die Verweigerung eines Dialogs gerechtfertigt werden. In Wirklichkeit war Israel nie wirklich an Verhandlungen mit den Palästinensern interessiert. Im Jahr 2012 erklärte der ehemalige Leiter des israelischen Sicherheitsdienstes Schabak das Folgende:

> »Vergessen Sie die Geschichten, die man Ihnen darüber erzählt, dass M. Abbas nicht an Verhandlungen interessiert sei [...] Wir sprechen nicht mit den Palästinensern, weil diese [israelische] Regierung kein Interesse an Verhandlungen hat.«[271]

Deshalb ergibt die Bezeichnung einer Gruppe als »terroristisch« nicht viel Sinn, insbesondere durch Länder, die nicht direkt betroffen sind, denn dadurch verringert sich ihre Fähigkeit, als Vermittler aufzutreten. Außerdem verbietet sich dann meist ein Dialog oder eine Verhandlungslösung. Deshalb erklärt auch die britische BBC am

11.10.2023, sie wolle auf solche Bezeichnungen verzichten, um die Dinge distanzierter beurteilen zu können.[272]

Hier sei noch einmal daran erinnert: Wenn man niemals mit Terroristen verhandeln würde, dann gäbe es heute keinen Staat Israel. Man sollte daher sorgsam mit den Begriffen umgehen. Frankreich ist im Irak (2014) und in Syrien (2015) gegen »Terroristen« in den Krieg gezogen. Und das Ganze hat Frankreich nur die Anschläge 2015 und 2016 eingebracht. Ich bin stets darüber verwundert, dass die Opferverbände nie die Verantwortung der französischen Regierung hervorheben und sich mit rachsüchtigen Urteilen und Erklärungen begnügen. Vielleicht liegt es daran, dass ihre Mitglieder im Nachhinein bereuen, nicht reagiert zu haben, *bevor* Männer, Frauen und Kinder im Mittleren Osten bombardiert wurden. Terrorismus ist kein unvermeidliches Schicksal. Niemals.

Der Westen und insbesondere die amerikanische Regierung[273] fürchten einen Waffenstillstand in Gaza. Das hat den surreal anmutenden Grund, dass solch eine Feuerpause den Journalisten die Möglichkeit geben würde, vom Ausmaß der Zerstörungen in Gaza, und somit von den Kriegsverbrechen, die wir unterstützen, zu berichten.[274]

Dessen ungeachtet, müssen wir jetzt zu Verhandlungen auf zwei Ebenen kommen:

- Wir müssen eine Pause im Gazakonflikt, der sich allmählich gegen Israel wendet, erreichen und zum »gewohnten Tagesgeschäft« zurückfinden.
- Wir müssen eine langfristige Antwort auf die Palästinenserfrage finden, die sich seit 1947 stellt.

Heute lässt sich beobachten, dass sich der Ton nach den kriegerischen Erklärungen und Prahlereien der israelischen Führung etwas beruhigt hat. Die Entscheidung des IGH, die vermehrten Zeugenberichte über die von Israel verübten Kriegsverbrechen sowie die steigende Mobilisierung der Menschen im Nahen Osten schwächen Israels Glaubwürdigkeit.

Ende Januar 2024 sucht Israel nach einem Ausweg aus einem Konflikt, der mehr und mehr an einen »Sumpf« erinnert. Israel versucht sicher nicht ohne Grund, eine Einigung über die Freilassung der Gefangenen zu erreichen: Der Armee ist es nicht gelungen, auch nur eine einzige »Geisel« zu befreien. Man hat im Gegenteil etwa 60 von ihnen durch Bombardierungen, direkten Beschuss oder Vergiftungen getötet. Die Palästinenser halten zu diesem Zeitpunkt noch einige Zivilisten (Geiseln) gefangen, aber vor allem Soldaten (Kriegsgefangene), unter denen sich anscheinend auch hochrangige Militärs befinden. (Es ist von ein oder zwei Generälen die Rede.)

Vertreter der israelischen, ägyptischen, katarischen und amerikanischen Nachrichtendienste treffen sich diskret in Frankreich, um eine Einigung auszuhandeln. Ein von Israel entwickelter Plan eines Gefangenenaustauschs über zwei Monate mit einer Waffenruhe ist der Hamas übermittelt worden. Eine Woche später hat sie mit einem Gegenvorschlag geantwortet: Es handelt sich um einen Plan in drei Etappen mit einer Länge von maximal 45 Tagen pro Etappe:

Erste Etappe:
- ein Austausch der Gefangenen/Geiseln,
- ein Teilabzug der israelischen Streitkräfte aus dem Gazastreifen,
- der Beginn des Wiederaufbaus von Krankenhäusern und der kritischen Infrastruktur,
- der Beginn der Waffenstillstandsverhandlungen.

Zweite Etappe:
- ein zweiter Austausch von Gefangenen/Geiseln,
- der völlige Abzug der israelischen Kräfte aus dem Gazastreifen.

Dritte Etappe:
- der Austausch der übrigen Gefangenen/Geiseln sowie der Leichen Gefallener,
- die Fortsetzung des Wiederaufbaus.

Dieser Vorschlag wird natürlich Anfang Februar von Israel abgelehnt. Er hat jedoch das Verdienst, einen konkreten Fahrplan vorzuschlagen, wozu Israel – die Besatzungsmacht – nicht in der Lage war. Der Vorschlag erinnert an die Doktrin der Hamas, die den Begriff einer

»dauerhaften Tadiyah« (militärische Waffenruhe) verwendet. Sie ist eine Zwischenetappe vor der »Hudna« (Waffenstillstand).

Man stellt ebenfalls fest, dass die Hamas von Israel keinen sofortigen Abzug aus dem Gazastreifen fordert. Die Hamas hat schlicht und einfach verstanden, dass sie nur Druck auf Israel ausüben kann, wenn es sich in Gaza befindet. Den taktischen Überlegungen Israels stehen strategische Überlegungen seitens der Palästinenser gegenüber.

Was eine langfristige Lösung des israelisch-palästinensischen Konflikts angeht, so sprengt die Frage den Rahmen des vorliegenden Werks. Die Zweistaatenlösung war von den Vereinten Nationen im Jahr 1947 vorgesehen. Diese ließe sich auf der Basis der Grenzen vom 4.6.1967 wiederbeleben, wie es auch die Hamas andeutet. Wie aber ließe sich das Problem der Siedlungen im Westjordanland lösen? Und falls man sich auf eine Einstaatenlösung mit zwei Völkern zubewegte, wie sie ebenfalls von den Palästinensern, einschließlich der Hamas, vorgeschlagen wurde – wäre die israelische Regierung dann bereit, auf die Idee von einem »jüdischen Staat« zu verzichten?

Wir haben keine Antwort auf diese Fragen. Das israelische und das palästinensische Volk müssen diese Entscheidung selbst treffen. Unsere Aufgabe kann ausschließlich darin bestehen, sie dabei zu begleiten, ohne allerdings diese Entscheidung an ihrer Stelle treffen zu wollen, wie wir es bisher getan haben. Wie dem auch sei, die Lösung dieses Konflikts wird keine militärische sein. Und sie erfordert eine Phase des Dialogs. Wir haben diesen Dialog mit Israel geführt, obwohl es aus dem Terrorismus hervorgegangen ist. Es gibt keinen Grund, weshalb wir nicht dasselbe mit den Palästinensern tun sollten. Indem es derartig viele Regeln des Rechts und der Menschlichkeit verletzt, läuft Israel derzeit Gefahr, so stark an Unterstützung in der Welt zu verlieren, dass ihm im Falle einer *wirklichen* existenziellen Bedrohung niemand beispringen möchte …[275]

7. Israel und seine Nachbarn

7.1. Die israelische Sicherheitspolitik

Israels unbestimmte Staatsgrenzen und die stets präsente Idee von einem »Großisrael«, das sich – mindestens – vom Mittelmeer bis zum Jordanfluss erstreckt[1], machen eine aufrichtige Politik des Friedens und der regionalen Integration sehr schwer.

UN-Resolutionen

Zeitraum	Resolutionen in Bezug auf Israel	Resolutionen in Bezug auf die restliche Welt
2021	15	5
2022	15	13
2023	14	7

Abbildung 114 – Weil Israel weiterhin die seit 1948 verabschiedeten UN-Resolutionen missachtet, wird es jedes Jahr erneut von den Vereinten Nationen verurteilt. Durch die mangelnde Bereitschaft der westlichen Länder, Israel zur Einhaltung seiner Verpflichtungen zu bewegen, ist ein Eindruck der Straflosigkeit entstanden. Diese Straflosigkeit eines Landes, das das Völkerrecht missachtet, erzeugt den Antisemitismus in unseren Ländern.

Die Strategie und die Außenpolitik Israels äußern sich eher in Waffengängen als in Diplomatie. Trotz der vielen arabischen Initiativen hat Israel nie auf freundliche Beziehungen zu seinen Nachbarn gebaut, denn allen ist bekannt, dass Israels Grenzen dazu bestimmt sind, sich zu ändern. Israel war, nicht ohne einen gewissen Pragmatismus, stets davon überzeugt, dass seine Sicherheit eher von Rivalitäten zwischen den arabischen Staaten abhängt als von einer Kooperation mit ihnen.

Dies erklärt, weshalb Israels Sicherheitspolitik immer versucht hat, innere Streitigkeiten seiner Nachbarn auszunutzen.

Dank der bedingungslosen Unterstützung der Vereinigten Staaten und ihrer Rolle als »Sicherheitsgarant« hat sich Israel Militäraktionen auf dem Gebiet seiner Nachbarn erlauben können, die kein anderes Land der Welt hätte durchführen dürfen. Diese Situation Israels als ein »verwöhntes Kind« ist schon lange bekannt. Aber die derzeit stattfindende Neugestaltung der Welt scheint die Pausenglocke für Israel zu läuten. Seit Langem ist Israel das Land mit den meisten Verurteilungen durch die Vereinten Nationen. Es bemüht sich allerdings auch am wenigsten, sich an sie zu halten.

Im Jahr 2012 stellte Yuval Diskin, der ehemalige Leiter des israelischen *Sicherheitsdienstes* Schabak, fest:

> »Im Laufe der letzten 10 bis 15 Jahre ist Israel immer rassistischer geworden. Alle Studien zeigen das. Es handelt sich um einen Rassismus gegenüber Arabern und Ausländern. Und unsere Gesellschaft ist kriegerischer geworden.«[2]

Es ist bezeichnend, dass die Mitglieder der jüdischen Gemeinde, die sich bemühen, die Ereignisse an und nach dem 7.10.2023 zu erklären, sich ausschließlich auf religiöse Gebote und die Bibel berufen, um die Missachtung des Völkerrechts zu rechtfertigen.[3]

Während die palästinensische Argumentation systematisch auf das Völkerrecht Bezug nimmt, sind Israels Argumente rein religiöser Natur. Das Problem besteht aber darin, dass sich die internationalen Beziehungen im 21. Jahrhundert nicht auf lokale Glaubensvorstellungen stützen können, sondern nur auf allgemein anerkannte Grundsätze. Das ist die Rolle des HVR.

7.2. Ein nicht sehr treuer Verbündeter

Israel ist ein Land, das, wie es auch alle anderen Länder tun sollten, nach den eigenen nationalen Interessen handelt. Problematisch ist dagegen, dass Israel dazu neigt, sein eigenes Interesse auch zum

Schaden des Interesses seiner Partner durchzusetzen, selbst wenn es den Partnern untreu werden muss. Eine Partnerschaft kennt aber immer zwei Richtungen: Jedes Bündnis ist ein Tauschgeschäft. Dies bedeutet, dass die Tauschpartner eine Art Kompromiss eingehen angesichts des Nutzens, den die Partnerschaft bringen kann. Man muss sich allerdings dabei »an die Spielregeln halten«.

Die Sowjetunion war zwischen 1946 und 1948 eine der glühendsten Unterstützerinnen der Schaffung eines Staates Israel, insbesondere durch Waffenlieferungen an die Terroristengruppen, die gegen die britische Besatzung kämpften. Nach Erreichen der Unabhängigkeit wandte sich Israel allerdings von seinem Verbündeten ab und entschied sich stattdessen für das westliche Lager. Das wiederum erregte den Zorn Stalins und führte zu den Säuberungen unter den Führungskadern der Sowjetunion, in denen die Juden verdrängt werden sollten.

Anfang der 1950er Jahre sind die Amerikaner versucht, die nationalistischen und panarabischen Regime in Ägypten und Syrien zu unterstützen, während Großbritannien sich aus dem Nahen Osten zurückzuzieht. Israel sieht seine Sicherheit in Gefahr und strebt danach die Bildung einer arabischen Koalition gegen sich zu verhindern. Im Jahr 1954 startet es deshalb die Operation Susannah, erdacht und ausgeführt vom israelischen militärischen Nachrichtendienst (Agaf Modin oder Aman). Es geht darum, Terrorangriffe auf britische, amerikanische und ägyptische Ziele durchzuführen, um anschließend die Muslimbrüder zu beschuldigen und ein anglo-amerikanisches Eingreifen zu provozieren. Nach ihrer Aufdeckung durch den ägyptischen Sicherheitsdienst wird die Operation zu einem Fiasko für Israel und führt zum Rücktritt des damaligen israelischen Verteidigungsministers Pinchas Lawon.[4] Die »Lawon-Affäre« löst eine Welle der Empörung aus, die in die Vertreibung der Juden aus Ägypten mündet.[5] Wenn man, wie so häufig, die wahren Ursachen für antisemitische Taten verschleiert, dann macht man sie zu etwas Unausweichlichem, das nur durch die Religion erklärt werden kann.[6]

In gleicher Weise war auch das Doppelattentat von Beirut vom 23.10.1983 gegen die französischen und amerikanischen Truppenkontingente mit fast 300 Toten den israelischen Diensten offensichtlich im Voraus bekannt. Victor Ostrovsky, ein ehemaliger Agent des Mossad, sollte später enthüllen, dass die Israelis über das bevorstehende Attentat Bescheid wussten, die Amerikaner aber nicht informierten, um sie zu einer Konfliktbeteiligung zu bewegen.[7] Wir haben es also tatsächlich mit einer israelischen Strategie des Chaos zu tun.

Die Spionagetätigkeit gegen die Vereinigten Staaten in den 1960er Jahren (»unter Freunden spioniert man sich nicht aus«), das Versenken der *USS Liberty* im Jahr 1967, das Beirut-Attentat von 1983 oder die Affäre um Jonathan Pollard (des Spions, der innerhalb der amerikanischen Dienste für Israel spionierte) haben einen bitteren Beigeschmack hinterlassen. Sie tragen weiterhin zu einer tiefen und immer noch sehr präsenten antiisraelischen Stimmung unter amerikanischen Militärs bei.[8]

Diese Beispiele werden von unseren Medien weitgehend ignoriert, sind aber beispielsweise bei den amerikanischen Militärs nach wie vor sehr lebendig. Sie zeigen, dass unsere Verbindungen zu Israel häufig aufgenötigt sind. Es ist wichtig für Israel, dies zu begreifen. Denn, wie die Reaktionen auf sein Vorgehen in Gaza zeigen, wäre es möglich, dass Israel in einem kritischen Moment, der schon bald eintreten könnte, sehr isoliert dasteht.

7.3. Die amerikanische Anwesenheit im Nahen Osten

Die Rolle der Vereinigten Staaten im Nahen und Mittleren Osten besteht zusammengefasst darin, Israels »strategische Tiefe« sicherzustellen. Es ist im Übrigen seit den 1950er Jahren eine Konstante der israelischen Politik, die Amerikaner zu einem größeren Engagement im Nahen und Mittleren Osten zu bewegen. Die amerikanischen und westlichen Interventionen in Kuweit, im Irak, in Libyen und in Syrien wurden von Tel Aviv begrüßt. Dabei handelte es sich bei allen um Misserfolge. Außerdem trugen sie maßgeblich dazu bei, die Region zu destabilisieren.

In gewisser Weise sind die amerikanischen Soldaten »menschliche rote Linien« zugunsten eines Staates Israel, der eine militärische Überlegenheit immer als die Quelle seiner Sicherheit angesehen hat, aber nicht die Mittel hat, sie allein sicherzustellen. In der geschlossenen Welt der Nachrichtendienste und hinter den Kulissen wird diese Rolle Israels als etwas Negatives wahrgenommen. Symptomatisch dazu erklärt Dr. Michael Scheuer, zwischen 2001 und 2004 Leiter einer für den Kampf mit Osama bin Laden zuständigen CIA-Abteilung, während einer Anhörung durch eine Kommission des amerikanischen Kongresses:[9]

> »Wenn es nur nach mir ginge, dann würde ich die Israelis gleich morgen fallen lassen!«

Deshalb hat der palästinensische Angriff eine ganze Serie von Schlägen gegen die amerikanischen Militärbasen im Irak und in Syrien ausgelöst. Zwischen dem 7.10.2023 und dem 28.1.2024 wurden etwa 170 Angriffe gegen diese Basen durchgeführt.[10]

Am 28. Januar werden durch einen dieser Angriffe drei Soldaten an einem geheimen, als Tower 22 bezeichneten Ort auf jordanischem Staatsgebiet getötet. Dieser Ort liegt gleich neben der Militärbasis At-Tanf auf der syrischen Seite der Grenze. Viele Amerikaner erfahren durch diesen Zwischenfall zum ersten Mal, dass ihr Land illegal einen Teil Syriens besetzt. Auf jordanischer Seite verneint die Regierung zunächst, dass diese Soldaten auf ihrem Territorium getötet wurden,[11] denn die amerikanische Militärpräsenz ist in diesem Land sehr unbeliebt.

Diese Angriffe lösen 85 amerikanische Vergeltungsschläge in Syrien und dem Irak aus, bei denen am 2. Februar fast 40 Menschen sterben.[12] Trotz der Anwesenheit von zwei Flugzeugträgerkampfgruppen und einer amphibischen Angriffsgruppe in dem Gebiet im Oktober 2023 sind die Amerikaner unsicher. Sie verstehen langsam, dass der arabische Verdruss über ihre Präsenz und Israels Verhalten sie allmählich aus der Region vertreiben.

Wie auch im Falle Israels lassen sich die amerikanischen Militärerfolge nur in getöteten Zivilisten messen. Ihr politischer Nutzen geht dabei gegen null.

Nachdem sie sich in Afghanistan gleichsam lächerlich gemacht haben und ihre Ziele in der Ukraine nicht erreichen können, verstehen die Amerikaner und ihre westlichen Alliierten allmählich, dass sie ständig auf die falschen Pferde setzen und dass ein Engagement an der Seite Israels bei Weitem nicht ihren Interessen entspricht. Die chinesischen, russischen und iranischen Diplomatien zeigen eine beachtliche Wirksamkeit gegenüber der westlichen Kanonenbootpolitik. Die Hilfen für die Ukraine und Israel haben immer größere Schwierigkeiten, durch unsere Parlamente zu kommen.

Die amerikanischen Abgeordneten verlangen von der Regierung, sich für die Umgehung des parlamentarischen Prozesses, mit der Waffenlieferungen nach Israel genehmigt werden, zu rechtfertigen. Und sie wollen erfahren, ob diese Lieferungen »*den humanitären Grundsätzen und dem amerikanischen Recht entsprechen und ob sie der amerikanischen nationalen Sicherheit nützen oder schaden*«[13].

Bei der Begründung seiner Anklage vor dem IGH erklärt Südafrika, Israel habe das Übereinkommen über die Verhütung des Völkermords »verletzt und verletzt es weiterhin«. *Niemand* hat diese Erklärung angefochten. Das bedeutet, eine Unterstützung Israels kommt immer mehr der Unterstützung einer Politik des Völkermords gleich. Deshalb wird Joe Biden während seiner Wahlkampfveranstaltungen systematisch von Anhängern der demokratischen Partei unterbrochen, die ihn als »Genocide Joe« beschimpfen.[14]

7.4. Syrien

Die Idee einer Aufsplitterung Syriens entstand im Februar 1982 mit dem Jinon-Plan, der unter der Schirmherrschaft der *Zionistischen Weltorganisation* unter dem Titel »*Eine israelische Strategie für die 1980er Jahren*« veröffentlicht wurde.[15] In seiner ursprünglichen Form war der Plan nie Teil der offiziellen israelischen Politik. Aber er gibt uns einen Einblick davon, wie Israel seine strategische Umgebung versteht:

> »Die Aufspaltung Syriens und später des Irak in ethnisch und religiös einheitliche Gebiete, wie im Libanon, ist auf lange Sicht Israels Hauptziel an seiner Ostfront. Die Zerschlagung der militärischen

> Macht dieser Staaten ist dagegen ein Hauptziel auf kurze Sicht. Syrien wird sich entsprechend seines ethnischen und religiösen Aufbaus in mehrere Staaten aufspalten, wie es derzeit im Libanon der Fall ist. Es wird einen alawitisch-schiitischen Staat entlang der Küste geben, einen sunnitischen Staat in der Region von Aleppo, einen weiteren sunnitischen Staat in Damaskus, der seinem nördlichen Nachbarn feindlich gesinnt ist. Die Drusen werden ihren eigenen Staat gründen, vielleicht sogar auf unserem Golan, im Hauran und in Nordjordanien. Diese Anordnung stellt eine langfristige Friedens- und Sicherheitsgarantie dar. Und dieses Ziel kann bereits heute erreicht werden.«[16]

Der Jinon-Plan bildet die Basis eines anderen Dokuments, das 1996 von einer amerikanischen *Denkfabrik (think tank)* für den israelischen Premierminister Benjamin Netanjahu erstellt wurde und eine israelische Strategie entwirft[17]: eine Destabilisierung der Region, einschließlich des Sturzes der irakischen und syrischen Regierungen anstelle eines allgemeinen Friedens; ein ausgeweitetes Verfolgungs- und Interventionsrecht in den Palästinensergebieten und eine verstärkte Zusammenarbeit mit den Vereinigten Staaten. Auch dieser Plan wird nie offiziell von Netanjahu angenommen. Aber die Urheber dessen, die zahlreich in der Regierung Bush vertreten waren, nutzen ihn später als Inspirationsquelle für die Gestaltung der amerikanischen Außenpolitik im Mittleren Osten.[18] Und er bildet das Gerüst für die Politik, die von den Netanjahu-Regierungen angewandt wird.[19]

Im Übrigen hatte die israelische Unterstützung der syrischen Opposition zum Ziel, seinen Nachbarn mittel- und langfristig aus dem politischen Gleichgewicht zu bringen. Für Israel ist deshalb auch der Islamische Staat (IS) ein Bollwerk gegen den iranischen Einfluss und ein Verbündeter im Kampf gegen die Hisbollah. Dies wird von einer israelischen *Denkfabrik* – finanziert (unter anderem) von der NATO im Rahmen ihres *Mittelmeer-Dialogs*[20] – in einem Bericht mit dem Titel »Die Zerstörung des Islamischen Staats ist ein strategischer Fehler« bestätigt. Dort wird postuliert, der Islamische Staat könne *»ein Werkzeug sein, um den ehrgeizigen Plan Teherans zur Beherrschung des Mittleren Ostens zu schwächen«*[21]. Man bewegt sich auf den intellektuellen Spuren des Jinon-Plans ... Auch wenn Israel den IS sicherlich nicht geschaffen hat, so sieht es doch einen positiven Zusammenhang zwischen dem Vorhandensein des IS und der eigenen Sicherheitspolitik.

Ein als geheim eingestufter »Informationsbericht« der amerikanischen *Defense Intelligence Agency* (DIA) zur Lage in Syrien vom 5.8.2012 zeigt klar die Vorteile einer Unterstützung der syrischen Islamisten auf, trotz des Risikos, dass dabei ein islamischer Staat entsteht:

> »Wenn die Lage es erlaubt, dann kann ein (ausgerufenes oder nicht ausgerufenes) salafistisches Prinzipat im Osten Syriens geschaffen werden (Hasaka und Deir ez-Zor). Genau das wollen die Länder, die die Opposition unterstützen, um das syrische Regime zu isolieren. Dieses Regime wird als Teil der ›strategischen Tiefe‹ der schiitischen Expansion (Irak und Iran) angesehen.«[22]

Der Schlüssel dieser Strategie ist eine Aufteilung Syriens. Dazu gibt es verschiedene Modelle. Am häufigsten erwähnt wird eine Aufspaltung Syriens in einen kurdischen Staat im Nordosten, einen sunnitischen Staat im Südosten und christlich-alawitischen Staat im Westen des Landes, an der Küste. Diese Aufspaltung erinnert an den Jinon-Plan von 1982 und erklärt, weshalb die westliche und die israelische Strategie konvergieren. Diese Idee stammt also aus Israel, aber unsere Medien, wie die französische Tageszeitung *Le Figaro*[23] oder der Sender France 24[24], schreiben sie lieber der syrischen Regierung zu. Der syrische Staatsführer hat jedoch nie von einer Teilung seines Landes gesprochen und versucht vielmehr, die Einheit wiederherzustellen.[25]

Aus diesem Grund hat auch der Westen entgegen einer weitverbreiteten Ansicht niemals wirklich gegen den Islamischen Staat gekämpft. Vergleicht man die Karten der westlichen Luftschläge, wie sie die Internetseite Airwars.org[26] auflistet, mit den Territorien, die laut der BBC[27] noch vom IS gehalten werden, dann stellt man fest, dass es bis 2017 keinen einzigen Luftangriff in den Gebieten im Südosten Syriens gab, in denen sich der IS gruppierte. Die Koalition hat ganz offensichtlich versucht, den IS in diese Zone zu »lenken«. Im Übrigen ist die Koalition auch seltsam inaktiv, wenn es darum geht, den IS daran zu hindern, gegen Damaskus vorzustoßen.[28] Es kommt sogar vor, dass die westliche Koalition die syrische Armee oder die christlichen alliierten Kräfte beschießt, die sich dem IS entgegenstellen.

Zudem spaltet weiterhin die Frage des Golan, den Israel widerrechtlich besetzt, die beiden Länder. Dabei wurde Ende der 1990er Jahre auf Initiative von Hafiz al-Assad ein Friedensprozess zwischen Syrien und Israel zur Lösung der Frage begonnen. Man war damals nicht mehr weit von einer Einigung entfernt, aber der Tod Assads im Juni 2000, der Beginn der zweiten Intifada im September in Israel, die Wahl von Präsident Bush im November in den Vereinigten Staaten, der Machtantritt von Ariel Scharon im März 2001 in Israel und schlussendlich auch der »11. September« kamen zusammen, um diese Initiativen, die Israel nicht verfolgen wollte, im Keim zu ersticken.

Das Problem hat sich wegen Donald Trumps Anerkennung der Annexion des Golan durch Israel verschärft. Letztere ist völkerrechtswidrig, aber die Vereinigten Staaten halten sich nicht an das Völkerrecht und ziehen es vor, nach den Regeln zu spielen, die sie selbst aufstellen. Wie die sehr transatlantische Stiftung Carnegie Endowment for International Peace feststellt, ist die israelische Politik der Annexion von Gebieten von einer biblischen Sichtweise geprägt, die sich gegen das Völkerrecht stellt.[29] Für Israel ist Frieden nie prinzipiell ein Bestandteil seiner Sicherheitspolitik, sondern nur in dem Maße, wie er erlaubt, einen strategischen Gewinn zu sichern.

Die Wiederaufnahme Syriens in die Arabische Liga im Mai 2023 und der Händedruck zwischen dem Iran und Saudi-Arabien im März 2023 sind zwei hochwichtige Ereignisse im Nahen Osten. Israel hat deren Wichtigkeit möglicherweise aufgrund der Abraham-Abkommen unterschätzt, das ja Israels Position im Nahen Osten stärken sollte. Im Januar 2024 hat sich das Bild jedoch eingetrübt: Syrien erfreut sich der Unterstützung Russlands und indirekt auch Chinas, also von Ländern, deren Glaubwürdigkeit auf Kosten der Vereinigten Staaten und des Westens gestiegen ist.

7.5. Der Iran

Der Iran ist ein dem Westen traditionell wohlgesinntes Land. Seine Bevölkerung unterscheidet sich ethnisch von den Arabern, ist stark von der indischen Kultur beeinflusst und praktiziert einen schiitischen Islam, der wesentlich liberaler als der sunnitische Islam Saudi-Arabiens ist. Der Iran verfügt über keine kriegerisch-expansionistische Tradition und hat seit 1798 kein fremdes Land angegriffen.

Seit 1976 bewegt die auf die Menschenrechte ausgerichtete Politik des amerikanischen Präsidenten Carter den Schah dazu, neue Bündnisse einzugehen: Er verstärkt die militärische Zusammenarbeit mit Israel. Die 1979 in der amerikanischen Botschaft in Teheran beschlagnahmten Dokumente enthüllen, dass Israel eine nukleare Rakete entwickelt hatte, die es dem Iran verkaufen wollte (Operation TZOR).[30]

Der Machtantritt von Chomeini im Jahr 1979 verändert die Haltung der Iraner, aber die jahrzehntelange Kooperation mit Israel in den Bereichen Militär und Nachrichtendienst sind nicht vergessen. Der Iran musste den Krieg gegen den Irak führen und ertragen, den der Westen maßgeblich unterstützte. Und er wurde Opfer von Chemieattacken, die die Vereinigten Staaten guthießen.[31] Zu jener Zeit sieht Israel den Iran als eine Art »strategisches Gegengewicht« zum Druck auf die arabischen Länder und unterstützt das Land. Insbesondere indem es zunächst das Forschungszentrum Tuwaitha nahe Bagdad (30.9.1980) und später den irakischen Kernreaktor Osirak (7.6.1981) bombardiert. Der Feind Israels ist der Irak, der seit Mitte der 1970er Jahre mehreren Palästinenserbewegungen Unterschlupf gewährt.

Die Verhandlungen über die Freilassung der 52 Geiseln in der amerikanischen Botschaft in Teheran enden mit der Unterzeichnung des Algier-Abkommens am 19.1.1981, das unter anderem vorschreibt:[32]

> »Die Vereinigten Staaten verpflichten sich, dass ihre Politik von nun an darin besteht, nicht mehr direkt oder indirekt, politisch oder militärisch, in die inneren Angelegenheiten des Iran einzugreifen.«

... eine Verpflichtung, der die Amerikaner nie nachkommen werden.

Seit dem Ende des Kalten Krieges bemüht sich der Iran, seine Beziehungen zum Westen zu verbessern. Irans Neutralität während des Ersten Golfkriegs (1990–1991) ist ein Schlüssel des Erfolges der internationalen Koalition im Irak. Der Iran profitiert vom sich verändernden geostrategischen Gleichgewicht und reicht den Europäern die Hand. Aber unter dem Druck der Amerikaner ergreifen die Europäer sie nicht.

Nach dem »11. September« bekundet die Regierung unter dem Präsidenten Mohammad Chatami dem amerikanischen Volk sein Beileid und unterstützt das amerikanische Eingreifen in Afghanistan. Nach der Ermordung von neun iranischen Diplomaten durch die Taliban im Jahr 1998 hatten sich die Spannungen zwischen den beiden Ländern ohnehin verschärft. Der Iran gab den Amerikanern zu Anfang der Operation Enduring Freedom eine nicht unerhebliche Unterstützung im Bereich des Nachrichtendienstes. Zudem hat der Iran die Nordallianz von Ahmed Schah Massud finanziert und ausgebildet, die am 14.11.2001 die Taliban stürzt und in Kabul die Macht ergreift. Auf der Bonner Konferenz vom Dezember 2001 dankt der amerikanische Verhandlungsführer James Dobbins dem Iran, seine afghanischen Verbündeten überzeugt zu haben, der Koalition der nationalen Einheit beizutreten ... Einen Monat später jedoch, am 29.1.2002, rechnet der amerikanische Präsident (während seiner Rede zur Lage der Nation) den Iran zum Dank der »Achse des Bösen« hinzu!

Es waren die Fehler und die mangelnde Voraussicht des Westens seit 2001, die den Iran in die Rolle einer Regionalmacht gebracht haben, wie es der ehemalige israelische Außenminister Schlomo Ben Ami feststellt:[33]

> »Der Iran hat die Vereinigten Staaten während des Ersten Golfkriegs unterstützt, aber er wurde von der Madrider Konferenz ausgeschlossen. Der Iran stellte sich im Krieg gegen die Taliban in Afghanistan ebenfalls an die Seite der amerikanischen Regierung. Und als im Frühling 2003 die amerikanischen Streitkräfte die Armee Saddam Husseins in die Flucht schlugen, haben die in die Defensive gedrängten Iraner einen ›globalen Pakt‹ vorgeschlagen, der alle Streitpunkte zur Diskussion stellen sollte: von der Nuklearfrage

bis zu Israel, von der Hisbollah bis zur Hamas. Die Iraner haben sich ebenfalls verpflichtet, den israelisch-arabischen Friedensprozess nicht länger zu behindern. Aber die neokonservative Arroganz der Amerikaner – ›Wir diskutieren nicht mit der Achse des Bösen‹ – hat verhindert, dass pragmatisch auf den Schritt der Iraner geantwortet wurde.«

Die amerikanischen Strategen haben nicht verstanden, dass sie durch die Intervention im Irak 2003, die sich auf die schiitische Mehrheit im Land stützte, eine durchgehende Achse zwischen dem Iran und dem Libanon schufen, die sie durch die Isolierung Syriens nach 2005 noch weiter verstärkten. Sie haben auf diese Weise ein Gefühl der Umzingelung bei den Golfmonarchien ausgelöst, was eine geheime E-Mail der amerikanischen Botschaft in Riad vom 22.3.2009 bezeugt.[34] Dies sollte Saudi-Arabien und Katar dazu treiben, die »arabischen Revolutionen« zu unterstützen, um den sunnitischen Einfluss zu untermauern. Der Westen sah sie als ein demokratisches Aufbegehren an. Dabei waren sie im Wesentlichen eine Verteidigungsreaktion der Golfmonarchien, die sich besonders bedroht fühlten, weil ihr Reichtum an Erdöl sich hauptsächlich in den Gebieten befindet, wo ihre schiitischen Minderheiten die Mehrheit der Bewohner ausmachen.

Zur selben Zeit ändern sich die Beziehungen zwischen dem Iran und Israel auf radikale Weise. Nach dem Verschwinden des Irak als Hauptbedrohung hat sich Israel ganz auf seinen amerikanischen Beschützer ausgerichtet und den Iran als seinen »Lieblingsfeind« auserkoren. Ein solcher Verfolgungswahn war im Falle des Irak unbegründet und er ist es heute genauso im Falle des Iran. Aber die Israelis betrachten diese Bedrohung als den Schlüssel für die Aufrechterhaltung der amerikanischen Unterstützung.

Als der amerikanische Präsident George Bush am 21.4.2004 erklärte, »*wir werden uns um den Iran kümmern*«[35], nimmt er den Iran ins Fadenkreuz der Vereinigten Staaten, um ihm einen Regimewechsel aufzuzwingen.[36] Das wiederum veranlasst den Iran, im Februar 2005 zu verkünden, er treffe Vorbereitungen gegen eine mögliche amerikanische Aggression. Laut Philip Geraldi, einem ehemaligen CIA-Kader, hatten die Amerikaner damals einen Plan für einen nuklearen und konventionellen Angriff, bei dem 450 strategische Objekte im Iran zerstört werden sollten.[37] Diese ausdrückliche amerikanische Bedrohung stärkt die nationale Einheit zugunsten der »Unnachgiebigen« und gegen die Reformkräfte, trotz der Opposition zum Regime. So wird Mahmud Ahmadinedschad am 3.8.2005 iranischer Präsident.

Im Jahr 2006 beginnen die Vereinigten Staaten ihre umstürzlerischen Operationen in Syrien. Im Jahr 2007 unterzeichnet Präsident George W. Bush ein *Präsidentendekret (Presidential Finding)*, das Geheimoperationen im Iran genehmigt.[38] Und der Kongress verabschiedet einen Kredit von 400 Millionen Dollar, um einen Regimewechsel herbeizuführen.[39] Für Teheran ist Syrien so etwas wie eine letzte Schutzmauer, der letzte Verbündete in der Region, der fähig ist, Irans strategische Umzingelung abzuwenden: Die Achse Damaskus–Teheran wird so gestärkt. Die amerikanisch-israelische Politik im Mittleren Osten ist durch einen gravierenden Mangel an einer Vision und das totale Unverständnis der Denkweisen in der Region geprägt. Paradoxerweise zeigt dies, dass es sich bei Israel um einen »nicht verwurzelten« Staat handelt, einen westlichen Fortsatz in einer Region, die ihm völlig fremd ist.

Die palästinensische Sache ist keine Sache der Iraner. Die arabischen Länder haben sich dieses Problems angenommen und wollen es nicht mit den Iranern teilen:[40]

> »Der Prinz Turki ibn Faisal hat nur harte Worte für den Iran übrig, wenn er sagt, dieses vorwiegend persische Land habe mit dem israelisch-palästinensischen Frieden nichts zu tun. ›Dies ist eine arabische Angelegenheit, die unter Arabern entschieden werden muss.‹«

Aber heutzutage versucht man alle »Bösen« in einen scheinlogischen Zusammenhang zu bringen. Unsere gelehrten Experten werden nicht müde zu wiederholen, der Iran finanziere und steuere die Hamas.[41] Man erklärt (wie auch die Journalistin Anne Sinclair), der Islamische Staat und die Hamas seien identisch.[42] Andere »Experten« dagegen sehen in der Operation vom 7. Oktober einen Kampf der Zivilisationen.[43] Man hat es hier mit reiner Fantasie zu tun. Am 8.1.2024 verurteilt der Sprecher des IS die Hamas[44] und bekennt sich[45] zum Attentat vom 2. Januar[46] auf die Gedenkfeierlichkeiten zum Tod des Generals Suleimani im Iran.[47] Das Narrativ des Westens und unserer »Experten« ist in einer Art Teufelskreis gefangen, in dessen Zentrum sich angeblich die Hamas befindet. In Wahrheit gilt jedoch:

- Wie wir gesehen haben, ist die Hamas nicht mit dem Iran verbunden.
- Der Islamische Staat ist nicht von Israel erschaffen worden, aber Israel ist ihm nicht feindlich gesinnt und sieht in ihm keine Bedrohung.[48]
- Der Islamische Staat sieht die Hisbollah und deren iranische Unterstützer als Bedrohungen an, denn sie bilden – zusammen mit Syrien – das Haupthindernis für das IS-Projekt eines Kalifats vom Irak bis nach Syrien.
- Die Hamas wird vom Islamischen Staat als ein Feind betrachtet, weil sie nicht für islamische Werte, sondern für ein Gebiet kämpft.

Vor diesem Hintergrund und seit dem Beginn der Hamas-Operation kolportieren unsere Medien Verschwörungstheorien über die Verwicklung des Iran. Sind sie wahr oder falsch? Wir können es zu diesem Zeitpunkt nicht mit absoluter Sicherheit sagen, eines dagegen ist sicher: Außer unseren Vorurteilen spricht nichts dafür, dass der Iran in die Vorbereitung, die Organisation oder die Durchführung der Hamas-Operation verwickelt war.

Am 12. Oktober spricht der schweizerische Sender RTS davon, dass der Iran aktiv zu der Operation beigetragen [49], dass er die Piloten der Ultraleichtflieger ausgebildet habe[50], und vermutet sogar, Iran stünde »*hinter den Massakern [des 7. Oktober]*«[51], womit der Sender die israelischen Luftangriffe auf Syrien rechtfertigte.

Wie es seiner antiarabischen Tradition entspricht (einige seiner Journalisten verteidigen Verschwörungstheorien gegen Muslime), verbreitet der schweizerische Sender einmal mehr eine Lüge. Vier Tage zuvor, am 8. Oktober, hatte Anthony Blinken in der *Washington*

Post erklärt: »*Wir haben noch keinen Beweis dafür, dass der Iran dieses konkrete Attentat gesteuert hat oder dafür verantwortlich ist.*«[52] Am Tag darauf berichtete der israelische Journalist Yossi Melman:[53]

> »Der Sprecher der israelischen Streitkräfte, Brigadegeneral Danny Hagari, sagte, es liege kein Hinweis dafür vor, dass der Iran am Krieg in Gaza beteiligt sei.«

Selbst Reuters erklärt am 11. Oktober, dass der Iran vom Angriff der Hamas überrascht gewesen sei.[54] Mit anderen Worten: Einmal mehr ist unseren Medien nicht daran gelegen, die Gemüter zu beruhigen. Stattdessen ist bei ihnen die bewusste Absicht zu erkennen, zu radikalisieren, zu polarisieren und das Meinungsklima zu vergiften.

7.6. Der Libanon

Der Hauptgrund, weshalb eine Verbindung zwischen dem Iran und dem internationalen Terrorismus hergestellt wird, ist seine Unterstützung der libanesischen Hisbollah. Diese Vorwürfe beruhen allerdings eher auf unseren Vorurteilen als auf klaren Fakten.

Die Gründung der Hisbollah geht auf die israelische Intervention von 1982 zurück. Nach dem Krieg von 1967 und den Ereignissen vom September 1970 in Jordanien haben sich etwa 300 000 palästinensische Flüchtlinge im Südlibanon angesiedelt. Ihre Anwesenheit bringt die lokale Wirtschaft in Schwierigkeiten und beeinträchtigt die schiitische Bevölkerung, die zwar mit ihrem israelischen Nachbarn in Frieden lebt, aber die Folgen des Konflikts ertragen muss. Die Einrichtung der PLO-Führung in Beirut und das häufige Eindringen von Fedajin über die libanesische Grenze veranlassen Israel dazu, im Juni 1982 im Libanon zu intervenieren. Die Operation Frieden in Galiläa hat zum Ziel, die Terroristen der *Palästinensischen Befreiungsorganisation* (PLO) von Jassir Arafat »*auszulöschen*«[55].

Die schiitische Bevölkerung im Libanon empfängt die Israelis mit Begeisterung und einem »*Regen von Reiskörnern*«[56]. Aber anstatt sich auf diese Bevölkerung zu stützen und die innerarabischen Spannungen auszunutzen, bekämpfen die Israelis unterscheidungslos schiitische Libanesen und sunnitische Palästinenser und erzeugen damit schnell eine Geschlossenheit gegen Israel. Die israelischen Nachrichtendienste begreifen die Lage nicht und die israelischen Truppen geraten in eine Gewaltspirale.[57] Als negative Reaktion auf diese Gewalt droht die amerikanische jüdische Gemeinde, die israelische Politik nicht länger zu unterstützen.[58] An diesem Punkt habe sich – laut nachrichtendienstlicher Quellen – das Attentat in der Rue des Rosiers (dt. Straße der Rosensträucher) in Paris ereignet (9.8.1982), durch das erneut eine Einheit in Bezug auf die israelische Politik hergestellt wurde.

Nach dem Waffenstillstandsabkommen zwischen Israel und der PLO vom September 1982 wird eine *Multinationale Sicherheitstruppe* (engl. MNF) in Beirut stationiert. Sie gründet sich auf die Resolution 521 des UN-Sicherheitsrats, die eine Hilfe für die libanesische Regierung vorsieht, um die Bevölkerung zu beschützen. Im folgenden Jahr werden die amerikanischen Kräfte zur Zielscheibe einer Reihe von Anschlägen, die israelischen Kommandos zugeschrieben werden.[59] Am 18.4.1983 fordert ein Bombenattentat auf die amerikanische Botschaft in Beirut 63 Opfer. Die *Organisation des islamischen Dschihad* (OID) wird sich zu diesem Anschlag bekennen.

Am 23.10.1983 wird die MNF von zwei Anschlägen getroffen: Der erste fordert 241 Tote im Hauptquartier der US-Marinesoldaten. Der zweite zerstört zwei Minuten später das Gebäude mit dem Spitznamen »Drakkar« (dt. Drachenboot) und nimmt dabei 58 französischen Fallschirmjägern das Leben.

Die Gründe und die Verkettung von Umständen, die zum Anschlag auf die französischen Fallschirmjäger geführt haben, gaben zu vielen mit dem Iran-Irak-Krieg verbundenen Spekulationen Anlass. Sie sind plausibel, aber wenig realistisch. Die einleuchtendste Erklärung ist gleichzeitig die einfachste. Sie betrifft die Strategie des Westens in Beirut. Die MNF war eine Sicherheitstruppe, die neutral sein sollte. Im September 1983 trägt allerdings das Eingreifen der amerikanischen Schiffsartillerie zu einer Ausweitung des Krieges bei. Die MNF überschreitet damit ihr ursprüngliches Mandat. Die Entscheidung, gemeinsame Patrouillen mit der libanesischen Armee durchzuführen, hat die Franzosen zur Konfliktpartei gemacht. In den Vereinigten Staaten hat man einen kritischeren Blick auf die Strategie der Regierung und die Entscheidung des Sonderbeauftragten Robert McFarlane, die libanesische Armee zu unterstützen.[60] Deshalb wurde auch das zwischen dem amerikanischen und dem französischen Sektor stationierte italienische Kontingent, das seine ursprüngliche Rolle beibehielt, nicht von Attentaten getroffen. Der ehemalige Mossad-Agent Victor Ostrovsky wird, wie oben dargestellt, später enthüllen, dass die Israelis über das Attentat auf die Amerikaner Bescheid wussten, diese aber nicht informierten, um ihre Involvierung in den Konflikt zu erreichen.[61]

Beide Attentate werden damals der *Organisation des Islamischen Dschihad* (OID) zugeschrieben. Aber es bekennt sich eine seinerzeit unbekannte *Freie Islamische Revolutionsbewegung* zu den Taten.[62]

Nichtsdestotrotz stellen die Amerikaner sofort eine Verbindung zum Iran her, ohne Fakten anzuführen: Der Iran ist der damalige Haupt-Feind. Erst später werden Israel und mehrere westliche Länder, darunter die Vereinigten Staaten und Großbritannien, der *Hisbollah* die Taten vorwerfen, um einen bekannten Schuldigen zu haben. Sie behaupten damit auch, die *Hisbollah* sei bereits 1982 gegründet worden.

Aber im Jahr 1983 existiert die Hisbollah noch gar nicht.[63] Die Erstellung der Charta von 16.2.1985 markiert den Anfang der Hisbollah.[64] Israel beendet damals die erste Phase seines Rückzugs aus dem Libanon.[65] Vor diesem Zeitpunkt gibt es keine bewaffnete libanesische Gruppe, die sich auf die *Partei Gottes* (arabisch *Hisbollah*) beruft oder als solche definiert. Die Hauptvertreterin des schiitischen Widerstands ist damals die OID, dessen genaue Umrisse nie exakt bekannt sind, ähnlich wie bei Al-Qaida zwanzig Jahre später. Die Rückdatierung der Gründung der Hisbollah erlaubte es, Einzelpersonen mit vermuteten Verbindungen zur OID einen »Stempel« aufzudrücken, wie etwa Imad Mughniyya.[66] Derselbe Kunstgriff wird zwanzig Jahre später bei Al-Qaida angewendet, um das einzige Gesetz anwenden zu können, was damals im Antiterrorkampf zur Verfügung stand: das Gesetz gegen organisiertes Verbrechen. Wir kommen noch darauf zurück.

Im September 2001 bekräftigt Caspar Weinberger, der 1983 amerikanischer Verteidigungsminister war, in einem Interview:

> »(...) Wir wissen immer noch nicht, wer das Bombenattentat auf die Kaserne der US-Marines auf dem Beiruter Flughafen verübt hat. Und zum damaligen Zeitpunkt wussten wir es erst recht nicht.«[67]

Im Jahr 2009 wird Präsident Obama dafür kritisiert, dass er während einer Gedenkveranstaltung anlässlich des Attentats die Hisbollah nicht erwähnt.[68] Aber der Grund für diese »Auslassung« ist ein einfacher: Bis zum heutigen Tag weiß niemand – mit der Ausnahme von Pascal Boniface und Conspiracy Watch, die möglicherweise über mehr Informationen als der amerikanische Präsident verfügen –, wer genau den Anschlag verübt hat.

7.6.1. Der Daseinsgrund der Hisbollah

Die Hisbollah ist keine revolutionäre Organisation, sondern eine Widerstandsorganisation, die durch den und nach dem israelischen Angriff von 1982 entstanden ist. Ihr Ziel ist die vollständige Wiederherstellung des libanesischen Staatsgebiets von 1978.

Die Behauptung des Abgeordneten Meyer Habib, nach der sich die Hisbollah *»bis auf den letzten Quadratzentimeter«*[69] aus Israel zurückgezogen habe, ist schlicht und einfach eine Lüge.

Es gibt mehrere Grenzverläufe zwischen dem Libanon und Israel: denjenigen von 1923 (für die Aufteilung zwischen Frankreich und Großbritannien), der größtenteils 1949 wieder aufgegriffen wurde, um die »offizielle« Grenze (die »Grüne Linie«) zu markieren; die Linie des israelischen Rückzugs von 1978 und die »Blaue Linie« des Rückzugs vom Jahr 2000. Diese Linien stimmen jedoch nicht vollkommen überein. Obwohl die Blaue Linie mithilfe der Vereinten Nationen gezogen wurde, werden bei ihr noch 13 Sektoren durch den Libanon angefochten[70], die Seegrenze nicht mitgerechnet, die Israel zu seinen Gunsten verändert hat, um Lagerstätten von Energieträgern unter dem Meeresboden mit einzuschließen!

Israel besetzt immer noch den Sektor der »Schebaa-Farmen«, ein Gebiet von zirka 25 Quadratkilometern im Grenzgebiet zwischen Israel, dem Libanon und Syrien sowie zahlreiche kleine Stücke Land entlang der israelisch-libanesischen Grenze hinter der Blauen Linie. Diese winzigen Territorien sind die Ursache für fast alle Vorfälle zwischen den beiden Ländern. So verbanden beispielsweise die Tunnel, die Israel 2018 im Südlibanon entdeckte, den Libanon mit diesen umstrittenen Sektoren und nicht etwa mit dem »wirklichen« israelischen Staatsgebiet, wie fälschlicherweise behauptet wurde.

Im Juli 2006 hat die Hisbollah in einem dieser Sektoren, die einseitig von Israel annektiert wurden und deren Zugehörigkeit umstritten ist, israelische Soldaten auf Patrouille entführt und damit den Libanonkrieg (arabisch »Harb Tammuz« oder »Julikrieg«) ausgelöst. Natürlich unterlassen es unsere Medien systematisch, diese gesetzeswidrig annektierten Gebiete zu erwähnen.[71] Und nach der Festnahme der israelischen Soldaten wird sofort die Hisbollah verurteilt.

Wir bewerten die Unnachgiebigkeit der Hisbollah als ein Zeichen der Aggressivität gegenüber Israel. Aber man verschweigt regelmäßig die täglichen Provokationen der israelischen Armee gegenüber der libanesischen Bevölkerung. Laut der Internetseite *Air Pressure* hat Israel zwischen 2007 und 2022 mehr als 22 000-mal den libanesischen Luftraum verletzt:[72] 8231-mal mit Kampfflugzeugen und 13 102-mal mit Drohnen.[73] Diese Verletzungen (zuweilen sogar mit Flugzeugen, die einen Überschallknall erzeugen und so die Zivilbevölkerung ängstigen[74]) werden regelmäßig von den im Südlibanon stationierten UN-Blauhelmtruppen gemeldet, aber nie von der internationalen Gemeinschaft verurteilt.

Die im Westen als Terrororganisation dargestellte Hisbollah ist eine vielschichtige Organisation. Sie umfasst eine Einrichtung der sozialen Selbsthilfe, die *Mu'assat al-Schahid* (dt. Institution des Märtyrers), die denen hilft, die körperlich oder sozial zu Kriegsopfern geworden sind. Sie verfügt ebenfalls über eine Einrichtung, die auf den Wiederaufbau der von Israel zerstörten Infrastruktur spezialisiert ist, den *Dschihad al-Binah* (dt. Anstrengung zum Wiederaufbau), der den Hauptteil seiner Finanzhilfen vom Iran erhält.[75] Der *Dschihad al-Binah* hatte das Straßennetz im Südlibanon instandgesetzt, 5 Krankenhäuser, 14 Kliniken und 12 Schulen gebaut und geleitet, bevor Israel all diese Infrastrukturobjekte im Jahr 2006 zerstörte.

Der militärische Zweig der Hisbollah besteht im Wesentlichen aus einem regionalen Widerstand (»Al-Muqawama«), den Israel und gewisse westliche Länder als »terroristisch« bezeichnen. Dieser Widerstand ist jedoch in seiner Organisation und Ausrüstung auf Verteidigungsoperationen ausgerichtet und nicht auf einen Einmarsch in Israel. Die israelische Armee musste dies im Jahr 2006 leidvoll erfahren: Sein militärischer Nachrichtendienst Aman war nicht in der Lage, das komplizierte Netz von Verteidigungsgräben und betonierten Festungsanlagen zu entdecken, das für einen Verteidigungskrieg in Erwartung eines israelischen Einmarsches angelegt worden war.

Der Muqawama wurde mithilfe von Ausbildern der iranischen Al-Quds-Universitäten, Eliteeinheiten der iranischen *Revolutionswächter*, aufgebaut. Diese eher unter dem Namen *Pasdaran* bekannten Einheiten unterstehen dem iranischen Innenministerium und sind für die regionale Verteidigung und den Kampf gegen den Terrorismus zuständig, in etwa wie die französische Gendarmerie. Diese Ausbildertätigkeit bringt ihnen ein, in der Folge als »terroristisch« angesehen zu werden. In Wirklichkeit konnte ihnen jedoch kein einziges Attentat zugeschrieben werden.

Mit dem Aufkommen sunnitischer Milizen an der syrisch-libanesischen Grenze im Jahr 2006 beschließt die Hisbollah in Abstimmung mit der syrischen Regierung, Truppen in Syrien zu stationieren. Erst seit 2014 verfügt die Hisbollah über eine strukturierte »Eingreiftruppe«, die zusammen mit der syrischen Armee Operationen ausführen kann. Im Grunde haben wieder einmal Israel und der Westen die Entstehung einer »Bedrohung« selbst verursacht …

Es ist natürlich äußerst praktisch, die Hisbollah als eine Terrororganisation zu bezeichnen, um die fast täglichen Operationen Israels im Libanon rechtfertigen zu können.

7.6.2. Ist die Hisbollah eine Terrororganisation?

Die terroristische Natur der Hisbollah ist das Thema von unzähligen Debatten im Westen. Israel, und somit auch die Vereinigten Staaten, Kanada und die Niederlande, betrachten die Hisbollah als eine Terrorbewegung.

Neben den Attentaten vom Oktober 1983 schreibt das amerikanische Außenministerium der Hisbollah die Entführung des Flugs TWA 847 nach Beirut zu. Damit sollten 700–800 Schiiten, die unter Missachtung der Genfer Abkommen in israelischer Haft waren, freigepresst werden.[76] Aber in Wirklichkeit kennt niemand die Identität der Terroristen, die nach eigenem Bekunden einer *Organisation der Unterdrückten dieser Erde* angehören. Zur damaligen Zeit ist in der Presse aber nur von »*schiitischen Muslimen*«[77] und zuweilen von der Miliz Amal unter Nabih Berri die Rede.[78]

Am 10.3.2005, weniger als einen Monat nach dem Attentat auf Rafic al-Hariri in Beirut, verabschiedet das Europaparlament eine Resolution mit 473 zu 33 Stimmen, in der es »*meint, dass unwiderlegbare Beweise zum terroristischen Handeln der Hisbollah vorliegen, und zustimmt, dass der Rat alle notwendigen Maßnahmen ergreift, um dieses Handeln zu unterbinden*«[79]. Es werden gleichwohl auch folgenschwere Entscheidungen auf der alleinigen Basis von Mutmaßungen getroffen. Tatsächlich zeigt die anschließende Untersuchung die guten persönlichen Beziehungen zwischen Hassan Nasrallah, dem Generalsekretär der Hisbollah, und Rafic al-Hariri. Sie haben sich wiederholt getroffen und vor den Parlamentswahlen von 2005 ein gemeinsames Komitee gegründet.[80] Die Anschuldigungen gegen die Hisbollah erscheinen somit als sehr zweifelhaft.[81]

Nach den Anschlägen vom 18.7.2012 in Burgas (Bulgarien) auf israelische Touristen wurde sofort die Hisbollah beschuldigt, ohne dass ihre Verantwortung wirklich nachgewiesen werden konnte. Frankreich hat damals durch ihren Außenminister Laurent Fabius den bewaffneten Arm der Hisbollah zu einer Terrororganisation erklärt und ihre Aufnahme in die EU-Liste der Terrororganisation gefordert[82], die im Juli 2013 auch erfolgte.[83] Aber im Jahr 2018 konnte die von der bulgarischen Staatsanwaltschaft durchgeführte Untersuchung keinerlei

Beteiligung der Hisbollah nachweisen, und deren Name verschwand von der Anklageschrift.[84] Das hindert jedoch den Fernsehkanal Arte im Jahr 2019 nicht daran, in einer Dokumentation mit dem Titel *Libanon, ein Land als Geisel* zu behaupten, sie sei für das Attentat verantwortlich.[85]

Der Terrorismus hat immer ein konkretes Ziel. Der westliche Diskurs versucht dagegen, ihn »irrational« erscheinen zu lassen, häufig um ihn vorwurfsvoll anzuklagen und eine aggressive Politik gegen den Terrorismus zu rechtfertigen.

Am 8.4.2019 erklärt Donald Trump die Pasdaran zu einer Terrororganisation. Er wurde allerdings von Benjamin Netanjahu darum gebeten, wie Letzterer in einem hebräischen Tweet prahlt. (Er wollte womöglich seiner Wählerschaft zeigen, dass ihm Trump »aus der Hand frisst«, ohne den amerikanischen Präsidenten dabei schlecht aussehen zu lassen.[86]) Es handelt sich dabei also um ein politisches Manöver und keine Entscheidung in voller Kenntnis der Sachlage.

Die amerikanische Entscheidung wird jedoch vom irakischen Premierminister Adil Abd al-Mahdi und dem ehemaligen Verkehrsminister Hadi al-Amiri, der jetzt die schiitische irakische Organisation Badr leitet, abgelehnt: Die irakischen Milizen haben den Islamischen Staat dank der Unterstützung der Pasdaran besiegen können.[87] Die französischen Medien haben natürlich ausführlich von Trumps Entscheidung berichtet, aber kein Sender hat die irakische Reaktion und ihre Gründe aufgegriffen. Am 24.4.2019 beschließt der Iran, »Gleiches mit Gleichem zu vergelten«, und erklärt die amerikanische Armee ebenfalls zu einer »*Terrororganisation*«[88], was im Übrigen nicht ganz abwegig ist, da die amerikanische Armee islamistische Kämpfer unterstützt, bewaffnet und ausbildet. So arbeiten etwa die amerikanischen Spezialeinheiten und israelische Mossad-Agenten seit 2005 mit bewaffneten Gruppen im Iran zusammen, insbesondere zur Unterstützung von salafistischen Gruppen wie der Dschundollah.[89]

7.6.3. Die Reaktion der Hisbollah nach dem 7.10.2023

Die Palästinenserfrage ist ein territoriales Problem, das weder für den Iran noch die Hisbollah von entscheidender Bedeutung ist.

Allerdings verhalten sich die arabischen Länder in der Palästinenserfrage sehr diskret. Und gäbe es nicht die mutigen Huthis, dann hätte sich kein einziges arabisches Land wirklich für die Palästinenser eingesetzt. Der Iran hat also allmählich den Platz des Verteidigers der palästinensischen Sache eingenommen, der bis dahin verwaist war. Er tat dies gleichwohl eher aus außenpolitischen Gründen und verfolgte damit keine operativen Ziele. Hier sei noch einmal wiederholt: Der Iran besitzt kein Motiv, um Israel anzugreifen. Er unterstützt jedoch die schiitische Gemeinde im Südlibanon, die regelmäßig von Israel angegriffen wird.

Vor dem Hintergrund der Verschlechterung der Beziehungen des Irans zu Israel gibt die Sache der Palästinenser den Iranern zwei politische Instrumente in die Hand. Sie stehen im Einklang mit der iranischen Unterstützung der Schiiten im Libanon: Das erste Instrument ist die Unterstützung der kleinen schiitischen Gemeinde in Gaza. Das zweite Instrument ist die Möglichkeit, auf israelische Aktionen antworten zu können. Denn Israel unterstützt (zusammen mit den Vereinigten Staaten) Terrorbewegungen im Iran. Das erklärt auch einen Angriff der iranischen Revolutionsgarden auf eine Niederlassung des Mossad im irakischen Kurdistan. Sie war eine iranische Antwort auf ein Attentat, das auf die Gedenkfeierlichkeiten zum Tod des Generals Suleimani durchgeführt wurde.[90]

Die Beziehungen zwischen dem Iran und den Palästinensern haben sich entwickelt, nachdem die PLO im November 1988 den Staat Israel anerkannte. Aber trotz der israelischen Bemühungen, den Westen zu überzeugen, gibt es keine Anhaltspunkte für die Behauptung, der Iran unterstütze Terroraktivitäten. Die israelischen Behörden erwähnen immer wieder den Zwischenfall mit dem Frachtschiff *Karine A*, das im Januar 2002 in den internationalen Gewässern des Roten Meeres abgefangen wurde, weil es angeblich Waffen für die Palästinensische Autonomiebehörde an Bord hatte. Aber die israelische Version der Ereignisse enthält einige Ungereimtheiten: In Wirklichkeit waren die Waffen für die libanesische Hisbollah bestimmt.[91] Es gab damals keinen Grund für den Iran, die Aktivitäten der Hamas zu unterstützen. Insbesondere deshalb, weil Präsident Chatamis Politik zu dieser Zeit den Dialog und Frieden im Verhältnis zu Israel suchte.

Seit Anfang der 2000er Jahre versucht die israelische Propaganda verzweifelt, die Hisbollah mit der Hamas gleichzusetzen. In Wirklichkeit verfolgen Palästinenser und libanesische Schiiten verschiedene Ziele. Dies erklärt, weshalb die Hisbollah den jüdischen Staat während der brutalen Interventionen in Gaza, insbesondere im Dezember 2008 und im Juli 2014, nicht vom Norden her angegriffen hat, anders als es zahlreiche »Experten« vorausgesagt hatten.

Der 7.10.2023 ist keine Ausnahme von der Regel. Unsere Schwierigkeit zu verstehen, was sich entlang der israelischen Nordgrenze abspielt, hängt mit den dürftigen Informationen unserer Medien zusammen. Tatsächlich führt Israel fast täglich Luftangriffe oder Erkundungsflüge über syrischem oder libanesischem Territorium durch. Das bedeutet aber, dass diese Länder täglich einen Grund hätten, Israels Provokationen zu erwidern. In den Tagen vor dem 7. Oktober führte Israel mehrere Luftangriffe gegen die Hisbollah im Südlibanon durch. Und im September stellte das *Washington Institute* die Frage, ob ein Krieg zwischen Israel und dem Libanon bevorstehe.[92] Es ist daher schwer zu unterscheiden, was von diesen regelmäßigen Schwankungen der Fieberkurve des Konflikts herrührt und was mit der palästinensischen Operation zusammenhängen könnte.

Das Problem besteht darin, dass Israel nicht rational handelt. Am 12. November ruft der amerikanische Verteidigungsminister General Austin seinen israelischen Amtskollegen Joaw Galant an, um ihm die wachsende Beunruhigung des Weißen Hauses angesichts der israelischen Militäraktionen im Libanon, die die Spannungen entlang der Grenze verschärfen, mitzuteilen. Einige Mitglieder der Biden-Regierung befürchten, Israel wolle die Hisbollah provozieren und so einen Vorwand für einen größeren Krieg schaffen, der auch die Vereinigten Staaten in diesen regionalen Konflikt hineinziehen könnte.[93]

Die Ermordung des Hamas-Mitglieds Saleh al-Aruri am 2.1.2024 in Beirut durch ein israelisches Attentat veranschaulicht diese Irrationalität. Denn Israel scheint – einmal mehr – nicht in der Lage zu sein, seine Gegner richtig einzuschätzen. Dieses Attentat löste eine Vergeltungsspirale aus:

- Die Hisbollah attackierte eine Einrichtung für elektronische Kriegsführung auf dem Berg Meron (Har Meron) in Nordisrael. Es ist interessant hervorzuheben, dass die Hamas keine Reaktion auf das Attentat angekündigt hatte, die Hisbollah aber handelte. Der Grund für diese Erwiderung ist eine Verletzung des libanesischen Luftraums durch die Israelis. Darauf nicht zu antworten wäre ein Freibrief für die Israelis, weitere Aktionen dieser Art durchzuführen.
- Auf den Angriff der Hisbollah folgte am 8. Januar die Eliminierung des Hisbollah-Kommandanten Wassim al-Tawil in der Nähe von Kherbet Selm im Südlibanon.[94]
- Die Hisbollah antwortete daraufhin mit einem Schlag gegen das Hauptquartier des israelischen Nordsektors in Safad.[95]

Israel hat möglicherweise verstanden, dass sich die Lage nicht zu seinen Gunsten entwickelt. Das israelische Gesundheitsministerium hat alle medizinischen Einrichtungen im Norden des Landes angewiesen, für die Aufnahme und Behandlung Tausender Opfer intensive Vorbereitungen zu treffen.[96]

Anfang Januar 2024 setzt sich der gegenseitige Beschuss der Hisbollah und Israels fort. Die Hisbollah versucht, das System Eiserne Kuppel zu attackieren, das den Schutz des israelischen Luftraums sicherstellt, sowie die Überwachungseinrichtungen des Nordsektors.

Ende Januar 2024 häufen sich die Schusswechsel. Israel befindet sich zu dem Zeitpunkt im Gazastreifen in Schwierigkeiten, wo der IGH einen möglichen Völkermord festgestellt hat. Die israelische Praxis, auf die eigenen Soldaten zu schießen, hat in den Großstädten zu breiten Protestbewegungen geführt. Die Versuchung ist daher groß, die nationale Einheit durch einen neuen Konflikt mit dem Libanon wiederherzustellen. Die Hisbollah feuert Raketen des Typs Falaq-1 und Burqan auf israelische Militäreinrichtungen im Nordsektor ab.

Im Übrigen waren die israelischen und westlichen Medien sehr diskret in Bezug auf ein weiteres Ereignis: Am 8. Januar hat der *Is-*

lamische Widerstand im Irak[97] sich zu einem Angriff mit einer Rakete des Typs Al-Arqab auf strategische Einrichtungen in der Nähe der Stadt Haifa bekannt, das heißt in einer Entfernung von 400 Kilometer zum Irak. Der Grund, weshalb niemand diesen Beschuss erwähnen wollte, besteht womöglich darin, dass man sonst zu einer Erwiderung gezwungen wäre. Eine Verschärfung der Situation könnte jedoch zu Israels Nachteil sein.

Marschflugkörper Al-Arqab

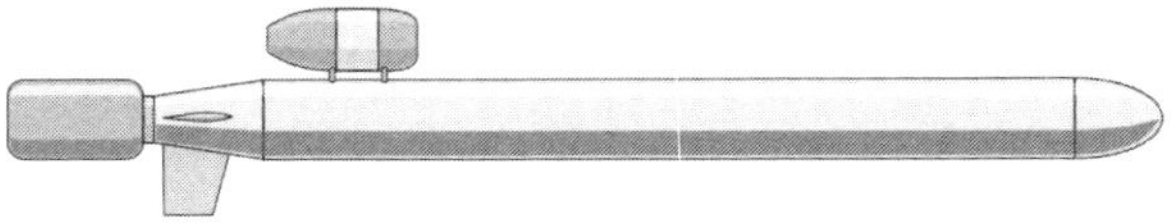

Abbildung 115 – Das Abfeuern eines Marschflugkörpers auf Israel stellt eine bedeutende Entwicklung dar. Wie auch die Raketen der Huthis im Roten Meer zeugt der Marschflugkörper von einer wesentlichen Veränderung der militärischen Fähigkeiten der verschiedenen Widerstandsgruppen im Nahen und Mittleren Osten.

Diese unterschiedlichen Aktionen zeigen, dass Israels Nachbarn keine Angst mehr vor ihm haben und zu einer militärischen Konfrontation bereit sind. Die bedeutet, dass die israelische Strategie, die auf einem überlegenen Kräfteverhältnis basiert, langsam hinfällig wird. Für eine »normale« Regierung wäre dies ein Anlass, ihre strategische Herangehensweise zu ändern. Der Vergleich zur Sicherheitspolitik eines anderen kleinen Landes, wie der Schweiz, kann möglicherweise lehrreich sein.

7.7. Vergleich der Sicherheitspolitiken zweier kleiner Länder

Die Schweiz und Israel haben vieles gemeinsam. Auch wenn sich die Schweiz heute in einer freundlich gesinnten strategischen Umgebung befindet, war sie doch lange in einer ähnlichen Lage wie Israel: ein kleines Land umgeben von potenziell feindlichen Großmächten.

Obwohl sie eine starke Verteidigung beibehalten hat, gründete die Schweiz ihre Sicherheitspolitik auf Zusammenarbeit, Unabhängigkeit und die Förderung des Völkerrechts. Nachdem sie in den 1960er Jahren begonnen hatte, Nuklearwaffen zu entwickeln, entschied sich die Schweiz letztlich dafür, sich internationalen Abrüstungsbemühungen anzuschließen. Seine Sicherheitspolitik gründet historisch auf Zusammenarbeit und der Stabilität seiner strategischen Umgebung.

Israel hat ebenfalls eine starke Armee aufgebaut, die auf dem Engagement seiner Bürger beruht. Ein Modell, das dem der Schweiz recht ähnlich ist. Was aber den Rest angeht, so ist Israels Philosophie eine radikal andere. In dem Glauben, seine Zukunft liege in einem »Großisrael« (Eretz Israel), hat es seine Grenzen nie definiert und versucht, sie seit seiner Gründung im Jahr 1948 auszudehnen.[98] Deshalb unterhält es den Terrorismus bei seinen Nachbarn[99] und »nagt« gleichzeitig an ihrem Territorium. Ausgehend von der Idee, seine großen Nachbarn seien weniger bedrohlich, solange unter ihnen Zwietracht herrsche, verfolgt Israel eine Sicherheitspolitik, die auf der Spaltung und Instabilität seiner Nachbarn aufbaut.[100] So erklärt sich auch Israels Unterstützung für salafistische Gruppen in Syrien ab 2011.[101]

Beide Länder haben eine Wehrpflichtarmee, die tief in der jeweiligen nationalen Kultur verankert ist. Aber hier enden die Ähnlichkeiten. Während die Schweiz sich in ihrer 750-jährigen Geschichte durch den Zusammenschluss von Nachbarn, die ihre Verteidigungsfähigkeiten bündeln wollten, erweitert hat, so ist Israel seit 75 Jahren durch die Kraft seiner Armee gewachsen. In Israel ist die Armee langsam zum Schwerpunkt eines aggressiven Nationalismus geworden, den es so in der Schweiz nicht gibt.

Umgekehrt zur Schweiz baut die israelische Sicherheitspolitik auf einem überlegenen Kräfteverhältnis auf. Es hat sich mit Nuklearwaffen ausgerüstet und zählt gleichzeitig auf den Schutz durch die Vereinigten Staaten. Im Übrigen sieht Israel auch aus diesem Grund die Operation Al-Aqsa-Flut wie eine Schwachstelle in seinem Schutzpanzer, die benachbarte Länder ausnutzen könnten. Wie wir weiter oben bereits gesehen haben, erklärt dies sicherlich zu einem Teil die Brutalität der israelischen Reaktion gegen Gaza.

Die Politik der Schweiz zielt darauf ab, ein Zufluchtsort in schwierigen Lagen zu sein und nicht ein Teil des Problems. In diesem Sinne vertritt sie die Interessen der Vereinigten Staaten im Iran und die iranischen Interessen in Washington. Das Gleiche galt für Kuba bis zur von Barack Obama beschlossenen Öffnung im Jahr 2014. Am 25.2.2022, gleich nach dem Beginn der russischen Offensive, wendet sich Wolodymyr Selenskyj an die Schweiz, um einen Verhandlungsprozess einzuleiten.

Vergleich der Sicherheitspolitiken der Schweiz und Israels

Schweiz	Israel
Kleines Land, umgeben von großen Mächten Verteidigung, die auf einer starken Volksarmee aufgebaut ist	
Defensive Strategie, die auf den Schutz der Bevölkerung aufbaut	Offensive Strategie, die auf nuklearer Abschreckung aufbaut
Sicherheitspolitik, die auf Zusammenarbeit und der Stabilität der Umgebung aufbaut	Sicherheitspolitik, die auf einem überlegenen Kräfteverhältnis und der Instabilität der Nachbarn aufbaut
Unabhängigkeit von großen Mächten	Abhängigkeit von einer Großmacht (den Vereinigten Staaten)
Nichteinmischung in die inneren Angelegenheiten der Nachbarländer	Einmischung in die inneren Angelegenheiten der Nachbarländer
Achtung des Völkerrechts	Die Achtung des Völkerrechts ist den Landesinteressen untergeordnet

Abbildung 116 – Zwei kleine Länder mit ähnlichen Merkmalen, deren regionale Integration allerdings zwei entgegengesetzte Richtungen eingeschlagen hat.

Die Frage ist offen, ob die Schweiz in Zukunft weiterhin ihre neutrale Rolle spielen wird, nachdem sie eines der drei Länder war, die die meisten Sanktionen gegen Russland verhängten. Nichtsdestotrotz betrachtet die internationale Gemeinschaft zumindest bis zum heutigen Tag die Schweiz als eine Lösung im Falle eines Problems. Israel wird dagegen allgemein als ein Problem an sich wahrgenommen.

8. Die Bedeutung des Palästinakonflikts für unsere Sicherheit

Das Verhältnis zwischen den europäischen Gesellschaften und ihren jüdischen Minderheiten war schon immer vielschichtig. Zahlreiche Pogrome und Vertreibungen zeigen, dass die jüdische Bevölkerung oft zur Zielscheibe eines Hasses wurde, dessen Ursachen schwer zu erfassen sind.

Zunächst schienen die Lehren des Zweiten Weltkriegs Früchte zu tragen. Die Gründung von Israel hatte diesen Minderheiten mit den Worten der Balfour-Deklaration eine »Heimstatt« gegeben, die ihnen Sicherheit garantieren sollte. Im Laufe der Zeit hat jedoch die Feindseligkeit gegenüber der jüdischen Bevölkerung nicht abgenommen. Ganz im Gegenteil.

Dafür gibt es zwei Gründe: Einerseits ist die israelische Sicherheitspolitik seit 1947 (sogar vor der Gründung des Staates Israel) auf Konfrontation ausgerichtet. Andererseits gibt es in der Welt ein immer größeres Mitgefühl für die Sache der Palästinenser. Für Letzteres können wiederum zwei Ursachen angeführt werden: eine immer größere Präsenz arabischstämmiger Menschen in unseren Gesellschaften mit einer Sensibilität für die Palästinenserfrage und eine Radikalisierung der israelischen politischen Rechten seit den 2000er Jahren.

Am 9.10.2023 erinnert die Journalistin Ruth Elkrief an ihre Ankunft in Frankreich im Zuge des Jom-Kippur-Kriegs und formuliert eine Botschaft an die Politiker, ihrer Verantwortung nachzukommen: »Folgende Prinzipien müssen beachtet werden: Jedes Leben zählt, man greift keine Zivilisten an und man rechtfertigt keine Barbarei«.[1] Sie hat recht. Aber zu jenem Zeitpunkt ist sie sich noch nicht darüber klar, dass sie dieselbe Prinzipientreue einfordern sollte, wenn ihr Land mehr als 25 000 Zivilisten, darunter 70 Prozent Frauen und

Kinder, massakriert. Sie hat dies nicht getan. Und hier liegt vermutlich das Problem.

Das Recht eines Landes, seine Bevölkerung vor dem Terrorismus zu schützen, wird von jedermann anerkannt. Die wahre Frage lautet jedoch: »Wie und in welchen Grenzen?« Seit 1948 wendet Israel dieselbe unveränderliche Methode an, um den palästinensischen Widerstand zu bekämpfen: den Gebrauch von unverhältnismäßiger Gewalt mit dem Ziel der Abschreckung. Doch diese Methode funktioniert nicht. Terrorismus ist kein Schicksal. Und wenn die Strategie zu seiner Ausmerzung nicht funktioniert, dann sollte man zu einer anderen Strategie wechseln. Das fand jedoch nie statt, nicht einmal nach den Osloer Abkommen. Es sei daran erinnert, dass das Massaker an Palästinensern am Patriarchengrab vom 25.2.1994 und die Glorifizierung des Attentäters Baruch Goldstein[2] auch den Beginn der Selbstmordattentate der Hamas bedeuteten.

Ruth Elkrief hat also recht. Aber das Prinzip »jedes Leben zählt« gilt nur dann, wenn man denkt, dass alle Leben gleich viel wert sind. Wenn jedoch Ruth Elkriefs Landsleute ungestraft Kinder durch einen Rückenschuss töten[3] und sie bevorzugt zum Ziel nehmen[4] oder wenn sie Kindergefangenen mit Steinen die Knochen brechen[5], dann scheint sie dies nicht zu berühren oder zu Verurteilungen zu veranlassen. Wir befinden uns aber in einer Situation, in der sich die Israelis selbst verächtlich machen. Während des Nordirlandkonflikts hatten die britischen Soldaten auch mit Steinen und Molotowcocktails zu tun, die Kinder auf sie warfen. Es hat jedoch nie Massaker an Kindern wie in Palästina gegeben.[6]

Im Westjordanland, wo die Hamas kaum vertreten ist, werden die Palästinenser sogar zuweilen grundlos erschossen ...[7] Das Prinzip von Frau Elkrief »jedes Leben zählt« hat nur dann einen Sinn, wenn man den anderen nicht für ein »menschliches Tier« hält!

Eine ehrenhafte Journalistin hätte eine unabhängige Untersuchung der Ereignisse des 7. Oktober gefordert, um zu erfahren, wer dir 1200 Israelis getötet hat, und so gerechtfertigte Anschuldigungen treffen zu können, anstatt einfach nur von Vergeltung zu sprechen. Denn genau das haben unsere Journalisten letztendlich getan: Sie haben ein Verbrechen durch ein anderes Verbrechen gerechtfertigt.

Der Einfluss der Lage in Palästina auf die Sicherheit in Frankreich

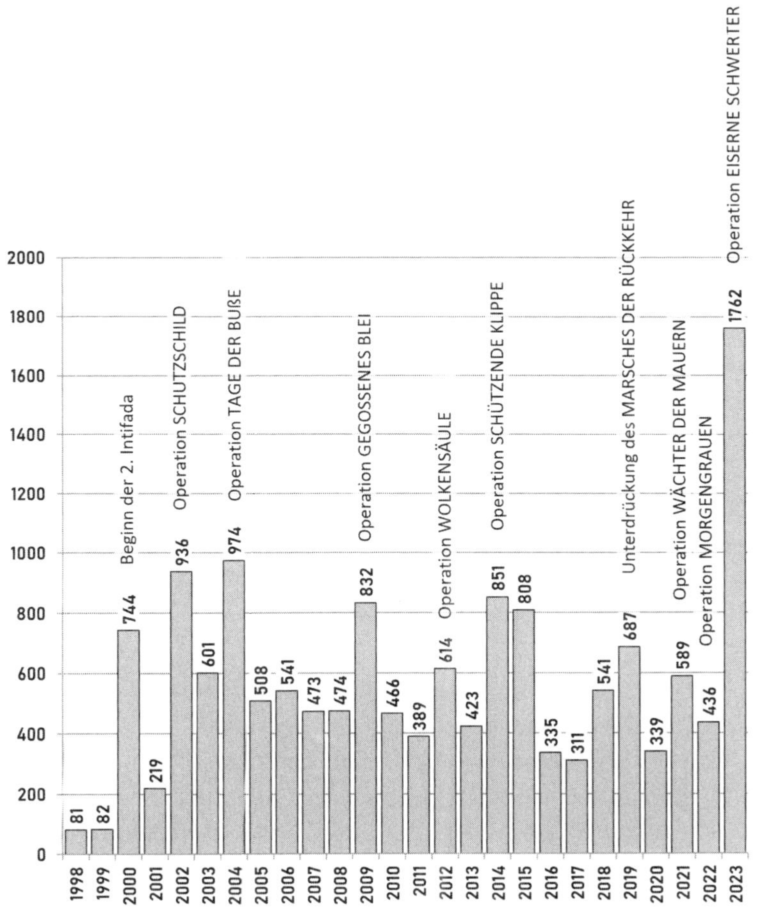

Abbildung 117 – Die Anzahl antisemitischer Akte gegen Eigentum und Personen in Frankreich (1998–2023) zeigt einen großen Zusammenhang mit den Ereignissen in den besetzten Palästinensergebieten. Die niedrigen Werte (die »Täler«) spiegeln sicherlich größtenteils einen stets vorhandenen Antisemitismus wider. Die Spitzen dagegen sind klar mit der Lage in Palästina verbunden. Eine Strategie im Kampf gegen den Antisemitismus bestünde darin, den religiösen Aspekt von der israelischen Politik zu trennen. [Zahlen: https://www.antisemitisme.fr/]

Unsere Werte sind nicht Rache und Vergeltung, sondern das auf Tatsachen, Erkenntnisse und Beweise (und nicht auf Wahrnehmungen) gestützte Recht. Die Argumentation unserer Journalisten hat eine Schwachstelle: Sie vergessen, dass die Barbarei nicht am 7. Oktober, sondern 75 Jahre früher begonnen hat. Wir sehen nur die Spitze des Eisbergs und bewegen uns schlicht und einfach in einer Spirale von »Aktion und Reaktion«, die niemand jemals beenden wollte. Das Ausmaß der israelischen Reaktion führt uns vor Augen, wie sehr wir uns geirrt haben, indem wir Israel für einen vernunftgeleiteten Staat gehalten haben.

Man darf nicht vergessen, dass die Hamas Ausdruck eines »Widerstands« ist und somit auf eine Aktion reagiert. Wendet sie dabei die richtige Methode an? Das ist diskussionswürdig. Unbestritten ist aber, dass es sich um eine Reaktion handelt.

In seinem Werk *Leaderless Djihad* (dt. etwa Der führerlose Dschihad) stellt Dr. Marc Sageman, ein Soziologe, Psychiater und ehemaliger CIA-Mitarbeiter, nach dem Fallstudium von 500 dschihadistischen Terroristen fest, welches die drei Hauptgründe für den Radikalisierungsprozess einer Person sind:[8]

1. Ein Gefühl von Zorn, das durch die Wahrnehmung der Leiden seiner Glaubensgenossen in der Welt entsteht.
2. Die Art und Weise, wie ein Individuum diesen Zorn in den Kontext eines weltweiten Kriegs gegen den Islam stellt.
3. Ein Widerhall dieses »Zorns« in seinen persönlichen Erfahrungen mit der westlichen Gesellschaft (wie etwa Diskriminierungen oder Integrationsschwierigkeiten).

Dieser Prozess lässt sich bei allen »Radikalisierten« im Zusammenhang mit zwei Typen des Verbrechens beobachten:

- Die sogenannten »kommunitaristischen« Verbrechen (Verbrechen einer sich isolierenden gesellschaftlichen Gruppe), deren bekannteste Beispiele in Frankreich die Attentate von Mohammed Merah (2012), die Ermordung der Lehrer Samuel Paty (2019) oder Dominique Bernard (2023) sind.

- Die Verbrechen terroristischer Natur wie die 2015–2016 durchgeführten Attentate des Islamischen Staats.

Jedes Mal findet man das von Dr. Sageman erkannte Muster: Die Polarisierung des westlichen Diskurses zum Nahostkonflikt erzeugt ein Unrechtsempfinden, das sich in einem gewaltsamen Akt gegen diejenigen, die als »am schuldigsten« angesehen werden, äußert. Seit 2015 bringen »Islamologen«, »Psychiater« und »(christliche) Experten« in Frankreich alle möglichen nebulösen Theorien ins Spiel und bieten ihre gut bezahlten Dienste zur Lösung des Problems an, wobei sie absichtlich den Kern der Sache ignorieren: unsere todbringenden Interventionen in muslimischen Ländern.

Die von Israel durchgeführte brutale Unterdrückung in den besetzten Gebieten, insbesondere in Gaza, wird in den westlichen Gesellschaftsschichten nicht wahrgenommen. Sie findet aber starken Widerhall in unseren muslimischen, aus der Immigration hervorgegangenen Gemeinden. Die Intensität der Operation Eiserne Schwerter und die kritiklose Hinnahme ihrer Unverhältnismäßigkeit durch unsere Länder hat zu einem Ungerechtigkeitsempfinden geführt. Es zeigt die Geringschätzung, die unsere Regierungen (und ausnahmslos unsere traditionellen Medien) für die arabische Bevölkerung empfinden.

8.1. Eine durch unser politisches Handeln geschürte Radikalisierung

Heutzutage besteht das Problem darin, dass unser Schweigen in Bezug auf Israels offensichtlich unangemessene Strategie bei der Lösung der Palästinenserfrage und bei der Reaktion auf den Angriff vom 7.10.2023 jetzt auf die Folgen unserer irrationalen Innenpolitik trifft.

Ob man es nun wahrhaben möchte oder nicht: Unsere Wahrnehmung der Probleme in der Welt wird von den Werten und Orientierungen beeinflusst, die die Migranten mitgebracht haben. Einstmals konnten wir die »eingeborene« Bevölkerung am anderen Ende der

Welt ungestört massakrieren. Heutzutage ist eine Folge der multikulturellen Gesellschaft, dass ein bedeutender Teil unserer Gesellschaft Mitleid für diese »Eingeborenen« empfindet und sich in einem immer größeren Widerspruch zu unseren Eliten befindet, die uns ohne jede Erfahrung regieren und ihr Heimatland nie verlassen haben. Am 17. Oktober stellte die französische Zeitung *Le Figaro* fest: »Für einen Teil der Bevölkerung ist all das unannehmbar, was als eine Beleidigung des Islam empfunden wird.«[9] Man mag dies bedauern, aber so ist die Wirklichkeit.

Radikalisierung und Terrorismus fallen nicht vom Himmel. Sie sind die Folge einer bestimmten Außenpolitik, siehe die Operationen im Irak, in Syrien oder in Libyen[10], die diese gesellschaftliche Veränderung nie berücksichtigt hat.

Man muss sich nur die Kommentare unserer Journalisten, Polemisten und anderer Intellektueller in unserem Fernsehen anhören, um festzustellen, dass sie unfähig sind, die Konflikte ganzheitlich zu verstehen. Diejenigen, die glauben, die Geschichte hätte am 11.9.2001, am 7.1.2015, am 24.2.2022 oder am 7.10.2023 begonnen, verdienen das, was geschehen ist.

Wir haben systematisch unglückliche Entscheidungen, die oft unnütz und gesetzeswidrig, aber vor allem immer unrechtmäßig und todbringend waren, unter den Teppich gekehrt. Wir haben so todbringenden und verwerflichen Zorn hervorgerufen, der allerdings eine Antwort auf wirkliche Missstände ist.

Das Ergebnis war, dass wir systematisch alternative Erklärungen für diesen Zorn gefunden haben: Abwechselnd werden die Gefängnisse, der Iran, Russland, die Muslimbrüder oder der Burkini (frz. Burka + Bikini, ein »muslimischer« Badeanzug, A. d. Ü.) als Ursachen für den Terrorismus und den Islamismus genannt. Wir haben den Kampf gegen den Terrorismus als einen Rundumschlag geführt, ohne Ziele und ohne Ergebnisse.

Israel ist hier keine Ausnahme von der Regel. Nach dem 11.9.2001 und dem Beginn des Antiterrorkampfes der Regierung Bush hat die israelische Regierung versucht, die palästinensische Sache mit dem dschihadistischen Terrorismus gleichzusetzen. Es hat damit mehrere Ziele verfolgt:

- Es wollte aus dem Verhältnis »Besatzer zu Besetztem« herauskommen, für das im humanitären Völkerrecht klare Regeln vorgesehen sind.
- Es wollte dem palästinensischen Widerstand die Legitimität der UN-Resolution 45/130 (die den Palästinensern ein Selbstbestimmungsrecht zugesteht) aus dem Jahr 1990 entziehen.
- Es wollte einen Freibrief erhalten, um die Palästinenserfrage so zu behandeln, wie der Westen Al-Qaida behandelt hat, das heißt mit Brutalität.
- Es wollte jeden Verhandlungsmechanismus mit den Palästinensern ausschließen.

Die Ursache des Problems und der Daseinsgrund des palästinensischen Widerstands bestehen aber allein darin, dass Israel nie das Völkerrecht geachtet hat. Aus unerfindlichen Gründen ziehen es unsere Regierungen vor, die Augen vor diesen wiederholten Verletzungen zu verschließen. Dies ist gleich aus mehreren Gründen eine schlechte Strategie:

Die Straflosigkeit Israels für Verbrechen, die von der internationalen Gemeinschaft erkannt und verurteilt wurden, erzeugt ein Gefühl der Ungerechtigkeit, das sich mit jedem Aufflammen der Gewalt in den besetzten Gebieten äußert.

Dadurch wird zudem das Völkerrecht entwertet, und Palästina wird zu einem gesetzlosen Gebiet erklärt, was wiederum den Terrorismus rechtfertigt.

Die Strategie ermuntert den jüdischen Staat dazu, neue Verbrechen zu verüben.

Indem man die Verbrechen Israels verschweigt, leistet man Gerüchten Vorschub, die die Masse beeinflussen können. Das nährt wiederum den Antisemitismus in der Welt.

Unsere Regierungen sollten Israel dahingehend unterstützen, sich in sein geostrategisches Umfeld zu integrieren, damit seine Sicherheit gewährleistet wird. Wir tun dies aber nicht. Im Gegenteil ermuntern wir Israel dazu, von seinem regionalen Umfeld und der internationalen Gemeinschaft abzurücken. Die Juden haben 1948 ihren eigenen Staat geschaffen, weil man sie ins Abseits unserer Gesellschaften gestellt hat. Aber wir unterstützen heute einen Staat, dessen Sicherheitspolitik seine regionale Integration ebenfalls nicht gefördert hat.

Um die Menschen dazu zu bewegen, Israel als ein »normales« Land zu betrachten, muss man es dazu veranlassen, sich an das Völkerrecht zu halten und wie ein »normales« Land zu handeln.

Dagegen führt die Tatsache, jede Person, die die israelische Politik kritisiert, als Antisemiten zu brandmarken, dazu, dass die Bedeutung des Wortes abgeschwächt wird. Paradoxerweise schwächen gerade diejenigen Leute den Begriff ab, die gegen Antisemitismus kämpfen wollen, indem sie ihm eine hervorgehobene Stellung unter den anderen Formen des Rassismus geben.

Neben der enormen Unverhältnismäßigkeit zwischen den israelischen und den palästinensischen Verlusten lassen sich wiederholte Verletzungen des Völkerrechts gegen die Zivilbevölkerung beobachten. Die israelischen Streitkräfte (Tsahal), die sich durch kühne Aktionen einen Ruf aufgebaut haben, werden heute durch unverhältnismäßige Aktionen gegen die palästinensische Bevölkerung entehrt. Es reicht nicht mehr aus, sie zur »moralischsten Armee der Welt«[11] zu erklären. Sie müssen den Nachweis erbringen.

8.2. Der Antisemitismus

Die Frage des Verhältnisses zwischen Israel und dem Rest der Welt sowie der schmale Grat zwischen Mythos und Wirklichkeit zwingen uns, dieses Kapitel mit Vorsicht zu behandeln.

Es ist wichtig, die Natur des Antisemitismus zu verstehen. Der im 19. Jahrhundert entstandene Begriff ist nicht leicht von einer emotionalen Dimension zu trennen. Im Jahre 2018 definiert das Centre National de Ressources Textuelles et Lexicales (dt. Nationales Zentrum für textuelle und lexikalische Quellen) Antisemitismus wie folgt:

> »Eine gegenüber der jüdischen Rasse bekundete Feindschaft, die zuweilen zu einer Doktrin oder Bewegung erhoben wird, welche wiederum Sondermaßnahmen gegen Juden fordert.«[12]

Eine Definition, die Anlass zur Vorsicht gibt, da selbst der Begriff »Rasse« von Wissenschaftlern angezweifelt wird, wie die von der Politikerin Nadine Morano ausgelöste Polemik beweist. Sie hatte von Frankreich als einem von der »weißen Rasse« bewohnten Land gesprochen.[13] Wie dem auch sei: Die Juden sind sicherlich weniger eine »Rasse« oder ethnische Gruppe als eine durch kulturelle Bande und auf Religion gegründete Identität.[14]

Obwohl sich im Übrigen der Begriff »Antisemitismus« auf semitische Völker im Allgemeinen (also auch auf Araber) zu beziehen scheint, hat sich sein Gebrauch in Bezug auf die jüdische Gemeinde schnell durchgesetzt. Wir benutzen ihn also in diesem Sinne. Ohne eine Diskussion beginnen zu wollen, die den Rahmen dieses Werks sprengen würde: Wir stellen fest, dass Antisemitismus eine Feindschaft gegenüber einer Gruppe und nicht zwingend gegenüber einer Einzelperson ist, es sei denn, sie wird stellvertretend für ihre Gemeinde zur »Zielscheibe«. Deshalb müssen Akte, die antisemitisch zu sein scheinen, erst in ihren Kontext gestellt werden, bevor man sie als solche bezeichnet.

In letzter Zeit sind nicht nur die antisemitischen Akte häufiger geworden. Auch der Sinn, der dem Wort »antisemitisch« beigemessen wird, hat sich erheblich erweitert. Zwischen diesen zwei Entwicklungen besteht möglicherweise eine Verbindung, denn die Schwierigkeit, mit dieser Erscheinung fertig zu werden, entsteht durch die Verwechslung dreier Dinge:

- dem, was mit Judentum verbunden wird (»jüdisch«) und im Wesentlichen religiöser Natur ist;
- dem, was dem Staat Israel zugehörig (»israelisch«) und mit dessen Institutionen verbunden ist;
- dem, was mit dem jüdischen Nationalismus, der eine politische Bewegung darstellt, verbunden ist (»zionistisch«).

Zwischen diesen drei Begriffen herrscht Unklarheit, und sehr wenige Kommentatoren sind bemüht, sie deutlich voneinander abzugrenzen. Im Januar 2016 bedauert etwa der damalige Premierminister Manuel Valls:

Die Kritik an Israel habe sich in einen »Antizionismus« verwandelt, hinter dem sich fast systematisch Antisemitismus verbirgt.[15]

Er hat möglicherweise recht, was den ersten Teil des Satzes angeht. Aber der zweite Teil sorgt – absichtlich oder unabsichtlich – für echte Verwirrung. Das französische Wörterbuch *Le Petit Robert* definiert Antizionismus als eine »Feindseligkeit gegenüber dem Staat Israel«. Das ist allerdings ebenfalls ungenau. Denn selbst wenn die israelische Führung bis in die Gegenwart mehrheitlich zionistisch war, so ist es durchaus denkbar, dass sich die Situation ändert. In Wirklichkeit ist Antizionismus eher eine Feindseligkeit gegenüber der Politik des Staates Israel. Es ist möglich, in Opposition zu seiner Regierung zu stehen (und antizionistisch zu sein), ohne gegen den Staat an sich zu sein.

Der mit dem Aufkommen der Nationalismen im Europa des 19. Jahrhunderts entstandene Zionismus bildet die ideologische Grundlage der israelischen Regierungen seit 1948. Heutzutage geht die zionistische Bewegung über die jüdische Gemeinde hinaus und umfasst auch Christen wie Stephen Bannon, den ehemaligen strategischen Berater von Donald Trump, der sich als »zionistischen Christen«[16] bezeichnet. Sogar Joe Biden nennt sich einen Zionisten und nimmt dabei das Risiko in Kauf, seine Voreingenommenheit in der Außenpolitik offenzulegen, was ihm im Präsidentenwahlkampf 2024 möglicherweise geschadet hat.[17]

Die zionistischen Christen sind Evangelikale, die im jüdischen Staat die Verwirklichung einer christlichen Prophezeiung sehen. Abgeleitet von der Offenbarung (Apokalypse) des Johannes sagt sie die Rückkehr der Juden nach Jerusalem voraus. Diese sei wiederum das Vorspiel zu einem Konflikt, der Israel zerstören und die Wiederkehr des Messias ermöglichen werde.[18] Es handelt sich also um eine vielschichtige Ideologie, die eher religiöser als politischer Natur ist. Sie nährt sich aus einer im Judentum verwurzelten christlichen Identität und einer Form von »millenaristischem (endzeitlichem) Antisemitismus«. Eine paradoxe Sichtweise, die auch innerhalb der (jüdischen) zionistischen Gemeinde in Amerika kontrovers diskutiert wird. Sie wird aber pragmatisch hingenommen: Die Zionisten sind ein wertvoller Verbündeter des Staates Israel in den USA.[19] Diese Strömung hat übrigens auch Präsident Trump dazu gedrängt, Jerusalem als die israelische Hauptstadt anzuerkennen.[20]

Der Antizionismus hat im Wesentlichen zwei Dimensionen:

- Die erste wird nur von gewissen orthodoxen Juden vertreten, die den Zionismus als eine der Tora widersprechende Ideologie betrachten. Sie lehnen die Existenz eines jüdischen Staats nicht generell ab, denken aber, er hätte erst nach einer Zeit der Erlösung entstehen sollen. Diese Bewegung ist sehr stark in den Vereinigten Staaten vertreten, wovon die großen Versammlungen der militanten jüdisch-orthodoxen Bewegung Naturei Karta in New York zeugen![21] Diese Ablehnung des Zionismus durch Juden selbst besteht seit seinem Anfang im Jahr 1897, als sich 78 von 80 deutschen Rabbinern der Abhaltung des ersten zionistischen Weltkongresses in München widersetzten. Das nötigte Theodor Herzl dazu, ihn im schweizerischen Basel abzuhalten.[22]
- Die zweite ist politischer und laizistischer Natur. Sie ist nicht neu und hat sich schon Anfang des 20. Jahrhunderts, insbesondere in Palästina, geäußert. Dieser Antizionismus hat mit der israelischen Unterdrückung der ersten Intifada (1987–2000) stark zugenommen. Er wird ebenfalls von Juden und Israelis getragen und ist daher nicht gegen die Existenz eines jüdischen Staats gerichtet. Er sieht aber den Zionismus als etwas an, das selbst viele Juden für antisemitisch halten.[23]

Hier sei hervorgehoben, dass die UN-Generalversammlung am 10.11.1975 die Resolution 3379 mit dem Titel »Beseitigung aller Formen der Rassendiskriminierung« verabschiedete, die feststellte: »Der Zionismus ist eine Form von Rassismus und Rassendiskriminierung.« Sie wird allerdings im Dezember 1991 auf Bitten Israels zurückgenommen (Resolution 46/86), als Gegenleistung für seine Teilnahme an der Madrider Friedenskonferenz[24], die zum Oslo-Prozess führen sollte.

Seit einigen Jahren wird im offiziellen Diskurs versucht, Antizionismus mit Antisemitismus und einer Gegnerschaft zum Staat Israel selbst gleichzusetzen. Damit soll die wachsende Kritik an der Politik

Israels in den besetzten Gebieten bekämpft werden. Die Behauptung, der Antizionismus sei »die Ablehnung jedes Rechts des jüdischen Volkes auf einen eigenen Staat«[25], ist schlichtweg falsch. Sogar die im Mai veröffentlichte neue Hamas-Charta unterscheidet ganz klar ein »zionistisches Gebilde« (die israelische Regierung und ihre Machtinstrumente) von einem »israelischen Gebilde« (Israel), dessen Grenzen sie anerkennt. Das Problem besteht also weder in der Existenz Israels noch im Recht des jüdischen Volkes auf einen Staat, sondern in der Art und Weise, wie dieses Recht wahrgenommen wird.

Im Jahr 2019, nach der Schändung eines jüdischen Friedhofs in Quatzenheim am Niederrhein, spricht sich Emmanuel Macron von seinem Amtssitz im Élysée-Palast gegen die Kriminalisierung des Antizionismus aus.[26] Er rudert aber schon einige Tage später beim Diner des Conseil Représentatif des Institutions Juives de France (CRIF, dt. Repräsentativer Rat der Jüdischen Institutionen in Frankreich) wieder zurück und erklärt: »Der Zionismus ist eine der modernen Formen des Antisemitismus.«[27]

Am Ende kündigt er an, dass sich Frankreich der Definition des Antisemitismus, die von der Internationalen Allianz zum Holocaustgedenken empfohlen wird, anschließt, die sich auf den Antizionismus bezieht.[28] Damit knüpft Macron direkt an seine Vorgänger an.

Indem man Israelkritik und Antisemitismus vermischt, hat man den Staat Israel und die jüdische Gemeinde verwundbar für jeden noch so geringen Zwischenfall gemacht. Unsere Passivität gegenüber der Politik Israels hat sukzessive für eine Annäherung zwischen Antisemitismus, Antijudaismus (Feindschaft gegenüber der jüdischen Religion), Antizionismus und dem »Kampf gegen das System« gesorgt. In Frankreich drückt sich diese Entwicklung in grober oder gewalttätiger Form aus, wovon die Gleichsetzung »Macron = Drahi (der israelisch-französische Unternehmer Patrick Drahi, A. d. Ü.) = Jude« auf einigen Westen während der »Gelbwesten-Proteste« zeugt.[29] Anstatt die Probleme voneinander abzugrenzen, hat man sie miteinander verknüpft. Dies ist ein strategischer Fehler, der die jüdische Gemeinde insgesamt teuer zu stehen kommen könnte.

Ein weiteres Problem dieser Verschmelzung besteht darin, dass sie die Entschlüsselung von tatsächlichen »antisemitischen« Akten unmöglich macht und sie tendenziell befördert.[30] Es gibt keine Statistiken, die eine Unterscheidung von antiisraelischen, antizionistischen und antijudaistischen Akten ermöglichen: Alles wird mit dem Stempel »Antisemitismus« versehen. Daher lässt sich auch kein Lösungsansatz für das Problem finden. Wie schon der Terrorismus erscheint der Antisemitismus von nun an als schicksalsgegeben, als eine Art von Fluch, den man nicht verhindern, sondern nur bestrafen kann.

Eine im Jahr 2018 in Europa für den Sender CNN durchgeführte Umfrage zeigt, dass ein Drittel der Europäer meint, die Bezeichnung »antisemitisch« werde benutzt, um Kritik an der israelischen Politik gegenüber den Palästinensern abzuwehren.[31]

Dieselbe Umfrage stellt fest, dass nach der Ansicht von 28 Prozent der Europäer der Antisemitismus mit dem Handeln des Staates Israel verbunden sei. Dagegen denken 54 Prozent (und 66 Prozent in Polen), dass die Existenz des Staates Israel berechtigt sei. Anders ausgedrückt besteht keine objektive Verbindung zwischen der Rechtmäßigkeit von Israel und Kritik an der Politik seiner Regierung: Diese Verbindung wird künstlich geschaffen! Es ist also eine bewusste Entscheidung, den Antisemitismus nicht wirksam bekämpfen zu können.

Die Situation in Palästina hat sich dramatisch verschlechtert, weil die westlichen Länder bewusst darauf verzichtet haben, die Achtung der UN-Resolutionen durchzusetzen. Man beobachtet eine krasse Unverhältnismäßigkeit zwischen dem Schweigen in der Palästinenserfrage und der Allgegenwärtigkeit der »Schoa« in unseren Medien. Laut obiger CNN-Umfrage denken 35 Prozent der befragten Europäer, Israel benutze sie, um sein Handeln zu rechtfertigen. Etwas mehr als 31 Prozent sind der Ansicht, Israel missbrauche den Holocaust, um seine Ziele zu erreichen, und etwas über 30 Prozent meinen, das Holocaust-Gedenken diene nur dazu, *»andere heutige Gräueltaten und Ungerechtigkeiten«*[32] zu verschleiern. Eine im Dezember 2023 von der Internetseite YouGov.com in den Vereinigten Staaten durchgeführte Umfrage zeigt, dass 40 Prozent der 18–29-Jährigen denken, Israel versuche, die Palästinenser auszurotten. Und 36 Prozent von ihnen meinen, Israel benutze den Holocaust, um seine Verbrechen zu rechtfertigen.[33] Bei einer jungen Studentin führt dies zu einem

Freud'schen Versprecher, der Gelächter auslöst, als sie vor dem Stadtrat von Burlington in den Vereinigten Staaten erklärt:

»[...] ich bin bestürzt, dass man den Holocaust anspricht. Benutzen Sie bitte keine anderen Völkermorde, um diesen hier zu beschreiben!«[34]

Die Reaktionen gewisser Juden auf die propalästinensischen Demonstrationen in den Vereinigten Staaten zeigen, dass unter der jüdischen Bevölkerung große Verwirrung herrscht, die wiederum ein tiefes Gefühl der Unsicherheit erzeugt. Die Tatsache, dass jemand propalästinensisch ist, bedeutet nicht, dass er deshalb antijüdisch oder antisemitisch ist. Aber genau das denken gewisse Menschen. Dagegen ist eine propalästinensische Haltung möglicherweise mit Antizionismus verbunden. Die bewusste Vermischung zwischen dem, was man ist (jüdisch), mit dem, was man macht (eine zionistische Politik), verstärkt die Spannungen zwischen den Gesellschaftsgruppen. Die unterschiedlichen Versuche, insbesondere in Frankreich[35], die Kritik am Zionismus zu kriminalisieren, wird nur zu einem Ansteigen des Antisemitismus führen.

Wie wir gesehen haben, ist der Antisemitismus keine entscheidende Triebfeder für den dschihadistischen Terrorismus. Davon zeugen die Beziehungen zwischen Israel und den dschihadistischen Gruppen.[36] Er ist jedoch bei vielen Hassverbrechen vorhanden und ein »begünstigender Faktor« des dschihadistischen Terrorismus. Der Kampf gegen den Antisemitismus reduziert die Anzahl der Faktoren, die Gewalt begünstigen. Er genügt aber nicht, um das Problem zu lösen. Verbrechen, wie dasjenige von Mohammed Merah im März 2012, als dieser mehrere Menschen in Toulouse erschoss, haben zweifellos mehr mit unserer Behandlung des israelisch-palästinensischen Konflikts zu tun als mit dem weltweiten Dschihadismus.

In Frankreich hängen Islamophobie und Antisemitismus eng miteinander zusammen, nähren sich gegenseitig und werden womöglich niemals völlig ausgetilgt.[37] Man könnte allerdings ihren Einfluss auf den gewalttätigen Extremismus verringern, wenn man sie nüchtern angehen würde. Dies ist heute bei Weitem nicht der Fall: Die derzeitigen Strategien im Kampf gegen den Antisemitismus verstärken ihn im Gegenteil noch.

Seit einigen Jahrzehnten ist die israelische Führung politisch mit dem Zionismus verbunden. Die Likud-Partei selbst ist die Nachfolgerin der radikalsten Fraktionen des Zionismus. So führt die Gleichsetzung von »zionistisch« und »jüdisch« zu der Gleichung »Israel = zionistisch = jüdisch«. Indem man die Bedeutungen des Antisemitismus und Antizionismus erweitert, gestattet man den zionistischen Regierungen, sich hinter der jüdischen Gemeinde zu verstecken. Aus diesem Grund erklärt der ehemalige Präsident der NRO *Ärzte ohne Grenzen*, Rony Braumann:

> »Israel bringt heute die Juden in Gefahr. (...) Ich bin selbst Jude und denke, dass mich Israel in Gefahr bringt. Israel ist nicht nur der gefährlichste Ort für Juden weltweit, sondern es bringt auch die Juden auf der ganzen Welt in Gefahr.«[38]

Der Antisemitismus ist zu einem Großteil auf *unsere eigenen* Widersprüche zurückzuführen, die durch unsere und Israels Regierungen nur verstärkt werden. So wird von ihnen beispielsweise die Schlussfolgerung akzeptiert, dass die Gazabevölkerung, die 2006 mehrheitlich für die Hamas gestimmt hat, deshalb dieselbe Verantwortung wie die Organisation trägt. Bedeutet dies etwa im Umkehrschluss, dass man ebenfalls berechtigt wäre, den Juden die Verantwortung zu geben, wenn sich Israel wie ein Terrorstaat verhält? Natürlich nicht! Warum sollte man also im Fall der Palästinenser eine solche Schlussfolgerung erlauben?

Die Quelle des Antisemitismus ist vermutlich weniger im Handeln Israels als in seiner Straflosigkeit zu suchen. Selbst wenn unsere Bevölkerungen Israels Handeln nicht gutheißen, so würden sie es vermutlich eher hinnehmen als die Ungerechtigkeit, dass Israel nicht mit Sanktionen rechnen muss.

Heute muss der Kampf gegen den Antisemitismus unvermeidlich mit einer kritischeren Haltung zur Politik Israels verbunden sein sowie mit einer größeren Bereitschaft, in diesem Zusammenhang das Völkerrecht durchzusetzen. Die Politik der vollendeten Tatsachen,

Antisemitische Akte in Frankreich seit dem 7. Oktober

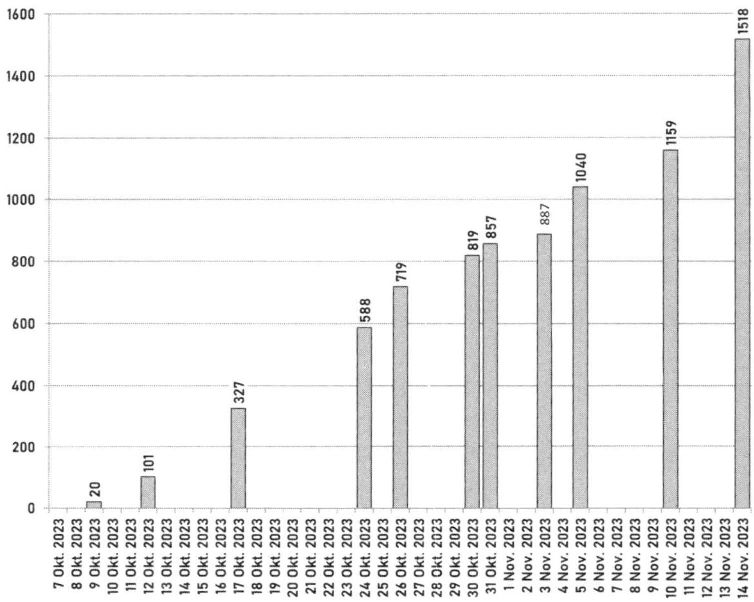

Abbildung 118 – Anzahl der antisemitischen Akte in Frankreich laut dem Innenministerium. Sie addieren sich zu den vor dem 7. Oktober verübten Akten (etwa 430). Wir erläutern hier nicht die Kriterien, nach denen sie bestimmt werden. Man stelle fest, dass sie nicht mit dem 7. Oktober, sondern etwas später, um den 9. Oktober, begonnen haben. Also zu dem Zeitpunkt, an dem bereits von einer unverhältnismäßigen Reaktion die Rede war und die westlichen Länder Israel ihre Unterstützung zusichern. [Quelle: Innenministerium]

verdeckt durch ein Umschreiben der Geschichte des ganzen Konflikts, hat es Israel ermöglicht, sich von seinen internationalen Verpflichtungen freizumachen. Dies hat legitimerweise ein Gefühl der Ungerechtigkeit erzeugt. Dieses Ungerechtigkeitsgefühl nährt heute den Antisemitismus. Mehr noch als die Vergehen Israels sorgt die Tatsache, dass wir es hinnehmen und Kritik an ihm verbieten, für Empörung.

Im Jahr 2008 sprach ein als geheim eingestufter Bericht des britischen Sicherheitsdienstes (MI5) von dem Risiko, dass eine zu deutliche Unterstützung der jüdischen Gemeinde Antisemitismus erzeuge.[39] In dieser Hinsicht hat die französische Regierung praktisch alle erdenklichen Fehler gemacht, um die Juden ins Visier der Terroristen zu bringen.

So hat etwa die zu deutlich demonstrierte Verbindung des Premierministers Manuel Valls zur jüdischen Gemeinde[40] zweifelsohne tragischere Folgen gehabt, als man sich vorstellen mag. So erklärt etwa der Islamische Staat:

> »Manuel Valls erklärt, die Juden Frankreichs seien die Vorhut der Republik. Sie müssen daher als Erste im Krieg zwischen Frankreich und dem französischen Kalifat sterben. Dies ist von unseren Brüdern Mouhammad Merah et Amedy Coulibaly richtig verstanden worden.«[41]

Indem er zu offensichtlich eine persönliche und bevorzugte Verbindung zur jüdischen Gemeinde zur Schau trug, hat Manuel Valls der Unparteilichkeit der Regierung (der Laizität) geschadet, wodurch der französische Kommunitarismus befeuert wird. Zudem hat er den bestehenden Antisemitismus verstärkt, weil er sich jetzt mit Kritik an seiner unbeliebten Regierung überlagerte. Außerdem wurde der Eindruck erweckt, es gebe eine Interessenkonvergenz zwischen der jüdischen Gemeinde und dem französischen Engagement im Nahen Osten. Er hat damit die jüdische Gemeinde wie einen Hauptakteur im Krieg gegen die Muslime erscheinen lassen und die Illusion erweckt, sie seien »schuldiger« als andere: Indem er zu viel des Guten tun wollte und sie überflüssigerweise in den Mittelpunkt stellte, hat er sie ins Fadenkreuz der Terroristen gebracht.

Aber anscheinend fällt es den französischen Ministern schwer, aus der Vergangenheit zu lernen. Das ist zum Beispiel bei der Verbindung der Fall, die der Innenminister Gérard Darmanin zwischen dem Fußballspieler Karim Benzema und den Muslimbrüdern herstellte[42], nachdem Letzterer in einem Tweet sein Mitgefühl für die Opfer im Gazastreifen bekundete.

Der Antisemitismus ist eine vielschichtige Erscheinung, die nicht allein auf die extreme Rechte beschränkt werden kann. In Frankreich wurde eine solche fragwürdige Verbindung hergestellt, um das Auf-

Der Tweet (Twitter-Nachricht) von Karim Benzema

Karim Benzema
@Benzema
Suivre

Toutes nos prières pour les habitants de Gaza victimes une fois de plus de ces bombardements injustes qui n'épargnent ni femmes ni enfants.

5:55 PM · 15 oct. 2023 · 43,1 M vues

Abbildung 119 – Man ist weit von einer Anstachelung zum Hass entfernt. Selbst wenn man annimmt, die Hamas habe die ihr vorgeworfenen Verbrechen verübt, rechtfertigen sie keinesfalls einen Gegenschlag gegen die Zivilbevölkerung von Gaza. Die Reaktion der französischen Behörden zeigt, dass scheinbar ein Verbrechen ein anderes rechtfertigen kann. Anders ausgedrückt verwendet die französische Regierung dieselbe Logik wie gewisse Terrorbewegungen. Eine sinnvollere Reaktion wäre gewesen, nichts zu sagen.

kommen der Partei *Front/Rassemblement National* zu verhindern. Wenn wir jedoch unsere Aufmerksamkeit auf diese »*kleinen Nazis*« (wie sie Henri Lévy bezeichnet[43]) lenken, dann ignorieren wir das wirkliche Problem. Im Jahr 2014 zeigte eine deutsche Untersuchung von 14 000 E-Mails mit antisemitischem Inhalt, die an die israelische Botschaft und den *Zentralrat der Juden in Deutschland* adressiert waren[44], dass lediglich 3 Prozent von Rechtsextremen stammten.[45] In Wirklichkeit kommt der Großteil aus liberalen Milieus oder von Sympathisanten der gemäßigten Linken.[46] Die traditionellen Vorurteile sind also völlig veraltet.

Diese Überempfindlichkeit trübt bisweilen den gesunden Menschenverstand unserer Politiker. So wurde etwa der römische Gruß eines Gelbwesten-Protestanten mit dem Ruf »Ave Macron« von Naima Moutchou (der parlamentarischen Berichterstatterin über das Gesetz gegen Fake News!) mit der Behauptung ins Netz gestellt, es handle sich um einen Hitlergruß. Ihr Tweet wird wenig später zurückgezogen, löst aber eine Debatte über den »Gruß« aus. Tatsächlich handelt es sich um eine Scheindebatte, weil es nicht darum ging, die Nazis zu verherrlichen, sondern »Jupiter«[47] Macron zu verspotten! Der fragliche »Gelbwestler« war also kein Nazi. Dieser Vorfall zeigt die Inkompetenz und Dummheit der Politikerin. Seit mehreren Jahrzehnten führen dieser Mangel an Urteilsvermögen und diese vereinfachenden Behauptungen zu einem Erstarken der extremen Rechten und befördern den Antisemitismus.

In einem Interview mit dem israelischen Sender i24News, nachdem er kurz zuvor von den Gelbwesten verbal angegriffen wurde, merkt der Philosoph Alain Finkielkraut zutreffend an, die Lage sei völlig anders als in den 1930er Jahren. Er sei nicht wegen seiner jüdischen Herkunft attackiert worden, sondern

> »[...] aufgrund meiner vermuteten Beziehungen zu einem Staat, den manche als kriminell oder sogar genozidal bezeichnen«.[48]

Tatsächlich hört man unter den Beleidigungen ihm gegenüber auch deutlich die Worte »Rassist« und »Antisemit«![49] Dies scheint paradox zu sein, ist aber ein immer öfter anzutreffendes Phänomen. Das Schweigen der Medien in diesen Detailfragen ist kontraproduktiv: Die automatische Verbindung des modernen Antisemitismus (oder Antizionismus) mit dem Nationalsozialismus, wie sie Bernard-Henri Lévy zieht[50], ist Ausdruck einer vereinfachenden und unfruchtbaren Denkweise. Der heutige Antisemitismus entsteht eher durch das, was Israel tut, als durch sein bloßes Bestehen. Aus positiver Sicht hat man es also nicht mit einer scheinbaren Schicksalhaftigkeit zu tun. Es gibt vielmehr rationale Punkte, an die ein Kampf gegen den Antisemitismus anknüpfen kann.

In der Gesellschaft gibt es eine dünne Schicht von Antisemitismus, der sich aus religiösem Konservatismus und »traditionellen« Vorurteilen speist: Dies ist die hartnäckigste, aber am wenigsten aggressive Schicht. Der spektakuläre Anstieg von antisemitischen Akten – der sich seit den 2000er Jahren beobachten lässt[51] – ist auf andere soziale Faktoren zurückzuführen, auch auf die Einwanderung, aber nicht allein auf sie. Offenkundig spielt die Islamisierung eine wachsende Rolle für die Art und Weise, wie unsere Gesellschaften die Palästinakrise wahrnehmen. Während sich die westliche Bevölkerung tendenziell weniger für diesen Konflikt interessiert, fühlen sich die Einwanderer eher von ihm betroffen. Dies wäre ein Grund mehr, Israel zu helfen, diese Frage gerecht und im Einklang mit dem Völkerrecht zu lösen. Aber wir tun etwas anderes: Wir verschließen vor den Völkerrechtsverletzungen die Augen.

Das Problem besteht darin, dass wir meinen, durch eine Verschleierung der israelischen Fehler auch die Israelkritik (und somit auch den Antisemitismus) zu verhindern. Das ist zu einfach gedacht: In Wirklichkeit ist es die Straflosigkeit, mehr noch als die Fehler oder Verbrechen Israels, die Antisemitismus erzeugt, wie die Gazakrise zeigt. Das Problem ist also weniger der Fehler an sich als der Mangel an Gerechtigkeit.

Antisemitismus ist weder schicksalhaft noch unausweichlich. Wir vergrößern ihn aber durch die dumme Weise, wie wir ihn bekämpfen. Der Antisemitismus wie der Terrorismus sind vielschichtige Erscheinungen. Sie werden größtenteils von Wahrnehmungen genährt, aber auch von Fakten. Wir bekämpfen beide auf die gleiche Art: Wir konzentrieren uns auf ihre Symptome statt auf ihre Ursachen. Wir nehmen sie so wahr, wie wir sie sehen wollen, und nicht so, wie sie eigentlich sind. Uns gelingt es nicht, sie zu beseitigen, weil wir uns davor fürchten.

Sobald die Arbeit von Wissenschaftlern mit dem offiziellen Diskurs in Konflikt kommt, werden sie sofort aus der Gesellschaft verbannt. Hier geraten die Begriffe »Antisemitismus« und »Antizionismus« in Konflikt: Die schärfsten Kritiker der israelischen Politik sind jüdische Intellektuelle, häufig die Nachkommen von Überlebenden des Holocausts. Dies trifft auf Intellektuelle wie Noam Chomsky oder Norman Finkelstein zu. Beide sind amerikanische Juden, denen sogar die Einreise nach Israel verboten wurde ...[52]

In Frankreich bleibt der Kampf gegen den Antisemitismus sehr emotionell und dogmatisch. Er berücksichtigt keine Tatsache und erinnert häufig an einen Straßenkampf. Durch ihren Mangel an Einfühlungsvermögen und intellektueller Strenge leisten seine bekanntesten Vertreter, wie BHL (Bernard-Henri Lévy) oder Meyer Habib, ihm einen Bärendienst. Andere haben, wie Éric Zemmour oder Alain Finkielkraut, Glaubwürdigkeit eingebüßt, weil sie zu sehr nach Beachtung durch die Medien streben. In den Vereinigten Staaten dagegen wird dieser Kampf mit mehr Feingefühl, Intelligenz, Strategie und gestützt auf Fakten geführt. Er wird getragen von jüdischen Intellektuellen wie den oben genannten Noam Chomsky und Norman Finkelstein. Dazu kommen Seymour Hersh, Max Blumenthal, Aaron Maté und Ben Norton, um nur die Bekanntesten unter ihnen zu nennen. Auch sie sind, wie oben angedeutet, oft Nachfahren von Holocaust-Überlebenden.

Eine Demokratie ist nur dann gefestigt, wenn in ihrem Rahmen Debatten stattfinden können. Ein Verbot von abweichenden Vorstellungen schwächt sie nur und stärkt diejenigen, die das demokratische System für »verdorben« halten. Überdies sorgt man wie in einem »Schnellkochtopf« dafür, dass sich diese obskuren Kräfte ansammeln, ohne ein »Sicherheitsventil« zu haben. Man geht so das Risiko ein, dass sie mit einer tödlichen und zerstörerischen Gewalt plötzlich freigesetzt werden, wie es in den 1930er Jahren der Fall war. Es wird keinen bedeutenden Fortschritt geben, solange eine Kritik (keine Schmähung!) der israelischen Politik nicht frei möglich ist. Sobald die internationale Gemeinschaft den Mut aufbringt, Israel wie ein normales Land zu behandeln und die Einhaltung der UN-Resolutionen (für die sie selbst gestimmt hat) gegenüber Israel durchzusetzen, wird der Antisemitismus abnehmen.

8.3. Die Attentate von Mohammed Merah im Jahr 2012

Laut Europol werden in Frankreich zwischen 1997 und 2012 zahlreiche Personen verhaftet, die im Verdacht stehen, (ausländischen) Terrornetzen anzugehören.[53] Es wird aber kein einziges dschihadistisches Attentat vorbereitet, verhindert oder verübt. Haben also die Dschihadisten eine Pause in ihrem »Kampf gegen die Demokratie« und ihrer Eroberung des Westens eingelegt? In Wirklichkeit befindet sich Frankreich zu jenem Zeitpunkt nicht im Visier der Terroristen.

Im März 2012 sind die Attentate von Mohammed Merah der Anfang einer Zeitphase, in der in Frankreich zwei Erscheinungen parallel auftreten: »kommunitaristische« Gewalt und Terroranschläge. Diese zwei Erscheinungen haben unterschiedliche Ursachen und Ziele. Sie beziehen jedoch ihre Täter aus derselben gesellschaftlichen Brutstätte.

Laut Merah selbst hatten diese Attentate zwei Ziele: Frankreich und Israel. Die Ermordung von drei französischen Soldaten (am 11. und 15.3.2012) ist eindeutig durch den Krieg der französischen Armee in Afghanistan motiviert. Merah filmt seine Angriffe und ruft dabei:[54]

»Du tötest meine Brüder und ich töte dich!«

Die Gründe für den Angriff auf die jüdische Schule Ozar Hatorah in Toulouse (am 19.3.2012) wurden in den Medien nie richtig erläutert und bekamen sofort den Stempel des Antisemitismus aufgedrückt. Im Grunde hat man einfach eine Lesart übernommen, die die jüdischen (oder genauer zionistischen) Organisationen zufriedenstellte. Sie bringt aber eine Gefahr mit sich: Sie verdeckt die wirklichen Gründe und verhindert, dass die richtigen vorbeugenden Lösungen gefunden werden.

Merah war zweifellos ein Antisemit. Aber der Antisemitismus stand möglicherweise nicht im Zentrum seines Handelns. Die Gründe, die ihn zu seinem Verbrechen veranlasst haben, sind spezieller. Tatsächlich findet man sie am Anfang des Monats, in dem die Taten stattfanden, in Gaza. Das erklärt er persönlich der Chefredakteurin des Nachrichtensenders France 24, Ebba Kalondo, am Telefon:

»Die Juden haben unsere Brüder und Schwestern in Palästina getötet!«[55]

Er bezieht sich auf den israelischen Luftangriff vom 9.3.2012 (Operation Widerhallendes Echo), der gegen den Generalsekretär des Volkswiderstandskomitees (engl. PRC), Zohair al-Qaisi, ausgeführt wurde und bei dem mehr als ein Dutzend unschuldige Zivilisten starben.[56] Er löst palästinensischen Raketenbeschuss aus, der wiederum mit neuen Luftschlägen beantwortet wird. Im Ganzen werden 23 Palästinenser getötet und 74 verletzt. Auf israelischer Seite gibt es 23 Verletzte.[57]

Das Ereignis scheint recht »banal« zu sein, und die französischen Medien behandeln es – wie gewohnt – sehr diskret. Man mag sich deshalb fragen, wieso es bei Merah einen solchen Vergeltungswillen hervorgerufen hat. Die Antwort findet sich vielleicht in der Reaktion der französischen Regierung, die nicht unbemerkt geblieben ist. Die Mitteilung des französischen Außenministeriums vom 10.3.2012 erwähnt oder verurteilt den ersten israelischen Luftangriff gar nicht, sondern nur den auf ihn folgenden palästinensischen Raketenbeschuss.[58]

> »Wir verurteilen den Raketenbeschuss und die humanitären Folgen dieser Gewaltakte und bedauern die zivilen Opfer. Frankreich ruft inständig zu einer Rückkehr zu Ruhe und Zurückhaltung auf, um eine Eskalation zu vermeiden, die erneut Zivilisten treffen könnte. Unser Generalkonsul in Tel Aviv wird sich am Sonntagmorgen nach Aschdod und Aschkelon begeben, um seiner Verbundenheit Ausdruck zu verleihen.«[59]

Angesichts der Empfindungen eines Teils der französischen Bevölkerung könnte man sich eine maßvollere und ausgewogenere Reaktion vorstellen oder sogar den Verzicht auf eine Reaktion.

Zwei Jahre später, am 9.7.2014, während der israelischen Operation Schützende Klippe, wird François Hollande denselben Fehler wiederholen. Er sendet eine Botschaft an Benjamin Netanjahu und unterstreicht: »Es obliegt der israelischen Regierung, alle Maßnahmen zu ergreifen, um seine Bevölkerung angesichts der Bedrohungen zu schützen.«[60] Damit zeigt er seine Unterstützung für die Anwendung der Dahiya-Doktrin. Trotz einer vorsichtigen Korrektur des Präsidenten einige Tage später wird die erste Reaktion, dieser nicht sehr beruhigende »Schrei des Herzens«, einem großen Teil der französischen Bevölkerung im Gedächtnis bleiben.[61]

Es bleibt ein Rätsel, inwieweit diese parteiische Positionierung dazu beigetragen hat, bei Merah Empörung zu erzeugen und seinen kriminellen Wahn auszulösen. Vom Gefühl her würde man seine Verbrechen als »terroristisch« bezeichnen. Rein technisch betrachtet sind sie aber nicht mit einem sich wiederholenden Prozess der Gewalt verbunden, mit der Druck ausgeübt werden soll, um etwas Bestimmtes zu erreichen. Die Verbrechen sind auch nicht Teil eines politischen Prozesses mit konkreten und ausgesprochenen Zielen. In Wahrheit handelt es sich bei ihnen dem Wesen nach um Vergeltung und »Kommunitarismus«.

Aus einer nachrichtendienstlichen Sicht sind Merahs Verbrechen Vorboten mehrerer Probleme in Frankreich, die auch zehn Jahre später noch nicht gelöst wurden. Zunächst einmal zeigt dieser Fall, dass sich die französische Staatsspitze kaum Gedanken darüber gemacht hat, wie die muslimischen Empfindungen bei ihren außenpolitischen Entscheidungen berücksichtigt werden können. Merah war nur die Spitze des Eisbergs einer Bevölkerung, die sich – ob nun zu Recht oder zu Unrecht – als Feind im eigenen Land fühlt. Aus dieser Bevölkerungsgruppe stammen die Attentäter der Jahre 2015–2019.

Wie der Figaro es ausdrückt, ist die Sache der Palästinenser ein »Identifikationsobjekt« für die Migranten unter der französischen Bevölkerung.[62] Man mag dies bedauern, aber diese Wirklichkeit wird noch verstärkt durch die politischen Entscheidungen von Ministern wie Manuel Valls (dem ehemaligen Premierminister) oder Gérald Darmanin (dem Innenminister), die rein gar nichts verstanden haben.

Ein objektives und nüchternes Verständnis der Gründe, weshalb Merah und andere ihre Verbrechen verübt haben, entschuldigt sie nicht. Es hätte aber erlaubt, den strategischen Kontext des Eingreifens im Irak und später in Syrien besser vorzubereiten, um sich gegen Attentate wie in den Jahren 2015–2016 oder kommunitaristische Verbrechen wie in den Jahren 2019–2020 abzusichern. Durch eine Anpassung seiner Sprache in Bezug auf Israel hätte die französische Regierung das gesteigerte Solidaritätsgefühl gewisser radikaler französischer Muslime abschwächen können.

9. Schlussfolgerungen

Sie wurde durch die Abraham-Abkommen zu Grabe getragen und vom Ukrainekonflikt verdeckt. Nichtsdestotrotz steht die Palästinenserfrage wieder im Mittelpunkt des internationalen Geschehens. Genau darin bestand eines der Ziele der Hamas und derjenigen Organisationen, die am Gemeinsamen Kommandoraum (GKR) beteiligt waren. Und dies ist auch die Hauptfolge der aktuellen Phase des Konflikts. Diese Phase hat am 7.10.2023 begonnen. Sie ist aber die Konsequenz von kurzfristigen Strategien und Praktiken, die nur deshalb möglich waren, weil die internationale Gemeinschaft, die sich den Vereinigten Staaten angeschlossen hat, es hingenommen hat, dass seit 1947 das Völkerrecht mit Füßen getreten wird.

Die Israelis wie auch der Westen verwechseln Taktik und Strategie. Der Terrorismus, der während der 1960–1980er den Westen heimsuchte, kam aus dem Inneren: Es handelte sich bei ihm um Bewegungen, die versuchten, unsere westlichen Gesellschaften umzuwandeln und ihre Grundprinzipien umzustoßen. Bis zur ersten Intifada ist der palästinensische Widerstand Teil einer allgemeinen Befreiungsbewegung, die sich gegen den westlichen Imperialismus richtete. Deren Strategie war auf der Trikontinentalen Konferenz von Havanna im Jahr 1966 entworfen worden.

Der Zerfall der kommunistischen Welt Ende der 1980er Jahre hat alles verändert. Der europäische Terrorismus hat mehr und mehr an Bedeutung verloren.

Ohne das Gegengewicht des kommunistischen Blocks hat der Westen eine immer aggressivere Außenpolitik vertreten und sich in Militäroperationen mit desaströsen Folgen gestürzt. Alle islamistischen Terrorangriffe seit den 1990er Jahren, von denen wir heimgesucht wurden, waren Antworten auf diese Militäraktionen im Nahen und

Mittleren Osten. Aber anstatt unsere Herangehensweise zu überdenken, haben die Terrorakte dafür gesorgt, dass wir noch weiter gehen. Der 11. September 2001 ist zum Vorwand für eine Strategie geworden, wie sie für zivilisierte Länder nicht dümmer sein kann: eine Strategie ohne Weitsicht, ohne Nachdenken, ohne konkrete Ziele und ohne Menschlichkeit.

Nachdem die palästinensischen Widerstandsorganisationen zu Waisen des zerfallenen Warschauer Paktes geworden waren, haben sie die Doktrin ihres Kampfes an die islamische Kultur angelehnt. Diese Veränderung hat wiederum die israelische Rhetorik befeuert, die das palästinensische Vorgehen mit demjenigen von Organisationen wie Al-Qaida gleichsetzt. Die Israelis tun dies nicht etwa, um die Logik des Terrorismus besser zu verstehen und ihn strategisch zu bekämpfen. Sie wollen vielmehr ihre brutale Reaktion nach westlichem Vorbild rechtfertigen und den Terrorismus ausschließlich taktisch bekämpfen.

Der palästinensische Widerstand hat nichts mit Judenhass gemein, sondern mit dem Hass auf einen Besatzer und mit ihrer Weigerung, das Gesetz des (militärisch) Stärkeren zu akzeptieren. Die im Jahr 1945 geschaffene Weltordnung hatte gerade zum Ziel, Missbräuche an schwächer gestellten Bevölkerungsgruppen zu verhindern, nicht zuletzt aufgrund dessen, was die jüdische Bevölkerung hatte erleiden müssen. Der Widerstandsgeist der Palästinenser wird durch die Missachtung der Normen des Völkerrechts genährt. Diese Missachtung war auch der Auslöser für die Operation Al-Aqsa-Flut.

9.1. Die Reaktion auf den 7. Oktober

Die israelische Antwort auf die Operation Al-Aqsa-Flut ist das Ergebnis einer Vorgehensweise im Kampf gegen den palästinensischen Widerstand, die 75 Jahre lang die Gewaltspirale angetrieben hat. Die von den westlichen Medien ausgeblendeten wiederholten israelischen Völkerrechtsverletzungen haben eine Umgebung geschaffen, in der es kein Recht mehr gibt. Wieso sollte ein nichtstaatliches Gebilde ein Recht achten, das die Besatzungsmacht selbst missachtet? Wie soll man vorgehen, um rechtmäßige Forderungen bei einer Besatzungsmacht geltend zu machen, die einen Dialog verweigert?

Israel hat eine Situation geschaffen, in der der Rückgriff auf Gewalt das einzige Mittel ist, ihm einen Dialog aufzuzwingen. Eine gute Strategie im Kampf gegen einen Aufstand muss dem Gegner immer einen Ausgang aus dem Konflikt offenhalten. Das Problem besteht ganz einfach darin, dass die israelische Strategie den Palästinensern nur einen Konfliktausgang ermöglicht: das Verlassen der von Israel besetzten Gebiete. Man dreht sich im Kreise.

Die Stärke der palästinensischen Führung ist ihr strategisches Vorgehen in ihrem Kampf. Wie ich bereits im Jahr 2003 festgestellt habe,[1] gehen die Palästinenser wie Schachspieler und die Israelis wie Revolverhelden vor. Die Antwort auf die palästinensische Operation veranschaulicht dies sehr gut.

Nur eine internationale, unparteiische und unabhängige Untersuchung kann einwandfrei bestimmen, ob die Palästinenser die ihnen vorgeworfenen Verbrechen verübt haben. Ansonsten sind diese Anschuldigungen nur ein Vorwand für eine unverhältnismäßige Reaktion der Israelis. Die Zeugenberichte, die in den israelischen Medien durchsickern, zeigen, dass dies in der Tat der Fall ist. Die Israelis sind in einer ähnlichen Situation wie die Amerikaner unmittelbar nach dem »11. September«: Nachdem sie sich einen Ruf der Stärke und Unbesiegbarkeit aufgebaut haben, werden sie heute wegen der Unverhältnismäßigkeit ihrer Antwort und den mageren Ergebnissen, welche sie erzielen, verspottet.

Man tut Israel keinen Gefallen, wenn man die Wirklichkeit der Tatsachen hinter Antisemitismus- und Konspirationsvorwürfen verbirgt. Ganz im Gegenteil.

Die von Südafrika beim IGH eingereichte Klage wird bestenfalls Monate und schlimmstenfalls Jahre brauchen, um zu einem Urteil zu führen. Sie hat aber den Verdienst, dass wir von nun an einen möglichen Völkermord in Betracht ziehen müssen und dass diejenigen bloßgestellt werden, die denken, der Angriff der Hamas würde jede Reaktion rechtfertigen, wie man auf Fernsehsendern wie LCI oder BFMTV hören konnte. Denn eine Anstiftung zum Völkermord ist ebenfalls strafbar ...

9.2. Die Abwesenheit der europäischen Diplomatie

Aus Angst, man könnte ihnen Antisemitismus vorwerfen, haben die westlichen Länder es vorgezogen, dass Israel eine falsche Richtung einschlägt, statt seine Herangehensweise zu kritisieren, um ein Umdenken bewirken zu können. Letzten Endes hat Südafrika den Mut, stopp zu sagen. Und der IGH wird die »Plausibilität eines Völkermords« feststellen. Wenn man einen Freund wissentlich in die falsche Richtung gehen lässt, dann ist man nicht wirklich sein Freund … Zurzeit gibt es kaum Länder, die glauben, Israel handle rechtens. Sie äußern das aber nicht, um keine amerikanischen Sanktionen zu riskieren. Israel sollte gut darüber nachdenken: Das Urteil des IGH könnte bedeuten, dass diese Länder zu Komplizen in einem Völkermord geworden sind.

Wie immer denken wir, eine Krise hätte dann begonnen, wenn ihre Folgen sichtbar werden. Sie beginnt aber wesentlich früher, und wir wissen das auch. Wieso haben wir Israel nicht dazu ermutigt und ihm geholfen, seinen Verpflichtungen nachzukommen? Wieso warten wir ab, bis es in eine kritische Situation gerät, um dann gegen seine Gegner zu wettern, ohne zu einer Lösung beizutragen?

Israel kann seine Sicherheitspolitik nicht auf einer erzwungenen Unterstützung aufbauen. Deshalb ist der Schritt Südafrikas so wichtig und markiert eine wesentliche Veränderung, die eine Bedeutung für Israels Zukunft hat. Bisher konnten die Vereinigten Staaten Israel trotz dessen Abweichungen vom Völkerrecht unterstützen, weil sie wussten, dass die internationale Gemeinschaft nicht reagieren würde. Heutzutage ist die Lage eine andere: Der »Rest der Welt« hat den Mut, seine Stimme zu erheben.

Im Nato-Mitgliedsland Türkei etwa macht Erdogan Benjamin Netanjahu für die Situation in Gaza verantwortlich und zieht seinen Botschafter aus Tel Aviv ab.[2] Andere Länder, wie etwa die lateinamerikanischen Bolivien, Chile oder Kolumbien, tun es ihm gleich.[3] Die Situation in Europa ist eine völlig andere. Ursula von der Leyen sprach Israel die unbedingte Unterstützung Europas aus, als bereits die Frage von einem Völkermord im Raum stand. Ein Begriff, der, möglicherweise aus familiären Gründen, keinen Eindruck auf sie macht.[4] Das entspricht aber nicht der Meinung von Josep Borrell, dem EU-»Außenminister«. Er erklärt, das Handeln Israels sei rechtswidrig[5] und die EU in der Gaza-Frage gespalten[6]. Das erklärt vielleicht, weshalb sich die europäische Diplomatie trotz der Aussagen Borrells zugunsten der Rechte der Palästinenser in Schweigen hüllt.

Wie sein amerikanischer Verbündeter verteidigt die EU keine rechtebasierte, sondern eine regelbasierte internationale Ordnung. In Letzterer herrschen Willkür und Entscheidungen nach dem bloßen Ermessen.

Wie die Ukrainekrise zeigt auch die Gazakrise, dass der Westen in Sachen Diplomatie aus der Übung gekommen ist. Die Amerikaner waren der Grundpfeiler des Kräftegleichgewichts im Nahen Osten und der Initiator mehrerer Friedensinitiativen in den 1970–1990er Jahren. Heutzutage haben sie jegliche Achtung und Glaubwürdigkeit verloren. Selbst Israel entzieht sich der Führung von Joe Biden, der in den Vereinigten Staaten »Genocide Joe« genannt wird.[7] Die Botschafter der Vereinigten Staaten im Mittleren Osten kommen zusammen, um die Regierung Biden zu warnen, dass sich in der arabischen Welt ein »Sturm der Entrüstung« gegen die Vereinigten Staaten zusammenbraut.[8]

9.3. Eine arabische Welt, die ihre Brüder vergessen hat

Der auffälligste Abwesende in dieser Krise ist jedoch die arabische Welt. Die Operation Al-Aqsa-Flut erhielt ihren Namen, um den Arabern ins Gedächtnis zu rufen, dass die heiligen Stätten des Islam in Jerusalem durch die derzeitige ultrarechte israelische Regierung gefährdet sind. Nachdem sie in den Abraham-Abkommen »königlich« ignoriert worden waren, wollten die Palästinenser ihre Brüder vom Golf daran erinnern, dass sie gemeinsame Ziele verfolgen. Bisher haben jedoch nur die Huthis im Jemen, die Libanesen und die irakische Regierung reagiert.

Am 11.11.2023 sind die Länder der Arabischen Liga (AL) und der Organisation für Islamische Zusammenarbeit (OIZ) zusammengekommen, um die Lösungsmöglichkeiten der Gazakrise zu erörtern.

Im Gegensatz zu den westlichen Ländern, die nach dem Beginn der Ukrainekrise massive und unwirksame Aktionen gestartet haben, haben die arabischen Länder ein eher stufenweises Vorgehen gewählt. Sie haben die Möglichkeit eines Embargos auf Erdölprodukte verworfen. Ein Embargo hätte den Eindruck vermittelt, sie würden für die Hamas Partei ergreifen, und so ihr Handeln unglaubwürdig gemacht. Sie haben ebenfalls die Idee verworfen, ihren Luftraum für amerikanische Militärflugzeuge zu sperren. Zu jenem Zeitpunkt der Krise wäre dies noch verfrüht gewesen.

Die arabischen Länder haben sich mit Vorsicht für ein institutionelles Vorgehen im UN-Sicherheitsrat und der UN-Generalversammlung entschieden und deren Untätigkeit bedauert. In Wirklichkeit besteht die Strategie der arabischen Länder darin, den Amerikanern die Verhandlungsinitiative im Gazakonflikt zu nehmen und sie den Vereinten Nationen zu geben. Sie haben sich allerdings auch an den Internationalen Strafgerichtshof (IStGH) gewandt, um die israelische Führung zu verurteilen.[9] Ihre Herangehensweise zielt eher auf eine Lösung der Palästinenserfrage als auf eine Beilegung der humanitären Krise ab.

9.4. Warum irren wir ständig?

Es scheint, der Westen bewege sich von Misserfolg zu Misserfolg. Der Irak, Afghanistan, Syrien, die Ukraine und Palästina sind lauter Beispiele für Engagements des Westens, die er mit der Überzeugung einging, die Lage richtig einzuschätzen. Aber wir analysieren Konflikte nicht. Wir versuchen stattdessen, sie mit unseren Vorurteilen in Einklang zu bringen. Genau das tun unsere Medien und ihre »Höllenhunde«, wie zum Beispiel Conspiracy Watch: Anstatt uns den richtigen Weg zu weisen, führen sie uns noch weiter in die Irre, bis das Narrativ auf die Wirklichkeit der Tatsachen prallt.

Dies lässt sich beim Ukrainekonflikt feststellen, wo von westlichen Werten die Rede ist. Dieser Konflikt wurde jedoch sehr schnell zugunsten Israels aufgegeben[10], welches heute des Völkermords beschuldigt wird. Die für die Ukraine bestimmte amerikanische Munition wird nach Israel umgeleitet. Wolodymyr Selenskyj beklagt dies zu Recht und versucht, nach Jerusalem eingeladen zu werden, um seine Sache mit derjenigen Israels zu verbinden. Aber Netanjahu lehnt ab: Er glaubt, die Stunde seines Ruhms sei gekommen, und will diesen Ruhm nicht teilen.

Dies zeigt aber auch, dass Selenskyj die Dinge richtig erkannt hat: Die Ukraine befindet sich in einer ähnlichen Situation wie Israel, während die Palästinenser in der gleichen Situation sind wie Russland. In beiden Fällen hätten die Angriffe (vom 24.2.2022 respektive 7.10.2023) verhindert werden können, sofern die attackierten Länder ihre völkerrechtlichen Verpflichtungen erfüllt hätten: die Minsker Abkommen im Falle der Ukraine und 75 Jahre UN-Resolutionen im Falle Israels. In beiden Fällen ist der Tag des Angriffs kein Start-, sondern ein Endpunkt. In beiden Fällen ist die Missachtung des Selbstbestimmungsrechts der Völker die Ursache für die Angriffe. In beiden Fällen hätte der Westen die Angriffe verhindern können, was er nicht getan hat. In beiden Fällen versucht der Westen, seine Lesart des Problems zu verteidigen, und tut dies zum Schaden derjenigen, denen er helfen will.

Unsere Wahrnehmung des Konflikts baut auf der Vorstellung auf, die Hamas habe am 7. Oktober die schlimmsten Gräueltaten verübt. Wir wissen, dass das israelische Narrativ ein Vorgehen stützen soll, das eindeutig gegen die palästinensische Zivilbevölkerung gerichtet ist. Aber im Laufe der Wochen und anhand von Zeugenberichten erfahren wir ebenfalls, dass die meisten Toten des 7. Oktober nicht von »Pogromen« herrühren, wie unsere Propagandisten behaupten, sondern von Schusswechseln zwischen Kämpfern. Und wir wissen, dass die Feuerkraft der israelischen Waffen in Kombination mit einer mangelhaften Kampfführung die Ursache für einen Großteil der beobachteten Zerstörungen ist.

Der Gazakrieg hat nicht am 7. Oktober, sondern im Jahr 1947 begonnen. Die Lehre, die Deutschland sowie andere Länder aus dem Zweiten Weltkrieg gezogen haben, besteht darin, dass sie das jüdische Volk unterstützen müssen, selbst wenn es das Völkerrecht missachtet. Die von der Schuld, sich am Holocaust beteiligt zu haben, geplagten westlichen Länder – allen voran Deutschland und Frankreich – haben sich geweigert, Israel dabei zu helfen, nicht vom rechtsstaatlichen Weg abzukommen. Sie zogen es vor, vor den wiederholten Völkerrechtsverletzungen die Augen zu verschließen. Stattdessen unterstützt der Westen Israel nicht nur – wie beispielsweise Deutschland, dem der Begriff »Völkermord« nur allzu gut bekannt ist –, sondern er liefert ihm eifrig Waffen.[11]

Wir haben nichts gelernt und nichts verstanden.

Die Frage ist nicht, ob wir für oder gegen Israel oder die Juden sind, sondern für oder gegen das Völkerrecht. Die Welt sollte eine doppelte Lehre aus dem Zweiten Weltkrieg ziehen: die Achtung des Rechts und der Menschlichkeit sowie die Bereitschaft, »Stopp!« zu sagen. Um diese zwei »Vorstellungen« herum ist das Völkerrecht der Nachkriegszeit eigentlich auch aufgebaut worden.

Aber wir haben nichts gelernt. Unter dem Vorwand, Israel nicht widersprechen zu wollen, erlauben wir, dass Israel das Völkerrecht missachtet und die Verpflichtungen verletzt, die ihm die Vereinten Nationen Jahr für Jahr ins Gedächtnis rufen. Diese Verpflichtungen sind jedoch alles andere als ausgefallen. Es handelt sich bei ihnen lediglich um die Anwendung der UN-Charta. Aber im Westen wurde die rechtebasierte internationale Ordnung durch eine regelbasierte internationale Ordnung ersetzt.

Der Teil der Welt, der die Lehren des Zweiten Weltkriegs verstanden hat, wird heute herablassend als der »Rest der Welt« bezeichnet. Dabei hat Südafrika das getan, was jeder Staat, der sich für einen Rechtsstaat hält, hätte tun müssen: Es hat »Stopp« gesagt.

Im Roten Meer haben die Huthis eine Blockade Israels verhängt, bis Israel eine Waffenruhe akzeptiert. Sie greifen die Schiffe, die Israels Häfen anlaufen, mit Raketen an. Diese Blockade betrifft keine anderen Schiffe. Selbst die Schiffe ihres saudischen Feindes dürfen passieren.[12] Die Huthis unternehmen mit ihren Mitteln genau das Gleiche wie der Westen in Bezug auf andere Länder. Die amerikanischen und britischen Vergeltungsmaßnahmen, die diese Blockade brechen sollen, haben keine abschreckende Wirkung: Präsident Biden gesteht ein, dass die Luftangriffe auf den Jemen keine Wirkung zeigen, er ordnet sie aber weiterhin an.[13]

Anders ausgedrückt sind die Vereinigten Staaten nicht mehr gefürchtet. Der Irak hat sie einmal mehr aufgefordert, das Land zu verlassen. Diesmal haben die Vereinigten Staaten zugestimmt, über einen Abzugsplan zu verhandeln.[14]

Man kann sicherlich über die Art streiten, wie die Huthis versuchen, eine Waffenruhe zu erzwingen. Aber im Gegensatz zum Westen (beispielsweise Deutschland, Frankreich und die Vereinigten Staaten), der das Massaker an den Palästinensern wie eine »geschichtliche Nebensächlichkeit« (siehe Jean-Marie Le Pens »détail de l'Histoire«) betrachtet, handeln die Huthis.

Der afrikanische Kontinent erteilt uns hier eine meisterhafte Lektion in mutigem Verhalten und zeigt der gesamten Welt, wie feige und korrupt der Westen ist. Unsere sogenannten Eliten sind nichts wert. Der 7. Oktober ist nur der vorläufige Endpunkt in einem Prozess, den wir – und Israel an erster Stelle – lange haben gären lassen. In Frankreich wird diese Blindheit, die sich bereits während des Ukrainekonflikts gezeigt hat, noch durch »kommunitaristisches« (die Gesellschaft in verfeindete Gruppen spaltendes, A. d. Ü.) Gerede ergänzt.

Sobald die Situation in Gaza angesprochen wird, verschanzt sich Israel hinter dem terroristischen Charakter der Hamas, um die Verletzung des Völkerrechts, auch gegen Zivilisten, zu rechtfertigen. Dabei unterstützt die israelische Führung heimlich die Hamas, um ihre Strategie gegen die Palästinenser rechtfertigen zu können!

Während den Palästinensern im Westen systematisch und ohne Wenn und Aber die Schuld gegeben wird, berichtet der britische *Telegraph*, dass fast 80 Prozent der Israelis Netanjahu für die Krise verantwortlich machen.[15]

Wir unterstützen also nicht das israelische Volk, sondern eine radikale Minderheit, für die die Palästinenserfrage eine Frage des Kräfteverhältnisses darstellt. Wenn aber die Hamas und die anderen Palästinenserorganisationen eines in brutaler Weise aufgezeigt haben, so ist dies die enorme Ungerechtigkeit und Unmenschlichkeit, unter der die palästinensische Bevölkerung leiden muss. Ein 2017 veröffentlichter Bericht der Brand Israel Group, einer Gruppe, die über das Bild Israels in der Welt wacht, zeigte bereits eine Abwendung der jüdischen Studenten (in Amerika) von Israel und eine steigende Sympathie für die Sache der Palästinenser. Der Bericht stellte fest, dass die Unterstützung junger amerikanischer Juden für Israel zwischen 2010 und 2016 um 27 Prozent gefallen war.[16] Die jungen amerikanischen Juden haben das Gefühl, dass sich die Werte der zwei Länder zunehmend auseinanderentwickeln.[17] Dies stellt eine regelrechte Trendwende dar.[18] Heute entzieht die demokratische Wählerschaft, unter der sich eine Mehrheit der amerikanischen Juden in Großstädten wie New York befindet und die Israel traditionell sehr wohlgesinnt ist, dem jüdischen Staat ihre Unterstützung.[19]

Der Trend hat sich durch die tragische Unterdrückung der Rückkehrmärsche in Gaza im Jahr 2018 fortgesetzt. Israel hatte damals sein wahres Gesicht gezeigt und die Unterstützung der jüdisch-amerikanischen Jugend[20] sowie älterer Gruppen[21] verloren.

Die amerikanische Politik insgesamt ist wesentlich kritischer gegenüber Israel geworden, wobei sicherlich auch die Abneigung gegen Trump eine Rolle spielt. So hat etwa die demokratische Senatorin Dianne Feinstein die brutale Politik der Landenteignung durch die israelische Regierung verurteilt.[22] In den Vereinigten Staaten hinterfragen mehr und mehr Bürger die Gesetzmäßigkeit der Israel gewährten Hilfen und verlangen die Anwendung des International Security Assistance and Arms Export Control Act, der 1976 vom Kongress verabschiedet wurde. Jener erbietet den Vereinigten Staaten, einem Land Finanzhilfen zu gewähren, das über ein Nuklearwaffenarsenal verfügt, ohne den Atomwaffensperrvertrag (engl. TNP) unterschrieben zu haben.[23]

Israel sieht seinen Sieg weiterhin in einer totalen Vernichtung des Feindes, das heißt der Palästinenser. Vielleicht wird es damit Erfolg haben. Aber wie es beim klassischen Tragödiendichter Corneille heißt: Ein Sieg ohne Gefahr ist ein Triumph ohne Ruhm. (À vaincre sans péril, on triomphe sans gloire.) Was Israel militärisch gewinnt, das verliert es politisch. Und das Ganze geschieht zu einem Zeitpunkt, wo der Einfluss seiner Verbündeten in der Welt abnimmt und die arabische Welt an Stärke gewinnt. Israels Taktik scheitert also.

Ein Großteil dieses Scheiterns ist Israels Unvermögen geschuldet, Kritik an seiner Politik hinzunehmen. In Frankreich führt Israelkritik zwangsläufig zu einer Bezeichnung als Antisemit. In Wirklichkeit entsteht Antisemitismus eher durch die Straflosigkeit, derer sich Israel erfreut, als durch die Benennung seiner Verbrechen. Man meint, diese Verbrechen seien nicht vorhanden, solange man sie unter den Teppich kehrt; Israel bliebe damit immer im Recht. Man glaubt, die israelischen Verbrechen vergeben zu können, indem man Israels Feinde verdammt. Der IGH macht uns unseren Fehler bewusst: Wir merken, dass unser Narrativ von der Wirklichkeit eingeholt wird. Wie im Fall der Ukraine haben wir die Illusion eines Sieges als die Wirklichkeit »verkauft«.

Einst bezeichnete der Begriff »Antisemitismus« einen krankhaften Hass auf Juden. Heute wird dieser Begriff verwendet, wenn man gegen die Bombardierung von Frauen und Kindern aufbegehrt!

Die Sicherheit Israels wird von dem Moment an garantiert sein, an dem es die von allen akzeptierten Regeln anwendet. Israel hat stets versucht, sich mit Gewalt durchzusetzen, und diese Strategie führt nicht zum Erfolg. Heute ist der palästinensische David dabei, den israelischen Goliath zu besiegen.

Aber der Westen tut so, als nehme er dies nicht wahr. Wie in allen Konflikten der letzten dreißig Jahre, denken wir, das Narrativ könne der Wirklichkeit Einhalt gebieten. Es mag gewisse Menschen im Westen zufriedenstellen, aber nicht den »Rest der Welt«, der dabei ist, uns eine Lehre in Sachen Menschlichkeit zu erteilen.

Ist Israel es wirklich nicht wert, kritisiert zu werden?

Anmerkungen

Wenn nicht anders angegeben, wurden die Links alle zuletzt am 07.08.2024 abgerufen und geprüft.

Vorwort

1. Mark Tran, »State of Israel could disappear, warns Olmert«, *The Guardian*, 29. November 2007 (https://www.theguardian.com/world/2007/nov/29/israel)

1. Die Palästinenserfrage

1. https://www.bible.com/fr/bible/93/GEN.21.9-20.LSG
2. Vladimir Jabotinsky, »O Zheleznoi Stene«, *Rassvyet*, Berlin, 4. November 1923 (veröffentlicht in *Afrique du Sud* 1937); *Zionism – A History of Zionism* (http://www.zionism-israel.com/zionism_history.htm)
3. Edwin Black, *The Transfer Agreement – Pact between the Third Reich and Jewish Palestine*, Caroll & Graf, New York, 2001, S. 173.
4. Edwin Black, *The Transfer Agreement – Pact between the Third Reich and Jewish Palestine*, Caroll & Graf, New York, 2001, S. 82.
5. Edwin Black, »When Zionists Made Deal with the Nazis«, *The Jerusalem Post*, 23. September 2009; »Judea Declares War On Germany«, *Daily Express*, London, 24. März 1933, S. 1–2; Holocaust-Referenz – Argumente gegen Auschwitzleugner (https://www.h-ref.de/feindbilder/juedische-kriegs erklaerungen/daily-express-original.php)
6. Edwin Black, *The Transfer Agreement, op. cit.*, S. 81.
7. Artikel »Anti-Nazi boycott of 1933«, Wikipedia.
8. Zionistische Vereinigung für Deutschland.
9. Lenni Brenner, *51 Documents: Zionist collaboration with the Nazis*, Barricade Books, New Jersey, 2002.
10. Edwin Black, »When Zionists made deal with the Nazis«, *The Jerusalem Post*, 23. September 2009 (https://www.jpost.com/features/when-zionists-made-deal-with-the-nazis)
11. Edwin Black, *The Transfer Agreement – Pact between the Third Reich and Jewish Palestine*, Caroll & Graf, New York, 2001.

12. *PhiloAtlas – Handbuch für die jüdische Auswanderung*, Philo GmbH, Jüdischer Buchverlag, Berlin, 1938, S. 283.
13. Lenni Brenner, *51 Documents: Zionist collaboration with the Nazis*, Barricade Books, New Jersey, 2002.
14. Artikel »Betar Naval Academy«, Wikipedia (fr.wikipedia.org/wiki/Betar_Naval_Academy); Alain Dieckhoff, *The Invention of a Nation: Zionist Thought and the Making of Modern Israel*, C. Hurst, 2003; Eric Kaplan, *The Jewish Radical Right: Revisionist Zionism and Its Ideological Legacy*, University of Wisconsin Press, 2005.
15. »Full official record: What the mufti said to Hitler«, *The Times of Israel*, 21. Oktober 2015.
16. Edwin Black, *The Transfer Agreement*, Carroll & Graf, New York, 2001, S. 376.
17. Deutsches Nachrichtenbüro (DNB).
18. Memorandum an den CIA-Direktor unter dem Titel »Adolf Eichmann, juin 1960«. »Uncovering the Architect of the Holocaust: The CIA Names File on Adolf Eichmann«, The National Security Archives, Document 54 (https://nsarchive2.gwu.edu/NSAEBB/NSAEBB150/index.htm)
19. Lenni Brenner, *51 Documents, op. cit.*
20. »évian, un crime prémédité en juillet 1938, la honte et la trahison«, www.citedevian.fr, 28. Juni 2015 (https://www.citedevian.fr/conference-devian-de-juillet-1938/)
21. Arie Perliger & Leonard Weinberg, *Totalitarian Movements & Political Religions*, Vol. 4, No. 3 (2003), S. 91–118.
22. Siehe bei Wikipedia »Lehi (militant group)« (auf Englisch: Die französische Version lässt diese Einzelheiten aus!)
23. Daniel A. Gross, »The U.S. Government Turned Away Thousands of Jewish Refugees, Fearing That They Were Nazi Spies«, *smithsonianmag.com*, 18. November 2015 (https://www.smithsonianmag.com/history/us-government-turned-away-thousands-jewish-refugees-fearing-they-were-nazi-spies-180957324/)
24. »Netanyahu: Hitler Didn't Want to Exterminate the Jews«, *Haaretz*, 21. Oktober 2015 (https://www.haaretz.com/israel-news/2015-10-21/ty-article/netanyahu-absolves-hitler-of-guilt/0000017f-dc2e-db22-a17f-fcbf7c1e0000)
25. Jodi Rudoren, »Netanyahu Denounced for Saying Palestinian Inspired Holocaust«, *The New York Times*, 21. Oktober 2015.
26. »Full official record: What the mufti said to Hitler«, *The Times of Israel*, 21. Oktober 2015 (https://www.timesofisrael.com/full-official-record-what-the-mufti-said-to-hitler/)
27. Raphael Ahren, »In Netanyahu's mufti-Holocaust allegation, echoes of his father's maverick approach to history«, *The Times of Israel*, 22. Oktober 2015.
28. Siehe den Wikipedia-Artikel »Amin al-Husseini« (auf Englisch).

29. Sue SURKES, »Himmler avait proposé de l'aide au mufti de Jérusalem contre les ›intrus juifs‹«, *The Times of Israel*, 30. März 2017.
30. »Secrets Of War, The Cold War 05 Inside the KGB«, *YouTube*, 2. Oktober 2015 (https://youtu.be/ypuuxrxcVek)
31. *The Consequences of the Partition of Palestine (ORE 55)*, Central Intelligence Agency, 5. Oktober 1947, S. 9 (https://www.cia.gov/readingroom/document/0000256628)
32. »Golda Meir. I am Palestinian.«, *YouTube*, 17. Dezember 2017 (https://youtu.be/I9M91iwP994)
33. https://www.jewishvirtuallibrary.org/israel-and-the-olympic-games
34. *Anglo-American Committee of Inquiry, Report to the United States Government and His Majesty's Government in the United Kingdom*, Lausanne, 20. April 1946.
35. Kathleen CHRISTISON, *Perceptions of Palestine: Their Influence on U.S. Middle East Policy*, University of California Press, Berkeley, 2000. (1st Ed.)
36. Ilan PAPPE, *The Ethnic Cleansing of Palestine*, Oneworld Publications Ltd, Oxford, 2011.
37. Rosemary SAYIGH, *Palestinians: From Peasants to Revolutionaries*, Zed Press, Oktober 1981, S. 74.
38. »Miko Peled Seattle. Oct. 1, 2012«, *YouTube*, 9. Oktober 2012 (www.youtube.com/watch?v=TOaxAckFCuQ)
39. In dem gleichnamigen französischen Ort verübte die Waffen-SS 1944 ein Massaker an der Zivilbevölkerung als Vergeltungsaktion für Anschläge der Résistance.
40. Menahem Begin wird israelischer Premierminister (1977–1981) und erhält 1979 den Friedensnobelpreis.
41. David BEN GOURION, *Rebirth and Destiny of Israel*, NY Philosophical Library, 1954, S. 530–531.
42. UN SC Resolution 57 (18. September 1948) (https://digitallibrary.un.org/record/112002/files/S_RES_57(1948)-EN.pdf?ln=en)
43. https://www.jewishvirtuallibrary.org/the-assassination-of-count-bernadotte
44. »New Palestine Party«, *New York Times*, 4. Dezember 1948.
45. »Miko Peled Seattle. Oct. 1, 2012«, *YouTube*, 9. Oktober 2012 (www.youtube.com/watch?v=TOaxAckFCuQ)
46. https://concernedwomen.org/wp-content/uploads/2022/05/Concerned-Women-for-America-Why-Israel.pdf
47. Noam CHOMSKY, »The Israel-Arafat Agreement«, *Z Magazine*, Oktober 1993 (http://www.chomsky.info/articles/199310--.htm)
48. Document S/PV.1379, *Security Council*, 16. November 1967.
49. https://fresques.ina.fr/de-gaulle/fiche-media/Gaulle00139/conference-de-presse-du-27-novembre-1967.html
50. »Interdit d'Interdire – L'antisionisme est-il un antisémitisme comme un autre?«, *RT France*, 20. Februar 2019.
51. »La Knesset bannit la ligne verte des écoles«, *Le Figaro*, 15. Oktober 2007.

(https://www.lefigaro.fr/international/2007/01/02/01003-20070102ARTFIG90135-la_knesset_bannit_la_ligne_verte_des_ecoles.php)
52. Baptiste Sellier, »L'usage du droit foncier par l'état d'Israël comme arme d'appropriation de l'espace Palestinien. Quelle comparaison avec l'Algérie Coloniale?«, cnrs.fr (ohne Datum).
53. Haitam Suleiman & Robert Home, »‚God is an Absentee, Too': The Treatment of Waqf (Islamic Trust) Land in Israel/Palestine«, *The Journal of Legal Pluralism and Unofficial Law*, n°41(59), Januar 2009, S. 49–65 (DOI: 10.1080/07329113.2009.10756629)
54. »Declaration of Establishment of State of Israel – 14 May 1948«, *Israel Ministry of Foreign Affairs* (mfa.gov.il)
55. Shelley Kleiman, *The State of Israel Declares Independence*, Israel Ministry of Foreign Affairs, 27. April 1999.
56. Barak Ravid, »Meshal Offers 10-year Truce for Palestinian State on '67 Borders«, *Haaretz*, 21. April 2008 (https://www.haaretz.com/2008-04-21/ty-article/meshal-offers-10-year-truce-for-palestinian-state-on-67-borders/0000017f-db3d-d3ff-a7ff-fbbd77080000)
57. https://www.bostonreview.net/articles/helena-cobban-hamas-palestine/
58. https://www.un.org/unispal/wp-content/uploads/2016/07/The-Status-of-Jerusalem-Engish-199708.pdf; français: https://unispal.un.org/pdfs/97-24262f.pdf
59. »Une résolution votée par l'UNESCO décrit le mont du Temple comme un site musulman«, *The Times of Israel*, 13. Oktober 2016 (https://fr.timesofisrael.com/une-resolution-de-lunesco-decrit-le-mont-du-temple-comme-un-site-musulman/)
60. https://daccess-ods.un.org/access.nsf/Get?OpenAgent&DS=S/RES/497(1981)&Lang=F
61. Vanessa Romo, »Trump Formally Recognizes Israeli Sovereignty Over Golan Heights«, *NPR*, 25. März 2019 (https://www.npr.org/2019/03/25/706588932/trump-formally-recognizes-israeli-sovereignty-over-golan-heights)
62. https://versebyverseministry.org/bible-answers/when-is-the-third-temple-built
63. https://thirdtemple.org/en/
64. »The Israelis set for new Jewish temple on Al-Aqsa site«, *France 24*, 5. Juni 2023 (https://www.france24.com/en/live-news/20230605-the-israelis-set-for-new-jewish-temple-on-al-aqsa-site)
65. https://mondediplo.com/2008/09/07israel
66. https://daccess-ods.un.org/access.nsf/Get?OpenAgent&DS=A/RES/194(III)&Lang=F
67. https://digitallibrary.un.org/record/40572/files/A_RES_37_43-FR.pdf?ln=en
68. https://documents-dds-ny.un.org/doc/RESOLUTION/GEN/NR0/567/77/IMG/NR056777.pdf?OpenElement

69. Jan NARVESON, »Terrorism and Morality«, *Violence, Terrorism, and Justice*, Ed by R.G. Frey & Christopher W. Morris, Cambridge University Press, New York, 1991.

2. Die israelische Besatzungspolitik

1. https://www.un.org/unispal/wp-content/uploads/2023/08/Study-on-the-Legality-of-the-Israeli-occupation-of-the-OPT-including-East-Jerusalem.pdf
2. »Report of the Independent International Commission of Inquiry on the Occupied Palestinian Territory, including East Jerusalem, and Israel«, A/HRC/50/21, *United Nations*, 9. Mai 2022.
3. »UN experts Condemn Israeli Suppression of Palestinian Human Rights Organizations«, *United Nations*, 24. August 2022. (https://www.ohchr.org/en/press-releases/2022/08/un-experts-condemn-israeli-suppression-palestinian-human-rights)
4. »Israeli Settlements in the Occupied Palestinian Territory, including East Jerusalem, and in the Occupied Syrian Golan Report of the United Nations High Commissioner for Human Rights«, A/HRC/49/85, *United Nations Human Rights Council*, 21. Februar 2012 (https://documents-dds-ny.un.org/doc/UNDOC/GEN/G22/330/44/PDF/G2233044.pdf?OpenElement)
5. »Special Rapporteurs Demand Accountability for Death of Khader Adnan and Mass Arbitrary Detention of Palestinians«, *Vereinte Nationen*, 3. Mai 2023 (https://www.ohchr.org/en/press-releases/2023/05/israel-un-experts-demand-accountability-death-khader-adnan-and-mass)
6. *Occupation/annexion d'un territoire: Respect du droit humanitaire international et des droits de l'homme et politique cohérente de l'Union européenne dans ce doMaine*, Direction Générale des Politiques Externes – Département Thématique, Parlement européen, Juni 2015 (https://www.europarl.europa.eu/thinktank/fr/document/EXPO_STU(2015)534995)
7. https://www.amnesty.org/en/latest/campaigns/2017/11/the-occupation-of-water/
8. Natasha BESCHORNER, »Water and Instability in the Middle East«, Adelphi Paper 273, *International Institute for International Studies*, 1992.
9. https://www.jpost.com/Israel-News/Read-the-full-Jewish-Nation-State-Law-562923
10. Amos HAREL, Avi Issacharoff & Akiva Eldar, »Netanyahu Demands Palestinians Recognize ›Jewish State‹«, *Haaretz*, 16. August 2009 (https://www.haaretz.com/2009-04-16/ty-article/netanyahu-demands-palestinians-recognize-jewish-state/0000017f-e368-d568-ad7f-f36b0d890000)
11. »Netanyahu: Recognition of Jewish state is key issue in peace talks«, *The Times of Israel*, 16. August 2013 (https://www.timesofisrael.com/netanyahu-recognition-of-jewish-state-key-issue-in-peace-talks/)
12. Jodi RUDOREN, »Sticking Point in Peace Talks: Recognition of a Jewish

State«, *The New York Times*, 1er Januar 2014 (https://www.nytimes.com/2014/01/02/world/middleeast/sticking-point-in-peace-talks-recognition-of-a-jewish-state.html)

13. David WAINER, »Is Israel the Jewish State? Not According to Its Own Laws«, www.bloomberg.com, 12. Juni 2017.
14. Alexis VARENDE, »Un ›État juif‹ pour interdire un État palestinien«, *Orient XXI*, 4. März 2014.
15. »Israeli Practices towards the Palestinian People and the Question of Apartheid«, Palestine and the Israeli Occupation, Issue No. 1, Economic and Social Commission for Western Asia (ESCWA), 2017 (E/ESCWA/ECRI/2017/1) (https://opensiuc.lib.siu.edu/ps_pubs/9/)
16. »L'apartheid d'Israël contre la population palestinienne : un système cruel de domination et un crime contre l'humanité«, *Amnesty International*, 1er Februar 2022 (https://www.amnesty.org/fr/latest/news/2022/02/israels-apartheid-against-palestinians-a-cruel-system-of-domination-and-a-crime-against-humanity/) (https://www.amnesty.org/fr/wp-content/uploads/sites/9/2022/02/MDE1551412022ARABIC.pdf)
17. https://news.un.org/en/story/2022/03/1114702
18. Es gab drei offiziell anerkannte Bevölkerungsgruppen: die »Weißen«, die »Farbigen« (asiatischer oder indischer Herkunft) und die »Schwarzen«.
19. https://www.timesofisrael.com/final-text-of-jewish-nation-state-bill-set-to-become-law/
20. »Far-right MK, ex-Shin Bet chief both panned for equating rivals to Israel's enemies«, *The Times of Israel*, 2. Januar 2024 (https://www.timesofisrael.com/far-right-mk-ex-shin-bet-chief-both-panned-for-equating-rivals-to-israels-enemies/)
21. https://www.timesofisrael.com/final-text-of-jewish-nation-state-bill-set-to-become-law/
22. Azmi BISHARA, »The Wall: Its Implications And Dangers«, *Al-Hayat*, (07.07.2003)
23. Jugement de la Cour de Justice du 12. November 2019 dans le cas C-363/18, *Organisation juive européenne and Vignoble Psagot Ltd v Ministre de l'Économie et des Finances*, ECLI:EU:C:2019:954.
24. https://www.europarl.europa.eu/doceo/document/E-9-2023-002978_EN.html
25. https://trade.ec.europa.eu/access-to-markets/en/news/new-code-y864-goods-imported-eu-preferential-origin-israel-16-may-2023
26. Ghislain POISSONNIER & François DUBUISSON, »Boycott des produits israéliens : la France persiste à y voir un délit en dépit de la décision de la CEDH«, *actu-juridique.fr*, 12. November 2020 (https://www.actu-juridique.fr/administratif/libertes-publiques-ddh/boycott-des-produits-israeliens-la-france-persiste-a-y-voir-un-delit-contre-la-decision-de-la-cedh/)

3. Der Kampf gegen den palästinensischen Widerstand

1. »CIA chief to meet Israeli, Qatari officials for hostage deal talks«, *Reuters*, 18. Dezember 2023 (https://www.reuters.com/world/cia-chief-meet-israeli-qatari-officials-monday-hostage-deal-talks-axios-2023-12-18/)
2. »PM said to bar Gallant from holding 1-on-1 discussions with Mossad head on hostages«, *The Times of Israel*, 26. Dezember 2023 (https://www.timesofisrael.com/pm-said-to-bar-gallant-from-holding-1-on-1-discussions-on-hostages-with-mossad-head/)
3. Kevin Liptak, »White House says intelligence shows Hamas using al-Shifa hospital for command node, storing weapons«, *CNN*, 14. November 2023 (https://edition.cnn.com/2023/11/14/politics/white-house-hamas-al-shifa/index.html)
4. Als Operation Entebbe wird die Befreiungsaktion eines entführten Flugzeugs mit überwiegend jüdischen Passagieren im Juli 1976 in Entebbe, Uganda, durch israelische Spezialkräfte bezeichnet. Die Maschine war von palästinensischen und deutschen Terroristen entführt worden.
5. Erom Shlomo, »The War in Iraq: An Intelligence Failure?«, *Strategic Assessment*, Jaffee Center for Strategic Studies, Tel-Aviv University, Volume 6, No 3, November 2003.
6. Efraim Halevy, »In defence of the intelligence services«, *The Economist*, 31. Juli 2004 (https://www.economist.com/by-invitation/2004/07/29/in-defence-of-the-intelligence-services)
7. Nachman Tal, »Suicide Attacks: Israel and Islamic Terrorism«, *Strategic Assessment*, Volume 5, No.1, Juni 2002.
8. Salah Schehada, Anführer der Al-Qassam-Brigaden, Interview auf der Internetseite von Islam Online (29. Mai 2002).
9. NATO Research & Technology Organisation, »Report – Suicide Terrorism: The Strategic Threat and Countermeasures«, NATO, August 2004.
10. Katrina Manson, »Israel's Massive Failure Perplexes Ex-US Intelligence Officials«, *Bloomberg*, 10. Oktober 2023 (https://www.bloomberg.com/news/newsletters/2023-10-10/israel-s-massive-failure-perplexes-ex-us-intelligence-officials)
11. Samia Nakhoul & Jonathan Saul, »How Hamas duped Israel as it planned devastating attack«, *Reuters*, 10. Oktober 2023 (https://www.reuters.com/world/middle-east/how-israel-was-duped-hamas-planned-devastating-assault-2023-10-08/)
12. Ronen Bergman & Adam Goldman, »Israel Knew Hamas's Attack Plan More Than a Year Ago«, *The New York Times*, 30. November 2023 (mis à jour 2. Dezember 2023) (https://www.nytimes.com/2023/11/30/world/middleeast/israel-hamas-attack-intelligence.html)
13. »Egypt intelligence official says Israel ignored repeated warnings of ›something big‹«, *The Times of Israel*, 9. Oktober 2023 (https://www.time

sofisrael.com/egypt-intelligence-official-says-israel-ignored-repeated-warnings-of-something-big/)
14. Shira Silkoff, »Surveillance soldiers warned of Hamas activity on Gaza border for months before Oct. 7«, *The Times of Israel*, 26. Oktober 2023 (https://www.timesofisrael.com/surveillance-soldiers-warned-of-hamas-activity-on-gaza-border-for-months-before-oct-7/)
15. Jacques Baud, *Encyclopédie du Renseignement et des Services Secrets*, Lavauzelle, Panazol, 2002 (Article Maskirovka)
16. Bat Ye'or, *Eurabia*, éditions Jean-Cyrille Godefroy, Paris, 2006.
17. »Interview de Bat Ye'or sur le djihad«, *Dreuz Info*, 15. November 2020.
18. Sylvain Besson, *La Conquête de L'Occident. Le Projet secret des islamistes*, éditions du Seuil, Paris, 7. Oktober 2005.
19. Mattias Gardell, »Crusader Dreams: Oslo 22/7, Islamophobia, and the Quest for a Monocultural Europe«, *Terrorism and Political Violence*, 26:129–155, 2014.
20. Raphaël Liogier, »Le mythe de l'invasion arabo-musulmane«, *Le Monde diplomatique*, Mai 2014, S. 8–9.
21. Jacob Rogozinski dans *Complotisme, les alibis de la terreur, YouTube*, 24. Januar 2018, (www.youtube.com/watch?v=d8e18NIqWiI), (31'20")
22. Antoine Hasday, »La pensée djihadiste décryptée«, *slate.fr*, 6. November 2017.
23. https://www.inss.org.il/wp-content/uploads/sites/2/systemfiles/(FILE)1298359986.pdf
24. »Netanyahu: qu'est-ce que le sionisme religieux?«, *BBC News*, 8. November 2022 (https://www.bbc.com/afrique/monde-63534134)
25. Joshua Krug, »Comparing Hamas to Amalek, our biblical nemesis, will ultimately hurt Israel«, *The Jewish News of Northern California*, 2. November 2023 (https://jweekly.com/2023/11/02/comparing-hamas-to-amalek-our-biblical-nemesis-will-ultimately-hurt-israel/)
26. Sonam Sheth, »Netanyahu deleted a post on X about a struggle against ›children of darkness‹ around the time of a tragic hospital explosion in Gaza«, *Business Insider*, 17. Oktober 2023 (https://www.businessinsider.com/netanyahu-deleted-children-of-darkness-post-gaza-hospital-attack-2023-10?r=US&IR=T)
27. https://www.gov.il/en/departments/news/excerpt-from-pm-netanyahu-s-remarks-at-the-opening-of-the-knesset-s-winter-assembly-16-oct-2023
28. »Discours devant l'Assemblée Nationale – Manuel Valls: ›Un risque d'armes chimiques ou bactériologiques‹«, www.parismatch.com, 19. November 2015.
29. https://www.jewishvirtuallibrary.org/first-intifada
30. Jacques Baud, *La Guerre asymétrique ou la Défaite du vainqueur*, Éditions du Rocher, 2003.
31. https://politikon.iapss.org/index.php/politikon/article/download/127/126/258

32. Daniel Bethlehem, »Principles Relevant to the Scope of a State's Right of Self-Defense against an Imminent or Actual Armed Attack by Non-state Actors«, *The American Journal of International Law*, volume 106, 2012.
33. *Lawfulness of a Lethal Operation Directed Against a U.S. Citizen Who Is a Senior Operational Leader of Al-Qa'ida or an Associated Force*, Department of Justice White Paper, 4. Februar 2013.
34. Daniel Bethlehem QC, »Written evidence submitted by Daniel Bethlehem QC, Director of Lauterpacht Research Centre for International Law, University of Cambridge, International Law And The Use Of Force: The Law As It Is And As It Should Be«, Lauterpacht Research Centre for International Law, 7. Juni 2004 (https://publications.parliament.uk/pa/cm200304/cmselect/cmfaff/441/4060808.htm)
35. Rory McCarthy, »Gaza truce broken as Israeli raid kills six Hamas gunmen«, *The Guardian*, 5. November 2008 (https://www.theguardian.com/world/2008/nov/05/israelandthepalestinians)
36. Ron Suskind, *The One Percent Doctrine: Deep Inside America's Pursuit of Its Enemies Since 9/11*, Simon & Schuster, 15. Mai 2007.
37. »Senior official: ›Israel didn't agree to halt targeted killings for ceasefire‹«, *Times of Israel*, 15. November 2019 (https://www.timesofisrael.com/senior-official-israel-didnt-agree-to-halt-targeted-killings-for-ceasefire/)
38. *Report of the UN Commission of Inquiry on the 2018 protests in the OPT*, www.ohchr.org/EN/HRBodies/HRC/CoIOPT/Pages/Report2018OPT.aspx
39. Ali Abunimah, »L'infirmière de Gaza tuée par Israël a été visée dans le dos«, www.aurdip.org, 3. Juni 2018.
40. *Report of the independent international commission of inquiry on the protests in the Occupied Palestinian Territory*, (A/HRC/40/74), Human Rights Council, 25. Februar 2019.
41. Pierre Stambul, »Gaza : silence, on tue«, *Union juive française pour la paix (UJFP)*, 23. April 2018 ; »Over 100 bullet fragments in brain of Palestinian child shot by Israel soldier«, *Middle East Monitor*, 15. Juli 2019.
42. Noa Landau, »UN Council: Israel Intentionally Shot Children and Journalists in Gaza«, *Haaretz*, 28. Februar 2019 (https://www.haaretz.com/israel-news/2019-02-28/ty-article/un-council-israel-intentionally-shot-children-and-journalists-in-gaza/0000017f-f02b-d497-a1ff-f2ab3be90000)
43. Tamar Pileggi, »IDF shoots handcuffed, blindfolded Palestinian suspect during escape attempt«, *The Times of Israel*, 22. April 2019 (https://www.timesofisrael.com/idf-shoots-handcuffed-blindfolded-palestinian-suspect-during-attempted-escape/)
44. *Ebd.*
45. »COI on Gaza Protests: Lethal force against demonstrators not posing imminent threat«, *UN Human Rights Council/YouTube*, 3. April 2019.
46. Er war ursprünglich 50 m breit. Nach den Osloer Abkommen variiert sei-

ne Breite über die Jahre zwischen 100 und 500 m, ohne dass die israelischen Behörden ihn genau bestimmen oder markieren würden; OCHA, »*The humanitarian impact of restrictions on access to land near the perimeter fence in the Gaza Strip*«, 3. August 2018 cité dans *Human rights situation in Palestine and other occupied Arab territories – Report of the detailed findings of the independent international Commission of inquiry on the protests in the Occupied Palestinian Territory*, Human Rights Council, Document A/HRC/40/CRP.2, 18. März 2019.

47. Ahmad NAFI & Chloé BENOIST, »Gaza: The Palestinians who died during the Great March of Return«, *Middle East Eye*, 28. Dezember 2018 (https://www.middleeasteye.net/news/gaza-palestinians-who-died-during-great-march-return)
48. »UN envoy tells ›outrageous‹ Israel to stop shooting children in Gaza«, *The Times of Israel*, 20. April 2018 (https://www.timesofisrael.com/un-envoy-tells-outrageous-israel-to-stop-shooting-children-in-gaza/)
49. Gabi SIBONI, »*Disproportionate Force: Israel's Concept of Response in Light of the Second Lebanon War*«, Institute for National Security Studies (INSS), Insight no 74, 2. Oktober 2008 (https://wikileaks.org/plusd/cables/08TELAVIV2329_a.html)
50. »Israel warns Hezbollah war would invite destruction«, *Reuters*, 3. Oktober 2008 (https://www.reuters.com/article/idUSL3251393/)
51. Wikipedia-Artikel »Doctrine Dahiya«.
52. James ROTHWELL, »Israel abandons precision bombing in favour of ›damage and destruction‹«, *The Telegraph*, 11. Oktober 2023 (https://www.telegraph.co.uk/world-news/2023/10/11/israel-abandon-precision-bombing-eliminate-hamas-officials/)
53. https://www.ohchr.org/en/news/2022/12/ukraine-civilian-casualty-update-5-december-2022
54. https://www.ochaopt.org/content/hostilities-gaza-strip-and-israel-reported-impact-day-63
55. https://en.wikipedia.org/wiki/Hannibal_Directive
56. Raf SANCHEZ, »Israel ends the ›Hannibal Directive‹ – military policy to kill your own troops rather than let them be captured«, *The Telegraph*, 29. Juni 2016 (https://blackfriday.amnesty.org/report.php); *The Hannibal Directive – Featured Documentary, Al Jazeera/YouTube*, 8. Oktober 2016.
57. Gideon RACHMAN, »Western diplomats are walking an impossible tightrope with Israel«, *Financial Times*, 13. Oktober 2023 (https://www.ft.com/content/e803f827-f1dd-4bbe-af76-55436e3db587)
58. https://twitter.com/IsraelinUSA/status/1731131639089041788
59. Yuval ABRAHAM, »A hostage's mother says toxic gas from Israeli bombs killed her son. Is she right?«, *+972 Magazine*, 31. Januar 2024 (https://www.972mag.com/weapons-toxic-gas-gaza-hostages/)
60. Simon REEVE, *One Day in September*, Arcade Publishing, Londres, 1998.
61. Ronen BERGMAN, »Rise and Kill First: The Secret History of Israel's Targe-

ted Assassinations«, Random House, 30. Januar 2018; Charles GLASS, »›Rise and Kill First‹ Explores the Corrupting Effects of Israel's Assassination Program«, *The Intercept*, 11. März 2018.

62. Abu Musab AL-SURI, »The Jihadi Experiences: Individual Terrorism Jihad and the Global Islamic Resistance Units«, *Inspire*, No. 5, Printemps 2011, S. 32.
63. https://youtu.be/Mf3OgKg6vhc
64. Anm. d. Verf.: Tatsächlich wurde der Angriff von einem Kommando der *Demokratischen Front zur Befreiung Palästinas* (DFLP) durchgeführt!
65. Die später von der DFLP ausgeführten Attentate vom 24. April 2003 (zu dem sich auch die Al-Aqsa-Brigaden bekannten) und 22. Mai 2004 können wohl nicht mehr diesem Prozess zugerechnet werden.
66. Er wurde eine Woche nach einem doppelten Selbstmordanschlag auf einen Ammoniaktank im Hafen von Aschdod eliminiert. Dieser Anschlag kostete zehn Israelis das Leben und wurde als ein chemisches Attentat (und somit als eine neue Stufe des terroristischen Handelns) gewertet.
67. *Jerusalem Post*, 1. September 2004.
68. *The Guardian* und *The Washington Post*, 10. März 2012.
69. »Senior official: ›Israel didn't agree to halt targeted killings for ceasefire‹«, *The Times of Israel*, 15. November 2019.
70. http://blog.thejerusalemfund.org/2012/12/israeli-ceasefire-violations-in-gaza.html
71. Rory MCCARTHY, »Gaza truce broken as Israeli raid kills six Hamas gunmen«, *The Guardian*, 5. November 2008 (https://www.theguardian.com/world/2008/nov/05/israelandthepalestinians)
72. »Communiqué de presse – Israël et territoires palestiniens occupés. Toutes les parties doivent protéger les civils à Gaza et en Israël à la suite de l'annonce d'un cessez-le-feu«, *Amnesty International*, 13. März 2012.
73. Harriet SHERWOOD, »Hamas says ›gates of hell opened‹ as Israel kills military leader in Gaza«, *The Guardian*, 15. November 2012 (https://www.theguardian.com/world/2012/nov/14/israel-assassinates-hamas-military-chief)
74. Sudarsan RAGHAVAN, William BOOTH & Griff WITTE, »How a 72-hour truce in Gaza fell apart in less than 2 hours«, *The Washington Post*, 1er August 2014 (https://www.washingtonpost.com/world/israel-hamas-agree-to-72-hour-humanitarian-cease-fire/2014/08/01/059f1ff8-194e-11e4-9e3b-7f2f110c6265_story.html)
75. »Gaza ceasefire crumbles as Israel resumes military operations«, *France 24*, 1er August 2014 (https://www.france24.com/en/20140801-gaza-cease fire-crumbles-israel-hamas-palestinians-usa-un-military)
76. https://www.reuters.com/article/uk-mideast-gaza-idUKKBN0GI12R20140819
77. Isabel KERSHNER, Iyad ABUHEWEILA & David M. HALBFINGER, »Israel Kills Senior Islamic Jihad Commander in Gaza«, *The New York Times*, 12. No-

vember 2019 (https://www.nytimes.com/2019/11/12/world/middleeast/israel-gaza-islamic-jihad.html)

78. Ophir Falk, »Measuring the Effectiveness of Israel's ›Targeted Killing‹ Campaign«, *Perspectives on Terrorism*, Vol. 9, No. 1, 2015.

4. Gaza

1. https://youtu.be/ARABP7GwjFw?t=186
2. https://youtu.be/FnXH4WNu7W4?t=488
3. https://unwatch.org/item-7/claim/claim-6-israels-blockade-of-gaza-is-illegal/
4. Andrew Rettman, »Israel's siege of Gaza is illegal, EU says«, *euobserver.com*, 10. Oktober 2023 (https://euobserver.com/world/157534)
5. »U.N. experts say Israel's blockade of Gaza illegal«, *Reuters*, 13. September 2011 (https://www.reuters.com/article/idUSTRE78C59R/)
6. Amira Hass, »Why Won't Israel Allow Gazans to Import Coriander?«, *Haaretz*, 7. Mai 2010 (https://www.haaretz.com/2010-05-07/ty-article/why-wont-israel-allow-gazans-to-import-coriander/0000017f-f866-d887-a7ff-f8e6fc210000)
7. https://ihl-databases.icrc.org/fr/ihl-treaties/hague-conv-iv-1907
8. https://www.icrc.org/en/document/ihl-occupying-power-responsibilities-occupied-palestinian-territories
9. Celeste Kmiotek, »Israel claims it is no longer occupying the Gaza Strip. What does international law say?«, *Atlantic Council*, 31. Oktober 2023 (https://www.atlanticcouncil.org/blogs/menasource/gaza-israel-occupied-international-law/)
10. »Israel destroys homes as Gaza pullout nears end«, *CNN*, 22. August 2005 (https://edition.cnn.com/2005/WORLD/meast/08/21/gaza.pullout/index.html)
11. »U.N. experts say Israel's blockade of Gaza illegal«, *Reuters*, 13. September 2011 (https://www.reuters.com/article/us-un-gaza-rights/u-n-experts-say-israels-blockade-of-gaza-illegal-idUSTRE78C59R20110913/)
12. »Special Rapporteur Says Israel's Unlawful Carceral Practices in the Occupied Palestinian Territory Are Tantamount to International Crimes and Have Turned it into an Open-Air Prison«, *ohchr.org*, 10. Juli 2023 (https://www.ohchr.org/en/news/2023/07/special-rapporteur-says-israels-unlawful-carceral-practices-occupied-palestinian)
13. Mark Weiss, »Israel sets calorie limit for Gaza residents«, *The Irish Times*, 18. Oktober 2012 (https://www.irishtimes.com/news/israel-sets-calorie-limit-for-gaza-residents-1.553966)
14. https://encyclopedia.ushmm.org/content/en/article/the-treatment-of-soviet-pows-starvation-disease-and-shootings-june-1941january-1942
15. »The Occupation of Water«, *Amnesty International*, 29. November 2017

(https://www.amnesty.org/en/latest/campaigns/2017/11/the-occupation-of-water/)

16. 2015 Country Reports on Human Rights Practices – Israel and The Occupied Territories, Bureau of Democracy, Human Rights, and Labor, State Department, 13. April 2016.
17. »Life in Occupied PALESTINE by Anna Baltzer«, *YouTube*, 10. August 2014 (https://youtu.be/Q_MDC2Gty4I)
18. »Gabor Maté on the misuse of anti-Semitism and why fewer Jews identify with Israel«, *The Grayzone/YouTube*, 6. November 2019 (https://youtu.be/8TBBhPUwrCU)
19. https://virtualglobetrotting.com/map/urim-sigint-base/view/google/
20. https://www.tabletmag.com/sections/israel-middle-east/articles/unit-8200
21. Uri Bar-Joseph, »Israel's Deadly Complacency Wasn't Just an Intelligence Failure«, *Haaretz*, 11. November 2023 (https://www.haaretz.com/israel-news/2023-11-11/ty-article-magazine/.highlight/israels-deadly-complacency-wasnt-just-an-intelligence-failure/0000018b-b9ea-df42-a78f-bdeb298e0000) (https://archive.ph/sAr2l)
22. Ronen Bergman, Mark Mazzetti & Maria Abi-Habib, »How Years of Israeli Failures on Hamas Led to a Devastating Attack«, *The New York Times*, 29. Oktober 2023 (mis à jour 1. November 2023) (https://www.nytimes.com/2023/10/29/world/middleeast/israel-intelligence-hamas-attack.html)
23. Scheich Ahmad Yasin, der von 1989 bis 1997 in Israel inhaftiert war, wurde aufgrund eines Schnitzers des Mossad in Jordanien freigelassen. Er wurde am 22. März 2004 gezielt durch israelischen Raketenbeschuss getötet.
24. Yossi Melman, »Hamas: When a Former Client Becomes an Implacable Enemy: Israel: The Likud government originally saw this Muslim fundamentalist organization as a welcome alternative to the PLO«, *Los Angeles Times*, 20. Dezember 1992 (https://www.latimes.com/archives/la-xpm-1992-12-20-op-4428-story.html)
25. Richard Sale, »Hamas history tied to Israel«, *UPI*, 18. Juni 2002.
26. Robert Dreyfuss, »Devil's Game – How the United States Helped Unleash Fundamentalist« *Islam*, New York, 2005, S. 169.
27. Ishaan Tharoor, »How Israel helped create Hamas«, *The Washington Post*, 30. Juli 2014; »Hamas Israel's own creation«, *The Times of Israel*, 3. Dezember 2018.
28. Lahav Harkov, »Netanyahu: Money to Hamas part of strategy to keep Palestinians divided«, *Jerusalem Post*, 12. März 2019.
29. »Grave accusation de Tzipi Livni: ›Le gouvernement de Netanyahu soutient le Hamas afin de ne pas résoudre le problème palestinien‹«, *Infos-Israel.news*, 2. September 2018; »Hamas Israel's own creation«, *The Times of Israel*, 3. Dezember 2018.

30. Sie entstand Mitte der 1980er Jahre aus einer religiösen Schule. Nach Schließung der ägyptischen Universität in Folge der Abkommen von Camp David ist die Islamische Universität von Gaza mit 4500 Studenten die größte Universität in den besetzten Gebieten. Sie ist ein Zankapfel zwischen weltlichen und religiösen Palästinensern, insbesondere, wenn es um das Tragen des muslimischen Kopftuchs für Frauen geht.
31. Paul Lewis, »Mideast Tensions; U.S. Presses The U.N. To Condemn Israel«, *The New York Times*, 10. Oktober 1990 (https://www.nytimes.com/1990/10/10/world/mideast-tensions-us-presses-the-un-to-condemn-israel.html)
32. Pape Robert A., »The Strategic Logic of Suicide Terrorism«, nicht veröffentlichtes Manuskript (18. Februar 2003), zitiert nach dem Bericht von dem Kongress »Terrorists and Suicide Attacks«, *Congressional Research Service*, 28.08.2003.
33. Salah Schehade, Anführer der Al-Qassam-Brigaden, Interview auf der Internetseite von Islam Online, 29. Mai 2002.
34. http://edition.cnn.com/2001/WORLD/meast/12/24/mideast.bethlehem/index.html
35. https://www.ohchr.org/en/press-releases/2009/10/general-assembly-emergency-session-occupied-palestinian-territories-calls
36. *BBC News*, 22. Dezember 2001.
37. Mark Oliver, »Sharon and Abbas agree ceasefire«, *The Guardian*, 8. Februar 2005 (https://www.theguardian.com/world/2005/feb/08/israel4)
38. »Analysis: Palestinian suicide attacks«, *BBC News*, 29. Januar 2007 (http://news.bbc.co.uk/1/hi/world/middle_east/3256858.stm)
39. Conal Urquhart, »Hamas hints at ceasefire as the Palestinians vote«, *The Guardian*, 9. Januar 2005 (https://www.theguardian.com/world/2005/jan/09/israel)
40. https://georgewbush-whitehouse.archives.gov/news/releases/2002/06/20020624-3.html
41. https://www.un.org/unispal/document/auto-insert-194881/
42. https://www.dailyMail.co.uk/news/article-3885072/We-did-determine-going-win-Hillary-Clinton-heard-tape-making-stunning-argument-fixed-2006-Palestinian-election.html
43. David Rose, »The Gaza Bombshell«, *Vanity Fair*, 3. März 2008 (https://www.vanityfair.com/news/2008/04/gaza200804)
44. »Gaza: les salafistes écrasés par le Hamas«, *rts.ch*, 28. Juni 2010 (https://www.rts.ch/info/monde/1056172-gaza-les-salafistes-ecrases-par-le-hamas.html)
45. *BBC News*, 22. Februar 2006 (http://news.bbc.co.uk/2/hi/middle_east/4739900.stm)
46. »L'Europe doit peser de tout son poids pour sauver Gaza du chaos«, *lefigaro.fr*, 2. Juli 2007.

47. Ahmed YOUSEF, »Pause for Peace«, *The New York Times*, 1. November 2006 (https://www.nytimes.com/2006/11/01/opinion/01yousef.html)
48. Mohammed KHADDURI, Article »Hudna«, Encyclopedia of Islam, (CD-ROM Edition v.1.1.) Koninklijke Brill NV, Leiden, 2001.
49. Dag TUASTAD, »Hamas's Concept of a Long-term Ceasefire – A Viable Alternative to Full Peace?«, *Peace Research Institute Oslo (PRIO)*, November 2010 (https://www.files.ethz.ch/isn/144215/Hamas Concept of a Long-term Ceasefire, PRIO Paper 2010.pdf)
50. https://www.memri.org/tv/hamas-leader-yahya-sinwar-our-people-took-off-their-uniforms-and-joined-the-marces
51. https://youtu.be/yePvAADcc9w?t=178
52. https://embassies.gov.il/NEW-YORK/ABOUTISRAEL/Pages/Hamas-Covenant.aspx
53. https://youtu.be/5rLzghDJ6Xs?t=414
54. https://youtu.be/ZkrSl7gufpg
55. https://fr.wikipedia.org/wiki/Charte_du_Hamas
56. https://avalon.law.yale.edu/20th_century/res181.asp
57. »Meyer Habib: ›un attentat quasiment tous les jours‹ en Israël«, *CNews/YouTube*, 18. November 2014 (00'45") (https://youtu.be/4UA2tlNP_Ik)
58. https://youtu.be/x4Z5XjKOYC4?t=311
59. Jeroen GUNNING, »Peace with Hamas? The Transforming Potential of Political Participation«, *International Affairs*, Volume 80, Issue 2, March 2004, S. 233–255 (https://doi.org/10.1111/j.1468-2346.2004.00381.x)
60. »Netanyahu's references to violent biblical passages raise alarm among critics«, *NPR.org*, 7 November 2023 (https://www.npr.org/2023/11/07/1211133201/netanyahus-references-to-violent-biblical-passages-raise-alarm-among-critics)
61. Shirit Avitan COHENM »Exclusive: Iron Swords or Genesis? The behind-the-scenes effort to rename war«, Israel Hayom, 29. Dezember 2023 (https://www.israelhayom.com/2023/12/29/exclusive-iron-swords-or-genesis-the-behind-the-scenes-effort-to-rename-war/)
62. »Netanyahu: Defeating Hamas will make prophecy of Isaiah a reality«, *The Christian Post*, 25. Oktober 2023 (https://www.christianpost.com/news/netanyahu-defeating-hamas-will-make-prophecy-of-isaiah-a-reality.html)
63. https://www.livemint.com/news/world/pm-netanyahu-invokes-amalek-theory-to-justify-gaza-killings-what-is-this-hebrew-bible-nation-11698555324918.html
64. Scheich Yasin, interviewt von Malika Nedir für den Sender Radio Suisse Romande (Dezember 2000).
65. »Khaled Meshaal, chef politique du Hamas«, *Reuters*, 3. Mai 2006.
66. https://www.dailymotion.com/video/x80qkr9
67. Manuel VALLS, Emission »Grand Jury«, RTL, *LCI* et *Le Figaro*, 26. November 2017.

68. https://www.state.gov/secretary-antony-j-blinken-and-israeli-prime-minister-benjamin-netanyahu-after-their-meeting-2/
69. https://youtu.be/VshpTRd_QeA?t=1779
70. Muriel Bernard, »Des créneaux réservés aux élèves des écoles juives«, *ledauphine.com*, 20. Oktober 2011.
71. https://www.monde-diplomatique.fr/mav/157/PIRONET/58319
72. Rede von Abu Mohammed al-Adnani, Juni 2015.
73. Monica Marks, »What the World Gets Wrong About Hamas«, *TIME Magazine*, 30. Oktober 2023 (https://time.com/6329776/hamas-isis-gaza/)
74. Brad Hoff, »West will facilitate rise of Islamic State »in order to isolate the Syrian regime«: 2012 DIA document«, *Foreign Policy Journal*, 21. Mai 2015; voir également: http://www.judicialwatch.org/wp-content/uploads/2015/05/Pg.-291-Pgs.-287-293-JW-v-DOD-and-State-14-812-DOD-Release-2015-04-10-final-version11.pdf
75. https://www.jcpa.org/jl/vp538.htm
76. »Ya'alon: I prefer Islamic State in Syria than Iran«, *The Times of Israel*, 19. Januar 2016 (https://www.timesofisrael.com/liveblog_entry/yaalon-i-prefer-islamic-state-in-syria-than-iran/)
77. https://nabd.com/s/126896291-5810f4/جمعية-الإخوان-المسلمين-تثمن-عاليًا-خطاب-جلالة-الملك-في-قمة-القاهرة-للسلام
78. https://youtu.be/VshpTRd_QeA?t=1779
79. »Comment connaître la vérité«, *Dar al-Islam, no 8*, S. 61, Rabi ath-Thani 1437, Januar–Februar 2016.
80. Iyad Abuheweila & Isabel Kershner, »Islamic State declares war on Hamas as Gaza families disown sons in Sinai«, *The Irish Times*, 11. Januar 2018 (https://www.irishtimes.com/news/world/middle-east/islamic-state-declares-war-on-hamas-as-gaza-families-disown-sons-in-sinai-1.3351899)
81. Brad Hoff, »West will facilitate rise of Islamic State in order to isolate the Syrian regime: 2012 DIA document«, *Foreign Policy Journal*, 21. Mai 2015; voir également: http://www.judicialwatch.org/wp-content/uploads/2015/05/Pg.-291-Pgs.-287-293-JW-v-DOD-and-State-14-812-DOD-Release-2015-04-10-final-version11.pdf
82. »The Israelis set for new Jewish temple on Al-Aqsa site«, *France 24*, 5. Juni 2023 (https://www.france24.com/en/live-news/20230605-the-israelis-set-for-new-jewish-temple-on-al-aqsa-site)
83. https://2001-2009.state.gov/s/ct/info/c16718.htm
84. Dan Williams, »Israel arms civilian security squads, fearing internal strife«, *Reuters*, 22. Oktober 2023 (https://www.reuters.com/world/middle-east/fearing-internal-strife-gaza-war-israel-arms-civilian-security-squads-2023-10-22/)
85. William Booth & Sufian Taha, »›Guns are everywhere‹ in Israel, occupied territories as violence spikes«, *The Washington Post*, 4. Februar 2023 (https://www.washingtonpost.com/world/2023/02/04/israel-palestine-guns-violence-attacks/)

86. Judah Ari Gross, »Rather than save lives, arming off-duty soldiers could bring greater risk«, *The Times of Israel*, 23. Februar 2016 (https://www.timesofisrael.com/rather-than-save-lives-arming-off-duty-soldiers-could-bring-greater-risk/)
87. »Israeli Settlers Killing Palestinians: A History of Impunity«, *Haaretz*, 27. August 2023 (https://www.haaretz.com/israel-news/2023-08-27/ty-article-magazine/.premium/settlers-killing-palestinians-a-history-of-impunity/0000018a-2875-d700-a7ef-faf5d7f40000)
88. »Israel/OPT: Impunity reigns for perpetrators of settler violence«, Amnesty International, 3. März 2023 (https://www.amnesty.org/en/latest/news/2023/03/israel-opt-impunity-reigns-for-perpetrators-of-settler-violence/)
89. »Death of Israeli man who fired on Palestinian attackers fuels criticism of excessive force«, PBS.org, 3. Dezember 2023 (https://www.pbs.org/newshour/world/death-of-israeli-man-who-fired-on-palestinian-attackers-fuels-criticism-of-excessive-force)
90. https://press.un.org/en/2021/gapal1439.doc.htm
91. Im Zeitraum 2001–2015 (Zählung bis zum 1. Juni 2015) zählt man 33 Tote auf israelischer Seite und mindestens 4600 palästinensische Opfer der israelischen Luftangriffe.
92. https://worldview.stratfor.com/article/examining-hamas-rockets
93. Jonathan Cook, »Can young Jews in US turn tide against Israel?«, *The National*, 26. Juni 2017.
94. *Jerusalem Post*, 23. Juni 2004.
95. Tim Lister, »Israel's Iron Dome doesn't chase every rocket it sees«, *CNN*, 18. Mai 2021 (https://www.cnn.com/2021/05/18/middleeast/israel-iron-dome-defense-gaza-rockets-intl-cmd/index.html)
96. Justin Curtis, »Why Hamas: The Socioeconomic and Political Foundations of the Islamists' Popularity«, *Exposé, University of Harvard*, 2016 (http://projects.iq.harvard.edu/expose/book/why-hamas-socioeconomic-and-political-foundations-islamists'-popularity)
97. Jacques Baud, *La guerre asymétrique ou la défaite du vainqueur*, éditions du Rocher, 2003.
98. Man schätzt, dass 75–80 Prozent des Hamas-Budgets für soziale und medizinische Hilfe sowie den Bau von medizinischer Infrastruktur und Waisenhäusern verwendet werden. David H. Gray & Larson John Bennett, »Grass Roots Terrorism: How Hamas' Structure Defines a Policy of Counterterrorism«, *Research Journal of International Studies*, November 2008.
99. https://home.treasury.gov/news/press-releases/hp1267
100. https://icahd.org/2021/04/26/statistics-on-house-structure-demolitions-november-1947-march-2021/
101. Meir Margalit, »*The Truth behind Formal Statistics – Demolition of illegal houses in the West Bank during 2004*«, Israeli Committee Against House Demolition, April 2005.
102. Nicht zu verwechseln mit den *Murabitun-Brigaden in Palästina (Kataeb al-*

Murabitin fil'Filastin), die im Jahr 2004 von Mitgliedern der *Volksfront zur Befreiung Palästinas (PFLP)* in Chan Yunis gegründet wurden.

103. https://alkhanadeq.com/post/4780/استشهاديات-كتائب-القسام-دور-عسكري-أيضا-للمرأة
104. https://english.iswnews.com/30776/military-knowledge-mutabar-1-air-defense-system/
105. https://adnanabuamer.com/post/3207/israels-increasing-concern-about-hamas-growing-naval-capabilities
106. https://en.wikipedia.org/wiki/Battle_of_Zikim
107. https://alkhanadeq.com/post.php?id=1514
108. https://english.almayadeen.net/news/politics/al-qassam-brigades-executes-beach-landing-in-occupied-territ
109. https://alkhanadeq.com/post/6006/مفاجآت-القسام-خلال-طوفان-الأقصى-حتى-الآن
110. https://www.arab48.com/فلسطينيات/أخبار/2022/10/13/كتائب-القسام-تكشف-عن-وحدة-سابير-تستهدف-إسرائيل-منذ-8-سنوات
111. https://www.calcalist.co.il/internet/articles/0,7340,L-3744073,00.html
112. https://alkhanadeq.com/post/3921/سلاح-سابير-القسام-البنية-التشغيلية-للاحتلال-في-الدائرة-الاستهداف
113. https://www.alaraby.com/news/أسرار-وحدة-الظل-كيف-تستطيع-حماس-إخفاء-الأسرى-عن-إسرائيل
114. https://english.iswnews.com/31801/military-knowledge-al-yassin-105-anti-tank-rocket-the-zionists-nightmare-in-gaza/
115. https://www.echoroukonline.com/des-drones-ababil-1-de-la-resistance-terrifient-israel
116. https://alkhanadeq.com/post.php?id=1685
117. https://www.jpost.com/operation-protective-edge/hamas-our-drones-have-collected-intel-over-kirya-military-hq-in-tel-aviv-362705
118. https://www.eurasiantimes.com/hamas-reveals-zouari-kamikaze-drone-that-can-potentially-rain/
119. Zvi Bar'el, »Qatar's ATM for the Palestinians Is Fed by the War in Ukraine«, *Haaretz*, 16. September 2022 (https://www.haaretz.com/middle-east-news/2022-09-16/ty-article/.premium/qatars-atm-for-the-palestinians-is-fed-by-the-war-in-ukraine/00000183-4085-d070-abef-e497b7780000)
120. https://www.un.org/unispal/document/auto-insert-194881/
121. »Iran to give Palestinian government $50 million«, *NBC News*, 16. April 2006 (https://www.nbcnews.com/id/wbna11100857)
122. Conal Urquhart, »Iran replaces EU as top Palestinian donor in Gaza City«, *The Guardian*, 15. Januar 2007 (https://www.theguardian.com/world/2007/jan/15/israel.iran)
123. Bernard Gwertzman, »Iran Supports Hamas, but Hamas Is No Iranian ›Puppet‹«, *Council of Foreign Relations*, 7. Januar 2009 (https://www.cfr.org/interview/iran-supports-hamas-hamas-no-iranian-puppet)
124. Jonathan Freedland, »Warning: Benjamin Netanyahu is walking right

into Hamas's trap«, *The Guardian*, 20. Oktober 2023 (https://www.theguardian.com/commentisfree/2023/oct/20/benjamin-netanyahu-hamas-israel-prime-minister)

125. Jamestown Foundation, *Shiite Militancy Makes Inroads in Sunni Gaza*, 17 June 2011, *Terrorism Monitor*, No. 24 (https://www.refworld.org/docid/4e3fdb7e2.html) [consulté le 18. September 2019]
126. Avi Issacharoff, »Hamas Brutally Assaults Shi'ite Worshippers in Gaza«, *Haaretz*, 17. Januar 2012.
127. »Iran Cuts Hamas Funding for Failing to Show Support for Assad«, *Reuters/ Haaretz*, 21. August 2011 (https://www.haaretz.com/2011-08-21/ty-article/iran-cuts-hamas-funding-for-failing-to-show-support-for-assad/0000017f-ecfa-dc91-a17f-fcffc83a0000)
128. https://www.telegraph.co.uk/news/2024/01/06/10m-reward-for-information-on-top-five-hamas-backers/
129. https://fr.wikipedia.org/wiki/Comité_de_bienfaisance_et_de_secours_aux_Palestiniens
130. John L. Peeke, »Jewish – Zionist Terrorism and the Establishment of Israel«, *Naval Postgraduate School Monterey CA*, 1977 (https://apps.dtic.mil/sti/pdfs/ADA047231.pdf)
131. https://www.eeas.europa.eu/eeas/israelpalestine-statement-spokesperson-latest-developments-west-bank_en
132. Jeffrey D. Simon, *The Terrorist Trap*, Indiana University Press, Bloomington, 1994.
133. *Convention pour la Prévention et la Répression du Terrorisme*, Société des Nations, 16. November 1937, N°C.546.M.383.1937.V.
134. *Compte rendu de la 29e session de la 6e Commission des Nations Unies*, 15. November 2000 (GA/L/3169).
135. »UN experts condemn Israel's designation of Palestinian human rights defenders as terrorist organisations«, *ohchr.org*, 25. Oktober 2021 (https://www.ohchr.org/en/press-releases/2021/10/un-experts-condemn-israels-designation-palestinian-human-rights-defenders
136. *Iran News*, rapporté par l'AFP, 30. September 2001.
137. https://www.amnesty.org/en/latest/news/2023/10/damning-evidence-of-war-crimes-as-israeli-attacks-wipe-out-entire-families-in-gaza/
138. https://casebook.icrc.org/case-study/israel-targeted-killings-case
139. https://www.amnesty.org/en/latest/news/2023/11/israel-opt-horrifying-cases-of-torture-and-degrading-treatment-of-palestinian-detainees-amid-spike-in-arbitrary-arrests/
140. https://www.ohchr.org/en/press-releases/2022/06/un-experts-condemn-israels-arbitrary-detention-and-conviction-palestinian
141. https://www.state.gov/foreign-terrorist-organizations/
142. https://bit.ly/2L6szt9
143. https://youtu.be/T2hr6hHyNTo

144. https://www.public.fr/News/Jean-Jacques-Bourdin-vire-de-RMC-apres-des-accusations-de-harcelement-sexuel-le-journaliste-se-dit-libere-1711956
145. Nathalie Segaunes, »Danièle Obono qualifie le Hamas de ›mouvement de résistance‹, Gérald Darmanin saisit la justice pour ›apologie du terrorisme‹«, *Le Monde*, 18. Oktober 2023 (https://www.lemonde.fr/politique/article/2023/10/18/daniele-obono-qualifie-le-hamas-de-mouvement-de-resistance-gerald-darmanin-saisit-la-justice-pour-apologie-du-terrorisme_6195084_823448.html)
146. https://www.dni.gov/nctc/ftos/hamas_fto.html
147. Der aus Rafah stammende Fathi Schakaki studierte Medizin. Er wurde am 26. Oktober 1995 auf Malta von einem Mossad-Kommando getötet.
148. »Introduction to the movement and its vision«, www.qudsway.com (cité par Human Rights Watch: https://www.hrw.org/reports/2002/isrl-pa/ISRAELPA1002-05.htm)
149. Ibrahim Hamidi, »Islamic Jihad reiterates possibility of end to attacks on civilians«, *Daily Star*, Beyrouth, 16. Mai 2002.
150. https://www.timesofisrael.com/islamic-jihad-warns-israel-of-war-if-civilians-killed-during-protests/
151. https://qudsnet.com/post/542001/كتائب-الناصر-تعلن-انطلاق-باكورة-العمل-الجهادي-في-الضفة
152. Matthew Levitt, »New Palestinian and Egyptian Designations Highlight Iran and the Muslim Brotherhood«, *The Washington Institute*, 31. Januar 2018 (https://www.washingtoninstitute.org/policy-analysis/new-palestinian-and-egyptian-designations-highlight-iran-and-muslim-brotherhood)
153. https://howiyapress.com/9451-2/
154. https://alkhanadeq.com/post.php?id=2349
155. https://alkhanadeq.com/post.php?id=4713
156. https://alkhanadeq.com/post/545/كتائب-شهداء-الأقصى-لمقاومة-عسكرية-في-الضفة
157. Die BAN hat angeblich seit 1959 einen südarabischen Zweig im Jemen.
158. Sie wird später zur *Demokratischen Front zur Befreiung Palästinas (DFLP)*.
159. https://www.state.gov/executive-order-13224/#state
160. *An-Nahar*, 25. Mai 2002.
161. Dov Lieber, »Powerful militant group in Gaza allegedly pledges allegiance to ISIS«, *The Jerusalem Post*, 11. September 2015 (https://www.jpost.com/Middle-East/ISIS-Threat/Powerful-militant-group-in-Gaza-allegedly-pledges-allegiance-to-ISIS-415869)
162. »From Jihad to Fasad«, *Dabiq Magazine*, No. 11, S. 27.
163. »Une explosion vise le siège de la sécurité du Hamas à Gaza«, *24 Heures/ATS*, 4. Mai 2015.
164. Diese Miliz wurde während des Aufstands gegen die syrische Regierung gegründet.
165. »The Yarmūk Camp«, *Dabiq Magazine*, n°9, Shaban 1436 (Mai 2015).
166. https://jcpa.org/hamas-raises-the-isis-banner-in-its-invasion-of-israel/

167. https://www.terrorism-info.org.il/ar/20094/
168. Conal Urquhart, »BBC reporter Alan Johnston freed in Gaza«, *The Guardian*, 4. Juli 2007 (https://www.theguardian.com/media/2007/jul/04/middleeastthemedia.israel2)
169. Dov Lieber, »Powerful militant group in Gaza allegedly pledges allegiance to ISIS«, *The Jerusalem Post*, 11. September 2015 (https://www.jpost.com/Middle-East/ISIS-Threat/Powerful-militant-group-in-Gaza-allegedly-pledges-allegiance-to-ISIS-415869)
170. https://www.dni.gov/nctc/ftos/army_of_islam_fto.html
171. »U.S., Britain, France block Russia bid to blacklist Syria rebels«, *Reuters*, 11. Mai 2016 (https://www.reuters.com/article/us-mideast-crisis-syria-sanctions-idUSKCN0Y22F8/)
172. Jonathan Fighel, »Tawhid and Jihad Legions in Palestine: A New Global Jihad Oriented Organization in Gaza«, *International Institute for Counter-Terrorism* (ICT), 22. Dezember 2008 (https://ict.org.il/tawhid-and-jihad-legions-in-palestine-a-new-global-jihad-oriented-organization-in-gaza/)
173. https://timep.org/2014/07/22/tawhid-wal-jihad/
174. https://www.aljazeera.net/politics/2021/5/28/غرفة-العمليات-المشتركة-للمقاومة-في

5. Die Operation Al-Aqsa-Flut

1. https://www.timesofisrael.com/final-text-of-jewish-nation-state-bill-set-to-become-law/
2. https://twitter.com/ExtSpoxEU/status/1719437318874927513
3. Yaniv Kubovich, Hagar Shezaf & Ido Efrati, »Four Israelis Killed, Four Wounded in West Bank Shooting Attack«, *Haaretz*, 20. Juni 2023 (https://www.haaretz.com/israel-news/2023-06-20/ty-article/at-least-1-israeli-wounded-in-suspected-west-bank-shooting/00000188-d8fb-d5fc-ab9d-dbfb7e9e0000)
4. Hagar Shezaf, Jack Khoury, Ben Samuels & Amir Tibon, »Palestinian Shot Dead as Dozens of Jewish Settlers Torch Homes, Vehicles in West Bank«, *Haaretz*, 21. Juni 2023 (https://www.haaretz.com/israel-news/2023-06-21/ty-article/.premium/dozens-of-jewish-settlers-set-fire-to-palestinian-homes-vehicles-in-west-bank-town/00000188-ddba-df52-a79d-ddbbf2310000)
5. Oren Ziv, »Palestinians recount settler, army torture amid surge in West Bank expulsions«, *+972 Magazine*, 30. Oktober 2023 (https://www.972mag.com/wadi-siq-settler-army-torture-expulsion-palestinians/)
6. Yuval Abraham, »Settlers take advantage of Gaza war to launch West Bank pogroms«, *+972 Magazine*, 13. Oktober 2023 (https://www.972mag.com/settler-attacks-west-bank-gaza-war/)
7. https://www.eeas.europa.eu/eeas/israelpalestine-statement-spokesperson-latest-developments-west-bank_en

8. Amir Tibon, »Low on Cash, UN Warns of Looming Humanitarian Disaster in Gaza. Israel Aware of Crisis ›For Weeks‹«, *Haaretz*, 31. Mai 2023 (https://www.haaretz.com/israel-news/2023-05-31/ty-article/.premium/low-on-cash-un-warns-of-humanitarian-crisis-in-gaza-israel-aware-of-crisis-for-weeks/00000188-71e6-d2d1-afbe-7defd48a0000)
9. Jack Khoury, »Five Days and 35 Dead Later, Back to the Hopeless Status Quo in Gaza«, *Haaretz*, 14. Mai 2023 (https://www.haaretz.com/israel-news/2023-05-14/ty-article/.highlight/back-to-the-hopeless-status-quo-in-gaza/00000188-16a7-d8d1-aff8-bef7e2f20000)
10. Jack Khoury, »Hamas Wary of Gaza Conflict With Israel, but Humanitarian Crisis May Lead to Flare-up«, *Haaretz*, 20. September 2023 (https://www.haaretz.com/middle-east-news/palestinians/2023-09-20/ty-article/.premium/hamas-seeks-to-prevent-escalation-on-gaza-border-by-quelling-protests/0000018a-b205-d818-afce-fa77e0dd0000)
11. Amos Harel, »Israel Hoped a Better Gaza Economy Would Quell Violence. Hamas Has Other Plans«, *Haaretz*, 28. September 2023 (https://www.haaretz.com/israel-news/2023-09-28/ty-article/.premium/economic-improvement-in-gaza-fails-to-stop-violent-resistance-against-israel/0000018a-d825-d476-abcf-fae734330000)
12. Dominic Waghorn, »Israel-Hamas war: ›We were treated like dogs‹ – released Palestinian prisoners complain of mistreatment«, *SKY News*, 27. November 2023 (https://news.sky.com/story/israel-hamas-war-we-were-treated-like-dogs-released-palestinian-prisoners-complain-of-mistreatment-13017228)
13. https://profidecatholica.com/2023/09/10/les-trumpistes-derriere-le-mystere-de-la-genisse-rousse-incineree-qui-conduira-a-lantechrist/
14. »The Israelis set for new Jewish temple on Al-Aqsa site«, *France 24*, 5. Juni 2023 (https://www.france24.com/en/live-news/20230605-the-israelis-set-for-new-jewish-temple-on-al-aqsa-site)
15. https://alkhanadeq.org.lb/post/6261/-تناك-ىصقألا-نافوط-برح-اذامل ةرظتنم-ةرورض
16. Crispian Balmer & Nidal Al-Mughrabi, »Hamas says Israel must rethink flag march or face violence«, *Reuters*, 26. Mai 2022 (https://www.reuters.com/world/middle-east/hamas-says-israel-must-rethink-flag-march-or-face-violence-2022-05-26/)
17. Jack Khoury, »Egyptian Mediators: Continued Jewish Ascent to Temple Mount Will Lead to Escalation«, *Haaretz*, 3. Oktober 2023 (https://archive.ph/MElOz)
18. Jack Khoury & Nir Hasson, »Palestinians Say Will Freeze Gaza Border Protests After Vowing to Resume Them Over Jews at Temple Mount«, *Haaretz*, 1. Oktober 2023 (https://www.haaretz.com/israel-news/2023-10-01/ty-article/.premium/palestinians-announce-resumption-of-gaza-border-protests/0000018a-eae3-dfa2-a99e-eaebcedc0000)
19. Amir Tibon, Jonathan Lis & Yaniv Kubovich, »Amid Border Escalation,

Netanyahu Gov't Weighs Aid to Calm Gaza for Sake of Israeli-Saudi Deal«, *Haaretz*, 2. Oktober 2023 (https://archive.ph/ZoTyM#selection-445.0-600.0)

20. Jack Khoury, »Egyptian Mediators: Continued Jewish Ascent to Temple Mount Will Lead to Escalation«, *Haaretz*, 3. Oktober 2023 (https://www.haaretz.com/israel-news/2023-10-03/ty-article/.premium/egyptian-mediators-continued-jewish-ascent-to-temple-mount-will-lead-to-escalation/0000018a-f474-d12f-afbf-f5751d620000)
21. https://www.lbcgroup.tv/uploadImages/ExtImages/Images2/Our Narrative-Operation Al-Aqsa Flood-Web_compressed (1).pdf
22. https://press.un.org/en/2012/ga11317.doc.htm
23. https://english.almayadeen.net/news/politics/hamas-head-announces-operation-al-aqsa-flood-responding-to-i
24. Ali Bou Jbara, »Palestinian Islamic Jihad: ›Al-Aqsa Flood was a preemptive strike against the enemy‹«, *The Cradle*, 30. Oktober 2023 (https://new.thecradle.co/articles/palestinian-islamic-jihad-al-aqsa-flood-was-a-preemptive-strike-against-the-enemy)
25. Abdelrahman Nassar, »Resistance threatens to take more Israeli captives if prisoner swap stalls«, *The Cradle*, 15. November 2021 (https://new.thecradle.co/articles/resistence-threatens-to-take-more-israeli-captives-if-prisoner-swap-stalls)
26. https://alkhanadeq.com/post.php?id=1659
27. Robert Inlakesh & Sharmine Narwani, »What really happened on 7th October?«, *The Cradle*, 24. Oktober 2023 (https://new.thecradle.co/articles/what-really-happened-on-7th-october)
28. https://www.israeldefense.co.il/node/54653
29. Victoria Beaule, »A detailed look at how Hamas secretly crossed into Israel«, ABC News, 12. Oktober 2023 (https://abcnews.go.com/International/detailed-hamas-secretly-crossed-israel/story?id=103917182)
30. Patrick Kingsley & Ronen Bergman, »The Secrets Hamas Knew About Israel's Military«, *The New York Times*, 13. Oktober 2023 (https://www.nytimes.com/2023/10/13/world/middleeast/hamas-israel-attack-gaza.html)
31. https://w.ynet.co.il/yediot/7-days/time-of-darkness?externalurl=true
32. Nataliya Vasilyeva, »Paragliding Hamas terrorists bring terror to streets of Israel«, *The Telegraph*, 7. Oktober 2023 (https://www.telegraph.co.uk/world-news/2023/10/07/israel-gaza-rockets-hamas-idf-tel-aviv-palestine/)
33. https://alkhanadeq.com/post/1797/عملية-الطائرات-الشراعية-مواجهة-مباشرة-في-معسكر-الاحتلال-
34. Amos Harel, »Failures Leading Up to the Hamas Attack That Changed Israel Forever«, *Haaretz*, 20. Oktober 2023 (https://www.haaretz.com/israel-news/2023-10-20/ty-article/.premium/underprepared-and-overconfident-israel-failed-to-spot-the-signs-of-impending-disaster/0000018b-4976-d03a-afcb-697edb020000)
35. https://twitter.com/Israel/status/1730953051609981300

36. https://youtu.be/gi-ESUGUUMk
37. Jacques Baud, *Vaincre le terrorisme djihadiste*, éditions Max Milo, Paris, 2022.
38. »›Mass Hannibal‹ – We killed Israelis on 7 October, says Israeli air force colonel«, *YouTube*, 5. Dezember 2023 (https://youtu.be/r63nmfbIUBA)
39. Maria Abi-Habib & Sheera Frenkel, »Where Is Hamas Getting Its Weapons? Increasingly, From Israel« *The New York Times*, 28. Januar 2024 (mis à jour 29. Januar 2024) (https://www.nytimes.com/2024/01/28/world/middleeast/israel-hamas-weapons-rockets.html)
40. https://twitter.com/EekadFacts/status/1744810655524212829
41. https://www.youtube.com/watch?v=939hSvcHoqM
42. https://youtu.be/mc5iG3DX7ho
43. »UN seeks Israel access for Hamas sexual violence investigation«, *France 24*, 6. Dezember 2023 (https://www.france24.com/en/live-news/20231206-un-seeks-israel-access-for-hamas-sexual-violence-investigation)
44. Neri Zilber, »Benjamin Netanyahu's allies turn on IDF over its October 7 inquiry plans«, *The Financial Times*, 5. Januar 2024 (https://www.ft.com/content/2dc0aa94-bc8e-4a48-90e3-d4fae91a0e52)
45. »Special Rapporteur Says Israel's Unlawful Carceral Practices in the Occupied Palestinian Territory Are Tantamount to International Crimes and Have Turned it into an Open-Air Prison«, *Office du Haut-Commissariat aux Droits de l'Homme*, 10. Juli 2023 (https://www.ohchr.org/en/news/2023/07/special-rapporteur-says-israels-unlawful-carceral-practices-occupied-palestinian)
46. https://alkhanadeq.com/post.php?id=1677
47. »Netanyahu on massive Hamas attack: ›We are at war‹«, *The Times of Israel*, 7. Oktober 2023 (https://www.timesofisrael.com/liveblog_entry/netanyahu-on-massive-hamas-attack-we-are-at-war/)
48. https://youtu.be/voXlir19xpA
49. https://youtu.be/GVUINzGxz8c?t=274
50. »I Asked Him How He Isn't Ashamed: 85-year-old Israeli Hostage Says She Confronted Hamas Chief Sinwar in Gaza Tunnel«, *Haaretz*, 29. November 2023 (https://www.haaretz.com/israel-news/2023-11-29/ty-article/85-year-old-freed-israeli-hostage-confronted-hamas-chief-sinwar-in-gaza-tunnel/0000018c-1ad5-d4e4-a1df-3edd611c0000)
51. https://youtu.be/gi-ESUGUUMk
52. https://www.kan.org.il/content/kan/kan-b/p-9969/
53. https://www.youtube.com/watch?v=gi-ESUGUUMk
54. https://youtu.be/fghF54maONw
55. https://www.france24.com/en/live-news/20231024-freed-israeli-says-beaten-by-abductors-then-well-treated-in-gaza
56. https://www.middleeastmonitor.com/20231128-israel-freed-captives-testify-to-being-treated-extremely-well-by-hamas/
57. »Pollard: Israel should've ›shut the mouths of hostage families‹«, *i24 News*,

23. November 2023 (https://www.i24news.tv/en/news/israel-at-war/1700759005-pollard-israel-should-ve-shut-the-mouths-of-hostage-families)

58. Anat Schwartz, »Apology, Tears and Terror: A Former Hostage Recounts a 7-Week Ordeal«, *The New York Times*, 15. Dezember 2023 (https://www.nytimes.com/2023/12/15/world/middleeast/hamas-israel-hostage.html)
59. https://www.trtworld.com/middle-east/freed-israeli-hostage-says-hamas-protected-them-during-israels-air-strikes-16374456
60. https://nypost.com/2023/11/28/news/danielle-aloni-letter-praising-hamas-is-propaganda-family/
61. https://forward.com/culture/571714/hostage-letter-danielle-aloni-hamas-morality/
62. »Israel: freed captives testify to being treated ›extremely well‹ by Hamas«, *Middle East Monitor*, 28. November 2023 (https://www.middleeastmonitor.com/20231128-israel-freed-captives-testify-to-being-treated-extremely-well-by-hamas/)
63. Uri Sella & Erez Harel, »What were Israeli hostages' conditions upon release from Gaza?«, *The Jerusalem Post*, 25. November 2023 (https://www.jpost.com/breaking-news/article-775018)
64. https://youtu.be/MRntn41zKek
65. Lucy Williamson, »Released Palestinians allege abuse in Israeli jails«, *BBC News*, 1. Dezember 2023 (https://www.bbc.com/news/world-middle-east-67581915)
66. https://www.youtube.com/watch?v=ZH7gVpNBaLY
67. Jay Gray & Doha Madani, »13-year-old Palestinian American was shot by Israeli soldiers and detained, his family says«, *NBC News*, 22. Dezember 2023 (https://www.nbcnews.com/news/world/13-year-old-palestinian-american-was-shot-israeli-soldiers-detained-fa-rcna130797)
68. Rebecca Armitage, »Is Stockholm syndrome a myth? The terrifying crime behind psychology's most famous – and dubious – term«, *abc News*, 22. August 2023 (https://www.abc.net.au/news/2023-08-23/is-stockholm-syndrome-a-myth/102738084)
69. https://www.aljazeera.com/news/2023/11/18/hamas-had-not-planned-to-attack-israel-music-festival-israeli-report-says
70. https://www.haaretz.co.il/news/politics/2023-11-18/ty-article/0000018b-e1a5-d168-a3ef-f5ff4d070000
71. https://twitter.com/muhammadshehad2/status/1725464800157749598
72. »Audition de M. Gilles Kepel sur la situation en Israël et dans les territoires palestiniens«, LCP – Assemblée nationale, 10. November 2023 (https://youtu.be/yUDaC2Z-JHg?t=1744)
73. https://www.youtube.com/watch?v=rD7NIotGbp8
74. »Israel Gaza: Hostages shot by IDF put out ›SOS‹ sign written with leftover food«, *BBC News*, 18. Dezember 2023 (https://www.bbc.com/news/world-middle-east-67745092)
75. Michael Rios, »Israeli military report reveals new failures in mission to re

scue mistakenly killed hostages«, *CNN*, 29. Dezember 2023 (https://edition.cnn.com/2023/12/29/middleeast/israel-hostages-killed-military-report-intl-hnk/index.html)

76. https://twitter.com/nicole_zedek/status/1711721433968111855
77. https://www.dailymotion.com/video/x8oqg9t
78. »New U.S. Poll Raises Questions about Americans' Support for Israel's War against Hamas«, *Jerusalem Center for Public Affairs*, 31. Dezember 2013 (https://jcpa.org/new-u-s-poll-raises-questions-about-americans-support-for-israels-war-against-hamas/)
79. https://edition.cnn.com/middleeast/live-news/israel-hamas-war-gaza-10-11-23/h_a63b0fd57f2df717147ea8e26a2f758c
80. https://twitter.com/anadoluagency/status/1711812910035407131
81. Alice Speri, »›Beheaded Babies‹ Report Spread Wide and Fast – but Israel Military Won't Confirm It«, *The Intercept*, 11. Oktober 2023 (https://theintercept.com/2023/10/11/israel-hamas-disinformation/)
82. Farrah Tomazin, »White House walks back Biden's claims over Hamas baby beheadings«, *The Sidney Morning Herald*, 12. Oktober 2023 (https://www.smh.com.au/world/north-america/white-house-walks-back-biden-s-claims-over-hamas-baby-beheadings-20231012-p5ebob.html)
83. https://twitter.com/OrenZiv_/status/1712039990610260177
84. Joshua Zitser, »IDF says it won't back up its claim that Hamas decapitated babies in Israel because it is ›disrespectful for the dead‹«, *Business Insider*, 11. Oktober 2023 (https://web.archive.org/web/20231011205950/https://www.businessinsider.com/idf-says-wont-back-up-beheaded-babies-disrespectful-2023-10)
85. Mehmet Solmaz & Enes Calli, »Despite refutations from Israeli military, headlines that Hamas ›beheaded babies‹ persist«, *Anadolu*, 11. Oktober 2023 (mis à jour 12. Oktober 2023) (https://www.aa.com.tr/en/middle-east/despite-refutations-from-israeli-military-headlines-that-hamas-beheaded-babies-persist/3016167)
86. https://www.rts.ch/play/tv/-/video/-?urn=urn:rts:video:14383406&startTime=330
87. https://www.timesofisrael.com/14-kids-under-10-25-people-over-80-up-to-date-breakdown-of-oct-7-victims-we-know-about/
88. https://www.rts.ch/play/tv/-/video/-?urn=urn:rts:video:14383466&startTime=40
89. https://www.rts.ch/info/monde/14381098-le-hamas-affirme-avoir-libere-une-otage-et-ses-deux-enfants.html
90. Etgar Lefkovits, »Three generations wiped out by Hamas in Kibbutz Be'eri«, *Jewish News Syndicate*, 23. Oktober 2023 (https://www.jns.org/three-generations-wiped-out-by-hamas-in-kibbutz-beeri/)
91. https://youtu.be/bEv4-IJsl9k?t=414
92. Mattias Gardell, »Crusader Dreams: Oslo 22/7, Islamophobia, and the

Quest for a Monocultural Europe«, *Terrorism and Political Violence,* 26:129–155, 2014.

93. https://www.tf1info.fr/justice-faits-divers/en-direct-proces-warda-anwar-influenceuse-ironisant-sur-la-mort-d-un-bebe-dans-un-four-israel-hamas-jugee-a-paris-aujourd-hui-2277029.html
94. https://www.jpost.com/israel-news/article-772181
95. https://youtu.be/fX5s5yIdzS8?t=366
96. https://www.altnews.in/2018-mexico-video-falsely-viral-as-hamas-killing-pregnant-woman-unborn-child/
97. Nir Hasson, Liza Rozovsky, »Hamas Committed Documented Atrocities. But a Few False Stories Feed the Deniers«, *Haaretz,* 4. Dezember 2023 (https://www.haaretz.com/israel-news/2023-12-04/ty-article-magazine/.premium/hamas-committed-documented-atrocities-but-a-few-false-stories-feed-the-deniers/0000018c-34f3-da74-afce-b5fbe24f0000)
98. https://www.ynet.co.il/articles/0,7340,L-3046198,00.html
99. https://www.the7eye.org.il/29123
100. Judith Levine, »There Was No Cover-Up of Hamas's Sexual Violence on October 7«, *The Intercept,* 24. Dezember 2023 (https://theintercept.com/2023/12/24/feminism-sexual-violence-hamas-israel/)
101. Commission of Inquiry collecting evidence of war crimes committed by all sides in Israel and Occupied Palestinian Territories since 7. Oktober 2023, Vereinte Nationen, 10. Oktober 2023 (https://www.ohchr.org/en/press-releases/2023/10/commission-inquiry-collecting-evidence-war-crimes-committed-all-sides-israel)
102. https://www.ohchr.org/en/hr-bodies/hrc/co-israel/call-submissions-international-crimes-7-october-2023
103. https://www.unwomen.org/en/news-stories/statement/2023/10/un-women-statement-on-the-situation-in-israel-and-the-occupied-palestinian-territory
104. https://www.unwomen.org/sites/default/files/2023-10/un-women-rapid-assessment-and-humanitarian-response-in-the-occupied-palestinian-territory-en.pdf
105. Ruth Michaelson, Julian Borger & Emine Sinmaz, »Netanyahu rejected ceasefire-for-hostages deal in Gaza, sources say«, *The Guardian,* 9. November 2023 (https://www.theguardian.com/world/2023/nov/09/netanyahu-rejected-ceasefire-for-hostages-deal-in-gaza-sources-say)
106. Bethan McKernan, »Israel women's groups warn of failure to keep evidence of sexual violence in Hamas attacks«, *The Guardian,* 10. November 2023 (https://www.theguardian.com/world/2023/nov/10/israel-womens-groups-warn-of-failure-to-keep-evidence-of-sexual-violence-in-hamas-attacks)
107. https://www.ynet.co.il/news/article/yokra13660087#autoplay
108. https://www.cnn.com/2023/11/17/world/israel-investigates-sexual-violence-hamas/index.html

109. Carrie Keller-Lynn, »Amid war and urgent need to ID bodies, evidence of Hamas's October 7 rapes slips away«, *The Times of Israel*, 9. November 2023 (https://www.timesofisrael.com/amid-war-and-urgent-need-to-id-bodies-evidence-of-hamass-october-7-rapes-slips-away/)
110. Jeffrey Gettleman, Anat Schwartz & Adam Sella, »›Screams Without Words‹: How Hamas Weaponized Sexual Violence on Oct. 7«, *The New York Times*, 28. Dezember 2023 (https://www.nytimes.com/2023/12/28/world/middleeast/oct-7-attacks-hamas-israel-sexual-violence.html)
111. https://www.ynet.co.il/news/article/hyfwvej006
112. Daniel Boguslaw & Ryan Grim, »New York Times Puts ›Daily‹ Episode on Ice Amid Internal Firestorm Over Hamas Sexual Violence Article«, *The Intercept*, 28. Januar 2024 (https://theintercept.com/2024/01/28/new-york-times-daily-podcast-camera/)
113. Jeffrey Gettleman, Anat Schwartz & Adam Sella, »Screams Without Words: How Hamas Weaponized Sexual Violence on Oct. 7«, *The New York Times*, 28. Dezember 2023 (mis à jour 25. Januar 2024) (https://www.nytimes.com/2023/12/28/world/middleeast/oct-7-attacks-hamas-israel-sexual-violence.html)
114. https://www.haaretz.co.il/news/law/2024-01-04/ty-article/.premium/0000018c-d3e4-ddba-abad-d3e502980000?gift=0d660f6ae8134267b732f295253d7d35
115. https://thegrayzone.com/2024/01/10/questions-nyt-hamas-rape-report/
116. https://www.francetvinfo.fr/monde/europe/manifestations-en-ukraine/guerre-en-ukraine-apres-le-massacre-de-boutcha-les-temoignages-glacants-des-victimes-de-viols-commis-par-l-occupant-russe_5145007.htm
117. https://www.rts.ch/audio-podcast/2022/audio/multiplication-des-accusations-de-viols-en-ukraine-interview-de-lea-rose-stoian-25813937.html
118. https://hromadske.ua/posts/deputati-zibrali-pidpisi-za-vidstavku-ombudsmenki-denisovoyi-vona-nazivaye-mozhlive-zvilnennya-nezakonnim
119. https://www.ukrinform.fr/rubric-ato/3496821-la-commissaire-aux-droits-de-lhomme-ukrainienne-demise-de-ses-fonctions.html

6. Die israelische Antwort – Die Operation Eiserne Schwerter

1. Emanuel Fabian, »Israel sets out 3 phases of war; will seek new ›security regime‹ once Hamas vanquished«, *The Times of Israel*, 20. Oktober 2023 (https://www.timesofisrael.com/gallant-says-after-hamas-vanquished-israel-will-seek-new-security-regime-in-gaza/)
2. https://youtu.be/C27c31qr9A8
3. »Hamas »far from collapsing« in north Gaza: Israeli media«, *The Cradle*, 27. November 2023 (https://new.thecradle.co/articles-id/13815)
4. »Hamas armed wing: More than 60 hostages are missing due to Israeli airstrikes«, *Reuters*, 4. November 2023 (https://www.reuters.com/world/

middle-east/hamas-armed-wing-more-than-60-hostages-are-missing-due-israeli-airstrikes-2023-11-04/)
5. Najib Jobain, Julia Frankel & Jack Jeffery, »Israeli defense minister lays out vision for next steps of Gaza war ahead of Blinken visit«, *Associated Press*, 5. Januar 2024 (https://apnews.com/article/israel-hamas-war-news-01-03-2024-3b77b0c36bf2cd9922b7a484234bef5f)
6. Helene Cooper, Adam Entous & Eric Schmitt, »U.S. Raises Concerns About Israel's Plan of Action in Gaza, Officials Say«, *The New York Times*, 23. Oktober 2023 (mis à jour 31. Oktober 2023) (https://www.nytimes.com/2023/10/23/us/politics/israel-us-gaza-invasion.html)
7. Emanuel Fabian, »Defense minister announces ›complete siege‹ of Gaza: No power, food or fuel«, *The Times of Israel*, 9. Oktober 2023 (https://www.timesofisrael.com/liveblog_entry/defense-minister-announces-complete-siege-of-gaza-no-power-food-or-fuel/)
8. https://www.jewishvirtuallibrary.org/remarks-by-himmler
9. Paul Brown & Jemimah Herd, »Strike on civilian convoy fleeing Gaza: What we know from verified video«, *BBC News*, 16. Oktober 2023 (https://www.bbc.com/news/world-middle-east-67114281)
10. »Cisjordanie : un commando israélien tue trois membres du Hamas et du Jihad islamique dans un hôpital«, *franceinfo / AFP*, 30. Januar 2024 (https://www.francetvinfo.fr/monde/proche-orient/israel-palestine/cisjordanie-occupee-trois-terroristes-palestiniens-tues-dans-un-raid-israelien-sur-un-hopital_6334144.html)
11. Emanuel Fabian, »IDF releases new intel detailing Hamas use of Gaza hospitals for terror purposes«, *The Times of Israel*, 5. November 2023 (https://www.timesofisrael.com/idf-releases-new-intel-detailing-hamas-use-of-gaza-hospitals-for-terror-purposes/)
12. »IDF says Hamas using Indonesian Hospital to hide terror base; Jakarta pushes back«, *AFP/The Times of Israel*, 7. November 2023 (https://www.timesofisrael.com/jakarta-pushes-back-as-idf-says-hamas-using-indonesian-hospital-to-hide-terror-base/)
13. https://english.iswnews.com/31150/israel-or-palestinian-resistance-who-is-responsible-for-air-strike-on-al-ahli-arab-hospital/
14. https://www.facebook.com/IsraelinSwitzerland/videos/idf-spokespersonfrom-the-analysis-of-the-operational-systems-of-the-idf-an-enemy/1312447709392892/
15. https://www.rts.ch/info/monde/14396268-des-centaines-de-victimes-suite-a-une-frappe-sur-un-hopital-de-gaza-annonce-le-hamas.html
16. https://twitter.com/Israel/status/1714371894521057737?lang=en
17. »Deleted Israeli Video Adds to Confusion Around Gaza Hospital Blast«, *Newsweek*, 17. Oktober 2023 (mis à jour 18. Oktober 2023) (https://www.newsweek.com/deleted-israeli-video-adds-confusion-around-gaza-hospital-blast-1835596)
18. »Anglican-run al-Ahli Arab Hospital in Gaza damaged by Israeli rocket

fire as war continues«, *Anglican Communion News Service*, 16. Oktober 2023 (https://www.anglicannews.org/news/2023/10/anglican-run-al-ahli-arab-hospital-in-gaza-damaged-by-israeli-rocket-fire-as-conflict-continues.aspx)
19. https://www.channel4.com/news/who-was-behind-the-gaza-hospital-blast-visual-investigation
20. https://apnews.com/article/israel-palestinians-gaza-hospital-explosion-3d255725997c4e2757372b3ee2fc8859
21. https://www.who.int/news/item/14-10-2023-evacuation-orders-by-israel-to-hospitals-in-northern-gaza-are-a-death-sentence-for-the-sick-and-injured
22. https://youtu.be/nEe8pawDMBo
23. https://youtu.be/wVk7c125pMM
24. https://twitter.com/IDFSpokesperson/status/1714541413944250869
25. https://twitter.com/Channel4News/status/1715437877604049094
26. Kevin Liptak, »White House says intelligence shows Hamas using al-Shifa hospital for command node, storing weapons«, *CNN*, 14. November 2023 (https://edition.cnn.com/2023/11/14/politics/white-house-hamas-al-shifa/index.html)
27. https://www.tabletmag.com/sections/news/articles/top-secret-hamas-command-bunker-in-gaza-revealed
28. https://www.nytimes.com/2009/01/11/world/middleeast/11hamas.html
29. https://www.wnd.com/2014/07/hamas-leaders-believed-hunkered-underneath-gaza-hospital/
30. Louisa Loveluck, Evan Hill, Jonathan Baran, Jarrett Ley & Ellen Nakashima, »The case of al-Shifa: Investigating the assault on Gaza's largest hospital«, *The Washington Post*, 21. Dezember 2023 (https://www.washingtonpost.com/world/2023/12/21/al-shifa-hospital-gaza-hamas-israel/)
31. https://youtu.be/nJGwggFlyVI?t=42
32. https://www.rts.ch/play/tv/-/video/-?urn=urn:rts:video:14475793&startTime=838
33. https://www.youtube.com/watch?v=I4nIQPQIgvw
34. https://youtu.be/TUeZ5HKSfIo
35. https://twitter.com/i24NEWS_EN/status/1725034772760498244
36. Louisa Loveluck, Evan Hill, Jonathan Baran, Jarrett Ley & Ellen Nakashima, »The case of al-Shifa: Investigating the assault on Gaza's largest hospital«, *The Washington Post*, 21. Dezember 2023 (https://www.washingtonpost.com/world/2023/12/21/al-shifa-hospital-gaza-hamas-israel/)
37. https://youtu.be/QFmYWkquozk
38. https://youtu.be/nQ-CxCEELmQ
39. https://youtu.be/5edJmnbeoho
40. Nidal Al-Mughrabi & Trevor Hunnicutt, »U.S. backs claim Hamas uses Gaza hospitals as military cover amid hopes for hostages' release«, *Reuters*,

15. November 2023 (https://www.reuters.com/world/middle-east/biden-says-gaza-hospitals-must-be-protected-2023-11-14/)

41. »Israel-Gaza war: US says Hamas has command centre under Al-Shifa hospital«, *BBC News*, 14. November 2023 (https://www.bbc.com/news/world-middle-east-67414091)
42. Sarah Kolinovsky, »White House denies US OK'd Israeli raid on Al Shifa Hospital in Gaza«, *ABC News*, 15. November 2023 (https://abcnews.go.com/Politics/white-house-denies-us-okd-israeli-raid-al/story?id=104916260)
43. »IDF says Hamas using Indonesian Hospital to hide terror base; Jakarta pushes back«, *The Times of Israel*, 7. November 2023 (https://www.timesofisrael.com/jakarta-pushes-back-as-idf-says-hamas-using-indonesian-hospital-to-hide-terror-base/)
44. Emanuel Fabian, »IDF trial of flooding Hamas tunnels with seawater proves successful, ToI to«, *The Times of Israel*, 15. Dezember 2023 (https://www.timesofisrael.com/idf-trial-of-flooding-hamas-tunnels-with-seawater-proves-successful-toi-told/)
45. »WSJ: 80 % of Hamas tunnel system reMains intact«, *i24NEWS/Israel Hayom*, 28. Januar 2024 (https://www.israelhayom.com/2024/01/28/wall-street-journal-80-of-hamas-tunnel-system-reMains-intact/)
46. https://youtu.be/9IwwSNLaRtw
47. https://www.youtube.com/shorts/KjBCcjb9PG4
48. »WSJ: 80% of Hamas tunnel system reMains intact«, *Israel Hayom*, 28. Januar 2024 (https://www.israelhayom.com/2024/01/28/wall-street-journal-80-of-hamas-tunnel-system-reMains-intact/)
49. Yonah Jeremy Bob & Gadi Zaig, »IDF, Shin Bet chiefs visit tunnels in heart of Khan Yunis«, *The Jerusalem Post*, 6. Januar 2024 (https://www.jpost.com/israel-hamas-war/article-781089)
50. https://www.timesofisrael.com/authorities-name-44-soldiers-30-police-officers-killed-in-hamas-attack/
51. https://alkhanadeq.org.lb/post/6364/غيض-من-فيض-الفشل-المتراكم-لجيش-الاحتلال
52. »Israel's military spokesperson says Hamas has lost control in northern Gaza«, *Reuters*, 8. November 2023 (https://www.reuters.com/world/middle-east/israels-military-spokesperson-says-hamas-has-lost-control-northern-gaza-2023-11-08/)
53. »Hamas command in north Gaza destroyed, Israel says«, *BBC*, 7. Januar 2024 (https://www.bbc.com/news/world-middle-east-67904259)
54. »Hamas moves to reassert power in Gaza City areas from which Israeli forces withdrew«, *The Times of Israel*, 3. Februar 2024 (https://www.timesofisrael.com/hamas-moves-to-reassert-power-in-gaza-city-areas-from-which-israeli-forces-withdrew/)
55. https://www.understandingwar.org/backgrounder/iran-update-february-6-2024

56. https://www.cbsnews.com/news/frank-mckenzie-former-chief-central-command-face-the-nation-transcript/
57. Yonah Jeremy Bob, »Israel defeats Hamas in Khan Yunis, over 10,000 Gazan terrorists killed«, *The Jerusalem Post*, 1. Februar 2024 (https://www.jpost.com/israel-hamas-war/article-784787)
58. https://www.youtube.com/shorts/XoABM-HylV4?feature=share
59. James SHOTTER, »Israel demolishes buildings to create buffer zone within Gaza«, *Financial Times*, 24. Januar 2024 (https://www.ft.com/content/0694ab13-a291-4b4a-81c2-53ec91ae1cad)
60. »Biden calls Israeli response in Gaza ›over the top‹, strikes on Houthis, Rafah bombing«, Euronews/AP, 9. Februar 2024 (https://www.euronews.com/2024/02/09/israel-pounds-rafah-with-air-strikes-as-biden-calls-response-over-the-top)
61. »The hub of all power and movement upon which everything depends; that characteristic, capability, or location from which enemy and friendly forces derive their freedom of action, physical strength, or the will to fight.« *Glossary*, FM 100-5 (auf Deutsch: *Schwerpunkt*). Man findet ebenfalls: »... characteristic(s), capability(ies), or locality(ies) from which a nation, an alliance, a military force or other grouping derives its freedom of action, physical strength, or will to fight.« Office of the Joint Staff, *DOD Dictionary of Military and Associated Terms*, Joint Publication 1-02 (Washington DC, 1984) S. 188.
62. https://harvardharrispoll.com/wp-content/uploads/2023/12/HHP_Dec23_KeyResults.pdf
63. Tony Czuczka, »Biden's Support of Israel Alienates More Democrats in New Poll«, *Bloomberg*, 10. Dezember 2023 (https://www.bloomberg.com/news/articles/2023-12-10/biden-s-support-of-israel-alienates-more-democrats-in-new-poll)
64. Raphaël Jerusalmy, »The first mission in Gaza is to rescue the hostages«, *i24news*, 9. Oktober 2023 (mis à jour 10. Oktober 2023) (https://www.i24news.tv/en/news/israel-at-war/1696834325-analysis-the-first-mission-in-gaza-is-to-rescue-the-hostages)
65. Andrew Rettman, »Israel's siege of Gaza is illegal, EU says«, *EU Observer*, 10. Oktober 2023 (https://euobserver.com/world/157534)
66. https://www.nytimes.com/live/2024/02/09/world/israel-hamas-war-gaza-news#us-intelligence-officials-tell-congress-that-israel-is-not-close-to-eliminating-hamas
67. Chantal Da Silva, »Nearly one-fifth of Israeli soldiers killed in Gaza died due to friendly fire and other accidents, IDF says«, *NBC News*, 12. Dezember 2023 (https://www.nbcnews.com/news/world/nearly-15-israeli-soldiers-killed-gaza-died-due-friendly-fire-accident-rcna129285)
68. Ran Reznik, »The mental health crisis in the war is the most serious in Israeli history«, *Israel Hayom*, 5. November 2023 (https://www.israelhayom.

com/2023/11/05/the-mental-health-crisis-in-the-war-is-the-most-serious-in-israeli-history/)
69. Josh Kaplan, »Why elite Israeli combat pilots are refusing to serve until judicial reforms are abandoned«, *The Jewish Chronicle*, 21. September 2021 (https://www.thejc.com/news/why-elite-israeli-combat-pilots-are-refusing-to-serve-until-judicial-reforms-are-abandoned-hi81j9e1)
70. »Outrage as far-right minister suggests some pilots refusing air support for Gaza troops«, *The Times of Israel*, 31. Dezember 2023 (https://www.timesofisrael.com/outrage-after-far-right-minister-suggests-some-pilots-refusing-to-support-gaza-troops/)
71. https://www.timesofisrael.com/israel-revises-death-toll-from-oct-7-hamas-assault-dropping-it-from-1400-to-1200/
72. https://twitter.com/IsraelinUSA/status/1731131639089041788
73. https://www.aa.com.tr/en/middle-east/2-more-israeli-soldiers-killed-in-gaza-bringing-troop-deaths-to-7-in-one-day/3074133
74. https://hasbaraisrael.com/
75. https://youtu.be/H6CEKVSjg70
76. https://youtu.be/vYT7FEEGq5A
77. https://france3-regions.francetvinfo.fr/provence-alpes-cote-d-azur/alpes-maritimes/nice/christian-estrosi-vise-par-une-plainte-pour-avoir-accuse-les-medias-de-diffuser-les-images-d-un-faux-bebe-mort-a-gaza-2888390.html
78. https://www.altnews.in/4-yr-old-killed-in-gaza-israel-govt-falsely-claims-video-shows-a-doll-not-a-child/
79. https://www.lemonde.fr/les-decodeurs/article/2023/12/16/pallywood-en-plein-carnage-a-gaza-le-mythe-des-fausses-morts-palestiniennes_6206188_4355770.html
80. Aileen Graef, »Pelosi faces criticism for suggesting some pro-Palestinian protesters are connected to Russia«, *CNN*, 28. Januar 2024 (https://www.cnn.com/2024/01/28/politics/pelosi-criticism-palestinian-gaza-protests-russia/index.html)
81. https://www.instagram.com/mertaloba/p/CoF5FocrvG4/?img_index=1
82. https://www.anews.com.tr/gallery/world/facebook-and-instagram-censor-images-of-released-hostages-and-hamas-members
83. Jonathan Lis, Yael Freidson & Michael Hauser Tov, »Freed Israeli Hostage's Remarks Seen by Government Officials as Damaging to Israeli Interests«, *Haaretz*, 24. Oktober 2023 (https://www.haaretz.com/israel-news/2023-10-24/ty-article/.premium/freed-hostages-remarks-were-seen-by-government-as-damaging-to-israeli-interests/0000018b-628c-d288-afef-f2dc7ad60000)
84. https://www.gov.il/en/departments/news/ironswords231020233
85. https://www.noor-book.com/en/ebook-%D8%B1%D9%85%D8%B2%D9%8A-%D9%8A%D9%88%D8%B3%D9%81-pdf
86. »IDF says it ran unauthorized ›72 Virgins – Uncensored‹ Telegram chan-

nel«, *The Jerusalem Post*, 6. Februar 2024 (https://www.jpost.com/israel-hamas-war/article-785378)

87. Yaniv Kubovich, »Israeli Army Admits Running Unauthorized Graphic Gaza Influence Op«, *Haaretz*, 4. Februar 2024 (https://www.haaretz.com/israel-news/security-aviation/2024-02-04/ty-article/.premium/israeli-army-its-admits-staff-was-behind-graphic-gaza-telegram-channel/0000018d-70b4-dd6e-a98d-f4b6a9c00000)
88. »›Roaches to Be Exterminated‹: Israel Military Admits Running Racist Telegram Group Against Palestinians«, *The Wire*, 8. Februar 2024 (https://thewire.in/world/roaches-to-be-exterminated-israel-military-admits-running-racist-telegram-group-against-palestinians)
89. https://www.euronews.com/my-europe/2023/12/04/fact-check-did-hamas-create-a-website-boasting-about-massacring-israeli-civilians
90. https://www.gov.il/BlobFolder/news/8swordsofiron101023/en/operation Swords of Iron.pdf
91. »Journalist casualties in the Israel-Gaza war«, *Committee to Protect Journalists*, 2. Februar 2024 (https://cpj.org/2024/02/journalist-casualties-in-the-israel-gaza-conflict/)
92. »Israeli military says it can't guarantee journalists' safety in Gaza«, *Reuters*, 28. Oktober 2023 (https://www.reuters.com/world/middle-east/israeli-military-says-it-cant-guarantee-journalists-safety-gaza-2023-10-27/)
93. https://www.liberation.fr/checknews/victimes-des-bombardements-sur-gaza-peut-on-encore-faire-confiance-aux-chiffres-du-hamas-20231021_XDGED3XCTRGTTPYWU3AUTUHTSU/
94. https://www.francetvinfo.fr/monde/proche-orient/israel-palestine/guerre-entre-le-hamas-et-israel-les-chiffres-sur-le-nombre-de-victimes-a-gaza-sont-ils-fiables_6149955.html
95. https://www.la-croix.com/international/Morts-Gaza-peut-fier-chiffres-Hamas-2023-10-20-1201287694
96. https://www.washingtoninstitute.org/policy-analysis/how-hamas-manipulates-gaza-fatality-numbers-examining-male-undercount-and-other
97. Anne-Laure de Chalup, »Guerre Israël-Hamas: fake news, manipulation … pourquoi la fiabilité des informations est un enjeu majeur du conflit«, *La Dépêche*, November 2023 (https://www.ladepeche.fr/2023/11/01/guerre-israel-hamas-fake-news-manipulation-pourquoi-la-fiabilite-des-informations-est-un-enjeu-majeur-du-conflit-11551309.php)
98. https://youtu.be/h42Nm05zF-w
99. https://www.bfmtv.com/replay-emissions/c-est-pas-tous-les-jours-dimanche/caroline-fourest-nous-avons-800-actes-antisemites-depuis-le-7-Oktober-29-10_VN-202310290362.html
100. https://www.rts.ch/info/monde/14422799-parfois-mis-en-doute-les-bilans-de-victimes-publies-par-le-hamas-resteraient-globalement-fiables.html

101. https://www.rtbf.be/article/guerre-israel-gaza-les-chiffres-des-victimes-a-gaza-non-recoupes-une-premiere-dans-lhistoire-du-conflit-11277724
102. Akbar Shahid Ahmed, »Biden Cast Doubt On Gaza's Death Statistics – But Officials Cite Them Internally«, *The Huffington Post*, 26. Oktober 2023 (https://www.huffpost.com/entry/joe-biden-gaza-death-toll-state-department_n_653a80f3e4b0783c4ba0491f)
103. Vivian Salama, »State Department Says Gaza Death Toll Could Be Higher Than Reported«, *The Wall Street Journal*, 11. November 2023 (https://www.wsj.com/livecoverage/israel-hamas-war-gaza-strip-2023-11-08/card/state-department-warns-gaza-death-toll-could-be-higher-than-reported-RWmIIiwHT4DfsOaJrZji)
104. Benjamin Q Huynh, Elizabeth T Chin & Paul B Spiegel, »No evidence of inflated mortality reporting from the Gaza Ministry of Health«, *The Lancet*, 6. Dezember 2023 (DOI: https://doi.org/10.1016/S0140-6736(23)02713-7) (https://www.thelancet.com/journals/lancet/article/PIIS0140-6736(23)02713-7/fulltext)
105. Zeina Jamaluddine, Francesco Checchi & Oona M R Campbell, »Excess mortality in Gaza: Oct 7–26, 2023«, *The Lancet*, 26. November 2023 (https://doi.org/10.1016/S0140-6736(23)02640-5)
106. Dominic Waghorn, »Israel-Hamas war: ›We were treated like dogs‹ – released Palestinian prisoners complain of mistreatment«, *SKY News*, 27. November 2023 (https://news.sky.com/story/israel-hamas-war-we-were-treated-like-dogs-released-palestinian-prisoners-complain-of-mistreatment-13017228)
107. https://www.israelhayom.co.il/news/geopolitics/palestinians/article/15020647?utm_source=ground.news&utm_medium=referral
108. https://www.un.org/unispal/document/auto-insert-184801/
109. https://www.un.org/unispal/document/auto-insert-184801/
110. https://academic.oup.com/ejil/article-pdf/16/5/963/1337361/chi152.pdf
111. »Guerre Israël-Hamas: ›La position de la France, je ne la reconnais pas‹, assure Zineb El Rhazoui«, *LCI/YouTube*, 18. November 2023 (https://youtu.be/uJAGHp4r3zQ)
112. Antoine Hasday, »La pensée djihadiste décryptée«, *slate.fr*, 6. November 2017.
113. Bill Roggio, »NATO command touts body count of ›Taliban irreconcilables‹«, *The Long War Journal*, 23. Juli 2018.
114. »G5 Sahel: quelques succès militaires de Barkhane au milieu du chaos terroriste«, *France* 24, 15. Februar 2021.
115. »Magnificent Storyteller Soldier Reveals What He Saw In Vietnam«, *YouTube*, 19. Juli 2018, https://youtu.be/tixOyiR8B-8
116. Jim Garamone, »Directive re-emphasizes protecting Afghan civilians«, *American Forces Press Service*, 6. Juli 2009, www.af.mil/News/Article-Display/Article/119831/directive-re-emphasizes-protecting-afghan-civilians/
117. Zusatzprotokoll zu den Genfer Konventionen vom 12. August 1949 zum

Schutz der Opfer von internationalen bewaffneten Konflikten (Zusatzprotokoll I), 8. Juni 1977.

118. https://casebook.icrc.org/a_to_z/glossary/civilian-population
119. Zusatzprotokoll I
120. »Report of the Commission of Inquiry on Lebanon pursuant to Human Rights Council Resolution S-2/1«, *OHCHR*, 10. November 2006 (https://reliefweb.int/attachments/7d8261ec-f104-3a5e-a938-c3995d4edd47/C029ECF988517AFB4925722E0007C627-ohchr-lbn-10nov.pdf)
121. https://treaties.un.org/Pages/ViewDetails.aspx?src=TREATY&mtdsg_no=XXVI-2&chapter=26&clang=_fr
122. Philibert Slibert & Marija Ristic, »Israel/OPT: Identifying the Israeli army's use of white phosphorus in Gaza«, *Amnesty international*, 13. Oktober 2023 (https://citizenevidence.org/2023/10/13/israel-opt-identifying-the-israeli-armys-use-of-white-phosphorus-in-gaza/)
123. Tamara Qiblawi, Allegra Goodwin, Gianluca Mezzofiore & Nima Elbagir, »›Not seen since Vietnam‹: Israel dropped hundreds of 2,000-pound bombs on Gaza, analysis shows«, *CNN*, 22. Dezember 2023 (https://edition.cnn.com/gaza-israel-big-bombs/index.html)
124. Adam Entous, Eric Schmitt & Julian E. Barnes, »U.S. Officials Outline Steps to Israel to Reduce Civilian Casualties«, *The New York Times*, 4. November 2023 (https://www.nytimes.com/2023/11/04/us/politics/israel-gaza-deaths-bombs.html)
125. William Christou, Alex Horton & Meg Kelly, »Israel used U.S.-supplied white phosphorus in Lebanon attack«, *The Washington Post*, 11. Dezember 2023 (https://www.washingtonpost.com/investigations/2023/12/11/israel-us-white-phosphorus-lebanon/)
126. »Israeli occupation soldiers kill Palestinian kids for fun, – Israeli soldiers cheer after shooting a Palestinian protester in the village of Madama«, *B'Tselem/YouTube*, 24. April 2018.
127. Amira Hass, »Broken Bones and Broken Hopes«, *Haaretz*, 4. November 2005. (https://www.haaretz.com/2005-11-04/ty-article/broken-bones-and-broken-hopes/0000017f-f6e1-d47e-a37f-fffda3b20000)
128. https://www.mako.co.il/pzm-magazine/Article-90031632ea98971027.htm?Partner=rss
129. https://youtu.be/mw83eoV8xd4?t=708
130. Stephen Farrell & Richard Beeston, »Out of the desert darkness came Hellfire«, *The Times*, 23. März 2004 (https://www.thetimes.co.uk/article/out-of-the-desert-darkness-came-hellfire-3pnc2ll7rg7)
131. Clémence Labasse, »Conflit en Syrie Un colonel français critique la stratégie militaire de la Coalition«, *La Voix du Nord*, 16. Februar 2019.
132. Jacques Baud, *La Guerre asymétrique ou la Défaite du vainqueur*, Éditions du Rocher, Monaco, 2003.
133. *Inspire Magazine*, No. 8, Fall 2011, S. 42.
134. https://www.youtube.com/watch?v=VSlhB9X_cCY

135. Carrie KELLER-LYNN & Jacob MAGID, »There are 2 million Nazis‘ in West Bank, says far-right Finance Minister Smotrich«, *The Times of Israel*, 28. November 2023 (https://www.timesofisrael.com/there-are-2-million-nazis-in-west-bank-says-far-right-finance-minister-smotrich/)
136. »La destruction de Gaza est ›plus ou moins‹ celle de l'Allemagne lors de la Seconde Guerre mondiale, selon Josep Borrell«, *Le Figaro / AFP*, 12. Dezember 2023 (mis à jour 13. Dezember 2023) (https://www.lefigaro.fr/international/la-destruction-de-gaza-est-plus-ou-moins-celle-de-l-allemagne-lors-de-la-seconde-guerre-mondiale-selon-josep-borrell-20231212)
137. https://www.teletrader.com/40-000-tons-of-bombs-reportedly-dropped-on-gaza-since-octobe/news/details/61045294?internal=1
138. https://www.ochaopt.org/content/hostilities-gaza-strip-and-israel-flash-update-51
139. https://www.theguardian.com/world/2023/nov/26/idf-messaging-suggests-gaza-truce-unlikely-to-last-much-beyond-tuesday
140. Mitchell MCCLUSKEY & Richard Allen GREENE, »Israel military says 2 civilians killed for every Hamas militant is a ›tremendously positive‹ ratio given combat challenges«, *CNN*, 6. Dezember 2023 (https://edition.cnn.com/2023/12/05/middleeast/israel-hamas-military-civilian-ratio-killed-intl-hnk/index.html)
141. »›No Innocent Civilians in Gaza‹, Israel President Says as Northern Gaza Struggles to Flee Israeli Bombs«, *The Wire*, 14. Oktober 2023 (https://thewire.in/world/northern-gaza-israel-palestine-conflict)
142. https://www.jpost.com/arab-israeli-conflict/there-are-no-innocents-in-gaza-says-israeli-defense-minister-549173
143. Paul BLUMENTHAL, »Israeli President Suggests That Civilians In Gaza Are Legitimate Targets«, *The Huffington Post*, 17. Oktober 2023 (https://news.yahoo.com/israeli-president-says-no-innocent-154330724.html?guccounter=1)
144. https://www.bfmtv.com/replay-emissions/c-est-pas-tous-les-jours-dimanche/caroline-fourest-nous-avons-800-actes-antisemites-depuis-le-7-Oktober-29-10_VN-202310290362.html
145. https://twitter.com/yuval_abraham/status/1750123648533324158
146. Ethan BRONNER, »Israel Reminds Foes That It Has Teeth«, *The New York Times*, 28. Dezember 2008 (https://www.nytimes.com/2008/12/29/world/middleeast/29assess.html)
147. Yuval ABRAHAM, »›A mass assassination factory‹: Inside Israel's calculated bombing of Gaza«, *+972 Magazine*, 30. November 2023 (https://www.972mag.com/mass-assassination-factory-israel-calculated-bombing-gaza/)
148. »The Drone Papers«, *The Intercept* (https://theintercept.com/drone-papers/); Andrew Blake, »Obama-led drone strikes kill innocents 90 % of the time: report«, *The Washington Times*, 15. Oktober 2015.
149. Maxim TUCKER, »›Our allies ask us to advance with a gun at our backs‹«,

The Times, 4. Oktober 2023 (https://www.thetimes.co.uk/article/our-allies-ask-us-to-advance-with-a-gun-at-our-backs-vrjdnx2hv)

150. Jake Epstein & Lloyd Lee, »Israel dropped more bombs on Gaza in 6 days than the US-led coalition dropped in any month fighting ISIS«, *Business Insider*, 14. Oktober 2023 (https://www.businessinsider.com/israel-palestine-confilct-bombing-gaza-strip-hamas-united-states-isis-2023-10?amp)
151. Tamara Qiblawi, Allegra Goodwin, Gianluca Mezzofiore & Nima Elbagir, »›Not seen since Vietnam‹: Israel dropped hundreds of 2,000-pound bombs on Gaza, analysis shows«, *CNN*, 22. Dezember 2023 (https://edition.cnn.com/gaza-israel-big-bombs/index.html)
152. https://ukraine.un.org/en/248799-ukraine-civilian-casualties-8-october-2023
153. https://www.aa.com.tr/fr/monde/le-minist%C3%A8re-de-la-sant%C3%A9-de-gaza-publie-une-liste-de-6-747-noms-de-palestiniens-tu%C3%A9s-depuis-le-d%C3%A9but-de-la-guerre-/3033868
154. https://youtu.be/zWuMUsZqajw
155. https://ihl-databases.icrc.org/fr/ihl-treaties/gciv-1949/article-28
156. https://ihl-databases.icrc.org/fr/ihl-treaties/api-1977/article-51
157. Loay Ayyoub, Susannah George & Cate Brown, »Hundreds of thousands flee south in Gaza after Israel orders evacuation«, *The Washington Post*, 14. Oktober 2023 (https://www.washingtonpost.com/world/2023/10/14/gaza-evacuation-israel-hamas-war/)
158. »Israeli soldiers convicted for using child as human shield«, *France 24*, 3. Oktober 2010 (https://www.france24.com/en/20101003-israeli-soldiers-convicted-using-child-human-shield-palestinian-territories)
159. James Gregory & Anthony Zurcher. »Israel-Gaza war: Blinken says cost of conflict on children ›far too high‹«, *Radio New Zealand*, 10. Januar 2024 (https://www.rnz.co.nz/news/world/506418/israel-gaza-war-blinken-says-cost-of-conflict-on-children-far-too-high)
160. Ghousoon Bisharat, Oren Ziv & Baker Zoubi, »›This is political persecution‹: Israel cracks down on internal critics of its Gaza war«, *+972 Magazine*, 17. Oktober 2023 (https://www.972mag.com/israel-gaza-war-political-persecution/)
161. Mariam Farah, »Israeli academia joins the crackdown on dissent«, *+972 Magazine*, 3. Dezember 2023 (https://www.972mag.com/israeli-academia-crackdown-palestinian-students/)
162. https://apnews.com/article/putin-genocide-icc-ukraine-house-3c353a93f4a6e605fe8054cb387ef3d4
163. https://www.un.org/fr/genocideprevention/ethnic-cleansing.shtml
164. https://undocs.org/fr/S/25274
165. https://undocs.org/fr/S/1994/674
166. https://www.timesofisrael.com/smotrich-appears-to-post-support-for-expulsion-of-arab-israelis/

167. https://www.ohchr.org/en/press-releases/2023/10/un-expert-warns-new-instance-mass-ethnic-cleansing-palestinians-calls
168. Anm. d. Verf.: das heißt Palästina westlich des Flusses Jordan
169. Joseph Weitz, Dezember 1940 cité par Benny Morris, in *The Birth of the Palestinian Refugee Problem 1947-1949*, Cambridge University Press, 1987, S. 27, et par Dominique Vidal, *Le péché originel d'Israël*, Éditions Ouvrières, Paris, 1998, S. 99.
170. https://www.scribd.com/document/680677071/חלופות-לדירקטיבה-מדינית-
לאוכלוסייה-האזרחית-בעזה-4-0#
171. https://www.ohchr.org/en/press-releases/2023/10/un-expert-warns-new-instance-mass-ethnic-cleansing-palestinians-calls
172. »›100–200,000, Not Two Million‹: Israel's Finance Minister Envisions Depopulated Gaza«, *Haaretz*, 31. Dezember 2023 (https://www.haaretz.com/israel-news/2023-12-31/ty-article/100-200-000-not-two-million-israels-finance-minister-envisions-depopulated-gaza/0000018c-bfe8-d6c4-ab8d-fffc0b910000)
173. Yaniv Kubovich, »Israeli Army Occupies Gaza Homes – Then Burns Them Down«, *Haaretz*, 31. Januar 2024 (https://www.haaretz.com/israel-news/2024-01-31/ty-article/.premium/israeli-army-occupies-gaza-homes-then-burns-them-down/0000018d-6021-d16e-a39f-7f3f01e30000)
174. »Israeli officials said in talks with Congo, others on taking in Gaza emigrants«, *The Times of Israel*, 3. Januar 2024 (https://www.timesofisrael.com/liveblog_entry/israeli-officials-said-in-talks-with-congo-others-on-taking-in-gaza-emigrants/)
175. https://www.ohchr.org/fr/instruments-mechanisms/instruments/convention-prevention-and-punishment-crime-genocide
176. Michael Bachner, »Far-right minister says nuking Gaza an option, PM suspends him from cabinet meetings«, *The Times of Israel*, 5. November 2023 (https://www.timesofisrael.com/far-right-minister-says-nuking-gaza-an-option-pm-suspends-him-from-cabinet-meetings/)
177. Antonio Pita, »In Israel, support for the war soars«, *El Pais*, 11. Dezember 2023 (https://english.elpais.com/international/2023-12-11/in-israel-support-for-the-war-soars.html)
178. https://www.ohchr.org/Documents/HRBodies/HRCouncil/CoIOPT/A_HRC_40_74.pdf
179. https://youtu.be/sCug7kNJdOg
180. Philibert Slibert & Marija Ristic, »Identifying the Israeli army's use of white phosphorus in Gaza«, Amnesty International, 13. Oktober 2023 (https://citizenevidence.org/2023/10/13/israel-opt-identifying-the-israeli-armys-use-of-white-phosphorus-in-gaza/)
181. Tamara Qiblawi, Allegra Goodwin, Gianluca Mezzofiore & Nima Elbagir, »›Not seen since Vietnam‹: Israel dropped hundreds of 2,000-pound bombs on Gaza, analysis shows«, *CNN*, 22. Dezember 2023 (https://www.cnn.com/gaza-israel-big-bombs/index.html)

182. Michael Bachner, »Far-right minister says nuking Gaza an option, PM suspends him from cabinet meetings«, *The Times of Israel*, 5. November 2023 (https://www.timesofisrael.com/far-right-minister-says-nuking-gaza-an-option-pm-suspends-him-from-cabinet-meetings/)
183. Tovah Lazaroff, »UN: IDF deliberately shot children on Gaza border in apparent war crime«, *The Jerusalem Post*, 1er März 2019 (https://www.jpost.com/middle-east/unhrc-idf-may-have-committed-war-crimes-in-quelling-gaza-border-protests-582043)
184. »Israel must lift illegal and inhumane blockade on Gaza as power plant runs out of fuel«, *Amnesty International*, 12. Oktober 2023 (https://www.amnesty.org/en/latest/news/2023/10/israel-opt-israel-must-lift-illegal-and-inhumane-blockade-on-gaza-as-power-plant-runs-out-of-fuel/)
185. Enas A. Assaf, Haleama AL Sabbah & Ayoub AL-Jawadleh, »Analysis of the nutritional status in the Palestinian territory: a review study«, *Frontiers in Nutrition / National Library of Medicine*, 18. Juli 2023 (https://www.ncbi.nlm.nih.gov/pmc/articles/PMC10391640/#)
186. »Gaza: UN experts decry bombing of hospitals and schools as crimes against humanity, call for prevention of genocide«, *UN OHCHR*, 19. Oktober 2023 (https://www.ohchr.org/en/press-releases/2023/10/gaza-un-experts-decry-bombing-hospitals-and-schools-crimes-against-humanity)
187. »Number of Palestinian Children (12-17) in Israeli Military Detention«, *Defense for Children International – Palestine*, 2. Dezember 2023 (https://www.dci-palestine.org/children_in_israeli_detention)
188. »Fate of baby and other Palestinian children is unknown after Israeli army forcibly transfers them out of Gaza Strip [EN/AR]«, *Euro-Med Monitor/Reliefweb*, 2. Januar 2024 (https://reliefweb.int/report/occupied-palestinian-territory/fate-baby-and-other-palestinian-children-unknown-after-israeli-army-forcibly-transfers-them-out-gaza-strip-enar)
189. https://www.hmd.org.uk/learn-about-the-holocaust-and-genocides/what-is-genocide/the-ten-stages-of-genocide/
190. https://www.graduateinstitute.ch/fr/news-events/news/la-nouvelle-loi-israelienne-est-contraire-au-droit-international
191. Aaron Boxerman, »La nouvelle ›loi sur la citoyenneté‹ avance«, *The Times of Israel*, 10. Januar 2022 (https://fr.timesofisrael.com/la-nouvelle-loi-sur-la-citoyennete-avance/)
192. »Israël: Deux nouvelles lois marginalisent les citoyens arabes palestiniens«, Human Rights Watch, 30. März 2011 (https://www.hrw.org/fr/news/2011/03/30/israel-deux-nouvelles-lois-marginalisent-les-citoyens-arabes-palestiniens)
193. Jean-Michel Hauteville, »Israël: une loi établit une distinction entre Arabes chrétiens et musulmans«, *Jeune Afrique*, 26. Februar 2014 (https://www.jeuneafrique.com/165270/politique/isra-l-une-loi-tablit-une-distinction-entre-arabes-chr-tiens-et-musulmans/)
194. Emanuel Fabian, »Defense minister announces ›complete siege‹ of Gaza:

No power, food or fuel«, *The Times of Israel*, 9. Oktober 2023 (https://www.timesofisrael.com/liveblog_entry/defense-minister-announces-complete-siege-of-gaza-no-power-food-or-fuel/)

195. Odeh Bisharat, »The Fate of the Arabs: Like Drugged Cockroaches in a Bottle«, *Haaretz*, 6. Februar 2018 (https://www.haaretz.com/opinion/2018-02-06/ty-article-opinion/.premium/the-fate-of-the-arabs-like-drugged-cockroaches-in-a-bottle/0000017f-dbb4-d3a5-af7f-fbbea9dd0000)
196. Carrie Keller-Lynn & Jacob Magid, »›There are 2 million Nazis‹ in West Bank, says far-right Finance Minister Smotrich«, *The Times of Israel*, 28. November 2023 (https://www.timesofisrael.com/there-are-2-million-nazis-in-west-bank-says-far-right-finance-minister-smotrich/)
197. »L'écrivaine Elfriede Jelinek, prix Nobel de littérature, compare le Hamas aux nazis«, *franceinfo Culture / AFP*, 14. November 2023 (https://www.francetvinfo.fr/culture/livres/l-ecrivaine-elfriede-jelinek-prix-nobel-de-litterature-compare-le-hamas-aux-nazis_6183426.html)
198. Joshua Krug, »Comparing Hamas to Amalek, our biblical nemesis, will ultimately hurt Israel«, *The Jewish News of Northern California*, 2. November 2023 (https://jweekly.com/2023/11/02/comparing-hamas-to-amalek-our-biblical-nemesis-will-ultimately-hurt-israel/)
199. Canaan Lidor, »Israeli mayor calls for turning Gaza into ›Auschwitz-like‹ museum, prompting rebuke«, *The Times of Israel*, 18. Dezember 2023 (https://www.timesofisrael.com/liveblog_entry/israeli-mayor-calls-for-turning-gaza-into-auschwitz-like-museum-prompting-rebuke/)
200. https://www.amnesty.org/en/location/middle-east-and-north-africa/israel-and-occupied-palestinian-territories/report-israel-and-occupied-palestinian-territories/
201. https://en.wikipedia.org/wiki/Mowing_the_grass
202. https://www.adalah.org/en/law/view/496
203. https://youtu.be/sCug7kNJdOg
204. Henriette Chacar, »For Palestinians arrested under occupation, a childhood disrupted«, *Reuters*, 30. Dezember 2023 (https://www.reuters.com/world/middle-east/palestinians-arrested-under-israeli-occupation-childhood-disrupted-2023-12-30/)
205. https://youtu.be/FvOH9S9amQk
206. https://youtu.be/NLe4j9Koxjw
207. https://www.youtube.com/watch?v=VECQLkK5vcg
208. Maxime Poul, »Attaque du Hamas contre Israël: Enrico Macias appelle à ›dégommer‹ LFI ›physiquement‹, la justice saisie«, *Le Parisien*, 11. Oktober 2023 (https://www.leparisien.fr/international/israel/video-attaque-du-hamas-contre-israel-enrico-macias-appelle-a-degommer-lfi-physiquement-la-justice-saisie-11-10-2023-76Z2FKBKJZHCFI5M4JZBBKEHDQ.php)
209. https://www.bhol.co.il/news/1613301
210. https://twitter.com/Nimrod_Flash/status/1719080045887521054

211. Julia Conley, »Doctors in Gaza Respond to Israeli Doctors Who Endorsed Bombing of Hospitals«, *Common Dreams*, 6. November 2023 (https://www.commondreams.org/news/gaza-doctors-letter)
212. Jake Johnson, »Israel Accused of »Effort to Intimidate the Judges« Ahead of Genocide Hearings«, *Common Dreams*, 7. Januar 2024 (https://www.commondreams.org/news/israel-south-africa-genocide)
213. https://www.axios.com/2024/01/05/south-africa-gaza-genocide-icj-israel-plan
214. https://www.icj-cij.org/sites/default/files/case-related/192/192-2024 0126-ord-01-00-en.pdf
215. https://www.theguardian.com/commentisfree/2023/nov/13/germany-jewish-criticise-israel-tv-debate
216. Askin Kiyagan, »Austrian activist slams government's unconditional support for Israel«, *Anadolu Ajansi*, 6. November 2023 (https://www.aa.com.tr/en/europe/austrian-activist-slams-government-s-unconditional-sup port-for-israel/3045412)
217. Aurélie Pugnet & Davide Basso, »EU staff criticise von der Leyen over Israel stance«, *Euractiv.com*, 20. Oktober 2023 (mis à jour 25. Oktober 2023) (https://www.euractiv.com/section/global-europe/news/eu-staff-criticise-von-der-leyen-over-israel-stance/)
218. Oliver Eagleton, »Joe Biden's Unconditional Support for Israel Risks Creating a Regional War«, *Jacobin*, 5. Januar 2024 (https://jacobin.com/2024/01/joe-biden-israel-support-war-gaza-regional-war-houthis-middle-east-palestine)
219. Bethan McKernan, »Israeli officials accuse international court of justice of antisemitic bias«, *The Guardian*, 26. Januar 2024 (https://www.theguardian.com/world/2024/jan/26/israeli-officials-accuse-international-court-of-justice-of-antisemitic-bias)
220. »Netanyahu declares no one can halt Israel's war to crush Hamas, including international court«, *PBS.org*, 13. Januar 2024 (https://www.pbs.org/newshour/world/netanyahu-declares-no-one-can-halt-israels-war-to-crush-hamas-including-international-court)
221. Sam Sokol, »Netanyahu instructs cabinet members to refrain from responding to ICJ ruling, to no avail«, *The Times of Israel*, 26. Januar 2024 (https://www.timesofisrael.com/liveblog_entry/netanyahu-instructs-cabi net-members-to-refrain-from-responding-to-icj-ruling-to-no-avail/)
222. »Defiant Netanyahu declares Israel's goal is ›complete victory‹ in Gaza after UN court ruling«, *PBS.org*, 27. Januar 2024 (https://www.pbs.org/news hour/world/defiant-netanyahu-declares-israels-goal-is-complete-victory-in-gaza-after-un-court-ruling)
223. https://www.jforum.fr/le-parlement-suisse-decide-de-cesser-de-financer-lunrwa.html
224. https://www.timesofisrael.com/swiss-parliament-votes-to-cut-funding-for-unrwa-amid-incitement-allegations/

225. https://ec.europa.eu/transparencyregister/public/consultation/displaylobbyist.do?id=733135223769-69
226. https://eumep.org/wp-content/uploads/EuMEP-briefing-on-Palestinian-textbooks-21-07.pdf
227. https://questions-statements.parliament.uk/written-questions/detail/2018-09-07/171640
228. https://www.gei.de/forschung/projekte/analyse-palaestinensischer-schulbuecher-paltex
229. https://www.rts.ch/info/suisse/14572098-le-parlement-adopte-le-budget-2024-apres-un-compromis-sur-le-financement-de-lunrwa.html
230. Jason Burke, »UN agency investigates staff suspected of role in 7 October attack on Israel«, *The Guardian*, 26. Januar 2024 (https://www.theguardian.com/world/2024/jan/26/unrwa-investigation-staff-7-october-attack-israel)
231. Hira Humayun, »UN agency fires staff members allegedly involved in October 7 attacks«, *CNN*, 26. Januar 2024 (https://edition.cnn.com/2024/01/26/middleeast/unrwa-fires-staff-members-october-7-attacks-intl/index.html)
232. Dan Williams & Gabrielle Tétrault-Farber, »Israel accuses 190 UN staff of being ›hardened‹ militants«, *Reuters*, 29. Januar 2024 (https://www.reuters.com/world/middle-east/israeli-intelligence-accuses-190-gaza-un-staff-hamas-islamic-jihad-roles-2024-01-29/)
233. Carrie Keller-Lynn & and David Luhnow, »Intelligence Reveals Details of U.N. Agency Staff's Links to Oct. 7 Attack«, *The Wall Street Journal*, 29. Januar 2024 (https://www.wsj.com/world/middle-east/at-least-12-u-n-agency-employees-involved-in-oct-7-attacks-intelligence-reports-say-a7de8f36)
234. https://www.omct.org/en/resources/blog/its-now-even-more-official-torture-is-legal-in-israel
235. https://www.youtube.com/watch?v=hobMANfCoBQ
236. Ronen Bergman & Patrick Kingsley, »Details Emerge on U.N. Workers Accused of Aiding Hamas Raid«, *The New York Times*, 28. Januar 2024 (https://www.nytimes.com/2024/01/28/world/middleeast/gaza-unrwa-hamas-israel.html)
237. Shane Harris, John Hudson, Karen DeYoung & Souad Mekhennet, »Israeli intelligence prompted U.S. to quickly cut Gaza aid funding«, *The Washington Post*, 30. Januar 2024 (mis à jour le 31. Januar 2024) (https://www.washingtonpost.com/national-security/2024/01/30/unrwa-gaza-israel-aid/)
238. https://www.unrwa.org/vetting
239. https://www.france24.com/en/middle-east/20240205-as-donors-suspend-critical-funding-to-unrwa-allegations-against-staff-reMain-murky
240. https://www.state.gov/statement-on-unrwa-allegations/
241. https://twitter.com/GermanyDiplo/status/1751584759782813884
242. https://ec.europa.eu/commission/presscorner/detail/en/ip_24_505

243. https://www.dn.se/sverige/sverige-stoppar-bistandspengar-till-unrwa/
244. https://www.mofa.go.jp/press/release/pressite_000001_00122.html
245. https://www.diplomatie.gouv.fr/en/country-files/israel-palestinian-territories/news/2024/article/israel-palestinian-territories-unrwa-28-jan-2024#:~:text=France%20has%20not%20planned%20any,are%20properly%20taken%20into%20account.
246. https://www.swissinfo.ch/eng/politics/swiss-aid-payments-for-unrwa-are-in-doubt/49164836
247. https://twitter.com/HonAhmedHussen/status/1751000728057876899
248. https://www.gov.uk/government/news/statement-on-allegations-about-unrwa-staff-and-7-october-attacks#:~:text=The%20UK%20is%20appalled%20by,we%20review%20these%20concerning%20allegations
249. https://www.government.nl/latest/news/2024/01/28/netherlands-halts-unrwa-funding
250. https://twitter.com/SenatorWong/status/1751103658509644035
251. https://twitter.com/ItalyMFA_int/status/1751198588300829045
252. https://www.bmeia.gv.at/en/ministerium/presse/aktuelles/2024/01/austria-is-suspending-payments-to-unrwa
253. https://um.fi/current-affairs/-/asset_publisher/gc654PySnjTX/content/suomi-keskeyttaa-tukensa-yk-n-palestiinalaispakolaisjarjesto-unrwa-lle
254. https://www.rnz.co.nz/news/political/507907/no-more-aid-for-un-aid-agency-until-peters-satisfied-luxon
255. https://unric.org/en/unrwa-finland-and-iceland-suspend-contributions-the-3-scandinavian-countries-continue/
256. https://twitter.com/MAERomania/status/1751926826841018626
257. https://twitter.com/Tsahkna/status/1751620436629049462
258. »List of Countries Suspending UNRWA Funding«, *UNWatch*, 29. Januar 2024 (https://unwatch.org/updated-list-of-countries-suspending-unwra-funding/)
259. Pauline Hofmann, »Guerre Israël-Hamas: le gouvernement belge Maintient les financements de l'Unrwa«, *Le Soir/Belga*, 31. Januar 2024 (https://www.lesoir.be/565057/article/2024-01-31/guerre-israel-hamas-le-gouvernement-belge-Maintient-les-financements-de-lunrwa)
260. »Jewish organisations regret Belgium's decision to Maintain UNRWA funding«, *Belga*, 1. Februar 2024 (https://www.belganewsagency.eu/jewish-organisations-regret-belgiums-decision-to-Maintain-unrwa-funding)
261. »Les bureaux de Handicap International et de l'Agence belge de développement ont été détruits dans le même bombardement«, *RTBF*, 2. Februar 2024 (https://www.rtbf.be/article/guerre-israel-gaza-les-bureaux-de-handicap-international-et-de-l-agence-belge-de-developpement-ont-ete-detruits-dans-le-meme-bombardement-11323173)
262. Jake Johnson, »Israel Bombed Belgian Aid Office in Gaza After Nation Refused to Halt UNRWA Funding«, Common Dreams, 2. Februar 2024 (https://www.commondreams.org/news/israel-belgium-unrwa)

263. Yasmine SALAM & Caroline RADNOFSKY, »A group of Palestinian men waving a white flag is shot at, killing 1«, *NBC News*, 24. Januar 2024 (https://www.nbcnews.com/news/world/gaza-palestinian-israel-white-flag-shot-dead-killed-rcna135419)

264. Clarissa WARD, Brent SWAILS, Kareem KHADDER & Eliza MACKINTOSH, »She was fleeing with her grandson, who was holding a white flag. Then she was shot«, *CNN*, 26. Januar 2024 (https://www.cnn.com/2024/01/26/middleeast/hala-khreis-white-flag-shooting-gaza-cmd-intl/index.html)

265. »Cisjordanie: un commando israélien tue trois membres du Hamas et du Jihad islamique dans un hôpital«, *franceinfo / AFP*, 30. Januar 2024 (https://www.francetvinfo.fr/monde/proche-orient/israel-palestine/cisjordanie-occupee-trois-terroristes-palestiniens-tues-dans-un-raid-israelien-sur-un-hopital_6334144.html)

266. Brett WILKINS, »Bound and ›Executed‹ Palestinians Found at Gaza School After IDF Exit«, *Common Dreams*, 1. Februar 2024 (https://www.commondreams.org/news/israel-executions)

267. Sharon ZHANG, »Palestinians Uncover Dozens Killed Execution-Style in Schoolyard in Gaza«, *Truthout*, 2. Februar 2024 (https://truthout.org/articles/palestinians-uncover-dozens-killed-execution-style-in-schoolyard-in-gaza/)

268. https://www.tf1info.fr/replay-lci/video-le-20h-darius-rochebin-du-samedi-20-Januar-2283433.html

269. https://reliefweb.int/report/occupied-palestinian-territory/un-human-rights-office-opt-disturbing-reports-north-gaza-mass-detentions-ill-treatment-and-enforced-disappearances-possibly-thousands-palestinians

270. »Avion dérouté par la Biélorussie: »L'absence de réaction de la Russie vaut caution«, estime Jean-Yves Le Drian«, francetvinfo.fr, 26. Mai 2021

271. Barak RAVID, »Former Shin Bet Chief: Netanyahu Not Interested in Peace Talks«, *Haaretz*, 28. April 2012 (https://www.haaretz.com/2012-04-28/ty-article/former-shin-bet-chief-netanyahu-not-interested-in-peace-talks/0000017f-df36-db5a-a57f-df7e9c230000)

272. Ian YOUNGS & Paul GLYNN, »BBC defends policy not to call Hamas ›terrorists‹ after criticism«, *BBC News*, 11. Oktober 2023 (https://www.bbc.com/news/entertainment-arts-67076341)

273. »US Biden admin concerned about journalists exposing devastation in Gaza amid ceasefire with Israel«, *Middle East Monitor*, 22. November 2023 (https://www.middleeastmonitor.com/20231122-us-biden-admin-concerned-about-journalists-exposing-devastation-in-gaza-amid-ceasefire-with-israel/)

274. Tori OTTEN, »The Grotesque Reason Why Some Biden Officials Don't Want a Cease-fire«, *The New Republic*, 22. November 2023 (https://newrepublic.com/post/177077/grotesque-reason-biden-officials-dont-want-ceasefire)

275. Anna GORDON, »New Polling Shows How Much Global Support Israel

Has Lost«, *Time Magazine*, 17. Januar 2024 (https://time.com/6559293/morning-consult-israel-global-opinion/)

7. Israel und seine Nachbarn

1. »Israel's new deputy foreign minister: ›This land is ours. All of it is ours‹«, *AP/The Guardian*, 22 May 2015 (https://www.theguardian.com/world/2015/may/22/israels-new-deputy-foreign-minister-this-land-is-ours-all-of-it-is-ours)
2. Barak Ravid, »Israel's Former Shin Bet Chief: I Have No Confidence in Netanyahu, Barak«, *Haaretz*, 28. April 2012 (https://www.haaretz.com/2012-04-28/ty-article/israels-former-shin-bet-chief-i-have-no-confidence-in-netanyahu-barak/0000017f-df32-d3ff-a7ff-ffb239f90000)
3. Lorenzo Kamel, »The Roots of Israel's Annexation Policy«, Carnegie Endowment for International Peace, 6. August 2020 (https://carnegieendowment.org/sada/82425)
4. Mitch Ginsburg, »Affaire Lavon: des révélations qui soulèvent de nouvelles questions«, *The Times of Israel*, 12. Mai 2015.
5. Siehe Wikipedia-Artikel »Lavon Affair«.
6. Siehe bspw. Jean-Marc Liling, »La confiscation des biens juifs en pays arabes«, *Pardès*, 2003/1, No. 34, S. 159–179 (www.cairn.inforevue-pardes-2003-1-page-159.htm); François Sweydan, »Le dernier khamsin des juifs d'Égypte ou le deuxième Exode«, *dreuz.info*, 19. Oktober 2019.
7. Ostrovsky, Victor & Claire Hoy, *By Way of Deception*, New York, St. Martin's Press, 1990, S. 321.
8. Donald Neff, »Israel Charged With Systematic Harassment of U.S. Marines«, *leatherneck.com*, 28. Juni 2004 (https://www.wrmea.org/1995-march/israel-charged-with-systematic-harassment-of-u.s.-marines.html)
9. »I'd Dump the Israelis Tomorrow --Ex-CIA Michael Scheuer Tells Congress«, *YouTube*, 9. Oktober 2013 (https://youtu.be/rDlTSFBp9ds)
10. https://www.understandingwar.org/backgrounder/iran-update-january-28-2024
11. https://www.agenzianova.com/en/news/giordania-tre-militari-statunitensi-uccisi-e-25-feriti-in-un-attacco-con-droni-il-portavoce-del-governo-non-e-avvenuto-nel-nostro-territorio/
12. Alexandra Hutzler, »Biden's retaliatory strikes in Middle East come with significant political risk: Experts«, ABC News, 2. Februar 2024 (https://abcnews.go.com/Politics/bidens-planned-retaliatory-strikes-middle-east-significant-political/story?id=106895901)
13. Jennifer Hansler, »Group of Democrats call on Blinken to provide answers on bypassing Congress to approve arms sales to Israel«, *CNN*, 30. Januar 2024 (https://edition.cnn.com/2024/01/30/politics/democrats-letter-blinken-israel-arms-sale/index.html)
14. Ingrid Jacques, »Biden tries to shake off ›Genocide Joe‹ epithet, but it

could be the issue that sinks him«, *USA Today*, 7. Februar 2024 (https://www.usatoday.com/story/opinion/columnist/2024/02/07/biden-israel-gaza-genocide-democrats-2024-election/72480021007/)

15. Oded YINON, »A Strategy for Israël in the Nineteen Eighties«, KIVUNIM (Directions), *A Journal for Judaism and Zionism*; Issue No, 14 – Winter, 5742, Department of Publicity/The World Zionist Organization, Jerusalem, Februar 1982.
16. Oded YINON, *A Strategy for Israël in the Nineteen Eighties*, Association of Arab-American University Graduates, Inc. Belmont, Massachusetts, 1982, Special Document No. 1.
17. »A Clean Break: A New Strategy for Securing the Realm«, *The Institute for Advanced Strategic and Political Studies*, Juli 1996.
18. Brian WHITAKER, »Playing skittles with Saddam«, *The Guardian*, 3. September 2002.
19. Oded YINON, »Une stratégie persévérante de dislocation du monde arabe«, *Confluences Méditerranée*, vol. 61, No. 2, 2007, S. 149–164 (DOI: https://doi.org/10.3917/come.061.0149)
20. http://besacenter.org/about/international-support/#.XTX2cegzaUk
21. Prof. Efraim INBAR, *The Destruction of Islamic State is a Strategic Mistake*, Begin-Sadat Center for Strategic Studies, Perspectives Paper No. 352, 2. August 2016.
22. Brad HOFF, »West will facilitate rise of Islamic State ›in order to isolate the Syrian regime‹: 2012 DIA document«, *Foreign Policy Journal*, 21. Mai 2015; voir également: http://www.judicialwatch.org/wp-content/uploads/2015/05/Pg.-291-Pgs.-287-293-JW-v-DOD-and-State-14-812-DOD-Release-2015-04-10-final-version11.pdf
23. Isabelle LASSERRE, »Khaddam: ›Assad planifie la partition de la Syrie‹«, lefigaro.fr, 25. Januar 2012.
24. Amara MAKHOUL-YATIM, »Vers une partition de la Syrie?« (seconde partie), *France 24*, 17. Mai 2013 (mis à jour 31. Mai 2013).
25. Margaret BRENNAN, »If Syria cease-fire fails, is there a Plan-B?«, *CBS News*, 25. Februar 2016
26. Siehe airwars.org.
27. Islamic State and the crisis in Iraq and Syria in maps, *BBC News*, 28. März 2018 (www.bbc.com/news/world-middle-east-27838034).
28. James DOBBINS, Jeffrey MARTINI & Philip GORDON, »A Peace Plan for Syria«, *Rand Corporation*, 2015 (Document PE-182-RC); Jeff MACKLER, »The US Plan to Partition Syria«, *Counterpunch*, 9. Februar 2018; Nafeez MOSADDEQ AHMED, »US military document reveals how the West opposed a democratic Syria«, *mondiplo.com*, 24. September 2018.
29. Lorenzo KAMEL, »The Roots of Israel's Annexation Policy«, *Carnegie Endowment for International Peace*, 6. August 2020 (https://carnegieendowment.org/sada/82425).
30. Ronen BERGMAN, *The Secret War with Iran*, Oneworld, Oxford, 2008, S. 5.

31. Shane HARRIS & Matthew M. AID, »Exclusive: CIA Files Prove America Helped Saddam as He Gassed Iran«, *Foreign Policy*, 26. August 2013. (https://foreignpolicy.com/2013/08/26/exclusive-cia-files-prove-america-helped-saddam-as-he-gassed-iran/)
32. *Algiers Accords – Declaration of the Government of the Democratic and Popular Republic of Algeria*, 19. Januar 1981, para 1.
33. Shlomo BEN-AMI, ancien ministre israélien des Affaires étrangères, *Le Figaro*, 19. September 2007.
34. *Saudi Intelligence Chief Talks Regional Security with Brennan Delegation*, 22. März 2009 (https://wikileaks.org/plusd/cables/09RIYADH445_a.html)
35. Mike ALLEN, »Iran ›Will Be Dealt With‹, Bush Says«, *The Washington Post*, 22. April 2004.
36. »Sharon says U.S. should also disarm Iran, Libya and Syria«, *Haaretz*, 30. September 2004.
37. Philip GIRALDI, »Deep Background«, *The American Conservative*, 1. August 2005.
38. Brian Ross & Richard ESPOSITO, »Bush Authorizes New Covert Action Against Iran«, *ABC News*, 23. Mai 2007.
39. Seymour M. HERSH, »Preparing the Battlefield«, *The New Yorker*, 29. Juni 2008.
40. *Washington Post*, 19. Mai 2007.
41. https://youtu.be/9j9GsoPdXzU
42. https://www.dailymotion.com/video/x8p2qe3
43. Gaétan SUPERTINO, »Hugo Micheron, spécialiste du djihadisme: ›Depuis le 7. Oktober, l'EI et Al-Qaida cherchent à s'emparer de l'engouement déclenché par le Hamas contre Israël‹«, *Le Monde*, 5. November 2023 (mis à jour 8. November 2023) (https://www.lemonde.fr/le-monde-des-religions/article/2023/11/05/hugo-micheron-specialiste-du-djihadisme-depuis-le-7-Oktober-l-ei-et-al-qaida-cherchent-a-s-emparer-de-l-engouement-declenche-par-le-hamas-contre-israel_6198310_6038514.html)
44. https://shorturl.at/inF58
45. Parisa HAFEZI, Elwely ELWELLY & Clauda TANIOS, »Islamic State claims responsibility for deadly Iran attack, Tehran vows revenge«, *Reuters*, 4. Januar 2024 (https://www.reuters.com/world/middle-east/iran-vows-revenge-after-biggest-attack-since-1979-revolution-2024-01-04/)
46. https://www.longwarjournal.org/archives/2024/01/islamic-state-announces-new-global-campaign-to-rally-members-and-supporters.php
47. https://www.reuters.com/world/middle-east/iran-vows-revenge-after-biggest-attack-since-1979-revolution-2024-01-04/
48. Efraim INBAR, »ISIS No Threat to Israel«, *POV – Boston University*, 18. September 2015 (https://www.bu.edu/articles/2015/pov-isis-no-threat-to-israel/)
49. https://www.rts.ch/info/monde/14384696-mahmoud-abbas-exige-la-fin-immediate-de-lagression-contre-le-peuple-palestinien.html

50. https://www.rts.ch/info/monde/14381098-le-hamas-affirme-avoir-libere-une-otage-et-ses-deux-enfants.html
51. https://www.rts.ch/play/tv/redirect/detail/14386304
52. John Hudson & Ellen Nakashima, »Biden administration scrambles to deter wider Mideast conflict«, *The Washington Post*, 8. Oktober 2023. (https://www.washingtonpost.com/national-security/2023/10/08/israel-hamas-intelligence-middle-east/)
53. https://twitter.com/yossi_melman/status/1711253641573584970
54. Jonathan Landay & Matt Spetalnick, »Hamas attack surprised some Iranian leaders, says US source, citing initial intelligence«, *Reuters*, 11. Oktober 2023. (https://www.reuters.com/world/initial-us-intelligence-shows-hamas-attack-surprised-iranian-leaders-ny-times-2023-10-11/)
55. »134. Statement to the Knesset by Prime Minister Begin on the terrorist raid and the Knesset resolution, 13. März 1978«, *mfa.gov.il*
56. Greg Myre, »Israelis in a Shiite Land: Hard Lessons From Lebanon«, *The New York Times*, 27. April 2003.
57. Ronen Bergman, *The Secret War with Iran*, Oneworld, Oxford, 2008, S. 58.
58. Dov Waxman, *Trouble in the Tribe: The American Jewish Conflict over Israel*, Princeton University Press, 2016, S. 316.
59. Donald Neff, »Israel Charged with Systematic Harassment of U.S. Marines«, *Washington Report on Middle East Affairs*, März 1995, S. 79–81.
60. Nir Rosen, »Lesson Unlearned«, *Foreign Policy*, 29. Oktober 2009.
61. Ostrovsky, Victor & Claire Hoy, *By Way of Deception*, New York, St. Martin's Press, 1990, S. 321.
62. Journal télévisé de 20h, *Antenne 2*, 23. Oktober 1983 ; William E. Farrell, »Unanswered Question: Who Was Responsible?«, *The New York Times*, 25. Oktober 1983.
63. Nir Rosen, »Lesson Unlearned«, *Foreign Policy*, 29. Oktober 2009.
64. https://www.cia.gov/library/readingroom/docs/DOC_0000361273.pdf; Jonathan Masters & Zachary Laub, »Hezbollah«, *Council on Foreign Relations*, 3. Januar 2014; »Profile: Lebanon's Hezbollah movement«, *BBC News*, 15. März 2016.
65. Jean-Jacques Mével, »L'UE place le Hezbollah sur la liste noire du terrorisme«, *lefigaro.fr*, 22. Juli 2013.
66. Er wird im Jahr 2008 auf mysteriöse Weise in Damaskus ermordet.
67. Frontline – Target America, Interview: Caspar Weinberger. (http://www.pbs.org/wgbh/pages/frontline/shows/target/interviews/weinberger.html) (consulté le 16. August 2019)
68. https://www.govinfo.gov/content/pkg/PPP-2009-book2/pdf/PPP-2009-book2-doc-pg1581-2.pdf
69. »Habib: ›On appelle pas au boycott d'un pays ami!‹«, *Europe 1/YouTube*, 4. Juni 2015 (03'40")

70. Amos HAREL, »Thirteen Israeli Border Points Raising Tensions With Lebanon«, *Haaretz*, 27. Februar 2018.
71. Nicolas FALEZ, »Dix ans après le retrait israélien du sud du Liban les tensions persistent«, *RFI*, 24. Mai 2010.
72. Anna AHRONHEIM, »Israel flew in Lebanese airspace over 22,000 times in last 15 years – study«, *The Jerusalem Post*, 12. Juni 2022 (https://www.jpost.com/israel-news/article-709182)
73. https://www.airpressure.info/
74. »Israeli jets said to cause sonic boom over Lebanon«, *The Times of Israel/AFP*, 10. September 2017.
75. »Jihad al-Bina Association in Lebanon: A Hezbollah social foundation engaged in construction and social projects among the Shiite community, being a major component in Hezbollah's civilian infrastructure«, The Meir Amit Intelligence and Terrorism Information Center, 23. Juni 2019.
76. Die Genfer Konvention von 1949 zum Schutz von Zivilpersonen in Kriegszeiten untersagt es Staaten, Kriegsgefangene auf das eigene Staatsgebiet zu bringen. Trotz internationaler Proteste und Protesten des Roten Kreuzes hat Israel natürlich bestritten, das Völkerrecht zu verletzen. Aber Präsident Reagan hat in seiner Pressekonferenz vom 18. Juni 1985 eingestanden, dass Israel die Konvention verletzte.
77. Rosenberg, HOWARD, Terrorism as Theater: TV Covers a Hijacking, *Los Angeles Times*, 18. Juni 1985.
78. »Document – Hijacking, June 18, 1985, Transcript«, *danratherjournalist.org*.
79. Pascal PRIESTLEY, »Liban: le Hezbollah, l'état dans l'état«, *information.tv5monde.com*, 31. Januar 2011 (mis à jour le 7. April 2013).
80. *Bulletin du Tribunal Spécial pour le Liban*, Dezember 2014 – Januar 2015, Section de l'information et de la communication du Tribunal spécial pour le Liban (www.stl-tsl.org/fr/media/stl-bulletin/3795-stl-bulletin-december-2014-january-2015)
81. Nicholas BLANFORD, »Did Hezbollah Kill Hariri?«, *Foreign Policy*, 1. April 2010.
82. »Pour Paris, la branche armée du Hezbollah est un groupe terroriste«, *AFP/France 24*, 23. Mai 2013.
83. Benjamin BARTHE et Philippe RICARD, »Le Hezbollah classé organisation terroriste par l'UE«, *Le Monde*, 23. Juli 2013.
84. Yonah JEREMY BOB, »Hezbollah role unmentioned in charges for 2012 Bulgaria terrorist attack«, *The Jerusalem Post*, 31. Januar 2018.
85. Michael RICHTER, »Le Liban, otage du Moyen-Orient«, www.arte.tv (12'50'') (diffusé sur Arte le 24. September à 22h25) (retirée le 22. Dezember 2019)
86. https://twitter.com/netanyahu/status/1115265423673573379
87. »Iraqi militias reject U.S. naming of Iran's Guards as terrorist group«, *Reuters*, 13. April 2019.

88. »Iran's parliament approves bill labelling US army as ›terrorist‹«, *Al-Jazeera*, 24. April 2019.
89. Brian Ross & Christopher Isham, »The Secret War against Iran«, *ABC News*, 3. April 2007; Aram Mirzaei, »Jundallah: the US-backed Salafi Terrorists Operating in Iran«, *Mint Press News*, 8. April 2019; (NdA: En 2008, le Joundallah a éclaté en deux groupes: le Harakat Ansar Iran et le Jaïsh ul-Adl).
90. Parisa Hafezi & Timour Azhari, »Iran says Revolutionary Guards attack Israel's ›spy HQ‹ in Iraq, vow more revenge«, *Reuters*, 16. Januar 2024 (https://www.reuters.com/world/middle-east/irans-revolutionary-guards-say-they-have-attacked-espionage-centers-iraqs-erbil-2024-01-15/)
91. Brian Whitaker, »The strange affair of Karine A«, *The Guardian*, 21. Januar 2002.
92. https://www.washingtoninstitute.org/policy-analysis/new-israel-hezbollah-war-looming
93. https://www.axios.com/2023/11/12/israel-lebanon-lloyd-austin-yoav-gallant-military
94. Laila Bassam & Maya Gebeily, »Israeli strike kills a Hezbollah commander in Lebanon«, *Reuters*, 8. Januar 2024 (https://www.reuters.com/world/middle-east/israeli-strike-lebanon-kills-senior-commander-elite-hezbollah-unit-security-2024-01-08/)
95. https://www.timesofisrael.com/liveblog_entry/hezbollah-claims-to-target-idf-northern-command-hq-with-drones-no-comment-from-army/
96. https://www.palestinechronicle.com/israel-orders-hospitals-to-prepare-for-treating-thousands-of-wounded/
97. Anm. d. Verf.: Der Ausdruck »*Islamischer Widerstand im Irak*« bezeichnet kollektiv eine ganze Reihe von Widerstandsgruppierungen im Irak. Heutzutage gibt es aber keine spezielle Gruppe im Irak, die diesen Namen trägt.
98. https://www.c-r.org/accord/lebanon/boundaries-and-demarcation-delimiting-and-securing-lebanons-borders
99. Judah Ari Gross, »IDF chief finally acknowledges that Israel supplied weapons to Syrian rebels«, *The Times of Israel*, 14. Januar 2019 (https://www.timesofisrael.com/idf-chief-acknowledges-long-claimed-weapons-supply-to-syrian-rebels/)
100. Yinon Oded, »Une stratégie persévérante de dislocation du monde arabe«, *Confluences Méditerranée*, 2007/2 (No. 61), S. 149–164. (https://www.cairn.info/revue-confluences-mediterranee-2007-2-page-149.htm)
101. Elizabeth Tsurkov, »Inside Israel's Secret Program to Back Syrian Rebels«, *Foreign Policy*, 6. September 2018.

8. Die Bedeutung des Palästinakonfliktes für unsere Sicherheit

1. https://youtu.be/IU1irXjvt_w
2. Tzvi Joffre, »10 % of Israeli Jews think terrorist Baruch Goldstein is a ›national hero‹ – poll«, *The Jerusalem Post*, 6, März 2023 (https://www.jpost.com/israel-news/article-733523)
3. Nick Logan, »Killings of Palestinian children are soaring in the West Bank. Advocates say it happens with impunity«, *CBC News*, 20. Dezember 2023 (https://www.cbc.ca/news/world/israel-palestinian-children-west-bank-1.7062531)
4. David Palumbo-Liu, »Palestinian children have suffered disproportionately as a result of the Israeli Occupation«, *Salon*, 29. Juli 2015 (https://www.salon.com/2015/07/29/palestinian_children_have_suffered_disproportionately_as_a_result_of_the_israeli_occupation/)
5. »Colonel Says Rabin Ordered Breaking of Palestinians' Bones«, *Los Angeles Times*, 22. Juni 1990 (https://www.latimes.com/archives/la-xpm-1990-06-22-mn-431-story.html)
6. https://youtu.be/vgjlkrTkH6A
7. »Video appears to show the Israeli army shooting Palestinians without provocation, killing 1 and wounding 2 others«, *PBS.org*, 10. Januar 2024 (https://www.pbs.org/newshour/world/video-appears-to-show-the-israeli-army-shooting-palestinians-without-provocation-killing-1-and-wounding-2-others)
8. Marc Sageman, *Leaderless Djihad: Terror Networks in the Twenty First Century*, University of Pennsylvania Press, 2008.
9. »Attentat à Bruxelles: ›Pour une partie de la population, tout ce qui est perçu comme une insulte envers l'islam est inacceptable‹«, *Le Figaro*, 17 octobre 2023 (aktualisiert 18. Oktober 2023). (https://www.lefigaro.fr/vox/monde/attentat-a-bruxelles-pour-une-partie-de-la-population-tout-ce-qui-est-percu-comme-une-insulte-envers-l-islam-est-inacceptable-20231017)
10. »Libye: BHL s'est engagé ›en tant que juif‹«, *Le Figaro/AFP*, 20. November 2011.
11. Gideon Alon, »PM: IDF Is Still Most Moral Army in World«, *Haaretz*, 9. Dezember 2004 (https://www.haaretz.com/2004-12-09/ty-article/pm-idf-is-still-most-moral-army-in-world/0000017f-e852-d62c-a1ff-fc7b1ce50000)
12. http://www.cnrtl.fr/definition/antisémitisme
13. »ONPC – Nadine Morano: la France, un pays ›de race blanche‹«, *Le Point.fr*, 28. September 2015 (https://www.lepoint.fr/economie/onpc-nadine-morano-la-france-un-pays-de-race-blanche-27-09-2015-1968451_28.php)
14. Europe-Israel News, »Culture: Juif n'a jamais été une race, c'est un peuple«, 22. August 2013.
15. Manuel Valls, lors d'une soirée organisée par les »Amis du CRIF«, 18. Januar 2016.

16. Ben Sales, »Stephen Bannon: ›I'm proud to be a Christian Zionist‹«, *Jewish Telegraphic Agency*, 13. November 2017.
17. By Matt Spetalnick, Jeff Mason, Steve Holland & Patricia Zengerle, »›I am a Zionist‹: How Joe Biden's lifelong bond with Israel shapes war policy,« *Reuters*, 21. Oktober 2023 (https://www.reuters.com/world/us/i-am-zionist-how-joe-bidens-lifelong-bond-with-israel-shapes-war-policy-2023-10-21/)
18. Pascal Riché, »Pourquoi la droite religieuse américaine soutient Israël«, *L'Obs*, 14. Mai 2018.
19. Alana Goodman, »Israel's Most Hated Friend«, *jewishpost.com*, consulté en August 2018.
20. Noah Bierman, »Who really wants Trump to recognize Jerusalem? His evangelical supporters at home«, *Los Angeles Times*, 6. Dezember 2017.
21. Voir Danielle Ziri, »Tens of Thousands of Ultra-Orthodox Jews in New York Protest IDF Draft Law«, *The Jerusalem Post*, 12. Juni 2017.
22. Voir Shlomo Sand, *Comment le peuple juif fut inventé*, Paris, Éditions Fayard, 3. September 2008.
23. Matthew Gindin, »The Latest Trend in Zionism? Anti-Semitism«, *Forward.com*, 16. Februar 2017.
24. Siehe Wikipedia-Artikel »Résolution 3379 de l'Assemblée générale des Nations Unies«.
25. Richard Abitbol, Präsident der Confédération des Juifs de France et des amis d'Israël (dt. Verband der Juden Frankreichs und Freunde Israels) (CJFAI) in der Sendung »Le face-à-face – Résolution Maillard, l'antisionisme est-il un antisémitisme?«, *RTFrance/YouTube*, 3. Dezember 2019, (03'20").
26. »Emmanuel Macron: ›Je ne pense pas que pénaliser l'antisionisme soit une bonne solution‹«, *BFMTV*, 19. Februar 2019.
27. Emmanuel Macron bei einem Festessen des CRIF, Paris, 20. Februar 2019.
28. »La France va mettre en œuvre une définition de l'antisémitisme intégrant l'antisionisme«, *France 24*, 21. Februar 2019.
29. Jérôme Lefilliâtre, »Ces journaux qui en pincent pour Macron«, liberation.fr, 12. Juli 2016; »De l'Institut Montaigne à Patrick Drahi, les puissants soutiens d'Emmanuel Macron«, blogs.mediapart.fr/Revue Frustration, 24. März 2017.
30. Peter Beinart, »No, anti-Zionism isn't anti-Semitism«, *Haaretz*, 30. März 2016 (https://www.haaretz.com/opinion/2016-03-30/ty-article/.premium/no-anti-zionism-isnt-anti-semitism/0000017f-e323-d804-ad7f-f3fb29bd0000)
31. Richard Allen Greene, »CNN poll reveals depth of anti-Semitism in Europe«, *CNN/ComRes*, 2018 (http://edition.cnn.com/interactive/2018/11/europe/antisemitism-poll-2018-intl/)
32. Richard Allen Greene, »CNN poll reveals depth of anti-Semitism in Eu-

rope«, *CNN/ComRes*, 2018 (Table 50) (http://edition.cnn.com/interactive/2018/11/europe/antisemitism-poll-2018-intl/)
33. https://today.yougov.com/politics/articles/48112-increasing-numbers-of-americans-say-antisemitism-is-a-serious-problem
34. https://uk.news.yahoo.com/not-other-genocides-describe-one-103008220.html
35. Jannick Alimi, »Les députés condamnent l'antisionisme«, *Le Parisien*, 3. Dezember 2019 (https://www.leparisien.fr/politique/les-deputes-condamnent-l-antisionisme-03-12-2019-8209341.php)
36. Elizabeth Tsurkov, »Inside Israel's Secret Program to Back Syrian Rebels«, *Foreign Policy*, 6. September 2018.
37. Pamela Duncan, »Europeans greatly overestimate Muslim population, poll shows«, *The Guardian*, 13. Dezember 2016.
38. https://youtu.be/MzxmtonJKjY
39. *Behavioural Science Unit Operational Briefing Note: Understanding radicalisation and violent extremism in the UK*, Security Service – MI5 (UK RESTRICTED), Report BSU 02/2008, 12 Juni 2008.
40. https://www.youtube.com/watch?v=Y9Bs3tF1jj0. (zurückgezogenes *YouTube*-Video)
41. »L'histoire de l'inimitié de la France envers l'islâm«, *Dar al-Islam*, No. 2, Februar 2015, S. 10 (Anm. D. Verf.: Der Autor des Artikels bezieht sich auf eine Rede von Manuel Valls vom 19. März 2014 in Paris).
42. »Gérald Darmanin lie Karim Benzema aux Frères musulmans, le Ballon d'or envisage de porter plainte«, *Le Monde / AFP*, 19. Oktober 2023 (https://www.lemonde.fr/politique/article/2023/10/19/gerald-darmanin-lie-karim-benzema-aux-freres-musulmans-le-ballon-d-or-envisage-de-porter-plainte_6195369_823448.html)
43. Tweet von Bernard-Henri Lévy, 16. Februar 2019.
44. Zentralrat der Juden in Deutschland (ZDJ)
45. Ofer Aderet, »Study: In Germany, anti-Semitic Hate Mail Doesn't Come From Far-right«, *Haaretz*, 25 Februar 2014.
46. Patrick Grosse, »Anti-Semitic online harassment in Germany on the rise, study finds«, *Deutsche Welle*, 18. Juli 2018.
47. Emma Donada, »Un gilet jaune a-t-il fait un salut nazi sur les Champs-élysées?«, www.liberation.fr, 26. November 2018.
48. *i24NEWS*, »Alain Finkielkraut revient sur l'agression verbale dont il a été victime«, *YouTube*, 17. Februar 2019.
49. »Agression Finkielkraut: De la confusion naquit la haine – L'info du vrai du 18/02 – CANAL+«, *YouTube*, 18. Februar 2019.
50. Europe 1, »BHL réagit à l'agression antisémite d'Alain Finkielkraut: ›Personne n'a le monopole du peuple‹«, *YouTube*, 17. Februar 2019.
51. Siehe Dominique Schnapper (C pol, »C Politique – Dominique Schnapper – 17/02/19«, *YouTube*, 18. Februar 2019 (40'00''))

52. Ali Waked, »Noam Chomsky denied entry to Israel«, *YNet.com*, 17. Mai 2010.
53. Die Berichte TESAT 2007–2017, Europol (www.europol.europa.eu/news room).
54. Maxime de Valensart, »Merah a filmé les meurtres: ›Tu tues mes frères, je te tue‹«, *7sur7.be*, 22. März 2012.
55. »Le tueur a contacté France 24: ›Ce n'est que le début‹«, a-t-il affirmé‹, *France 24*, 21. März 2012.
56. *The Guardian* und *The Washington Post*, 10. März 2012.
57. Siehe Artikel »March 2012 Gaza–Israel clashes«, Wikipedia (auf Englisch).
58. »Communiqué de presse – Israël et territoires palestiniens occupés. Toutes les parties doivent protéger les civils à Gaza et en Israël à la suite de l'annonce d'un cessez-le-feu«, *Amnesty International*, 13. März 2012.
59. Alain Gresh, »Gaza, Palestine et apartheid«, *Le Monde diplomatique*, 11. März 2012 (http://blog.mondediplo.net/2012-03-11-Gaza-Palestine-et-apartheid) (Lien original du communiqué des Affaires étrangères: http://www.diplomatie.gouv.fr/fr/pays-zones-geo/israel-territoires-palestiniens/la-france-et-les-territoires/situation-dans-la-bande-de-gaza/article/nouvel-episode-de-violence-a-gaza
60. *Libération*, 22. Juli 2014.
61. Grégoire Biseau et Jonathan Bouchet-Petersen, »Soutien à Israël: Hollande ou le péché originel«, *Libération*, 22. Juli 2014; »Le soutien de Hollande à Israël agace une partie de la gauche«, *Le JDD*, 11. Juli 2014.
62. Ronan Planchon. »La question palestinienne fonctionne chez les jeunes musulmans français comme une cause miroir«, *Le Figaro*, 19. Dezember 2023 (https://www.lefigaro.fr/vox/societe/la-question-palestinienne-fonctionne-chez-les-jeunes-musulmans-francais-comme-une-cause-miroir-20231219)

9. Schlussfolgerungen

1. Jacques Baud, *La Guerre asymétrique ou la Défaite du vainqueur*, Éditions du Rocher, 2003.
2. Dmitry Zaks, »Turkey recalls envoy to Israel, ›writes off‹ Netanyahu«, Yahoo News, 4. November 2023 (https://news.yahoo.com/turkey-recalls-envoy-israel-blasts-132041480.html)
3. https://apnews.com/article/israel-bolivia-colombia-chile-argentina-brazil-4cc038c0dbe1de9b5e4118e2ceac2181
4. https://www.euractiv.com/section/global-europe/news/eu-staff-criticise-von-der-leyen-over-israel-stance/
5. Andrew Gray, »EU's Borrell: Israeli moves in Gaza break international law«, *Reuters*, 10. Oktober 2023 (https://www.reuters.com/world/spain-opposes-suspending-aid-palestinian-territories-2023-10-10/)
6. Burak Bir, »Top EU diplomat says bloc divided over Gaza«, *Anadolu Agen-*

cy, 2. Feburar 2024 (https://www.aa.com.tr/en/europe/top-eu-diplomat-says-bloc-divided-over-gaza/3126374)

7. https://www.c-span.org/video/?c5103727/genocide-joe-yelled-president-biden-campaign-event-virginia
8. Priscilla Alvarez & Alex Marquardt, »Biden administration privately warned by American diplomats of growing fury against US in Arab world«, *CNN*, 10. November 2023 (https://www.cnn.com/2023/11/09/politics/biden-diplomats-warn-middle-east-fury/index.html)
9. Peter Beaumont, »Why Israel fears the ICC war crimes investigation«, *The Guardian*, 3. März 2021 (https://www.theguardian.com/law/2021/mar/03/israeli-officials-start-to-feel-the-impact-of-icc-investigation)
10. »Gaza conflict ›taking away focus‹ from Ukraine, Zelensky says«, *France 24*, 4. November 2023 (https://www.france24.com/en/europe/20231104-gaza-conflict-taking-away-focus-from-ukraine-zelensky-says)
11. »German military exports to Israel up nearly 10-fold as Berlin fast-tracks permits«, *Reuters*, 8. November 2023 (https://www.reuters.com/world/europe/german-military-exports-israel-up-nearly-10-fold-berlin-fast-tracks-permits-2023-11-08/)
12. https://www.reuters.com/world/middle-east/yemens-houthis-say-they-do-not-seek-expand-red-sea-attacks-2024-01-19/
13. Oren Liebermann & Nikki Carvajal, »Biden concedes Houthis haven't been deterred from carrying out attacks as US launches further strikes«, *CNN*, 18. Januar 2024 (https://edition.cnn.com/2024/01/18/politics/biden-houthi-strikes/index.html)
14. Tara Copp & Qassim Abdul-Zahra, »Iraq, US agree to start talks on phased withdrawal of US-led military coalition«, *The Times of Israel*, 25. Januar 2024 (https://www.timesofisrael.com/iraq-us-agree-to-start-talks-on-phased-withdrawal-of-us-led-military-coalition/)
15. Verity Bowman, »Netanyahu is to blame for Hamas war, say four out of five Israelis«, *The Telegraph*, 20. Oktober 2023 (https://www.telegraph.co.uk/world-news/2023/10/20/netanyahu-to-blame-war-gaza-say-is raelis/)
16. Jonathan Cook, »Can young Jews in US turn tide against Israel?«, *The National*, 26. Juni 2017.
17. Amanda Borschel-Dan, ›Devastating‹ survey shows huge loss of Israel support among Jewish college students‹«, *The Time of Israel*, 21. Juni 2017.
18. Yasmeen Serhan, »The American Public's Views on Israel Are Undergoing a Profound Shift. Washington Hasn't Caught Up«, *TIME Magazine*, 19. Juli 2023 (https://time.com/6295703/israel-herzog-visit-washington/)
19. Ron Kampeas, »Polls show lower support for Israel among young Americans amid war against Hamas«, *The Times of Israel*, 3. November 2023 (https://www.timesofisrael.com/polls-show-lower-support-for-israel-among-young-americans-amid-war-against-hamas/)
20. »As Israel turns 70, many young American Jews turn away«, *The Conver-*

sation, 3. Mai 2018 (https://theconversation.com/as-israel-turns-70-many-young-american-jews-turn-away-95271)

21. Dina Kraft, »Not Just Millennials: These Older U.S. Jews Are Disillusioned by Israel Too«, *Haaretz*, 20. September 2018 (https://www.haaretz.com/us-news/2018-09-20/ty-article/.premium/not-just-millennials-these-older-u-s-jews-are-disillusioned-by-israel-too/0000017f-f909-d47e-a37f-f93db1d90000)
22. Amir Tibon, »Democratic Jewish Senator Feinstein Blasts Israel Over ›Brutal‹ Land-grab Law«, *Haaretz*, 8. Februar 2017.
23. JTA, »Lawsuit claims US aid to Israel violates nuclear pact«, *The Times of Israel*, 12. August 2016.

ISBN: 978-3-86489-426-8
EUR 26,00 / EUA 26,80

Für den Krieg, der in Russland bis vor Kurzem noch als »militärische Spezialoperation« bezeichnet wurde und im Westen »russischer Angriffskrieg« genannt wird, zeichnet sich keine Lösung ab. Das Sterben in der Ukraine schreitet voran. Obwohl dieser Krieg täglich in den Medien präsent ist, bleibt vieles unterbelichtet, denn seine Vorgeschichte wird lediglich unvollständig dargestellt oder sogar ignoriert. Eine zu einfache Schuldzuweisung hat sich etabliert und verringert die Chancen auf eine Verhandlungslösung. Auf der Grundlage von Dokumenten, die hauptsächlich von den USA, der Ukraine, der russischen Opposition und internationalen Organisationen stammen, stellt dieses Buch einen sachlichen Blick auf die Realität dar und öffnet die Tür für eine unvoreingenommene Einschätzung des Kriegs in der Ukraine. Jacques Baud stellt in diesem Buch klar: Es ist höchste Zeit, zurück zu den Fakten und zurück zum Dialog zu kommen.

ISBN: 978-3-86489-473-2
EUR 15,00 / EUA 15,50

Eine erschütternde Reflexion über das Versagen der Konfliktparteien im Nahost-Konflikt, einander als Gleichberechtigte zu behandeln, als Partner auf dem Weg zum Frieden, anstatt als Feinde und Völkermörder. Nach der Gründung des Staates Israel im Jahr 1948 kam es zur Nakba (arab. »Katastrophe«): die Vertreibung des palästinensischen Volkes, die Bruchlinien schuf, welche bis heute fortbestehen. In den folgenden Jahrzehnten, während die Berliner Mauer fiel und Südafrika die Apartheid abschaffte, lehnten die israelische Regierung und die PLO jede Gelegenheit zur Aussöhnung ab.

Raja Shehadeh, Menschenrechtsanwalt und Palästinas größter lebender Schriftsteller, zeigt auf, dass dies trotzdem nicht bedeutet, dass die beiden Nationen nicht als Partner auf dem Weg zum Frieden zusammenarbeiten können. Im Gegenteil: Wenn dieser gewaltsam ausgetragene Konflikt enden soll, müssen beide Seiten gegen ihre Extremisten kämpfen.

In seinem beobachtenden Stil öffnet dieses Werk eine neue Perspektive in einer Zeit großer Not.